Ullstein

ÜBER DAS BUCH:

Unsere bisherigen Vorstellungen von der kulturellen Entwicklung Ägyptens, Assyriens, Babylons, Griechenlands und anderer Länder des Alten Orients sind falsch, wie der Bestsellerautor Immanuel Velikovsky in diesem faszinierenden Buch beweist. Der Exodus des Volkes Israel vollzog sich inmitten einer Naturumwälzung, und diese Katastrophe stellt das Verbindungsglied zwischen der Geschichte Israels und derjenigen Ägyptens dar. Weitere eindrucksvolle Feststellungen, deren dokumentarische Grundlage Velikovsky mit detektivischem Spürsinn gefunden hat, sind: eine Geschichte der Plagen und Vorzeichen, die dem Exodus vorausgingen, die Aufzeichnungen der biblischen Königin von Saba über ihren legendären Besuch im Heiligen Land, die Gefäße und Einrichtungsgegenstände aus dem Tempel Salomos, Briefe der Könige von Juda und Israel und ihrer Heerführer, deren Namen wir aus der Heiligen Schrift kennen. Velikovsky präsentiert seinen atemberaubenden Stoff in einer Folge von acht spannenden Kapiteln, jedes wie eine Gerichtsverhandlung, in der Zeugen aufgerufen werden, um die Gleichgültigkeit der bisherigen Geschichtsauffassung zu widerlegen und die Richtigkeit einer neuen zu bezeugen.

DER AUTOR:

Immanuel Velikovsky, Jahrgang 1895, studierte Medizin, Alte Geschichte und Altphilologie. Er begründete die wissenschaftliche Monographienreihe »Scripta Universitatis«. Später studierte er bei Wilhelm Stekel, dem ersten Schüler Freuds, Psychoanalyse. Velikovsky starb 1979 in Princeton, New Jersey.

Weitere Veröffentlichungen:
Ramses II. und seine Zeit (1983); *Die Seevölker* (1983); *Das kollektive Vergessen* (1987); *Welten im Zusammenstoß* (1994); *Erde im Aufruhr* (1994).

Immanuel Velikovsky

Vom Exodus zu König Echnaton

Eine Revision des irdischen Dramas

Ullstein

Phantastische Phänomene
Ullstein Buch Nr. 35477
im Verlag Ullstein GmbH,
Frankfurt/M – Berlin
Die Originalausgabe erschien
unter dem Titel:
From Exodus to King Echnaton
Aus dem Amerikanischen
von Ilse Fuhr

Neuauflage von UB 34154
Mit 13 Abbildungen

Umschlagentwurf:
Vera Bauer
Unter Verwendung einer
Abbildung von Laurie Rubin/
The Image Bank

Die Taschenbuchausgabe erscheint
mit Genehmigung des Umschau
Verlags, Frankfurt/M.

Printed in Germany 1995
Gesamtherstellung:
Ebner Ulm
ISBN 3 548 35477 7

März 1995
Gedruckt auf alterungs-
beständigem Papier mit
chlorfrei gebleichtem Zellstoff

Die Deutsche Bibliothek –
CIP-Einheitsaufnahme

Velikovsky, Immanuel:
Vom Exodus zu König Echnaton : eine
Revision des irdischen Dramas / Immanuel
Velikovsky. [Aus dem Amerikan. von Ilse
Fuhr]. – Neuaufl. von UB 34154. –
Frankfurt/M ; Berlin : Ullstein, 1995
(Ullstein-Buch ; Nr. 35477 : Phantastische
Phänomene)
Einheitssacht.: From Exodus to King
Echnaton <dt.>
ISBN 3-548-35477-7
NE: GT

Vom selben Autor
in der Reihe
der Ullstein Bücher:

Das kollektive Vergessen (34393)
Ramses II. und seine Zeit (34145)
Die Seevölker (34139)
Welten im Zusammenstoß (35407)
Erde im Aufruhr (35438)

Inhalt

Aus dem Vorwort zur ersten amerikanischen Ausgabe 9

Einleitung 17

Kapitel 1: **Auf der Suche nach einem Bindeglied zwischen der ägyptischen und israelitischen Geschichte** 21

Zwei Länder und ihre Vergangenheit – Welches ist die historische Zeit des Exodus? – Plagen und Vorzeichen – Aufruhr – Ein ägyptischer Augenzeuge bestätigt die Plagen – Ägypten im Aufruhr – Die letzte Nacht vor dem Exodus – »Erstgeboren« oder »Auserwählt« – Aufstand und Flucht – Der Einfall der Hyksos in Ägypten – Pi-ha-Khiroth – Der Eremitage-Papyrus – Zwei Fragen

Kapitel 2: **Die Hyksos** 87

Wer waren die Hyksos? – Die Israeliten begegnen den Hyksos – Der Aufruhr in Arabien – Die arabischen Überlieferungen von den amalekitischen Pharaonen – Die Hyksos in Ägypten – Malakhei-roim – Hirtenkönige – Palästina zur Zeit der Hyksosherrschaft – Die Dauer der Hyksosperiode – Die Vertreibung der Hyksos in ägyptischen und hebräischen Aufzeichnungen – Der Rückzug der Hyksos nach Idumäa – Die Königin Thachpenes – Die Lage von Auaris – Parallelen zwischen Hyksos und Amalekitern – Die Verwechslung von Hyksos und Israeliten und der Beginn des Antisemitismus – Weltgeschichte in der Schwebe

Kapitel 3: **Die Königin von Saba** 144

Zwei Herrscher – Woher kam die Königin von Saba? – Wohin ging die Königin Hatschepsut? – Der Weg von Theben nach Jerusalem – Paruah begegnet dem Herold der Königin – Hatschepsut leitet die Expedition nach dem Göttlichen Land – Die herrliche Gegend von Gottes Land – »Das Begehren der Königin von Saba« – Die Schiffe kamen in

Theben an – Terrassen von Almugbäumen – Der Tempel und der Dienst im Tempel finden Nachahmung – Der Ursprung der Worte »Pontifex« und »Punt« – Make-da und Make-ra – Hat Hatschepsut das Land der Königin von Saba besucht?

Kapitel 4: **Der Tempel in Jerusalem** 194

Thutmosis III. bereitet den Zerfall des Königreiches Salomos vor – Thutmosis III. dringt in Palästina ein – Kadesch in Juda – Gefäße und Ausstattungsgegenstände von Salomos Tempel – Zoologische und botanische Sammlungen aus Palästina – Genubath, der König von Edom – Prinzessin Ano – »Die erstaunliche Zivilisation« – Gottes Land und Rezenu – Sosenk (Schoschenk) - Zusammenfassung

Kapitel 5: **Ras Schamra** 236

Die Zeittafel der minoischen und mykenischen Kultur – Grabkammern – Griechische Elemente in den Schriften von Ras Schamra – Hebräische Elemente. Vergleich zweier Städte und zweier Epochen – Die Bibelkritik und die Dokumente von Ras Schamra – Höhlenbewohner oder Karier? – Die karische Sprache – Amenophis II. – Das Gedicht von Keret – Das Ende von Ugarit? – Verspätete Echos

Kapitel 6: **Die El-Amarna-Briefe** 289

Die El-Amarna-Briefe, wann wurden sie geschrieben? – Jerusalem, Samaria und Jesreel – Die fünf Könige – Die Briefe der Hauptleute Josaphats – Adaia, der Vorsteher – Stadtfürsten – Amon, der Statthalter von Samaria – Die erste Belagerung von Samaria durch den König von Damaskus – Gefangennahme und Freilassung des Königs von Damaskus durch den König von Samaria – Schiffe, Anführer oder Legionen? – Der König von Samaria sucht einen Verbündeten gegen den König von Damaskus – Ahab oder Joram: Zwei Versionen der Heiligen Schrift

Kapitel 7: **Die El-Amarna-Briefe** (Fortsetzung) 339

Hungersnot – Die Rebellion Meschas – Der »gewaltige Zorn« – Eine Rekonstruktion der unklaren und fehlenden

Teile der Mescha-Stele – Arza, der Höfling – Jerusalem in Gefahr – Der Sulman-Tempel in Jerusalem – Der Aufstand der Sodomiter – Die zweite Belagerung von Samaria – Naeman, Sar von Syrien – Die Briefe der »Großen Frau von Sunem« – Der König von Damaskus konspiriert gegen das Leben des Königs von Samaria – Der König von Damaskus wird getötet, während er krank darniederliegt – Hasael, »der Hund«, steckt die Stützpunkte Israels in Brand – Die letzten Briefe Ahabs

Kapitel 8: **Die El-Amarna-Briefe** (Schluß) 388

Iarimuta – Samaria (Sumur) unter den Oligarchen – Die »Königsstadt« Sumur – Salmanassar III. vertreibt König Niqmad – Eine syrische Koalition tritt Salmanassar III. unter Biridri (Biridia), dem Kommandanten von Megiddo, entgegen – Salmanassar III. dringt in das Amurru-Land ein und wird vom König von Damaskus bekämpft – Die Phönizier ziehen fort in eine neue Heimat – Wer ist der gefürchtete »König von Chatti« der Amarna-Korrespondenz? – Eigentümlichkeiten der Sprache der Amarna-Briefe – Das Zeitalter des Elfenbeins – Schlußfolgerungen – Auf halbem Wege

Register 435

Aus dem Vorwort zur ersten amerikanischen Ausgabe

Der Plan, das Buch »From Exodus to King Echnaton« (»Vom Exodus zu König Echnaton«) zu schreiben, geht auf das Frühjahr 1940 zurück. Damals wurde mir bewußt, daß der Exodus sich inmitten einer Naturumwälzung vollzog und daß diese Katastrophe das Verbindungsglied sein könnte zwischen der Geschichte Israels und derjenigen Ägyptens, falls sich in alten ägyptischen Texten Bezugnahmen auf ein ähnliches Ereignis finden ließen. Ich fand solche Zeugnisse, und es dauerte nicht lange, bis ich eine Rekonstruktion der alten Geschichte vom Exodus bis zur Eroberung des Orients durch Alexander den Großen entworfen hatte. Schon im Oktober des gleichen Jahres war ich zu einer Vorstellung von der Art und Ausdehnung dieser Katastrophe gekommen. Zehn Jahre lang, während ich gleichzeitig an diesem Buch und »Welten im Zusammenstoß« arbeitete, erforderte das vorliegende Werk den Löwenanteil an Arbeitsaufwand.

»Vom Exodus zu König Echnaton« umfaßt im wesentlichen den in »Welten im Zusammenstoß« behandelten Zeitraum – die achthundert Jahre vom Auszug der Israeliten aus Ägypten bis zum Einfall Sanheribs in Palästina im Jahre 687 vor unserer Zeitrechnung sowie die folgenden dreieinhalb Jahrhunderte bis zu Alexander von Makedonien, zusammen also fast zwölfhundert Jahre der Geschichte des Alten Orients; die Darstellung in diesem Band reicht bis zu König Echnaton. Aber während sich »Welten im Zusammenstoß« auf die Beschreibung der physikalischen Ereignisse dieser Zeit konzentriert, befaßt sich das vorliegende Buch mit den politischen und kulturellen Aspekten. Das Eintreten einer weitausgedehnten Naturkatastrophe dient hier nur als Ausgangspunkt für die Konstruktion einer revidierten Chronologie der behandelten Zeitabschnitte und Länder.

Ich durchforschte die Aufzeichnungen eines Landes nach dem anderen, ging von Generation zu Generation und sammelte Hinweise und Spuren, Andeutungen und Beweismittel. Da ich sie aufzuspüren und zusammenzutragen hatte, ist dieses Buch wie eine Detektivgeschichte geschrieben. Es ist bekannt, daß bei der Arbeit eines Detektivs unerwartete Gedankenverbindungen oft aus kleinsten Einzelheiten entstehen: ein Fingerabdruck an einem Metallstab, ein Haar auf einem Fensterbrett oder ein abgebranntes Streichholz im Gebüsch. Manche Einzelheiten archäologischer, chronologischer oder paläographischer Art mögen als untergeordnete Dinge erscheinen, aber sie sind gleichsam die Fingerabdrücke bei einer Untersuchung, die in die Geschichte vieler Nationen in vielen Generationen entscheidend eingreift. Solche Einzelheiten sind nicht eingebaut, um die Lektüre zu erschweren; sie sind notwendig, um die Hauptthese dieser Arbeit zu begründen. Deshalb wird jeder Versuch, das Buch flüchtig zu lesen, sich als fruchtloses Beginnen erweisen.

Korrekte Strategie verlangt, daß ein einmal geschaffener Brückenkopf fest ausgebaut werden muß. Entspricht es gesundem Menschenverstand, statt dessen eine zweite Front gegen einen neuen Gegner zu bilden?

Nach der Veröffentlichung von »Welten im Zusammenstoß«, einem Buch, das zwei Akte eines kosmischen und irdischen Dramas beschreibt – aus den gesammelten Erinnerungen der Menschheit zusammengetragen –, wäre es zur Verstärkung meiner Position eine richtige Aktion gewesen, einen Band geologischer und paläontologischer Beweise für die gleichen dramatischen Ereignisse im Leben unserer Erde folgen zu lassen. Und da dieses Material aus dem Reiche der Steine und Knochenfunde gar nicht selten, sondern reichlich vorhanden ist, wäre ein solches Unterfangen allem Anschein nach nicht schwierig gewesen. Es war darum für mich eine große Versuchung, dort fortzufahren, wo ich in »Welten im Zusammenstoß« aufgehört hatte, und wieder und wieder von verschiedenen Gesichtspunkten aus zu beweisen, daß Katastrophen wirklich eingetreten sind und die langsam fortschreitende Entwicklung in der unbeseelten wie in der beseelten Natur unterbrachen. Tatsächlich habe ich mich seit der Veröffentlichung von »Welten im Zusammenstoß« der Zusammenstellung der Beweise aus Geologie und Vorgeschichte gewidmet, um die literarischen und historischen Beweise für kosmische Katastrophen zu stützen, und schrieb »Earth in Upheaval« (»Erde im Aufruhr«), wenig besorgt über den Sturm, den mein erstes Buch auslöste. Ich fand aber, daß die in »Welten im Zusammenstoß« vorgelegten Argumente nicht sorgfältig angehört, ja nicht einmal gelesen wurden, besonders von denen, die am lautesten protestierten. Würde es helfen, in Eile noch mehr Beweise herbeizubringen? Nach reiflicher Überlegung beschloß ich, mit dem vorliegenden Buch, meinem Opus magnum, nicht länger zu zögern. (»Earth in Upheaval« erschien 1955, dreieinhalb Jahre nach »From Exodus to King Echnaton«.)

Ich nenne dieses Buch die zweite Front, weil ich, nachdem ich den Seelenfrieden einer mächtigen Gruppe von Astronomen und anderen Verfassern wissenschaftlicher Bücher gestört habe, hier den Historikern eine offene Feldschlacht anbiete. Das vorliegende Werk wird für die Historiker ebenso beunruhigend sein wie »Welten im Zusammenstoß« für die Astronomen. Es ist durchaus denkbar, daß die Historiker noch größere psychologische Schwierigkeiten zu überwinden haben, wenn sie ihre Ansichten revidieren und den Ablauf der alten Geschichte, wie er hier dargestellt wird, akzeptieren müssen, als die Astronomen sie angesichts der Notwendigkeit hatten, die Darstellung kosmischer Katastrophen im Sonnensystem in historischer Zeit anzuerkennen. Tatsächlich hat auch ein hervorragender Gelehrter, der diese Arbeit seit der Fertigstellung des ersten Entwurfs verfolgte, gerade diesem Gedanken Ausdruck gegeben. Er schrieb, er wisse von keinem triftigen Argument gegen die hier vorgelegte Rekonstruktion der Geschichte, es sei aber psychologisch nahezu unmöglich, Ansichten, die im Verlauf von Jahrzehnten des Lesens, Schreibens und Lehrens erworben seien, zu ändern.

Der Versuch, die Geschichte der alten Welt von Grund auf umzugestalten, zwölfhundert Jahre im Leben vieler Nationen und Königreiche, wird – beispiellos, wie er ist – heftiger Kritik von denen ausgesetzt sein, die in ihren Lehren und Schriften in der gewohnten Vorstellung der Geschichte tief verwurzelt sind. Und viele von denen, die sich gerne von anerkannten Autoritäten führen lassen, werden ihrem Zweifel Ausdruck geben, daß eine Wahrheit so lange unentdeckt bleiben konnte, woraus sie die Folgerung ziehen werden, daß es keine Wahrheit sein kann.

Auf die Geschichte der Angriffe gegen »Welten im Zusammenstoß« möchte ich nicht mehr näher eingehen. Es gibt eine Regel, nach der man fast immer erkennen kann, ob ein Buch ernst zu nehmen ist oder nicht: Niemals in der Geschichte der Wissenschaft hat ein nicht ernst zu nehmendes Buch einen Sturm der Empörung unter den Mitgliedern der gelehrten Körperschaften erregt. Aber es entstand jedesmal ein derartiger Sturm, wenn ein Blatt im Buch der Erkenntnis umgeschlagen wurde. »Wir sind am ehesten bereit, in unserem Widerstand gegen eine Idee zornig und erregt zu werden, wenn wir unserer eigenen Auffassung nicht ganz sicher und innerlich versucht sind, die entgegengesetzte Ansicht gelten zu lassen.« (Thomas Mann, »Buddenbrooks«.)

Groß sind die Veränderungen in der politischen Geschichte des Alten Orients, wie sie in diesem Buch dargelegt sind. Ich nehme das Recht für mich in Anspruch, in Einzelheiten zu irren, und begrüße jede konstruktive Kritik. Bevor man jedoch behauptet, der ganze Aufbau müsse in sich zusammenbrechen, weil gegen den einen oder anderen Punkt Einwände gemacht werden können, sollte die Kritik ihre Argumentation gegen den ganzen Entwurf mit all seinen Beweisen sorgfältig abwägen. Der Historiker, der seine Aufmerksamkeit so stark durch ein gegen Details gerichtetes Argument in Anspruch nehmen läßt, daß er das Werk als Ganzes und die vielen Beweise, auf denen es fußt, übersieht, zeigt nur, wie begrenzt sein Erfassen der Geschichte ist. Er gleicht jenem »gewissenhaften Gelehrten«, Professor Twist, in Ogden Nashs Dichtung, der seine junge Frau auf eine Expedition in den Dschungel mitnimmt. Als dann eines Tages einer seiner Leute ihm die Nachricht überbringt, ein Alligator hätte sie gefressen, konnte der Professor nur lächeln. »Du meinst«, sagte er, »ein Krokodil!«

Für den Aufbau dieser Rekonstruktion stehe ich in der Schuld der Archäologen, die seit mehr als einem Jahrhundert bei der Ausgrabung vieler Stätten des Alten Orients harte Arbeit geleistet haben, der Generation von Sprachforschern, die die alten Texte entzifferten, und jener Gelehrten, die die Forschung erleichterten, indem sie das Material sammelten und sichteten.

Ich bin Dr. Walter Federn vom Asiatischen Institut, New York, zu Dank verpflichtet, der stets bereit war, mich mit seinen unvergleichlichen Kenntnissen der ägyptischen Literatur zu unterstützen. Meine Verpflichtung ihm gegenüber empfinde ich um so mehr, als er sich nie meiner These angeschlossen hat. Es kostete ihn mehr als sechs Jahre, zuzugestehen, daß die konventionelle Geschichtsschreibung nicht auf unerschütterlichen Grundlagen aufgebaut ist. Seine Einwände waren mir ständiger Anreiz, mehr und mehr Beweise zu sammeln, mehr und mehr geschichtliches Material zu vergleichen, bis das Buch die vorliegende Form erhielt.

Ebenso bin ich Dr. Robert H. Pfeiffer (1958 gestorben) verpflichtet, als hervorragendem Kenner der Bibel, Direktor der Harvard-Ausgrabungen in Nuzi, Kurator des Semitischen Museums der Harvard-Universität, Herausgeber des »Journal of Biblical Literature« (1943-1947) und Verfasser eines Standardwerkes über das Alte Testament. Als das Manuskript sich noch im ersten Entwurf befand, las er »Vom Exodus zu König Echnaton« und schlug vor, ich solle versuchen, meine Theorie an Hand von archäologischem Material altorientalischer Kunstwerke zu beweisen. – Er erkannte meine Theorie weder an, noch verwarf er sie und behielt seine unbeeinflußte Meinung, daß nur objektive und freie Diskussion den Ausgang klären könnte. Weder er noch Dr. Federn noch sonst irgend jemand hat Anteil an der Verantwortung für meine Theorie und ihre Ausführung.

Professor J. Garstang, der Ausgräber Jerichos, las einen früheren Entwurf des ersten Kapitels. Er war der Ansicht, daß die ägyptischen Aufzeichnungen über die Plagen, die in diesem Buch zitiert sind, und die biblischen Stellen, die über die Plagen berichten, einander so ähneln, daß sie einen gemeinsamen Ursprung haben müssen.

Dr. I. J. Gelb und Dr. S. I. Feigin, beide vom Orientalischen Institut der Universität Chicago, beantworteten freundlicherweise die ihnen gestellten Fragen, ohne über die Theorie meiner Arbeit unterrichtet zu sein. Dr. C. H. Gordon vom Dropsie College (jetzt an der Brandeis-Universität) war ebenfalls so freundlich, eine Reihe von Fragen aus meinem Gebiet zu beantworten. Ich spreche ihnen dafür meinen Dank aus.

Dr. Horace M. Kallen, Professor und zeitweilig Dekan der Graduate Faculty of the New School for Social Research, New York, ein Humanist und Menschenfreund, gab mir seine unablässige moralische Unterstützung während all dieser Jahre, weil er die Vorurteile, denen ich begegnen würde, kannte und um die Widerstände auf meinem Wege wußte.

Ich glaube, daß die in diesem Buch zusammengetragenen Beweise die dargestellte Rekonstruktion rechtfertigen. Früher oder später – und es kann jeden Tag geschehen – wird eine neue archäologische Entdeckung die Hauptthese dieses Buches als richtig bestätigen, und dann wird sie auch dem Indolenten einleuchten, der nur eine erfüllte Prophezeiung als Argument gelten läßt. Ist es nicht so, daß zuerst eine neue Idee als nicht wahr, später aber, wenn einmal anerkannt, als nicht neu angesehen wird?

Immanuel Velikovsky

Widmung

Diese Arbeit ist meinem verstorbenen Vater gewidmet. Ich möchte in wenigen Sätzen sagen, wer Simon Yehiel Velikovsky war.

Von dem Tag an, als er im Alter von dreizehn Jahren das Haus seiner Eltern verließ und sich zu Fuß aufmachte zu einem der alten Zentren talmudischen Wissens in Rußland, bis zu jenem Tag im Dezember 1937, als er im Alter von achtundsiebzig Jahren sein Leben beschloß, weihte er sein Dasein, sein Vermögen, seinen Seelenfrieden und alles, was er besaß, der Verwirklichung dessen, was einst eine Idee war – der Wiedergeburt des jüdischen Volkes in seinem alten Land. Er trug zur Wiederbelebung der Sprache der Bibel und der Entwicklung des modernen Hebräisch bei durch Veröffentlichung von Sammelwerken über hebräische Philologie und zum Wiederaufleben jüdischen wissenschaftlichen Denkens durch seine Gründung »Scripta Universitatis«, zu welcher Wissenschaftler vieler Länder beitrugen und so die Grundlage für die Hebräische Universität in Jerusalem schufen. Er war der erste, der das Land im Negev, die Heimat der Patriarchen, zurückzuerwerben trachtete, und er organisierte dort eine kooperative Niederlassung, die er Ruhama nannte; heute ist sie die größte landwirtschaftliche Niederlassung im nördlichen Negev. Ich wüßte nicht, wem ich für die geistige Vorbereitung auf diese Rekonstruktion der alten Geschichte zu danken hätte, wenn nicht meinem verstorbenen Vater Simon.

Einleitung

Dies ist keine Geschichtsdarstellung im üblichen Sinne des Wortes. Es ist eine Folge von Kapiteln, jedes wie eine Gerichtsverhandlung, in der Zeugen gerufen werden, um die Gültigkeit der bisherigen Geschichtsauffassung zu widerlegen und die Richtigkeit einer neuen zu bezeugen. Die bisher nie angezweifelte Geschichte der Menschheit aus alter Zeit wird hier als verzerrt angegriffen und eine Rekonstruktion dafür vorgelegt. Die durchforschte Zeitspanne erstreckt sich über 1000 Jahre und endet mit dem Kommen Alexander des Großen; in diesem Band werden die Untersuchungen bis zur Epoche König Echnatons durchgeführt.

Viel Wunderliches ereignet sich, wenn die historische Perspektive verzerrt ist. Um das Ausmaß der zeitlichen Verschiebung in der Geschichte des Altertums zu begreifen, muß man sich das Chaos vorzustellen versuchen, das entstehen würde, wenn eine Abhandlung über Europa und Amerika geschrieben würde, in der die Geschichte der Britischen Inseln um etwa 600 Jahre verschoben wäre, so daß beispielsweise in Europa und Amerika das Jahr 1941 gezählt würde, in Großbritannien dagegen das Jahr 1341.

Da Kolumbus Amerika erst 1942 entdeckte, konnte ein Churchill von 1341 dieses Land noch nicht besucht haben, dafür aber irgendein anderes – die Gelehrten würden in ihren Meinungen uneinig sein, wo dieses Land zu suchen wäre – und mit dessen Oberhaupt zusammentreffen. Ein anderes Staatsoberhaupt, nicht Franklin Delano Roosevelt von Washington, würde in der Überlieferung als Mitunterzeichner einer Charta mit dem Churchill des Englands von 1341 fortleben.

Da nun aber amerikanische Berichte von einem Churchill sprechen würden, der zu Beginn der vierziger Jahre des 20. Jahrhunderts den Ozean überquerte, würde die britische Geschichte auch einen Churchill II. haben, 600 Jahre nach jenem ersten. Auch Cromwell würde durch den gleichen Vorgang verdoppelt werden. Er hätte 300 Jahre vor Churchill I.

und ebenso 300 Jahre nach ihm gelebt, gleichbedeutend mit 300 Jahren vor Churchill II.

Der Erste Weltkrieg würde zweimal stattgefunden haben, desgleichen der Zweite. Der Erste Weltkrieg, in seiner zweiten Variante, würde dem Zweiten Weltkrieg in seiner ersten Variante um fünfdreiviertel Jahrhunderte nachfolgen.

Durch die gleiche Manipulation erschienen die Entwicklung der Verfassung, des kulturellen Lebens, der Fortschritt der Technik und der Künste in chaotischer Verzerrung.

Newton in England würde ein früher Vorläufer von Kopernikus werden, anstatt auf ihn zu folgen. Jeanne d'Arc würde die Traditionen der Suffragetten der nachviktorianischen Tage wiederaufleben lassen; sie würde zweimal mit einem Abstand von 600 Jahren verbannt werden; oder infolge der wachsenden Verwirrung in der Geschichte müßte sie, von heute an gerechnet, nach einigen Jahrhunderten an ihren Marterpfahl zurückkehren, um ihren Tod noch einmal zu erleiden.

Im vorliegenden Falle würde sich nicht nur die Geschichte der Britischen Inseln verdoppeln und verzerren, sondern auch die Geschichte der ganzen Welt. Selbstverständlich würden sich Schwierigkeiten ergeben, aber man würde sie als Zufälligkeiten abtun. Man würde komplizierte Theorien aufstellen und diskutieren, und einmal anerkannt, würden sie sich als neue, schwere Hindernisse für die richtige Erkenntnis der Vergangenheit erweisen.

Genau in dieser Weise ist auch die Geschichte des Altertums entstellt. Weil die Möglichkeit fehlt, Gleichzeitigkeiten festzustellen, werden viele Gestalten des historischen Ablaufs zu »Gespenstern«, »Halbheiten« oder »Doppelgängern«. Ereignisse sind oft Wiederholungen, viele Schlachten nur Schatten, viele Reden nur Echos, viele Verträge nur Abschriften, ja sogar einige Königreiche nur Phantome.

Der grundlegende Irrtum kann in der Geschichte Ägyptens gefunden werden. Durch zu späten Ansatz der Zeitrechnung nahm man die Geschichte Ägyptens aus dem realen Zusammenhang mit der Geschichte anderer Völker heraus. Ereignisse, an denen das ägyptische Volk sowie die Völker von Assyrien, Babylonien oder Medien beteiligt waren, wurden durch die Geschichtsschreibung über diese Völker an Hand der ägyptischen Annalen aufgezeichnet; die gleichen Ereignisse wurden dann zum zweitenmal dargestellt in der Geschichtsschreibung über Ägypten, wobei diesmal die Annalen der anderen Völker, die an den Ereignissen mitbeteiligt waren, als Quelle dienten.

So wurde die Geschichte von Assyrien, Babylonien und Medien auseinandergerissen und entstellt; vollständig erdacht ist die Geschichte des »Hethiterreiches«; die griechische Geschichte der mykenischen Epoche ist unrichtig angesetzt, die vor Alexander liegende Zeit zerschnitten, und spartanische und athenische Helden – selbst solche mit sehr bekannten Namen – erscheinen auf den Seiten der Geschichtsschreibung noch einmal als archaische Eindringlinge aus dem Dämmer der Vergangenheit.

Der Versuch, die Geschichte der Völker des Altertums in genaue zeitliche Übereinstimmung zu bringen, wird uns einige erregende Augenblicke verschaffen. Viele historische Dokumente, die, unter einer unkorrekten geschichtlichen Perspektive betrachtet, falsch ausgelegt wurden, werden wir in neuem Licht erblicken.

Wir werden die Erzählung von den Plagen zur Zeit des Exodus lesen, aufgezeichnet von einem ägyptischen Augenzeugen und auf einem Papyrus erhalten geblieben. Wir werden imstande sein, die Identität der geheimnisvollen Hyksos festzustellen und auch die Lage ihrer Festung Auaris anzugeben, aller Wahrscheinlichkeit nach der größten Befestigungsanlage jener alten Zeit. Wir werden die Aufzeichnungen der Königin von Saba über ihre Reise nach Jerusalem in den Tagen Salomos lesen und Abbildungen sehen, die diese Reise sowie die Bewohner, Tiere und Pflanzen des Palästinas jener Zeit darstellen. Vor uns werden Fotografien liegen von den Gefäßen, Einrichtungs- und Gebrauchsgegenständen aus dem Tempel Salomos, wie sie ein zeitgenössischer Künstler auf Basreliefs eingemeißelt hat. Es folgen dann Texte von Briefen, geschrieben von den jüdischen Königen Jehosaphat von Jerusalem und Ahab, dem Sünder von Jesreel, und von ihren Heerführern, Briefe, die mit Namen unterzeichnet sind, welche wir aus der Heiligen Schrift kennen.

Von noch größerem Umfang sind die Auswirkungen dieser Revision für die ägyptische, babylonische und assyrische Geschichtsschreibung sowie die Vorstellung von der Vergangenheit Griechenlands. Ohne den Ablauf der hebräischen Vergangenheit zu ändern, bereichert die Richtigstellung der Chronologie ihre Aufzeichnungen um ein beträchtliches. Die Geschichte von Ägypten und im Gefolge davon die Geschichte von Babylonien, Assyrien, Medien, Phönizien, Kreta und Griechenland verändern ihre zeitliche Ausdehnung. Neu aufgestellt und zeitlich und räumlich richtig eingeordnet, zeigt sich die Weltgeschichte in ihrem wirklichen Aufbau.

Es zeigt sich, daß man Könige zu ihren eigenen Ururenkeln machte. Imaginäre Reiche wurden beschrieben und Museumsräume eröffnet, um die Kunst nicht existierender Staatsgebilde auszustellen: die Kunstgegenstände sind Erzeugnisse anderer Jahrhunderte, ja sogar anderer Jahrtausende. Dies ist der Fall beim Hethiterreich und seiner Kunst, und das gleiche gilt für das Volk der Churriter und ihre Sprache.

Dank der unermüdlichen Arbeit von Gelehrten sind Leistungen aufgezeichnet worden ohne Kenntnis ihrer wahren Natur. Die Sprache der Chaldäer wurde entziffert, aber die, die sie entzifferten, wußten nicht, daß sie chaldäisch lasen. Handbücher über die karische Sprache wurden geschrieben, aber die fleißigen Philologen wußten nicht, daß es karisch war.

Es ist völlig unmöglich, in einer kurzen Einleitung all die Dinge aufzuzeichnen, die ein ganz anderes Gesicht erhalten würden, wenn man sie zeitlich korrekt einordnete. Hängt die Weltgeschichte richtig in ihren Angeln, dann quellen wie aus einem Füllhorn Tatsachen hervor über Völker und Länder, ihre Kunst und Religion, ihre Schlachten und Verträge. Sicherlich ist mehr als eine Tatsache und mehr als eine Parallele in diesem Buch nicht beachtet worden, aber das ist ein Mangel, von dem eine Pionierarbeit selten frei ist.

Kapitel 1

Auf der Suche nach einem Bindeglied zwischen der ägyptischen und israelitischen Geschichte

Zwei Länder und ihre Vergangenheit

Palästina, eines der am weitesten westlich liegenden Länder Asiens, und Ägypten an der Nordostecke Afrikas sind benachbart. Die ägyptische Geschichte reicht bis in graue Vorzeit zurück; das jüdische Volk hat eine Geschichte, die den Anspruch erhebt, den Uranfang der Wanderung dieser Nation durch die Jahrhunderte zu beschreiben. In der Frühzeit ihrer Geschichte kamen die Israeliten, ein nomadischer Stamm, von Kanaan nach Ägypten. Dort wuchsen sie zu einem Volk zusammen; dort auch trugen sie das Joch der Knechtschaft. Ihr ereignisreicher Auszug aus Ägypten ist die kostbarste Erinnerung ihrer Vergangenheit, und ihre Überlieferungen erzählen seine Geschichte unzählige Male.

Wie man uns berichtet, enthalten die ägyptischen Annalen keinerlei Aufzeichnungen über den Aufenthalt der Israeliten in Ägypten oder über ihren Auszug. Es ist nicht bekannt, wann sich der Exodus ereignete, wenn er überhaupt stattfand. Einige Gelehrte haben der Meinung Ausdruck gegeben, daß der Aufenthalt der Israeliten in Ägypten, die Zeit ihrer Knechtschaft und ihr Auszug mythologische Erzählungen seien; das Fehlen direkter Hinweise auf diese Ereignisse auf ägyptischen Denkmälern und Papyri scheint diese Annahme zu bestätigen. Man hat jedoch eingewendet, daß kein Volk Legenden über eine Knechtschaft erfinden würde, die wahrlich nicht dazu angetan sind, die Würde einer Nation zu erhöhen, und deshalb blieb man dabei, daß eine historische Grundlage für die Erzählung vorhanden sein müsse.

Die Historiker sind verschiedener Ansicht bezüglich des Zeitpunkts des Exodus, und viele Hypothesen wurden aufgestellt. Aber seit mehr als 2000 Jahren ist man sich darüber einig, daß der Exodus innerhalb jener Periode stattfand, die man nach der derzeitigen Terminologie »Das Neue Reich« Ägyptens nennt.

Die ägyptische Vergangenheit ist in folgende Abschnitte eingeteilt:

1. Die Vordynastische Periode, die im wesentlichen in das neolithische oder späte Steinzeitalter gehört.

2. Das Alte Reich, in welchem die meisten der Pyramiden erbaut wurden; die IV. Dynastie, die des Cheops, und die VI., die des Phiops, sind die bekanntesten.

3. Die Erste Zwischenzeit, als das Land in Zerfall geriet. In dieser dunklen Zeit wurde die zentrale Regierungsgewalt abgeschafft. Von der VII. bis zur X. Dynastie ist so gut wie nichts bekannt.

4. Das Mittlere Reich, das die XI., XII. und XIII. Dynastie umfaßt. Das feudale Ägypten wurde unter der XII. Dynastie geeint, und die ägyptische Literatur erreichte eine Höhe, die sie nie wieder gewinnen sollte.

5. Eine zweite Periode des Chaos, in der das Land durch Eindringlinge, die die Ägypter als Amu, griechische Autoren jedoch als Hyksos bezeichneten, ausgebeutet wurde[1]. Die Hyksoskönige waren die Pharaonen der XIV. bis XVII. Dynastie, und ihre Herrschaft über Ägypten kannte kein Erbarmen[2].

6. Das Neue Reich. Die Hyksos wurden zur Zeit des Pharao Amosis (Amasis I.) vertrieben, der die XVIII. Dynastie begründete, die bedeutendste von allen – die Dynastie Thutmosis' I., der berühmten Königin Hatschepsut, Thutmosis' III., des größten ägyptischen Eroberers, Amneophis' II., Thutmosis' IV., Amenophis' III., des Erbauers der prächtigen Tempel in Luxor und Karnak, und Amenophis' IV., des großen Häreti-

1 Der Name Hyksos mit der Bedeutung »Herrscher über fremde Länder« findet sich im ägyptischen Text des Turiner Papyrus und auf einigen Skarabäen.

2 Die XVII. Dynastie wird im allgemeinen als eine Dynastie einheimischer Fürsten bezeichnet, die sich zuerst in Abhängigkeit, später im Aufstand gegen die letzten Könige der XVI. Dynastie (Hyksos) befanden. Aber in der Liste des Manetho, wie Julius Africanus und Eusebius sie wiedergeben, ist die XVII. Dynastie die letzte der Hyksos.

kers, der sich selbst Echnaton nannte. Ihnen folgten die Epigonen, von denen der junge Pharao Tutenchamon am besten bekannt ist, weniger wegen besonderer Erfolge während seiner Regierungszeit, die ziemlich im dunkeln liegt, als wegen der Schätze in seinem Grab, das zu Anfang der zwanziger Jahre dieses Jahrhunderts entdeckt wurde, und wegen des Geheimnisses, das den Ort seines Grabes umgab.

Die XVIII. Dynastie neigte sich ihrem Ende zu, und zwar unter Umständen, die nicht ausreichend bekannt sind; die Geschichte verzeichnet danach die XIX. Dynastie, die der Pharaonen Sethos des Großen, Ramses II. (des Großen) und Merenptahs.

Die Übergangszeit von der XIX. bis zur XX. Dynastie liegt ebenfalls im dunkeln.

Unter den Königen des XX. Dynastie war Ramses III. der hervorragendste, der letzte große Herrscher des alten Ägyptens.

7. Die Pharaonen von der XXI. bis XXX. Dynastie waren kleine Könige, die keine bedeutenden Aufzeichnungen hinterlassen haben; ihr Zeitalter wird »Die Spätzeit« genannt. Es wird berichtet, daß einige dieser Pharaonen Heere gegen Palästina und Babylonien geführt haben; die Quellen sind im allgemeinen jedoch nicht ägyptischer, sondern biblischer Herkunft. Einige dieser Dynastien hatten lybische oder äthiopische Herrscher. Spätere Pharaonen (von 525 v. Chr. an) standen unter persischer Oberhoheit; noch spätere erhoben sich gegen die Perser. Der letzte einheimische König wurde von den Persern im Jahre 342 v. Chr. abgesetzt. 332 v. Chr. wurde Ägypten von Alexander dem Großen erobert.

8. Die Ptolemäische Dynastie, Nachkommen des Ptolemäus, eines Generals Alexanders des Großen, ging mit Cleopatra im Jahre 30 v. Chr. zu Ende.

An dieser Stelle ist es notwendig, darauf hinzuweisen, daß die Einteilung in »Reiche« modern ist[3]. Die Unterteilung in Dynastien stammt von Manetho, einem ägyptischen Priester

3 Die Aufteilung in Reiche ist modern, aber die Ägypter selbst hatten ähnliche Vorstellungen von ihrer Vergangenheit. Vgl. H. Ranke in »Chronique d'Egypte«, VI (1931), 277-286.

aus dem 3. Jahrhundert vor der christlichen Zeitrechnung, welcher griechisch schrieb; die Bezeichnung der Könige als »der Erste«, »der Zweite«, »der Dritte« ist eine Anordnung moderner Wissenschaftler.

Der Beginn des Neuen Reiches wurde auf etwa 1580 v. Chr. angesetzt (die Vertreibung der Hyksos in der Zeit des Kamose und Amosis); Echnaton muß von 1375 bis 1358 v. Chr. regiert haben; Ramses II. (XIX. Dynastie) von 1300 bis 1234 v. Chr. und Merenptah seit dessen letztem Jahr. Ramses III. (XX. Dynastie) trat seine Regierung im Jahre 1200 oder einige Jahre später an. Alle diese Daten sieht man als bedeutsam für die Festlegung der Zeit des Exodus an.

Die Geschichte Israels von den Tagen des Exodus an besteht aus den Jahren der Wanderung in der Wüste, nach der Überlieferung 40 Jahre, aus der Zeit Josuas, der Richter und seines ersten Königs Saul, zusammen etwa 400 Jahre, und aus der Zeit der Könige aus dem Haus Davids. David gründete sein Königreich etwa um 1000 v. Chr. Nur annähernd 100 Jahre, während der Regierungen von Saul, David und Salomo, war das Königreich eine Einheit. In den Tagen der Erben Salomos wurde es geteilt, in Israel im Norden und Juda im Süden des Landes. Etwa 722 v. Chr. zogen die zehn Stämme Israels nach Einnahme ihrer Hauptstadt Samaria durch Sargon II. von Assyrien ins Exil, aus dem sie nicht zurückkehrten. Im Jahre 587 oder 586 v. Chr. geriet Juda, nach Zerstörung seiner Hauptstadt Jerusalem durch Nebukadnezar II., in babylonische Gefangenschaft, aus der kleine Gruppen des Volkes nach der Einnahme Babyloniens durch Cyrus von Persien (im Jahre 538 v. Chr.) zurückwanderten. Weitere Gruppen kehrten im Laufe des folgenden Jahrhunderts nach Palästina zurück.

Alexander der Große eroberte Palästina auf seinem Wege nach Ägypten im Jahre 332 v. Chr.

Obgleich Ägypten und Palästina eng benachbarte Länder sind, »trifft es zu, daß es in Ägypten merkwürdig wenig Anhaltspunkte gibt, die sich direkt auf die Erzählungen in der Bibel beziehen«[4]. Die Heilige Schrift berichtet vom Aufenthalt

4 T. E. Peet, »Egypt and the Old Testament« (Liverpool 1922), S. 7.

der Israeliten in Ägypten und vom Exodus; es wurden aber keine Dokumente über diese Ereignisse gefunden. In der Heiligen Schrift ist während der Zeit der Richter Ägypten nicht erwähnt. Palästina kam jedoch in den Tagen der Könige wiederholt in Berührung mit Ägypten – zumeist dadurch, daß es von den Heeren der Pharaonen angegriffen wurde, Feldzüge, welche die Pharaonen des 10. bis 6. Jahrhunderts gewöhnlich zu erwähnen vergaßen.

Es ist seltsam, daß es aus diesem Zeitraum von vielen hundert Jahren kein wirkliches Bindeglied zwischen Ägypten und Palästina gibt. Zumindest der Exodus der Israeliten aus Ägypten war ein Ereignis, das in die Geschichte beider Völker gehören sollte und so eine Verbindung liefern könnte. Wir werden deshalb versuchen festzustellen, in welcher Periode der ägyptischen Geschichte der Exodus stattfand.

Ob dieses Ereignis nur ein- oder zweihundert oder drei-, vier- oder fünfhundert Jahre vor der Zeit Davids eintrat, hängt von der Dauer der Wanderung in der Wüste und der Zeit der Richter ab – mit anderen Worten: ob die Israeliten Ägypten im 16., 15., 14., 13. oder 12. Jahrhundert verließen – in jedem Fall fand der Auszug während der Zeit des Neuen Reiches statt. Über diesen Punkt bestand niemals irgendein Zweifel. Verschiedener Ansicht waren die Gelehrten nur über die Person des Pharaos, dessen Regierung der Exodus zugeschrieben werden mußte. Obwohl, wie oben erwähnt, in historischen ägyptischen Dokumenten keine auf den Exodus ausdrücklich bezogene Feststellung gefunden wurde, tauchen gewisse Details auf, die eine Diskussion erfordern.

Welche Zeit ist die historische Zeit des Exodus?

Die älteste Theorie setzt den Exodus am frühesten an; die Israeliten wurden mit den Hyksos identifiziert und der Exodus mit der Vertreibung der Hyksos. Der bereits erwähnte Priester Manetho schrieb, daß die Hyksos nach ihrem Abzug aus

Ägypten nach Syrien gingen und dort Jerusalem erbauten[5]. Flavius Josephus, der jüdische Historiker des 1. Jahrhunderts n. Chr., polemisierte gegen den Grammatiker Apion und gegen Manetho, dessen Quelle, übernahm und unterstützte jedoch die Ansicht, daß die Israeliten die Hyksos gewesen wären. Julius Africanus, einer der Kirchenväter, schrieb aufgrund der Angaben des Apion, daß in den Tagen des Amosis die Juden unter Moses Führung revoltiert hätten[6]. Eusebius, ein anderer Kirchenvater, schrieb in seinem Kanon eine Bemerkung über den Namen Sencheres, einer der späteren Könige der XVIII. Dynastie (wer er war, ist nicht bekannt): »Etwa um diese Zeit führte Mose die Juden auf ihrem Zug aus Ägypten heraus«[7].

Die Meinungsverschiedenheit ist selbst nach 19 Jahrhunderten noch nicht beigelegt, obwohl die Gelehrten der heutigen Zeit sich nicht immer darüber klar gewesen sein dürften, daß sie einen alten Streit nur wiederholten. Die Vernachlässi-

5 Manetho, der zwar die aus Ägypten vertriebenen Hyksos zu den Gründern Jerusalems machte, erzählt eine weitere Geschichte, die er einer späteren Epoche zuschrieb. Darin berichtet er, daß Aussätzige, die in Auaris an der Ostgrenze Ägyptens abgesondert lebten, mit Hilfe der Solymiten (des Volkes von Jerusalem) die Macht in Ägypten an sich rissen und sehr grausam gewesen seien. Ihr Oberhaupt Osarsiph habe den Namen Mose angenommen und sie nach ihrer Vertreibung gen Palästina geführt. Josephus hat die beiden Manetho-Erzählungen nicht auseinandergehalten.

6 Julius Africanus, »Chronography«, in »The Ante-Nicene Fathers«, Hrsg. A. Roberts and J. Donaldson (New York 1896), VI, 134. Dort verwechselte er Amosis I., den ersten König des Neuen Reiches, mit Amosis II. (dem Amasis des Herodot), dem letzten König vor der Eroberung Ägyptens durch den Perser Kambyses. Aber in seinem Kanon, in dem er Manethos Liste der Dynastien zeitlich verkürzt wiedergab, fügte er der Liste der Könige der XVIII. Dynastie folgende Bemerkung bei: »Der erste von ihnen war Amos (Amosis), unter dessen Regierung Mose aus Ägypten auszog, wie ich erzählt habe; aber entsprechend der überzeugenden Beweisführung der vorliegenden Berechnung ergibt sich, daß während dieser Regierung Mose noch jung war.« Manetho (übersetzt von W. G. Waddell; Loeb Classical Library, Cambridge, Mass. 1941), S. 111.

7 Georgius Syncellus, ein byzantinischer Chronist, der Werke des Eusebius kopierte, fügte hinzu: »Nur Eusebius setzt den Auszug Israels unter Mose in diese Regierungszeit, obgleich er keine stützenden Argumente dafür hatte, denn alle seine Vorgänger sind entgegengesetzter Ansicht, wie er selbst bezeugt.«

gung frühchristlicher Quellen schien vertretbar: Hatte nicht Augustinus Mose und Prometheus zu Zeitgenossen gemacht[8]?

Die Gleichsetzung der Israeliten mit den Hyksos wurde ebensooft anerkannt[9] wie abgelehnt. Selbst heute noch behauptet eine Gruppe von Historikern, daß der Exodus ganz am Anfang der XVIII. Dynastie stattgefunden habe und daß die Geschichte des Exodus nur ein Echo von der Vertreibung der Hyksos sei[10]. Jedoch muß in Anbetracht der Knechtschaft der Israeliten in Ägypten und der Knechtschaft Ägyptens unter den Hyksos die Identifikation gequälter Sklaven und grausamer Tyrannen als recht weit hergeholte Hypothese angesehen werden. Es wurde deshalb eine Variante vorgebracht, nach der das Volk Israel sich niemals in Ägypten aufhielt; hingegen waren die Hyksos dort; die das Land später wieder verließen. Als die Israeliten von dieser Überlieferung eines fremden Volkes hörten, übernahmen sie sie in die Geschichte ihrer eigenen Vergangenheit.

Abgesehen von der Widersinnigkeit, die Hyksos mit den Israeliten, die Tyrannen mit den Unterdrückten zu identifizieren, findet sich noch eine weitere Schwierigkeit in der Tatsache, daß es während der Zeit der Nachfolger des Pharaos Amosis nicht einen Augenblick gab, in dem eine Invasion Palästinas durch israelitische Flüchtlinge aus Ägypten wahrscheinlich gewesen wäre. Die Pharaonen, die auf Amosis folgten, waren starke Regenten, und es gilt als erwiesen, daß Palästina unter ihrer Oberherrschaft stand.

Das gleiche Argument wurde benutzt, um die Theorie zu verfechten, der Exodus habe im Jahre 1580 v. Chr., das heißt zur Zeit der Vertreibung der Hyksos, stattgefunden.

»Wenn die Vertreibung der Hyksos (etwa 1580 v. Chr.) für

8 Augustinus, »De civitate Dei« XVIII, 8.

9 Vgl. zum Beispiel A. T. Olmstead, »History of Palestine and Syria« (New York 1931), S. 128.

10 H. R. Hall, »Israel and the Surrounding Nations«, in »The People and the Book«, Hrsg. A. S. Peake (Oxford 1925), S. 3; Sir E. A. W. Budge, »Egypt« (New York 1925), S. 110; A. H. Gardiner in »Etudes Champollion« 1922, S. 205 ff.; »Journal of Egyptian Archaeology« X (1924), S. 88.

den Exodus zu früh ist, wann in der Geschichte der mächtigen XVIII. Dynastie können wir – vor der Regierung Echnatons – einen wahrscheinlichen Zeitpunkt für ein Ereignis finden, das, wie der überlieferte Exodus, innere Unruhen und Schwäche in Ägypten voraussetzt?«[11]

In den Tagen mächtiger Pharaonen war es den Israeliten unmöglich, nach Palästina zu gelangen, und wie hätten sie in der Lage sein sollen, unter gleich starken Pharaonen das Joch der Knechtschaft abzuschütteln?

Eine große Gruppe von Gelehrten glaubt, ein anderer Umstand liefere den Schlüssel für die Zeitbestimmung des Exodus. In den achtziger Jahren des vergangenen Jahrhunderts wurde im Niltal an einer Stelle, der die Archäologen den Namen Tell el-Amarna gaben, ein Briefwechsel auf Tontafeln gefunden, der aus der Zeit Amenophis III. und seines Sohnes Echnaton stammte. Einige davon waren angstvolle Briefe aus Jerusalem (Urusalim), die den Pharao vor einer Invasion der Chabiru (Khabiru) warnten[12], die von Transjordanien heranrückten. Gesetzt den Fall, daß die Chabiru mit den Hebräern identisch wären, hätte der Exodus ein oder zwei Generationen vorher stattfinden müssen[13]. Die Feststellungen in der Heiligen Schrift (1. Könige 6,1), daß der Tempel Salomos 480 Jahre nach dem Exodus erbaut wurde, weisen auf die Mitte des 15. Jahrhunderts hin, und es sind Berechnungen angestellt worden, die das Jahr 1447 v. Chr. als das Jahr des Exodus angeben. Dieses Jahr würde in die Regierungszeit Amenophis II. fallen; die Invasion in Palästina im Jahre 1407 v. Chr. träfe mit der Zeit der Amarnabriefe zusammen. Die Ansicht, daß die Chabiru eindringende Hebräer gewesen wären, wurde unterstützt durch die Ergebnisse der Ausgrabun-

11 Hall, in »The People and the Book«, Hrsg. Peake, S. 7.

12 Gelehrte, die englisch schreiben, haben keine einheitliche Methode, die gutturalen Lautzeichen der semitischen Sprache zu transkribieren. »The Cambridge Ancient History« nimmt diese Inkonsequenz hin und folgt in manchen Fällen der im Englischen üblichen Schreibweise von Namen, in anderen aber zieht sie die phonetisch am besten angepaßte vor.

13 Eduard Meyer, »Geschichte des Altertums«, Bd. 2, Teil II, 2. Auflage (Stuttgart 1931), S. 214.

gen in Jericho, wo man an den Mauern der antiken Stadt Anzeichen eines Erdbebens und Brandspuren entdeckte, die der Ausgräber auf die Zeit um 1407 v. Chr. datierte – eben den Zeitpunkt der Amarnakorrespondenz[14]. Dieses Erdbeben könnte die Ursache des Einstürzens der Mauern von Jericho gewesen sein, als die Israeliten nach dem Übergang über den Jordan die Stadt belagerten.

Es ist auch eine Kombination dieser ersten und zweiten Version vorgeschlagen worden: Israel verließ Ägypten zur Zeit der Vertreibung der Hyksos und erreichte Palästina als Chabiru während der Regierungszeit Echnatons. Aber diese Hypothese würde mehr als 200 Jahre der Wüstenwanderung im Gefolge haben anstatt der 40 Jahre der Heiligen Schrift und wird deshalb als unwahrscheinlich angesehen[15]. Auf der anderen Seite bietet ein Exodus in den Tagen Amenophis II. solche Schwierigkeiten nicht und scheint mit den chronologischen Angaben der Bibel übereinzustimmen. Nach Ansicht der Ägyptologen jedoch scheint die Zeit Amenophis II. kaum für ein derartiges Vorkommnis geeignet gewesen zu sein. »Den Exodus, sagen wir einmal, in die Regierungszeit Amenophis II. zu verlegen, damit die Übereinstimmung mit überlieferten Daten erreicht wird, scheint dem Ägyptologen von allen Theorien die am wenigsten wahrscheinliche zu sein.«[16]

Besonderer Nachdruck ist auch auf die Tatsache gelegt worden, daß Palästina noch bis zu den Unruhen von 1358 v. Chr., die der Regierung Echnatons ein Ende setzten, unter ägyptischer Herrschaft stand. »Josua fand keinerlei Anzeichen ägyptischer Macht während seiner Eroberung.«[17] Das Ende der Regierung Echnatons und der XVIII. Dynastie in den Tagen Tutench-Amun und Ejes war eine günstige Zeit für Aufstände und das Entweichen von Sklaven aus Ägypten. Es ist nichts gefunden worden, was man auch nur als Andeu-

14 John Garstang, »The Foundations of Bible History« (New York 1931): »Die Invasion Israels . . . fällt mit einer Zeit der Schwäche unter Amenophis III. zusammen.«

15 Peet, »Egypt and the Old Testament«, S. 74–75.

16 Hall, in »The People and the Book«, Hrsg. Peake, S. 7.

17 Sir W. M. Flinders Petrie, »Palestine and Israel« (London 1934), S. 55.

tung für einen Exodus während des Interregnums zwischen der XVIII. und XIX. Dynastie hätte nehmen können, und nur die Tatsache, daß die allgemeine Lage einen Auszug möglich machte, spricht für diese Hypothese. Dieser Gedankengang fand Eingang in das Werk eines Psychologen, der, in den Fußstapfen gewisser Historiker[18], den Versuch unternahm, nachzuweisen, daß Mose ein ägyptischer Fürst war, ein Zögling Echnatons; daß Echnaton der Begründer der monotheistischen Lehre gewesen sei; daß Mose, als Echnatons Regierungszeit endete und seine Ketzerei in Ungnade fiel, seine Lehre übernahm und sie den Sklaven brachte, mit denen er Ägypten verließ.

Die nächste Theorie verlegt den Exodus in noch spätere Zeit: ihr Grundpfeiler ist eine Stele des Merenptah, auf der dieser König der XIX. Dynastie sagt, daß Palästina »eine Witwe ist« und daß »der Same Israels ausgetilgt ist«. Dies wird als die früheste Erwähnung Israels in einem ägyptischen Dokument angesehen. Merenptah kam weder im Meer um, noch erlitt er eine Niederlage; er hat offensichtlich Israel vernichtend geschlagen und Palästina verwüstet. Die Umstände entsprechen nicht der eindeutigen Überlieferung Israels; da es sich hier aber um die erste Erwähnung Israels handelt, wird von vielen Merenptah als der Pharao des Exodus (um 1220 v. Chr.) und sein Vorgänger Ramses II. als der Pharao der Unterdrückung angesehen[19].

18 S. Freud, »Der Mann Mose und die monotheistische Religion« (Suhrkamp 1979). Vgl. Strabo, »The Geography«, XVI, 2, 35.

19 Diese Ansicht findet man bei R. Lepsius: »Extracts from the Chronology of the Egyptians«, in seinen »Letters from Egypt, Ethiopia and the Peninsula of Sinai« (London 1853), S. 449. Schon vor dem Auffinden der Stele des Merenptah wurde dieser Pharao von nicht wenigen Gelehrten als der des Exodus bezeichnet, weil sein Vorgänger, Ramses II., für den Pharao der Unterdrückung gehalten wurde. Diese Rolle wurde Ramses II. deshalb zugeschrieben, weil im Buche Exodus die Stadt des Ramses erwähnt ist. Die Anhänger der Chabiru-Theorie betrachten dies jedoch nicht als ein gewichtiges Argument. »Mehrere Historiker weisen darauf hin, daß diese Städte *(Ramses und Pithom)* schon vor Ramses II. bestanden, und sind daher der Meinung, daß die betreffenden Arbeiten von einem König der XVIII. Dynastie angeordnet wurden.« P. Montet, »Le Drame d'Avaris« (Paris 1941), S. 144.

Unter der Statue des Merenptah in der Halle des Metropolitan Museum of

Andere Gelehrte jedoch betrachten die Erwähnung Israels in Palästina in den Tagen des Merenptah nicht als eine Bestätigung, sondern als Widerlegung der Theorie, daß Merenptah der Pharao des Exodus gewesen sei. Sie argumentieren, er hätte nicht der Pharao des Exodus sein können, wenn er Israel bereits in Palästina vorgefunden hat[20].

Noch ein weiteres Hindernis, den Exodus in die Regierungszeit Merenptahs zu verlegen, ist hervorgehoben worden. Wenn er wirklich der Pharao des Exodus war, dann mußten die Israeliten Palästina mindestens eine Generation später betreten haben, also zwischen 1190 und 1180 v. Chr.; nach dieser Theorie verbleibt jedoch nur ein Jahrhundert für die Zeit der Richter. »Die Verlegung des Exodus in die Regierungszeit des Merenptah – um 1220 v. Chr. – hat bisher immer unter dem Vorwurf gelitten, sie sei nahezu unmöglich spät angesetzt, obgleich man sie im allgemeinen für eine mutmaßliche Schätzung in Betracht zog.«[21]

Einige Gelehrte nahmen an, daß der Auszug in mehreren Wellen erfolgte[22]. Eine Kombination der »Chabiru-Theorie« und der »Merenptah-Theorie« ordnet die Ereignisse wie folgt: »Als die Hebräer Kanaan betraten, waren die Israeliten noch in Ägypten . . . Alle Israeliten waren Hebräer, aber nicht alle Hebräer waren Israeliten. So klopften andere hebräische Stämme an die Tore Kanaans, während die Israeliten oder die

Art in New York befand sich bis vor kurzem die neuzeitliche Beschriftung: »Pharao des Exodus«, und unter jener Ramses II. stand »Pharao der Unterdrückung«. Siehe H. E. Winlock, »The Pharaoh of the Exodus«, Metropolitan Museum Bulletin 17 (New York 1922), S. 226–234.

20 »Wenn die Israeliten Ägypten nicht vor der Regierung des Merenptah verließen, und wenn sie etwa 40 Jahre auf dem Wege nach Palästina zubrachten, wie konnte Merenptah sie im dritten Jahre seiner Regierung in Palästina besiegt haben?« S. A. B. Mercer, »Tutankhamen and Egyptology« (Milwaukee 1923), S. 48 ff.

21 Hall, in »The People and the Book«, Hrsg. Peake, S. 7.

22 In einer Inschrift Ramses II. sowie in einer seines Vorgängers Sethos wird Ascher in Palästina erwähnt. Dies ist der Name eines der zwölf Stämme. Diese Erwähnung und andere ähnliche Angaben veranlaßten diese Gelehrten anzunehmen, daß der Exodus in mehreren aufeinanderfolgenden Wellen stattfand.

Stämme Jakobs noch in Ägypten waren.«[23] Die Versöhnlicheren unter den Gelehrten schlugen folgende Lösung vor: »Einige der Hebräer verblieben nach dem Auszug der Hauptmasse des Volkes in Ägypten.«[24]

Noch später hat Ramses III. (XX. Dynastie) einen Krieg gegen die Peleset oder Pereset in Palästina geführt. Diese wurden als die Philister identifiziert. Weil in den ausführlichen Berichten über diesen Feldzug die Israeliten nicht erwähnt sind, wird von vielen Gelehrten angenommen, daß sie Palästina noch nicht erreicht hatten. Man glaubt, daß sie Ägypten in den Tagen des Merenptah verließen (obgleich seine Stele Israel als schon in Kanaan ansässig erwähnt), aber sie erschienen in Palästina erst nach den eindringenden Philistern, mit denen Ramses III. kämpfte[25]. Demnach wird das Eindringen der Philister nach Palästina einige fünfzig Jahre nach dem Exodus und wenige Jahre vor der Eroberung Kanaans durch Israel angesetzt.

Das Erscheinen der Israeliten in Palästina etwa in den Tagen Merenptahs – und noch weniger in den Tagen Ramses III. nach seinem Feldzug dorthin im Jahre 1186 v. Chr. – läßt keinen Raum für die Zeit der Richter, die das Volk vier Jahrhunderte lang vor Saul und David (um 1000 v. Chr.) regierten; aber eine Schar von Historikern argumentierte zugunsten dieser Theorie: »Das Eindringen ... konnte nicht vor dem letzten dortigen Krieg der Ägypter unter Ramses III., 1186 v. Chr., stattgefunden haben ... Der Unsicherheit ist hier kein Spielraum mehr gelassen.«[26] Archäologische Überlegungen wurden angestellt, um diese Meinung zu unterstützen. Die Ausgrabung von Bethel in Palästina, so wurde behauptet,

23 S. A. B. Mercer, »Extra-Biblical Sources for Hebrew and Jewish History« (New York 1913). Er bezeichnet die Chabiru als Hebräer und nennt als Pharao der Unterdrückung Ramses II., 100 Jahre später.

24 Peet, »Egypt and the Old Testament«, S. 124, unter Bezugnahme auf die Theorie von Driver und anderen.

25 Vgl. W. F. Albright, »The Archaeology of Palestine and the Bible« (New York 1932), S. 144, wo der Exodus dem frühen 13. Jahrhundert zugeschrieben wird, jedoch hält Albright an dem Aufenthalt der Israeliten in Ägypten in den Tagen der Hyksos fest.

26 Petrie, »Palestine and Israel«, S. 58.

»zeigt ununterbrochene einheimische Besiedlung bis zur Unterbrechung um 1200 v. Chr. durch die israelitische Eroberung.« Daraus wurde der Schluß gezogen, daß für die Invasion Palästinas durch Israel »kein früheres Datum möglich ist«[27].

Die Verschiedenheit der Ansichten ist sogar noch größer. Man hat uns darüber belehrt, daß ein Exodus zur Zeit Merenptahs »fast unmöglich spät« läge, aber ein Gelehrter schlug allen übrigen Meinungen ins Gesicht, indem er die Israeliten in den Tagen Merenptahs nicht aus, sondern nach Ägypten brachte[28]. Während der Regierung Merenptahs überschritten Asiaten die Grenze Ägyptens und wurden von den Behörden als Einwanderer registriert.

Vertreibung der Hyksos, Invasion der Chabiru, Niederlage Israels zur Zeit Merenptahs – das sind die drei Ereignisse, auf die die verschiedenen Schulen der Historiker ihre jeweiligen Theorien gründen. Es ist hoffnungslos, den Versuch zu machen, Unvereinbares miteinander in Einklang zu bringen. Jede Gruppe weist auf die Entstellungen und Verzerrungen hin, die sich ihre Gegner leisten. Zweihundert Jahre der Wanderung in der Wüste untergraben eine Theorie, einhundert Jahre für die Zeit der Richter eine andere – und so fort. Sie alle haben ein und dasselbe Hindernis zu überwinden: »Nach jedem chronologischen System, das vernünftigerweise vorgeschlagen werden kann, fällt das Datum des Einfalls Israels und der Ansiedlung in jene Zeit (1500 bis 1100 v. Chr.), in der das Land als ein wesentlicher Teil seines syrischen Reiches von Ägypten beherrscht wurde.«[29] Aber wenn das so ist, wie konnten dann die Israeliten Ägypten verlassen – und wenn sie es verlassen hatten, wie konnten sie in Palästina eindringen? Und darüber hinaus: Warum unterlassen es die Bücher Josua und der Richter, die vierhundert Jahre umfassen, die Herrschaft Ägyptens, ja sogar Ägypten überhaupt, zu erwähnen?

27 Albright, zitiert von Petrie, »Palestine and Israel«, S. 57. Bethel fiel »irgendwann um die erste Hälfte des 13. Jahrhunderts, nach Albrights Meinung« – ebenso Wright, »Epic of Conquest«, »Biblical Archaeologist«, III (1940), S. 36.

28 B. D. Eerdmans, »Alttestamentliche Studien« (Gießen 1908), II, 67

29 Garstang, »The Foundations of Bible History«, S. 51.

Man fand eine Erklärung für die Tatsache, daß Israel Ägypten in den Tagen der mächtigen Pharaonen verließ, aber keine, die dem befremdlichen Schweigen der Bücher Josua und der Richter Rechnung trug. Die Pharaonen waren sehr mächtige Herrscher, und der Exodus war nichts weiter als der alltägliche Zug von Beduinen über die ägyptische Grenze. Als die Israeliten in einem Jahr der Dürre an die Grenze kamen, ließ man sie wohl herüber, aber sie mußten für den Staat verschiedene Arbeiten als Gegenleistung für die Gastfreundschaft ausführen. Als sie Ägypten wieder verließen, gab ihnen ein Beamter die Erlaubnis für den Auszug, und es kann sehr wohl sein, daß er diesen Abzug auch verzeichnete; aber es handelte sich um ein zu unbedeutendes und häufig vorkommendes Geschehen, als daß es zum Anlaß einer Inschrift auf Denkmälern hätte dienen können. »Der Exodus aus Ägypten war offenbar ein unwichtiger Vorgang in der Geschichte jener Zeit, so geringfügig, daß das außer den Juden selbst am meisten beteiligte Volk, die Ägypter, sich niemals die Mühe nahm, ihn aufzuzeichnen.«[30] »Man hat sich lediglich zu vergegenwärtigen, was dieses Ereignis bedeutete, oder richtiger, was es für Ägypten nicht bedeutete.«[31]

Wenn dieser Standpunkt zutrifft, dann können die Archäologen nur wenig Hoffnung hegen, in Ägypten eine Parallele zum Buche Exodus zu finden, und die Historiker haben keine Basis, von welcher aus sie den Zeitpunkt eines bedeutungslosen Ereignisses festsetzen können.

Wenn dem ägyptischen Volk nichts daran lag, den Auszug der Israeliten aufzuzeichnen, dann würde diese Untersuchung über etwas, was unbemerkt von den Zeitgenossen vor sich ging, nur eine Verschwendung von Zeit und Mühe sein.

30 S. W. Baron, »A Social and Religious History of the Jews« (New York 1937), I, 16.

31 Hugo Winckler, »Kritische Schriften« (Berlin 1901–1907), I, 27. Vgl. auch Peet, »Egypt and the Old Testament«, S. 21: »Es ist durchaus möglich, daß sich nur so wenige Israeliten in Ägypten aufhielten, daß die Ägypter dies niemals einer Erwähnung wert hielten.«

Plagen und Vorzeichen

Die biblische Geschichte stellt den Auszug aus Ägypten nicht als einen alltäglichen Vorgang dar, sondern vielmehr als ein von einem heftigen Aufruhr der Natur begleitetes Geschehnis.

Gewaltige und bedeutungsvolle Vorzeichen gingen dem Exodus voraus: Rauch und Wolken von Staub verdunkelten den Himmel und färbten das Wasser, auf das sie sanken, blutigrot. Der Staub fraß Wunden in die Haut von Mensch und Tier; Ungeziefer und Gewürm nahm in der glühenden Hitze zu und füllte die Luft und überzog die Erde in Massen; wilde Tiere, von Sand und Asche gepeinigt, kamen aus den Schluchten des Wüstenlandes zu den Wohnstätten der Menschen. Ein fürchterlicher Katarakt von Hagelschloßen ging nieder, und wildes Feuer raste über den Boden; ein Sturmwind führte Schwärme von Heuschrecken heran, die das Tageslicht verdunkelten; Ströme von Aschenregen fielen Tag und Nacht, Nacht und Tag; die Dämmerung ging über eine lange Nacht, und Finsternis erstickte jeden Lichtschimmer. Dann kam die zehnte und geheimnisvollste Plage: der Engel des Herrn »ging an den Häusern der Kinder Israels vorüber ... als er die Ägypter schlug und traf unsere Häuser nicht« (Exodus 12, 27). Die vom Engel der Zerstörung verschonten Sklaven wurden unter Weinen und Wehklagen beschworen, das Land noch in der gleichen Nacht zu verlassen. In der aschgrauen Dämmerung begab sich die Menge auf die Wanderung und ließ hinter sich versengte Felder und Trümmer zurück, dort, wo wenige Stunden zuvor noch städtische und ländliche Wohnstätten gewesen waren.

Es gibt zwei wissenschaftliche Interpretationen der Geschichte der Plagen, wie sie im Exodus, Kapitel 7–11, erzählt ist[32]. Die eine meint, es handle sich um ein Märchen[33]. Man

32 Abweichungen in etwas anderer Reihenfolge der Plagen finden sich im Psalm 78 und 105.

33 »Die Einzelheiten dieser Geschichte sollte als ebenso mythisch angesehen werden wie die Einzelheiten der Schöpfung in der Genesis.« A. H. Gardiner, in »Etudes Champollion«, 1922, S. 205.

Abb. 1: Darstellung von Pharao Tut-ench-Amun mit seiner Frau auf der Rückenlehne seines Thronsessels. (Aus Holz, mit Blattgold überzogen und farbig angelegt.)
Bildarchiv Preußischer Kulturbesitz.

nahm diese Geschichte aus dem Zusammenhang heraus, analysierte sie und stellte fest, daß die Legende ursprünglich vom Tode des Kronprinzen berichtet hätte; der Tod dieser einen Person wurde dann ausgeweitet zu einer Plage, die alle Erstgeborenen heimsuchte[34]. Später wurde die eine Plage auf drei vermehrt; aber die Geschichtenerzähler, damit noch nicht zufrieden, spannen ihre Berichte noch weiter aus, bis sie eine Erzählung von zehn Episoden hatten. Mit großer Genauigkeit wurde die Urheberschaft eines »Elohisten« und eines »Jahwisten« unterschieden.

»Keiner dieser beiden Gruppen von Legenden liegt irgendeine historische Wahrheit zugrunde. Die Plagen sind eine spätere Einschaltung älterer Wunder. Jedoch haben sich Wunder nirgends und zu keiner Zeit ereignet.«[35] »Und da weder die Plagen noch die Wunder historisch sind, kann daraus kein Schluß auf die Zeit des Exodus gezogen werden.«[36]

Als man darauf eine rein sachliche Analyse durchführte, wurde die geschickte Methode der Erzähler enthüllt: »Das sind gelehrte Reflexionen; durch den Hagel wurden nur Flachs und Gerste zerstört, weil sie schon reif waren, Weizen und Roggen, die gewöhnlich später reifen, blieben verschont. Diese Glosse wurde hinzugefügt, damit die Heuschrecken in der nächsten Plage ›etwas zu fressen haben‹ sollten.«[37] Mitunter setzte die Selbstkontrolle des Fabulierens aus, wie aus der Geschichte von den Beulen ersichtlich wird: »Pestbeulen fliegen nicht wie Asche in die Luft, und trotzdem . . . wurde Mose befohlen, die Asche des Herdes ›himmelwärts‹ zu streuen.«[38]

Die andere Interpretation versucht, eine natürliche Erklärung für die Plagen zu finden. In Ägypten weht der Schirokko im Frühling und im Herbst; der heiße Wind wird auch »Chamsin« genannt, was »Fünfzig« bedeutet, denn während fünfzig Tagen im Jahr bringt dieser Wüstenwind Wolken von Staub mit sich. Man zeigte Bilder vor, die den verdunkelten Himmel an Chamsintagen erkennen lassen. Der Wind aus der Wüste

34 Eduard Meyer sagt, daß in der früheren Fassung der Legende die einzige Plage die der Heuschrecken gewesen sei. »Die Israeliten und ihre Nachbarstämme« (Halle 1906), S. 30. Er sagt auch: »Es gibt keine volkstümliche Überlieferung in der Geschichte von den Plagen. Sie ist eine Schöpfung des Erzählers.« Ebenda S. 31.

35 H. Greßmann, »Mose und seine Zeit« (Göttingen 1913), S. 107.

36 Ebenda, S. 108.

37 Ebenda, S. 73.

38 Ebenda, S. 92.

kann auch Heuschreckenschwärme heranführen; sie bedekken den Himmel wie ein dichter Schleier, so daß während ihres Vorüberzuges die Sonne verdunkelt wird. Die bräunliche Farbe des Nilwassers, besonders vor der Überschwemmung, ist allen Reisenden bekannt, und gewisse speziell gemachte Beobachtungen bei den Nilkatarakten wurden in allen Einzelheiten beschrieben[39]. Die Läuse, Flöhe und Frösche des heutigen Ägyptens sind Gegenstand eingehender Studien ehrwürdiger Gelehrter gewesen. Es ist wiederholt darauf hingewiesen worden, daß die im Buche Exodus beschriebene Folge der Plagen genau der Folge der alljährlichen Lästigkeiten entspricht, die, durch Klima und Insekten verursacht, im Ägypten unter der türkischen Herrschaft auftraten, und es ist auch heute noch weitgehend gleich.

Dieser Erklärungsversuch des Problems der Plagen macht aus ihnen ein jahraus, jahrein wiederkehrendes Ereignis. Kein Wunder also, daß sie die Ägypter nur im selben Ausmaß beeindruckten wie das jahraus, jahrein stattfindende Kommen und Gehen einiger Beduinen mit ihren Herden.

Während vieler Jahrhunderte haben Tausende von Gelehrten sich mit der Geschichte der Plagen befaßt. Waren sie fromm, so stellten sie keine Fragen; gehörten sie zu den Aufgeklärten, dann verteidigten sie den Bericht durch Beweise, daß Wunder nichts als gewöhnliche Naturerscheinungen sind; waren sie kritisch, so lehnten sie die Geschichte ab und erklärten sie als einen Mythos verhältnismäßig späten Ursprungs.

Das Buch Exodus fährt dann fort zu erzählen, wie die Israeliten durch das Heer des Königs, dem ihr Entkommen bereits leid tat, verfolgt wurden. Zwischen Bergen und Meer wurden sie eingeschlossen. Die Nacht war furchtbar. Eine

39 Vansleb (1677) beobachtete, daß das Nilwasser seine Farbe von Grün in Ockerrot veränderte. »Wenn der Nil gegen Ende Juni zu steigen beginnt, färbt der rote Mergel, den er aus den Bergen Abessiniens mitbringt, das Wasser so dunkel, daß es im Licht der untergehenden Sonne wie Blut leuchtet.« A. H. Sayce, »The Early History of the Hebrews« (London 1897), S. 168.

schwere Wolke verdunkelte den Himmel, der durch unaufhörliche Blitze zerrissen wurde. Ein Orkan wütete die ganze Nacht, und in der Morgendämmerung war das Meer geteilt, die Wasser durch eine zwiefache Flut von gewaltiger Kraft auseinandergerissen. Die Sklaven gingen hindurch; ihnen auf den Fersen die Verfolger in Streitwagen; aber die Wasser kehrten zurück, und die Ägypter mit ihrem König fanden den Tod in den Wogen, die ihnen entgegenrasten.

Man unternahm Versuche, diese Geschichte als ein Naturereignis darzustellen. Es schien schwierig, dem darin enthaltenen Wunder Glauben zu schenken; aber die lebendige Beschreibung der Nacht, des Orkans, und der berghohen Wogen ließ vermuten, daß tatsächlich etwas geschehen sei, dessen Erinnerung später durch die Phantasie ausgeschmückt wurde[40]. Daß aber die Juden jahrhundertelang den Gedanken an ein Erlebnis im Meer bewahrten, weist darauf hin, daß nicht die ganze Geschichte erfunden ist. Historiker sind der Meinung, daß diese wertvollste Tradition des Volkes an den Ufern des Yam-Suf, gewöhnlich mit »Rotes Meer« übersetzt, entstanden ist.

Ein Fluß oder ein Meer, in zwei Teilen gespalten, ist ein häufiges Motiv der Volkssage. Die Verfolger erlebten wahrscheinlich eine Katastrophe, aber nicht durch ein in zwei Teile gerissenes Meer, sondern durch eine Sturmflut.

Aber eine auf Ebbe und Flut gegründete Erklärung kann offenbar nicht ausreichen. Ob das Meer des Durchzugs der Golf von Suez oder der Golf von Akaba am Roten Meer oder der See Sirbonis (Serbonis) ist[41], der mit dem Mittelmeer verbunden ist, oder ein anderer See – der Krokodilsee, der Salzsee, durch dessen Wasser heute die Schiffe vom Mittelmeer in das Rote Meer fahren –: Es gibt keine sichtbare Bewegung

40 Greßmann, »Mose und seine Zeit«, S. 117: »Diese Darstellung ist so bildhaft, daß jede Einzelheit klar vor Augen steht, und man möchte fast an eine realistische Beschreibung historischer Ereignisse denken, wenn die Wunder nicht wären. So aber ist die Lebendigkeit der Beschreibung das Kennzeichen einer Sage.«

41 So A. H. Gardiner, »Etudes Champollion«, 1922, S. 205 ff.; »Journal of Egyptian Archaeology«, X (1924), S. 82 f.

durch Ebbe und Flut an einer dieser Wasserflächen, weder im Mittelmeer noch im Roten Meer, noch selbstverständlich an den Inlandseen.

Eine plausible Erklärung müßte daher die Gezeiten weglassen und sich mit dem Sturm begnügen. Einige der Streitwagen der verfolgenden Ägypter versanken im Meer, als dessen Brecher die Küste überfluteten. Darauf stimmten die Israeliten das Lied ihrer Befreiung an, oder es überkam sie die Eingebung, aus der heraus die übertriebene Darstellung der Katastrophe später entstand. Wie konnte sie anders als übertrieben sein, da Ägyptens Annalen nichts von einem durch die Fluten verschlungenen König und seinen Streitwagen wissen, während sich die Nachkommen der aus der königlichen Gefangenschaft Entflohenen selbst verherrlichten mit der Geschichte eines wundersamen Sturmes, von dem die Ägypter nichts überliefert haben?

Hat es irgendeinen Sinn, zu versuchen, den Beweis zu erbringen, ein starker Ostwind, der vom Abend bis in den frühen Morgen weht, könne das Meer zurückweichen lassen und ein Wechsel in der Windrichtung ein an Land marschierendes Heer unter sich begraben? Es ist doch seltsam, mit welcher Beharrlichkeit das jüdische Volk an dieser Erzählung festhielt und sie zum Ausgangspunkt und gleichzeitig zum dramatischen Ereignis seiner Geschichte als Nation machte.

Nach ihrem Entkommen gelangten die Flüchtlinge in die Wüste, in ein verlassenes Ödland. Das Buch Exodus berichtet, daß am Tage eine Rauchsäule und in der Nacht eine Feuersäule vor ihnen herging. Eine dreifache Erklärung dieses Vorzeichens wurde gefunden: An der Spitze dahinziehender Karawanen wird gewöhnlich eine hocherhobene Fackel getragen, um dem nachfolgenden Zug den Weg zu weisen. Wegen der Hitze des Tages bevorzugen die Karawanen die Reise während der Nacht, und das brennende und rauchende Pech dient dazu, die Menschen vor dem Verirren zu bewahren und die wilden Tiere der Wüste abzuschrecken[42].

42 Siehe beispielsweise S. R. Driver, »The Book of Exodus in the Revised Version« (Cambridge, England, 1911), S. 113: ». . . die häufig bezeugte

Obwohl diese Erklärung allgemein anerkannt und in vielen Bibelkommentaren zu finden ist, ist sie zu einfach. Die Rauch- und Feuersäule machte auf die Israeliten einen tiefen Eindruck; man sagte von ihr, sie sei der Engel Gottes. Kannten denn die Israeliten nicht Brauch und Gewohnheiten von reisenden Karawanen in der Wüste; wurden sie wirklich von alltäglichen Dingen so beeindruckt, und waren sie so wundersüchtig, daß die Fackel in der Hand ihres Führers für sie zu einem Engel wurde?

Aber die Wolken- und Feuersäule konnte ja noch weniger sein als Einbildung, vielleicht nur eine Erfindung der Geschichtenerzähler.

Im letzten Jahrhundert hat ein Engländer namens Charles Beke, ein Mann seltsamer Einfälle, eine Broschüre veröffentlicht, betitelt »Mount Sinai a Volcano«[43]. Auf die Titelseite setzte er eine Inschrift aus zwei Sätzen; der eine stammt aus dem Buch Exodus, der andere von dem griechischen Dichter Pindar. Der Vers Exodus 13, 21, lautet: ». . . am Tage in einer Wolkensäule, um sie den Weg zu führen, und bei Nacht in einer Feuersäule, um ihnen zu leuchten.« Die Zeilen Pindars (Oden Pythia I, 22–24) beschreiben den Ätna: »Bei Tage ein brennender Strom aus Rauch; bei Nacht aber eine rötlich züngelnde Flamme.« Von dieser Parallele ausgehend, leitete Beke über zu der biblischen Beschreibung am Tage der Gesetzgebung und kam zu der erstaunlichen Schlußfolgerung, der er im Titel seiner Broschüre Ausdruck gibt. Der Tag der Gesetzgebung wird mit folgenden Worten beschrieben: »Am dritten Tage aber, als es Morgen wurde, brachen Donner und Blitze los, und eine schwere Wolke lagerte sich auf den Berg, und ein mächtiger Posaunenhall erscholl; und alles Volk, das im Lager war, erbebte . . . Der Berg Sinai war aber ganz in Rauch gehüllt, und der ganze Berg erbebte heftig . . . Als aber das ganze Volk die Donnerschläge und Blitze, den Posaunenhall und

Gewohnheit, eine mit brennendem Holz gefüllte Feuerpfanne an der Spitze einer Pilgerkarawane zu tragen.«

43 London 1873.

den rauchenden Berg wahrnahm, da (fürchtete sich) das Volk und zitterte und blieb weit weg stehen.«[44]

Beke erklärte die Rauch- und Feuersäule als eine glühende Säule aus Asche und Dämpfen, die der Vulkan herausschleuderte. Er zitierte Beobachtungen aus vulkanischen Gegenden, aus denen hervorging, daß vulkanische Eruptionen schwarze Aschenwolken erzeugen können, die den Himmel verdunkeln und manchmal über weite Entfernungen getragen werden. Eruptionen sind gewöhnlich von dumpfem Rollen im Erdinnern begleitet; Erdbeben und Vulkanausbrüche treten oft zusammen auf; Erdbeben, die den Grund des Meeres erschüttern, erzeugen Flutwellen, die sich erst vom Ufer zurückziehen, dann aber zurückkehren, das Land überfluten und Zerstörung hinterlassen. Nach seiner Beschreibung hat am Meer des Durchzugs eine Erdbebenkatastrophe stattgefunden, und der Bericht von den festgefahrenen Streitwagen (Exodus 14, 25) findet eine Parallele in der Beschreibung des Erdbebens beim Ausbruch des Vesuvs im Jahre 79, als Pompeji und Herculaneum untergingen, eine Beschreibung, die in einem Brief Plinius des Jüngeren an Tacitus erhalten blieb (Epistolae, VI, 20): »Wir standen still mitten in einem gefährlichen und fürchterlichen Geschehen. Die Fahrzeuge, die wir hatten herausziehen lassen, wurden, sogleich sie auf vollständig ebenem Boden standen, so vorwärts- und rückwärtsgestoßen, daß wir sie nicht ruhig halten konnten, selbst nicht, als wir große Steine unter die Räder legten. Das Meer schien auf sich selbst zurückzurollen und durch die Erschütterungen der Erde aus seinen Ufern gedrängt zu werden.«

Die Erklärung der wunderbaren Ereignisse am Meere des Durchzugs und am Berge Sinai als seismische und vulkanische Naturerscheinung wurde von seiten hoher Kleriker heftig bekämpft und verspottet. »Es ist bekannt, daß es in der Wüste keine vulkanischen Erscheinungen gibt, die solche Vorkommnisse erklären können. Tatsächlich sind alle von den Schreibern heiliger Bücher gebrauchten Ausdrücke die

44 Exodus 19, 16; 18; 20, 18.

gleichen, wie sie in hebräischen Schriften gewöhnlich für die Beschreibung eines Gewitters angewandt werden.«[45]

Beke hat die gebirgigen Erhebungen der Halbinsel Sinai nicht für den Berg Sinai der Schrift gehalten. In einer früheren Arbeit war er für die irrige Ansicht eingetreten, daß das Misraim der Schrift nicht Ägypten, sondern ein verschwundenes Königreich auf der Sinai-Halbinsel gewesen sei; die Israeliten hätten beim Verlassen des Landes den letzten Zipfel des Golfes von Akaba überquert und das arabische Ufer dieses Golfes erreicht. Er kündigte an, daß er bereit sei, seinen Ruf als Reisender und Bibelforscher einzusetzen, und daß er, falls man ihn aus öffentlichen Mitteln unterstütze, den Berg Sinai im Harra Radjla ausfindig machen würde, »der früher vulkanisch gewesen, nun aber seit Jahrhunderten erloschen sei«. Als alter Mann folgte er, wie er glaubte, den Spuren des Propheten Elia, der ebenfalls seine Pilgerfahrt zum Berg in der Wüste machte. Als er zurückkehrte und erklärte, daß der Berg Sinai der Har-Nur (Berg des Feuers) östlich von Ghor sei, eine Bergspitze, die wie eine Anzahl anderer einen Lichtschein um sich hat, aber kein Vulkan gewesen zu sein scheint, schrieb er, »daß er sich hinsichtlich des vulkanischen Charakters des Berges Sinai ungeheuer getäuscht habe«[46]. Sein Bekenntnis wurde nach seinem Tode in einer Goldschnitt-Ausgabe veröffentlicht, die sich äußerlich sehr von »Mount Sinai a Volcano« unterschied. Sie gibt einen Bericht über die Reise: »Ich fühle mich verpflichtet, zu bekennen, daß ich im Irrtum war über den physikalischen Charakter des Berges Sinai und daß die in der Schrift erwähnten Erscheinungen weniger vulkanischer als stürmischer Natur waren.«[47]

Dreißig Jahre, nachdem die Theorie vom vulkanischen Charakter des Sinai verkündet worden war, wurde sie durch einen Gelehrten anerkannt[48], zehn Jahre später durch einige

45 Dean Arthur P. Stanley, »Lectures on the History of the Jewish Church« (New York 1863–1876), I, 167.

46 Charles Beke, »Discoveries of Sinai in Arabia and of Midian« (London 1878), S. 561.

47 Ebenda, S. 436.

48 H. Gunkel, »Deutsche Literaturzeitung«, 24 (1903), col. 3058f.

andere Wissenschaftler[49], und neuerdings ist der Gedanke, daß Jahwe die Lokalgottheit eines Vulkans sei, zu einer oft wiederholten Ansicht geworden; ihre Annahme hat jedoch einige Gelehrte nicht davon abgehalten zu leugnen, daß der Besuch der wandernden Israeliten am Berg Sinai historisch sei[50].

Aufruhr

Wenn wir uns nicht auf die wenigen Sätze aus dem Buche Exodus zur Bekräftigung der Annahme beschränken, der Berg Sinai sei ein Vulkan gewesen, dessen Tätigkeit die Israeliten beeindruckte, sondern unser Augenmerk auf die vielen anderen auf den Exodus bezüglichen Stellen in verschiedenen Büchern der Schrift richten, werden wir uns bald zu dem ungewöhnlichen Zugeständnis verpflichtet fühlen, daß, wenn die Worte wirklich bedeuten, was sie sagen, der Umfang der Katastrophe weitaus denjenigen übertroffen haben muß, der durch einen einzigen tätigen Vulkan verursacht werden kann. Weit und breit herrschte vulkanische Tätigkeit, und der Berg Sinai war nur eine Esse in einem weiten Gebiet voller rauchender Schlote.

Erde, Meer und Himmel waren durch den Aufruhr in Mitleidenschaft gezogen. Das Meer überflutete das Land, Lava ergoß sich aus den Rissen des Erdbodens. Die Schrift beschreibt den Aufruhr entfesselter Elemente folgendermaßen: »Es wankte und schwankte die Erde, und der Berge Grundfesten erbebten und schwankten . . . brachen hervor Hagel und

49 Meyer, »Die Israeliten und ihre Nachbarstämme«, S. 69ff.; H. Greßmann, »Der Ursprung der israelitisch-jüdischen Eschatologie« (Göttingen 1905), S. 31ff., auch Greßmann, »Mose und seine Zeit«, S. 417ff. A. Musil hat den Berg Sinai mit dem erloschenen Vulkan al-Bedr gleichgesetzt.

50 Meyer, »Geschichte des Altertums«, Bd. II, Teil 2 (2. Auflage), S. 210: »So kann kein Zweifel bestehen, daß der Sinai in einem der zahlreichen jetzt erloschenen Vulkane der Harras zu suchen ist«; vgl. ebenda, S. 205: »Es ist sehr wohl möglich, daß die Sage (der Ereignisse am Sinai) zuerst einem der Stämme auf der Sinai-Halbinsel zu eigen war und dann von den Israeliten als eine Großtat Jahwes übernommen wurde.« Greßmann, »Mose und seine Zeit«, S. 418, verneinte ebenfalls den Besuch der Israeliten am Berg Sinai.

feurige Kohlen ... da wurden sichtbar des (Meeres) Betten, bloßgelegt die Grundfesten der Erde.«[51] In einer großen geologischen Katastrophe sank der Boden des Meeres ein, und die Wasser stürzten in die Tiefe. Die Erde bebte, Vulkane schleuderten Rauch und Feuer aus dem Innern der Erde, Riffe wurden fortgerissen; geschmolzener Fels rann die Täler entlang, die trockene Erde wurde zum Meer, das Innere der Berge dröhnte, und die Himmel donnerten ohne Unterlaß.

»Seine Blitze erhellen den Erdkreis, es sieht's und bebt die Erde. Berge zerschmelzen wie Wachs.«[52]

Die Schichten der Erde brachen zusammen, und das Bild der Erde veränderte sein Aussehen durch gewaltige Verlagerungen.

»(Er), der unvermerkt Berge versetzt, der sie umstürzt in seinem Grimm; der die Erde aufbeben macht von ihrer Stätte ...«[53]

Immer wieder wird von dieser seismischen und vulkanischen Tätigkeit jener Zeit berichtet, als die Israeliten Ägypten verließen.

»... da bebte die Erde ... Berge wankten ... das ist der Sinai ...«[54] Das letzte Zitat stammt aus dem Siegeslied der Deborah, einem der ältesten Fragmente, das in die Heilige Schrift aufgenommen wurde.

Das gläubige Vorstellungsvermögen faßt diese Äußerungen als reine Metapher auf. Auch die kritische Analyse sieht in ihnen lediglich den Ausdruck eines ekstatischen Überschwanges. Gab es wirklich kein Erlebnis irgendeiner Art, auf das diese Sinnbilder sich beziehen könnten? Ist das Folgende nur eine Beschreibung von Ebbe und Flut in den Salzsümpfen Ägyptens? »... da wurden sichtbar des (Meeres) Betten, bloßgelegt die Grundfesten der Erde«[55]. Die Überlieferung eines Volkes geht jedoch nicht in einer solchen, keine Unterscheidungen machenden Weise vor sich. Diesen Berichten

51 Psalm 18; 8, 13, 16.
52 Psalm 97, 4–5.
53 Hiob 9; 5, 6.
54 Richter 5, 4-5.
55 Psalm 18, 16.

Abb. 2: Kolossalstatue Ramses II. bei Memphis; dieses Foto enstand um 1900. (Aus der Zeit um 1300 bis 1225 v. Chr.)
Bildarchiv Preußischer Kulturbesitz.

von geologischen Veränderungen, die an den oben erwähnten und vielen ähnlichen Stellen in Zusammenhang mit dem Exodus beharrlich wiederholt werden, muß irgendein Erlebnis zugrunde liegen, das die Volksüberlieferung immer wieder umgeformt hat. Dieses Erlebnis war nach der Schrift gleichzeitig so erhaben und so furchtbar, daß es selbst nach einer langen Folge von Generationen nicht vergessen werden konnte.

»Ich (sinne) des Nachts in meinem Innern, ich grüble, und es forscht mein Geist. Wird denn ewiglich Gott verstoßen und kein Gefallen mehr haben? Ist auf immer dahin seine Huld ... ja, ich gedenke von uran deines wunderbaren Waltens ... ja, es zitterten die Tiefen ... es erleuchteten Blitze den Erdkreis, es zitterte und bebte die Erde ... Du führtest wie Schafe dein Volk durch die Hand Moses und Aarons.«[56]

Der Dichter dieses Psalms wurde eines Nachts von einer Vision aus der Vergangenheit heimgesucht, in der sich wun-

56 Psalm 77; 7, 8, 9, 12, 17, 19, 21.

dersame Dinge im Meer und in der Wildnis zutrugen vor den Augen eines Volkes, das dem Hause der Knechtschaft entronnen war. Das Ungestüm und der Aufruhr der Natur erregten die Flüchtlinge in der Wüste bis zur Exaltation:

»Du hast die Erde erschüttert, sie gespalten, heile ihre Brüche; denn sie wankt.

Du ließest dein Volk Schweres schauen, du gabst uns Taumelwein zu trinken.«[57]

Die Nächte in der Wüste unter dem rasenden Himmel, der unaufhörlich von Blitzen zerrissen wurde, als glühende Lava strömte und die Berge schmolzen, waren unvergeßlich. Während all der langen Jahre, als die Israeliten in ihrem Lande lebten, vergaßen sie nie die Erschütterungen des Bodens der Wüste, das Zerbersten des brennenden Berges, das Wüten der Wasser. Die Ereignisse dieser Woche oder Monate, in denen die Oberfläche der Erde gewaltsame Veränderungen ihres tektonischen Aufbaus erlitt, wurden zu der bedeutungsvollsten Überlieferung dieses Volkes.

Die schriftliche Überlieferung der Bibel hält daran fest, daß, ehe die Israeliten aus Ägypten fortzogen, dieses Land durch Plagen, Vorläufer einer völligen Zerstörung durch die entfesselten Elemente, heimgesucht wurde. Als die Israeliten das Land verließen, wurden sie Zeugen gewaltiger Flutwogen auf dem Meer; später in der Wüste erlebten sie dann die verheerenden Erdbeben und eine vulkanische Tätigkeit großen Ausmaßes. Lava strömte aus den Rissen des Bodens, tiefe Klüfte taten sich auf[58], und Quellen wurden bitter oder versiegten[59].

Logischerweise muß hier die Frage gestellt werden: Sind diese Bekundungen vollständig falsch? Und wenn es sich nicht um eine Sammlung irreführender Erdichtungen handelt, kann es möglich sein, daß nichts davon von den Ägyptern bemerkt wurde? Wenn ihr Land solches Unheil erleiden mußte, sind wir dann nicht auf der rechten Spur bei unserer Suche nach einem Synchronismus in der jüdischen und der

57 Psalm 60; 4–5.
58 Numerus 16, 32.
59 Exodus 15, 23. Psalm 107, 33-35.

ägyptischen Geschichte? Eine Wüste in der Nähe Ägyptens wurde durch Erdbeben erschüttert. Waren diese gewaltigen seismischen Störungen nur auf ein kleines Gebiet beschränkt? Wird überhaupt ein Erdbeben in ägyptischen Aufzeichnungen erwähnt?

Die Standardwerke über die Geschichte Ägyptens enthalten keine Berichte über ein Erdbeben und auch keine über Plagen. Nichtsdestoweniger möchten wir auf unserer Frage bestehen. Zu dieser Beharrlichkeit veranlaßt uns die Überlegung, daß etwas Großes auf dem Spiele stehen könnte. Wenn es mit unserer Hilfe gelänge, den Annalen des alten Ägyptens ein Zeugnis zu entreißen – die Erinnerung an eine gewaltige Katastrophe –, würden wir vielleicht einen wertvollen Schlüssel für ein bisher dunkles Problem erhalten, vor dessen Toren alle Streitigkeiten seit mehr als zweitausend Jahren ohne Entscheidung geblieben sind.

Ein ägyptischer Augenzeuge bestätigt die Plagen

In dieser historischen Gerichtsverhandlung wird das Urteil von folgender Feststellung der Tatsachen und ihrer Überprüfung im Kreuzverhör abhängen.

Es ereignete sich eine große Naturkatastrophe, deren Nachwirkungen jahrelang anhielten. Ihre Eindrücke prägten sich tief in die Gemüter ein, die Berichte wurden von Generation zu Generation weitergegeben, und wieder und wieder finden wir ein Echo davon in der Heiligen Schrift und anderen Aufzeichnungen. Ist in ägyptischen Dokumenten wirklich kein Hinweis darauf zu entdecken?

War der Exodus in Wirklichkeit nur ein unbedeutendes und obskures Durchschlüpfen durch die Kontrolle der königlichen Zollbeamten an der Grenze des Staates? Wenn dem so ist, wie kommt es, daß er zu der erregendsten Erinnerung des jüdischen Volkes wurde?

Woher kamen die Visionen einer Katastrophe, die Erde und Meer auseinanderriß? Ist der Aufruhr, der das Land und seinen Fluß, das Meer und die Wüste heimsuchte, wirklich nicht in ägyptischen Aufzeichnungen zu finden? Ist jede Erinnerung daran ausgelöscht?

Da die Werke über die Geschichte Ägyptens es unterlassen, irgendeine Naturkatastrophe zu erwähnen, sollten wir die alten Quellen genauer untersuchen.

Es ist unbekannt, unter welchen Umständen der Papyrus mit den Aussagen des Ipuwer gefunden wurde. Nach Angaben seines ersten Besitzers (Anastasi) wurde er in »Memphis« gefunden, womit wahrscheinlich die Umgebung der Pyramiden von Sakkara gemeint ist. Im Jahre 1828 wurde der Papyrus von dem Museum in Leiden in den Niederlanden erworben und wird in den Katalogen als Leiden 344 geführt.

Der Papyrus ist auf beiden Seiten beschrieben. Die Vorderseite (recto) und die Rückseite (verso) unterscheiden sich durch die Richtung des Fasergewebes; die Erzählung Ipuwers steht auf der Vorderseite, auf der Rückseite befindet sich eine Hymne an eine Gottheit. Ein Faksimiledruck der beiden Texte wurde von der Museumsverwaltung gemeinsam mit anderen ägyptischen Dokumenten veröffentlicht[60]. Die Rede des Ipuwer ist jetzt in einem Buch von 17 Seiten zusammengefaßt, die meisten der Seiten enthalten 14 Zeilen hieratischer Zeichen (eine fließende Schrift, wie sie die Schreiber benützten, völlig abweichend von der Bilderschrift der Hieroglyphen). Von der ersten Seite ist nur ein Drittel – der linke oder letzte Teil von 11 Zeilen – erhalten. Die Seiten 9–16 sind in sehr schlechtem Zustand, nur wenige Zeilen vom oberen und unteren Teil der Seiten blieben vor der Zerstörung bewahrt, und von der 17. Seite verblieb nur der Anfang der beiden ersten Zeilen.

Die erste Interpretation des Ipuwer-Textes wurde in der Einleitung des Faksimiledruckes vorgelegt[61]. Es wurde erklärt, daß 8 Seiten der Vorderseite des Papyrus (recto) Sprichwörter oder Lehrsätze enthielten, und von den folgen-

60 C. Leemanns, »Aegyptische Monumenten van het Nederlandsche Museum van Oudheden te Leyden« (Leiden 1846), Teil 2; Vorderseite: Tafeln 105–113.

61 Von F. Chabas, nachgedruckt in »Bibliothèque égyptologique«, X (Paris 1902), 133 ff., besonders 139–140.

den Seiten nahm man an, sie seien ein Kapitel aus einem philosophischen Werk. Der Autor des nächsten Übersetzungsversuches (er übersetzte nur die ersten 9 Seiten) faßte den Text als eine Sammlung von Sprichwörtern und Beispielen von Redensarten auf, die man zu Lehrzwecken zusammengefaßt hätte[62]. Ein anderer Gelehrter[63] nannte den Papyrus eine Sammlung von Rätseln.

Zu Beginn dieses Jahrhunderts wurde der Versuch unternommen, den ganzen Ipuwer-Text zu übersetzen[64]. Man unterlegte den Worten Ipuwers prophetischen Charakter: eine Zeit des Unheils wurde dem ägyptischen Volk vorausgesagt; der Prophet könne durch eine ähnliche politische Lage in der Vergangenheit – vor dem Beginn der XII. Dynastie – inspiriert worden sein.

1909 wurde der Text in neuer Übersetzung von Alan H. Gardiner unter dem Titel »The Admonitions of an Egyptian Sage from a Hieratic Papyrus in Leiden« veröffentlicht[65]. Gardiner argumentierte, daß alle aus dem Text zu entnehmenden Hinweise für den historischen Charakter des Inhalts sprächen. Ägypten befand sich im Elend; die soziale Ordnung war in Zerfall begriffen; Gewalt herrschte im ganzen Land. Eindringlinge plünderten die wehrlose Bevölkerung, die Reichen wurden ausgeraubt und schliefen unter freiem Himmel, während die Armen deren Besitztümer fortnahmen. »Es wird hier nicht nur ein lokaler Aufstand beschrieben, sondern ein großes und überwältigendes nationales Unglück.«[66]

Gardiner interpretiert den Text, indem er Lange folgt, als seien die Worte eines Weisen namens Ipuwer an einen König gerichtet, dem er dessen Untätigkeit vorwirft, die dem Volk Verwirrung, Unsicherheit und Leid gebracht hätte. »Der All-

62 F. J. Lauth, »Altägyptische Lehrsprüche«, »Sitzungsberichte der Bayerischen Akademie der Wissenschaften, Philosophisch-philologische und historische Classe« (1872).

63 H. K. Brugsch, zitiert bei Lange (siehe Anmerkung 64).

64 H. O. Lange, »Prophezeihungen eines ägyptischen Weisen«, »Sitzungsberichte der Preußischen Akademie der Wissenschaften«, 1903, S. 601–610.

65 Erschienen in Leipzig.

66 Gardiner, »Admonitions«, Anmerkung zu 1, 8.

herrscher«, an den Ipuwer seine Worte richtet, ist die herkömmliche Anrede großer Götter[67]. Weil die einleitenden Teile des Papyrus fehlen, auf denen der Verfasser und seine Zuhörer vermutlich genannt waren, hat man die Anwesenheit des dem Weisen lauschenden Königs angenommen. Dies erfolgte aufgrund der bevorzugten Form gewisser anderer literarischer Beispiele des Mittleren Reiches. In Übereinstimmung mit dieser Auslegung wurde der Papyrus mit den Worten des Ipuwer in der Ausgabe Gardiners »Admonitions (Mahnungen) of an Egyptian Sage« benannt.

Ägypten in Aufruhr

Der Papyrus Ipuwer ist keine Sammlung von Sprichwörtern (Lauth, Chabas) oder Rätseln (Brugsch); ebensowenig ist er eine literarische Prophetie (Lange) oder eine Mahnrede, die einschneidende soziale Veränderungen (Gardiner-Sethe) betrifft. Er ist die ägyptische Darstellung einer großen Katastrophe.

Der Papyrus ist eine Niederschrift von Klagen, eine Beschreibung von Zerstörung und Schrecken.

> Papyrus 2, 8: Fürwahr, das Land dreht sich um wie eine Töpferscheibe.
> 2, 11: Die Städte sind zerstört. Oberägypten ist trocken geworden (Ödland?).
> 3, 13: Alles ist Zerstörung.
> 7, 4: Die Residenz ist in einem Augenblick umgestürzt.
> 4, 2: . . . Jahre des Lärms. Da ist kein Ende des Lärms.

Was bedeutet »Lärm« und »Jahre des Lärms«? Der Übersetzer schrieb: »Hier findet sich deutlich eine Anspielung auf das Wort *hrw* (Lärm), dessen Sinn uns dunkel bleibt.« Ist damit »Erdbeben« und »Jahre des Erdbebens« gemeint? Im He-

67 »Er steht vor dem Allherrscher, was sonst ein Epitheton der großen Götter ist, hier aber wohl den König bezeichnet.« Lange, »Sitzungsberichte der Preußischen Akademie der Wissenschaften«, 1903, S. 602.

bräischen bedeutet das Wort *raash* ebensowohl »Lärm«, »Aufruhr« wie »Erdbeben«[68]. Erdbeben sind oft von lauten Geräuschen, unterirdischem Rumpeln und Grollen begleitet, und dieses akustische Phänomen wirkte namengebend.

Offenbar kehrten die Beben immer wieder, und alles im Lande wurde zerstört; der Staat geriet in plötzlichen Zerfall, und das Leben wurde unerträglich.

Ipuwer sagt:

> Papyrus 6, 1: Oh, daß die Erde aufhören möchte mit Lärmen und kein Tumult (Aufruhr) mehr sein.

Der Lärm und der Tumult wurden durch die Erde hervorgerufen. Die königliche Residenz konnte nur durch ein gewaltiges Erdbeben »in einem Augenblick« umgestürzt und in Trümmer verwandelt werden. Der Aufruhr scheint auch auf hoher See Unheil angerichtet zu haben, wo Schiffe in Wirbel hineingerissen wurden; an der Stelle »die Städte sind zerstört« wird auch gesagt, daß Schiffe abgetrieben seien.

Der Papyrus Ipuwer enthält den Hinweis auf ein Naturereignis, das von Erdbeben begleitet war, und gibt Zeugnis von der Art der Dinge, die in jener Zeit geschahen.

Ich werde jetzt einige Stellen aus dem Buche Exodus mit einigen aus dem Papyrus vergleichen. Da vor der Veröffentlichung meiner Bücher »Welten im Zusammenstoß« und »Vom Exodus bis König Echnaton« keine Parallelen zwischen der Bibel und dem Text des Ipuwer gezogen worden sind, konnte der Übersetzer des Papyrus nicht von dem Wunsche beeinflußt worden sein, seine Übersetzung dem biblischen Text anzugleichen[69].

68 Das andere hebräische Wort für »Lärm«, *shaon*, bedeutet ebenfalls »Erdbeben«. Siehe S. Krauß, »Earthquake«, »The Jewish Encyclopedia« (New York), 1901–1906.

69 Die Zitate aus dem Text des Papyrus stammen aus der Übersetzung von A. H. Gardiner. – Die biblischen Texte sind zitiert nach Kautzsch-Bertholet, »Die Heilige Schrift des Alten Testaments«, 4. Auflage (Tübingen 1922). – Wo die Übersetzung Luthers oder die Fassung der King-James-Bibel für die biblischen Zitate benutzt sind, wird die Quelle ausdrücklich vermerkt. Anmerkung der Übersetzer.

Papyrus 2, 5–6: Plage ist im ganzen Land, Blut ist überall.
Exodus 7, 21: . . . da entstand Blut in ganz Ägypten.

Das war die erste Plage.

Papyrus 2, 10: Der Fluß ist Blut.
Exodus 7, 20: . . . da verwandelte sich alles Wasser im Nil in Blut.

Dieses Wasser war ekelerregend, und das Volk konnte es nicht trinken.

Papyrus 2, 10: Die Menschen schaudern vor dem Geschmack . . . (den) menschlichen Wesen, und dürsten nach Wasser.
Exodus 7, 24: Und alle Ägypter gruben an den Seiten des Nils nach Trinkwasser; denn sie vermochten von dem Nilwasser nicht zu trinken.

Die Fische in den Seen und im Fluß starben, und Würmer, Insekten und Reptilien vermehrten sich unmäßig.

Exodus 7, 21: . . . und der Nil wurde stinkend.
Papyrus 3, 10–13: Dies ist unser Wasser! Dies ist unser Glück! Was sollen wir dabei tun? Alles ist Zerstörung!

Über die Verheerung auf den Feldern wird berichtet:

Exodus 9, 25: . . . und der Hagel erschlug in ganz Ägypten alles, was im Freien war, . . . auch alles Feldgewächs zerschlug der Hagel, und alle Bäume zerschmetterte er[70].
Papyrus 4, 14: Bäume sind zerstört.
6, 1: Weder Früchte noch Kräuter sind zu finden . . .

Dieses Vorzeichen war von Feuerstürmen begleitet, und das Feuer breitete sich über das ganze Land aus.

Exodus 9, 23–24: . . . und Feuer ging nieder . . . und es war ein Hagel und massenhaftes Feuer unter dem Hagel, so furchtbar wie seinesgleichen über ganz Ägypten nicht gekommen war, seit es von Menschen bewohnt war.
Papyrus 2, 10: Fürwahr, Tore, Säulen und Mauern werden vom Feuer verzehrt.

70 In Psalm 105, 33 ist diese Plage wie folgt beschrieben: »Er schlug ihren Weinstock und Feigenbaum und zerbrach die Bäume ihres Gebietes.«

Das Feuer, das das Land verheerte, wurde nicht durch Menschenhand angelegt, sondern fiel vom Himmel[71].

Durch diese Flut von Zerstörungen waren nach

> Exodus 9, 31–32: . . . der Flachs und die Gerste zerschlagen, denn die Gerste hatte schon Ähren, und der Flachs blühte. Der Weizen und der Spelt waren nicht zerschlagen, denn sie sind später.

Nach der nächsten Plage wurden die Felder völlig unfruchtbar. Wie das Buch Exodus (9, 31–32 und 10, 15), berichtet auch der Papyrus, daß an die Krone für Weizen und Gerste keine Abgaben bezahlt werden konnten; und wie in Exodus 7, 21 (»Und sämtliche Fische im Nil starben«), gab es keine Fische für das königliche Vorratshaus.

> Papyrus 10, 3–6: Unterägypten weint . . . der ganze Palast ist ohne seine Einkünfte. Ihm gehören (zu Recht) Weizen und Gerste, Gänse und Fische.

Die Felder waren völlig verwüstet.

> Exodus 10, 15: . . . so daß gar nichts Grünes übrigblieb an den Bäumen und Feldgewächsen in ganz Ägypten.
> Papyrus 6, 4: Fürwahr, das Korn ist überall vernichtet.
> 5, 12: Fürwahr, das, was gestern gesehen wurde, ist vernichtet.
> Das Land liegt im Elend gleichwie geschnittener Flachs.

Die Feststellung, daß die Ernte auf den Feldern an einem einzigen Tag vernichtet wurde (»was gestern noch gesehen wurde«), schließt Dürre, die normale Ursache einer schlechten Ernte, aus; nur Hagel, Feuer oder Heuschrecken konnten die Felder »wie nach dem Schneiden des Flachses« zurücklassen. Die Plage ist im Psalm 105, 34-35, mit folgenden Worten beschrieben: ». . . da kamen Heuschrecken und Grashüpfer ohne Zahl. Die fraßen alles Grüne in ihrem Lande und machten zunichte die Frucht ihres Bodens.«

> Papyrus 6, 1: Keine Früchte noch Kräuter werden gefunden . . . Hunger.

71 Siehe die Anmerkungen in Gardiners Text, »Admonitions«, mit einem Hinweis auf den Papyrus Leiden 345, Vorderseite 1. 3, 3.

Das Vieh befand sich in jammervollem Zustand.

Exodus 9, 3: ... so wird die Hand Jahwes über dein Vieh auf dem Felde kommen mit einer sehr schweren Pest ...
Papyrus 5, 5: Fürwahr, alle Tiere, ihre Herzen weinen. Das Vieh brüllt ...

Hagel und Feuer jagten das erschreckte Vieh umher.

Exodus 9, 19: ... laß dein Vieh und alles, was du im Freien hast, in Sicherheit bringen ...
Exodus 9, 21: Wer aber die Ankündigung Jahwes mißachtete, der ließ seine Sklaven und sein Vieh im Freien.
Papyrus 9, 2–3: Siehe, das Vieh wird frei laufen gelassen, und da ist niemand, es zusammenzutreiben. Jedermann holt für sich die, denen sein Name eingebrannt ist.

Die neunte Plage bedeckte nach dem Buche Exodus Ägypten mit tiefer Dunkelheit.

Exodus 10, 22: ... und es entstand dichteste Finsternis in ganz Ägypten ...
Papyrus 9, 11: ... das Land ist nicht hell ...

»Nicht hell« ist im Ägyptischen gleichbedeutend mit »ohne Licht« oder »dunkel«. Es bleibt jedoch die Frage offen, ob diese beiden Sätze ganz gleichbedeutend sind. Die Jahre der Wanderung in der Wüste seien, wie berichtet wird, in Düsternis unter einer dicken Wolkendecke verbracht worden[72]. Die schriftliche jüdische Überlieferung hält daran fest, daß während einer Reihe von Jahren nach dem Auszug das Sonnenlicht durch Wolken verschleiert war. Diesem biblischen »Todesschatten« (zu »Todesschatten« siehe Anmerkung der Übersetzer Seite 78 zu Anmerkung 104) scheint der Ausdruck des Papyrus eher zu gleichen. Wir werden die ägyptische Parallele zu der Plage der undurchdringlichen Dunkelheit auf einer der folgenden Seiten finden; auch der »Todesschatten« wird zusätzliche Parallelen erhalten.

72 Jeremia 2, 6.

Die letzte Nacht vor dem Exodus

Nach dem Wortlaut des Buches Exodus war es in der letzten Nacht, die die Israeliten in Ägypten verbrachten, als der Tod überraschend zuschlug und von jedem ägyptischen Haus Opfer forderte. Das Hinsterben so vieler in einer einzigen Nacht und sogar zur gleichen Stunde, um Mitternacht, kann nicht durch eine Seuche erklärt werden; diese würde nicht an so vielen Orten im gleichen Augenblick auftreten und müßte auch länger als eine einzige Stunde dauern. Die Geschichte der letzten Plage scheint einem Mythos zu gleichen; sie ist ein Fremdling in der Aufeinanderfolge der anderen Plagen, die man als Naturerscheinungen erklären kann.

Die Plagen sind hier als Vorläufer der Katastrophe beschrieben worden, die ihren Höhepunkt am Yam-Suf (dem Meer des Durchzugs) erreichte: die Erscheinungen in der Wüste waren die darauffolgenden Beben und Erschütterungen des Bodens. Wir haben in den ägyptischen Quellen nach Zeugnissen für ein Erdbeben gesucht mit der Absicht, einen Synchronismus in der ägyptischen und jüdischen Geschichte festzustellen. Als der Beweis gefunden war, stellten sich weitere Analogien heraus, und es zeigte sich eine größere Ähnlichkeit mit der Erzählung in der Heiligen Schrift, als ich es erwartet hatte. Wir haben offensichtlich die Aussage eines ägyptischen Augenzeugen der Plagen vor uns.

Bei sorgfältigem Lesen des Papyrus stellt sich heraus, daß die Sklaven noch in Ägypten waren, als mindestens ein gewaltiger Erdstoß erfolgte, die Häuser einstürzen ließ und Leben und Wohlfahrt zerstörte. Er führte zu einer überstürzten allgemeinen Flucht der Bevölkerung aus den Städten, während die anderen Plagen sie wahrscheinlich vom Lande in die Städte trieben.

Wir lasen noch einmal die biblische Überlieferung. Es wurde deutlich, daß sie dieses sehr auffällige Geschehnis nicht übersehen hatte: es war die zehnte Plage.

Im Papyrus wird gesagt: »Die Residenz ist in einem Augenblick umgestürzt.«[73] Auf einer früheren Seite wurde betont, daß nur ein Erdbeben die königliche Residenz in einem Augenblick umgestürzt und in Trümmer verwandelt haben könne. Der plötzliche und gleichzeitige Tod vieler Menschen konnte nur durch eine Naturkatastrophe verursacht werden.

Exodus 12, 30: Da stand der Pharao auf in jener Nacht samt allen seinen Leuten und allen Ägyptern, und es erhob sich ein großes Jammern in Ägypten, denn es gab kein Haus, in dem kein Toter war.

Ein großer Teil des Volkes verlor sein Leben durch eine heftige Erschütterung der Erde, die Häuser wurden von einem furchtbaren Stoß getroffen.

Exodus 12, 27: ... weil er (Jahwe) schonend vorüberging an den Häusern der Israeliten in Ägypten, als er die Ägypter schlug, unsere Häuser aber nicht getroffen werden ließ.

Das Wort *nogaf* für »schlug« wird für einen heftigen Stoß gebraucht, beispielsweise wie ein Ochse mit den Hörnern stößt[74].

Die königliche Residenz und die Paläste der Reichen wurden dem Erdboden gleichgemacht und mit ihnen die Häuser des gewöhnlichen Volkes und die Kerker der Gefangenen

Exodus 12, 29: Um Mitternacht aber schlug Jahwe alle Erstgeburt in Ägypten, vom Erstgeborenen des Pharaos an, der auf seinem Throne saß, bis zum Erstgeborenen des Gefangenen, der im Kerker lag.
Papyrus 4, 3: Fürwahr, die Kinder der Fürsten werden gegen die Mauern geschleudert.
6, 12: Fürwahr, die Kinder der Fürsten werden auf die Straßen hinausgeworfen.

Der Anblick der Fürstenkinder, die auf das Pflaster der dunklen Straßen geschleudert wurden und verwundet oder tot unter den Ruinen lagen, bewegte das Herz des ägyptischen Augenzeugen. Niemand sah den Todeskampf im Kerker, einem

73 Gardiner fügt der Übersetzung des Wortes »umstürzen« eine Erklärung bei: »Eine Mauer umstürzen«.

74 J. Levy, »Wörterbuch über die Talmudim und Midrashim« (Wien 1924).

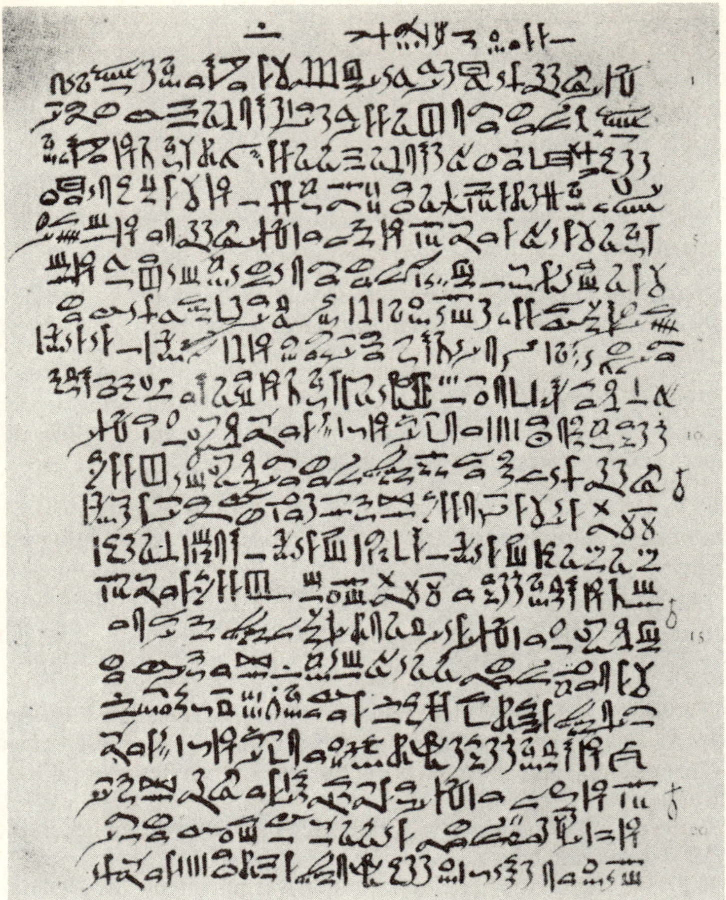

Abb. 3: Kolumne aus einer Faksimile-Ausgabe des Papyros Ebers. Bildarchiv Preußischer Kulturbesitz.

Raum unter der Erde, wo die Gefangenen eingeschlossen waren, als er durch Erdrutsch verschüttet wurde.

Papyrus 6, 3: Das Gefängnis ist zerstört[75].

75 In seinen Anmerkungen zu einer anderen Stelle übersetzt Gardiner »Vorratshaus« mit »Gefängnis«.

Warum ist dieses unverständliche Wort »Erstgeburt« in den hebräischen Text aufgenommen worden? Die Erklärung folgt weiter unten.

Im Papyrus 2, 13 steht:

> Der seinen Bruder unter die Erde schafft, ist überall.

Dem entspricht Exodus 12, 30:

> ... denn es gab kein Haus, in dem nicht ein Toter war.

Exodus 12, 30, heißt es:

> Und es erhob sich ein großes Jammern in Ägypten.

Und dem entspricht Papyrus 3, 14:

> Es geht ein Stöhnen durch das Land, vermischt mit Wehklagen.

Die Statuen der Götter stürzten um und zerbrachen in Stücke[76]: »... an allen ägyptischen Göttern werde ich (in dieser Nacht) Gerichte vollziehen ...« (Exodus 12, 12).

Ein Buch von Artapanus, das verlorenging, greift auf eine alte Quelle zurück und wird wiederum von Eusebius zitiert; es berichtet von »Hagel und Erdbeben in der Nacht (der letzten Plage), so daß diejenigen, welche vor dem Erbeben flohen, durch Hagel getötet wurden, und die vor dem Hagel Schutz suchten, durch das Erdbeben umkamen. Und zu dieser Zeit stürzten alle Häuser ein und die meisten Tempel«[77].

Die Erde verschonte nicht die Toten in ihren Gräbern: die Grabstätten öffneten sich, daß man die längst Bestatteten sah.

> Papyrus 4, 4 und 6, 14: Fürwahr, die an der Stätte des Einbalsamierens waren, liegen auf der blanken Erde.

In der Haggada ist eine Legende überliefert[78]: In der letzten Nacht, als das Land Ägypten geschlagen wurde, fand man

76 Eusebius, »Preparation for the Gospel«, übersetzt von E. H. Gifford (Oxford 1903), Buch IX, Kap. 27.

77 Ebenda.

78 Vgl. Louis Ginzberg, »Legends of the Jews« (1925), III, 5–6.

den aus seinem Grabe gehobenen Sarg Josephs oben auf der Erde liegen.

Ähnliche Wirkungen starker Erdbeben sind gelegentlich auch in moderner Zeit beobachtet worden[79].

Die Ungeborenen, klagte Ipuwer, traten in das ewige Leben ein, bevor sie das Licht der Welt erblickt hatten.

Im »Midrasch Rabba« steht über den Exodus geschrieben:

Selbst schwangere Frauen hatten kurz vor der Geburt Fehlgeburten und starben dann selbst; weil der Zerstörer umging und alles, was er fand, umbrachte[80].

»Erstgeboren« oder »Auserwählt«

Die biblische Geschichte der letzten Plage ist insofern ausgesprochen übernatürlicher Art, als alle Erstgeborenen, und nur die Erstgeborenen, in der Nacht der Plage getötet wurden[81]. Ein Erdbeben, das nur die Erstgeborenen tötet, ist unvorstellbar; denn derartige Ereignisse können niemals in so auffälliger Weise zusammentreffen. Einer solchen Aufzeichnung sollte man keinen Glauben schenken.

Entweder ist die Geschichte der letzten Plage in ihrer kanonisierten Form eine Erfindung oder es steckt eine Textentstellung dahinter. Ehe man die Behauptung aufstellt, das Ganze sei eine später eingeschobene seltsame Erzählung, wäre es klug nachzuforschen, ob allein der unglaubhafte Teil entstellt ist. Es könnte ja sein, daß das Wort »Erstgeboren« an Stelle eines anderen Wortes steht.

79 Vgl. C. S. Osborn, »The Earth Upsets« (Baltimore 1927), S. 127, über das Erdbeben von Valparaiso in Chile in der Nacht des 15. August 1906: »Ich besuchte den Ort des Ereignisses, sobald ich dort hinkommen konnte. Aus den Gräbern der Friedhöfe auf den Berghängen ragten die Särge aus der gespaltenen Erde.«

80 »Midrasch Rabbah« (englische Übersetzung, herausgegeben von H. Freedmann und M. Simon, London 1939), 10 Bände.

81 Nach der Überlieferung der Haggada wurden nach der zehnten Plage nicht nur die Erstgeborenen, sondern die Mehrzahl der ägyptischen Bevölkerung getötet.

Jesaia 43, 16: So spricht Jahwe, der da schuf im Meer einen Weg und in mächtigen Wassern einen Pfad ...
43, 20: ... daß ich Wasser gespendet in der Wüste, um zu tränken mein Volk, meinen Erwählten.

Im Buche Exodus wird gesagt, daß Mose befohlen wurde:

Exodus 4, 22–23: Dann sollst du zum Pharao sagen: So spricht Jahwe: mein erstgeborener Sohn ist Israel ... weigerst du dich aber, ihn ziehen zu lassen – gut, so werde ich deinen erstgeborenen Sohn sterben lassen!

Die »Auserwählten« werden hier »Erstgeborene« genannt. Wenn Israel der Erstgeborene war, so mußte die Rache an Ägypten am Tode seiner Erstgeborenen genommen werden. War aber Israel der Auserwählte, so mußte die Rache an Ägypten durch den Tod seiner Auserwählten genommen werden.

»Israel, mein Auserwählter« heißt *Israel bechiri* oder *bechori*.

»Israel, mein Erstgeborener« heißt *Israel bekhori*[82].

Dieser erste Wortstamm ist es, von dem angenommen wird, er erkläre die Beziehung zwischen Gott und seinem Volke. Deshalb muß »um Mitternacht aber schlug Jahwe alle Erstgeburt im Lande Ägypten« (Exodus 12, 29) gelesen werden: »alle die Auserwählten Ägyptens«, so wie man sagen würde: »die ganze Blüte Ägyptens« oder »die ganze Kraft Ägyptens«. »Israel ist mein Auserwählter: Ich werde alle Auserwählten Ägyptens fallen lassen.«

Ein natürlicher Tod würde normalerweise die Schwachen, Kranken und Alten treffen. Bei einem Erdbeben ist dies anders; die Mauern brechen ohne Unterschied über Starken und Schwachen zusammen. Tatsächlich sagen die Midraschim, daß »so viel wie neun Zehntel der Bevölkerung vernichtet wurden«[83].

82 *Bechor*, auswählen, aussuchen, bevorzugen, und *bachur*, ein junger Mann, haben die gleiche Wurzel. *Bekhor* bedeutet frühesein, erste Frucht bringen, frühreifen; Levy, »Wörterbuch über die Talmudim und Midrashim«.

83 Ginzberg, »Legends«, II, 369.

Im 135. Psalm wird meine Auffassung durch den Gebrauch beider Wortstämme an einer Stelle unterstrichen, wo man zwei Worte des gleichen Stammes hätte erwarten müssen.

Psalm 135, 4: Denn den Jakob hat sich Jah(we) erwählt, Israel zu seinem Eigentum ...
8: der die Erstgeburten Ägyptens schlug ...

Im 78. Psalm wird die Geschichte des Exodus noch einmal erzählt:

Psalm 78, 43: Wie er in Ägypten seine Zeichen tat ...
51: Er schlug alle Erstgeburt in Ägypten ...
52: Und er ließ ausziehen wie Schafe sein Volk ...
Psalm 78, 56: Aber sie versuchten und reizten Gott den Höchsten ...
31: ... da stieg Gottes Zorn auf wider sie, und er würgte unter den Feistgewordenen und streckte die Jünglinge Israels nieder ... (Luther übersetzt Vers 31: Da kam der Zorn Gottes über sie, und erwürgte die Vornehmsten unter ihnen, und schlug danieder die Besten in Israel. – Die King-James-Bibel spricht an dieser Stelle von den »Auserwählten« [chosen men] Israels.)

Wurden die Erstgeborenen vernichtet, als sich der Zorn Jahwes gegen Ägypten wandte, und die Auserwählten, als der Zorn ihres Gottes Israel galt?

Amos 4, 10: Ich sandte eine Pest (Plage) unter euch wie gegen Ägypten; ich erschlug eure kriegstüchtige (erwählte) Mannschaft ... (Luther: eure junge Mannschaft.)

In den Tagen des *raash* (Aufruhr) während der Regierung des Ussia – so lautete die Prophezeiung des Amos – sollten die Auserwählten und die Blüte des jüdischen Volkes umkommen, wie die Auserwählten, die Kraft Ägyptens, umgekommen waren.

Es ist möglich, daß der Erstgeborene des Königs in der Nacht des Aufruhrs den Tod fand. Der Tod des Prinzen hätte der äußere Anlaß für eine Textänderung sein können. Der wahre Grund jedoch liegt in der gleichen Ursache, durch die der Bericht über den Exodus an der erregendsten

Stelle – nach dem Einsturz der Häuser der Ägypter – mit folgenden Worten unterbrochen wurde:

Exodus 13, 2: Sondere mir alles Erstgeborene als heilig aus! Alles, was bei den Israeliten den Mutterschoß durchbricht, Menschen oder Vieh – mir gehört es!
13: ... aber jede menschliche Erstgeburt unter deinen Söhnen sollst du auslösen.

Jeremia bezeugt, daß an dem Tage, als Israel Ägypten verließ, Brand- und andere Opfer nicht anbefohlen wurden.

Jeremia 7, 22: Denn ich habe euren Vätern, als ich sie aus Ägypten wegführte, nichts gesagt und nichts geboten in betreff von Brandopfern und Schlachtopfern ...

Dies steht in Widerspruch zum Text Exodus 12, 43, bis 13, 16. Das Volk von dieser Verpflichtung zu befreien, ist das Anliegen von Amos, Jesaia und Jeremia.

Amos 5, 22: Denn wenn ihr mir Brandopfer darbringt, eure Gaben nehme ich nicht gnädig auf und die Mahlopfer von euren Mastkälbern sehe ich nicht an. (Kautzsch-Bertholet berufen sich bei diesem Wort auf die Einleitung von Leviticus [3. Mose], Bd. I, S. 155: Heilsopfer, hebräisch šèlem, šèlamîn, das ist entweder »volles Heil« oder »Befriedigung« – daher auch mit »Friedmahlopfer« übersetzt.)
24: Möge vielmehr Recht sprudeln wie Wasser und Gerechtigkeit wie ein nimmer versiegender Bach!
25: Brachtet ihr mir etwa in der Wüste vierzig Jahre hindurch Schlachtopfer und Gaben dar, ihr Israeliten?

Aufstand und Flucht

Es war mein Bestreben, in ägyptischen Quellen einen Hinweis auf eine Naturkatastrophe zu finden. Wenn man die Beschreibungen der Störungen und Wirren im Papyrus Ipuwer mit dem Bericht der Schrift vergleicht, entsteht der starke Eindruck, daß beide Quellen von denselben Ereignissen sprechen. Es ist daher nur natürlich, Ausschau zu halten, ob nicht ein Aufstand unter der Bevölkerung und eine Flucht unglücklicher Sklaven aus dem von Unheil heimgesuchten Land erwähnt werden sowie eine Katastrophe, in welcher der Pharao ums Leben kam.

Obwohl in dem verstümmelten Papyrus die Israeliten und ihre Führer nicht ausdrücklich erwähnt sind, werden drei Tatsachen deutlich als Folgen des Umsturzes geschildert: das Volk erhob sich, die unglücklichen oder armen Menschen flohen, und der König kam um, unter Umständen, die als ungewöhnlich betrachtet werden müssen.

Würde ich nun außer den naheliegenden Parallelen in der Beschreibung der Plagen versuchen, aus dem Papyrus noch mehr als diese drei Tatsachen herauszulesen, dann würde ich mich dem Vorwurf aussetzen, ich benützte die Unvollständigkeit des Dokumentes dazu, vorgefaßte Meinungen zu stützen. Aber die Berichte über die Katastrophe, die Rebellion und die Flucht der Bevölkerung sind unzweideutig; ihr Sinn ist klar und kann nicht mißverstanden werden. Wenn ich dennoch in den nächsten Abschnitten den Versuch unternehme, an gewissen Stellen weitere Parallelen aufzuzeigen, so tue ich es mit Zurückhaltung. Der Papyrus ist beschädigt und an vielen Stellen unklar; wenn der eine oder andere Vergleich unvollständig oder willkürlich ist, kann das weder der hier festgestellten Tatsache etwas hinzufügen noch sie in irgendeiner Weise beeinträchtigen, daß nämlich eine Reihe von Erdbeben und anderen Naturereignissen Ägypten heimsuchte, von Plagen begleitet, welche Menschen, Tiere und Pflanzen vernichteten und Quellen und Wasserstellen unbrauchbar machten.

Die ersten Anzeichen einer kommenden Katastrophe brachten dem Land Unruhe, und die der Freiheit Beraubten trachteten danach, zu entkommen. Der Papyrus erzählt, daß »Menschen es wagten, sich gegen den Uräus (das königliche Herrschaftszeichen) zu erheben«, und der magische Zauber, der die Schlange umgab, sein Geheimnis verlor (6, 6–7 bis 7, 5–6). Gold und Juwelen, so heißt es, »werden um den Hals der

Sklavinnen gelegt« (3, 2–3, vgl. mit Exodus 11, 2: »Rede dem Volke zu, daß sie, Männer und Frauen, von ihren Bekannten silberne und goldene Schmucksachen entlehnen sollen«).

Das Zusammenbrechen der steinernen Bauten, die Verwundeten und Toten zwischen den Trümmern und das Umstürzen vieler Götterstatuen flößten Furcht und Schrecken ein; all das wurde als Werk des Gottes der Sklaven angesehen.

Exodus 12, 33: Die Ägypter aber drängten das Volk, um sie zu schleunigem Abzug aus dem Lande zu bringen; denn sie dachten: Wir sind sonst alle des Todes!

Die Ägypter sollten noch bitterere Worte gebrauchen müssen; als das Unheil nicht enden wollte, erfüllte sie nicht nur Angst und Furcht vor dem Tode, sondern sie flehten:

Papyrus 4, 2: Fürwahr, Große und Kleine sagen, ich wollte, ich könnte sterben.
5, 12 f.: . . . wollte, daß ein Ende der Menschen käme, keine Empfängnis, keine Geburt. Oh, daß die Erde aufhören wollte mit Lärmen und kein Tumult mehr wäre!

Die folgenden Zeilen sprechen von einer Bevölkerung, die dem Verderben entrann. »Menschen fliehen . . . sie bauen Zelte wie die Bewohner der Berge« (Papyrus 10, 2). Im Buche Exodus wird gesagt, daß die Israeliten das Land »in Eile« verließen (Exodus 12, 33), und »hatten sich nicht mehr aufhalten können« (12, 39). Es besteht kein Zweifel, daß Flucht und Leben in behelfsmäßig errichteten Zelten das Los der Mehrheit der Überlebenden war, wie es seither häufig geschehen ist, wann immer ein großes Unglück Städte verwüstet hat; die mit dem Leben Davongekommenen fürchten sich vor neuen Beben.

»Viel Volks« der Ägypter schloß sich den israelitischen Sklaven an und zog eilig mit ihnen auf die Wüste zu (Exodus 12, 38). Ihr erster kurzer Aufenthalt war in Sukkoth (13, 20), was im Hebräischen »Hütten« bedeutet.

Die entkommenen Sklaven eilten über die Grenze des

Landes. Des Tages ging eine Räuchsäule am Himmel vor ihnen her und des Nachts eine Feuersäule.

> Exodus 13, 21: ... am Tage in einer Wolkensäule, um sie den Weg zu führen, und bei Nacht in einer Feuersäule, um ihnen zu leuchten, damit sie Tag und Nacht wandern könnten.
> Papyrus 6, 14: Siehe, das Feuer ist zur Höhe emporgestiegen, sein Brand gehet voran gegen die Feinde des Landes.

Der Übersetzer fügt folgende Bemerkung hinzu: »Das ›Feuer‹ wird hier als etwas Unheilvolles betrachtet.«

Nach den ersten Geschehnissen der lang anhaltenden Katastrophe versuchten die Ägypter, das Land in Ordnung zu bringen. Sie folgten dem Fluchtweg der Sklaven. Von den Wandernden hieß es später, »sie haben sich im Lande verirrt, die Wüste hat sie eingeschlossen« (Exodus 14, 3). Sie wandten sich zum Meer und rasteten bei Pi-ha-Khiroth. »Die Ägypter setzten ihnen nach. Die Ägypter zogen hinter ihnen her.« Ein Orkan tobte die ganze Nacht, und das Meer wich zurück. Einer Lawine gleich stürzte dann das berghoch aufgetürmte Wasser herab und »gewann das Meer seine Macht zurück« und »die Ägypter flohen ihm entgegen«. Das Meer verschlang Wagen und Reiter, den Pharao und alle, die mit ihm waren. Der Papyrus Ipuwer (7, 1–2) berichtet nur, daß der Pharao unter ungewöhnlichen Umständen ums Leben kam, »die nie zuvor geschehen sind«. Der Ägypter schrieb seine Klagen nieder, und selbst noch aus den bruchstückhaften Zeilen werden sie vernehmlich: »... weine ... die Erde ist ... auf allen Seiten ... weine ...«

Der Einfall der Hyksos in Ägypten

Jegliche königliche Macht hatte in Ägypten ihr Ende gefunden. In den folgenden Wochen wurden die Städte zum Schauplatz der Plünderungen. Es gab weder Recht noch Gerechtigkeit. Der Mob durchwühlte die Trümmer und öffentlichen Archive, in denen Verträge, Aufzeichnungen und Pfänder sowie Urkunden über das Eigentum von Grund und Boden aufbewahrt waren, und Plünderer gruben im Schutt der königlichen Vorratshäuser.

Papyrus 6, 9: Fürwahr, die Gesetze der Gerichtshalle werden verstreut. Die Menschen treten darauf auf den öffentlichen Plätzen.
10, 3: Das Vorratshaus des Königs ist gemeinsames Eigentum von jedermann ...

Der Papyrus gibt Aufschluß über das, was nachher geschah. Der Boden der Erde verwarf sich bei den heftigen, immer wieder neu einsetzenden Beben (»Jahre des Lärms«). Die Straßen wurden unpassierbar, »verschlammt« und »überflutet« (Papyrus 12, 11f.) Das ganze Gebiet wurde entvölkert, und Ipuwer beklagt den »Mangel an Volk«. Die Residenz des Pharaos war ein Trümmerhaufen und die Macht der Regierung völlig zerrüttet. »Siehe, die Oberen des Landes fliehen« (8, 14). »Siehe, keine Ämter sind an ihrem (rechten) Platz, wie eine erschreckte Herde ohne Hirten« (9, 2). Die »Armen«, die geflohen waren, irrten in der Wüste umher. Die Sklaven, die in Ägypten geblieben waren, erhoben ihr Haupt.

Papyrus 6, 7: Fürwahr, öffentliche Gebäude werden aufgebrochen, und die Zensuslisten werden weggenommen.

Dann näherten sich Eindringlinge aus dem Dunkel der Wüste; sie überschritten die Grenzen und fielen in das vernichtete Land ein.

Papyrus 3, 1: Fürwahr, die Wüste ist im ganzen Lande. Die Gaue liegen öde. Ein fremder Stamm kam aus der Ferne nach Ägypten.

Die Katastrophe, die die Ägypter hilflos machte, war ein Signal für die Stämme der arabischen Wüste.

Papyrus 15, 1: Was ist geschehen? – Durch das, was geschah, haben die Asiaten vom Zustand des Landes erfahren.
14, 11: Menschen – sie sind an ihrem Ende angelangt. Da findet man keinen, der steht und sich selber schützt.

Völlig entmutigt durch die schreckensvollen Geschehnisse in der Natur, verteidigten sich die Ägypter nicht. Es ist nicht ersichtlich, ob »eine Million Volkes« im nächsten Satz die Zahl der Umgekommenen oder der Eindringlinge bezeichnet.

Papyrus 12, 6ff.: Heute Furcht ... mehr als eine Million des Volkes. Nie gesehen ... Feinde ... dringen in die Tempel ein ... Weinen ...

Zu all den vorhergegangenen Plagen kam jetzt noch hinzu, daß Plünderer das Maß der Zerstörung, des Mordens und Raubens vollmachten.

Die zwiefache Katastrophe – die der Natur und die der Invasion – verwischte alle Klassenunterschiede und führte zu einer sozialen Revolution. »Siehe, edle Frauen haben Hunger.« »Siehe, der aus Armut ohne ein Weib schlief, findet wertvolle Dinge.« »Der, der die Nacht im Schmutz verbrachte, erhob sein Haupt.« »Sie, die ihr Antlitz im Wasser betrachtete, ist Besitzerin eines Spiegels.«

Es herrschte völlige Anarchie. Niemand arbeitete. »Siehe, keine Handwerker arbeiten.« »Ein Mann erschlägt seinen Bruder, den Sohn seiner Mutter.« »Menschen sitzen (hinter) den Büschen, bis der von der Nacht überraschte (Wanderer) kommt, um seine Last zu stehlen.« »Siehe, einer braucht Gewalt gegen den anderen.« »... Wenn drei Männer auf der Straße wandern, findet man später nur noch zwei; die an Zahl Stärkeren erschlagen die Schwächeren ... das Land ist wie ein giftiges Kraut, das Menschen tötet.«

»Wie schrecklich ist das alles. Was soll ich tun?« klagt Ipuwer. »Wehe mir wegen des Elends dieser Zeit!«

Verschiedene Ausdrücke Ipuwers deuten darauf hin, daß der Text des Papyrus kurz nach der Hauptkatastrophe verfaßt wurde; ihre Nachwirkungen und weitere Störungen in der Natur waren noch nicht vorüber.

Der Ausgangspunkt meiner Untersuchung war folgender: Der Auszug aus Ägypten fand zur Zeit einer großen Naturkatastrophe statt. Um die Zeit des Exodus in der ägyptischen Geschichte ausfindig zu machen, mußten wir nach einem Bericht über eine solche Katastrophe in der Natur suchen. Dieser Bericht ist in dem Papyrus Ipuwer enthalten.

Viele Teile des Papyrus fehlen. Anfang und Ende, die zweifellos Einzelheiten, vielleicht Namen enthielten, sind zerstört. Aber was erhalten ist, genügt, um uns folgende Tatsache einzuprägen: Vor uns liegt nicht nur die Geschichte einer Katastrophe, sondern der Plagen.

Es war überraschend, in dem Papyrus neben der Geschichte von »Sumpfbewohnern« und »armen Menschen«, die aus dem von Plagen heimgesuchten Lande flohen, Klagen über Eindringlinge zu finden, die aus der Wüste Asiens kamen, in dem zerstörten Lande Beute machten und zu dessen gewalttätigen Unterdrückern wurden. Die Amu oder die Hyksos waren die Eindringlinge, die über Ägypten herrschten während der Jahrhunderte, die die Zeit des Mittleren Reiches vom Neuen Reiche trennen. In einem späteren Abschnitt werde ich die voneinander abweichenden Meinungen zur Datierung der Entstehung des Papyrus des Ipuwer darlegen.

Pi-ha-Khiroth

In den sechziger Jahren des letzten Jahrhunderts wurde in el-Arisch, einer Stadt an der Grenze zwischen Ägypten und Palästina, die Aufmerksamkeit eines Reisenden auf einen Schrein (Naos) aus schwarzem Granit gelenkt, dessen gesamte Oberfläche mit Hieroglyphen bedeckt war[84]. Er wurde von den Arabern der Gegend als Viehtrog benützt. Ein Bericht über diesen Schrein und eine teilweise Übersetzung des Textes wurde im Jahre 1890 veröffentlicht[85]; der Schrein wurde damals noch immer als Trog benützt, irgendwann in diesem Jahrhundert jedoch in das Museum von Ismailia gebracht und ein neuer Versuch der Übersetzung des Textes un-

84 V. Guérin, »Judée« (Paris 1869), II, 241.
85 F. L. Griffith, »The Antiquities of Tell el Yahudiyeh and Miscellaneous Work in Lower Egypt during the Years 1887–1888« (London 1890), zusammen mit Naville, »The Mound of the Jew and the City of Onias«.

ternommen[86]. Seit seiner Entdeckung ist dieses aus einem Stück bestehende Kunstwerk von el-Arisch nur selten erwähnt worden, und sein seltsamer Text wurde als mythisch betrachtet, obgleich Könige, Residenzen und geographische Orte genannt sind und eine Invasion von Fremdlingen beschrieben wird. Die Namen von Gottheiten, die im Text erscheinen sind Beinamen von Königen. Die Inschrift stammt aus der ptolemäischen (hellenistischen) Zeit, aber die erwähnten Ereignisse gehören einer viel früheren Periode an, der des Königs Thom und seines Nachfolgers. Der Name des Königs Thom steht in dieser Inschrift in einer Königskartusche, was auf den historischen Hintergrund des Textes hinweist.

Wie ich zeigen werde, erfordert der Text aufmerksames Studium und eine neue, endgültige Übersetzung; noch nicht einmal die Aufeinanderfolge der Textstellen konnte sicher bestimmt werden.

In dem verstümmelten Text finden sich folgende Zeilen:

> Das Land war in großer Betrübnis. Übel fiel auf diese Erde ... Es war ein großer Aufruhr in der Residenz ... Neun Tage lang verließ niemand den Palast, und während dieser neun Tage der Unruhe tobte ein solches Unwetter, daß weder die Menschen noch die Götter die Gesichter der neben ihnen Stehenden wahrnehmen konnten.

Im Buche Exodus findet sich in der Geschichte von der neunten Plage die Erwähnung einer ähnlichen, eine Reihe von Tagen währenden Finsternis, die jedermann an seinen Ort bannte und die von einem gewaltigen Aufruhr der Natur begleitet war, einer so vollständigen Finsternis, daß niemand das Gesicht des neben ihm Stehenden erkennen konnte.

> Exodus 10, 22–23: ... und es entstand dichteste Finsternis in ganz Ägypten, drei Tage lang. Keiner konnte den anderen sehen und niemand sich von seinem Platz bewegen, drei Tage lang.

86 Georges Goyon, »Les Travaux de Chou et les tribulations de Geb d'après le Naos 2248 d'Ismailia«, »Kêmi, Revue de philologie et d'archéologie égyptiennes et coptes«, VI (1936), 1–42.

Der ägyptische Text unterscheidet sich von dem hebräischen dadurch, daß er neun Tage der Dunkelheit zählt[87]. In der Heiligen Schrift wird im Zusammenhang mit dem Ende der voraufgegangenen Plage – den Heuschrecken – ein heftiger Wind erwähnt. Die Heuschrecken wurden durch den »Ostwind« herangeführt und »bedeckten die ganze Erdoberfläche, so daß man den Boden nicht sah« (Exodus 10, 13 ff.) – Luther: »Denn sie bedeckten das Land und verfinsterten es«, und sie wurden vertrieben durch »einen sehr starken Westwind«.

> Exodus 10, 19: . . . und Jahwe ließ jetzt umgekehrt einen sehr starken Westwind wehen. Der nahm die Heuschrecken mit und warf sie ins Schilfmeer.

Unmittelbar darauf folgte die neunte Plage – die dichteste Finsternis.

In der Geschichte von der ägyptischen Finsternis, wie sie in den alten Midrasch-Büchern erzählt wird, finden sich weitere Einzelheiten. Die Plage der Finsternis dauerte sieben Tage. Während der ersten drei Tage konnte man sich noch frei bewegen, sich aber während der folgenden drei Tage nicht von seinem Platze fortwagen. Die rabbinischen Quellen, die das Unglück der Finsternis beschreiben, sind zahlreich[88]. Flavius Josephus[89] und Philo der Alexandriner[90], beide aus dem ersten Jahrhundert unserer Zeitrechnung, gehören auch zu dem, was man als rabbinische Quellen bezeichnen kann.

87 Bei A. S. Yahuda, »The Accuracy of the Bible« (London 1934), S. 84, finden wir den folgenden Abschnitt: »In dem ›Mythos von den Gott-Königen‹, der so alt ist wie Ägypten selbst, wird gesagt, daß die Welt von Finsternis erfüllt war«, und der Text fährt wörtlich fort: »und keiner der Menschen und Götter konnte acht Tage lang das Gesicht des anderen sehen.« – »Der hebräische Autor war weniger fantasiebegabt und zu Übertreibungen geneigt als sein ägyptischer Vorgänger und verminderte deshalb die acht Tage auf nur drei.« Mit dieser Bemerkung gab sich der Verfasser der Schrift »The Accuracy of the Bible« zufrieden.

88 Ginzberg, »Legends«, II, 359/60; V, 431–439. Unter den Quellen sind: Midrasch Schemoth Raba, Midrasch Schir Haschirim Raba, Targum Yaruschalmi, Midrasch Tanhuma Hakadom Hajaschan, Sefer Hajaschar, Sefer Mikhilta Divre Ischmael.

89 »Jewish Antiquities«, II, 14, 5.

90 »Vita Mosis«, I, 21.

Eine Zusammenstellung dieses Materials ergibt folgendes Bild:

> ... ein überaus heftiger Westwind ... dauerte sieben Tage. Während der ganzen Zeit war das Land in Finsternis gehüllt ... Die Finsternis war von solcher Art, daß sie durch künstliche Mittel nicht erhellt werden konnte. Das Licht des Feuers ... wurde entweder durch die Gewalt des Sturmes ausgelöscht, oder es wurde unsichtbar und von der Dichte der Finsternis verschlungen.
> Keiner konnte sprechen oder etwas hören, noch wagte irgendeiner, Nahrung zu sich zu nehmen, sondern sie legten sich nieder ... ihre Sinne waren wie betäubt. So verharrten sie, überwältigt vom Mißgeschick ...[91]

Der letzte, siebente Tag der Finsternis kam über das Land, als die Israeliten sich am Meer des Durchzugs befanden[92]. Im Buche Exodus wird gesagt: »... es war eine Wolke und eine Finsternis«, so daß die Ägypter »die ganze Nacht« ihr Heerlager nicht nahe an das der Israeliten verlegen konnten. »Und der Herr ließ das Meer zurücktreten durch einen starken Ostwind diese ganze Nacht.«

Die Überlieferung setzt die Zeit zwischen der zehnten Plage, die der Plage der Finsternis unmittelbar folgte, und dem Durchzug durch das Meer auf sechs Tage und einige Stunden an. Am ersten Tage des Passahfestes (am 15. Tage des Nisan) gedenkt man des Exodus, der nach der Nacht der zehnten Plage erfolgte, und am letzten, siebten Tage des Passahfestes (am 21. Tage des Nisan) des Durchzugs durch das Meer.

Die hebräische Version von der Plage der Finsternis ist der ägyptischen nicht unähnlich; es herrschte nicht die Dunkelheit einer ruhigen Nacht, sondern es tobte ein rasender Sturm, der feine Asche mit sich führte. »Die Finsternis kam aus der Hölle und konnte gefühlt werden.«[93] Bei dem Unwetter und der Dunkelheit, die tage- und nächtelang währten, war es schwierig, die Zeit zu schätzen; die vom Unglück überwältigten Menschen waren jeder genauen Wahrnehmung des

91 Ginzberg, »Legends«, II, 359/60.
92 Ebenda.
93 Ebenda.

Ablaufs der Zeit beraubt. Unter solchen Umständen ist die kleine Diskrepanz zwischen dem Text auf dem Stein (neun Tage der Dunkelheit)[94] und der Überlieferung der Midraschim (sieben Tage der Dunkelheit) unerheblich.

Die hebräischen Quellen sprechen davon, daß während der Finsternis Städte verwüstet wurden und daß es unter den Toten der neunten Plage viele Israeliten gab[95]. Das Land fiel der Not und Zerstörung anheim.

»Unheil fiel auf dieses Land ... das Land ist in großer Betrübnis ... eine große Verwirrung in der Residenz ...« – das sind Stellen aus der Inschrift des Schreins, welche die neun Tage der Dunkelheit und des Unwetters beschreiben, da niemand etwas sehen und keiner den Palast verlassen konnte.

Inmitten des Wütens der Natur rief »Seine Majestät von Schu« seine Truppen zusammen und befahl, ihm in Gegenden zu folgen, wo sie, wie er ihnen versprach, wieder Licht sehen würden: »Wir werden unseren Vater Ré-Harachte in der hellen Gegend von Bakhit sehen.«

Unter dem Schutze der Dunkelheit näherten sich Eindringlinge aus der Wüste den Grenzen Ägyptens ... »Seine Majestät von Schu begann, gegen die Begleiter des Apophis zu kämpfen.« Apophis war der grimmige Gott der Finsternis. Der König und seine Truppen kehrten nie zurück; sie kamen um.

> Als nun Seine Majestät von Ré-Harmachis (Harachte?) in diesem Gewässer, dem Orte des Strudels, gegen die Übeltäter kämpfte, konnten sie nicht über Seine Majestät den Sieg davontragen. Seine Majestät sprang in den sogenannten Ort des Strudels[96].

Im Buche Exodus wird berichtet:

> Exodus 14, 27–28: ... da flutete das Meer um Tagesanbruch nach seinem alten Ort zurück, während die Ägypter ihm entgegenflohen, und Jahwe trieb die Ägypter gerade ins Meer hinein. Und das Wasser flutete zurück und bedeckte die Wagen und die Reiter des

94 Siehe die Erklärung von A. S. Yahuda, Anmerkung 87, oben.
95 Josephus, Jewish Antiquities«, II, 14, 5; Ginzberg, »Legends«, II, 345.
96 Griffith, »The Antiquities of Tell el Yahudiyeh«, S. 73.

ganzen Heeres des Pharaos, die hinter ihnen drein ins Meer gezogen waren.

Der Pharao selbst ging ebenfalls zugrunde:

> Exodus 15, 19: Denn als die Rosse des Pharaos mit seinen Wagen und seinen Reitern ins Meer gerieten, da führte Jahwe die Wasser des Meeres über sie zurück ...

Die Geschichte der Finsternis in Ägypten wird in hebräischen und ägyptischen Quellen sehr ähnlich erzählt, und das gleiche gilt vom Tode des Pharaos in den wirbelnden Wassern. Die Bedeutung dieser Ähnlichkeit wird durch die Tatsache erhärtet, daß in beiden Versionen der Pharao während oder nach den Tagen der großen Finsternis und des heftigen Orkans in einem Strudel umkam.

Trotzdem ist eine auffallende Ähnlichkeit noch keine Identität. Die den beiden Berichten zugrunde liegenden Tatsachen dürften erst dann als identisch angesehen werden, wenn man in beiden Versionen, der hebräischen wie der ägyptischen, irgendeine Einzelheit fände, die man nicht dem Zufall zuschreiben kann.

Der Marsch des Pharaos und seiner Streitmacht steht mitten in dem Bericht über den großen Aufruhr in der Residenz und über das Unwetter, welches das Land mit Dunkelheit bedeckte. Er kam an einen Ort, der mit Namen genannt wird:

> Seine Majestät ... (hier fehlen einige Worte) kam an diesen Ort, der Pi-Kharoti heißt.

Einige Zeilen später wird gesagt, er sei durch eine große Kraft hochgeworfen worden. Der Strudel warf ihn hoch in die Luft, und er verschwand himmelwärts, er war nicht mehr am Leben.

Die Erklärung des Textübersetzers hinsichtlich der geographischen Bezeichnung »Pi-Kharoti« lautet: »... ist außer diesem Beispiel nicht bekannt.«[97]

Der hier unternommene Versuch einer Identifikation des

97 »Ist außer diesem Beispiel nicht bekannt; sicherlich in der Nähe von Saft el-Henneh oder an der Straße von Memphis nach Pisoped.« Goyon, »Kêmi«, VI (1936), 31, Anmerkung 87.

Hauptgegenstandes der hebräischen und ägyptischen Version ist einwandfrei, wenn jener Ort, wo der Pharao umkam, ein Ort am Meere des Durchzugs war.

> Exodus 14, 9: So setzten die Ägypter ihnen nach und erreichten sie, wie sie am Meere lagerten, alle Pferde (und) Wagen des Pharaos . . . bei Pi-Hachiroth . . .

Pi-Kharoti (Pi-Hachiroth) ist das Pi-Khiroth des hebräischen Textes[98].

Es handelt sich hier um denselben Ort, um dieselbe Verfolgung. Die Behauptung, daß man dem Namen nur auf dem Schrein und nirgend sonst begegne, ist demnach ein Irrtum.

Die Inschrift auf dem Schrein berichtet, daß einige Zeit nachher ein Sohn des Pharaos, »Seine Majestät Geb«, sich selbst aufmachte. »Er zog Erkundigungen ein . . .« Die Augenzeugen der benachbarten Wohnstätten »geben ihm Auskunft über alles, was Ré in Yat Nebes zustieß, in den Kämpfen des Königs Thum«.

Das ganze Gefolge des Prinzen wurde durch einen furchtbaren Sturm getötet und der Prinz, »Seine Majestät Geb«, erlitt Brandwunden, ehe er von seinem Zuge auf der Suche nach seinem umgekommenen Vater zurückkehrte.

Die Eindringlinge, die auf dem Wege von Yat Nebes herannahten, kamen im Schutze der Dunkelheit und bemächtigten sich Ägyptens. »Die Kinder von Apophis, die Rebellen, die in Ouscherou (bisher nicht identifiziert; im Wort kommt ein Zeichen »trocken« vor, was »Wüste« bedeutet) und in der Wüste sind, kamen auf dem Wege von Yat Nebes und überfielen Ägypten, als die Finsternis eintrat. Sie eroberten nur, um zu zerstören . . . Diese Rebellen, sie kamen von den Bergen des Ostens auf all den Wegen von Yat Nebes.«[99]

Der Prinz zog sich vor den Angreifern zurück. Er kehrte nicht nach Heliopolis zurück: »Er ging nicht nach On mit (oder

98 »Ha« in Pi-Ha-Khiroth ist der bestimmte hebräische Artikel. Er gehört zwischen Pi und Khiroth. Die Vokale in der Übersetzung aus dem ägyptischen Text sind eine Annahme des Übersetzers: Der Name kann auch Pi-Khiroth gelesen werden.

99 Goyon, »Kêmi« VI (1936), 11: Text, und 27: Übersetzung.

»wie«) die Begleiter der Diebe des Szepters«; er wurde seines Erbes beraubt. In der ländlichen Residenz von Ty-Taoui, »im Lande der *henou*-Pflanzen«, schloß er sich ein und unternahm von hier aus einen völlig erfolglosen Versuch, sich mit »den Fremden und den Amu« in Verbindung zu setzen, um sie zu veranlassen, aus dem Lande wieder abzuziehen. In seiner Hilflosigkeit mußte er daran denken, wie sein in dem Strudel umgekommener Vater in besseren Tagen gegen alle Rebellen gekämpft und »die Kinder des Apophis niedergemacht« hatte.

Nach einiger Zeit »kühlte die Luft ab und wurde das Land trocken«. Was mit dem unglücklichen Prinzen geschah, ist unbekannt; sein Ende war sicher beklagenswert. Ägypten war von Orkanen verwüstet und vom Feuer versengt, und die Residenz war im Besitz der Amu.

Die Inschrift auf dem Schrein von el-Arisch sagt, daß der Name des Pharaos, der im Strudel ums Leben kam, Thom oder Thum war. Es ist von Interesse, zu wissen, daß Pi-Thom »die Heimstatt des Thom« bedeutet. Pithom aber war eine der beiden Städte, welche die israelitischen Sklaven für den Pharao der Unterdrückung bauten[100]. Bei Manetho heißt der Pharao, in dessen Tagen »der Sturm der himmlischen Ungnade« noch vor der Invasion der Hyksos über Ägypten kam, Tutimaeus oder Timaios[101].

100 Der Stadtteil mit den Schatzhäusern von Pithom wurde von E. Naville 1885 im Tell el-Maskhuta aufgefunden und mit Hilfe einer Inschrift identifiziert.
Der Name der anderen Stadt, Ramses, war im wesentlichen die Ursache, weshalb Ramses II. aus der XIX. Dynastie als Pharao der Unterdrückung bezeichnet wurde. Wir tun gut daran, uns zu erinnern, daß »der Zweite« eine moderne Zählung der Könige ist, und jener Ramses der XIX. Dynastie könnte in einer der Dynastien vor den Hyksos einige gleichnamige Vorgänger gehabt haben. Ramses könnte auch eine nach einer Gottheit benannte Stadt sein.
Ferner ist möglich, daß der Name der Stadt Ramses (Exodus 12, 37) ein späterer Name des Ortes ist, wie wir in ähnlicher Weise das historische Achet-Aton mit dem Namen Tell el-Amarna bezeichnen. Der Name der Stadt Ramses wurde zuweilen als Argument gegen die Identifikation der Chabiru mit den Israeliten benutzt.

101 Gutschmidt und Reinach lasen den Namen »Τιμαιος«. Siehe Josephus, »Against Apion« (übersetzt von H. St. Thackeray, London–New York 1926), I, 75, Anmerkung.

Die jahrhunderte- oder jahrtausendealte Frage nach der Lage des Meeres des Durchzugs kann mit Hilfe der Inschrift auf dem Schrein gelöst werden. Aufgrund gewisser Hinweise im Text lag Pi-ha-Khiroth, wo sich die Vorfälle ereigneten, auf dem Wege von Memphis nach Pisoped[102].

Der Eremitage-Papyrus

Ein Papyrustext, der in der Eremitage in Leningrad aufbewahrt und im Katalog dieses Museums unter der Nummer »1116b recto« geführt wird[103], ist ein literarisches Echo der schicksalsvollen Tage, in denen das Königreich Ägypten zugrunde ging und das Land die Beute eindringender Nomaden wurde. In dem Papyrus wird dieselbe Geschichte erzählt, die wir bereits aus dem Papyrus Ipuwer kennen, jedoch in abweichender Form. Über den Aufruhr der Naturgewalten und die darauffolgende Unterjochung Ägyptens durch die Stämme der Wüste wird eingehend berichtet, jedoch nicht, als handle es sich um Ereignisse der Vergangenheit oder Gegenwart, sondern um Dinge, die noch eintreten würden. Offenbar geschieht dies nur aus Vorliebe für die literarische Form der Weissagung.

Ein Weiser namens Neferehu fragt seinen königlichen Zuhörer, ob er lieber von Dingen der Vergangenheit oder der Zukunft hören wolle. »Sagte Seine Majestät: Nein, von Dingen der Zukunft.« Der Seher »sann nach über das, was dem Lande geschehen würde, und beschwor den Zustand im Osten herauf, wenn die Asiaten (Amu) in all ihrer Macht und wütenden Herzens heranzögen ... Und er sagte: ›Auf, mein Herz, beweine dies Land, dem du entsprungen bist.‹«

»Das Land ist völlig zugrunde gerichtet, und nichts ist übriggeblieben. Untergegangen ist dies Land ... Die Sonne ist verhüllt und scheint nicht in das Antlitz der Menschen. Niemand kann leben, wenn die Sonne von Wolken verhüllt

102 Siehe Anmerkung 97.

103 A. H. Gardiner, »New Literary Works from Ancient Egypt«, »Journal of Egyptian Archaeology«, I (1914), 100–106.

ist . . .« »Der Fluß ist ausgetrocknet (selbst der Fluß) Ägyptens.« »Der Südwind wird wehen gegen den Nordwind.« »Die Erde ist dem Unglück preisgegeben . . . Beduinen durchziehen das Land. Denn Feinde stehen im Osten (der Seite des Sonnenaufganges), und Asiaten werden nach Ägypten herabkommen.« »Die Tiere der Wüste werden aus den Flüssen Ägyptens trinken . . . Dies Land wird in Verwirrung geraten . . .« »Ich zeige dir das Land, das Oberste zuunterst, es geschieht, was (noch) nie zuvor geschah . . .« »Die Menschen lachen mit dem Lachen des Schmerzes. Niemand weint hier wegen des Todes.« »Niemand weiß, daß es Mittag ist; sein (Sonnen-) Schatten ist nicht mehr zu erkennen. Das Auge wird nicht geblendet, wenn es sie sieht . . . Sie steht am Himmel wie der Mond . . .«

Aus der Beschreibung der Veränderungen in der Natur können wir erkennen, daß sie in jene Zeit gehören, in welcher die Israeliten in der Wüste wanderten, unter einem düsteren Himmel, im »Lande des Schattens, des Schattens des Todes«[104]. Jahrhunderte später klagte Jeremia: »Wo ist Jahwe, der uns heraufgeführt hat aus dem Lande Ägypten, der uns durch die Wüste geleitet, durch steppen- und schluchtenreiches Land (durch dürres und düsteres Land, durch ein Land, das niemand durchzieht und in dem kein Mensch wohnt)?« (2, 6.) An zahlreichen anderen Stellen der Schrift ist dieser »Schatten des Todes« erwähnt: während der Jahre der Wanderung in der Wüste war der Himmel verhüllt, und Wolken hingen tief über der Wüste[105]. Alle Lebensvorgänge waren geschwächt, und das war der Grund, weshalb die Düsternis

104 Vgl. Psalm 23, 4; 44, 19; 107, 10; 14; Jesaia 9, 2; Jeremia 13, 16; Amos 5, 8; Hiob 24, 17; 28, 3; 34, 22 und andere Stellen. – In der hier benutzten Übersetzung des Alten Testamentes, Kautzsch-Bertholet 4, wie in der Übersetzung Luthers ist an keiner der angegebenen Stellen der Ausdruck »Schatten des Todes« gebraucht. In den hebräischen Texten steht an allen Stellen das Wort zelmavet, zusammengesetzt aus zel »Schatten« und mavet »Tod«. Die King-James-Bibel übersetzt die Stellen richtig mit »shadow of death« (Schatten des Todes). Es muß deshalb auch an der folgenden Stelle, Jeremia 2, 6 heißen: ». . . durch ein Land der Schatten des Todes«.

105 Ein dicker Wolkenschleier über der Wüste wird wiederholt in der Heiligen Schrift, im Talmud und den Midraschim erwähnt.

»Schatten des Todes« genannt wurde. Mit der Plage der Finsternis, von der, wie ich behaupte, der »Schatten des Todes« eine langanhaltende Nachwirkung war, beschäftigte ich mich in »Welten im Zusammenstoß«, wo ich die physikalische Seite der Katastrophe untersuchte.

Nachdem er dieses Bild einer Naturkatastrophe zusammen mit einer politischen Unterjochung Ägyptens durch die Amu heraufbeschworen hatte, prophezeite der Seher Neferehu die Befreiung durch einen König, welcher von einer Nubierin geboren und Ameni genannt werden würde – »die Amu werden durch sein Schwert fallen«. Danach »soll die ›Fürstenmauer‹ gebaut werden, um den Amu nicht mehr zu ermöglichen, nach Ägypten hinabzuziehen«.

Es ist fraglich, ob Ameni eine historische Persönlichkeit ist. Aufgrund von Vermutungen über seine Identität nahm man an, daß der Papyrus während des Alten Reiches oder kurz nach dessen Ende geschrieben sei; es ist auch augenscheinlich, daß dieser Text mit dem des Papyrus Leiden vieles gemeinsam hat. Aber die Hyksos-(Amu-) Periode folgte dem Ende des Mittleren Reiches. Der Name Ameni könnte sich auf Amenhotep I. beziehen, einen der ersten Könige Ägyptens nach der Befreiung des Landes von der Hyksosherrschaft, der zur Zeit der Befreiung noch ein Prinz war. Er wird gewöhnlich als Schwarzer dargestellt[106], was auch mit den Worten: »von einer Nubierin geboren« übereinstimmen würde. In späteren Zeiten wurde er auf das höchste verehrt.

Ein literarisches Fragment, das dem Eremitage-Papyrus 1116b recto außerordentlich ähnlich ist, ist die Prophezeiung eines Töpfers zur Zeit des Königs Amenophis (Amenhotep). »Der wasserlose Nil wird sich füllen, der verschobene Winter wird in seiner rechten Jahreszeit kommen. Die Sonne wird ihren Lauf wiederaufnehmen, und die Winde werden abflauen. Denn in der Zeit Typhons ist die Sonne verhüllt.« Diese Prophezeihung blieb uns auf einem griechisch geschriebenen Papyrus erhalten, der wiederum die Übersetzung eines

106 Jedoch kann die Tatsache, daß er schwarz dargestellt wird, sich darauf beziehen, daß er nach seinem Ableben als heilig verehrt wurde.

älteren ägyptischen Textes ist[107]. Der Name des Pharaos weist auf einen der Amenhotep des Neuen Reiches und bezieht sich, wie ich vermute, auf den gleichen Ameni oder Amenhotep I[108].

Zwei Fragen

Zwei Fragen gibt es, die beantwortet werden müssen. Die erste ist: Welcher Art und welchen Umfangs war die Katastrophe oder die Reihe der von Plagen begleiteten Katastrophen, über die wir jetzt einander sehr ähnliche biblische und ägyptische Zeugnisse vor uns haben? Im nächsten Kapitel werden wir noch eine weitere Bestätigung durch eine von der arabischen Halbinsel stammende und dort entstandene Überlieferung erhalten. Eine Antwort auf diese erste Frage erfordert ein Studium nicht nur der Geschichte, sondern auch vieler anderer Fachgebiete. Ein Werk, das eine Untersuchung über die Natur großer Katastrophen der Vergangenheit enthält, ist dem vorliegenden Band vorausgegangen.

Lassen wir hier einmal das Problem der Ausdehnung und Beschaffenheit der Katastrophe beiseite und wenden uns der anderen Frage zu: Wann ist dieser Umsturz eingetreten? Die jüdische Geschichte hat die Antwort bei der Hand: in den Tagen des Exodus. Was die ägyptische Geschichte betrifft, müssen wir zuerst ausfindig machen, wann der Text des Papyrus Ipuwer entstand.

Gelehrte, die den Papyrus studiert haben, stimmen darin überein, daß das Dokument Abschrift eines weit älteren Papyrus sei: »Der Schreiber benützte ein etliche Jahrhunderte älteres Manuskript.«[109] Die Abschrift wurde irgendwann wäh-

107 Literatur über diese Prophezeiung findet man bei G. Manteuffel, »De opusculis graecis Aegypti . . .« (Warschau 1930); »Mélanges Maspero«, II (1934), S. 119 bis 127.

108 H. Ranke in Greßmann, »Altorientalische Texte« (Tübingen 1909), S. 207–8: »Der Name Amenophis weist jedenfalls auf einen der Amenhotep der XVIII. Dynastie.«

109 Gardiner, »Admonitions«, S. 3.

rend der XIX. Dynastie angefertigt, aber »Schreib- und Ausdrucksweise sind alles in allem die eines literarischen Textes des Mittleren Reiches, wenn man diesen Begriff sehr großzügig auslegt«[110].

Die Frage: Wann ist der Text entstanden? gewinnt noch größere Bedeutung im Zusammenhang mit den hier aufgezeigten Parallelen im Buche Exodus.

Als sicher wurde angenommen, daß die Frage nach dem Alter des Textes »untrennbar mit dem Problem der historischen Situation verbunden ist, die dem Verfasser (Ipuwer) vorschwebte«[111]. »Der Text erzählt sowohl von einem Bürgerkrieg als auch von einer asiatischen Besetzung des Deltas.« »Es gibt zwei Perioden, die möglicherweise den näheren Umständen dieses Falles entsprechen könnten: die eine ist die im Dunkel liegende Zeit, welche die VI. von der XI. Dynastie (oder das Alte vom Mittleren Reich) trennt; die andere ist die Zeit der Hyksosherrschaft (zwischen dem Mittleren und dem Neuen Reich).« Die Ansichten der Papyrusforscher (Gardiner und Sethe) über die Frage, welcher von diesen Perioden der Papyrus angehöre, waren geteilt. Es ist nichts Bestimmtes bekannt über das Eindringen von Asiaten (Amu) während der erstgenannten Periode – der zwischen dem Alten und dem Mittleren Reich –, und um eine Übereinstimmung mit dem historischen Hintergrund des Papyrus herzustellen, müßte erst mit dessen Hilfe eine solche Invasion in jener Zeit als gegeben vorausgesetzt werden[112]. In der von Sethe vertretenen Ansicht gibt es eine solche Schwierigkeit nicht«, da er darauf bestand, die beschriebene Zeit sei die des Hyksoseinfalls, räumte Gardiner ein und fügte hinzu: »Die Auffassung, unserer Papyrus Leiden enthalte Hinweise auf die Hyksos, ist – vom historischen Standpunkt aus gesehen – besser unterbaut.« Aber eine philologische Überlegung »erweckt in uns den Wunsch, das Datum der Entstehung soweit wie möglich zuerst anzusetzen«. Man fand, daß die Sprache ohne Zweifel

110 Ebenda, S. 2.
111 Ebenda, S. 17.
112 In diesem Falle würde »Amu« nicht nur die Hyksos, sondern Asiaten ganz allgemein bezeichnen.

nicht die des Neuen Reiches, sondern die einer früheren Zeit war. Der Text enthält auch einige Hinweise auf das Bestehen von »Großen Häusern« (Gerichtsgebäuden), die »in oder kurz nach dem Mittleren Reich« schon außer Gebrauch gekommen waren.

Wir sollten daran denken, daß im Papyrus steht, diese »Großen Häuser« seien zusammengestürzt, und die Menschenmenge, die in den Trümmern wühlte, sei auf ihnen herumgetreten. Mir scheint, daß diese Bemerkung noch deutlicher auf die Zeit hinweist, in der das Mittlere Reich zusammenbrach, und man sollte deshalb den Papyrus nicht als ein in der Zeit vor der Hyksosperiode entstandenes literarisches Dokument bezeichnen. Was jedoch Stil und Sprache betrifft, so gab Gardiner zu, »ist es durchaus möglich, daß unser Text verfaßt worden sein kann, während die Hyksos noch im Lande waren«. Die Diskussion darüber, ob der Text die Periode zwischen dem Alten und Mittleren Reich oder zwischen dem Mittleren und Neuen Reich beschreibe, wurde von den Verfechtern der ersten Ansicht mit folgender Bemerkung abgeschlossen: »Es ist zweifellos am klügsten, die Frage für den Augenblick offen zu lassen.«

Ich nehme die Frage wieder auf. Der historische Hintergrund ist der des Hyksoseinfalls (Sethe). Philologische Überlegungen zeigen, daß der Text alle Anzeichen eines literarischen Werkes aus der Zeit des Mittleren Reiches aufweist (Gardiner)[113]. Wenn man die historischen und philologischen Beweismittel kombiniert, so deutet alles auf das Ende des Mittleren Reiches und den Beginn des Hyksoseinfalls. Der Stil würde natürlich noch dem des Mittleren Reiches entsprechen, weil in den wenigen Monaten seit dem Zusammenbruch dieses großen Zeitalters in Sprache und Form der dichterischen Werke noch keine Veränderung eingetreten sein

113 Sowohl Sethe wie Gardiner waren der Ansicht, daß der Text nicht aus der Zeit der beschriebenen Ereignisse stammte. Bei der Diskussion über das Alter des Textes sah Sethe jedoch in ihm eine Beschreibung der Ereignisse der Hyksosperiode und zog den Anfang des Neuen Reiches als Zeit seiner Entstehung in Betracht; Gardiner nahm dagegen als Zeit der Abfassung die des Mittleren Reiches oder vielleicht der Hyksosperiode an.

konnte. In den Jahrhunderten der Hyksosherrschaft stagnierte in Ägypten jede literarische Tätigkeit; Ipuwer hat augenscheinlich die Tragödie seiner eigenen und nicht die einer vergangenen Zeit beklagt.

In den Auseinandersetzungen zwischen Gardiner und Sethe hatte Gardiner recht mit seinen philologischen Argumenten, daß nämlich die späteste Zeit, aus der der Text stammen könnte, die Zeit der Hyksos sei. Er irrt jedoch bei der Annahme, daß der Text Ereignisse der im Dunkel liegenden Zeit zwischen dem Alten und dem Mittleren Reich beschreibe, und Sehte hat recht mit dem geschichtlichen Argument, daß die wiedergegebenen Geschehnisse die des Hyksoseinfalls nach dem Untergang des Mittleren Reiches sind. Auf der anderen Seite irrt Sethe, wenn er die Entstehung des Textes dem Neuen Reich zuschreibt; er wurde unmittelbar nach dem Ende des Mittleren Reiches, ganz am Anfang der Hyksoszeit, verfaßt. Mit dieser Lösung stehen sowohl die historischen als auch die philologischen Argumente in Einklang.

Diejenigen, die versuchten, den Exodus in den Ablauf der ägyptischen Geschichte einzuordnen, haben es nicht gewagt, ihn so weit wie in die Zeit zwischen Mittlerem und Neuem Reich (Hyksoszeit) zurückzuverlegen und erst recht nicht so weit zurück wie in die Zeit zwischen Altem und Mittlerem Reich.

Den geschichtlichen Hintergrund der »Admonitions« bildet nicht allein das Eindringen der Amu (Hyksos), das gleiche gilt auch für die Naturkatastrophe und die Plagen, und diese wiederum sind denen aus der Zeit des Exodus analog. Auch aus diesem Grunde kann kein Zweifel darüber bestehen, daß das frühere Datum – zwischen dem Alten und Mittleren Reich – nicht in Frage kommt; selbst das spätere bietet noch Schwierigkeiten genug, denn es scheint für den Exodus zu früh zu liegen.

Gibt es irgendeinen Beweis aus dem Reich der Natur, der offenkundig darauf hindeutet, daß in der geologischen Struktur Ägyptens zu irgendeiner Zeit nach dem Mittleren Reich eine wesentliche Veränderung eingetreten ist?

Lepsius hat die wichtige Tatsache beobachtet, daß die Nil-

Assuan Staudamm noch nicht gebaut

messer bei Semne, die aus dem Mittleren Reich stammen, an jener Stelle, wo das Flußbett von Felsen eingeengt wird, ein Steigen des Nilwassers anzeigen, das im Durchschnitt um 22 Fuß über dem höchsten Wasserstand von heute liegt[114].

Theoretisch müßte das Sinken des Wasserstandes um 22 Fuß entweder einer Verringerung der Wassermenge des Nils seit dem Mittleren Reich oder einer Veränderung der Felsenstruktur Ägyptens zugeschrieben werden[115]. Wenn der Nil vor der Katastrophe wesentlich mehr Wasser geführt hätte, dann müßten viele Paläste und Tempel ständig unter Wasser gestanden haben. Anscheinend zeigen die Nilmesser bei Semne an, daß gewaltige Veränderungen der Felsformationen Ägyptens am Ende des Mittleren Reiches – oder später – eintraten.

Die Mittlere (II.) Minoische Zeit der kretischen Kultur, die zeitlich der des Mittleren Reiches in Ägypten entspricht, fand, wie die Ausgrabungen in Knossos zeigen, ebenfalls in einer furchtbaren Naturkatastrophe ihr Ende[116].

Es existiert eine wichtige ägyptische Inschrift der Königin Hatschepsut, die zwei oder drei Generationen nach der Vertreibung der Hyksos an die Macht kam. Es heißt dort:

114 Lepsius, »Letters from Egypt, Ethiopia and the Peninsula of Sinai«, S. 19–20. »Semne. Der Nil ist hier auf eine Breite von nur etwa 1150 Fuß zwischen hohen Felsenufern eingezwängt . . . Wir fanden eine beträchtliche Anzahl von Inschriften aus der Zeit der XII. und XIII. Dynastie (nach Manetho) . . . Viele von ihnen dienten dazu, den höchsten Stand des Nils während einer Reihe von Jahren anzuzeigen, insbesondere während der Regierung der Könige Amenem het III. und Sebekhotpe I. Als wir sie verglichen, erhielten wir das bemerkenswerte Ergebnis, daß vor etwa 4000 Jahren der Nil an dieser Stelle um durchschnittlich 22 Fuß höher anstieg als jetzt.« Vgl. aber L. Borchardt, »Altägyptische Festungen an der zweiten Nilschwelle« (Leipzig 1923), S. 15, und S. Clarke, »Journal of Egyptian Archaeology«, III (1916), 169; ferner Borchardt, »Nilmesser und Nilstandsmarken« im »Anhang der Abhandlungen der Preußischen Akademie der Wissenschaften«, 1906, S. 1–5, und »Sitzungsberichte«, 1934, S. 194–202.

115 Der Nil hatte zumindest zeitweilig nach der Katastrophe einen niedrigen Wasserstand, wie denn »die Erwähnung fremder Eindringlinge, des spärlich fließenden Nils und einer verhüllten oder verfinsterten Sonne ein wesentlicher Teil dessen sind, was der ägyptische Prophet zu erzählen hat«. Gardiner, »Journal of Egyptian Archaeology«, I (1914), 101.

116 Sir Arthur J. Evans, »The Palace of Minos« (London 1921–1935), III, 14.

> Die Wohnstatt der Herrin von Qes war in Trümmer gefallen, die Erde hat ihr herrliches Heiligtum verschlungen, und Kinder spielten über ihrem Tempel ... Ich habe ihn gesäubert und aufs neue wieder aufgebaut ... Ich habe wiederhergestellt, was in Trümmern lag, und vollendet, was unfertig geblieben war. Denn da waren Amu mitten im Delta und in Hauar (Auaris), und fremde Horden aus ihren Reihen hatten die alten Bauten zerstört; sie regierten und wußten nichts vom Gott Ré[117].

Aus diesen Zeilen kann die Folgerung gezogen werden, daß Tempel von der Erde verschlungen wurden[118] und daß die Hyksos (Amu), die das Land besetzten, sich nicht die Mühe machten, die Ruinen wieder aufzubauen, ja sie vergrößerten sogar noch die Zerstörung. Die Hyksos haben zwar Gebäude zerstört, aber sie haben sie nicht in der Erde vergraben. »Bedeutet dies, daß der Tempel bei einem Erdbeben verschwand?«[119]

In allen drei angeführten ägyptischen Dokumenten – dem Papyrus Leiden, den Inschriften und dem Schrein von el-Arisch und dem Eremitage-Papyrus – und ebenso in der Inschrift Hatschepsuts werden die Naturkatastrophe und das Eindringen der Amu als aufeinanderfolgend beschrieben.

117 Inschrift bei Speos Artemidos. W. M. Flinders Petrie, »A History of Egypt: During the Seventeenth and Eighteenth Dynasties« (7. Auflage, London 1924), II, 19. Breasted, Records II, 300ff., weicht in der Übersetzung ab. Eine Neuübersetzung wurde von Gardiner veröffentlicht, »Journal of Egyptian Archaeology«, XXXII (1946), 46f.

118 Alte Midrasch-Quellen erzählen, daß die Mauern von Pithom und Ramses einstürzten und teilweise von der Erde verschlungen wurden, und daß viele Israeliten dabei ums Leben kamen. Wenn der Ort, den Edouard Naville als Pithom identifizierte (»The Store-City of Pithom and the Route of the Exodus«, 2. Auflage, London 1885), auch der des Buches Exodus ist, dann müßten Ausgrabungen in tieferen Schichten zeigen, ob dieser Midrasch-Bericht legendär ist oder nicht (Naville untersuchte die Schicht der XIX. Dynastie, da er den Exodus dieser Zeit zuschrieb). Im allgemeinen ist das Verschwinden von Städten und Dörfern bei Erdbeben verbürgt.

119 »Es ist nicht leicht, zu verstehen, was die Königin meint ... Ich übersetze, wie auch Golenischeff es tut, ›das Land, welches das Heiligtum verschlungen hatte‹. Bedeutet dies, daß der Tempel bei einem Erdbeben verschwand?« Edouard Naville, »The Life and Monuments of Hatshopsitu« in »The Tomb of Hatshopsitu« von Theodore M. Davis (London 1906), S. 69.

Weil die Naturkatastrophe aus einer Reihe von umwälzenden Vorgängen und Störungen bestand, drang das Volk aus Asien ein noch ehe sich die Elemente beruhigt hatten. Seit den Tagen des Altertums haben des öfteren Schriftsteller die Israeliten mit den Hyksos (Amu) identifiziert; andere Autoren verlegten die Ankunft der Israeliten in die Zeit der Hyksosherrschaft in Ägypten und den Exodus in die Regierungszeit eines der Könige der XVIII. Dynastie. Die Mehrzahl der Gelehrten glaubte jedoch, daß die Israeliten sich zu einer noch späteren Zeit in Ägypten aufhielten. Sie verlegten die Ankunft der Israeliten in einen Zeitpunkt während der XVIII. Dynastie, die Zeit der Unterdrückung in die Tage Ramses II. (XIX Dynastie) und den Exodus in die seines Nachfolgers Merenptah.

Ich bin zu einem sehr abweichenden Ergebnis gekommen. Die Israeliten verließen Ägypten mitten im Ausbruch einer großen Naturkatastrophe. Die Amu, die unmittelbar darauf nach Ägypten eindrangen und Herren des Landes wurden, waren – wie auf der Hand liegt – nicht die Israeliten. Die Tradition der Israeliten verbindet ihren Auszug aus Ägypten aufs engste mit Tagen, in denen Erde, Himmel und Meer an wütender Zerstörung alles übertrafen, weiß aber nichts Derartiges von der Zeit ihrer Ankunft in Ägypten zu berichten.

Gerade dieser Umstände wegen verließen die »Bewohner der Sümpfe« oder »die armen Menschen« das Land; es muß sich um die Israeliten gehandelt haben und um die Menge der Ägypter, die sie beim Auszug begleitete[120]. Die Amu-Hyksos erreichten Ägypten, wo sie Beute zu machen hofften, kurz nach der Katastrophe.

Wenn die oben gebrachten Parallelen und die daraus gezogenen Schlüsse stimmen, dann erfolgte der Exodus der Israeliten wenige Tage vor dem Einfall der Hyksos.

120 Exodus, 12, 38.

Kapitel 2

Die Hyksos

Wer waren die Hyksos?

Der ägyptische Historiker Manetho, der zur Zeit der Ptolemäer lebte, ist unsere Hauptinformationsquelle über den Einfall der Hyksos. Seine Geschichte Ägyptens ist nicht mehr vorhanden, aber einige Stellen daraus, die sich mit dieser Invasion befassen, sind durch Flavius Josephus, Eusebius und Sextus Julius Africanus überliefert worden[1].

Josephus hat in seiner Streitschrift »Gegen Apion« aus dem zweiten Buch der Geschichte Ägyptens von Manetho mehr überliefert als Eusebius und Africanus. Der erste Abschnitt lautet:

> Ich will seine (Manethos) eigenen Worte zitieren, so, als hätte ich den Mann selbst im Zeugenstand vernommen: »Tutimaeus. Während seiner Regierung, ich weiß nicht warum, brach ein Sturm der Ungnade Gottes über uns herein. Ein Volk unedler Abstammung aus dem Osten, das überraschend einfiel, besaß die Kühnheit, das Land zu überfallen, dessen es sich durch nackte Gewalt bemächtigte, ohne auf Schwierigkeiten zu stoßen oder gar kämpfen zu müssen.«[2]

Woher kamen die Hyksos? Die Theorien der Gelehrten gehen auseinander. Einige von ihnen glaubten, daß die Hyksos die arischen Mitanni waren[3], andere, daß sie Skythen gewesen seien[4]. Noch andere haben zwei Jahrtausende lang angenommen, es hätte sich bei ihnen um die Israeliten gehandelt, deren Aufenthalt in Ägypten in ganz anderer Form von der Bibel überliefert wird. Und schließlich bestritt ein Gelehrter sogar

1 »Manetho«, übersetzt von Waddell.
2 Josephus, »Against Apion«, I, 74–75.
3 Meyer, »Geschichte des Altertums« Bd. II, Teil 1 (2. Auflage), S. 42.
4 Eine Hypothese, die I. Resellini vertrat, »I Monumenti Storici« (Pisa 1832), S. 176.

die Tatsache des Eindringens eines Hyksos genannten Stammes nach Ägypten; er wandte dabei mehr Mühe auf als andere für die Untersuchung der Überbleibsel der Hyksosdynastien[5]. Er fand jedoch keine Anhänger. Schon in den Tagen Manethos war ihr Ursprungsland nicht mit Sicherheit bekannt, aber das eine wußte er: »Einige sagen, daß sie Araber gewesen seien.«[6]

Manetho, der griechisch schrieb, erklärt auch den Namen Hyksos:

> Dieses ganze Volk wurde als Hyksos, das heißt Hirtenkönige, bezeichnet; denn die erste Silbe »Hyk« bedeutet in der heiligen Sprache einen König, und »Sos« bedeutet – freilich nur in der Volkssprache – einen Hirten; aus diesen beiden war das Wort Hyksos zusammengesetzt[7].

Wie schon weiter oben erwähnt, werden die Hyksos in den erhalten gebliebenen Fragmenten der ägyptischen Literatur »Amu« genannt. Die Hyksos waren ein Volk, dessen Sinnen und Trachten nur auf Zerstörung gerichtet war. Soweit bekannt, wurden unter ihrer Herrschaft keine Bauten von irgendwelchen historischem oder künstlerischem Wert errichtet, keine literarischen Werke überlebten die Zeit ihrer Regierung in Ägypten mit Ausnahme von Klageliedern, gleich dem des Papyrus Ipuwer. Die Erinnerung an die Schlechtigkeit dieser Nomaden blieb durch Manetho-Josephus lebendig[8].

5 R. Weill, »Les Hyksos et la Restauration nationale«, »Journal asiatique«, 1910–1913, und »La Fin du Moyen Empire égyptien« (Paris 1918), S. 1–262, vom gleichen Verfasser. R. Weill hat zu diesem Thema veröffentlicht: »Remise en position chronologique et conditions historiques de la XIIe Dynastie«, »Journal asiatique«, CCXXXIV (1943–1945), 131–149, und »Le Synchronisme égypto-babylonien«, »Chronique d'Egypte«, XXI (1946), 34–43.

6 Josephus, »Against Apion«, I, 82.

7 Ebenda. Die heute vorgezogene Etymologie sieht im Namen Hyk-sos das ägyptische Äquivalent für »Herrscher der Fremdländer«.

8 »Against Apion«, I, 76.

Die Heilige Schrift gibt uns keine Auskunft über das, was sich in Ägypten nach dem Auszug der Israeliten ereignete. Sie verließen es inmitten eines Aufruhrs der Elemente und einer allgemeinen Zerstörung und Vernichtung.

Der Papyrus Ipuwer vervollständigt die Aufzeichnungen: Er erzählt von Eindringlingen, die das Land Ägypten unterdrückten und peinigten. Die zehnte Plage war nicht die letzte – es sollte noch eine weitere folgen. Ein grausamer Eroberer drang in das einst so mächtige Reich ein, das jetzt zerschlagen am Boden lag; er unterjochte es, ohne Widerstand zu finden; er entweihte die heiligen Stätten, schändete die überlebenden Frauen und versklavte die zusammengeschmolzene Bevölkerung. Soweit die Tempel noch standen, zerstörte er sie völlig, beraubte die Gräber der Toten und verstümmelte die Überlebenden.

Wir lasen die Klagen eines von denen, die den Gefahren des Erdbebens entgangen waren und die Zeugen wurden des Elends, das durch einen grimmigen Feind entstand. Durch einen Vergleich der Aussagen des Buches Exodus und des Papyrus Ipuwer wird klar, daß diese elfte Plage den vorausgegangenen folgte, als die Israeliten schon außer Landes waren, jedoch nur ganz kurze Zeit nach ihrem Abzug. Die Israeliten verließen ein von Schicksalsschlägen vernichtetes Land; ein anderes Volk – von den Ägyptern Amu genannt – überfiel dieses Land und nutzte dessen Erschöpfung zu seinem Vorteil. Der Aufruhr war keineswegs vorüber, sondern noch in vollem Gange, als die Amu in Ägypten eindrangen.

Die Angreifer kamen von Asien her, dies bezeugt der Papyrus Ipuwer. Die Israeliten wanderten in Richtung auf Asien. Die beiden Kontinente Asien und Afrika sind durch ein schmales, dreieckiges Stück Land miteinander verbunden. Es bestand große Wahrscheinlichkeit, daß die gen Asien ziehenden Israeliten den Amu auf deren Marsch nach Ägypten begegnen würden. Sind sie aufeinandergestoßen?

Sie begegneten einander in der Tat.

Die Israeliten begegnen den Hyksos

Noch bevor die Israeliten den Berg Sinai erreichten, stießen sie auf die Scharen von Amalek. Bei Meriba, am Fuße des Horeb, wo das Volk nach Wasser dürstete, »kam Amalek« in einem steinigen Tal »und kämpfte mit Israel in Raphidim« (Exodus 17, 8). Mose, Aaron und Chur stiegen auf den Gipfel des Hügels und beteten dort, solange Josua wider Amalek stritt.

In einigen Phasen der Schlacht hatte Amalek die Überhand, es heißt aber weiter:

> Exodus 17, 13–16: Und Josua brachte den Amalekitern und ihrem Kriegsvolke eine blutige Niederlage bei. Da sprach Jahwe zu Mose: Schreibe dies zum Andenken auf ein Blatt ... ich will jede Erinnerung an die Amalekiter völlig auswischen unter dem Himmel. Mose aber baute einen Altar und nannte ihn »Jahwe ist mein Banner«. (Luther: Jahwe-nissi.) Denn er sprach: Die Hand ans (Banner Jahwes), Jahwe bekriegt Amalek von Geschlecht zu Geschlecht.

Die rabbinische Tradition berichtet, daß Josua bei diesem Zusammentreffen vierhunderttausend amalekitischen Kriegern gegenüberstand[9].

Der Sieg bei Raphidim war teuer erkauft: in dieser Schlacht siegten die Israeliten erst, nachdem sie stark bedrängt und der Niederlage nahe gewesen waren.

Dies war aber nur eine der Schlachten gegen die Amalekiter. Bald stießen die aus Ägypten entkommenen Israeliten in jeder Richtung, die sie einschlugen, wieder auf sie. Die Stämme der Wüste, die in großen Scharen nach Syrien und Ägypten wanderten, verwickelten die Fliehenden unausgesetzt in kleinere Gefechte, irreguläre Kämpfe, und machten nächtliche Überfälle. In einer mit Staub und Asche bedeckten Wüste litten die Israeliten unter dem Mangel an Wasser, erbarmungslos von den Raubgesellen gepeinigt, die wie Piraten brandschatzten und plünderten.

9 Midrasch Aba Gorion, III (Wilna 1886), 27. Ginzberg, »Legends«, VI, 23.

Der Aufruhr auf dem Meere hatte, so sagt die Haggada, unter den Heiden Schrecken hervorgerufen, und niemand wollte den Israeliten Widerstand entgegensetzen. Diese Furcht schwand aber, als die Amalekiter sie angriffen[10].

Der südliche Anmarschweg nach Kanaan war den Israeliten verschlossen: »Die Amalekiter bewohnen das Südland« (Numerus 13, 29). Das Volk in der Wüste hörte diese Botschaft von den zwölf Männern, die von der Erkundung Kanaans zurückkehrten.

Im Midrasch heißt es[11]: »Um ihre Furcht vor den Bewohnern Palästinas aufs äußerste zu steigern, sagten die Späher: ›Die Amalekiter wohnen im Lande des Südens.‹ Dieser Bericht über Amalek gründete sich auf Tatsachen; denn obwohl das südliche Palästina nicht ihre eigentliche Heimat war, hatten sie sich doch jüngst hier angesiedelt.«

Das Volk, dem diese Nachricht von den zwölf Männern gebracht wurde, »weinte in jener Nacht« (Numerus 14, 1): »Ach, wären wir doch in Ägypten gestorben, oder wären wir doch hier in der Wüste gestorben« (Numerus 14, 2).

Eine so grenzenlose Furcht konnten die Amalekiter nicht erregen, wenn es sich bei ihnen nur um Banden beduinischer Räuber gehandelt hätte, sie mußten vielmehr eine Macht darstellen, die den übrigen Völkern dieser Gegend weit überlegen war.

Zuerst forderte Mose von den Israeliten, sie sollten versuchen, über die südliche Grenze nach Kanaan einzudringen, aber sie fürchteten sich und drohten ihren Führer zu steinigen. »Diese hier werden nicht das Land sehen, das ich ihren Vätern zugeschworen habe«, lautete deshalb der Urteilsspruch Jahwes, nach welchem sie vierzig Jahre in der Wüste wandern mußten. Und es wurde ihnen gesagt:

> Numerus 14, 25: Die Amalekiter aber und die Kanaaniter wohnen in der Niederung. Morgen wendet euch und zieht in die Wüste in der Richtung nach dem Schilfmeer zu.

10 Ebenda, III, 62.
11 Ebenda, 272.

Die furchtbaren Erlebnisse in der Wüste – Erdbeben und aufreißende Spalten im Boden, Flammenausbrüche und das Versiegen von Quellen – versetzten die Israeliten in Schrecken. Tausende von ihnen, deren Nahrung aus Wachteln bestanden hatte, wurden von einer Seuche dahingerafft. Die Vögel zogen aufgescheucht davon, ähnlich wie die Israeliten aus Ägypten und die Amalekiter aus Arabien flohen, wie die Tiere der Wildnis, die zu den Wohnstätten der Menschen kamen, und die Heuschrecken, die vom Wind ins Rote Meer getrieben wurden. Alles wurde unsicher, das Obdach der Menschen ebenso wie das Lager der Tiere und die Nester der Vögel, ein mächtiger Wandertrieb erwachte gleichzeitig in ihnen allen. Die Israeliten wanderten nach Kanaan, der Heimat ihrer Väter, und wurden mutlos angesichts der Alternative, entweder sich mit den Amalekitern zu schlagen oder in die Wüste zu ziehen. Sich für ein Wanderleben in dieser trostlosen Gegend zu entscheiden schreckte sie, und in ihrer Verzweiflung beschlossen sie, sich kämpfend durchzuschlagen. Da sagte Mose:

> Numerus 14, 42–45: Zieht nicht hinauf, denn Jahwe ist nicht in eurer Mitte . . . denn die Amalekiter und Kanaaniter stehen euch dort gegenüber, und ihr werdet durch das Schwert fallen . . .
> Sie aber blieben hartnäckig dabei, auf die Höhe des Gebirges zu ziehen; . . . da stiegen die Amalekiter und Kanaaniter, die auf jenem Gebirge wohnten, herab und schlugen sie und zersprengten sie bei Chorma.

Es war die zweite Schlacht zwischen Israeliten und Amalekitern.

Die oben zitierte Bemerkung im Midrasch, daß Südpalästina nicht die ursprüngliche Heimat der Amalekiter gewesen sei, sondern daß sie jene Gegend erst jüngst besetzt hätten, erregt unsere Aufmerksamkeit. Die Amalekiter hatten offensichtlich erst kurz zuvor den Süden Palästinas erobert, denn den Ankömmlingen aus Ägypten war nichts von ihrer Anwesenheit in dieser Gegend bekannt. Im Laufe ihrer Wanderungen hatten die Amalekiter sich offenbar geteilt und sich gleichzeitig nach Ägypten und dem südlichen Palästina gewendet. Der Amalekiter wegen waren die Israeliten gezwungen, während einer ganzen Generation in der Wüste umherzuziehen.

Bevor ich jetzt das ganze Beweismaterial aus den hebräischen und ägyptischen Quellen für mein Hauptanliegen – den Nachweis der Identität der Hyksos mit den Amalekitern – anführe, möchte ich eine Frage stellen: Falls die Hyksos tatsächlich aus Arabien kamen, könnte man dann nicht auch in arabischen Quellen einen Beweis dafür finden?

Die Vermutung erfüllte sich, als wir die arabischen Schriften durchforschten. ich werde deshalb jetzt fortfahren, die drei Quellen: die ägyptische, die hebräische und die arabische, miteinander zu vergleichen.

Die Amalekiter waren ein alter arabischer Stamm, der seit frühester Zeit Arabien beherrschte. In einer Stammtafel des Buches Genesis heißt es, Amalek sei ein Abkömmling des Eliphas, eines Sohnes Esaus, Sohn des Isaak, gewesen[12]. Offenbar bezieht sich diese Angabe aber nicht auf jenen Amalek, der der Stammvater war. Im Buch Genesis gibt es noch eine andere Aufzeichnung: schon vor der Zerstörung von Sodom führten die Amalekiter Krieg mit einer mächtigen Koalition der Könige des Zweistromlandes. Die Amalekiter, die an diesen Schlachten in den Tagen Abrahams beteiligt waren, konnten nicht von dem Amalek abstammen, der als Nachkomme Esaus selbst von Abraham abstammte. Die Amalekiter waren daher aus einer älteren Sippe und nicht Verwandte der Zwölf Stämme.

Islamische Historiker betrachten Amalek als einen der ältesten unter den arabischen Stämmen. Abulfeda, ein arabischer Gelehrter des 13. Jahrhunderts, schrieb: »Sem (Noahs Sohn) hatte mehrere Söhne, unter ihnen Laud, dem Pharis, Djordjan, Tasm und Amalek geboren wurden«[13], womit er diesen Stämmen eine uralte Existenz zuerkannte. Es gibt jedoch andere moslemische Historiker, die behaupten, dieser arabische Stamm sei hamitischen Ursprungs, und seine Ahnenreihe dementsprechend angeben[14].

12 Genesis 36, 12.

13 Abulfeda, »Historia anteislamica«, Hrsg. H. O. Fleischer (Leipzig 1831), S. 17.

14 Siehe den Artikel »Amalek« von M. Seligsohn in »The Encyclopaedia of Islam« (Leiden und London), 1908–1938.

Die Amalekiter hatten ihren Sitz in Mekka und beherrschten von dieser zentralen Lage aus andere arabische Stämme der großen Halbinsel. Die ganze Arabia Felix, Arabia Petraea und Arabia Deserta lagen in ihrem Machtbereich – und dann kam der alles umstürzende Aufruhr.

Der Aufruhr in Arabien

Es entstand eine ungeheure Flutwelle. Durch einen Orkan wurden Menschen in die Luft gewirbelt, die Erde wurde durch heftige Beben erschüttert, und Plagen gingen der Katastrophe voraus.

Im »Kitab Alaghaniy« (Buch der Lieder) von Abu'l Faradj (um 897–967) blieb die Überlieferung hiervon wie folgt erhalten:

> Die Überlieferung berichtet, daß die Amalekiter die Privilegien des heiligen Bezirks verletzten und daß der allmächtige Gott ganz kleine Ameisen gegen sie ausschickte, die sie zwangen, Mekka zu verlassen.
> Danach sandte der Herr Dürre und Hungersnot und zeigte ihnen den Himmel voller Wolken, soweit ihr Blick reichte[15]. Sie wanderten unaufhaltsam auf die Wolken zu, die sie so nahe vor sich sahen, konnten sie aber nicht erreichen; sie wurden von der Dürre verfolgt, die ihnen ständig auf den Fersen blieb.
> Der Herr führte sie in ihr Geburtsland, wo er den »toufan« – eine Flut – über sie kommen ließ[16].

Saba (Scheba) in Südarabien, Mekka und die Tausende von Meilen lange Tihammaküste wurden verheert. Alle Stämme der Halbinsel litten unter ähnlichen schreckensvollen Ereignissen.

15 Im arabischen Text wird das Wort *ghayth* gebraucht. Fresnel übersetzt es mit paturga, aber er schreibt dazu: »Das Wort *ghayth*, das ich mit Weide wiedergegeben habe, bedeutet auch Regen und die Wolke, die ihn bringt.«

16 Übersetzt von F. Fresnel, »Journal asiatique«, 3rd Series, Vol. VI (1838), 207.

Masudi[17] (gestorben um 956) berichtet ebenfalls über die Katastrophe und erzählt von »dahinjagenden Wolken, Ameisen und anderen Anzeichen vom Zorne Gottes«, als viele Einwohner Mekkas ums Leben kamen. Gewaltige Wassermassen überfluteten das Land von Djohaina, und die gesamte Bevölkerung ertrank in einer einzigen Nacht.

»Der Schauplatz dieser Katastrophe ist unter dem Namen ›Idam‹ bekannt (Idam = Wut).«[18] »Omeya, der Sohn des Abu-Salt vom Stamme des Takif, erwähnt in einem Vers dieses Ereignis mit den folgenden Worten: ›In alten Tagen ließen sich die Djorhomiten in Tihamma nieder, und eine gewaltige Flut trug sie alle davon‹. Die Amalekiter wurden durch Plagen aus Arabien vertrieben und zogen auf ihrer Flucht den vor ihnen herjagenden Wolken nach. Während dieser Zeit ging Mekka in einer einzigen, von furchtbarem Getöse erfüllten Nacht zugrunde. Das Land wurde zur Wüste.

> Masudi: Von el-Hadjoun bis hinauf nach Safa wurde alles zur Wüste; in Mekka herrschte nächtliches Schweigen, nirgends ein Laut frohen Gespräches. Wir lebten dort, aber in einer schaurigen Nacht furchtbarer Verwüstungen ging alles zugrunde[19].

In voller Auflösung und aufs höchste erregt durch die drohenden Vorzeichen und die Plagen, trieben die flüchtenden Haufen der Amalekiter ihre durch das Erdbeben und die unheimlichen Erscheinungen erschreckten Herden vor sich her, bis sie die Küste des Roten Meeres erreichten.

Insektenplage, Dürre und nächtliches Erdbeben, »die furchtbarste Verwüstung«, bis zur Erde herabhängende Wolken und eine Flutwelle, die ganze Stämme mit sich riß – alle diese Naturkatastrophen wurden in Arabien wie in Ägypten in gleicher Weise erlebt.

Die Reihenfolge der Erscheinungen läßt erkennen, daß sie zur Zeit der Flucht der Israeliten aus dem ebenfalls von sol-

17 Maçoudi (Masudi), »Les Prairies d'or« (Paris 1861–1877), III. Kap. XXXIX.

18 Ebenda, S. 101.

19 Ebenda, S. 101–102. In diesen Zeilen zitiert Masudi el-Harit einen Dichter aus alter Zeit.

chen Plagen heimgesuchten Ägypten auftraten. Auch sie waren Augenzeugen der verheerenden Flut am Meere des Durchzuges bei Pi-ha-Khiroth, kurz bevor sie auf die Amalekiter stießen. Wenige Tage nach dem Durchzug durchs Meer begegneten die Israeliten den Amalekitern zum ersten Male.

Nicht nur die Ägypter, sondern auch viele Amalekiter kamen am Meer um, und ebenso wurden andere Stämme – die Djorhomiten und die Katan (Yaktan) – von der Flut erfaßt, und eine große Anzahl von ihnen verlor ihr Leben[20]. Die dichten Wolken über der Wüste werden wiederholt in der Heiligen Schrift und den Midraschim erwähnt. Die Midraschim berichten, daß die Israeliten auf die Amalekiter mitten in einer dicken, tief herabhängenden Wolkenwand gestoßen seien.

Den arabischen Historikern kam es nicht zum Bewußtsein, daß ein Zusammenhang zwischen ihrer Geschichte von der Flut an den Ufern des Roten Meeres und den Ereignissen beim Exodus bestehen könnte, und sie haben beides auch nicht miteinander in Verbindung gebracht; wenn sie es getan hätten, wären sie in den Verdacht geraten, eine Bibelstelle in willkürlicher Form weitergegeben zu haben; aber sie erkannten die Bedeutung ihres Berichtes nicht.

Die arabischen Überlieferungen von den amalekitischen Pharaonen

Viele alte arabische Schriftsteller berichten über den Einfall der Amalekiter in Ägypten. In manchen dieser Erzählungen steckt ein gut Teil Phantasie; in verschiedenen Fällen werden sie durch die plumpen Versuche der Verfasser entwertet, ihre arabischen Überlieferungen den Traditionen der Hebräer – aber nicht den richtigen – anzupassen. So geschieht es, daß Joseph nach Ägypten verkauft wurde – oder daß Mose Ägypten verließ –, als jeweils ein Amalekiter Pharao war. Ein arabischer Autor gab zu, daß keine Übereinstimmung bestehe

20 Ich beabsichtige, in einer Abhandlung über die Wüste der Wanderung noch mehr arabische Zeugnisse über diese Flutwelle zusammenzutragen.

über die Abstammung des Pharaos, der zur Zeit Moses regierte, ob er ein Ägypter, Syrer oder Amalekiter war[21].

Wir wollen nun aber diese Versuche einiger arabischer Schriftsteller, aus der Bibel entnommene Erzählungen in Geschichten einzugliedern, die auf der arabischen Halbinsel bodenständig sind, außer acht lassen und unsere Aufmerksamkeit nur solchen Berichten zuwenden, deren Quelle weder die Bibel noch die Haggada gewesen sein kann. Sie müssen aus Arabien selbst stammen und dort von Generation zu Generation überliefert worden sein.

Da wird erzählt, daß Syrien und Ägypten gleichzeitig unter die Herrschaft der Amalekiter gerieten, die zu einer Zeit aus Arabien flohen, als es von Insektenplagen, Dürre, Hungersnot, Erdbeben und einer Flutwelle bei Safa und Tihamma heimgesucht wurde. Aus dieser Reihenfolge ergibt sich ein wichtiger historischer Hinweis: die Ursache der überstürzten Auswanderung der Amalekiter nach Syrien und Ägypten war eine aus einer Reihe von bedeutsamen Erscheinungen bestehende Naturkatastrophe.

Die bis zu unserer Zeit erhaltenen arabischen Überlieferungen wurden von Autoren des 9. bis 14. Jahrhunderts niedergeschrieben; sie beziehen sich auf diese alten Traditionen und mitunter auf ältere namentlich aufgeführte Verfasser.

Nach ihrem Eindringen in Syrien und Ägypten gründeten die Amalekiter eine Dynastie von Pharaonen. Al-Samhudi (844–911) schrieb:

> Die Amalekiter erreichten Syrien und Ägypten und nahmen diese Länder in Besitz, und ihrer Abstammung waren die Tyrannen Syriens wie die Pharaonen Ägyptens[22].

Masudi, der von den Plagen in Arabien, der Flucht der Amalekiter aus Mekka und der Flut erzählte, berichtete auch über die Eroberung Ägyptens durch die Amalekiter.

21 Maçoudis, »Les Prairies d'or«, II, Kap. XXXI.

22 Yakut, zitiert von al-Samhudi, »Geschichte der Stadt Medina«. Herausgegeben von F. Wüstenfeld in »Abhandlungen der Gesellschaft der Wissenschaften zu Göttingen«. Historisch-philologische Klasse, Bd. IX (1860), 1861, S. 26.

Ein Amalekiterkönig, el-Welid, Sohn des Douma, kam aus Syrien, drang in Ägypten ein, eroberte es, bemächtigte sich des Thrones und hatte ihn, ohne Widerstand zu finden, sein Leben lang inne[23].

Wir erinnern uns der früher zitierten Worte des Manetho: »Ein Volk unedler Abstammung aus dem Osten, das überraschend einfiel, besaß die Kühnheit, das Land zu überfallen, dessen es sich durch nackte Gewalt bemächtigte, ohne auf Schwierigkeiten zu stoßen oder gar kämpfen zu müssen.«

In einem anderen seiner Werke gibt Masudi[24] einen eingehenderen Bericht der Eroberung durch el-Welid:

El-Welid, der Sohn des Douma, drang an der Spitze eines zahlreichen Heeres vor mit der Absicht, verschiedene Länder zu überfallen und deren Herrscher zu stürzen.

Der Schluß dieses Satzes erinnert an die Stelle in der Haggada: »Amalek ... in seiner Zügellosigkeit unterfing sich, die ganze Welt zu zerstören.«[25] Masudi fährt fort:

Als dieser Eroberer nach Syrien kam, hörte er Gerüchte über Ägypten. Er schickte einen seiner Diener namens Ouna mit einer großen Streitmacht dorthin. El-Welid unterdrückte die Bewohner des Landes, bemächtigte sich ihrer Besitztümer und schleppte alle Schätze, die er finden konnte, fort.

Masudi berichtet von Hader unter den Amalekitern und von einer Invasion Ägyptens durch eine zweite Welle dieses Volkes, die von Alkan mit dem Beinamen Abou-Kabous angeführt wurde.

Die Amalekiter drangen in Ägypten ein, zerstörten viele Denkmäler und Kunstwerke ... Die Amalekiter kamen nach Ägypten, dessen Grenzen sie schon überschritten hatten, und begannen das Land zu verwüsten ... die Kunstwerke zu zerschlagen und die Denkmäler zu zerstören[26].

23 Maçoudi, »Les Prairies d'or«, II, Kap. XXXI.

24 »L'Abrégé des merveilles«, französische Übersetzung von Carra de Vaux, Paris 1898, S. 342.

25 Ginzberg, »Legends«, III, 63.

26 Maçoudi, »L'Abrégé des merveilles«, S. 361.

Diese Worte rufen uns diejenigen Manethos ins Gedächtnis, wie sie von Josephus in seiner Schrift »Gegen Apion« zitiert und oben angeführt sind:

> (Die Hyksos) verbrannten rücksichtslos die Städte, schleiften die Tempel der Götter und behandelten die gesamte einheimische Bevölkerung mit äußerster Grausamkeit[27].

Die Worte Masudis passen zu dem Bericht über die Zerstörung von Bauwerken in einer Inschrift der Königin Hatschepsut, einer Herrscherin der XVIII. Dynastie. Wie auf einer der vorhergehenden Seiten bereits erwähnt, heißt es da:

> Denn da waren Amu mitten im Delta und in Hauar (Auaris), und fremde Horden aus ihren Reihen hatten die alten Bauten zerstört; sie regierten und wußten nichts vom Gotte Ré[28].

Tabari (838–923) erzählte Geschichten und Legenden von amalekitischen Pharaonen und führte ihre Stammtafeln auf. Folgender Absatz ist charakteristisch:

> Dann starb der König von Ägypten, und ein anderer König, sein Verwandter, bestieg den Thron. Er war ebenfalls aus amalekitischem Geschlecht und hieß Kabous, Sohn des Mosab, Sohn des Maouya, Sohn des Nemir, Sohn des Salwas, Sohn des Amrou, Sohn des Amalek[29].

Abulfeda (1273–1331) schrieb in seiner Geschichte des vorislamischen Arabiens:

> Es gab ägyptische Pharaonen amalekitischer Abstammung[30].

Er erwähnt auch einen überaus heftigen Sturm, der in fernen Tagen über Ägypten hinweggerast sei[31]. Er zählt die Namen

27 I, 76.
28 Petrie, »History of Egypt«, II, 19.
29 Tabari, »Chronique«, französische Übersetzung von L. Dubeux (Paris 1836), I, 261.
30 »Historia anteislamica«, Hrsg. Fleischer, S. 17, 179.
31 Ebenda, S. 101 (ventus vehementissimus).

einer Reihe amalekitischer Pharaonen auf und berichtet über die Herrschaft der Amalekiter in Syrien[32].

Ibn Abd-Alhakam[33], zitiert von Yakut (1179–1229), und Namen anderer Schriftsteller könnten den bisher hier zitierten noch hinzugefügt werden; aber um aufzuzeigen, daß unter den arabischen Gelehrten die Überlieferung von Dynastien amalekitischer Pharaonen verbreitet war, dürften die herangezogenen Autoren genügen.

Der geschichtliche Hintergrund ihrer Berichte über amalekitische Pharaonen in Ägypten wurde mit Mißtrauen betrachtet[34]. Es gab sogar Gelehrte, die noch radikaler vorgingen und behaupteten, die Amalekiter hätten nie existiert[35]. Sie begründeten ihre Schlußfolgerungen damit, daß der Name des Stammes Amalek auf ägyptischen Inschriften nie erwähnt wird.

Auf der anderen Seite wurde ein ebenso extremer Standpunkt eingenommen, indem die Tatsache des Hyksoseinfalls nach Ägypten angezweifelt und als eine Geschichte legendären Ursprungs bezeichnet wurde. Die Hyksos, so nahm man an, wären eben nur eine andere Dynastie einheimischer Herrscher gewesen[36].

Die Amalekiter waren vermutlich dem ägyptischen Volk ebenso unbekannt, wie die Hyksos (Amu) anderen Völkern unbekannt waren. Es wurde deshalb gelegentlich die historische Existenz des einen oder anderen Volkes angezweifelt.

32 Ebenda, S. 179.

33 Kommentar zur Sure II, 46.

34 T. Noeldeke, »Über die Amalekiter« (Göttingen 1864): »Wer nun etwas auf das Amalekitertum der Pharaonen geben wollte, der wäre nicht viel kritischer, als wer sie . . . für Römer oder Perser hielte.« Sein Argument war: Die arabischen Berichte sind wertlos. Es ist nur das wahr, was von arabischen Schreibern aus dem Alten Testament übernommen wurde.

35 H. Winckler, »Geschichte Israels« (Leipzig 1895), I, 212: »Das Volk Amalek beruht vermutlich auf einer mythologischen Vorstellung.«

36 B. Gunn und A. H. Gardiner, »The Expulsion of the Hyksos«, »Journal of Egyptian Archaeology«, V (1918), 36, Anmerkung 1. »R. Weill hält den gesamten Hyksosbericht für ein legendäres Machwerk.« Siehe Seite 86, Anmerkung 5.

Die Hyksos in Ägypten

Während des ganzen Zeitraums zwischen dem Mittleren und dem Neuen Reich herrschten in Ägypten die Hyksos. Der Text des Papyrus Ipuwer wurde zur Zeit des Hyksoseinfalls niedergeschrieben und bezieht sich auf dieses Ereignis. Die Austreibung der Hyksos und die ihr unmittelbar vorangehende Periode sind ebenfalls in einigen zeitgenössischen Dokumenten beschrieben. Über den Zeitraum zwischen der Invasion und der Vertreibung gibt es nur sehr dürftige Aufzeichnungen; diese Zeit liegt in doppeltem Sinne im dunkel

Für die Zeit der Herrschaft und Vertreibung der Hyksos ist Manetho eine späte Quelle; etwa tausend Jahre trennen den Historiker von den Vorgängen, über die er berichtet. Von ihm erhalten wir Kenntnis, daß die Hyksos, nachdem sie unter Brennen, Morden, Rauben und Zerstören in das Land eingedrungen waren, eine Dynastie von Hyksospharaonen gründeten, und daß der erste dieser Könige namens Salitis oder Salatis in Memphis regierte, »von Ober- und Unterägypten Tribute eintrieb und in Orte, die für die Verteidigung geeignet waren, Garnisonen legte. Insbesondere sicherte er seine östliche Flanke«, um sein Reich nach Norden abzuschirmen, da »er voraussah, daß die Assyrer bei fortschreitendem Anwachsen ihrer Macht das von ihm beherrschte Gebiet begehren und angreifen würden.«[37]

Östlich des Deltas entdeckte König Salitis einen günstig gelegenen Ort namens Auaris, einen strategisch wichtigen Punkt, von dem aus er Ägypten und Syrien überwachen konnte.

> Er baute es wieder auf, befestigte es mit starken Mauern und legte zum Schutz der Grenze eine Garnison in der beträchtlichen Stärke von 240000 Bewaffneten hinein. Jeden Sommer pflegte er diesen Ort aufzusuchen, teils um Nahrungsmittel und Sold unter seinen Truppen auszuteilen, teils um sie in Manövern sorgfältig auszubilden und dadurch Fremde abzuschrecken[38].

37 »Manetho«, in Josephus, »Against Apion«, I, 77. Über die Verwechslung der Assyrer mit den Syrern (Einwohnern von Palästina) durch griechisch schreibende Autoren, siehe Herodot (übersetzt von A. D. Godley, 1921–1924), VII, 63.

38 Josephus, »Against Apion«, I, 78–79.

Der vierte König wird von Manetho Apophis genannt, und es heißt von ihm, er habe 61 Jahre regiert. Die ersten sechs der Hirtenkönige werden als Pharaonen der ersten Hyksosdynastie betrachtet. Bei Manetho-Josephus heißt es von ihnen:

> Das ständig wachsende Bestreben dieser ihrer sechs ersten Herrscher war, das ägyptische Volk auszurotten[39].

Die Herrschaft der Hyksos war grausam, sie kannten kein Erbarmen. Beweise dafür kann man sogar in den Gräbern finden. Der Ausgräber einer der kleineren befestigten Hyksosgarnisonen beschreibt den Inhalt eines Grabes folgendermaßen: »Ein Haufen dicht aufeinandergeschichteter Knochen, die meisten von Tieren, dazwischen aber fand ich Stücke einer menschlichen Kinnlade und Kniescheibe.«[40] In einem anderen Grab fand er einen »offenbar abgetrennten Arm und eine nicht dazugehörige Hand.«

Wenn wir daran denken, was Manetho über die ungewöhnliche Grausamkeit der Angreifer erzählt, und zum Vergleich die hebräischen Berichte über die Amalekiter heranziehen, die ihre Gefangenen durch Abschneiden von Körperteilen verstümmelten[41], bedeutet das Auffinden einer Hand oder Kinnlade keinen Zufall: Diese befestigten Garnisonen waren Stätten der Folterungen.

Der Herrschaftsbereich der Amu-Hyksos war nicht auf Ägypten beschränkt. Skarabäen oder Amtssiegel mit den Namen des Königs Apophis oder des Königs Chian sind in verschiedenen Ländern gefunden worden. Der Name Chians ist auf einer in Bagdad entdeckten Sphinx eingraviert sowie auf einem in Knossos auf Kreta gefundenen Krugdeckel. Eine Inschrift des Apophis sagt, daß »sein Vater Seth, der Herr von Auaris, alle fremden Länder unter seine Füße gelegt hatte«. In Auaris war das Heiligtum des Seth, den die Hyksos verehr-

39 Ebenda, I, 81.

40 M. W. Flinders Petrie, »Hyksos and Israelite Cities« (London 1906), S. 12f.

41 Das Abschneiden von Händen gefallener oder gefangener feindlicher Soldaten war in späterer Zeit auch bei den Ägyptern und Assyrern üblich. Wahrscheinlich geht dieser Brauch auf die Hyksoszeit zurück.

ten und der bis zur Zeit der Ramessiden von den Ägyptern als Verkörperung der bösen Macht angesehen wurde (der Widersacher von Isis und Horus, der dem griechischen Typhon entspricht). Das Auftauchen von Fundstücken mit den Namen Apophis und Chian in weit auseinanderliegenden Ländern scheint zu beweisen, daß die Worte des Apophis keine leere Prahlerei waren. Einige Historiker sahen sich veranlaßt zu glauben, daß die Hyksos – wenn auch nur für einen vorübergehenden Zeitraum – ein sehr großes Reich beherrschten[42] und daß zumindest der politische Einflußbereich der Amu-Hyksos sehr ausgedehnt war.

Die letzte Hyksosdynastie, nach Manetho die XVII. Dynastie Ägyptens, war eine Dynastie von »Hirten und thebanischen Königen«, das bedeutet, daß in Theben Fürsten ägyptischer Herkunft Untertanen der Hyksospharaonen waren. Der letzte dieser Hyksospharaonen war Apophis II. (Apop II.) – ein berühmter König.

Malakhei-Roim – Hirtenkönige

Die Israeliten verließen Ägypten wenige Wochen oder vielleicht nur einige Tage vor dem Eindringen der Hyksos. Sie konnten einem Zusammentreffen mit den von Asien kommenden Hyksos nicht entgehen, und tatsächlich stießen sie auf diese, noch bevor sie den Berg Sinai erreichten.

Wußten die Israeliten, daß Ägypten eine »elfte« und sehr harte Plage – die jahrhundertelang währte – erleiden sollte, die Invasion der Hirtenkönige? Als sie die Amalekiter in der von Beben erschütterten Wüste zu Gesicht bekamen, konnten sie nichts von der neuen schweren Prüfung ahnen, die diese Raubgesellen über Ägypten bringen würden.

In Kanaan jedoch, als die Israeliten während der ganzen Zeit der Richter unter den ständigen Angriffen der Amalekiter zu leiden hatten, müßten sie gewußt haben, daß auch Ägypten, und zwar in weit größerem Ausmaß, von der glei-

42 Gunn und Gardiner, »Journal of Egyptian Archaeology«, V (1918), 39.

chen Plage betroffen war. Ist vielleicht in alten jüdischen Quellen irgendein Hinweis erhalten geblieben, der auf den Einfall der Hyksos nach Ägypten unmittelbar nach dem Exodus deutet?

Bei der Aufzählung der ägyptischen Plagen heißt es:

Psalm 78, 49: Er (Jahwe) entsandte wider sie seine Zornglut, Wut und Grimm und Bedrängnis, eine Sendung böser Engel. (Luther: »Da er böse Engel unter sie sandte in seinem grimmigen Zorn, und ließ sie toben, wüten und Leid tun.« – Die Fassung der King-James-Bibel spricht von »evil angels«, was sowohl »böse Engel« wie »üble Engel« heißen kann.)

Was mag das bedeuten, üble oder böse Engel? Es ist keine Plage einer »Heimsuchung durch üble (böse) Engel« bekannt. Nirgends in der Heiligen Schrift findet man einen Ausdruck wie »üble (böse) Engel«. Es gibt einen »Engel des Todes« oder »Satan«, aber keine »üblen (bösen) Engel«. Es hat den Anschein, als sei der Text hier entstellt.

Das »Senden übler (böser) Engel« heißt (vermutlich) *mishlakhat malakhei-roim*.

»Eindringen der Hirtenkönige« heißt *mishlakhat malkhei-roim*.

Der einzige Unterschied in der Schreibweise ist ein stummer Buchstabe – *aleph* – im ersten Falle; so könnte es sein, daß die zweite Lesung die ursprüngliche ist.

Die erste Lesung ist nicht nur ungebräuchliches Hebräisch, sie steht auch im Widerspruch zum grammatikalischen Aufbau der Sprache. Wenn *roim* (übel, Plural) (weil das Wort »[das] Böse« in der deutschen Sprache keine Pluralform annehmen kann, wurde das Wort *roim* mit »übel, [das] Übel« übersetzt, um eine Pluralbildung zu ermöglichen. Im Hebräischen bedeutet *roim* sowohl böse, das Böse, als auch übel, das Übel [Anmerkung des Übersetzers]) hier als Adjektiv gebraucht wäre, könnte das vorangehende Wort nicht eine Kurzform annehmen; *roim* muß daher ein Hauptwort sein. Wäre jedoch *roim* ein Hauptwort, so würde es im Singular und nicht im Plural stehen; und schließlich ist die korrekte Pluralform des Hauptwortes »Übel« nicht *roim*, sondern *raoth.* »Üble Engel« in korrektem Hebräisch würde *malakhim roim* lauten; »Engel der Übel« *malakhei raoth.* Nicht nur der Sinn, sondern auch die grammatikalische Form sprechen für die Lesung »Eindringen der Hirtenkönige«.

Da der Verfasser oder Kopist des Satzes mit »Hirtenkönigen« keine Vorstellung verbinden konnte, änderte er die Worte in »üble (böse) Engel«, ohne die notwendige grammatikalische Änderung vorzunehmen.

Vers 49 des Psalms 78 muß daher so gelesen werden:

> Er (Jahwe) entsandte wider sie seine Zornglut, Wut und Grimm und Bedrängnis, ein Eindringen der Hirtenkönige.

Eine alte hebräische Legende beleuchtet das gleiche Problem von einer anderen Seite:

> Amalek holte aus Ägypten die Stammtafel der Juden (Israeliten) ... diese Listen lagen in ägyptischen Archiven. Amalek erschien vor dem jüdischen (israelitischen) Lager, rief die Leute bei Namen und forderte sie auf, das Lager zu verlassen und zu ihm herauszukommen[43].

Diese Legende setzt die Kenntnis bei den Israeliten voraus, daß die Amalekiter nach Ägypten kamen und Herrscher des Landes wurden. Auf welch andere Weise hätten sie sonst in den Besitz der Zensuslisten aus den ägyptischen Archiven kommen können?

Im Papyrus Ipuwer heißt es:

> Papyrus 6, 7: Fürwahr, öffentliche Gebäude werden aufgebrochen, und ihre Zensuslisten werden weggenommen. Leibeigene werden Herren von Leibeigenen (?).

Als die Amalekiter Ägypten unterjochten, mögen sie sich als Erben des früheren ägyptischen Reiches samt seinen Kolonien betrachtet haben; bei ihren Kriegen mit den Israeliten in den folgenden Jahrhunderten könnten sie die Ansicht

43 Ginzberg, »Legends«, III, 56f.

vertreten haben, daß die Israeliten aus ihrer Knechtschaft in Ägypten entwichen wären.

Palästina zur Zeit der Hyksosherrschaft

Bis heute ist das Problem ungelöst geblieben, warum in den Büchern Josua und Richter, die mehr als vier Jahrhunderte umfassen, weder die ägyptische Herrschaft über Kanaan erwähnt wird noch ein Hinweis auf militärische, von Pharaonen angeführte Unternehmungen auftaucht. Dabei stand – nach der konventionellen Chronologie – Palästina während dieser langen Zeit unter ägyptischer Oberhoheit.

Die hier vorgelegte Neuordnung verlegt die Zeit der Wanderung, die Zeit Josuas und der Richter in die Periode der Herrschaft der Hyksos-Amalekiter über Ägypten. In Übereinstimmung mit dieser berichtigten Darstellung müssen zu jener Zeit die Amalekiter als die Mächtigsten unter den Völkern betrachtet worden sein.

Vom Zauberer Bileam wurde verlangt, er solle die Israeliten verfluchen, die sich auf ihrem Wege von der Wüste her Moab näherten.

Er wandte sein Gesicht der Wüste zu, aber statt Israel zu verfluchen, segnete er es mit folgenden Worten:

> Numerus 24, 7: . . . Und sein Same wird ein großes Wasser werden (wird in vielen Wassern sein), sein König wird höher werden denn Agag, und sein Reich wird sich erheben. (Zitiert nach der Luther-Bibel.)

Agag (Agog)[44] war der Name des Amalekiterkönigs. Am Fuße des Berges stehend, wandte Bileam sein Antlitz in eine andere Richtung.

> Numerus 24, 20: Und als er die Amalekiter erblickte, hob er seinen Spruch an und sagte: Amalek ist der Völker erstes . . . aber sein Ende geht zum Untergang.

44 Vgl. die Vokale in der masoretischen Bibel, Numerus 24, 7, I. Samuel 15 und Esther 3.

Abb. 4: Kopf der Königin Hatschepsut, Theben, Deir-el-Bahir. Bildarchiv Preußischer Kulturbesitz.

Diese Verse scheinen nicht klar zu sein. Man nimmt an, daß die Amalekiter ein unbedeutender Räuberhaufen waren; warum werden sie dann die »Ersten unter den Völkern« genannt, und was konnten die Segensworte »höher denn Agag« bedeuten? Man fand keine befriedigende Erklärung.

Die Amalekiter waren zu jener Zeit die Ersten unter den

Völkern. Die höchste Stufe der Macht wurde durch den Vergleich mit der Macht des Amalekiterkönigs Agog zum Ausdruck gebracht. Er war der Herrscher über Arabien und Ägypten.

Der Name des Königs Agog ist der einzige amalekitische Name, den die Heilige Schrift überliefert hat[45]. Außer dem im Buche Numerus erwähnten König Agog gab es noch einen zweiten Amalekiterkönig Agog, den letzten ihrer Könige, der etwa 400 Jahre später regierte und ein Zeitgenosse Sauls war[46].

In der Geschichte Ägyptens ist Apop (Apophis) der am häufigsten erwähnte Name von Hyksoskönigen. Einer der ersten und berühmtesten Hyksosherrscher war Apop (Apophis); der letzte der Hyksoskönige war ebenfalls ein Apop (Apophis).

Die frühesten hebräischen Schriftzeichen, wie sie auf der Stele des Mescha erhalten sind, zeigen eine auffallende Ähnlichkeit der Buchstaben *g (gimel)* und *p (pei)*. Keine zwei anderen Buchstaben ähneln sich so sehr in ihrer Form wie diese; beide bestehen aus einer schrägen Linie, die mit einer kürzeren, noch schrägeren, zusammenhängt, ähnlich der gedruckten Zahl 7; die Größe des Winkels zwischen den beiden schrägen Strichen bildet den einzigen Unterschied.

Es scheint jedoch, daß nicht die hebräische, sondern die ägyptische Lesung korrigiert werden muß: einige Gründe dafür habe ich an anderer Stelle dargelegt[47]. In den Hieroglyphen steht fast jeder Konsonant für mehr als einen Laut, und nur empirisch werden alle Laute, die durch einen Konsonanten wiedergegeben sind, ermittelt. Es scheint, daß Agog (Agag) I. Apop (Apophis) I. ist, und Agog (Agag) II. Apop (Apophis) II. König Agog regierte zu Beginn der Periode;

45 Numerus 24, 7. Der Name des Hyksoskönigs Chian war ähnlich dem eines Planeten: »Kewan (bei Luther Chiwn) ... der Stern eures Gottes.« (Amos, 5, 26). Jedoch wird der Königname mit dem Laut geschrieben, der durch den Buchstaben *khet* bezeichnet wird, während der Name des Sternes ein *khaf* hat.

46 1. Samuel 15, 8.

47 Vgl. »Welten im Zusammenstoß«.

nach Manetho war Apop der vierte König der Hyksosdynastie und herrschte 61 Jahre; Agog II. regierte etwa 400 Jahre später, ganz am Ende der Periode.

Die Amu-Hyksos beherrschten Ägypten von ihrer Zwingburg Auaris aus, die sie nahe der Grenze des Landes erbaut hatten. Im ganzen Lande unterhielten sie Garnisonen (Manetho).

Auch in Palästina gab es eine solche Festung, die die Amalekiter zur Aufnahme einer Garnison erbaut hatten; sie lag strategisch günstig im Herzen des Landes, im Gebiete Ephraim.

Deboras Siegeslied ist – wie der Segen Bileams – ein altes Teilstück der hebräischen Literatur. Ein etwas unklarer Vers sagt: »Aus Ephraim ist ihre Wurzel in Amalek« (Richter 5, 14)[48].

»Ihre« bezieht sich offensichtlich auf die Kanaanäer und auf Jabin, den König von Kanaan, der in Hazor regierte, sowie dessen Hauptmann Sisera, der über 900 eiserne Wagen gebot. Sie bedrückten Israel, aber es glang den Israeliten unter der Führung von Debora und Barak, das Joch vorübergehend abzuschütteln. Der zitierte Vers scheint zu bedeuten, daß die Stärke der Kanaanäer in der Unterstützung lag, die sie von der amalekitischen Zitadelle im Lande Ephraim erhielten.

Diese Zitadelle ist auch in einem anderen Vers des Buches der Richter erwähnt: »Pirathon im Lande Ephraim auf dem Berge der Amalekiter« (Richter 12, 15).

Die Amalekiter unterstützten die Kanaanäer; dies erklärt den Umschlag während des Verlaufs der israelitischen Durchdringung Kanaans und ihre gelegentliche Lage als Unterworfene. Die Amalekiter herrschten über ausgedehnte Gebiete und verbündeten sich in ihrer Kolonialpolitik mit verwandten Völkern. Auf diesem Boden erwuchs die hebräische Überlieferung, die Amalekiter hätten sich als Moabiter, Kanaanäer und andere Völker ausgegeben und unter dieser Vorspiege-

48 Die King-James-Übersetzung dieses Verses ist schwerfällig: »Von Ephraim aus gab es von ihnen eine Wurzel gegen Amalek.« (So auch bei Luther.)

lung Krieg gegen Israel geführt oder die Kanaanäer in ihrem Kampf gegen die Israeliten unterstützt[49]. Die Midianiter waren den Amalekitern seit den Tagen eng verwandt, als das eine Volk Mekka besetzt hielt und das andere in Medina lebte[50] und sie oft gemeinsam kurz vor der Ernte in das Land Israel eingefallen waren.

> Richter 6, 3–6: Denn so oft die Israeliten gesät hatten, zogen die Midianiter, die Amalekiter und die im Osten heran und zogen gegen sie heran.
> Und sie griffen sie an und vernichteten die Früchte des Landes bis nach Gaza hin und ließen keinerlei Lebensmittel in Israel übrig, auch nicht Schafe, Rinder und Esel. Denn sie selbst, samt ihren Herden und Zelten, kamen so massenhaft wie Heuschrecken; sie und ihre Kamele waren ohne Zahl, und sie drangen in das Land ein, es zu verheeren.

Ihr Vieh und ihre zahllosen Kamele waren Anlaß für ihre ägyptische Benennung als »Hirtenkönige«. Wenn sie sich auf den Weg machten, ein Land zu verwüsten, trieben sie ihr Vieh vor sich her. Auch im nächsten Kapitel des Buches der Richter (7, 12) werden sie und ihr Vieh mit »Heuschrecken« und »dem Sand am Ufer des Meeres« verglichen.

Sie wandten das gleiche System der Ausbeutung und Plünderung an wie in Ägypten! Sie warteten ab, bis die Leute des Landes gesät hatten; kurz vor der Erntezeit erschienen sie dann in Massen mit ihren Herden, verzehrten die Ernteerträge, raubten die Pflugochsen sowie alles Hausgetier.

> Papyrus Eremitage, 1116b recto: Die Amu nahen sich in all ihrer Stärke, und ihre Herzen wüten gegen die, welche die Ernte einbringen, und sie nehmen die Gespanne vor den Pflügen weg ... das Land ist völlig verdorben und nichts bleibt[51].

49 Targum Yerushalmi, Numerus 21, 1, 4. Ginzberg, »Legends«, VI, 114.

50 Das Gebiet der Midianiter wurde zu Unrecht in die Wüstenstreifen beiderseits des Golfes von Aqaba verlegt. Die arabischen Überlieferungen bringen die Amalekiter mit der Gegend um Medina in Verbindung.
Vgl. auch den Namen des Hohenpriesters der Midianiter in den Tagen Moses – Jethro, auch Reuel, Reguel oder Chobab genannt – mit Jathrib, einer anderen alten arabischen Bezeichnung für Medina.

51 Gardiner, »Journal of Egyptian Archaeology«, I (1914), 103.

Für die Zeit der Wanderung in der Wüste werden 40 Jahre gerechnet; die Zeit der Richter wird verschieden geschätzt, im allgemeinen auf 400 Jahre. Im Nahen Osten währte das dunkle Zeitalter so lange wie die Herrschaft der Amalekiter. Die Israeliten scheinen das einzige Volk gewesen zu sein, das unablässig gegen die Amalekiter und ihre Verbündeten um seine Unabhängigkeit kämpfte und das durch seinen Widerstand auch die Seestädte Tyrus und Sidon schützte.

Als ihnen tapfere Führer erwuchsen, wagten die Israeliten, zum Angriff überzugehen. Unter Gideon erreichten sie sogar die Städte Midians – es war dies eine heroische Zeit. Von Aufständen in Ägypten oder an anderen Stellen des amalekitischen Reiches während dieser Jahrhunderte ist nichts bekannt. Aber jede Anstrengung von seiten der Israeliten, wirklich Unabhängigkeit zu erreichen und zu behalten, war zum Scheitern verurteilt, solange die Amalekiter Nordafrika und Arabien bis zum Euphratgebiet beherrschten, solange Garnisonen in befestigten Stützpunkten stationiert waren, die über viele Länder verstreut lagen, und solange der militärische Keil, den sie zwischen den Ländern Afrika und Asien auf die Küste zu vorgetrieben hatten, standhielt. In dieser Zeit wurde der Spruch geprägt (Exodus 17, 16): ». . . Jahwe bekriegt Amalek von Geschlecht zu Geschlecht.«

Die Dauer der Hyksosperiode

Nach Manetho, den Josephus zitiert (Against Apion I, 84), währte die Hyksosperiode 511 Jahre, sie ist jedoch in heutigen Werken über die ägyptische Geschichte erheblich reduziert. Diese Reduktion beruht nicht auf irgendeiner Berücksichtigung kultureller Wandlungen oder archäologischer Funde, alter Tabellen oder Daten, sondern erfolgte hauptsächlich der Tatsache wegen, daß das Ende der XII. Dynastie des Mittleren Reiches aufgrund astronomischer Berechnungen der Sothisperiode auf das Jahr 1780 v. Chr. festgesetzt wurde. Es folgten die XIII. Dynastie (die letzte des Mittleren Reiches) und die Hyksoszeit, bevor mit der XVIII. Dynastie 1580

v. Chr. das Neue Reich begann, wiederum in Übereinstimmung mit Berechnungen, die moderne Wissenschaftler auf dem Kalender der Sothisperiode aufbauten. Wenn die Daten stimmen, verbleiben für die XIII. Dynastie und die Hyksosperiode etwa 200 Jahre, und da einige Könige der XIII. Dynastie lange Regierungszeiten hatten, sind für die Hyksosherrschaft höchstens 100 Jahre übrig. Diese Ansicht wurde von Eduard Meyer vorgelegt und vertreten.

Nach Meinung von Flinders Petrie und einigen wenigen seiner Anhänger ist diese Zeitspanne für den Abstand zwischen dem Mittleren und Neuen Reich völlig unzureichend. Die kulturellen Veränderungen waren außerordentlich: als ob ein Vorhang am Ende des Mittleren Reiches niedergefallen und vor der völlig veränderten Bühne des Neuen Reiches wieder hochgezogen worden wäre. Aufgrund dieser gewaltigen Veränderungen kam Petrie zu der Auffassung, daß zwischen dem Ende der XII. und dem Anfang der XVIII. Dynastie nicht 200, sondern 1660 Jahre gelegen hätten; mit anderen Worten: durch Petrie wurde eine zusätzliche Sothisperiode von 1460 Jahren eingeschoben. Statt verkürzt zu werden, wurde die Zeit der Hyksosherrschaft noch über die Angaben des Josephus hinaus verlängert.

Diese beiden Berechnungsmethoden werden die »lange« und die »kurze« Chronologie genannt. Sie haben für den Beginn des Neuen Reiches als gemeinsames Datum das Jahr 1580 v. Chr. Weder die »lange« noch die »kurze« Chronologie bringen eine Herabsetzung dieses Datums in Vorschlag. Beide sind für die Berechnung der ägyptischen Chronologie auf die Sothisperiode aufgebaut. Am Ende dieser Arbeit werden wir überprüfen, ob die Voraussetzung, eine Kopplung an den Stern Sothis oder Sirius könne eine Berechnungsgrundlage für die Chronologie liefern, stichhaltig ist. Die große Divergenz von 200 beziehungsweise 1660 Jahren für den gleichen, dem Neuen Reich unmittelbar vorausgehenden Zeitraum zwischen den einzelnen Schulen der Historiker ist erstaunlich, insbesondere wenn wir uns vergegenwärtigen, daß die ägyptische Chronologie als Basis dient für die Zeitrechnung des gesamten Bereichs, den man als Alten Orient bezeichnet.

Einige Gelehrte suchten nach einem Mittelweg und schlugen vor, die verwickelten, mit der Sothisperiode zusammenhängenden Berechnungen einfach außer acht zu lassen und für die Hyksosherrschaft einen Zeitraum von 400 oder 500 Jahren anzusetzen. »Wäre das Sothisdatum unbekannt geblieben, dann würde unser Beweismaterial nicht mehr als 400 oder höchstens 500 Jahre zwischen den beiden Dynastien – der XII. und der XVIII. – erfordern.«[52]

Dieser Vermittlungsvorschlag fand bei den Wissenschaftlern keinen Anklang; nach dem Tode Petries hatte die lange Chronologie nur ganz wenige Verfechter, und die kurze Chronologie, auch die der »Berliner Schule« genannt, trat in den Vordergrund.

In diesem Buch befassen wir uns mit der Geschichte Ägyptens von dem Augenblick an, in dem das Mittlere Reich mit der Eroberung Ägyptens durch die Hyksos endete. Mißt man die Hyksosperiode an dem Zeitraum, in dem die Amalekiter den Vorderen Orient beherrschten oder an der Summe der Jahre, die die Heilige Schrift der Wanderung in der Wüste und der Zeit der Richter zuteilt, dann müßte der fraglichen Periode eine Zeitspanne von über 440 Jahren zugewiesen werden.

Die Vertreibung der Hyksos in ägyptischen und hebräischen Aufzeichnungen

Während der ganzen Zeit der Unterjochung Ägyptens durch die Hyksos wurde das Land von Auaris aus regiert, wo die Hirtenkönige eine starke Garnison unterhielten. Hier nahmen diese Könige Tribut von Ägypten entgegen und erteilten ihren Bezirksgouverneuren Weisungen. Die Gaufürsten waren abhängige Vasallen und wurden so verächtlich behandelt, wie es im Papyrus Sallier I beschrieben ist[53].

52 H. R. Hall, »Egyptian Chronology«, »Cambridge Ancient History«, I, 169.

53 Gunn und Gardiner, »Journal of Egyptian Archaeology«, V (1918), 40–42.

König Apop II. (Agog II.) sandte von Auaris einen Boten mit einer demütigenden Forderung an den ägyptischen Fürsten Sekenenrê.

> Papyrus Sallier I: Der Fürst der südlichen Stadt (Theben) verharrte schweigend und weinte lange, und er wußte nicht, wie er dem Boten des Königs Apophis (Apop) antworten sollte.

Der ägyptische Fürst wurde von Boten des Königs Apop II. festgenommen und nach Auaris gebracht. Das Ende des Papyrus fehlt. Dieser Papyrus berichtet von der schimpflichen Behandlung und von der Verhöhnung, denen die abhängigen Gaufürsten ausgesetzt waren.

Diese Zeit aber war die des tiefen Dunkels vor dem Beginn der Morgendämmerung. Die letzte Plage, die Herrschaft der Hirtenkönige seit dem Exodus, näherte sich ihrem Ende.

Die Carnavon-Tafel verzeichnet die Teilnahme des Vasallenkönigs Kamose, eines Sohnes Sekenenrês, an einem Gefecht gegen die Hyksos[54]. Er wurde von fremden Truppen unterstützt. Auf einem ägyptischen Monument ist auch eine Beschreibung des Schlußaktes erhalten geblieben; die Geschichte von der Vertreibung der Hyksos ist auf der Wand des Grabes eines Offiziers von Amosis (Ahmose) eingemeißelt, der vermutlich ein Bruder des Kamose und Lehnskönig eines der Gaue war. Der Name des Offiziers war ebenfalls Amosis. Der Bericht hat die Form einer Erzählung von den Belagerungen und den Schlachten, an denen er teilgenommen hatte.

Die Amosis-Inschrift, die beste der zur Verfügung stehenden ägyptischen Quellen über den Befreiungskampf, bietet uns bezüglich des wichtigsten Umstandes ein Rätsel: Offensichtlich waren nicht rebellische ägyptische Fürsten, sondern ausländische Krieger die wirklichen Befreier Ägyptens. Die Inschrift lautet:

> Ich folgte dem König zu Fuß, als er in seinem Streitwagen in die Ferne fuhr. Man belagerte die Stadt Auaris. Unter den Augen seiner Majestät bewies ich zu Fuß meine Tapferkeit . . . Es wurde auf

54 H. Gardiner, »The Defeat of the Hyksos by Kamose«, »Journal of Egyptian Archaeology«, III (1916), 95–110.

dem Wasser im Kanal (Flußbett) von Auaris gekämpft ... dann wurde der Kampf an diesem Ort wieder aufgenommen. Ich kämpfte wieder ... Man kämpfte in diesem (Teil)Ägyptens, der südlich von dieser Stadt lag; dann brachte ich einen Gefangenen lebendig ein ... Man nahm Auaris ein ... Man belagerte Scharuhen (s'-r'-h'n) sechs Jahre lang[55] und Seine Majestät nahm es ein ...[56].

Das unbestimmte Fürwort »man« würde nicht gebraucht worden sein, wenn der ägyptische König an der Spitze der Belagerungsarmee gestanden hätte. Wäre der ägyptische Fürst die Hauptfigur in diesem Freiheitskampf gewesen, dann hätte man seinen Triumph nicht dem unbestimmten »man« zugeschrieben. Der Schreiber würde gesagt haben: »Seine Majestät belagerte ...« oder »Unsere Truppen kämpften ...«. Das ägyptische Dokument besagt vielmehr, daß eine fremde Armee in den Krieg gegen die Hyksos eingriff[57]. Jedoch gedenken ägyptische Inschriften nicht der Taten fremder Könige, und daher fehlt der Name jenes Königs, der die Hyksos vernichtete. Ein fremder »man« führte diesen Krieg, und der Bericht in diesem Grab schrieb Belagerung und Vertreibung der Hyksos nicht dem eigenen Anführer des Toten zu, der dem fremden Befreier nur seine Unterstützung lieh.

Samuel, der Priester und Prophet, sagte zu Saul, den er zum König über Israel gesalbt hatte:

1. Samuel 15, 2–3: So spricht Jahwe der Heerscharen: Ich will ahnden, was Amalek Israel angetan hat, weil er sich ihm in den Weg stellte, als es aus Ägypten heraufzog. So zieh denn hin und schlage Amalek ... und schone ihn nicht, sondern laß sterben Männer wie Weiber, Knaben wie Säuglinge, Rinder wie Schafe, Kamele wie Esel.

55 Gardiner liest »drei Jahre«. Siehe Kurt Sethe, »Die Dauer der Belagerung von Scharuhen«, »Zeitschrift für ägyptische Sprache und Altertumskunde«, XLVII (1905), 136.

56 J. H. Breasted, »Ancient Records of Egypt« (Chicago 1906), Bd. II, Abschnitt 7–13.

57 Gunn und Gardiner, »Journal of Egyptian Archaeology«, V (1918), 47.

Saul zog »zweihunderttausend Mann Fußvolks und zehntausend Männer von Juda« zusammen.

1. Samuel 15, 5: Dann zog Saul vor die Hauptstadt Amaleks und legte einen Hinterhalt im Bachtal (*nakhal*)[58].

Die Worte »Hauptstadt Amaleks« sind von jeher ein Stein des Anstoßes für Kommentatoren und Bibelforscher gewesen. Von den Amalekitern wird angenommen, daß es sich bei ihnen um einen kleinen Stamm nomadisierender Beduinen handele; was bedeutet dann aber »Hauptstadt Amaleks«[59]?

Es heißt, daß die Amalekiter von alters her im Süden wohnten. Einen Hinweis auf die Lage des Ortes bietet seine Topographie: Die Stadt wurde von einem Strombett (*nakhal*) aus belagert, sie muß also in der Nähe eines Flusses gelegen haben. Im südlichen Palästina, in der Wüste Sinai und im nördlichen Arabien bis hin zu den Grenzen Ägyptens gibt es keine Flüsse mit Ausnahme des »Flusses (Baches) von Ägypten« – dem Wadi von el-Arisch, dem einzigen Fluß, auf den die Heilige Schrift immer die Bezeichnung *nakhal* anwendet, der im Winter ein reißender Wasserlauf ist und im Sommer trocken fällt.

Ein geographischer Hinweis kann versuchsweise auch aus der Angabe im folgenden Vers entnommen werden: ». . . bis du nach Sur kommst, das östlich von Ägypten liegt.« Dies war der südlichste Punkt, den Saul nach der Einnahme der Stadt der Amalekiter auf seinem siegreichen Feldzug erreichte.

1. Samuel 15, 7–8: Da schlug Saul die Amalekiter von Havila an, bis gen Sur, die vor Ägypten liegt. Und griff Agag, der Amalekiterkönig, lebendig. (Luther.)

58 Kautzschs »Bachtal« ist keine genaue Übersetzung. *Nakhal* heißt »ein Bett eines Flusses«, »ein Fluß« und insbesondere der »Fluß Ägyptens« oder das Wadi von el-Arisch, zum Unterschied von Yeor dem Nil. Levy, »Wörterbuch über die Talmudim und Midrashim«, übersetzt *Nakhal* mit »Fluß, Bach, Flußbett«.

59 »Man kann nicht annehmen, daß die Niederlassung eines solchen wandernden Volkes den Namen ›Stadt‹ verdient.« W. Max Müller in »The Jewish Encyclopedia«, »Amalek, Amalekites«, I, 482.

So wird also durch die Heilige Schrift die Identität des fremden Befreiers Ägyptens enthüllt. Der »man« war König Saul, Apop II. war Agog (Agag) II., und die Hauptstadt Amaleks war Auaris. Die strategische Ausnützung des Flußbettes bei der Belagerung dieser Stadt wird in gleicher Weise in der ägyptischen wie der hebräischen Quelle betont. In beiden Quellen wird auch die reiche Beute aus der »Hirtenstadt« erwähnt: sie bestand aus Schafen und Rindern (1. Samuel 15, 9), und es heißt auch an beiden Stellen, daß während dieses Feldzuges der »man« (aus der Inschrift des Offiziers Amosis) oder Saul (im Buch Samuel) mit den Amu-Amalekitern kämpfte und sie vernichtete, im »Süden von Auaris« oder »bis du kommst nach Sur, das östlich von Ägypten liegt«.

Eine Gegenüberstellung der ägyptischen und hebräischen Quellen wird uns dazu verhelfen, die Lage von Auaris zu bestimmen. Das Material für die genaue Identifikation ist weiter unten in diesem Buch zusammengestellt.

Die Erwähnung »von Havila« im Text bot für die Auslegung ebenfalls ein schwieriges Problem[60]. Wie konnte ein Scharmützel mit unbedeutenden Amalekitern oder die Belagerung irgendeiner Siedlung von Nomaden zu einem Sieg werden, dessen Auswirkungen sich über Havila hinaus bis zum Euphratgebiet und bis zur Grenze Ägyptens erstreckten? Man nahm eine Textentstellung an, so daß anstelle von Havila ein anderer Name gelesen werden müsse[61], oder daß es außer dem Havila im Euphratgebiet ein zweites irgendwo in der Nähe Ägyptens gäbe[62].

Wenn die wahre Rolle, die die Amalekiter während der

60 »Das Gebiet, das 1. Samuel 15, 7 Amalek zugeschrieben wird, ›von Havila bis gen Sur hin‹, ist verblüffend.« W. Max Müller, »Amalek, Amalekites« in »The Jewish Encyclopedia«, I, 483.

61 J. Wellhausen änderte »von Havila« in »von Telem« um, eine Stadt in Juda. »Text der Bücher Samuels« (Göttingen 1871), S. 97.

62 A. S. Yahuda, »The two Havilas«, »The Language of the Pentateuch in Its Relation to Egyptian« (London 1933), I, 190: »Die Erwähnung von Havila ... hat den Bibelforschern schon immer große Schwierigkeiten bereitet ... Unsere eigene, sehr erschöpfende Untersuchung und die gründliche Überprüfung aller vorgeschlagenen Möglichkeiten ... hat in jedem Fall zu unbefriedigenden Ergebnissen geführt.«

langen Zeit der Richter gespielt haben, anerkannt wird, gibt es keinerlei Schwierigkeiten mehr, den Text als korrekt zu akzeptieren. Die Eroberung der amalekitischen Zwingburg und die Gefangennahme ihres Königs waren der Anlaß für den Zusammenbruch des Reiches der Amu-Amalekiter mit der unmittelbaren Folge, daß alles von Syrien bis zum Euphratgebiet – und ebenso Ägypten – die Freiheit wiedergewann.

Der Rückzug der Hyksos nach Idumäa

In einem anderen, zu viel späterer Zeit geschriebenen Dokument wird uns eine Einzelheit von der Belagerung von Auaris überliefert. Manetho erzählt in seiner Geschichte von Ägypten (wie Josephus zitiert), daß den Hyksos aufgrund eines Abkommens gestattet worden sei, aus Auaris abzuziehen, nachdem man sie dort lange belagert hatte.

> Sie (die Belagerten von Auaris) hätten alle Ägypten zu verlassen und könnten unbelästigt ziehen, wohin sie wollten. Auf diese Worte hin verließen nicht weniger als zweihundertvierzigtausend, ganze Familien mit ihrem Besitz, Ägypten und zogen durch die Wüsten nach Syrien.
> Aus Furcht vor der Macht der Assyrer, die zu jener Zeit die Herren Asiens waren, erbauten sie in dem jetzt Judäa genannten Land eine Stadt, die ihrer großen Menge genügend Raum bot, und gaben ihr den Namen Jerusalem[63].

Dieser verworrene Bericht Manethos steht in offensichtlichem Widerspruch zu der Inschrift des Offiziers Amosis, die von der Einnahme der Stadt Auaris nach einer Belagerung berichtet, ein Abkommen mit den Verteidigern jedoch nicht erwähnt.

Der biblische Bericht vermag die abweichenden Darstellungen des zeitgenössischen Kriegers und des späteren Historikers, soweit sie sich auf das unmittelbare Schicksal des belagerten Volkes beziehen, miteinander in Einklang zu bringen.

Vor Erstürmung der amalekitischen Stadt traf Saul mit den

63 Josephus »Against Apion«, I, 88–90, Zitat nach Manetho.

Kenitern, einem den Amalekitern verbündeten Stamm, ein Abkommen über ihren Abzug aus der belagerten Stadt.

> 1. Samuel 15, 6: Aber zu den Kenitern sprach Saul: Auf! zieht euch zurück! geht weg aus der Mitte (Amaleks), damit ich dich nicht mit ihm wegraffe ... da zog sich Kain (Luther: »Keniter«) zurück von Amalek.

Nach Amosis entkamen die Hyksos-Amu, die den Fall von Auaris überlebten, nach Scharuhen im südlichen Palästina. In Manethos Bericht wird gesagt, daß die Hyksos auf dem Rückzug von Auaris nach Judäa flohen und dort einen Ort, den sie Jerusalem nannten, erbauten. Es gibt nicht den Schatten eines Zweifels, daß die zeitgenössische Inschrift im Grab des Amosis den Namen des Ortes, nach welchem die Hyksos sich zurückzogen, richtig aufführt und daß die spätere Wiedergabe von Manetho falsch ist. Entweder war die Quelle oder der Text Manethos nicht richtig, und das weniger bekannte Scharuhen wurde durch das besser bekannte Jerusalem (Jerushalaim) ersetzt.

Diese Verwechslung – war sie nun zufällig oder absichtlich – hat seit dem Beginn der Ptolemäerzeit im Schicksal des jüdischen Volkes eine böse Rolle gespielt; sie hat tiefe Spuren in der Haltung und geistigen Entwicklung anderer Völker hinterlassen; noch selten hatte der Fehler einer Schreiberhand so viele tragische Folgen wie dieser Text, dessen Entstellung hier durch den Vergleich der beiden ägyptischen Quellen über das Entkommen der Hyksos zutage tritt: Nach dem Wortlaut der einen Quelle flohen sie nach Scharuhen, nach dem der anderen nach Jerusalem. Am Ende dieses Kapitels werde ich über diese Sache noch einige zusätzliche Bemerkungen machen.

Die Niederlage der Hyksos-Amu wurde durch zwei aufeinanderfolgende Belagerungen besiegelt. Nach der Einnahme von Auaris, der Festung und Residenz Apops, zogen sich die Hyksos-Amu nach Scharuhen im südlichen Palästina zurück[64], wo die zweite Belagerung stattfand. Amosis' Darstellung vom Rückzug der Amu nach Südpalästina stimmt mit

64 Die Stadt wird bei Josua 19, 6 erwähnt.

der biblischen Erzählung überein. Nach Einnahme der Amalekiterstadt und Sauls überwältigendem Sieg waren die Amalekiter aber noch nicht völlig vernichtet. Die mit dem Leben Davongekommenen zogen sich in das Hügelland im südlichen Palästina zurück.

Von dort unternahmen sie einen Raubzug nach den benachbarten Städten. Das geschah noch unter Sauls Regierung, und David war einer seiner Truppenführer.

> 1. Samuel 30, 1–3:... waren die Amalekiter in das Südland und in Ziklag eingefallen, hatten Ziklag geplündert und niedergebrannt ... und waren ihres Weges gezogen. Als dann David mit seinen Leuten die Stadt erreichte, da war sie niedergebrannt, ihre Frauen, Söhne und Töchter aber in Gefangenschaft geraten.

Die Gewohnheit, Städte niederzubrennen, Weiber und Kinder fortzuführen und sich dann zurückzuziehen, war die gleiche, welche die Hyksos bei ihrem Einfall in Ägypten vier- oder fünfhundert Jahre zuvor gehabt hatten. »Auf das grausamste verbrannten sie die Städte ... Weiber und Kinder schleppten sie in die Sklaverei.«[65] David verfolgte mit vierhundert Mann den Haufen der Amalekiter, der seine Weiber weggeschleppt hatte. In der Wüste fanden sie einen bewußtlosen Mann, der »seit drei Tagen und Nächten weder Brot gegessen noch Wasser getrunken hatte«.

> 1. Samuel 30, 11–13: Da fanden sie auf freiem Felde einen Ägypter, den brachten sie zu David. Und als man ihm Brot zu essen und Wasser zu trinken gegeben hatte, kam er wieder zu sich ... David fragte ihn: Wem gehörst du an und woher bist du? Er antwortete: Ich bin ein ägyptischer Jüngling, Sklave eines Amalekiters. Mein Herr hat mich im Stiche gelassen, weil ich heute vor drei Tagen erkrankte.

David folgte dem ägyptischen Sklaven, fand die amalekitische Schar und befreite die gefangenen Weiber und Kinder.

Diese Episode ist höchst aufschlußreich. Sie zeigt, daß die Amalekiter nach dem Verlust ihrer Festung an der Grenze Ägyptens in Südpalästina eindrangen, und sie enthüllt zu-

65 Manetho, zitiert von Josephus. »Against Apion«, I, 76.

gleich eine auffallende Einzelheit: der junge Ägypter sagte, er sei der Sklave eines amalekitischen Herrn.

Wir wollen jetzt die beiden Geschichten – die der Hebräer und die der Ägypter – wieder an ihre herkömmliche Stelle in der Chronologie setzen. Was hat es zu bedeuten, daß ein Ägypter, Sohn des regierenden, stolzen Volkes, Sklave eines Amalekiters, eines einfachen Nomaden ist? Als dieser Mann von sich selbst als »Sklave« eines Amalekiters sprach und den Amalekiter seinen »Herrn« nannte, tat er dies ganz selbstverständlich.

Der ägyptische Sklave und sein amalekitischer Herr waren aber schon unter den letzten, die in diesem Verhältnis zueinander standen. Die Amalekiter befanden sich auf einem fluchtartigen Rückzug; die wenigen Raubzüge wie jener von Scharuhen nach Ziklag – beides Städte im südlichen Palästina – waren ihre letzten Angriffsversuche. Ihre Krieger waren versprengt, einige von ihnen gerieten auf das Gebiet der Philister an der Küste; Ziklag lag in der Randzone dieses Landes, und Scharuhen war hiervon nicht sehr weit entfernt. Kurz nach der großen Naturkatastrophe kamen die Philister von der Insel Kaphtor und besetzten die Küste Kanaans[66]. Sie vermischten sich mit den Amalekitern, suchten deren Unterstützung, unterwarfen sich ihrer politischen Führung und versorgten sie mit Metallarbeiten und Töpferware. In den folgenden Jahrhunderten verloren sie mehr und mehr von ihrer geistigen Eigenart und wurden zu einem Mischlingsvolk.

Ich vermute, daß diese Verschmelzung der Philister und Amalekiter den Grund legte für die ägyptische Überlieferung (Manetho), die Hyksosdynastien der späteren Zeit ihrer Herrschaft in Ägypten seien »phönizischen Ursprungs«[67], und ebenso für die Behauptung, die Philister seien amalekitischen Blutes[68].

Nach seinem großen Sieg über die Amalekiter ließ Saul sich in einen Krieg mit den Philistern ein. Schweren Herzens zog

66 Jeremia 47, 4; Amos 9, 7.

67 »Manetho«, übersetzt von Waddell, S. 91, 95–99.

68 Abu-el Saud, »Commentary to Sura II«, Abulfeda, »Historia anteislamica«, Hrsg. Fleischer, S. 17.

er in diesen Kampf. Der Prophet Samuel hatte harte Worte zu ihm gesprochen: sein Königtum würde ihm genommen werden wegen der Großmut, mit der er das Leben des Amalekiterkönigs Agog, des Erbfeindes des jüdischen Volkes, verschont habe. Samuel tötete Agog und traf nie wieder, bevor er starb, mit Saul zusammen. Saul versuchte mit Hilfe von Zauberei, mit dem toten Samuel wieder in Verbindung zu kommen. Am Tage nach seinem Besuch bei der Hexe von Endor streckten ihn Bogenschützen der Philister mitten in der Schlacht nieder; er und seine drei Söhne fielen im Kampf. Einem biblischen Bericht zufolge war es ein Amalekiter aus den Reihen der Philister, der den verwundeten Saul auf seinen Wunsch tötete und David die schlimme Kunde zu überbringen hatte (2. Samuel 1, 8).

Der geschichtliche Ruhm für die Befreiung des Nahen Ostens vom Joch der Hyksos gebührt Saul, doch wurde seine Großtat nicht anerkannt, ja nicht einmal erkannt. Die Einnahme von Auaris und die Vernichtung der amalekitischen Streitmacht veränderte den Lauf der Geschichte. Noch einmal stieg Ägypten zu Macht und Glanz empor, nachdem ein Abkömmling jener Hebräer, die Sklaven der Ägypter gewesen waren, das Land von einer jahrhundertelangen, elenden Knechtschaft befreit hatte.

Die Nachwelt erfuhr nichts von Sauls Taten, nicht einmal seine Zeitgenossen zollten ihm Dank. Beladen mit dem Fluch Samuels für sein weiches Herz, als er das Leben Agogs verschonte, in tiefste Niedergeschlagenheit getrieben und voller Vorahnungen über sein Schicksal zog er in seine letzte Schlacht. Sein Haupt und das seines Sohnes Jonathan wurden von den Philistern abgeschlagen und durch die Dörfer getragen und die enthaupteten Leiber an den Mauern von Beth-San im Tal des Jordan aufgehängt.

Dies war das tragische Ende jenes Mannes, der einst zum ersten König von Juda und Israel gesalbt worden war. Auf einer wenig bekannten Seite einer Haggada heißt es, er sei frommer gewesen als David, edel und großmütig, der wahre »Auserwählte Gottes«. Erst nach der Niederwerfung der Philister konnten sich die Israeliten als freies Volk betrachten.

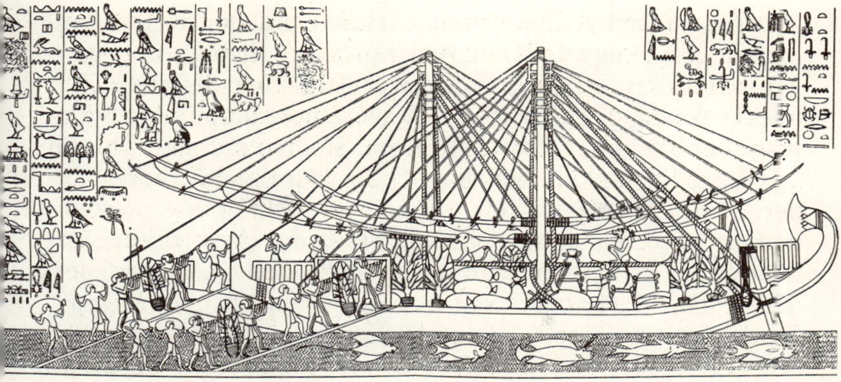

Abb. 5: Expedition der Königin Hatschepsut nach dem Land Punt. Die Zeichnung entstand nach Johannes Dümichen »Die Flotte einer ägyptischen Königin aus dem 17. Jahrhundert vor unserer Zeitrechnung«.
Bildarchiv Preußischer Kulturbesitz.

David fiel die doppelte Aufgabe zu, die Amalekiter in ihren letzten Stützpunkten in Südpalästina zu vernichten und die Philister aus dem Hügelland zu vertreiben.

Der Offizier Amosis zog nach dem Fall von Auaris mit seinem Fürsten nach Scharuhen im südlichen Palästina und nahm an der Belagerung dieser Festung teil. Die Amu-Hyksos verteidigten sie drei volle Jahre; diese letzte Befestigung der Amu mußte im Sturm genommen werden.

Die Heilige Schrift hat die Geschichte »vom Eindringen der Amalekiter in den Süden« nach ihrer Niederlage an der Grenze Ägyptens überliefert. Andere hebräische Quellen haben die Geschichte von der Belagerung der »amalekitischen Hauptstadt« im Süden Palästinas bewahrt[69].

69 Der natürliche Rückzug eines Heeres, das gleichzeitig von Ägypten und der Küste Palästinas her bedrängt wurde, müßte in Richtung auf Edom, besonders auf Petra zu, erfolgen. In den Tagen Strabos zogen Handelskarawanen von Arabien »nach Petra und dann nach Rhinocolura (el-Arisch), das in Phönizien, nahe bei Ägypten liegt, und von dort zu anderen Völkern«, und man hat, wie derselbe Schriftsteller sagt, in früheren Zeiten diesen Weg bevorzugt. (Strabo, »The Geography«, 16, 4, 24.) Scharuhen lag wahrscheinlich nahe bei Petra. Petra ist »rundum von Felsen geschützt« (ebenda, 16, 4, 21).

»Von allen Heldentaten Joabs ist die erstaunlichste die Einnahme der Hauptstadt der Amalekiter.«[70] Erfolglos belagerten zwölftausend Mann auserwählter Truppen lange Zeit diese Festung. Die Abenteuer Joabs, eines Hauptmannes Davids, der allein in diese »sehr große Stadt« eindrang, wurden zur Legende und ein beliebtes Thema für Geschichtenerzähler.

Die Israeliten erstürmten die Stadt der Amalekiter, zerstörten die heidnischen Tempel und töteten die Einwohner. König David war bei dieser sich lange hinziehenden Belagerung nicht anwesend; König Amosis befand sich vermutlich als Verbündeter bei Joabs Heer. Der Offizier Amosis schrieb: »Man belagerte Scharuhen drei Jahre lang, und Seine Majestät nahm es ein.« Der ägyptische König erhielt seinen Beuteanteil ebenso wie der Offizier Amosis, der alles beschrieb.

Der ägyptische König kehrte nach Ägypten zurück und unternahm einen Feldzug gegen Äthiopien; Joab wandte sich mit seiner Armee nach Osten und konnte nach einiger Zeit David die Krone des Ammoniterkönigs zu Füßen legen[71].

Die Königin Thachpenes

Aus den Trümmern des großen Amalekiterreiches stiegen zwei Königreiche gleichzeitig zu Freiheit und Macht empor: Juda und Ägypten, die das Erbe zwischen sich aufteilten.

Juda beanspruchte für sich die asiatischen Provinzen der Amalekiter vom Euphrat im Norden bis zur ägyptischen Grenze im Süden. Auch nach Osten zu wurde das Reich erweitert – David und Joab führten das Heer gegen Moab, Ammon, Edom und Aram. Aram bedeutet Syrien und das Gebiet, das sich gegen Mesopotamien zu erstreckt; das Land

Die frühen Erbauer Petras sind unbekannt. Siehe Sir H. B. W. Kennedy, »Petra, Its History and Monuments« (London 1925), S. 81, und G. Dalman, »Petra und seine Felsheiligtümer, (Leipzig 1908), S. 33; auch M. Rostovtzeff, »Caravan Cities« (Oxford 1932), S. 37–53.

70 Ginzberg, »Legends«, IV, 98.

71 2. Samuel 12, 30.

Edom, der größere Teil Arabiens, lag längs der ganzen Küste des Roten Meeres[72].

2. Samuel 8, 14: Und (David) setzte in Edom Vögte ein, so daß ganz Edom David untertan wurde ...

Joab blieb sechs Monate in Edom (1. Könige 11, 16) und erschlug »alles Männliche in Edom«. Hadad, ein Kind königlichen Geblüts, war unter denen, die aus Midian entrannen und nach Pharan kamen, und »von Pharan kamen sie nach Ägypten zum Pharao, dem König von Ägypten.«

1. Könige 11, 19: Und Hadad fand große Gunst in Pharaos Augen, und er gab ihm zum Weibe die Schwester seines Weibes, die Schwester der Thachpenes.

Dies geschah in den Tagen Davids. Der Pharao muß Amosis gewesen sein[73]. Unter seinen Weibern muß eine namens Thachpenes gelebt haben. Wenn wir nun das Register der ägyptischen Königinnen aufschlagen, um nachzusehen, ob eine Königin dieses Namens unter den Frauen des Pharaos Amosis verzeichnet ist, so finden wir ihren Namen tatsächlich überliefert. Er wird Tanethap, Tenthape oder möglicherweise Thachpenes gelesen[74].

Die Lage von Auaris

Wo lag Auaris, die Festung der Amu-Hyksos, die Stadt, von der aus Ägypten geknechtet wurde? Es war groß genug, um in seinen Mauern – außer der übrigen Bevölkerung von Frauen, Kindern und Sklaven – viele Zehn-, ja Hunderttausende von Kriegern aufzunehmen, und bot noch Raum für große Viehherden.

72 Nach der arabischen Überlieferung wurde Medina von David erobert; siehe al-Samhudi, »Geschichte der Stadt Medina«, herausgegeben von Wüstenfeld, S. 26ff.

73 Hadad verließ nach dem Tode Davids Ägypten (1. Könige 11, 21). Amosis regierte mehr als 20 Jahre, nach Manetho 25 Jahre.

74 Gauthier, »Le Livre des rois d'Egypte« (Cairo 1902), II, 187, Anmerkung 3. Siehe hierzu auch Stricker, »Acta Orientalia«, XV (1937), 11–12.

Die Beschreibung, die Manetho in seiner Geschichte gibt, weist auf einen Platz an der Ostgrenze Ägyptens.

(Salatis, König der Hyksos) legte Garnisonen in Orte, die für die Verteidigung besonders geeignet waren. Insbesondere sicherte er seine östliche Flanke, da er voraussah, daß die Assyrer, bei fortschreitendem Anwachsen ihrer Macht, sein Reich begehren und angreifen würden. Als er im sethroitischen Gau eine Stadt entdeckt hatte, die überaus günstig im Osten des Bubastisarmes des Flusses lag – nach einer alten religiösen Überlieferung Auaris genannt –, baute er sie wieder auf, befestigte sie mit starken Mauern und legte dorthin eine Garnison in der beachtlichen Stärke von zweihundertvierzigtausend Mann zum Schutze seiner Grenze[75].

Nach Manetho hatte Auaris eine große Steinmauer, »um alle ihre Besitztümer und Beute zu sichern«.

Die Gelehrten haben verschiedene Vermutungen aufgestellt und verlegten Auaris nach Pelusium, Tanis oder Tell el-Yahudiyeh. Am letztgenannten Ort wurden Hyksosgräber ausgehoben[76], aber archäologische Untersuchungen haben die Meinung des Ausgräbers, es wäre Auaris, nicht bestätigt. Es handelte sich nur um einen kleinen Stützpunkt und nicht um die gewaltige Festung der Hyksosherrscher, der Pharaonen der XIV. bis XVII. Dynastie.

Auaris wird vergeblich am östlichen Arm des Deltas gesucht,[77] lautet doch die genaue Übersetzung der betreffenden Stelle bei Manetho-Josephus: »östlich von dem Bubastisarm des Flusses«.

Auaris kann auf folgendem Wege lokalisiert werden: Saul eroberte »die Hauptstadt Amaleks«, die Residenz des Königs Agag (Agog) (1. Samuel 15). Die Einnahme dieser Stadt beendete die Herrschaft der Amalekiter über »das Land von Havila bis gen Sur hin, das östlich von Ägypten liegt.«

75 Josephus, »Against Apion«, I, 77–78.

76 Petrie, »Hyksos ans Israelite Cities«, S. 10–16.

77 Montet, »Le Drame d'Avaris«, S. 47. »Der Leser wird sich wundern, wenn er erfährt, daß eine historische Stadt von den Ägyptologen an der ganzen Länge des östlichen Deltas entlanggeführt wurde, von Pelusium nach Heliopolis, vorbei an Tell el-Her, El Kantarah, San el-Hagar (Tanis) und Tell el-Yahudiyeh.«

Beim Vergleich des letzten Satzes mit 1. Samuel 27, 8: ». . . und den Amalekitern . . ., denn das sind die Bewohnerschaften des Landes, welches sich von Telam (Havila) bis nach Sur und bis nach Ägypten erstreckt (Luther- und King-James-Bibel: ». . . und Amalekiter, denn diese waren die Einwohner von alters her dieses Landes, als man kommt gen Sur bis an Ägyptenland«) – ergibt sich ein Anhaltspunkt für die Lokalisierung der Amalekiterstadt: an der Grenze Ägyptens, aber nicht in Ägypten selbst.

Dies stimmt auch mit der Angabe in der Inschrift des Offiziers Amosis überein: »Ich folgte dem König zu Fuß, als er in seinem Streitwagen in die Ferne fuhr (vgl. hierzu das Zitat auf S. 92). Man belagerte die Stadt Auaris.«

Der Name »Auaris« bedeutet »die Stadt des Wüstenstreifens«[78].

Auaris, an der Nordostgrenze Ägyptens gelegen, war durch seinen Erbauer, den Hyksoskönig Salatis, dazu bestimmt, die Ostflanke gegen jeden Angriff aus dem Norden zu schützen[79]. Die Festung beherrschte Ägypten und Syrien; sie lag an einem Fluß – dies wird im ägyptischen Bericht von Amosis und in der Geschichte der Belagerung durch Saul erzählt: »Es wurde auf dem Wasser im Kanal (Flußbett) von Auaris gekämpft« (Amosis). »Dann zog Saul vor die Hauptstadt Amaleks und legte einen Hinterhalt im Bachtal« (1. Samuel 15, 5).

Der einzige Fluß dieser ganzen Gegend ist der jahreszeitlich bedingte von el-Arisch. Wegen der Erwähnung der Schlacht im Fluß in der Inschrift des Amosis suchte man Auaris am östlichen Nilarm, obgleich Manetho-Josephus schrieb, daß es im Osten des östlichen Deltaarmes läge. Überdies wird der Name des Flusses, »nakhal«, an dem die Stadt der Amalekiter erbaut war, in der Heiligen Schrift wiederholt auf den Bach (Fluß) von el-Arisch angewendet, der an der Grenze Ägyptens liegt (Nakhal Mizraim[80]).

78 K. Sethe, »Urkunden« (Leipzig 1906–09), IV, 390; Gardiner, »Journal of Egyptian Archaeology«, III, 1916, S. 100.

79 Josephus, »Against Apion«, I, 78f.

80 Vgl. Numerus 34, 5; 2. Könige 24, 7; 2. Chronika 7–8; *Nakhal* war die Grenze Ägyptens.

Auch der späteren Geschichte Ägyptens können wir Hinweise auf die Lage von Auaris entnehmen.

Haremheb, der König, der vor der XIX. Dynastie in Ägypten regierte, hatte die Gewohnheit, Gesetzesübertretern die Nasen abschneiden zu lassen und sie in die Gegend von Tharu zu verbannen. Der Stützpunkt Tharu war der nordöstliche Vorposten Ägyptens, wie aus der Beschreibung verschiedener Feldzüge von Königen der XIX. Dynastie nach Syrien ersichtlich ist. Er muß nahe bei Auaris gelegen haben, wenn es sich nicht gar um einen anderen Namen für den gleichen Ort handelt[81].

Die verstümmelten Übeltäter wurden an einen Ort für die »Unreinen« geschickt; ein der Nase Beraubter sah äußerlich einem Leprakranken ähnlich; für religiöse Dienste galt er als »unrein« und wurde von der Gemeinschaft ferngehalten. Die Unreinen wurden in den entferntesten Teil des Landes verbannt. Manethos, der später über den Aufstand dieser Unreinen berichtete, sagt:

> ... Der König ... wies ihnen als Wohnsitz und Zufluchtsort die verlassene Stadt der Hirten an, die Auaris hieß[82].

Der Ort, an dem die nasenlosen Verbannten lebten, wurde von griechischen und römischen Autoren Rhinokolura (abgeschnittene Nase) oder Rhinokorura genannt. Er wurde mit el-Arisch identifiziert: die Septuaginta übersetzt »Nakhal Mizraim« (der Bach von el-Arisch) mit dem Namen Rhinokorura[83]. Es folgt hieraus, daß das Auaris des Altertums das heutige el-Arisch ist.

81 Das Schriftzeichen für Auaris folgt unmittelbar dem für Sekhet-za; der letztere Ort ist auf verschiedenen Stelen der Ramessidenzeit eng mit Tharu verbunden. Siehe Gardiner, »Journal of Egyptian Archaeology«, III (1916), 101.

82 Josephus, »Against Apion«, I, 237.

83 Epiphanius sagt: *Rhinokorura* heißt *Nakhal* (Flußbett); Saadia übersetzt *Nakhal Mizraim* mit *Wadi-el-Arisch*, und ähnlich auch Abu-faid. Siehe F. Hitzig, »Urgeschichte und Mythologie der Philistäer« (Leipzig 1845), S. 112ff. Hitzig erkannte, daß el-Arisch eine alte Stadt gewesen sein müsse (das Laris der Kreuzfahrer), war aber nicht in der Lage festzustellen, welche alte Stadt an der Stelle von el-Arisch oder Rhinokolura gelegen hatte.

Wenn die Archäologen an den Ufern von el-Arisch nachgraben, so werden sie die Überreste von Auaris finden, einer der größten Festungen des Altertums[84].

Als zusätzlichen Beweis zitiere ich den folgenden Satz von Masudi über einen Herrscher der I. Dynastie amalekitischer Pharaonen:

> In der nächsten Umgebung von el-Arisch erbaute er eine Festung[85].

Parallelen zwischen Hyksos und Amalekitern

Ist die Identität der Amalekiter und Hyksos mit Sicherheit festgestellt oder handelt es sich bei ihnen vielleicht doch um zwei verschiedene Völker? Das historische Beweismaterial, das ich auf den vorhergehenden Seiten vorlegte, soll jetzt nebeneinandergestellt werden.

Ein Volk, Amu oder Hyksos genannt, drang nach einer großen Naturkatastrophe in Ägypten ein[86], als der Fluß »zu Blut wurde« und die Erde bebte[87]. Es überrannte Ägypten, ohne Widerstand zu finden[88].

Die Eindringlinge waren äußerst grausam; sie verstümmelten die Verwundeten und schnitten ihren Gefangenen Glied-

84 Montet, »Le Drame d'Avaris«, S. 47–48: »Es ist leicht, die geographischen Namen des Altertums zu identifizieren, wenn sie sich im Arabischen erhalten haben. Der Tell Basta bedeckt die Ruinen von Bubastis . . . Aber der Name Auaris war schon lange vor dem Ende der Pharaonenzeit in Vergessenheit geraten.«

85 Maçoudi, »l'Abgrégé des merveilles«, S. 388. Der amalekitische Pharao wird von Masudi Talma, Nachfolger von Latis, genannt. Der Hyksoskönig, der Auaris erbaute, hieß nach Manetho Salitis oder Salatis. (»Cambridge Ancient History«, I, 233.) Die beiden Formen, Latis und Salatis, auf zwei so verschiedenen Wegen überliefert, sind nichtsdestoweniger bemerkenswert ähnlich.

86 Papyrus Ipuwer (Leiden 344 recto), 3, 1; 15, 1.

87 Papyrus Ipuwer, 2, 10; 4, 2; 6, 1; Papyrus Eremitage 1116 b recto.

88 Manetho-Josephus, »Against Apion«, I, 73 ff.

maßen ab[89]; sie verbrannten Städte, zerstörten in barbarischer Weise Denkmäler und Kunstwerke, machten die Tempel dem Erdboden gleich[90] und verachteten die religiösen Gefühle der Ägypter[91].

Sie versklavten die Ägypter und forderten von ihnen Tribute[92]. Diese Eindringlinge kamen aus Asien[93] und wurden Araber genannt[94], aber sie wiesen auch hamitische Züge auf[95]. Sie waren Hirten[96] und erfahren im Gebrauch des Bogens[97]; ihre Könige regierten als Pharaonen von Ägypten[98]. Sie herrschten auch über Syrien und Kanaan, über die Inseln des Mittelmeers und andere Länder und hatten lange Zeit nicht ihresgleichen[99].

Die Amu bauten eine große, stark befestigte Stadt östlich des Nil-Deltas[100]. Die eingeborene Bevölkerung Ägyptens verarmte unter ihnen, da sie gewöhnlich kurz vor der Ernte ihr Vieh auf die Felder trieben[101].

Unter ihren Königen gab es mindestens zwei mit dem Namen Apop (allgemein angenommene Lesung), beide hervorragende Herrscher, der eine zu Beginn und der andere ganz am Ende dieser Periode[102].

Die Herrschaft dieses Volkes erstreckte sich über viele Länder des Nahen und Mittleren Ostens. Ihre Dynastien regierten

89 Vgl. die Funde von Petrie in Hyksosgräbern (»Hyksos and Israelite Cities«), S. 12.

90 Manetho-Josephus; Inschrift bei Speos, Artemidos.

91 Papyrus Sallier I; Papyrus Ipuwer 17, 2; Manetho-Josephus.

92 Papyrus Ipuwer, Papyrus Eremitage und Manetho-Josephus.

93 Manetho-Josephus (»aus dem Osten«), Papyrus Ipuwer 14, 10; 15, 13.

94 Manetho-Josephus.

95 Papyrus Ipuwer 14, 10; 15, 3.

96 Manetho-Josephus.

97 Papyrus Ipuwer 14, 10; 15, 3; Carnarvon-Tafel.

98 Skarabäen von Hyksoskönigen; Papyrus Sallier I; Manetho-Josephus.

99 Inschriften von Apop (Apophis), siehe A. H. Breasted, »A History of Egypt«, S. 218; Eduard Meyer, »Geschichte des Altertums«, Bd. I, Teil 2, S. 319.

100 Manetho-Josephus; Grab des Amosis; Papyrus Sallier I; Inschrift Hatschepsuts bei Speos Artemidos.

101 Eremitage-Papyrus.

102 Papyrus Sellier I; vgl. Petrie, »A History of Egypt«, I, 243.

etwa fünfhundert Jahre[103], und ihre Herrschaft endete, als ihre Festung am Fluß, die gleichzeitig ihre Residenz war, durch eine fremde Streitmacht belagert wurde[104]. Ein Teil der Bevölkerung dieser belagerten Festung durfte abziehen[105]; das Flußbett war der Hauptschauplatz der Belagerung und des Endsturmes auf die Festung[106].

Mit der Zerschlagung des Amu-Reiches nach dieser Belagerung wurde Ägypten frei, und die vertriebenen Eindringlinge wandten sich nach Südkanaan zum Stützpunkt Scharuhen, wo sie sich noch einige Jahre behaupten konnten[107]. Auch diese Festung im Süden Kanaans wurde belagert, aber die Belagerung zog sich in die Länge. Schließlich wurde die Stadt erstürmt, und ihre Verteidiger wurden getötet. Die wenigen Überlebenden waren in alle Winde zerstreut und verloren völlig an Bedeutung[108].

Im ägyptischen Volk blieb ein tiefes Gefühl des Hasses gegen sie zurück[109].

Das andere Volk wurde Amalekiter genannt. Sie verließen Arabien nach einer Reihe von Plagen[110] und unmittelbar nach einem heftigen Erdbeben[111]. Während der Wanderung kamen viele von ihnen ums Leben durch eine plötzliche Flutwelle, die das Land Arabien überschwemmte[112]. Sie stießen auf die Israeliten, die aus Ägypten kamen, das nach einer großen Katastrophe in Trümmern lag[113]. Während dieser Katastrophe wurde das Wasser des Flusses rot wie Blut, die Erde bebte, und das Meer staute sich in einer plötzlichen Flutwelle hoch auf[114]. Die

103 Manetho-Josephus.
104 Grab des Amosis, vgl. »Against Apion«, I, 88.
105 Manetho-Josephus.
106 Grab des Amosis.
107 Grab des Amosis, vgl. Manetho-Josephus.
108 Grab des Amosis.
109 Manetho-Josephus.
110 Maçoudi, »Les Prairies d'or«, III, 101; »Kitab-Alaghaniy« (übersetzt von Fresnel), S. 206ff.
111 El-Harit, zitiert von Maçoudi, »Les Prairies d'or«, III, 101; vgl. Exodus 12, 29.
112 »Kitab-Alaghaniy« (übersetzt von Fresnel), S. 207.
113 Exodus 15, 7–12; 17, 8–16; Numerus 14, 43–45.
114 Exodus 7, 20; 12, 29; 14, 27.

Eindringlinge aus Arabien besetzten den Süden von Palästina und zogen zu gleicher Zeit in Richtung auf Ägypten[115]. Sie eroberten Ägypten, ohne Widerstand zu finden[116].

Die amalekitischen Eroberer kamen aus Arabien, aber in ihren Adern floß offensichtlich hamitisches Blut[117]. Sie waren ein Volk von Hirten und wanderten mit ihren großen Herden von einem Feld zum andern[118]. Sie verstümmelten die Verwundeten und Gefangenen, schnitten ihnen Gliedmaßen ab und waren auch sonst unerhört grausam[119]. Sie raubten die Kinder und verschleppten die Weiber[120], brannten Städte nieder[121] und zerstörten Baudenkmäler und Kunstwerke, welche die Katastrophe überdauert hatten. Sie beraubten Ägypten seines Reichtums[122] und mißachteten die religiösen Gefühle seiner Bewohner[123].

Die Amalekiter erbauten eine Festungsstadt an der nordöstlichen Grenze Ägyptens[124]. Ihre Häuptlinge wurden Pharaonen und regierten von dieser Festung aus[125].

Sie beherrschten das westliche Asien wie das nördliche Afrika, zu ihrer Zeit gab es niemand ihresgleichen[126]. Sie hielten die ägyptische Bevölkerung in Knechtschaft, und ihre

115 Numerus 13, 29; 14, 43; Tabari, »Chronique« (übersetzt von Dubeux), S. 201; Abulfeda. »Historia anteislamica«, Hrsg. Fleischer, S. 179; Mekhilta Beshalla I, 27.

116 Maçoudi, »Les Prairies d'or«, II, 397.

117 Siehe »Amalik«, »The Encyclopedia of Islam«.

118 Richter 6; 3, 33; 7, 12; 1. Samuel 15, 9 und 14.

119 Deuteronomium 25, 17–18; Numerus 11, 1; Targum Yerushalmi of Exodus 17, 8; Midrasch Tannaim, 170; Pirkei Rabbi Elieser, 44; und noch viele andere Quellen.

120 Numerus 14, 3; 1. Samuel 30, 18.

121 1. Samuel 30, 1.

122 Maçoudi, »L'Abrégé«, S. 342, 361.

123 Kitab-Alaghaniy (übersetzt von Fresnel), S. 206.

124 1. Samuel 15, 5 und 7, vgl. Maçoudi, »L'Abrégé«, I, 331.

125 Maçoudi, »L'Abrégé«, I, 331 f., 338; Abulfeda, »Historia anteislamica«, Hrsg. Fleischer, S. 101 ff. und 179; Tabari, »Chronique« (übersetzt von Dubeux), S. 209; Ibn-Abd-Alhakam, Yaqut, Koran Commentary to Sura II, 46; Alkurtubi, Koran Commentary to Sura II, 46 (Leiden, Ms.).

126 Literatur bei Ginzberg, »Legends«, III, 63; Numerus 24, 20; 24, 7; 1. Samuel 15, 7.

Stammesangehörigen machten Ägypter zu ihren Sklaven[127]. Auch in Syrien-Palästina bauten sie kleinere Festungen[128] und fielen alljährlich kurz vor der Ernte mit ihren Herden in das Land ein, wodurch das Volk Israel verarmte[129]. Ihre Herrschaft über viele Länder des Nahen und Mittleren Ostens währte – nach verschiedenen Berechnungen – annähernd fünfhundert Jahre[130].

Unter den Königen der Amalekiter waren mindestens zwei mit dem Namen Agag (Agog), beide von hervorragender Bedeutung. Der eine lebte wenige Jahrzehnte nach dem Exodus der Israeliten aus Ägypten, der andere ganz am Ende der Zeit der amalekitischen Herrschaft[131]. Dieses Volk vermischte sich mit den Philistern[132].

Ihre Oberherrschaft neigte sich dem Ende zu, als Saul, der König von Israel, ihre befestigte Residenzstadt an der Grenze Ägyptens belagerte[133]. Das Bett des Flusses (*nakhal*) war der Hauptschauplatz der Belagerung[134]. Einem großen Teil der belagerten Garnison wurde der Abzug gestattet[135]. Nach dieser Belagerung und dem Fall der Festung brach das amalekitische Reich, das von Havila im Gebiet des Euphrat bis »hinüber gen Ägypten« reichte, zusammen[136]. Die Überlebenden zogen sich in das bergige Südpalästina zurück[137], wo sie sich in einer Stadtfeste noch einmal sammelten. Aber auch diese wurde eingeschlossen und nach einer langwährenden Belage-

127 Die oben angeführten arabischen Quellen des 9. bis 13. Jahrhunderts; 1. Samuel 30, 13.

128 Richter 5, 14; 12, 15.

129 Richter 6 und 7; 1. Samuel 14, 48.

130 Vgl. Exodus 17, 8 ff.; 1. Samuel 27, 8; 1. Samuel 30; 1. Könige 6, 1.

131 Numerus 24, 7; 1. Samuel 15, 8.

132 2. Samuel 1, 13; Abu-el-Saud, Commentary to Sura II, 247; vgl. Abulfeda, »Historia anteislamica«, Hrsg. Fleischer, S. 17; vgl. auch »Amalik«, »The Encyclopedia of Islam«.

133 1. Samuel 15, 5.

134 1. Samuel 15, 5.

135 1. Samuel 15, 6.

136 1. Samuel 15,7.

137 1. Samuel 27, 8; siehe auch Ginzberg, »Legends«, IV, 99; vgl. al-Samhudi, »Geschichte der Stadt Medina«, herausgegeben von Wüstenfeld, S. 26.

rung im Sturm genommen[138]. Danach verloren sie an Bedeutung[139].

Sie hinterließen im Volke Israels ein unauslöschliches Haßgefühl[140].

Aufgrund der vorstehenden Ausführungen ist die Schlußfolgerung unvermeidlich, daß die Amu der ägyptischen sowie die Amalekiter der hebräischen und arabischen Quellen nicht zwei verschiedene Völker waren, sondern ein und dasselbe Volk. Sogar der Name ist der gleiche: Amu, auch Omaya, ein häufiger Name bei den Amalekitern, war ein Synonym für Amalekiter. Dshauhari (Djauhari), ein arabischer Lexikograph des 10. Jahrhunderts unserer Zeitrechnung schrieb: »Es ist überliefert, daß *dieser Name* (Amu oder Omaya) *eine Bezeichnung* für einen amalekitischen Mann war.«[141] Die Amu – oder die Hyksos – waren die Amalekiter.

Diese Identität, gegründet auf eine große Anzahl von Wechselbeziehungen und Parallelen, ist die Antwort auf das 2200 Jahre alte Rätsel: Wer waren die Hyksos? Schon in den Tagen des Flavius Josephus im ersten Jahrhundert unserer Zeitrechnung war diese eine seit langem bestehende Streitfrage. In diesem Kapitel wurden die Argumente für die Identität der Amu-Hyksos und der Amalekiter vorgetragen und Punkt für Punkt wiederholt wegen der weittragenden Folgerungen, die diese Identifikation mit sich bringt. Die weiteren Abschnitte dieses Buches werden zeigen, wie bedeutsam diese Folgerungen sind.

138 2. Samuel 1. 1; Ginzberg, »Legends«, IV, 98 f.

139 1. Chronika 4, 42 f.

140 Deuteronomium 25, 17–19; 1. Samuel 15, 2; 1. Samuel 28, 18; bezüglich der Talmud- und Midrasch-Quellen siehe Ginzberg, »Legends«, III, 33, 61 f., VI, 480.

141 Kursivschrift vom Autor. Siehe D. F. Tuch, »Einundzwanzig sinaitische Inschriften«, »Zeitschrift der Deutschen Morgenländischen Gesellschaft«. III. (1849), 151. Tuch übernahm das Zitat von Djauhari, ohne auch die hier besprochene Frage der Identität der Amalekiter mit den Hyksos auch nur zu verkennen.

Die Verwechslung von Hyksos und Israeliten und der Beginn des Antisemitismus

Die Israeliten konnten die Leidenszeit in Ägypten zwar niemals vergessen, aber sie hegten keinen Haß gegen die Ägypter[142] oder andere Völker des Altertums; nur die Amalekiter wurden für sie zum Symbol des Bösen und Gegenstand ihres Hasses.

> Deuteronomium 25, 17–19: Gedenke daran, was dir die Amalekiter angetan haben unterwegs, als ihr aus Ägypten wegzogt; wie sie dich ohne Furcht vor Gott, als du erschöpft und müde warst, unterwegs überfielen und alle deine ermatteten Nachzügler von dir abschnitten. Darum sollst du, wenn dir Jahwe, dein Gott, vor allen deinen Feinden ringsum Ruhe verschafft ... die Amalekiter bis auf den Namen von der Erde vertilgen; vergiß es nicht!

Die tückische Bosheit dieses Volkes wurde in der alten Literatur immer und immer wieder betont[143]: wie sie kamen, den Erschöpften in der Wüste »das Blut auszusaugen«; wie feige ihre Angriffe aus dem Hinterhalt erfolgten, und welch niederträchtiger, gemeiner und unbarmherziger Gesinnung sie waren.

Sie verstümmelten die Verwundeten, trieben Gotteslästerung und spotteten des Herrn, indem sie die abgeschnittenen Körperteile gen Himmel schleuderten[144].

Eine Legende gibt die Gefühle der Israeliten mit folgenden ausdrucksvollen Worten wieder:

> Solange der Same Amaleks lebt, wird das Antlitz Gottes wie verhüllt bleiben und wird nur sichtbar werden, wenn der Same Amaleks ausgetilgt worden ist[145].

Es gab auch eine Überlieferung, daß »Gott Mose gebot, den Juden einzuschärfen, keinen Heiden, sollte er die Bekehrung

142 »... du sollst einen Ägypter nicht verabscheuen, denn du hast in ihrem Lande als Fremdling geweilt.« Deuteronomium 23, 8.

143 Siehe Register von Ginzberg, »Legends«, unter »Amalek, Amalekites«.

144 Ginzberg, »Legends«, III. 57.

145 Ebenda, S. 62.

wünschen, abzuweisen, niemals aber einen Amalekiter, der übertreten wolle, anzunehmen«. Zur Strafe für seine Sünden solle Amalek »als erster zur Hölle fahren«. »Gott selbst nahm den Kampf gegen Amalek auf.«

Die Hyksos entfachten den gleichen Haß in den Ägyptern; ihre maßlosen Grausamkeiten und Ausschweifungen gruben sich tief in das Gedächtnis des Volkes ein. Sie besudelten und verbrannten Papyrusrollen und Kunstwerke; in ihren Lagern folterten sie die Gefangenen, Schädel wurden gespalten und Zähne ausgeschlagen, Augen ausgestochen und Gliedmaßen abgeschlagen. Sie vertrauten nur ihrer eigenen Überlegenheit und mißbrauchten diese in ihren Lagern gegenüber ihren wehrlosen Opfern.

Sogar arabische Schriftsteller hoben die Gottlosigkeit der Amalekiter hervor und ihre Rücksichtslosigkeit gegenüber heiligen und weltlichen Dingen in Mekka und Ägypten. Sie erklärten ebenfalls, der Herr habe sie ihrer Schlechtigkeit wegen aus Mekka vertrieben.

Sauls Schicksal war es, den Krieg zur Befreiung Israels und Ägyptens zu führen. Es war noch die geringste der Ungerechtigkeiten, daß der Israeliten für das, was sie für Ägypten getan hatten, nicht rühmend gedacht wurde, sondern daß man sie in der ägyptischen Geschichte nur als »man« oder »sie« bezeichnete; ihr wahrer Lohn von seiten der ägyptischen Historiker war, daß sie mit dem Raubgesindel identifiziert wurden, das die Israeliten aus Auaris vertrieben hatten.

Amosis schrieb, daß sich die Hyksos nach der Einnahme von Auaris nach Scharuhen im südlichen Palästina zurückzogen. Viele Jahrhunderte später erzählt jedoch Manetho, daß die Hyksos nach Palästina zurückwichen und Jerusalem erbauten; ebenso daß, als zu späterer Zeit eine Kolonie Leprakranker in Auaris revoltierte, diese Rebellen die Solymiten (das Volk von Jerusalem) herbeiriefen und gemeinsam mit ihnen Ägypten eroberten; daß diese Solymiten höchst grausam gegen die Bevölkerung waren und einer der Leprakranken, Osarsiph, seinen Namen in Mose umgeändert habe.

In dieser wirren Geschichte spiegelt sich die assyrische Eroberung Ägyptens wider, als Sanherib und Asarhaddon »mit einer großen Streitmacht von Assyrern und Arabern« in Palästina und Ägypten eindrangen. Das Volk von Jerusalem eroberte Ägypten niemals.

Die erste Welle des Antisemitismus im Osten breitete sich viel später im Perserreich durch die Machenschaften des Wesirs Haman, »des Agagiten und Widersachers der Juden«[146] aus. Haman, der ein Nachkomme des Amalekiters Agog war[147], verschwor sich, die jüdische Bevölkerung in Persien und Medina gänzlich auszurotten. Wir können uns vorstellen, daß die Überlieferungen im Hause Hamans geeignet waren, diesen Haß in ihm zu züchten, denn sie berichten, wie Hamans königlicher Vorfahr Agag durch einen jüdischen König um sein Reich gebracht und durch einen jüdischen Propheten getötet wurde.

Vor der Zeit, in der Manethos Geschichten in Umlauf kamen, lassen sich in der griechischen Welt keine Spuren rassischer Antipathie gegenüber Juden feststellen. Dann und wann wurden die Juden als ein geheimnisvolles Volk betrachtet, hingegen findet sich in den Werken der alten Schriftsteller kein Ausdruck der Feindseligkeit oder Verachtung. Die frühesten Erwähnungen finden sich bei Theophrastus, Clearchus von Soli und Megasthenes[148], Philosophen am Ende des vierten und zu Beginn des dritten Jahrhunderts vor unserer Zeitrechnung.

Theophrastus schrieb:

> Sie sind ein Volk von Philosophen, sie hören nicht auf, sich mit Gott zu befassen.

Und Clearchus von Soli schrieb:

> Die Juden stammen von den Philosophen Indiens ab. In Indien

146 Esther, 3. 10.
147 Ginzberg, »Legends«, IV, 68, 397, 398, 422.
148 Siehe Theodore Reinach, »Textes d'auteurs grecs et romains relatifs au Judaismen« (Paris 1895).

> werden die Philosophen Kalanier genannt und in Syrien Juden ... Der Name ihrer Hauptstadt ist sehr schwer auszusprechen: sie wird Jerusalem genannt.

Clearchus erzählt die Geschichte eines Juden, von dem Aristoteles während seiner Reise in Asien einen Teil seines Wissens erfahren habe. Er zitiert die Worte des Aristoteles von »der großen und bewunderungswürdigen Mäßigkeit dieses Juden und seiner Selbstbeschränkung«.

Auch von Plato und Pythagoras wird berichtet, daß sie in engem Kontakt zu weisen Juden standen und bestrebt waren, von ihnen zu lernen[149].

Megasthenes[150] lebte in Indien zwischen 302 und 291 v. Chr. Er schrieb in seinem Buch »Indica«:

> Alle Meinungen, die die Alten über die Natur äußerten, finden sich bei nichtgriechischen Philosophen, bei den Brahmanen Indiens und in Syrien bei jenen, die man Juden nennt.

Diese Erwähnungen der Juden in griechischer Sprache sind die einzigen der noch vorhandenen griechischen Literatur aus jener Zeit, bevor Manethos Geschichtswerk erschien.

Der im Gedächtnis der Nachwelt niemals ausgelöschte Haß gegen die unmenschlichen Hirten-Eroberer lebte wieder auf: die Juden wurden mit den Abkömmlingen der Hyksos identifiziert. Nachdem Manetho damit begonnen hatte, folgte eine umfangreiche judenhetzerische Literatur, die Geschichten Manethos wurden wieder und wieder erzählt und von vielen Schreibern ausgeschmückt[151]. Unter ihnen war Apion, gegen den sich die Apologie »Against Apion« des Flavius Josephus richtete. Josephus unternahm keinen Versuch, die Identifikation der Juden mit den Hyksos anzuzweifeln; im Gegenteil – er billigte und verteidigte sie noch dazu auf das entschiedenste; sein einziger Grund, weshalb er so verfuhr, war sein

149 Plato verdankt seine Gottesidee dem Pentateuch. Plato ist Mose, in die Sprache der Athener übertragen. Numenius in Eusebius, »Preparation for the Gospels«, XIII. 12.

150 Historiker und Politiker im Dienste des Seleukos Nikator.

151 Zitiert von Th. Reinach, »Textes«.

Wunsch, das Alter des jüdischen Volkes mit Hilfe der Erzählungen Manethos außer Frage zu stellen.

Josephus spielte zur Zeit des Krieges in Galiläa und Judäa und der Zerstörung Jerusalems durch Titus im ersten Jahrhundert unserer Zeitrechnung eine tragische Rolle. Er begann als Soldat an der Spitze der galiläischen Armee und endete als Renegat.

Seine Apologie für die Sache der Juden galt als Meisterwerk, wurde oft übersetzt und von Verteidigern des jüdischen Volkes zitiert, jedoch war seine Verteidigung mit der Feder nicht mehr wert als seine Verteidigung mit dem Schwert.

Der Haß gegen die Hyksos, der seit vielen Generationen in den Völkern des alten Orients brannte, fand in den Juden eine Zielscheibe. Ein gleicher glühender Haß gegen die Amalekiter erhielt sich in der Erinnerung der Juden. Selbst heute noch erschreckt eine jüdische Mutter ihr Kind mit dem Wort »Amalekiter«.

Haß kann lange fortbestehen, sogar wenn der Gegenstand des Hasses nicht mehr am Leben ist. Um wieviel stärker mußte dieser Haß sein, als der Glaube aufkam, die Existenz der Gehaßten als Nation sei vor tausend Jahren auf der arabischen Halbinsel nicht zugrunde gegangen, sondern bestehe noch fort? Der ägyptische Schriftsteller sah in den Juden die elende Nachkommenschaft grausamer Tyrannen. Später legten griechische und römische Autoren in ihren Schriften den Grund zur Notwendigkeit unaufhörlichen Hasses. Eine Verdächtigung kam zur anderen, und es wurden absurde Geschichten erfunden von einem Eselskopf, den die Juden in ihrem Tempel aufbewahrt hielten und anbeteten, und von dem Blut, das sie den Menschen aus den Adern sögen.

Der auf den Amalekitern liegende Fluch wurde zu einem Fluch der Juden. »Du sollst austilgen das Gedächtnis an Amalek unter dem Himmel.« Es wurde ausgetilgt. Niemand wußte mehr, daß die Amalekiter die Hyksos waren.

Wegen dieser geschichtlichen Entstellung mußten die Israeliten viel Leid erdulden; sie mußten es ertragen, weil sie mit den Hyksos identifiziert wurden.

Die Verfolgung begann nach den falschen Darstellungen

des Ägypters Manetho, dessen Volk durch die Juden von den Hyksos befreit worden war. In späteren Jahren wurde der Antisemitismus aus vielen anderen Quellen gespeist.

Weltgeschichte in der Schwebe

Die Beweise für die Identität der Hyksos und der Amalekiter wurden deshalb zusammengefaßt, damit die ganze Frage so klar wie möglich gemacht würde. Es geht hier nicht mehr allein um eine Lösung des Rätsels der Identität der Hyksos, sondern darum, daß sich das gesamte Gefüge der Weltgeschichte in der Schwebe befindet. Wenn die Katastrophen des Papyrus Ipuwer und des Buches Exodus identisch sind, wenn ferner die Amalekiter und die Hyksos ein und dasselbe Volk sind, dann weicht der wirkliche Verlauf der Weltgeschichte völlig von dem ab, was man uns bisher beigebracht hat.

Die Feststellung jenes Zeitraumes, in dem der Exodus stattfand, gewinnt daher überragende Bedeutung: Israel verließ Ägypten nicht während des Neuen Reichs, wie alle Gelehrten behaupten, sondern am Ende des Mittleren Reichs. Die ganze Hyksosperiode liegt dazwischen; die Vertreibung der Hyksos war weder mit dem Exodus identisch, noch fand sie vor dem Exodus statt. Die Hyksos wurden von Saul vertrieben; ihre spätere Vernichtung war das Werk Joabs, eines Heerführers Davids. David lebte im 10. Jahrhundert und Saul war sein Vorgänger auf dem Thron. Die Vertreibung der Hyksos wird auf 1580 v. Chr. angesetzt – damit bleiben nahezu sechs Jahrhunderte unberücksichtigt.

Wessen Geschichte muß nun um diese Jahrhunderte verschoben werden? Ist es möglich, David in das 16. Jahrhundert vor unserer Zeitrechnung einzuordnen? Kein Kenner der alten Geschichte wird auch nur die geringste Möglichkeit sehen, die Geschichte der Könige von Jerusalem um ein einziges Jahrhundert, geschweige denn um sechs Jahrhunderte zu verschieben, ohne alle feststehenden Datierungen und Konzeptionen umzustoßen. Die biblischen Annalen verzeichnen die Aufeinanderfolge der Könige von Juda und Israel König für König und geben ebenfalls die Zahl ihrer Regierungsjahre an. Wenn es in der doppelten Aufzählung der Könige von Juda und Israel hie und da Abweichungen oder Schwierigkeiten gibt, so sind sie von völlig anderer Größenordnung und können sich höchstens auf ein oder zwei Jahrzehnte, nicht aber auf Hunderte von Jahren belaufen.

Die hebräische Geschichte steht in enger Beziehung zur Geschichte Assyriens; mit Hilfe gemeinsamer Daten konnte man die Zeittafeln so genau aufstellen, daß zwar die Frage möglich ist, ob Sanherib während seines dritten Feldzuges im Jahre 702 oder 700 v. Chr. in Palästina eindrang, nicht aber die, ob dieser assyrische König in das Jerusalem Hiskias in oder um 1280 v. Chr. kam. Es mag Meinungsverschiedenheiten darüber geben, ob nach einem Vergleich der Bücher der Könige mit den Büchern der Chronik die Regierungszeit des einen oder anderen Königs zu verlängern oder zu kürzen sei, die Daten der Ereignisse dagegen, an denen Assyrien oder Babylonien beteiligt waren, liegen in einer Reihe von Fällen mit einer Genauigkeit bis zu einem Jahr fest.

Die Zeit der Könige von Jerusalem endete mit dem babylonischen Exil in den Tagen Nebukadnezars, der Jerusalem 587 oder 586 zerstörte. Der Perser Cyrus eroberte in der zweiten Hälfte des gleichen Jahrhunderts das chaldäisch-babylonische Reich. Das persische Reich bestand bis zur Zeit Alexander des Großen, und die Regierungsjahre jedes einzelnen seiner Könige sind durch viele zeitgenössische griechische Schriftsteller bekannt. Wo sind also die sechshundert Jahre einzuschieben?

Ist es denkbar, daß etwa sechs Jahrhunderte aus der jüdischen Geschichte verschwunden sind und daß dieses Verschwinden wegen der Geschichte so stark zusammenschrumpfen mußte? Wo wäre diese historische Lücke zu suchen?

Es gibt nicht die Spur einer solchen historischen Lücke. Selbst mit dem größten Aufwand an Einbildungskraft kann die Reihenfolge der Jahrhunderte nicht so weit auseinandergezogen werden, daß Platz für zusätzliche Jahrhunderte geschaffen wird.

Wie kann auf der anderen Seite ein geschichtlicher Ablauf verkürzt werden? Die Geschichte Ägyptens liegt ebenfalls fest. In Ägypten regierte eine Dynastie nach der anderen; vom Beginn des Neuen Reichs um 1580 v. Chr. bis zur Zeit der persischen Herrschaft 525 v. Chr., als Kambyses Ägypten eroberte, und weiter bis zur griechischen Besetzung 332 v. Chr. durch Alexander den Großen ist die Zeit ausgefüllt mit einer Aufeinanderfolge von Dynastien und Königen. Nicht nur, daß die ägyptische Vergangenheit festliegt – die ägyptische Chronologie dient als Richtmuster und Maßstab für die gesamte Weltgeschichte.

Die Perioden der minoischen und mykenischen Kultur Kretas und des griechischen Festlandes sind in Übereinstimmung mit der Chronologie Ägyptens zeitlich festgelegt. Auch die assyrische, babylonische und hethitische Geschichte ist auf der Weltzeittafel nach ihren Berührungspunkten mit der ägyptischen Geschichte gegliedert und eingeteilt. Einige Ereignisse der assyrischen und babylonischen Vergangenheit betrafen das jüdische Volk, und die Geschichte der Reiche des Zweistromlandes wurde in zeitlichen Zusammenhang mit der jüdischen Geschichte gebracht; andererseits haben einige Ereignisse der assyrischen und babylonischen Vergangenheit mit Ägypten zu tun, und die Geschichte der Reiche des Zweistromlandes steht in zeitlichem Zusammenhang mit der ägyptischen Geschichte, die jedoch um sechshundert Jahre nachhinkt, wenn man sie mit der Geschichte Israels und Judas vergleicht. Durch welch wunderliches, um nicht zu sagen unlogisches Verfahren hat dies zustande kommen können?

Wenn der Fehler in der ägyptischen Geschichte liegt, bleibt als einzige Möglichkeit übrig, daß Ereignisse dieser Geschichte zweimal beschrieben sind und daß dadurch sechshundert Jahre doppelt auftreten. Die Folge wäre, daß die Ereignisse bei vielen anderen Völkern in falscher Reihenfolge beschrieben wurden. Dies scheint eine absurde Behauptung zu sein, die der gesunden Urteilskraft vieler Generationen der ganzen gelehrten Welt und jedem, der Geschichte gelernt, erforscht, geschrieben und gelehrt hat, ins Gesicht schlägt.

Wie ein Hirngespinst kommt einem die Alternative vor:

daß entweder sechshundert Jahre aus der Geschichte des jüdischen Volkes verschwunden sein sollen, oder daß in der Geschichte Ägyptens und ebenso in der vieler anderer Völker sechshundert Jahre doppelt aufträten.

Daß aber in Jerusalem das 10. Jahrhundert war, als in Theben das 16. Jahrhundert verging, ist eine absolute Unmöglichkeit. Es wird besser sein, zuzugeben, daß der Fehler nicht in der Geschichte, sondern bei den Historikern liegt, und daß, wenn man die Geschichte beider Völker Jahrhundert um Jahrhundert nebeneinanderstellt, entweder sechshundert fehlende Jahre in Palästina zu finden oder sechshundert »geisterhafte« Jahre in Ägypten zu entdecken sind.

Ich werde die Ereignisse der Zeit nach der Vertreibung der Hyksos-Amalekiter beschreiben, Regierung um Regierung und Zeitalter um Zeitalter, in Ägypten sowohl wie in Palästina, und wir werden sehen, ob auch sie übereinstimmen und für wie lange.

Wenn sich das 10. und 9. Jahrhundert Palästinas und das 16. und 15. Jahrhundert Ägyptens als gleichzeitig herausstellen, dann werden wir einen zusätzlichen Beweis dafür haben, daß die Identität der Hyksos und der Amalekiter durchaus keine willkürliche Annahme ist. Bei einem Gang durch die Zeitalter werden wir bald in der Lage sein, festzustellen, wo der Fehler liegt. Schon ehe wir wissen, welches der beiden chronologischen Systeme falsch ist, können wir den Schluß ziehen, daß sich die Geschichte der Völker, die mit beiden Systemen in Einklang steht, in äußerst chaotischem Zustand befindet.

Kapitel 3

Die Königin von Saba

Zwei Herrscher

Der Beginn der ruhmreichen XVIII. Dynastie, deren Könige geborene Ägypter waren, die das Land von den Hyksos befreiten, fiel mit dem Beginn der Königsreihe in Juda zusammen. Saul versetzte der Hegemonie der Amalekiter-Hyksos den Todesstoß; David baute Jerusalem zu seiner Hauptstadt aus, und in der Zeit Salomos stieg das Königtum zu seinem höchsten Glanz empor.

Nach dem Bericht der Heiligen Schrift besaß Salomo eintausendundvierhundert Streitwagen und zwölftausend Reiter; er herrschte über alles Land vom Euphrat bis zum Lande der Philister und bis an die Grenze Ägyptens. Die Könige Arabiens zahlten ihm Tribut, und von nah und fern wurden Geschenke herangebracht, goldene und silberne Gefäße, Gewänder und Spezereien, Waffen und Pferde. Er sorgte dafür, daß das Zedernholz in Jerusalem in solcher Menge vorhanden war wie »die Sykomoren im Tale des Überflusses«. Er erbaute einen Palast mit einem großen Thron aus Elfenbein und ein Gotteshaus. Die Gefäße darin waren aus Gold, und aus Gold waren die Trinkbecher seines Palastes. Sechshundertsechsundsechzig Talente Gold flossen alljährlich aus Tributleistungen in seinen Schatz neben den Einkünften aus dem Handel der Kaufleute (1. Könige 10, 14–15).

Nachdem das Königreich Ägypten unter Amosis, einem Zeitgenossen Sauls, seine Unabhängigkeit wiedergewonnen hatte, erlangte es unter Amenophis I., Thutmosis I., Hatschepsut und Thutmosis III. Macht und Ruhm. Das in den Jahrhunderten der Hyksosherrschaft verwüstete und verarmte Ägypten wurde bald wieder so reich wie zuvor.

Die beiden Reiche, vom gleichen Unterdrücker befreit, traten miteinander in Handelsverbindung und nahmen verwandtschaftliche Beziehungen auf.

König Salomo machte eine ägyptische Prinzessin zu seinem Weibe, vermutlich zu seiner Hauptfrau. Die Schrift hat ihren Namen nicht überliefert. Es ist lediglich bekannt, daß ihr Vater, der Pharao, gegen Südpalästina, die Heimat der Philister und Kanaanäer, einen Feldzug unternahm, Gezer niederbrannte und es seiner Tochter als Mitgift schenkte (1. Könige 9, 16).

Der Pharao, dessen Name ebenfalls in der Schrift fehlt – talmudische Überlieferung nennt ihn Schischak –, war, nach der hier vorgeschlagenen Anordnung, Thutmosis I., der dritte König des Neuen Reichs. Nur wenige Zeilen seiner Annalen sind erhalten geblieben. Außer einer kriegerischen Expedition nach Nubien, das er unterwarf, unternahm er einen asiatischen Feldzug und »besiegte die Asiaten«. Der Pharao zog »hierauf nach Retenu, um sein Herz in den Fremdländern zu reinigen«[1].

Aus diesen dürftigen Überresten ergibt sich an Positivem nur, daß der Pharao tatsächlich die Sinai-Halbinsel überquerte, einen Eroberungszug nach Philistäa unternahm und dann friedlich nach Palästina (Retenu) weiterzog, wo er irgendeinen Anlaß fand, sich zu erfreuen.

Obgleich nur spärliche Berichte aus der Regierungszeit Thutmosis I. vorliegen[2], wurde er häufig als Vater der Königin Hatschepsut erwähnt. Er teilte den Thron mit ihr und machte sie zu seiner Nachfolgerin. Hatschepsut, die große und berühmte Königin, hinterließ eine Fülle von Inschriften, Basreliefs und Statuen ihrer Person.

Wenn nun der Exodus am Ende des Mittleren Reichs statt-

1 Breasted, »Records«, II, Abschnitt 81.

2 Thutmosis I. beschrieb seinen Machtbereich von Äthiopien bis zum Lande »des verkehrten Wassers – des Flusses, der aufwärts fließt«. Es wird allgemein angenommen, daß er damit den Euphrat meinte, da die Ägypter des Glaubens waren, daß, wie der Nil, ein Fluß von Süden nach Norden fließen müsse.
Der nördlichste Teil vom Reich Thutmosis' I. war Edom im südlichen Palästina. Mit »dem Fluß, der aufwärts fließt«, ist der Jordan gemeint. Dies wird an anderer Stelle ausführlich erklärt werden. Wenn die Ägypter durch einen südwärts fließenden Fluß in Erstaunen gerieten, so war es weit eher der Ägypten näher liegende Jordan als der Euphrat.

fand, wenn ferner die Hyksosherrschaft die Herrschaft der amalekitischen Eindringlinge war, dann muß die Königin Hatschepsut, deren mächtige Statuen uns in den hohen Sälen der Museen begegnen, eine Zeitgenossin Salomos gewesen sein. Kann es wirklich möglich sein, daß keine Erinnerung an sie in den Annalen Jerusalems erhalten geblieben ist? Zwei Länder, die im Begriff standen, ihre auswärtigen Beziehungen und ihren Handel auszubauen, mußten während der Regierungszeiten von Salomo und Hatschepsut, von denen keiner den Frieden seines Landes brach, unweigerlich miteinander in Berührung kommen. Sowohl Salomo wie Hatschepsut bauten Paläste und prächtige Tempel; beide vergrößerten den Reichtum ihres Landes durch friedliche Unternehmungen, und nicht durch Kriege; jeder von ihnen besaß auf dem Roten Meer eine Flotte und sandte sie auf abenteuerliche Expeditionen aus[3]; die Regierungszeiten der beiden waren Glanzperioden dieser zwei Länder.

War Salomo wirklich ein so berühmter König, wie die hebräischen Quellen ihn darstellen, dann ist das Fehlen jeden Kontaktes zwischen ihm und dieser Königin nur schwer zu erklären. Es würde in der Tat sehr merkwürdig sein, denn diese beiden Herrscher hatten nicht nur einfach einen Thron inne, sondern waren ungewöhnliche Machthaber.

Ebensowenig würde es weder zu unserer Vorstellung von der abenteuerliebenden Art der Königin Hatschepsut passen noch zu den preisenden Worten: »Dein Name reicht so weit wie der Umkreis des Himmels, und der Ruhm von Makere (Hatschepsut) umfaßt das Meer«[4], und »ihr Ruhm geht rings

3 Gelehrte, die der herkömmlichen Geschichtsschreibung folgten, konnten ihre Augen vor der Ähnlichkeit dieser Unternehmungen nicht verschließen: »... ehrgeizig und erfindungsreich war die Politik Salomos ... einen Seeweg durch das Rote Meer zu schaffen. Der alte Unternehmungsgeist Ägyptens, wie ihn die Königin Hatschepsut beim Befahren dieser Gewässer entfaltet hatte, war längst dahingeschwunden.« J. A. Montgomery, »Arabia and the Bible« (Philadelphia 1934), S. 176.

4 Die Puntreliefs in Breasted, »Records«, II, Abschnitt 269. Den gesamten Bericht kann man bei Edouard Naville finden: »The Temple of Deir el Bahari«, »Memoirs of the Egyptian Exploration Fund« (London 1894–1908), Bd. 12–14, 16, 19, 27, 29.

um den Großen Kreis (Ozean)«[5]. Es würde auch nicht unserer Vorstellung von König Salomo entsprechen, dessen Hauptstadt von Gesandten vieler Länder aufgesucht wurde[6] und der in persönlichem Kontakt mit vielen Herrschern stand: »Und alle Könige der Erde begehrten Salomo zu sehen ...« (2. Chronika 9, 23), und »alle Welt begehrte Salomo von Angesicht zu sehen ...« (1. Könige 10, 24). Gehörte die Königin von Ägypten nicht zu »allen Königen«?

Woher kam die Königin von Saba?

Der Besuch des berühmtesten aller Gäste Salomos wird in der Heiligen Schrift zweimal erwähnt. Das neunte Kapitel des Zweiten Buches der Chronik wiederholt fast wörtlich die Erzählung aus dem zehnten Kapitel des Ersten Buches der Könige.

> Als aber die Königin von Saba das Gerücht von Salomo vernahm, kam sie, um Salomo mit Rätseln zu versuchen, mit einem sehr großen Gefolge sowie mit Kamelen, die Spezereien und eine Menge Goldes und Edelsteine trugen, nach Jerusalem. Als sie nun zu Salomo hineinkam, redete sie mit ihm von allem, was sie sich vorgenommen hatte (2. Chronika 9, 1). (Luther: »Und da die Königin von Reich-Arabien das Gerücht Salomos hörte, kam sie mit sehr großem Zeug gen Jerusalem ...«) (Im hebräischen Text steht allerdings nicht »Reich-Arabien«, sondern Malkhat-Shwa, was Königin von Saba oder Königin Saba bedeutet.)

Ist diese Erzählung ein Märchen? Kam eine Märchenkönigin mit Juwelen und anderen wundersamen Dingen aus einem geheimnisvollen Land? Und wenn sie wirklich kam, fand sie in Jerusalem einen glänzenden und großmütigen König und nicht vielleicht einen armen Vasallenfürsten, der in der Geschichte anderer Völker niemals erwähnt wurde?

Viele sind geneigt zu glauben, es gäbe keine historische Grundlage für diese legendäre Romanze; andere, die die Ge-

5 Der Obelisk von Karnak, Breasted, »Records«, II, Abschnitt 325.
6 1. Könige 4, 34.

Abb. 6: Die Königin von Saba; Miniatur des Bellifortis von Konrad Kyeser.
Bildarchiv Preußischer Kulturbesitz.

schichte nicht als Dichtung, sondern als echtes Abenteuer ansahen, suchten – allerdings erfolglos – nach irgendwelchen historischen Überbleibseln aus dem Leben und der Regierungszeit der Königin von Saba[7].

Das Land, über welches die Königin von Saba regierte, wird von den meisten Gelehrten mit der Gegend von Saba (Seba) in Südarabien identifiziert, mit dem »Land der Sabäer aus der Wüste, die ihre Hände mit Armbändern und ihre Häupter mit prächtigen Kronen schmückten« (Ezechiel 23, 42; zitiert nach der King-James-Bibel). Die Yemeniten, Bewohner des Landes Saba in Arabia Felix, glaubten, daß die Königin von Saba ihre Königin war, und schmückten die Geschichte ihres Lebens und ihres Besuches in Jerusalem mit üppiger orientalischer Phantasie aus. Diese Auffassung wird vom Koran unterstützt (Sure XXVII).

Um den Ruhm der Königin von Saba wetteifert aber Äthiopien mit Arabien. Die Könige von Äthiopien erheben für sich den Anspruch, von Menelik, einem Sohn Salomos, und der Königin von Saba abzustammen, die, wie sie steif und fest behaupten, ihre Königin war. Sie besitzen mittelalterliche Manuskripte mit Texten, die in den frühchristlichen Jahrhunderten entstanden und Träger dieser Tradition sind[8].

Keiner der beiden Talmude enthält einen klaren, geschichtlichen Hinweis auf die geheimnisvolle und abenteuerliche Königin[9]. Jedoch wird im Talmud die Meinung vertreten, daß »Saba« im Namen der Königin von Saba keine geographische Bezeichnung, sondern ein Personenname sei[10]. Die überaus zahlreichen Inschriften Südarabiens erwähnen nichts von einer Königin von Saba. Forschungsreisende haben ohne Er-

7 Vgl. J. Halévy, »La Légende de la reine de Saba«, »Annuaire, Ecole pratique des Hautes Etudes«, 1905 (Paris 1904); L. Legrain, »In the Land of the Queen of Sheba«, »American Journal of Archaeology«, 38 (1934).

8 »Kebra Nagast«, übersetzt aus dem Äthiopischen von E. A. W. Budge: »The Queen of Sheba and Her Only Son Menyelek, being the Book of the Glory of the Kings« (Oxford 1932).

9 Babylonian Talmud, Tractate Baba Batra 15 b.

10 Siehe Halévy, »Annuaire, Ecole pratique des Hautes Etudes«, 1905 (1904).

folg jeden Stein im südlichen Arabien umgedreht, der Antwort auf dieses Rätsel zu versprechen schien[11]. Die Genealogie der abessinischen Kaiser, die Wert darauf legten, als Nachkommen Salomos und der Königin von Saba anerkannt zu werden, wird mit demselben Mangel an Glauben hingenommen, wie alle ähnlichen Genealogien von Königen und Halbgöttern.

Die Forschung, die zwar viele Abhandlungen und Kommentare hervorbrachte, kam nach der erschöpfenden Untersuchung allen vorhandenen Materials zu der Schlußfolgerung, die ein Schriftsteller folgendermaßen ausdrückte: »Wir werden nie erfahren, ob die Königin, die Salomo besuchte, eine reinblütige Abessinierin war oder eine arabische Königin aus dem Yemen, aus Hadramaut oder einem anderen Teil der großen arabischen Halbinsel. Aber die Überlieferung, daß eine ›Königin des Südens‹ Salomo besucht hat, ist so alt und so weitverbreitet, daß irgendwo ein Kern einer historischen Tatsache – und sei er auch noch so klein – verborgen sein muß.«[12] War nun die Königin aus dem Süden eine Königin von Saba (Seba) in Arabien, eine Königin aus Äthiopien, oder war sie nur eine legendäre Gestalt aus einem Märchenland? In den »Jüdischen Altertümern« des Josephus wird die Geschichte der Königin von Saba[13] mit den nachfolgenden Worten eingeleitet:

> Nun fiel aber die Frau, die damals als Königin von Ägypten und Äthiopien herrschte, durch ihre große Weisheit auf und hatte auch im übrigen vortreffliche Eigenschaften. Als sie von Salomos Tugend und Weisheit hörte, brannte sie vor Verlangen, ihn nach all dem, was täglich über sein Land berichtet wurde, kennenzulernen[14].

Hier haben wir einen klaren Hinweis: »Königin von Ägypten und Äthiopien«. Doch kann die ägyptische Geschichte mit kei-

11 Siehe L. Legrain, »American Journal of Archaeology«, 38 (1934), 329–337. Systematische Ausgrabungen im südlichen Arabien waren nur für eine sehr kurze Zeit nach dem Zweiten Weltkrieg möglich.

12 »Kebra Nagast«, übersetzt von Budge, S. VII. Ebenso Halévy, »Annuaire, Ecole pratique des Hautes Etudes«, 1905 (1904), 6.

13 Josephus hat die Königin nicht mit Namen genannt.

14 Josephus, »Jewish Antiquities«, VIII, 165.

ner in Ägypten und Ähtiopien herrschenden Frau aufwarten, weil sie gegenüber dem zeitlich entsprechenden Punkt der israelitischen Geschichte um etwa sechshundert Jahre verschoben ist[15].

Wenn man die Geschichte Ägyptens sechshundert Jahre vorverlegt und somit an die richtige Stelle bringt, würde es schwierig werden, das Fehlen irgendeiner Erwähnung der Königin Hatschepsut in den hebräischen Annalen zu erklären. Ist nun die Geschichte der Königin von Saba auch die Geschichte der Königin Hatschepsut?

Wir hätten natürlich den überzeugendsten Beweis zur Hand, wenn ein Bericht über die Reise der Königin Hatschepsut nach Jerusalem aufgefunden würde, der zugleich mit den Annalen der Könige von Jerusalem übereinstimmt.

Dieser Bericht wurde geschrieben. Er blieb erhalten. Und die Übereinstimmung ist vorhanden.

Wohin ging die Königin Hatschepsut?

Ein prächtiger Tempel, »Der Höchste Glanz allen Glanzes« genannt, wurde in Dêr-el-Bahari bei Theben in Ägypten gegen das innere Rund einer Felswand gebaut. »Diese Felsen aus weißem Kalkstein, den Zeit und Sonne rötlichgelb gefärbt haben, bilden eine völlig senkrechte Barriere. Sie sind nur von Norden her über einen steilen und schwierigen Fußpfad zugänglich, der auf die Höhe des Felsgrats führt, welcher Dêr-el-Bahari vom wilden und einsamen Tal der Könige trennt.«[16]

Auf den Wänden dieses Tempels sind Basreliefs eingemeißelt, die das Leben und die wichtigsten Ereignisse der Regierungszeit der Königin Hatschepsut beschreiben. Eine Bildreihe erzählt die Geschichte ihrer göttlichen Geburt; ihr Vater war der Gott Ré. Eine andere Reihe, Puntreliefs genannt, die der ersten symmetrisch gegenüberliegt, schildert

15 Das Land am Nil, südlich des 2. Kataraktes, der heutige Sudan, wurde damals als Äthiopien bezeichnet.

16 Naville, »Deir el Bahari«, Introductory Memoir, S. 1.

die Reise nach dem Lande Punt oder dem Heiligen Land (Göttliches, Gottes Land).

»Dies ist unzweifelhaft die interessanteste Reliefreihe Ägyptens .... Sie ist ebenso schön in der Ausführung wie inhaltlich wichtig.«[17]

Das Ziel der Expedition, in Schiffen unternommen, die durch Ruder und Segel angetrieben wurden, muß ein gesegnetes Land gewesen sein. Es wies alle Merkmale eines märchenhaften, glücklichen Landes voller Felder und Hügel auf. Weißhäutige Menschen einer nordsemitischen[18] oder kaukasischen Rasse[19] von stolzer Schönheit lebten dort; sie bildeten den Hauptteil der Bevölkerung, denn wie die Bilder zeigen, gab es außerdem noch einige ganz andersartige, dunkelhäutige Menschen in Punt. Tiere werden an Stricken herangeführt; man hat festgestellt, daß sie – eine Anzahl Affen und ein Panther – zur afrikanischen Fauna gehören[20]. Die Pflanzen waren an der südarabischen Küste heimisch[21]; Pflanzen, von denen die Inschrift sagt: »Seit dem Anfang der Welt wurden keine Bäume wie diese gesehen«, wurden von der ägyptischen Expedition aus Punt mitgebracht. Außer diesen Bäumen gab es Geschenke aus Elfenbein und Ebenholz, Gold, Silber und Edelsteinen. All dieses, eine schwere Schiffsladung, brachte die Königin Hatschepsut mit heim.

Wo lag das Land Punt?

Viele Theorien über die Lage des Landes Punt wurden aufgestellt, aber sie blieb nach wie vor ungewiß. Gäbe es nicht die exotischen Tiere und Pflanzen auf den Basreliefs, dann wäre die Lage von Punt vermutlich kein Problem.

Der Name Punt oder Göttliches (Gottes) Land ist nicht mit

17 Breasted, »Records«, II, Abschnitt 246.

18 Vorgeschlagen von Chabas.

19 Naville, »Deir el Bahari«, Teil III, S. 12.

20 »Die auf den Skulpturen dargestellten Tiere sind, ebenso wie ein Teil der Bevölkerung, ausschließlich afrikanischer Herkunft.« Ebenda. Siehe E. Glaser, »Punt und die südarabischen Reiche«, »Mitteilungen, Vorderasiatisch-Ägyptische Gesellschaft« (Berlin 1899), Bd. IV, S. 62.

21 A. Lucas, »Ancient Egyptian Materials and Industries« (2. Auflage, London 1934), S. 93; W. H. Schoff, »The Periplus of the Erythraean Sea« (New York 1912), S. 218.

dem Zeichen versehen, das ein fremdes Land bezeichnet, was beweist, daß die Ägypter Punt als ein in irgendeiner Weise mit Ägypten verbundenes Land betrachteten. In einer Anzahl ägyptischer Inschriften wird Punt als ostwärts von Ägypten gelegen erwähnt. In einem Ausspruch Amons aus der Zeit Amenophis' III. (am Ende der XVIII. Dynastie) finden sich folgende Worte: »Wenn ich mein Antlitz gen Sonnenaufgang wende ... dann bewirke ich, daß die Länder von Punt zu dir kommen.«[22]

Ein Beamter der VI. Dynastie hinterließ einen lakonischen Bericht mit der Angabe, er habe Byblos und Punt elfmal besucht[23]. Byblos war die alte Hauptstadt der Phönizier, ihre Ruinen liegen 18 Meilen nördlich von Beirut. Da der aus Ägypten kommende Offizier es elfmal besucht hat, und da es zusammen mit Byblos erwähnt wird, muß Punt in einem Zusammenhang mit Byblos stehen.

Der Name Punt oder Pont kann, wie Sanchuniathon, der frühe phönizische Schriftsteller sagt, auf »Pontus, den Vater von Poseidon und Sidon«, zurückgeführt werden[24]. Sidon war eine phönizische Metropole.

Zahlreiche Inschriften erwähnen auch, daß man Produkte aus Punt und Gottes Land in Palästina (Retenu) erhalten habe; darüber werden wir im nächsten Kapitel mehr lesen. Eine Inschrift im Grabe eines Generals Thutmosis' IV. nennt Palästina (Retenu) Gottes Land; eine Generation später spricht eine Bauinschrift Amenophis' III. von Palästina und bezeichnet es ebenfalls als Gottes Land.

Alle diese Einzelheiten aber wurden von Gelehrten bei ihrem Versuch, Punt oder Gottes Land zu lokalisieren, nicht einmal in Betracht gezogen. Da auf den Basreliefs von Dêr-el-Bahari exotische Tiere und Pflanzen dargestellt sind, wurden von den Historikern Zoologen und Botaniker hinzugezogen, um festzustellen, wo die Heimat dieser Tiere und

22 Breasted, »Records«, II, Abschnitt 892.

23 Ebenda. Montgomery, »Arabia and the Bible«, S. 176, Anmerkung 28.

24 Philo von Byblos, zitiert von Eusebius in »Preparation for the Gospel«, I, 10, 27.

Pflanzen wäre[25]. Palästina und Syrien wurden deshalb niemals in den Bereich des Möglichen gezogen.

Über die auf das sorgfältigste ausgeführte Landschaft sowie die Fauna und Flora waren die Gelehrten geteilter Meinung. Die Mehrheit der dargestellten Menschen ist nordsemitisch oder kaukasisch. Die wenigen Negroiden und die Tiere sind afrikanisch. Die Pflanzen stammen aus Südarabien. Gottes Land (Göttliches Land) wird häufig in ägyptischen Inschriften erwähnt als das Land, das Weihrauch erzeugte, und wenn die seltenen Bäume Weihrauchpflanzen sein sollen, so muß es sich bei ihnen um die reichblättrige arabische Art gehandelt haben. Die Weihrauchpflanzen Somalis haben keine solchen Blätter wie die des Basreliefs[26].

Die Anwesenheit weißer Menschen war am leichtesten zu erklären: sie könnten in jenes Land eingewandert sein[27]. Wie der Name schon andeutet, bestand die Bevölkerung von Punt aus Phöniziern, und ihre Anwesenheit im Somaliland konnte, wie einige der Autoritäten meinten, einer Bemerkung Herodots entnommen werden, der schrieb, daß die Phönizier in weit zurückliegender Zeit vom Eriträischen Meer zum Mittelmeer kamen[28], und dies schien die Theorie zu unterstützen, daß Punt in Ostafrika lag. Die Leute aus Punt wären demnach die Vorfahren der Phönizier gewesen[29].

Der Angabe eines Beamten des Alten Reichs, er habe Byblos und Punt elfmal besucht, unterlegte man den Sinn, er habe

25 »Um seine Lage genauer zu bestimmen, sind wir ausschließlich auf die Abbildungen angewiesen, die von den Einwohnern und den Produkten des Landes überliefert werden.« Glaser, »Mitteilungen, Vorderasiatisch-Ägyptische Gesellschaft«, IV (1899), 53.

26 Lucas, »Ancient Egyptian Materials«, 2. Auflage, S. 93.

27 Glaser, »Mitteilungen, Vorderasiatisch-Ägyptische Gesellschaft«, 1899, S. 33f.

28 Herodot, I, 1 und VII, 89. Als »Eriträisches Meer« wurde sowohl der ganze Indische Ozean als auch das Rote Meer bezeichnet.

29 Siehe R. Lepsius, »Nubische Grammatik« (Berlin 1880). Vgl. Glaser, »Mitteilungen, Vorderasiatisch-Ägyptische Gesellschaft«, 1899, S. 33f.

Byblos in Syrien elfmal und ebensooft Punt in Ostafrika oder Südarabien besucht[30].

Der Hinweis, Punt habe östlich von Ägypten gelegen, komplizierte das unklare Problem einer afrikanischen Fauna und einer asiatischen Flora noch mehr.

Eine Gegenüberstellung aller Meinungen, die im wesentlichen für oder gegen Südarabien und Somaliland Stellung nehmen, zeigt, wie hoffnungslos verworren das Problem ist[31]. Unternahm die Expedition der Königin Hatschepsut eine Fahrt zum fernen Königreich Saba, aus dem sechshundert Jahre später eine Märchenkönigin zu Salomo nach Jerusalem kam[32]? Oder erreichte die Expedition Hatschepsuts die Somaliküste, das andere Land, welches Anspruch erhebt, das Geburtsland der Königin von Saba zu sein?

Um dieselben beiden Länder – Südarabien und das Hochland von Somali mit Äthiopien – geht der Meinungsstreit bezüglich der Herkunft der Königin von Saba.

Ebenso wie die Bibelforscher jede nur denkbare Möglichkeit erschöpfend behandelten, um herauszufinden, ob die Königin aus dem Süden von Saba oder Äthiopien kam, untersuchten auch die Ägyptologen jede Quelle, ohne jedoch zu einer endgültigen Entscheidung darüber zu gelangen, ob die Königin Hatschepsut ihre Expedition nach Südarabien oder an die afrikanische Küste unternahm. Sicher war nur, daß irgendwo außerhalb Ägyptens, aber mit ihm in Berührung stehend, ein mit Reichtümern gesegnetes Land namens Punt gelegen hat, auch das Göttliche, Heilige oder Gottes Land genannt, bevölkert mit wohlgestalteten Menschen, voller exotischer Tiere und wundersamer Pflanzen[33].

Schließlich fällte man ein salomonisches Urteil, welches das

30 Vgl. die Schrift von Newberry, »Three Old Kingdom Travellers to Byblos and Pwenet«. »Journal of Egyptian Archaeology«, XXIV (1938), 182–184.

31 Vgl. die verschiedenen Meinungen, zitiert von G. Maspero, »The Struggle of the Nations« (New York 1897), S. 247.

32 G. Maspero schrieb Eduard Meyer die Überzeugung zu, daß die Einwohner von Punt die Vorfahren der Sabäer waren (»Geschichte des Alten Ägyptens«, S. 234); Meyer glaubte jedoch, Punt läge in Afrika.

33 »Neterto« (Toneter) wird von Naville als »Göttliches Land«, von Breasted als »Gottes Land« übersetzt.

Land Punt zwischen dem arabischen Land Saba und dem afrikanischen Somaliland aufteilte[34]. In den vorausgehenden Kapiteln wurde ein Synchronismus zwischen der Geschichte Ägyptens und der der Hebräer vorgelegt. Wir fanden, daß die Königin Hatschepsut eine Zeitgenossin Salomos war.

Wenn die Königin Hatschepsut selbst die Königin aus dem Süden war, so wäre sie natürlich weder aus Saba in Arabien noch von der Somaliküste Äthiopiens gekommen, sondern von Theben in Ägypten; ihr Reiseziel wäre dann weder Südarabien noch Somaliland, sondern Jerusalem gewesen.

War nun das Göttliche Land die Gegend von Jerusalem? Palästina liegt östlich von Unterägypten; es hatte eine weiße, nordsemitische Bevölkerung. Flora und Fauna des Basreliefs, beide nicht heimisch in Palästina, ergäben jedoch eine zwiefache Unstimmigkeit. Ich werde nun zur Beschreibung der Expedition übergehen. Die seltenen Pflanzen, die Tiere und Menschen (Negroiden) werden die hier vorgeschlagene Identifikation nicht mehr behindern, sondern beträchtlich unterstützen. Im Anschluß daran wird diese Identifikation an Hand anderer ägyptischer Inschriften mit Angaben über Punt und das Göttliche Land überprüft werden.

Der Weg von Theben nach Jerusalem

Der kürzeste Weg von Theben nach Jerusalem führt nicht am Nil und der Küste des Mittelmeeres entlang; der Weg über das Rote Meer ist nur wenig mehr als halb so lang: von Theben nach Koptos, ein kurzes Stück nilabwärts, dann nach el-

34 J. Dümichen, »Geographie des alten Ägyptens«, in: E. Meyer, »Geschichte des alten Ägyptens« (Berlin 1879–1887); J. Lieblein, »Handel und Schiffahrt auf dem Roten Meer in alten Zeiten« (Oslo 1886); Glaser, »Mitteilungen, Vorderasiatisch-Ägyptische Gesellschaft«, 1899. Siehe auch Naville, »Deir el Bahari«, Introductory Memoir, S. 22. ». . . Die Flotte Hatschepsuts segelte zweifellos an die Küsten Afrikas und nicht an die Arabiens, aber wir sind nicht berechtigt, das Land Punt nur auf die afrikanische Küste allein zu beschränken . . . Das Land, dem ihre (die ägyptischen) religiösen Texte einen nahezu legendären Charakter verleihen, lag auf beiden Ufern am südlichen Teil des Roten Meeres.«

Kosêr[35], einem Hafen am Roten Meer, zu Schiff über das Rote Meer und den Golf von Aqaba (Aelana), und dann von Aqaba über Land nach Jerusalem. Abgesehen davon, daß dieser Weg wesentlich kürzer war, bevorzugte man ihn noch aus verschiedenen anderen Gründen. Der Weg über die Sinai-Halbinsel war nicht sicher; er führte über die letzten Ansiedlungen der Amalekiter und Philister, über Auaris und Gezer. Thutmosis I., der Vater Hatschepsuts, unternahm einen Feldzug in diese Gegend, säuberte sie von den aufständischen Banden der Amalekiter und Philister und brannte Gezer nieder. Der Seeweg war sicherer, und für die Königin war auch eine Fahrt zu Schiff bequemer als eine lange Reise im Wagen oder in einer Sänfte, bei der man für die Nachtruhe mitten in der Wüste hätte Zelte errichten müssen.

Ein weiterer Grund für eine Seereise war vielleicht auch der Wunsch Hatschepsuts, die Pracht ihrer neuen Flotte zu zeigen.

Salomo baute einen Hafen am Golf von Aqaba am Roten Meer.

> 1. Könige 9, 26: Auch Schiffe baute König Salomo in Ezeon-Geber, das bei Elath liegt, am Ufer des Schilfmeeres im Lande Edom.

Seit der großen Katastrophe, in der die seefahrenden Nationen mitsamt ihren Schiffen zugrunde gingen, fanden gewagte Unternehmen nur noch selten und in großen Abständen statt. Noch lange Zeit wurde der Atlantische Ozean durch tektonische Einbrüche und Senkungen des Meeresbodens erschüttert[36].

Als die Amalekiter vernichtet und die ihnen verbündeten Philister unterworfen waren, nahmen die Phönizier von Tyrus und Sidon ihren Seehandel in vollem Umfang wieder auf und schickten ihre Schiffe auf den »Großen Kreis« (den Ozean). Sie erkannten bald die Vorteile der südlichen Route über das Rote Meer nach den überseeischen Ländern.

Der phönizische König von Tyrus, Hiram, suchte Freund-

35 Seit alters her wird der Hafen von el-Kosêr am Roten Meer als Ausgangspunkt für die Reisen nach dem Göttlichen Land erwähnt.

36 Plato, »Timaios«, 25.

schaft und ein Bündnis mit König Salomo, vermutlich wegen des Flottenstützpunktes Ezeon-Geber im Lande Edom, das Salomo untertan war. Ungeachtet ihrer sonstigen Gewohnheit, niemand in die Geheimnisse ihrer Fahrten Einblick zu gewähren, nahmen die Phönizier Seeleute Salomos mit.

> 1. Könige 10, 22: Denn der König hatte ein Tharsis-Schiff auf dem Meer zusammen mit Schiffen Hirams . . .
> 1. Könige 9, 27: Und Hiram sandte seine Leute, Schiffsleute, die das Meer kannten, zusammen mit den Leuten Salomos auf den Schiffen aus.

Allen anderen Gründen, von Theben aus den Seeweg nach Palästina zu wählen, mag noch der folgende hinzugefügt werden: Die Königin wünschte den neuen Hafen zu besuchen, von dem aus die phönizischen und hebräischen Flotten ihre dreijährige Segelfahrt nach Ophir antraten.

Paruah begegnet dem Herold der Königin

Salomo besichtigte Ezeon-Geber, bevor die Königin ankam. »Damals zog Salomo nach Ezeon-Geber und nach Eloth (Elath) . . .« (2. Chronika 8, 17). Hier mußte die Landung der Expedition zu erwarten sein. Wenige Zeilen nach der eben genannten Stelle beginnt im Zweiten Buch der Chronik die Geschichte vom Besuch der Königin von Saba.

In der Bibel wird nicht gesagt, daß die Königin von Saba den ersten Teil ihrer Reise zu Schiff machte. In rabbinischen Schriften hingegen wird erzählt, daß die Königin auf einem Schiff nach einer langen Seereise ankam. Die Königin von Saba »versammelte alle Schiffe des Meeres und belud sie mit den feinsten Hölzern und mit Perlen und Edelsteinen«[37].

Bevor die Königin ihre Reise antrat, wurden zur Vorbereitung Kundschafter ausgeschickt. In der Haggada ist ein Bericht über den Besuch dieser Kundschafter erhalten geblieben[38]; auch der Koran erzählt davon[39]: »Sie (die Königin von

37 Ginzberg, »Legends«, IV, 144.
38 Ebenda.
39 Koran, Sure XXVII, übersetzt von E. H. Palmer.

Saba) sagte: ›O ihr Häuptlinge . . . ich will ihnen ein Geschenk senden und abwarten, um zu sehen, womit die Boten zurückkehrten‹.«[40]

In der unteren Ecke des Basreliefs von Dêr-el-Bahari ist ein Landeplatz dargestellt. Von rechts kommt ein »Königsbote« an der Spitze seiner Soldaten heran, von links naht ein Häuptling. Ein Wasserstreifen mit schwimmenden Fischen soll andeuten, daß der Ort an der Küste liegt. Der Häuptling wird »ein Häuptling aus Punt P'-r'-hw« (Perehu oder Paruah) genannt. Auf einem Zelt steht: »Aufschlagen des Zeltes des Königsboten und seines Heeres auf den Myrrhenterrassen von Punt an der Seite des Meeres.«[41] Da dieser Darstellung ein Platz im alleruntersten Teil des Reliefs zugewiesen wurde, handelt es sich wahrscheinlich um die Erkundungsexpedition oder um die Ankunft des Boten der Königin. Paruah muß Salomos Stellvertreter im Lande Edom gewesen sein, vielleicht einer seiner edomitischen Vasallen.

Zu einer späteren Zeit während Salomos Regierung (als von seinen zwölf Statthaltern einige seiner Schwiegersöhne waren) befand sich unter diesen auch ein Sohn des Paruah (1. Könige 4, 17). Josaphat, der Sohn Paruahs, war Statthalter in Ezeon-Geber und Elath; sein Vater hatte offenbar den gleichen Bezirk verwaltet[42].

40 Auch nach dem »Kebra Nagast« (übersetzt von Budge), der äthiopischen Legende über »Die Königin aus dem Süden«, besucht ein äthiopischer Abgesandter mit dem Namen Tamrin, Besitzer von 73 Schiffen und Führer einer Handelskarawane, Jerusalem, und als er zu seiner Königin zurückkehrte, »berichtete er ihr von seiner Ankunft im Lande Juda und Jerusalem . . . und über alles, was er gehört und gesehen hatte«.

41 Nach der Lesung »an beiden Seiten des Meeres« befand sich der Hafen an einer Stelle des Golfes mit einander gegenüberliegenden Küsten. Ezeon-Geber wurde von Salomo am Golf von Aqaba dort erbaut, von wo aus beide Küsten gesehen werden können.

42 Es scheint, daß die letzten Worte 1. Könige 4, 16 schon zum nächsten Vers gehören und das letzte Wort von 4, 17 wiederum zum folgenden. Man würde dann lesen müssen: ». . . und in Aloth Josaphat, der Sohn Paruahs.« In diesem Falle blieb der Sohn dort Statthalter, wo sein Vater in gleicher Eigenschaft gedient hatte; denn Aloth und Eloth (Elath) sind identisch. Zu einer anderen Textstelle, die in keinem Zusammenhang mit der vorliegenden Frage steht, schlug Albright (»Journal of the Palestine Oriental Society«, V, 1925, 35)

Auf einem Bild ist Paruah ein älterer Mann ohne irgendwelche Herrschaftsinsignien. Er wird bei dieser Mission von seinem Weibe begleitet, die durch Elephantiasis entstellt ist, sowie von einigen anderen Familienmitgliedern – was darauf deutet, daß er und seine Familie an diesem Ort ansässig und dort vielleicht geboren waren; er scheint das Oberhaupt von Ezeon-Geber gewesen zu sein.

Die Landschaft ist folglich die von Edom. Man sieht kleine Gebäude mit Dachkammern, zum Teil auf Pfählen errichtet. Der Raum unter der Dachkammer könnte die »alia« sein, die wir in der Heiligen Schrift finden.

Hatschepsut leitet die Expedition nach dem Göttlichen Land

Ein Bild zeigt den Aufbruch einer Flotte von fünf Schiffen, drei stehen unter Segel, während zwei noch vertäut sind. Die Inschrift besagt: »Aussegeln aufs Meer, Beginn des glückhaften Weges nach Gottes Land, die Fahrt in Frieden nach dem Lande Punt . . .«[43]

Es ist ein ungewöhnlich schönes Bild von der prächtigen Flotte der Königin, der Bug der Schiffe hat die Form von Lotusblüten, die Schiffe haben hohe Masten und geblähte Segel. Jedes Schiff hatte eine Bemannung von etwa 50 Leuten, 25 auf jeder Seite des Schiffes, die einander ablösen konnten. Aller Wahrscheinlichkeit nach bestand die Flotte aus mehr als fünf Schiffen, denn die Bilder sind zum Teil zerstört. Dies war das »sehr große Gefolge« (2. Chronika 9, 1).

Die Königin selbst wird auf keinem der Schiffe gezeigt. Dies steht in Einklang mit den Regeln der ägyptischen Kunst.

Der ägyptische Künstler stellte eine königliche Person nicht zwischen dem gemeinen Volke dar; das Abbild der Majestät durfte durch das Zusammenstehen mit einfachen Seeleuten nicht erniedrigt werden. Könige und Königinnen wur-

ebenfalls vor, den Namen Aloth in den nächsten Vers hinüberzunehmen, der den Bezirk Josaphats, des Sohnes Paruahs, betrifft. Siehe auch J. W. Jack, »Samaria in Ahab's Time« (Edinburgh 1929), S. 95.

43 Breasted, »Records«, Bd. II, Abschnitt 253.

den wie Giganten zwischen Zwergen übergroß wiedergegeben. Königin Hatschepsut steht neben den Schiffen, und ihre Figur ist höher als die Masten. Eine derartig große Gestalt hätte man auf dem Schiffsdeck nicht unterbringen können.

Diese Art der Darstellung, vom ägyptischen Standpunkt aus selbstverständlich, war die Ursache für ein kurioses Versehen. Die Expedition nach dem Göttlichen Land wird in modernen Geschichtswerken über Ägypten als eine Expedition beschrieben, die von der Königin ausgesandt war; es ist aber offenkundig, daß sie selber an der Fahrt teilnahm.

Die Bedeutung, die dieser Expedition beigelegt und die fast zum hervorragendsten Ereignis der Regierung Hatschepsuts wurde[44], führte zu der Annahme, daß es sich um ihr eigenes Erlebnis handelt. Von allen Ereignissen ihrer Regierung wurde gerade dieses ausgewählt, um auf der Mauer des Tempels »Höchster Glanz allen Glanzes« als Gegenstück zur Darstellung ihrer göttlichen Geburt verewigt zu werden. Hätte es sich nur um eine gewöhnliche Handelsexpedition nach Punt gehandelt, warum sollte sie dann in so sorgfältiger Ausarbeitung und mit solchem Pomp für die Nachwelt aufgezeichnet worden sein?

Schon in früheren Zeiten waren einzelne Personen und Gesandtschaften nach Punt geschickt worden, aber darüber sind nur knappe und nüchterne Angaben erhalten geblieben[45]. Punt muß nahe bei Ägypten gelegen haben; hierauf deuten verschiedene Angaben auf ägyptischen Denkmälern, wie jene bereits zitierte eines Beamten, der zur Zeit der VI. Dynastie lebte und der erwähnt, er sei »elfmal nach Byblos und Punt gereist«.

Die Tatsache, daß Punt »ohne das Zeichen für Fremdland«

44 »Hatschepsut hat ihre militärischen Lorbeeren nicht so hoch eingeschätzt wie ihre Schiffsexpedition nach dem Lande Punt ... Der beträchtliche Raum, den diese Skulpturen einnehmen, die Reichhaltigkeit der Einzelheiten und die ausgesucht schöne Arbeit, alles das zeigt, wie hoch die Königin die Leistung ihrer Schiffe bewertete und wie stolz sie auf die Erfolge war.« Naville, »Deir el Bahari«, Teil III, S. 11.

45 Breasted trug in »Records«, II, Abschnitt 247, die früheren Berichte von Reisen nach dem Lande Punt zusammen: »Aber keine dieser Quellen enthält mehr als die knappste Erwähnung der Tatsache der Expedition.«

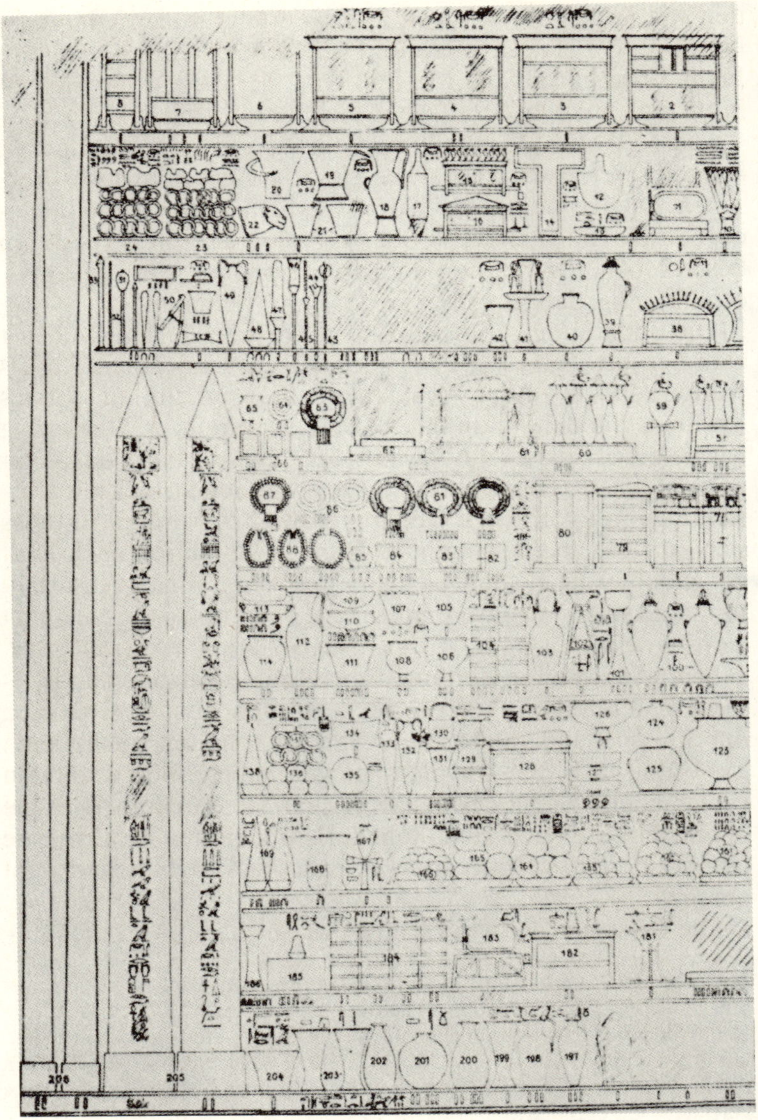

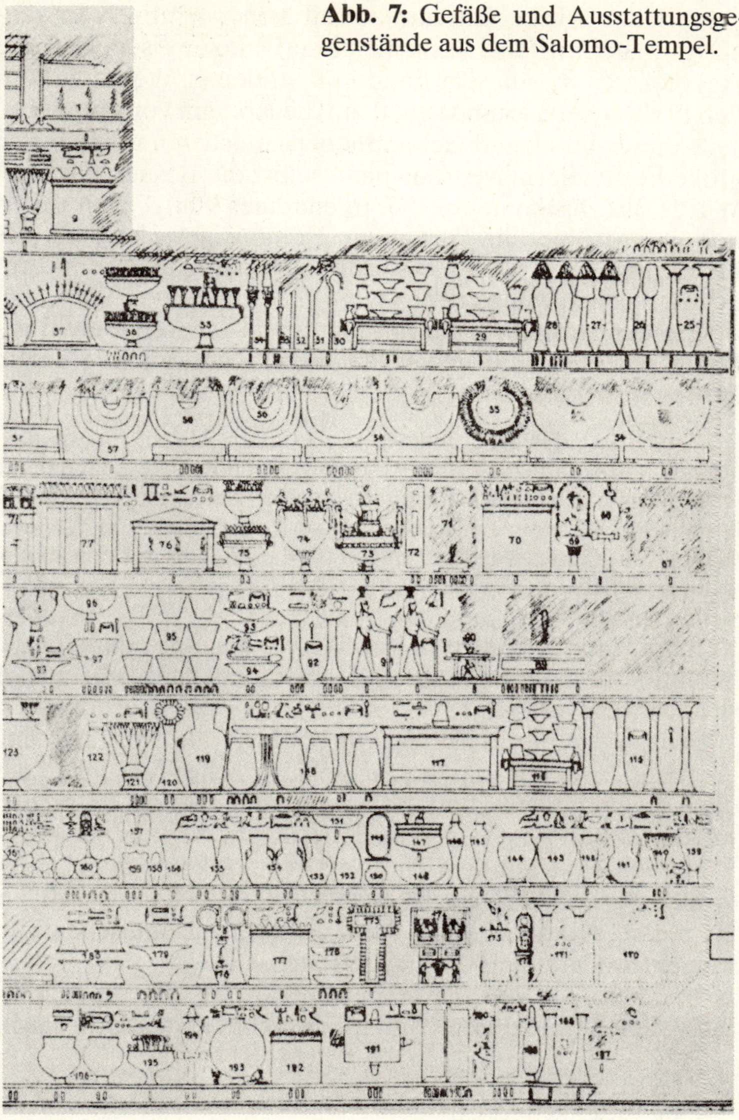

Abb. 7: Gefäße und Ausstattungsgegenstände aus dem Salomo-Tempel.

geschrieben wurde (zusammen mit seiner häufigen Erwähnung in Inschriften), »scheint darauf hinzuweisen, daß die Ägypter sich mit diesem Land in irgendeiner Weise verbunden fühlten«[46]. Warum sollte dann die Königin von einem Besuch dieses Landes so viel Aufhebens machen und ihn durch große Feste feiern, wenn sie nicht selbst die Besucherin war? Würde das Zusammentreffen irgendeines königlichen Boten mit einem Häuptling Paruah ein Ereignis gewesen sein, das die Königin als etwas, »was sich nie zuvor ereignete«, unsterblich zu machen wünschte?

Wie eine fromme Pilgerin, die einem inneren Befehl gehorcht und ihren Stab in die Hand nimmt, unternahm Königin Hatschepsut diese Reise.

> ... ein Befehl wurde gehört vom Großen Thron, ein Orakelspruch des Gottes selbst, daß die Wege nach Punt gesucht und die Straßen zu den Myrrhenterrassen betreten werden sollen:
> »Ich will das Heer zu Wasser und zu Lande leiten, um Wunderdinge aus Gottes Land zu bringen für diesen Gott, für den Schöpfer ihrer Schönheit ...«[47]

Königin Hatschepsut vernahm eine Weissagung oder eine geheimnisvolle Stimme in ihrem Herzen, und sie vermeinte, es sei die ihres Gottes.

Ebenso wie die Punt-Inschrift schildert die Haggada, und ebenfalls Josephus, das starke, gebieterische Verlangen, das die Königin beseelte und das als göttlicher Befehl betrachtet wurde[48].

Für eine Frau auf dem Throne Ägyptens kennt man keinen Präzedenzfall[49]; ebenso ist nichts davon bekannt, daß ein Herrscher Ägyptens schon einmal einem ausländischen Fürsten einen Huldigungsbesuch abstattete.

Mit vollen Segeln durchschnitten die Schiffe Hatschepsuts die

46 Naville, »Deir el Bahari«, Teil III, S. 11.
47 Breasted, »Records«, II. Abschnitt 285.
48 Josephus, »Jewish Antiquities«, VIII, 165 f.
49 Mit der möglichen Ausnahme von Sebek-nefru-Ré am Ende der XII. Dynastie.

Wogen. Die Mannschaft plagte sich an den Rudern. Der Reiseweg führte die königliche Flotte durch die enge Wasserstraße des Golfes von Aelana (Aqaba).

In den Tagen der amalekitischen Vorherrschaft wurde diese Gegend weder von Israeliten noch von Ägyptern aufgesucht. Diese Reise der Königin war daher eine Erkundungsfahrt.

Der Golf von Aqaba ist gefährlich. Wenn der Nordwind auf den Golf zu steht, kann er einen unachtsamen Seefahrer zum Kentern bringen, wenn der Mast in dem entstehenden Wirbelwind zerbricht. Zur Zeit Salomos hatte man diese Gefahr wahrscheinlich noch nicht erkannt.

Das schroffe, meist schneebedeckte Massiv des Sinai türmt sich über der Einfahrt des Golfes auf, das flache Wasser der Einfahrt zwischen Riffen und Koralleninseln, das intensive Blau des Wassers dort, wo der Golf plötzlich tiefer wird, und die roten Hänge des Hochlandes von Edom, purpurn in der Morgendämmerung und scharlachrot im abendlichen Zwielicht, verleihen dieser schweigenden, felsigen Meeresenge einen unheimlichen Charakter.

> Ich habe sie geleitet (die Mannschaft der Expedition) zu Wasser und zu Lande, die Gewässer unzugänglicher Meerengen zu erkunden, und ich habe die Myrrhenterrassen erreicht[50].

Diese Worte »Ich habe sie geleitet zu Wasser und zu Lande« deuten an, daß die Reise nicht an der Küste (Ezeon-Geber) endete; von dort zog die Königin mit ihrem Gefolge über Land weiter. Die Karawane bewegte sich auf Jerusalem zu »mit großer Pracht und glänzendem Aufwand« (Josephus); »die Kamele waren mit Gold, vielerlei Spezereien und Edelsteinen beladen«; dem prächtigen Pilgerzug nach der Stadt der Weisheit wurde von der Königlichen Wache das Geleit gegeben.

Die Königin und ihr Gefolge einschließlich ihres Hofkünstlers waren offensichtlich von den schönen Erscheinungen der

50 Breasted, »Records«, II, Abschnitt 228.

israelitischen Krieger beeindrukt. Wie sahen nun die Israeliten jener Zeit aus?

Es ist für uns nichts Ungewohntes mehr, Abbildungen syrischer Gefangener zu betrachten, die von den ägyptischen Künstlern späterer Könige der XVIII., XIX. und XX. Dynastie in Stein gemeißelt wurden. Die Bärte der Gefangenen sind rund und ungepflegt, nahezu »sokratisch«; wir sehen hilflose Gestalten, zumeist im Augenblick ihrer Hinrichtung dargestellt. Aber hier auf den Puntreliefs sind die Bewohner von Gottes Land voller Würde; sie haben Adlernasen, tiefliegende Augen und ein vorspringendes Kinn, und ihre Bärte gleichen dem des Gottes Ré[51]. Es ist ohne Vorgang und auch später nie wieder vorgekommen, daß Gestalten fremder Krieger, von Ägyptern wiedergegeben, mehr Adel und Vornehmheit aufweisen sollten als die der Ägypter selbst.

Der Eindruck, den die jüdische Wachmannschaft auf die Gäste machte, wird auch in einer Legende über den Besuch der Königin von Saba erwähnt. König Salomo, der in Jerusalem seinen hohen Gast erwartete, sandte ihm einen Zug schöner Jünglinge entgegen. Sie »glichen dem Sonnenaufgang, dem Abendstern und der Lilie«[52], und die Königin war überwältigt.

Die herrliche Gegend von Gottes Land

Der Weg führt nordwärts durch das Wadi el-Arab, läßt das felsige Petra zur Rechten liegen und geht am Toten Meer entlang in einer verödeten Landschaft, wo Lava sich aus dem Erdinnern ergossen hatte und in phantastischen Formen erstarrt war. Im Tal des in Trümmern liegenden Jericho bewässerten reiche Quellen Gärten in der Wüste, und sie grünten und blühten fast das ganze Jahr.

Nach Jerusalem zu steigt die Straße an. Hier waren die Ab-

51 Die Ägypter werden bartlos dargestellt, nur die Götter und Pharaonen tragen Bärte.

52 M. Grünbaum, »Neue Beiträge zur semitischen Sagenkunde« (Leiden 1893), S. 213; Ginzberg, »Legends«, IV, 145.

hänge der Hügel zu Terrassen geformt, wie man sie auch heute noch sieht. Myrrhen, Kassia, Narde, Safran und Zimt, süße Gewürze, duftende Kräuter, Früchte und Wurzelwerk wurden im Tempel von Jerusalem gebraucht, und ein großer Teil davon wurde auf diesen Terrassen angebaut[53]. Mandelbäume wuchsen dort, deren Früchte für den Handel reiften[54], und Aloe, wie sie die Jungfrauen von Juda gebrauchten, um ihre Lagerstatt duftend zu machen[55]. Die Königin, die aus dem Flachland Ägyptens kam, ließ später auf Stein schreiben:

> Puntreliefs: Ich habe die Myrrhenterrassen erreicht. Es ist eine herrliche Gegend von Gottes Land[56].

Sie staunte über das prächtige Bild der blühenden Hügel; aber die schönsten Haine, auf Terrassen angepflanzt, lagen mitten in Jerusalem.

> 2. Chronika 9, 11: Und der König ließ aus den Almugbäumen Terrassen sowohl für das Haus Jahwes als auch für den königlichen Palast anfertigen . . . und niemals war vorher ähnliches im Lande Juda zu sehen gewesen.

»Und freudig empfing sie der König bei ihrer Ankunft und war eifrig bemüht, ihr auf alle Weise zu Gefallen zu sein, besonders dadurch, daß er die geistreichen Fragen, die sie ihm stellte, dank seines scharfen Verstandes mit Leichtigkeit löste.«[57]

Es ist nicht möglich festzustellen, ob sich ein Bildnis Salomos auf den Reliefs im Tempel des »Höchsten Glanzes« befand. Die Ägypter würden es als Beleidigung aufgefaßt haben, ein Bild ihrer Königin in Gesellschaft und als Gast im Hause eines fremden Herrschers zu sehen. Hätte sie selbst sich mit ihrem Gastfreund abbilden lassen?

53 Vgl. den Artikel »Weihrauch« in »Encyclopaedia Biblica«, Bd. II, Spalte 2167, über die wohlriechenden Substanzen, die im Herodianischen Tempel verwendet wurden.
54 Genesis 43, 11.
55 Sprüche 7, 17.
56 Breasted, »Records«, II, Abschnitt 288.
57 Josephus, »Jewish Antiquities«, VIII, 167; entspricht 1. Könige 10, 2–3.

Auf den Basreliefs findet man sie nur im Gespräch mit dem Gotte Amon. Es sind jedoch auf diesem Teil der Wand einige Bilder, die den Aufenthalt in Gottes Land wiedergeben, ausgekratzt worden. »Zwei Drittel der kurzen Wand, auf der die Schilderung vom Lande Punt eingemeißelt war, sind zerstört.«[58] In der unteren Reihe scheinen sich riesige Gestalten befunden zu haben, von denen eine die Königin war, da ein Teil ihrer Kartusche zwischen zwei unkenntlich gemachten Feldern noch erkennbar ist. Wenn es aber ein Text und kein Bildnis war, das ausgelöscht wurde, was war das Besondere an diesem Text, daß er auf Befehl ihres neidvollen Nachfolgers Thutmosis III. beseitigt werden mußte?

Ob nun Einzelheiten vom Besuch der Königin im Palast von Jerusalem ursprünglich auf dem Basrelief abgebildet waren oder nicht, jedenfalls gab die Königin in Theben den starken Eindruck, den sie in Jerusalem gewonnen und dem sie dort Worte verliehen hatte, erneut kund.

Als die Königin den Palast des Königs erblickte »und die Wohnungen seiner Diener, das Auftreten seiner Minister und ihre Gewänder, seine Becherträger und die Art seines Hinaufsteigens zum Hause des Herrn, geriet sie außer sich« (1. Könige 10, 4–5; zitiert nach der King-James-Bibel).

Sie pries die »Größe der Wunder, die sie erlebte«, und schrieb: »Nie geschah Gleiches unter einem der Götter, die zuvor waren von Anfang an« (Puntreliefs)[59]. Sie hatte in Theben vom Lande der Terrassen gehört, aber was sie sah, übertraf alle ihre Erwartungen.

> Puntreliefs: Von Mund zu Mund erfuhr man es durch Hörensagen der Vorfahren . . .

Die Königin wünschte, mit eigenen Augen das Land zu sehen, von dem sie so Wundersames gehört hatte. Sie beschloß, das Land zu betreten und zu erkunden (»Ich habe sie geleitet zu Wasser und zu Lande«); sie erreichte dieses Land (»Ich habe die Myrrhenterrassen erreicht«); und sie fand es herrlich.

58 Naville, »The Temple of Deir el Bahari«, S. 22.
59 Breasted, »Records«, II, Abschnitt 274.

Die Erzählungen vom Göttlichen Land, welche sie zuvor gehört hatte, konnte sie nun mit dem vergleichen, was sie selbst gesehen hatte. Nicht unähnlich sind die Worte der Königin in der Heiligen Schrift:

> 1. Könige 10, 6–7: Und (sie) sagte zum König: Wahrheit ist, was ich über dich und deine Weisheit in meinem Lande gehört habe.
> Ich wollte der Kunde nicht glauben, bis ich jetzt gekommen bin und es mit eigenen Augen schaue und wahrlich! mir ist nicht einmal die Hälfte berichtet; du übertriffst an Weisheit und Vorzügen noch die Kunde,die ich vernommen.

Josephus schrieb:

> (Sie) konnte ihr Erstaunen über das, was sie sah, nicht für sich behalten und zeigte deutlich, wieviel Bewunderung sie empfand, und es drängte sie, sich an den König zu wenden . . . »Wahrlich, alle Dinge, o König«, so sagte sie, »die durch Hörensagen zu unserer Kenntnis kommen, werden mit Zweifel aufgenommen . . . es war aber auf keinen Fall ein falscher Bericht, der uns erreichte.«[60]

Die nachdrückliche Betonung liegt in diesen Zitaten, ähnlich wie in der Punt-Inschrift, auf dem Vergleich zwischen dem, was »durch Hörensagen zu unserer Kenntnis kam«, und dem, was sie mit eigenen Augen sah. Um es durch eigenes Erleben und nicht durch Hörensagen zu erfahren, mußte sie das Göttliche Land aufsuchen, und so unternahm sie die Fahrt zu den Myrrhenterrassen.

Wenn die Herrscherin Ägyptens, des Landes voller Überfluß, mit Bewunderung den Glanz Jerusalems sah, dann mag wohl etwas Wahres an den Worten des Ersten Buches der Könige sein: »König Salomo übertraf alle Könige der Erde an Reichtum.« Das Land schien der Königin die Heimat glücklicher Menschen zu sein: »Glücklich sind deine Frauen, glücklich sind diese deine Diener hier . . . Jahwe, dein Gott, sei gepriesen« (1. Könige 10, 8–9).

Ihrem Gott Amon beschrieb die Königin ihre Eindrücke mit folgenden Worten: »Es ist eine herrliche Gegend von

60 »Jewish Antiquities«, VIII, 170–171.

Gottes Land. Fürwahr, es ist der Ort meines Entzückens ... Ich gewann sie durch Liebe, auf daß sie dich preisen mögen.«

Die Ausdrucksweise über König Salomo, die man der Königin von Saba in den Mund legte, ist nicht unähnlich der, welche die Königin Hatschepsut im Hinblick auf sich selbst gebrauchte: »Weil Jahwe Israel ewiglich liebt, darum hat er dich zum König gemacht« (1. Könige 10, 9); »weil er (Amon) so sehr den König von Ober- und Unterägypten, Hatschepsut, liebt ...«

Die Königin als Gast und der König als Gastgeber tauschten miteinander wertvolle Geschenke aus. »Und sie schenkte dem König 120 Talente Goldes und eine große Menge Spezereien und Edelsteine ...« (2. Chronika 9, 9).

Nach dem Einschub über die Almug(gim)-Bäume, die Salomos Flotte aus Ophir brachte, fährt die Erzählung fort: »Und der König Salomo gab der Königin von Saba alles, was sie begehrte und erbat ...« Was aber erbat die Königin von Saba?

»Das Begehren der Königin von Saba«

Das »Begehren der Königin von Saba« ist auf den Wänden des Tempels des »Höchsten Glanzes« abgebildet. Die Geschenke werden gezeigt bei der Überreichung, beim Verladen für die Heimfahrt, beim Zählen und Wiegen nach der Rückkehr und wie sie Amon geweiht werden. Auf beiden Seiten wurden fürstliche Geschenke ausgetauscht; aber genau so wie König Salomo das Gewicht des erhaltenen Goldes kannte, wußte auch Königin Hatschepsut nach dem Messen und Wiegen das genaue Gewicht der wertvollen Metalle, die sie im Göttlichen Land empfangen hatte. Eine Szene des Reliefs zeigt, wie die Königin selbst die Gegenstände wiegt. Außergewöhnlich war die Menge und Größe der Gaben.

> Puntreliefs: Das Berechnen der Zahlen, das Zusammenzählen in Millionen, Hunderttausenden, Zehntausenden, Tausenden und Hunderten: das Aufnehmen der Wunderdinge von Punt[61].

61 Breasted, »Records«, II, Abschnitt 278.

Sie gab Gold und empfing »grünes Gold aus dem Amulande« (Landungsszene) und »Silber und Gold« (Szene des Wiegens). Silber, im Altertum eine Seltenheit, war im Jerusalem Salomos im Überfluß vorhanden. »Und der König machte das Silber in Jerusalem so häufig wie die Steine« (1. Könige 10, 21); »Silber war in den Tagen Salomos für nichts geachtet« (1. Könige 10, 21). Es klingt wie Übertreibung, daß Silber zum Bauen benutzt wurde, aber Inschriften von Hatschepsuts Beamten erzählen nach Rückkehr von der Expedition von einem »Haus von Silber«, einem »Doppelhaus von Silber« (Inschriften von Senmut[62] und Thutej[63]) und einem »Fußboden aus Gold und Silber gefügt« (Thutej)[64].

Die Königin gab »Edelsteine« (1. Könige 10, 10), und sie empfing »Lapislazuli, Malachit und kostbare Steine jeder Art« (Puntreliefs). Salomo und Hatschepsut wetteiferten miteinander nicht nur mit Geschenken, sondern auch in der Würdigung der Freigebigkeit des anderen. Die Königin schenkte eine Fülle erlesenster Spezereien:

> 2. Chronika 9, 9: . . . nie hat es wieder so viele Spezereien gegeben, als die Königin von Saba dem König Salomo schenkte. 1. Könige 10, 10: . . . soviel Spezereien, wie hier die Königin von Saba König Salomo gab, sind nie wieder ins Land gekommen.

Sie begehrte Myrrhe und erhielt sie, gleichfalls in großen Mengen und von den bevorzugtesten Sorten:

> Puntreliefs: Frische Myrrhe (anti) in großen Mengen, Wunderdinge aus den Ländern von Punt. Nie geschah Gleiches unter einem der Götter, die zuvor waren von Anfang an.

Die »beste Myrrhe« aber wurde nach »Millionen« gezählt und für »unzählig« befunden.

Aber mehr als alle »Wunderdinge« schätzte die Königin einige kostbare Bäume.

62 Breasted, »Records«, II, Abschnitt 352.
63 Ebenda. Abschnitt 375.
64 Ein »Haus von Silber« könnte ein Schatzhaus bedeuten, aber »ein Fußboden aus Gold und Silber gefügt« muß so verstanden werden, als sei er aus diesen Metallen gemacht.

Puntreliefs: Einunddreißig anti-Bäume[65] als Wunderdinge von Punt gebracht. Niemals wurde ihresgleichen gesehen, seit die Welt besteht.

1. Könige 10, 11–12: Die Schiffe Hirams aber, die Gold aus Ophir holten, brachten auch sehr viel Almugbäume und Edelsteine ... Nie wieder sind in solcher Weise Almugbäume ins Land gekommen und gesehen worden bis auf diesen Tag.

Die Bibelübersetzung von Kautzsch lautet Almuggimholz – für azei almuggim (Plural für almug) –, aber dieser Interpretation kann ich mich nicht anschließen. Der hebräische Text spricht von Bäumen und nicht von Holz. In beiden biblischen Erzählungen steht die Geschichte von Hirams Flotte, die die exotischen Almugbäume (Almugbäume der Chronika) aus Ophir mitbrachte, genau zwischen den Versen über die Geschenke, die die Königin von Saba Salomo mitbrachte, und den Worten: »... und König Salomo gab der Königin von Saba alles, was sie begehrte und erbat.« Nun sehen wir, daß diese Einschaltung nicht ohne Grund geschah. Die Bäume wurden von einer weitabgelegenen Insel oder einem fernen Kontinent herbeigeschafft, und ein Teil von ihnen wurde dem königlichen Gast geschenkt. Eines der Bilder zeigt, wie sie übergeben wurden.

Die Worte »Niemals wurde ihresgleichen gesehen, seit die Welt besteht« oder »bis auf diesen Tag« sind in der hebräischen wie in der ägyptischen Quelle die gleichen; die Bäume stellten etwas wahrhaft Aufsehenerregendes dar und wurden genau so bestaunt wie die Pflanzen und anderen »Wunderdinge«, die volle zweieinhalb Jahrtausende später Seeleute mitbrachten, die von der westlichen Hemisphäre zurückkehrten.

Die Königin empfing nicht nur Metalle, Mineralien und Pflanzen; auch lebende Tiere waren unter den königlichen Geschenken. Von den Dienern des Königs wurden ihr Affen gebracht, und die genauen Zeichnungen zeigen, daß sie von einer als Cynocephali (Hundsaffen, Paviane, Anmerkung des Übersetzers) bekannten Art waren.

65 Anti-Bäume wurden von Breasted Myrrhe, von Naville Weihrauch genannt, von Schoff als Boswellia Carteri bestimmt. Lucas, »Ancient Egyptian Materials«, S. 93.

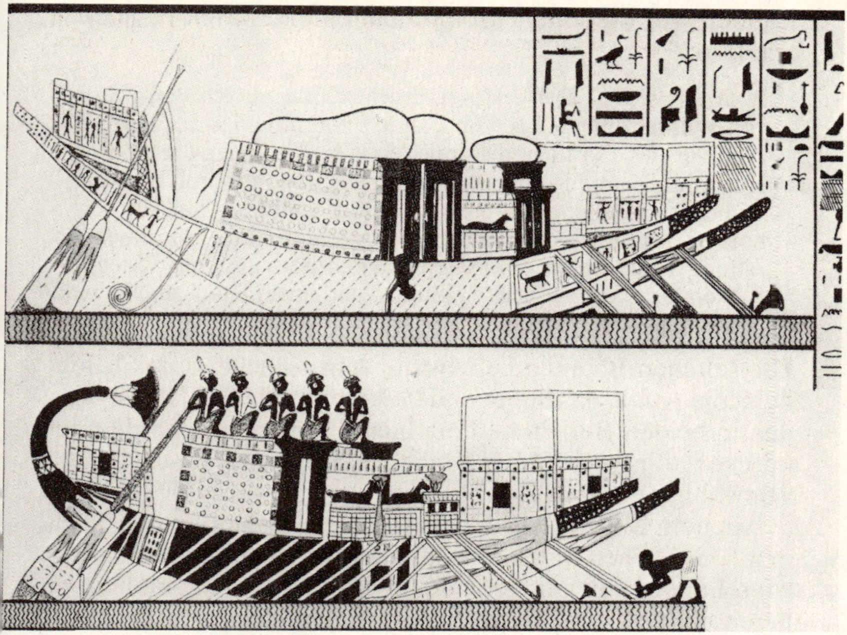

Abb. 8: Transportschiffe im Alten Ägypten. Wandgemälde in einem der Privatgräber des westlichen Theben. Nach Lepsius »Denkmäler aus Ägypten«.
Bildarchiv Preußischer Kulturbesitz.

Im gleichen zehnten Kapitel des Ersten Buches der Könige lesen wir, daß Salomo von der Flotte aus Tharsis Affen mitgebracht wurden.

> 1. Könige 10, 22: Denn der König hatte ein (Tharis-Schiff) auf dem Meer zusammen mit Schiffen Hirams; einmal in drei Jahren kam das (Tharis-Schiff) und brachte Gold und Silber, Elfenbein, Affen und Pfauen.

Die Affen, die die Königin erhielt, wurden von weither gebracht. Die Schiffe aus Tharis brachten außerdem noch Elfenbein mit, und auch dieses fehlte nicht unter den Geschenken, mit denen die Königin überschüttet wurde.

Auf dem Relief steht über den mit Gefäßen voll Myrrhe,

Zähnen von Elefanten, Holz, Bäumen und Affen beladenen Schiffen:

Puntreliefs: Das Beladen der Frachtschiffe mit großen Mengen von Wunderdingen aus dem Lande Punt, mit allen vortrefflichen Hölzern des Göttlichen Landes, mit großen Mengen von anti-Harz, mit Bäumen von grünem anti, mit Ebenholz, mit reinem Elfenbein, mit unverarbeitetem Gold des Landes Amu, mit Zimtholz, Khesitholz, mit Balsam, Harz, Antimon, mit Pavianen, Affen, Windhunden, mit Fellen von Panthern aus dem Süden, mit Bewohnern des (südlichen) Landes und ihren Kindern. Nie wurden einem König solche Dinge dargebracht, seit die Welt besteht.

Die seltenen Bäume, die Myrrhe zum Räuchern, das Elfenbein, die Affen, das Silber und Gold sowie die Edelsteine wurden in beiden Berichten, dem hieroglyphischen und dem biblischen aufgezählt. Aber Königin Hatschepsut erwähnt auch »Bewohner des (südlichen) Landes und ihre Kinder«.

Auf dem Bild, das die Übergabe der Geschenke zeigt, sieht man vier Reihen kniender Männer. Die Beamten des Göttlichen Landes knien in den beiden unteren Reihen, und hinter ihnen nähert sich eine Reihe von Männern mit Geschenken; die knienden Männer der oberen mittleren Reihe werden »Häuptlinge von Iram« genannt und sind den Ägyptern nicht unähnlich; die oberste Reihe stellt die Männer von Nm'yw oder Khenthenofer dar, die ganz anders aussehen – sie sind dunkelhäutig, haben runde Köpfe und dicke Lippen und scheinen selber wie die Tiere und Pflanzen Geschenke zu sein[66].

Da die Hauptstadt des Göttlichen Landes Jerusalem war, wer konnten dann die Vertreter der beiden anderen Völkergruppen sein?

Zwei fremde Länder und Völker werden im Kapitel über die Königin von Saba erwähnt. Das eine ist das benachbarte Volk Hirams, des Königs von Tyrus: ». . . die Schiffe Hirams aber, die Gold aus Ophir holten . . .«, und Ophir ist das andere

66 Nach Ansicht einiger Gelehrter bedeuten die Tribut bringenden Neger, daß außer der Expedition nach Punt noch eine andere, nach der afrikanischen Gegend von Khenthenofer stattgefunden hatte, daß also die Reliefs nebeneinanderstellen, was geographisch weit auseinander liegt.

Land, ein fernab gelegenes, das bei der Aufzählung der Geschenke genannt wird. Es ist durchaus denkbar, daß die Offiziere von Salomos Verbündeten, die die kostbaren Dinge von weither gebracht hatten, an der feierlichen Überreichung teilnehmen würden. Die Häuptlinge von Iram waren demnach die Boten Hirams[67]. Die Männer von Nm'yw oder Khenthenofer waren wahrscheinlich Männer aus Ophir[68].

Waren die Männer aus Ophir nach Palästina gebracht worden? In der Heiligen Schrift wird nicht erwähnt, daß die Flotte Hirams und Salomos aus Ophir Eingeborene mitbrachte. Aber Flavius Josephus schrieb:

> Der König (Salomo) hatte viele Schiffe im Meer von Tarsus, wie es genannt wurde, liegen, denen er auftrug, Waren aller Art zu den binnenländischen Völkern zu bringen, und aus deren Erlös wurden dem König gebracht Silber und Gold, viel Elfenbein und *kussiim* (Neger) und Affen[69].

Es wird angenommen, daß Josephus ein anderes hebräisches Wort aus einer älteren Quelle falsch verstanden und *kussiim* gelesen hätte[70]. Die Darstellung der Expedition nach Punt beweist jedoch, daß Josephus nicht unrecht hat; *kussiim*, die dunkelhäutigen Männer von Ophir, wurden offenbar von den Seeleuten Salomos und Hirams mitgebracht.

67 Hiram war der traditionelle oder häufig wiederkehrende Name der Könige von Tyrus. Siehe Ginzberg, »Legends«, V, 373.

68 Ophir kann Afrika ganz allgemein bedeuten. Verschiedene Theorien verlegen Ophir an die afrikanische Ostküste, nach Arabien, an den Persischen Golf, die Küste Indiens, nach Sri Lanka (Ceylon), Malakka, China, Spanien, den Westindischen Inseln und Peru und auch noch in viele andere Länder. Auf den Westindischen Inseln, Madagaskar und in Australien gibt es keine Affen, in Südamerika und Australien finden sich Papageien (tukhim). Das Vorkommen von Silber in Ophir und die drei Jahre, die für die Hin- und Rückfahrt benötigt wurden, wenn die Fahrt vom Roten Meer aus angetreten wurde, sind wichtige Hinweise. Necho II. sandte eine phönizische Expedition rund um Afrika; sie säten und ernteten unterwegs und brauchten vier Jahre, um den Kontinent zu umschiffen.

69 »Jewish Antiquities«, VIII, 7, 2.

70 Siehe eine Anmerkung von R. Marcus zu seiner Übersetzung von Josephus, »Jewish Antiquities«, VII, 7, 2, die auf die Ansicht von Weill verweist.

Die Reliefs zeigen uns demnach Hebräer und Phönizier des Altertums und mit ihnen vermutlich auch Leute aus Ophir.

Nachdem die Geschenke ausgetauscht waren, gingen schließlich die Tage und Wochen in Jerusalem – eine ununterbrochene Reihe von Festlichkeiten – zu Ende.

Josephus: Und die Königin von Ägypten und Äthiopien ... kehrte in ihr eigenes Land zurück.

Von vier Männern wurde jeder der Bäume in einem Behälter herangebracht und von sechs Männern über die Laufplanke auf das Schiff getragen; die Affen klammerten sich an der Takelage fest; Elefantenzähne und Gefäße füllten die Decks.

Puntreliefs: Du, Volk, siehe! Die Ladung ist sehr schwer.

Die Schiffe kamen in Theben an

Die Inschrift des nächsten Reliefs stellt einfach und klar fest: »Die Schiffe kamen in Theben an.« Theben liegt an den Ufern des Nils. Um es auf dem Wasserweg zu erreichen, müssen die Schiffe, vom Mittelmeer kommend, den Nil stromaufwärts gesegelt sein.

Eine Fahrt von Punt in Südarabien oder Somaliland nach Theben auf dem Seewege würde Ausschiffung bei el-Kosêr und eine Überlandreise von dort nach Theben bedeutet haben. Da in Bild und Wort auf den Reliefs geschildert wird, daß die Flotte in Theben landete, ergab sich für die Kommentatoren ein schweres Dilemma: entweder war dieser Teil des Berichtes aus irgendeinem unbekannten Grunde erfunden, oder es mußte zur Zeit Hatschepsuts einen Verbindungskanal vom Nil zum Roten Meer gegeben haben[71]. Nirgends ist jedoch in der Zeit Hatschepsuts von einem solchen Kanal die Rede. Es ist bekannt, daß viele hundert Jahre nach Hatschepsut ein Wasserweg zur Verbindung des Nils

71 Meyer, »Geschichte des Altertums«, II, 1 (2. Auflage 1928), S. 117.

und des Mittelmeers mit dem Roten Meer durch Pharao Necho II. ausgehoben, aber erst viel später, zur Zeit der persischen Eroberer, vollendet wurde[72].

Wenn jedoch das Göttliche Land als das Gebiet von Jerusalem anerkannt wird, stellt die Ankunft von Schiffen in Theben auf dem Nil kein Problem mehr dar. Offensichtlich lag Hatschepsut daran, beide Seewege nach Palästina kennenzulernen und ihre beiden Flotten, die eine auf dem Mittelmeer und die andere auf dem Roten Meer, zur Schau zu stellen. Von Jerusalem begab sie sich vermutlich zu einem der phönizischen Seehäfen; von der Küste Syriens aus hat der Wasserweg nach Theben keinen künstlichen Kanal mehr nötig.

Terrassen aus Almugbäumen

Die Vollendung der Reise wurde in Theben durch zwei Feste gefeiert, eines im Tempel und eines im Palast. Zwei große Reliefs erinnern an diese Feierlichkeiten; das erste enthält eine formelle Bekanntgabe des Erfolgs der Expedition an Amon, das zweite eine an den königlichen Hof.

> Makere (Hatschepsut) ... die beste Myrrhe liegt auf all ihren Gliedern, ihr Duft ist göttlicher Tau, ihr Duft ist mit Punt vermischt, ihre Haut ist mit Elektron vergoldet und glänzt, wie die Sterne es tun, inmitten der Festhalle vor dem ganzen Lande[73].

Der Erfolg der Expedition nach dem Göttlichen Land war ein persönlicher Triumph für die Königin, den sie nachdrücklich hervorhob. Sie beschloß, ihrem »himmlischen Vater«, dem Gott Amon-Ré, für diesen Erfolg dadurch zu danken, daß sie ihm einen neuen Tempel errichten und Terrassen anlegen wolle, um in diesen Gärten die kostbaren Bäume anzupflanzen, die sie aus Punt mitgebracht hatte.

Der Tempel »Höchster Glanz allen Glanzes«, in dessen

72 Herodot, II, F. H. Weißbach, »Die Keilinschriften der Achämeniden« (Leipzig 1911), S. 105.
73 Breasted, »Records«, II, Abschnitt 274.

Ruinen sich diese Reliefs befinden, wurde gebaut, Terrassen wurden angelegt und die Bäume gepflanzt.

> Ich habe auf meinen Vater gehört . . ., der mir befahl, ihm in seinem Hause ein Punt zu errichten; die Bäume aus Gottes Land neben seinem Tempel in seinem Garten zu pflanzen[74].

Die Terrassen im göttlichen (Gottes) Land hatten die Königin tief beeindruckt.

> 1. Könige 10, 4–5: Und als die Königin von Saba gesehen hatte . . . das Haus, das er gebaut hatte . . . und die Art seines Hinaufsteigens zum Hause des Herrn, geriet sie außer sich.

Dieser Weg stieg von den unteren zu den oberen, mit Almuggimbäumen bepflanzten Terrassen hinauf (2. Chronika 9, 11).

Königin Hatschepsut schrieb auf die Wand ihres Tempels, daß »die Straßen der Myrrhenterrassen« des Göttlichen Landes »betreten« wären, und »ich habe die Myrrhenterrassen erreicht«.

Ähnliche Terrassen wurden gegenüber dem Tempel »Höchster Glanz allen Glanzes« gebaut und mit jenen Bäumen bepflanzt, von denen im Buch der Könige gesagt wird: ». . . es kamen noch nie solche Almugbäume, noch wurden sie bis zum heutigen Tage gesehen« (1. Könige 10, 12).

Und Königin Hatschepsut schrieb: »Niemals wurde ihresgleichen gesehen, seit die Welt besteht.«

Auf dem Relief des Tempels in Dêr-el-Bahari sieht man diese Bäume, und die zugehörige Inschrift lautet: »Bäume wurden ausgehoben in Gottes Land und in den Boden (Ägyptens) eingesetzt.«[75]

Die Ruinen dieses Tempels erschließen uns das Bild, wo und wie diese Terrassen lagen, ansteigenden Gartenflächen gleich. Nicht nur die Gärten wurden nachgeahmt; auch die Tempelanlage in Jerusalem und sogar der Dienst im Tempel dienten als Vorbild.

74 Ebenda, Abschnitt 295.
75 Ebenda, Abschnitt 294.

Der Tempel und der Dienst im Tempel finden Nachahmung

Die Anlage des Tempels »Höchster Glanz allen Glanzes« in Dêr-el-Bahari entsprach nicht dem zeitgenössischen ägyptischen Stil. Frühere Ägyptologen erkannten die auffälligen fremden Elemente dieses Bauwerks, und man gab der Meinung Ausdruck, daß das Vorbild davon sich in Punt befunden hätte[76], während der Expedition hätte man einen andersartigen Baustil kennengelernt, und nach der Rückkehr aus Punt wurde der Tempel in Dêr-el-Bahari erbaut. Die Königin betonte sogar, daß sie ein »Punt« errichtet hätte. Die Wände des Tempels waren mit Reliefs von der Expedition zum Göttlichen Land geschmückt, und der Stil des Tempels selbst war eine Erinnerung an den Einfluß der fremden Bauweise. »Er ist eine Ausnahme und eine Zufallserscheinung in der Welt der Architektur Ägyptens.«[77] Es wurde jedoch ein älterer Tempel ähnlicher Bauart in der Nähe entdeckt; vermutlich zeigt auch dieser phönizischen Einfluß.

Der Tempel von Dêr-el-Bahari wird von vielen als das schönste Bauwerk Ägyptens angesehen; er ist einfach, frei von der überladenen Ausschmückung der Tempel der Ramessiden[78]. Wenn das Göttliche Land die Gegend von Jerusalem ist, dann muß der Tempel von Dêr-el-Bahari gemeinsame Züge mit dem Tempel des Königs Salomo aufgewiesen haben. Wenn auch der Tempel der Königin Hatschepsut

76 »Mariette, über das ungewöhnliche Aussehen des Gebäudes betroffen, vermutete, daß es fremden Einfluß verriete, und nahm an, daß die Königin Hatshopsitu (Hatschepsut) es nach dem Vorbild irgendwelcher Gebäude errichtet hätte, die ihre Offiziere im Lande Punt gesehen hätten.« »Deir el Bahari« (Leipzig 1877), S. 10–11, zitiert von G. Maspero in »The Struggle of the Nations«, S. 241, Anmerkung 2.

77 A. Mariette, »Deir el Bahari«; zitiert von Naville in »The Temple of Deir el Bahari«, Introductory Memoir, S. 1.

78 »Obgleich sie (Hatschepsut) eine Herrscherin war, die Freude am Bauen und der Errichtung solcher Anlagen wie der von Dêr-el-Bahari hatte, die zu den schönsten erhalten gebliebenen ägyptischen Altertümern zu zählen sind, erging sie sich nicht in zweckloser Zurschaustellung gigantischer Bauten wie Ramses II. in dem Bestreben, die Nachwelt zu blenden.« Naville in Davis, »The Tomb of Hatshopsitu«, S. 73.

zum größten Teil in Trümmern liegt, so gibt doch das Stehengebliebene eine gute Vorstellung seines Aufbaus, bevor er verlassen wurde und in Verfall geriet.

In jeder Generation sind Versuche unternommen worden, den Tempel Salomos in Zeichnungen und Modellen zu rekonstruieren, aber die Angaben im Ersten Buch der Könige lieferten nicht genügend Einzelheiten, und alle um die Rekonstruktion Bemühten mußten sich auf ihre eigene Phantasie verlassen.

Der Tempel in Jerusalem war auf Terrassen erbaut, die mit Bäumen bepflanzt waren. Diese Terrassen wurden von einem ansteigenden Pfad durchschnitten. Die Prozessionen der Leviten begannen auf der untersten Terrasse, und sie stiegen singend den Pfad empor. Dies erklärt die Tatsache, warum einige ihrer Psalmen *Shir-ha-maaloth* »Lied des Aufstiegs« hießen[79].

Im Tempel von Jerusalem gab es eine Halle, die dreimal so lang wie breit war, davor befand sich eine Vorhalle, hinter der großen Halle lag das Allerheiligste; das große »Meer« stand höchstwahrscheinlich im Innenhof.

Der Tempel von Dêr-el-Bahari wurde gegen eine mächtige Felswand gebaut; der Tempel von Jerusalem stand auf einer Anhöhe, die in einiger Entfernung im Nordosten, Osten und Süden von einer Hügelkette umgeben war. Dieser Unterschied in der Lage muß die Baumeister dazu veranlaßt haben, ihre Pläne zu ändern[80]. Sklavische Nachahmung würde eine dem Original ähnliche Lage erfordert haben. Aber die Übernahme des Stils und der allgemeinen Merkmale der Anlage ist wahrscheinlich, und dies ist auch in den Worten der Königin, sie »errichte ein Punt« enthalten. Ein Vergleich der Angaben im Buch der Könige mit den Überresten des Tempels des »Höchsten Glanzes« mag vielleicht zu einem besseren Verständnis der Form beider Bauten verhelfen.

Der Tempel »Höchster Glanz allen Glanzes« war ein be-

79 Psalm 120–134: »Stufenlieder«.

80 Siehe H. E. Winlock, »Excavations at Deir el Bahari«, 1911–1931, (New York 1942), S. 134 ff.

rühmtes Heiligtum. Seinen Plan versuchten viele Gelehrte zu rekonstruieren[81]. Dieser Tempel war auf Terrassen erbaut, die mit den Bäumen aus dem Göttlichen Lande bepflanzt waren; die Terrassen lagen auf stufenweise ansteigenden Flächen, und hinauf zum Tempel führte von einer Fläche zur anderen ein ansteigender Pfad. Pfeilerreihen der unteren trugen die Mauern der oberen Terrasse. Den Hof des Tempels umgab ein Säulengang; der Tempel war in ein Vestibül, eine Halle und ein Heiligtum unterteilt. Das Verhältnis der Breite der Halle zu ihrer Länge war annähernd eins zu drei.

Die Stützpfeiler der Terrassen und die um den inneren Hof waren rechteckig. Zusammen mit dem Spiel ihrer Schatten, das sich mit dem Lauf der Sonne veränderte, entstand ein harmonischer und erhabener Eindruck, wie ihn nur gleichmäßig angeordnete, rechtwinklig behauene Steine hervorrufen können.

Es ist eine irreführende Behauptung, daß der Tempel Salomos das armselige Bauwerk eines obskuren asiatischen Häuptlings war, der versucht habe, irgendeinen ägyptischen Tempel zu kopieren[82].

Nicht nur die Architektur der Tempel, sondern auch der Tempeldienst in Ägypten erhielt neue Anregungen. Erst seit der Errichtung des Tempels des »Höchsten Glanzes« in Dêr-el-Bahari verrichteten zwölf Priester mit einem Hohenpriester an der Spitze den Dienst vor dem Altar. Ein Relief auf einem jetzt im Louvre befindlichen Fragment zeigt zwölf Priester in vier Gruppen, je drei in einer Reihe, und eine beschädigte Inschrift über ihren Köpfen lautet: ». . . im Tempel des Amon ›Höchster Glanz allen Glanzes‹, durch den

81 Naville, »Deir el Bahari«, Introductory Memoir.

82 »Salomo . . . wollte Paläste, Gärten und einen Tempel haben, die, wenn auch in bescheidenem Maße, neben den Palästen und Tempeln Ägyptens und Chaldäas bestehen konnten, von denen er so glühende Schilderungen vernommen hatte.« Maspero, »The Struggle of the Nations«, S. 741. »Verglichen mit den prachtvollen Bauwerken Ägyptens und Chaldäas war der Bau Salomos das, als was uns das hebräische Königtum gegenüber dem Imperium der Alten Welt erscheint – ein kleiner Tempel, wie er zu einem kleinen Volk paßt.« Ebenda, S. 747.

Hohenpriester des Amon im ›Höchsten Glanz allen Glanzes‹ . . .«[83]

Das Amt des Hohenpriesters wurde im ägyptischen Tempeldienst erst zur Zeit der Königin Hatschepsut eingeführt[84]. Diese Neuerung im Gottesdienst wurde nach dem Besuch der Königin im Göttlichen Land eingeführt, wo kurz zuvor das Haus des Herrn vollendet worden war.

Im Zusammenhang mit ihrer Proklamation, sie habe »ein Punt« im Garten Amons errichtet, gab die Königin eine neue Verordnung heraus: »Ihr sollt ohne Übertretung nach meinen Anordnungen das erfüllen, was mein Mund gesagt hat«, und dies »um die Gesetze seines (Amons) Hauses festzulegen.«

Der Ursprung der Worte »Pontifex« und »Punt«

Der dunklen Herkunft des Wortes »pontifex«, das Hohepriester bedeutet, können wir hier auf die Spur kommen. Über diese Frage wurde schon vor der Zeit Plutarchs debattiert, und er stellte die Meinungen der Gewährsmänner zusammen, ohne jedoch eine von ihnen befriedigend zu finden. Einer jener alten Gewährsmänner nahm an, »pontifex« sei zusammengesetzt aus den lateinischen Wurzeln *pons, pontis* – »eine Brücke«, und *facio* – »ich mache«. Die philologische Mutmaßung war: Der »pontifex« war ein Mann, der Brükken baute, oder der höchste Beamte, das Oberhaupt des Volkes, der in seiner Person bürgerliche und religiöse Privilegien vereinte. Diese Erklärung ist sichtlich weit hergeholt. Ein anderer Gewährsmann glaubte, daß die ersten Hohen-

83 Breasted, »Records«, II, Anmerkung zu Abschnitt 679. »Die Königin war sich der Ähnlichkeit der Tempelgärten in Dêr-el-Bahari und in Punt durchaus bewußt. Auf die Ausstattung des Tempels und den Tempeldienst fällt einiges Licht durch die Erwähnung seines Hohenpriesters mit zwölf Unterpriestern in vier Gruppen.« Ebenda, Anmerkung zu Abschnitt 291.

84 Ebenda, Abschnitt 388. Nach G. Lefebvre war jedoch das Amt des Hohenpriesters schon von Amosis eingerichtet worden. »Histoire des grands prêtres d'Amon de Karnak« (Paris 1929), S. 69.

priester deshalb so genannt wurden, weil – wie man annahm – Opfer auf einer Brücke dargebracht worden wären (*faciebant in ponte*)[85]. Diese Erklärung klingt noch erzwungener.

Das Wort »pontifex« ist nicht lateinischen Ursprungs. Es ist nicht von *pons* abgeleitet, sondern wahrscheinlich von Punt. Wenn gesagt wird, die Königin Hatschepsut habe, nach dem Besuch in Punt »ein Punt« für den Gott Amon errichtet, so bedeutet dies einen sakralen Ort der Gottesverehrung. Zugleich mit der Errichtung eines »Punt« in Ägypten führte Königin Hatschepsut auch die Institution des Hohenpriesters ein; damit übernahm sie den Dienst im Tempel von Jerusalem, der auf phönizischem Vorbild beruhte.

Salomos Bündnis mit Hiram, dem König der Phönizier, erklärt den starken phönizischen Einfluß auf die Lebensweise in den Königreichen Juda und Israel. In der Heiligen Schrift tritt dieser Einfluß besonders hervor in dem Bericht von der Errichtung des Tempels mit Hilfe Hirams, der Salomo das Baumaterial und den leitenden Handwerksmeister, einen Mann hebräisch-phönizischer Herkunft, zur Verfügung stellte (1. Könige 7, 13–14). Auch die gemeinsame Expedition nach Ophir und die friedliche Übertragung von Grund und Boden aus dem Besitz des einen Königs in den des anderen (1. Könige 9, 11) mögen dazu geführt haben, daß das ganze Palästina zu jener Zeit Phönizien genannt wurde.

Wenn der Name Punt der Ursprung des Wortes »pontifex« ist, was ist dann der Ursprung des Namens Punt?

In der Heiligen Schrift werden die Phönizier die »Männer von Sidon und Tyrus« oder »die Männer Hirams« genannt; der Name Phönizien kommt nicht vor. »Phönizier« war der Name, den griechische und lateinische Schriftsteller seit Homer gebrauchten[86]. Rom führte »Punische Kriege« gegen Karthago, das von Einwanderern aus Tyrus erbaut wurde.

Man glaubt, daß die griechische Erklärung des Wortes

85 Plutarch, »Vitae«, »Numa«, 9. Von Numa sagt man, er habe die Einrichtung des Hohenpriesters oder Pontifex in Rom eingeführt. Vgl. A. Bouché-Leclercq, »Les Pontifes de l'ancienne Rome« (Paris 1871).

86 »Odyssee«, XIII, 272; XIV, 288 ff.

»Phönizier« – »die roten Menschen«[87] – nur eine gelungene Anpassung nach Art der Volksetymologie ist, obgleich Reisen der Phönizier in die westliche Hemisphäre und ihre Berührung mit den Kulturen der Maya und Inka von manchen Gelehrten, die sich mit der Erforschung des vorkolumbischen Amerikas befaßten, in Erwägung gezogen wurden. Die andere griechische Erklärung des Wortes »Phönizien«, als »das Land der Palmen« wird allgemein abgelehnt[88].

Pontus, der Vater Sidons, war ein legendärer Vorfahr der Phönizier[89], und ihr Name könnte von ihm oder der Name des mythologischen Vorfahren vom Namen des Landes abgeleitet worden sein.

Wenn Punt ursprünglich das Wort für phönizische Tempel war, dann könnte es vom hebräischen Wort *panot* abgeleitet sein, und in diesem Fall hätten die Phönizier ihren Namen nach den Häusern der Gottesverehrung erhalten, die sie erbauten[90].

Schon vor der Eroberung durch Josua wurde das Land von Jerusalem in ägyptischen Inschriften Göttliches Land, Gottes Land (*Toneter*) genannt. War Jerusalem ein heiliger Ort, bevor David es eroberte, ja sogar vor der Ankunft der Israeliten unter Josua?

In der Bibel gibt es eine Anspielung auf die Heiligkeit Jerusalems in frühen Zeiten und auf ein dort befindliches Heilig-

87 V. Bérard, »Le nom des Phéniciens«, »Revue de l'histoire des religions«, 93 (1926), 187 ff.; G. Contenau, »La Civilisation phénicienne« (Paris 1926), S. 356; »Syria, Revue d'art oriental et d'archéologie«, VIII (1927), 183; Bonfante, »The Name of the Phoenicians«, »Classical Philology«, XXXVI (1941), 1–20.

88 K. Sethe in »Mitteilungen, Vorderasiatisch-Ägyptische Gesellschaft«, XXI (1917), 305.

89 Eusebius, »Preparation for the Gospel«, I, 10, 27.

90 *Panot* im Hebräischen bedeutet sich jemand zukehren, zu etwas geneigt sein, sich an jemand wenden, sich wenden nach etwas. Es wird unzählige Male in Verbindung mit Gottesverehrung gebraucht. Vgl. Maimonides, Kapitel »Über Homonyme in der Bibel« in »Guide for the Perplexed« (»Führer für die Unschlüssigen«). Aus derselben Wurzel stammt »Gegenwart« (des Herrn), eine Vorstellung, die man bei den Phöniziern Karthagos fand. Vgl. W. F. Albright, »From the Stone Age to Christianity« (Baltimore 1940), S. 228.

tum. Als der Patriarch Abraham von der Verfolgung der Könige des Nordens zurückkehrte, die seinen Verwandten Lot gefangengenommen hatten, »brachte Melchisedek, der König von Salem (Jerusalem), Brot und Wein dar; und er war der Priester des höchsten Gottes« (Genesis 14, 18).

Der Name Göttliches (oder Heiliges) Land, der in Inschriften des Alten und Mittleren Reiches dem Gebiet um Jerusalem gegeben wird, wirft ein Licht auf die religiöse Bedeutung Jerusalems und Palästinas überhaupt in der Zeit vor David und sogar auf die davorliegende Zeit, als die Israeliten noch ein Wandervolk waren. Seither, und bis auf den heutigen Tag, sind sie »Die Heilige Stadt« und »Das Heilige Land« genannt worden.

Make-da und Make-ra

Die Rivalität zwischen der arabischen und der äthiopischen Überlieferung um die Herkunft der Königin von Saba kann gegen den arabischen Anspruch zugunsten des äthiopischen entschieden werden, jedoch nur insoweit, als sie die »Königin von Ägypten und Äthiopien« war, wie die richtige Bezeichnung durch Josephus lautet; das bedeutet aber noch nicht eine Anerkennung der genealogischen Ansprüche, die in der äthiopischen Überlieferung mitenthalten sind.

Mohammed, der den arabischen Ansprüchen beipflichtete, war offensichtlich im Unrecht. Er legte Salomo folgende Worte in den Mund: »Ich habe erreicht, was ihr nicht erreicht habt; denn ich bringe euch von Seba (Saba) eine sichere Nachricht: wahrlich, ich fand eine Frau über sie herrschend, und ihr waren alle Dinge gegeben, und sie hatte einen mächtigen Thron, und ich fand, daß sie und ihr Volk statt Gott die Sonne anbeteten.«[91] Das Land Saba (hebräisch Shwa) hat wegen der Namensähnlichkeit diejenigen, die über die Königin von Saba schrieben, in Verwirrung gebracht, noch bevor Mohammed den letzten Satz der zitierten Sure aus der hebräischen Hag-

91 Koran, Sure XXVII. Nach der englischen Übersetzung von Palmer.

gada entlehnte, den er wahrscheinlich von den jüdischen Lehrern in Medina gehört hatte.

Die Äthiopier begnügten sich nicht damit, ein Anrecht, die Königin des Südens sei ihre Königin, geltend zu machen, sondern sie bestanden auch darauf, daß ein Kind aus ihrer Verbindung mit Salomo hervorgegangen und dieser Sohn Menelik sei, der unmittelbare Stammvater der Dynastien abessinischer Monarchen, einschließlich des späteren Königshauses. Da ihr legendärer Vorfahre, der Sohn Salomos und der Königin des Südens, vom Geschlecht Davids war, wird er als verwandt mit Jesus angesehen, der seine Abstammung durch Joseph, den Zimmermann von Nazareth, ebenfalls auf David zurückführte[92]. In ihrer Verehrung der Königin des Südens, die von ihrem Besuch mit einem königlichen Kind unter dem Herzen zurückkehrte, schätzten die Äthiopier die folgenden Worte der Evangelisten höher als jede andere Stelle: »Und er antwortete und sprach zu ihnen ... Die böse und ehebrecherische Art sucht ein Zeichen ... Die Königin von Mittag wird auftreten am Jüngsten Gericht mit diesem Geschlecht und wird es verdammen; denn sie kam vom Ende der Erde, Salomos Weisheit zu hören, und siehe, hier ist mehr denn Salomo«[93].

Die abessinische Überlieferung ist im »Kebra Nagast« oder im »Buch von der Herrlichkeit der Könige« aufgezeichnet[94].

92 »Sie zweifelten nie daran, daß Salomo der Vater des Sohnes der Königin von Saba war. Daraus folgte als Selbstverständlichkeit, daß männliche Nachkommen dieses Sohnes die rechtmäßigen Könige Abessiniens waren, und da Salomo ein Vorfahre Christi war, waren sie Verwandte unseres Herrn, und sie erhoben Anspruch darauf, durch göttliches Recht zu regieren.« Budge, »Kebra Nagast«, S. X.

93 Matthäus 12, 42; Lukas 11, 31.

94 »Das ›Kebra Nagast‹ ist eine große Schatzkammer von Legenden und Überlieferungen, manche von ihnen von historischem und manche von rein volkstümlichem Charakter, dem Alten Testament und späteren rabbinischen Schriften entnommen und ebenso ägyptischen (sowohl heidnischen als auch christlichen), arabischen und äthiopischen Quellen. Von der frühen Entstehungsgeschichte dieser Sammlung und dem, der sie zusammentrug sowie von ihren späteren Herausgebern wissen wir nichts; die hauptsächlichsten Grundlagen ihrer frühesten Form bildeten die Überlieferungen, die in Syrien, Palästina und Arabien sowie Ägypten während der ersten vier nachchristlichen

Die vorhandene Fassung in äthiopischer Sprache ist die Übersetzung eines arabischen Textes, der seinerseits aus dem Koptischen übersetzt wurde. Sie enthält Zitate aus den Evangelien und ist demnach ein Erzeugnis jener Zeit, als das Christentum schon den Weg zum afrikanischen Kontinent in einem früheren Jahrhundert unserer Zeitrechnung gefunden hatte. In kräftigen Farben und mit bildhaftem Vorstellungsvermögen erzählt das »Kebra Nagast« von der Brautnacht Salomos und der Königin aus dem Süden; unter den Geschenken, die er ihr gab, befand sich auch »ein Schiff, mit dem man übers Meer, und eines, in dem man durch die Lüfte reisen konnte«.

Als die Königin in ihr Land zurückkehrte, »brachten ihre Beamten, die daheim geblieben waren, ihrer Herrin Geschenke und verneigten sich vor ihr und huldigten ihr, und alle Grenzen des Landes freuten sich über ihr Kommen . . . Und sie regelte alles in ihrem Königreich wohl, und niemand mißachtete ihren Befehl; denn sie liebte die Weisheit, und Gott stärkte ihr Königreich.« Dieses Zitat aus dem »Kebra Nagast« ähnelt der Erzählung von dem Fest, das Königin Hatschepsut nach ihrer Rückkunft von der Fahrt für die Beamten und das ganze freudig bewegte Land veranstaltete; das gleiche gilt für die Worte »sie regelte alles in ihrem Königreich wohl« und »sie liebte die Weisheit«. Doch ist hieran nichts so Ungewöhnliches, daß es zu dem Schluß führen müßte, die äthiopische Überlieferung wisse mehr von der Königin aus dem Süden, als die Bibel erzählt. Selbst die Liebesgeschichte könnte aus einer jüdischen Quelle entliehen sein[95], die in einer einzigen Zeile sagt, daß der König dem Begehren des königlichen Gastes entsprochen habe. In der jüdischen Überlieferung findet sich nichts über ein Kind, das aus dieser Verbindung hervorgegangen sei[96].

Es würde natürlich den Anspruch der äthiopischen Tradi-

Jahrhunderte verbreitet waren.« »Kebra Nagast«, übersetzt von Budge, S. XV–XVI.

95 »2. Alphabet von Ben Sira«, 21 b; Ginzberg, »Legends«, VI, 289.

96 Das »2. Alphabet von Ben Sira«, 21 b, behauptet ebenfalls, daß Salomo die Königin von Saba geheiratet habe.

tion auf Echtheit verstärken, wenn sie Tatsachen enthüllen würde, die nicht in der Bibel enthalten sind, die aber mit Hilfe unseres Wissens über die Königin Hatschepsut nachgeprüft werden könnten und die mehr sind als nur ein zufälliges Zusammentreffen. Selbst in diesem Fall würde es nicht zwangsläufig bedeuten, daß – nach den Worten im »Kebra Nagast« – »Salomo seinen Willen mit ihr hatte« und ein Kind aus dieser Verbindung in Aksum, »dem Neuen Jerusalem«, auf den Thron kam; es würde aber zeigen, daß die äthiopische Legende über den Besuch der Königin des Südens in Jerusalem nicht ganz und gar ein phantasievoller Zusatz zu der Erzählung der Bibel ist.

In der äthiopischen Legende gibt es eine Einzelheit, die nur durch einen ungewöhnlichen Zufall auf Erfindung beruhen könnte. Die Äthiopier nennen die Königin des Südens Makeda. Der Thronname Hatschepsuts, der durchweg in den Puntreliefs verwendet wird, lautet Make-ra. »Ra« ist der göttliche Name eines Gottes[97]. Der Hauptteil des Namens der ägyptischen Königin ist identisch mit den ersten zwei Silben im Namen der Königin des Südens. Er blieb uns in der äthiopischen Überlieferung erhalten und kam nicht aus der Heiligen Schrift.

Man kann sich einbilden, daß, wenn der Name nicht durch ununterbrochene Überlieferung weitergereicht wurde, er durch einen Kopten ans Licht gekommen sein könnte, der in frühchristlicher Zeit in Ägypten gelebt und die Punttexte in Dêr-el-Bahari gesehen hatte und imstande gewesen sein mochte, sie zu lesen, so daß er auf diese Weise schon vor dem Verfasser dieses Buches Hatschepsut mit der Königin von Saba identifiziert haben konnte. Für solch einen hypothetischen Kopten könnte es auch einen chronologischen Grund gegeben haben, Hatschepsut mit der Königin des Südens zu identifizieren, oder er könnte eine Legende gehört haben, daß die Reliefs von Dêr-el-Bahari eine Reise nach Jerusalem schilderten. Die gleiche Theorie könnte auf Josephus ange-

97 Ebenso könnte »Da« der göttliche Name Adad oder Ada sein, der ein Bestandteil verschiedener biblischer Namen ist.

wendet werden, der aufgrund der Darstellungen der Reliefs in Dêr-el-Bahari von der »Königin von Ägypten und Äthiopien« geschrieben und die *kussiim* (Negroiden) deshalb erwähnt haben mochte, weil sie eben zu sehen waren. Dies ist eine gezwungene Auslegung (Josephus war niemals in Ägypten); anderseits müssen die Josephus bekannten historischen Tatsachen, soweit sie nicht durch die Bibel bewahrt blieben, auf irgendeine Weise die tausend Jahre überdauert haben, die Josephus von Salomo trennen.

Thutmosis I., der Vater Hatschepsuts, eroberte den nördlichen, als Nubien bekannten Teil Äthiopiens. Es ist von Bedeutung, daß in ägyptischen Dokumenten der Vizekönig von Äthiopien (Nubien) »Königssohn« genannt wird, was – wie man annimmt – nur ein Titel war, ohne daß eine Blutsverwandtschaft mit dem ägyptischen König darin inbegriffen war[98]. Der Name des »Königssohns« zur Zeit Hatschepsuts blieb nicht erhalten; in den Tagen ihres Nachfolgers Thutmosis III. trug der Vizekönig von Äthiopien den Namen Nehi.

Über ein anderes Ereignis in der äthiopischen Legende – die Beraubung des Tempels in Jerusalem – wird im nächsten Kapitel berichtet. Der wirkliche Nachfolger Hatschepsuts auf dem ägyptischen Thron war der Pharao, welcher den Tempel plünderte, eine Tat, die man dem vermeintlichen Sohn Salomos und der Königin des Südens zuschrieb.

Wir haben uns bei der Untersuchung der abessinischen Legende für kurze Zeit von den historischen Unterlagen abgewandt und möchten jetzt auch einen Blick auf eine oder zwei hebräische Lgenden von der Königin von Saba werfen. Durch unsere Kenntnis von der historischen Persönlichkeit wird unser Interesse wachgerufen, was wohl die Volksphantasie anregte und wie sie arbeitete. Wir hörten bereits von dem göttlichen Befehl, den Königin Hatschepsut vernahm und der sie zwang, ihre Expedition in das Göttliche Land zu unternehmen. In der Krönungsszene und anderen Szenen der Reliefs ist Königin Hatschepsut vor dem falkenköpfigen Gott Horus

98 G. A. Reisner, »The Victory of Ethiopia«, »Journal of Egyptian Archaeology«, VI (1920), 31.

dargestellt, eine Schlange für Unterägypten und ein Geier für Oberägypten werden ihr oft als königliche Embleme beigegeben[99].

Eine seltsame Legende der Haggada erzählt[100], daß die Königin von Saba, als sie sich eines Morgens auf dem Wege befand, dem Sonnengott ihre Huldigung zu erweisen, eine Botschaft von einem Vogel erhielt, mit der Aufforderung, Salomo in Jerusalem zu besuchen.

In den Inschriften wird Hatschepsut »König« genannt; das für sie gebrauchte Fürwort ist manchmal »sie« und manchmal »er«; ihr Gewand auf den Bildern ist das eines Königs. Sie wird die Tochter Amons genannt, aber auf der Darstellung von ihrer Geburt formt Chnum, der Bildner der Menschen, einen Knaben. Es war ungewöhnlich und widersprach den politischen und religiösen Vorstellungen der Ägypter, eine Frau als Herrscherin auf dem Thron zu wissen; daher verkleidete sie sich und legte sich die Attribute eines Mannes zu. Auf vielen ihrer Statuen und Reliefs sieht man sie mit einem Bart. Es ist eine wohlbekannte Legende, daß Salomo bei der ersten Begegnung mit der Königin von Saba zu ihr über das Haar auf ihrer Haut sagte (ihre Beine zeichneten sich in einem Spiegelboden ab): »Dein Haar ist männlich; Haar ziert einen Mann, es entstellt aber eine Frau.«[101]

Im 3. Jahrhundert unserer Zeitrechnung behauptete Rabbi Jonathan, ein König und nicht eine Königin von Saba habe Salomo besucht. In der ersten Hälfte des 19. Jahrhunderts zeichneten und beschrieben Ägyptologen Hatschepsut als einen König, irregeführt durch einige ihrer Statuen und das männliche Fürwort, das sie auf sich selbst anwendete.

Wäre es denkbar, daß wenige Jahrhunderte nach Hatschepsut die Bilder von Dêr-el-Bahari, von Besuchern Ägyptens gesehen, diese beiden seltsamen Legenden entstehen lassen konnten?

99 Naville, »Deir el Bahari«, Teil II, Tafel 35, 38, 39. Ebenda, Teil III, Tafel 58f.

100 Ginzberg, »Legends«, IV, 143.

101 Ebenda, IV, 145.

Hat Hatschepsut das Land der Königin von Saba besucht?

Die Königin von Saba, die König Salomo aufsuchte, lebte im 10. Jahrhundert vor unserer Zeitrechnung. Es ist nicht bekannt, woher sie kam – ob vom Lande Saba oder aus Äthiopien. Im 16. Jahrhundert v. Chr. unternahm Königin Hatschepsut eine Expedition nach dem Göttlichen Land und Punt. Es ist unbekannt, wo Punt lag; es wird aber vermutet, daß es entweder im Lande Saba oder an der Somaliküste Äthiopiens war. Demnach könnte Königin Hatschepsut das Land der Königin von Saba besucht haben, sechshundert Jahre, bevor diese Königin ihre Reise nach Jerusalem unternahm.

Da die »Wunderdinge«, die Hatschepsut aus Punt mitbrachte, jenen »Wunderdingen«, die Salomo und Hiram aus Ophir brachten, nicht unähnlich sind, hatten einige Autoren den Mut, Punt und Ophir zu identifizieren, obgleich die ungefähre Lage Ophirs noch keineswegs feststand. Nach ihrer Theorie unternahm der phönizische König Hiram eine Entdeckungsreise nach Punt, das Hatschepsut Jahrhunderte früher aufgesucht hatte[102].

Die hier vorgelegte Rekonstruktion der Geschichtsschreibung verringert das Alter des Neuen Reichs in Ägypten um nahezu sechs Jahrhunderte, setzt Königin Hatschepsut in das 10. statt in das 16. Jahrhundert und macht sie zu einer Zeitgenossin Salomos. Deshalb habe ich daraus gefolgert: Es heißt von Salomo, daß sein Ruhm bis zu den fernsten Ländern drang und alle Könige ihn zu sehen begehrten; das gleiche wird von Königin Hatschepsut erzählt. Wenn sie nun Zeitgenossen waren, dann ist es doch seltsam, wenn sie nicht miteinander in Berührung gekommen sein sollten.

Um den Beweis zu erbringen, daß die Königin von Saba und Königin Hatschepsut ein und dieselbe Person waren, hatte ich aufzuzeigen, daß die Königin von Saba aus Ägypten kam und das Königin Hatschepsut Palästina besuchte. Was

102 Maspero, »The Struggle of the Nations«, S. 742. Siehe auch Karl Peters, »Das goldene Ophir Salomos« (München 1895).

die erstere betrifft, so gibt es eine bestimmte Angabe von Josephus, daß die Königin aus Ägypten kam. Diese Angabe wurde ungebührlich vernachlässigt. Zum Glück besitzen wir auch in Bildern ein Tagebuch Königin Hatschepsuts, das uns den Bericht von einer Expedition nach einem fremden Land liefert. Daß sie selbst an der Expedition teilnahm, ist leicht zu beweisen durch ausdrückliche Erklärungen, in welchen sie sich als Leiterin der Expedition bezeichnet.

Ich hatte ebenso zu beweisen, daß Punt und das Göttliche Land Phönizien und Palästina sind. Die wiederholten Erwähnungen, daß Punt ein Land östlich Ägyptens sei, schließen Somaliland aus. Die Rückkehr der Expeditionsschiffe in den Nilhafen von Theben schließt Südarabien und Somaliland aus und verlegt Punt an die Küste des Mittelmeers.

Sodann verglich ich den biblischen Bericht über den Besuch der Königin von Saba mit dem ägyptischen Bericht über die Expedition zum Göttlichen Land und fand vollkommene Übereinstimmung. Die Reise der »bemerkenswerten Frau, die Ägypten regierte«, die »mit großem Gefolge« in das »Göttliche Land« kam; ihr »Erstaunen über das, was sie sah«, und was das »Hörensagen« übertraf; »die Terrassen aus Bäumen«, über die sie sich wunderte, die Geschenke, die sie austauschte, darunter die Wunderdinge, die Hiram aus Ophir gebracht hatte, die Affen und die anderen Tiere, Silber – selten bis zu dieser Zeit –, Ebenholz, Elfenbein und Edelsteine, Weihrauch und Myrrhe, »unzählige« und »nie zuvor gesehene« Bäume – all dies findet sich gleicherweise in der biblischen Version jener Reise, in der Erzählung des Josephus sowie in den Inschriften und auf den Darstellungen an den Wänden des Tempels, den die Königin nach ihrer Rückkehr nach Theben erbaute. Dieser Tempel beeindruckte die Gelehrten durch seine fremdartige Architektur und die Königin selber betonte, er sei eine Nachahmung dessen, was sie in Punt gesehen hatte. Im Gottesdienst wurden neue Formen eingeführt, es amtierten nun zwölf Priester und ein Hohepriester.

Aus der vollkommenen Übereinstimmung der Einzelheiten der Reise und der Begleitumstände geht deutlich hervor, daß die Königin (von) Saba und Hatschepsut ein und dieselbe Person waren[103]. Punt war Palästina-Phönizien, und das Göttliche oder Heilige Land das Heilige Land von Jerusalem. Das Volk »kaukasischer« oder »nordsemitischer« Rasse waren die Juden. Der Häuptling Paruah, den Hatschepsuts Expedition im Hafen antraf, war Salomos Statthalter in Ezeon-Geber. Die Affen und die anderen exotischen Tiere, die den Historikern die Schlußfolgerung nahelegten, Punt läge in Afrika, wurden tatsächlich auf den Schiffen von Salomo und Hiram nach Jerusalem gebracht. Ebenso wurden die exotischen Pflanzen von weither geholt.

Zu erklären bleibt noch die Herkunft einer Pflanze, die von Punt exportiert wurde. Lange vor der Expedition der Königin Hatschepsut und noch einige Zeit danach werden wiederholt in ägyptischen Dokumenten Punt und das Göttliche Land als Gegenden erwähnt, die Weihrauch erzeugten. Des Weihrauchs wegen wurde Punt nach Südarabien verlegt. Den Beweis, daß Weihrauch in Palästina wuchs, überlasse ich dem nächsten Kapitel.

103 Shwa (das hebräische Wort für Saba) könnte der letzte Teil des Namens Hatschepsut sein. R. Engelbach, »The Problem of the Obelisks« (London 1923), schreibt ihren Namen Hatshepsowet. Das *t* am Ende des Namens wurde nicht ausgesprochen. Naville (»Deir el Bahari«) schreibt ihn Hatshepsu. Es war üblich, die ägyptischen Namen abzukürzen: so wurde Amenhotep (Amenophis) zu Hui verkürzt.

Kapitel 4

Der Tempel in Jerusalem

Thutmosis III. bereitet den Zerfall des Königreichs Salomos vor

Während der letzten Zeit ihrer Regierung machte Königin Hatschepsut Thutmosis III. zum Mitherrscher auf dem Thron. Zuerst spielte er eine untergeordnete Rolle: sein Name wurde nach dem ihren genannt; auf Bildern wurde seine Figur hinter der ihren wiedergegeben. Die Basreliefs der Puntexpedition zeigen den jungen Fürsten als kleine Gestalt im Hintergrund, wie er der Barke des Amon-Ré ein Weihrauchopfer darbringt. Später, als er allein regierte, wurde Thutmosis III. der größte all der Eroberer, die den Thron des Neuen Reichs in Ägypten innehatten.

Seine militärischen Unternehmungen waren gegen Palästina und Syrien gerichtet. Er unterjochte diese Länder; einige der Städte wurden mit Gewalt genommen, andere unterwarfen sich, öffneten ihm ihre Tore und wurden tributpflichtig.

Die Berichte von seinen militärischen Erfolgen, in Hieroglyphen auf den Wänden des großen Amontempels in Karnak eingemeißelt, erzählen von seinen Feldzügen in Palästina und Syrien. Eine Liste von einhundertundneunzehn Städten in Palästina findet sich dreimal auf den Wänden dieses Tempels verzeichnet. Jede Stadt ist durch einen Mann dargestellt, dessen Arme im Rücken gefesselt sind. Ein Schild mit dem Namen der Stadt, die er symbolisch vertritt, bedeckt den Körper des Mannes. Eine andere Liste, unvollständig und nur einmal vorhanden, zeigt nahezu dreihundert eroberte syrische Städte, ebenfalls als geknebelte Männer mit einem Schild auf der Brust.

Ein Relief in Karnak zeigt die Schätze an Gold, Silber, Bronze und Edelsteinen, die Thutmosis III. als Beute von einem seiner Feldzüge mitbrachte; eine Reihe anderer Reliefs gibt eine Vorstellung von der Flora und Fauna, die er von Palästina nach Ägypten überführte. Es wird einmütig angenommen, daß diese Feldzüge nach Kanaan unternommen wurden, das von den israelitischen Stämmen noch nichts vernommen hattte. Die in der Städteliste genannten Orte werden als Niederlassungen der Kanaanäer betrachtet; die bei diesem Eroberungszug gemachte Beute enthält Beispiele einer Kunst, die in Kanaan lange in Blüte stand, bevor die Israeliten unter der Führung von Josua ins Land kamen. Ihr Exodus und ihre Besitzergreifung Kanaans lagen noch in ferner Zukunft, als Thutmosis III. Kanaan und Syrien eroberte. Vereinzelt wird auch gesagt, daß die Israeliten, selbst wenn sie schon zu seiner Zeit in einem Stammesverband zusammengeschlossen waren, doch noch unbekannte Nomaden in den Hochländern zwischen Euphrat und Nil gewesen wären.

Thutmosis III., der Eroberer Palästinas, war der Erbe Hatschepsuts. Nach dem hier vorgeschlagenen chronologischen System regierte er in den letzten Jahren Salomos und zur Zeit seines Sohnes und Nachfolgers Rehabeam. Wenn die in diesem Buch unternommene Rekonstruktion der Geschichte richtig ist, muß Thutmosis' III. Siegeszug durch Palästina in den Jahren unmittelbar nach der Regierung Salomos stattgefunden haben, und ein Bericht darüber sollte eigentlich im Alten Testament bewahrt worden sein. Der Eroberungszug Thutmosis' III. war ein triumphales Dahinstürmen durch Palästina, und die Chroniken Judas und Israels können ihn unmöglich übergangen haben; es müßte unbedingt einen in die Augen fallenden Bericht darüber geben.

Meine Rekonstruktion wird wieder einmal auf die Probe gestellt. Das Fehlen eines biblischen Berichts von der Eroberung Palästinas durch ein ägyptisches Heer unter der persönlichen Führung eines Pharaos in den Jahren, die der Regierungszeit Salomos folgten, müßte als unwiderleglicher Gegenbeweis zu gelten haben.

Dieser Bericht blieb jedoch im Alten Testament erhalten und stimmt vollkommen mit den Karnak-Inschriften überein.

Aus den Trümmern des amalekitischen Reiches erhoben sich zwei Monarchien: Israel und Ägypten. Israel, als Besieger

Amaleks, fiel ein großer Anteil zu, der sich vom Euphrat bis nach Ägypten erstreckte und die Königreiche Syrien, Kanaan und Edom bis tief in die arabische Halbinsel hinein umfaßte. Nach Israel kamen Tribute aus Norden, Osten und Süden, und sein Land beherrschte den Handel zwischen Asien und Afrika sowie die Endpunkte der beiden großen Seewege, des Mittelländischen und des Roten Meeres.

Ägypten, das ehemalige Haus der Knechtschaft, wurde durch die Israeliten unter Saul von der Tyrannei der Hyksos befreit. Aber Ägypten vergalt Gutes mit Bösem. Die Erzählungen vom Glanz des durch Eroberung und Handel reich gewordenen Jerusalem erweckten in Hatschepsut den Wunsch, seinen Reichtum mit eigenen Augen zu sehen. Thutmosis III. nahm als junger Prinz entweder selbst teil an dieser Expedition nach dem »Gottes Land«, oder er erfuhr durch Hatschepsut von »dem üppigen Land der Freude« und sah die Geschenke, die als Wunderdinge bezeichnet wurden. Die Reliefs der Puntexpedition waren wohl dazu angetan, dieses Wissen in ihm wachzuhalten. Voller Neid blickte sein Auge auf jenes Land und den dort angehäuften Reichtum.

Salomo, dessen Name ein Synonym für einen weisen, ja selbst den weisesten Mann ist, müssen die schwersten politischen Irrtümer zur Last gelegt werden. Am Ende seiner Regierungszeit wurde der Erbauer des Tempels in Jerusalem zu einem Anhänger fremder Götter, der diesen »Höhen« errichtete. Es heißt, daß er auf den Hügeln rings um Jerusalem den fremden Gottheiten Heiligtümer baute, der ausländischen Frauen wegen, die er liebte: »... da wandten seine Frauen sein Herz anderen Göttern zu« (1. Könige 11, 4).

Salomo beabsichtigte, durch seine Heiraten mit der Tochter des Pharaos und den »Weibern der Moabiter, Ammoniter, Edomiter, Sidonier und Hethiter« aus Jerusalem eine Weltstadt zu machen. Indem er ausländischen Göttern Altäre errichtete, glaubte er, Jerusalem als Heimstatt der Gottheiten fremder Völker würde seine Toleranz beweisen und zum Sammelplatz für vielerlei Religionen und Kulte werden.

Da die ägyptische Prinzessin als die erste unter den Frauen Salomos erwähnt wird, müßte sich auch die Statue Amon-

Rés, des höchsten Staatsgottes Ägyptens, unter all denen der Götter von Salomos »ausländischen Frauen« befunden haben (1. Könige 11, 5–8).

Eines der Reliefs der Puntexpedition enthält eine durch Ausmeißeln unleserlich gemachte Inschrift, deren wenige verbliebene Worte dahin verstanden werden können, daß im Göttlichen Land eine Statue, offensichtlich die des Gottes Amon-Ré, aufgestellt war[1]. Die Statuen heidnischer Götter wurden von späteren Königen aus dem Hause Davids zerstört[2] und können in Jerusalem nicht mehr aufgefunden werden, aber der Text des elften Kapitels des Ersten Buches der Könige, welches unmittelbar auf die Geschichte von der Königin von Saba folgt, verhilft dazu, Klarheit in die beschädigte Inschrift zu bringen.

Mit seinen fremden Göttern und Kulturen wurde Jerusalem nicht ein politisches Zentrum für ausländische Völker, wohl aber schon bald das Ziel ihrer politischen Wünsche. Bereits in der Orakelszene der Puntexpedition wird im Namen des Gottes Amon-Ré gesagt: »Es ist eine herrliche Gegend von Gottes Land, fürwahr, es ist der Ort meines Entzückens. Ich habe es für mich selbst gemacht . . . Ich kenne (sie), ich bin ihr weiser Herr, ich bin der Erzeuger Amon-Ré.«

Dies wurde in den Tagen der friedliebenden Hatschepsut geschrieben. Daß Jerusalem zu einer heiligen Stadt für alle Völker gemacht werden sollte, wurde seiner nationalen Unabhängigkeit zum Verhängnis.

Durch die Politik Salomos wurde die Teilung des Staates, der in den Tagen Sauls und Davids seine Unabhängigkeit erreicht hatte, begünstigt. Dem Bestreben, eine Großmachtstellung einzunehmen, war nur eine kurze Zeit zugemessen, der

1 K. Sethe, der die Aufmerksamkeit auf diesen Text lenkte und auf die sehr überraschende Tatsache, daß in Punt eine Statue zur Anbetung aufgestellt war, drückte die Hoffnung aus, daß vielleicht das spätere Auffinden einer ägyptischen Statue dazu verhelfen würde, die Lage von Punt festzulegen. »Eine bisher unbeachtet gebliebene Episode der Puntexpedition der Königin Hatschepsowet.« »Zeitschrift für ägyptische Sprache und Altertumskunde«, XLII (1905), 91–99.

2 2. Chronika 14, 3.

politische Aufstieg erreichte seinen Höhepunkt während Salomos Regierung; an ihrem Ende begann der rapide Niedergang.

Drei Gegner erhoben sich gegen Salomo und begannen, sein Reich zu spalten. Der erste von ihnen war Hadad, der Edomiter[3]. Zu Davids Zeit floh Hadad, damals noch ein Kind, von Edom nach Ägypten und heiratete später in die Familie des Pharaos. Nach Davids Tod kehrte er in sein Land zurück. Als Salomo den Hafen von Ezeon-Geber baute, war das Land Edom zeitweilig befriedet. Hadad, Salomos Gegner in Edom, gelang es, dieses Gebiet aufzuwiegeln. Als Verwalter des Pharaonenhauses und aus Ägypten kommend, wurde Hadad offensichtlich von dem Träger der Doppelkrone Ägyptens unterstützt.

Ein anderer Gegner, Reson, der seinem Gebieter Hadadeser, dem König von Zoba, entflohen war, wurde Hauptmann einer Schar und herrschte in Damaskus.

Arabien und Syrien, diese beiden Teile des amalekitischen Erbes, wandten sich auf diese Weise vom Hause Davids ab, und selbst das Land der zwölf Stämme wurde geteilt, als Salomo starb.

Salomos dritter Gegner, der Ephratiter Jerobeam, sein Untertan und Diener, den er zum »Herrn über die gesamte Fronarbeit des Hauses Joseph« gemacht hatte, hegte im geheimen den ehrgeizigen Plan, das Land Ephraim unabhängig zu machen. Salomo, welcher rechtzeitig vom Entstehen der Verschwörung erfuhr, versuchte, Jerobeam zu töten.

> 1. Könige 11, 40: . . . aber er (Jerobeam) machte sich auf und floh nach Ägypten zu Sisak, dem König von Ägypten, und blieb in Ägypten bis zu Salomos Tod[4].

Als Salomo starb und seinem Sohn Rehabeam den Thron hinterließ, waren die Verschwörer bereit zu handeln, da sie Rückhalt beim ägyptischen König hatten.

3 1. Könige 11, 14–25.

4 Die griechische Version von 1. Könige 12, 24 ff. macht Jerobeam zum Schwiegersohn des Pharao.

1. Könige 12, 3–4: . . . sie (seine Anhänger) sandten zu ihm und ließen ihn rufen (Jerobeam sollte von Ägypten zurückkehren). Und Jerobeam samt der ganzen Gemeinde Israel kamen und redeten mit Rehabeam und sprachen: Dein Vater hat unser Joch zu hart gemacht . . . (zitiert nach der Luther-Übersetzung).

Die Verhandlungen endeten mit dem Aufruf: »Wir haben nicht teil an David . . . zu deinen Zelten, Israel . . . So begab sich Israel zu seinen Zelten.« Aber die Städte von Juda und Benjamin blieben Rehabeam treu.

Rehabeam sandte Adoniram, der Aufseher über die Fronarbeit war, und »ganz Israel steinigte ihn zu Tode« (1. Könige 12, 18). »So wurde Israel abtrünnig vom Hause Davids« (1. Könige 12, 19). Rehabeam zog die Krieger von Juda und Benjamin zusammen, um gegen Israel anzutreten, aber der Prophet Semajahu forderte jedermann auf, zu seinem Hause zurückzukehren und nicht gegen die eigenen Brüder zu kämpfen (2. Chronika 11, 2–4).

Jerobeam befestigte Sichem auf dem Gebirge Ephraim und erbaute Pnuel; um das Volk davon abzuhalten, in Jerusalem zu opfern, stellte er fremde Götterbilder in Bethel und Dan auf (1. Könige 12, 28–29), zwei alten Kultstätten Israels, die schon lange, bevor Jerusalem von David erobert wurde, im Ruf der Heiligkeit standen.

Im nördlichen Königreich führte Jerobeam als Staatskult die Verehrung des Kalbes ein, die mit dem ägyptischen Kult des Apisstieres manch Gemeinsames gehabt haben mag. Er erhielt die politische Unterstützung des mächtigen Pharaos, um Israel von Juda loszureißen. Von den ersten Anfängen an war er in politischer und kultureller Beziehung ein Vasall Ägyptens. Der Prophet Semajahu konnte hinter Jerobeam den Einfluß von dessen Meister spüren. Ein Kampf zwischen Juda und Israel entsprach vollkommen dem Plan Thutmosis' III.

Die Annalen Thutmosis' III. verzeichnen den Zeitpunkt der ersten siegreichen Unternehmung zur Erweiterung der Grenzen Ägyptens und berichten dann weiter:

Annalen von Karnak: Nun waren zu dieser Zeit die Asiaten in Uneinigkeit geraten, und jeder kämpfte gegen seinen Nachbarn[5].

Ein Sieg über einen durch innere Zwistigkeiten geschwächten Feind ist nur ein unvollkommener Triumph. Warum also erwähnen die Annalen die Uneinigkeit im Lande der Feinde des Pharaos? Es war das Werk Thutmosis' III. selbst, diesen Zwiespalt vorzubereiten, indem er einen Teil der Bevölkerung gegen den anderen aufhetzte; dieser Bericht schmälert daher nicht seinen Anspruch auf Lorbeer[6].

Rehabeam fühlte die Gefahr. Eilends umgab er die Städte mit Mauern und fügte zu denen, die schon zu Zeiten seines Vaters Salomo und Großvaters David befestigt waren, Bethlehem, Etam, Tekoa, Beth-Zur, Socho, Adulam, Gath, Maresa und andere Stützpunkte hinzu[7]. Erst vier Jahre waren seit Salomos Tod vergangen, und schon befand sich der Pharao auf dem Vormarsch nach Norden.

Thutmosis III. dringt in Palästina ein

Thutmosis III. drang bis zum Mündungsgebiet des östlichen Nilarms vor und marschierte in neun Tagen auf der alten Heerstraße quer durch die dreieckförmige Halbinsel auf Gaza zu[8]. Im Flachland an der Küste beriet er sich mit seinem Heer und entschloß sich, durch den Engpaß nach Megiddo (Mykty) zu ziehen. Megiddo war eine der Bezirkshauptstädte Salomos (1. Könige 4, 12), die zusammen mit Taanach als Sitz eines Statthalters genannt wird. Es war eine Feste, die im Sü-

5 Breasted, »Records«, II, Abschnitt 416.

6 Der Text dieser Inschrift ist verstümmelt. Die Übersetzung von Breasted wurde in Frage gezogen. Siehe die Kontroverse zwischen Kurt Sethe, »Zeitschrift für ägyptische Sprache und Altertumskunde«, XLVII (1910), 80–82, und Ed. Meyer, »Geschichte des Altertums« (2. Auflage 1928), II, Teil I, S. 121, Anmerkung 4. Vgl. auch die Übersetzung von I. A. Wilson in »Ancient Near Eastern Texts«, Hrsg. Pritchard (Princeton), 1950.

7 2. Chronika 11, 6-10.

8 Herodot (II,159) beschrieb die Eroberung Palästinas durch Thutmosis und nannte ihn Sesostris.

den des Karmel den Weg in das Tal Jesreel sicherte. Bei der Beratung mit seinem Heer sagte Thutmosis:

> Jener elende Feind (das Oberhaupt) von Kadesch ist gekommen und in Megiddo eingezogen; jetzt ist er dort[9].

Wer war das Oberhaupt (der König) von Kadesch, der zur Verteidigung dieser befestigten Stelle kam? Er wird nicht mit Namen genannt. Und wo lag dieses Kadesch? Wir wollen die Ereignisse der nächsten Tage verfolgen und diese Frage dann erneut stellen.

Der südliche Flügel des ägyptischen Heeres befand sich bei Taanach, die Truppen passierten Aruna und kamen an das Ufer des Baches Kina.

> »Richtet eure Waffen her! denn wir werden aufbrechen, um am Morgen mit jenem elenden Feind zu kämpfen!« Der König ruhte im königlichen Zelt ... die Wache des Heeres ging umher und rief: »Standhaften Herzens! Standhaften Herzens!
> Wachsam! Wachsam! ...« Siehe, früh am Morgen wurde dem ganzen Heer der Befehl zum Aufbruch gegeben[10].

Der König fuhr in einem Wagen aus Elektron (Gold mit Silber legiert) in der Mitte seines Heeres, dessen einer Flügel beim Bach Kina und dessen anderer nordwestlich von Megiddo stand. Das ägyptische Heer gewann die Oberhand:

> ... Als sie sahen, wie Seine Majestät die Oberhand über sie gewann, da flohen sie ohne jede Ordnung nach Megiddo, voller Furcht, sie ließen ihre Pferde und ihre Streitwagen aus Gold und Silber im Stich.
> ... Nun, wenn nicht das Heer Seiner Majestät seinen Sinn darauf gerichtet hätte, die Habe der Feinde zu plündern, würden sie Megiddo (Mykty) in diesem Augenblick erobert haben, als man den elenden Feind von Kadesch (Kds) und den elenden Feind aus dieser Stadt eilends heraufzog, um sie in diese Stadt hereinzulassen. Die Furcht vor Seiner Majestät hatte ihre Herzen befallen[11].

9 Breasted, »Records«, II, Abschnitt 420.
10 Ebenda, Abschnitt 429–430.
11 Ebenda, Abschnitt 430.

Mit dieser Erklärung wollte man das Entkommen des Königs von Kadesch, der nicht gefangen genommen wurde, entschuldigen.

> Das siegreiche Heer Seiner Majestät ging umher und zählte die Beuteanteile ...
> Das ganze Heer veranstaltete ein Freudenfest[12].

Die Belagerung von Megiddo begann. Obgleich die Stadt mit einer starken Mauer befestigt war, konnte die Garnison einer langen Belagerung durch das Heer des Pharaos nicht standhalten und ergab sich. »Siehe, die Oberhäupter dieses Landes kamen, um ihre Gaben zu überbringen.«

Das ägyptische Heer nahm noch drei andere Städte ein. In den Annalen ist der Bericht über das Ende des Feldzuges nicht erhalten, aber er kann rekonstruiert werden. Zu den Ergebnissen dieses ersten Feldzugs gehörten die Eroberung der durch Mauern verstärkten Städte, wie in den erwähnten Annalen berichtet wird, und die Unterwerfung des ganzen Landes der einhundertneunzehn Städte – mit Kadesch an der Spitze der Liste, wie das »Städterelief« im Tempel von Karnak zeigt. Ein ebenfalls in Karnak befindliches Relief gibt ein Bild von der reichen Beute an kostbaren Gefäßen.

Die wichtigsten Fragen sind bisher offen geblieben. Wo lag die Stadt Kadesch? Auch die Frage, wer der König dieser Stadt war, wurde noch nicht gestellt.

Wie läßt sich der Name eines Königs einer Stadt, noch dazu unbekannter Lage, der mehrere Hundert Jahre vor Josua lebte, finden, wenn der ägyptische Bericht ihn nicht erwähnt?

Die zweite Frage, die den Forschern Kopfzerbrechen verursachte, ist die, wie es kam, daß der Name Jerusalem oder Salem oder Jebus, wie es früher hieß, in einer so vollständigen Liste der Städte Palästinas ausgelassen wurde, einer Liste, die allem Anschein nach alle Städte von Bedeutung des vorisraelitischen Palästina enthält.

Das dritte Rätsel bietet die ausgesuchte schöne Form der in diesem Feldzug erbeuteten Gefäße, die einen hohen Stand

12 Ebenda, Abschnitt 431.

handwerklichen Könnens verraten; es ist eine überraschende Entdeckung, daß die unkultivierten Völker der kanaanäischen Zeit Künstler von so hervorragender Fertigkeit waren.

Angesichts der dokumentarischen Inschriften und Reliefs von Karnak wird angenommen, daß die Kanaanäer vortreffliche Künstler in der Metallbearbeitung waren und daß Jerusalem dem Schicksal seiner Nachbarstädte entging; die Lage von Kadesch hingegen blieb Gegenstand wissenschaftlicher Auseinandersetzungen.

Der König von Kadesch kam nach Megiddo, um die Stadt gegen den König von Ägypten zu verteidigen; die Festung fiel, ihm gelang es zu entkommen; aber im gleichen Feldzug wurde auch seine eigene Stadt unterworfen.

Kadesch in Juda

Die Historiker behaupten, ein berühmtes Kadesch zu kennen, das sie am Fluß Orontes im nördlichen Syrien lokalisieren. In der Liste Thutmosis' III. wird jedoch die Stadt Kadesch als erste von einhundertneunzehn palästinischen (nicht syrischen) Städten aufgeführt; an zweiter Stelle steht Megiddo, der Schauplatz der Schlacht, und ihnen folgen einhundertsiebzehn andere Städte. Dieses Kadesch konnte nicht eine Stadt in Syrien sein, denn im Palästinafeldzug erreichte Thutmosis den Orontes nicht. Es gab ein Kadesch in Galiläa, Kadesch Naphtali, das einige Male in der Heiligen Schrift erwähnt wird, aber was sollte es für einen Sinn gehabt haben, diese unbedeutende Stadt an die Spitze der Liste genau vor Megiddo zu stellen? Diese Tatsache gab Anlaß zu Vermutungen.

Nach einer der Hypothesen war die genannte Stadt Kadesch Naphtali[13], nach einer anderen das Kadesch am Orontes[14]; und jede der Theorien mußte durch irgendeine Erklärung gestützt werden, warum eine Stadt außerhalb Palästinas

13 A. Mariette, »Les Listes géographiques des pylônes de Karnak« (Leipzig 1875), S. 12–13.

14 G. Maspero, »Transactions of the Victorian Institute«, XX (London 1887), 297.

oder eine unbedeutende Stadt in Palästina an die Spitze einer Liste palästinischer Städte gestellt wurde, wo man hätte erwarten müssen, die Hauptstadt des Landes zu finden.

Es wurde die Vermutung ausgesprochen, daß der Name auf der Palästinaliste nicht zu dieser Aufzählung gehöre und später hinzugefügt worden sei[15]. Dies ist höchst unwahrscheinlich, besonders deswegen, weil die Interpolation (wenn es eine solche ist) in allen drei Fällen vorgenommen wurde. Oder, so wurde gesagt, es sei zwar die galiläische Stadt gemeint gewesen, aber der Steinmetz verwechselte sie mit dem berühmten Kadesch am Orontes und stellte sie aufgrund dieser irrtümlichen Annahme an die Spitze[16]. Diese Theorien stießen auf Widerspruch. Die palästinischen Listen wurden kurz nach der Rückkehr vom Palästinafeldzug und vor dem syrischen Feldzug fertiggestellt; in jener Zeit gab es keinen Grund, die Städte zu verwechseln[17]; zweifellos kam die Liste nach Thutmosis' III. eigenem Wissen zur Ausführung und wurde von seinen Beamten überprüft.

Die gleichzeitige Geschichte Judas berichtet kurz, aber klar:

> 2. Chronika 12, 2–4: Und so zog im fünften Jahr des Königs Rehabeam Sisak, der König von Ägypten, gegen Jerusalem heran, weil sie treulos wider Jahwe gehandelt hatten ... mit zwölfhundert Wagen und sechzigtausend Reitern und zahllos war das Kriegsvolk, das mit ihm aus Ägypten kam: Libyer, Suchiter und Äthiopier. Er eroberte die Festungen Judas und gelangte bis (vor) Jerusalem.

Die Eroberung der mit Mauern verstärkten Städte ist diejenige Phase des Krieges, von der am Anfang der Annalen Thutmosis' III., die erhalten geblieben sind, berichtet wird. Die zweite Phase ist der Zug gegen die Hauptstadt.

Jerusalem, gegen das der Pharao vorrückte, mußte die

15 W. Max Müller, »Asien und Europa nach altägyptischen Denkmälern« (Leipzig 1893), S. 145, Anmerkung 3.

16 W. Max Müller, »Die Palästinaliste Thutmosis' III.«, »Mitteilungen, Vorderasiatisch-Ägyptische Gesellschaft«, Bd. XII, Nr. 1 (1907), S. 8.

17 J. Simons, »Handbook for the Study of Egyptian Topographical Lists Relating to Western Asia« (Leiden 1937).

Stadt Kadesch gewesen sein. Diese eine Antwort wartet mit zwei Fragen auf: Warum stand Jerusalem nicht auf der Liste Thutmosis' III., und wo lag die Königsstadt Kadesch?

Wird Jerusalem irgendwo sonst noch Kadesch genannt? An vielen Stellen – überall verteilt – in der Heiligen Schrift. »Die Tochter des Pharao aber brachte Salomo aus der Stadt Davids ... es soll mir kein Weib im Palast Davids ... wohnen, denn sie (diese Orte) sind *kadesch* (heilig) ...«[18] In den Psalmen sagt der Herr: »Ich bin zu seinem König eingesetzt auf Zion, seinem *kadesch* Berge.« [19] Joel rief dem Volke zu: »Stoßt in die Posaune auf dem Zion und schlagt Lärm auf meinem *kadesch* Berge.«[20] Ebenso sagte er: »Und ihr werdet erfahren, daß ich Jahwe, euer Gott, bin, der ich auf dem Zion wohne, meinem *kadesch* (heiligen) Berge, und Jerusalem wird (wirklich) *kadesch* (heilig) sein.«[21] Jesaia sagte vom Volk Jerusalem: »Denn sie nennen sich selbst nach der Stadt Kadesch.« Er prophezeite von jenen Tagen, da der »Herr wird versammeln alle Völker und Zungen ... Und sie sollen herbringen eure Brüder von allen Völkern ... auf meinen *kadesch* Berg nach Jerusalem.«[22] Daniel betete: »... daß dein Grimm sich abwende von deiner Stadt Jerusalem, deinem *kadesch* Berg«[23], »deine Stadt *kadesch.*«[24] Und Nehemia schrieb: »... und der Rest des Volkes warf das Los, auf daß einer von zehn sollte wohnen in Jerusalem, der Stadt *kadesch.*«[25] Das »Heilige Land« und die »Heilige Stadt« sind Bezeichnungen, die Palästina und Jerusalem schon zu früher Zeit gegeben wurden, wie nicht nur die Heilige Schrift, sondern auch ägyptische Inschriften (»Gottes Land«, »Kadesch«) bezeugen.

Der name Kadesch wird für Jerusalem nicht allein in he-

18 2. Chronika 8, 11.
19 Psalm 2,6.
20 Joel 2,1.
21 Joel 4,17.
22 Jesaia 66, 18ff.
23 Daniel 9, 16.
24 Daniel 9, 24.
25 Nehemia 11, 1. Ähnliche Ausdrücke kann man auch in den Psalmen 3, 4; 15, 1; 43, 3 und 99, 9 finden; in Jesaia 65, 11 und 25; in Ezechiel 20, 40; in Zephanja 3, 11 und Sacharja 2, 12 und an vielen anderen Stellen der Bibel.

bräischen Texten gebraucht. Die Namen der unbedeutendsten arabischen Dörfer Palästinas wurden von bibelkundigen Gelehrten auf das genaueste untersucht in dem Bestreben, die Städte des Altertums zu lokalisieren, der arabische Name für Jerusalem wurde jedoch übersehen: er lautet el-Kuds (die Heilige, oder die Heiligkeit).

Kadesch, die erste unter den Städten Palästinas, war Jerusalem und der »elende Feind« der König von Kadesch, Rehabeam. Unter den einhundertundneunzehn Städten waren viele, die die Gelehrten nicht anzuerkennen wagten, weil sie erbaut worden waren, als Israel bereits in Kanaan seßhaft war. Anderen Städten dagegen wurde ein hohes Alter zugeschrieben, auf das sie nicht den geringsten Anspruch hatten.

Die von Rehabeam mit Mauern befestigten Städte (2. Chronika 11, 5 ff.) können in der ägyptischen Liste gefunden werden[26]. Es scheint, daß Etam = Itmm ist, Beth-Zur = Bt sir und Socho = Sk[27]. Hier liegt ein neues Feld für wissenschaftliche Untersuchungen offen: Die Überprüfung der Liste Thutmosis' III., mit den Namen der palästinischen Städte und die Vergleichung ihrer Namen mit den Namen der Städte im Königreich Juda. Diese Arbeit dürfte ergiebig sein.

Am Ende des vorhergehenden Abschnitts verließen wir Thutmosis III. vor den Mauern von Kadesch-Jerusalem. Die Stützpunkte des Landes westlich von Jerusalem waren gefallen; die stärksten von ihnen, verteidigt vom König von Jerusalem, öffneten ihre Tore, nachdem der König mit seinem Gefolge entkommen und nach Jerusalem zurückgekehrt war.

> 2. Chronika 12,5: ... den Oberen Judas, die sich vor Sisak nach Jerusalem zurückgezogen hatten ...

Nur wenige Jahre zuvor war das Land in zwei Teile zerrissen

26 A. Jirku, »Die ägyptischen Listen der Palästinensischen und Syrischen Ortsnamen«, »Klio Beihefte«, XXXVIII »Leipzig 1937); Simons, »Handbook«.

27 Etam ist Nummer 36 auf der Liste, Beth-Zur Nummer 110; es handelt sich um Beht-Zur und nicht um Beth-San, wie A. Jirku annahm; Socho ist Nummer 67.

worden. Durch die Trennung vom nördlichen Königreich geschwächt, war Juda unfähig, sich selbst zu verteidigen.

Der Prophet Semaja, der vier Jahre zuvor das Volk vor einem Bruderkrieg gewarnt hatte, kam zum König und den Fürsten Judas mit einer Zornesbotschaft des Herrn, von dem das Volk Jerusalem abgefallen war. Der König und die Fürsten demütigten sich, und der König sagte: »Der Herr ist gerecht.« Dann kam Semaja mit einer anderen Botschaft:

> 2. Chronika 12,7 f.: ... sondern (ich) will ihnen ein wenig Errettung widerfahren lassen, und nicht soll sich mein Grimm durch Sisak über Jerusalem ergießen! Doch sollen sie ihm untertan werden ...

Weil sie nicht Diener des Herrn sein wollten, sollten sie zu Dienern eines irdischen Königreichs werden; dies wurde ihnen im Namen des Herrn gesagt. Der ägyptische König und sein Herr, die bei Megiddo »Amon gepriesen hatten für den Sieg, den er seinem Sohne gewährt hatte«, wiederholten sicherlich ihre Lobpreisungen vor den Mauern Jerusalems.

Nach dem Fall der »befestigten Städte, die zu Juda gehörten«, öffnete Jerusalem seine Tore, ohne Widerstand zu leisten. »Darauf demütigten sich die Fürsten von Israel und der König«, und sie wurden »nicht vernichtet«, und des Herrn Grimm »wurde nicht ausgegossen über Jerusalem durch Sisak«. Die Stadt wurde nicht erstürmt.

Es gibt keinen Bericht von einem Sturm Thutmosis' III. auf Kadesch. Aber Kadesch in Palästina fiel an Thutmosis III., und der Name der Stadt steht an der Spitze der Liste der von ihm eroberten Städte Palästinas. Die Demütigung der Fürsten von Juda nach dem Fall von Megiddo wird auch von Thutmosis III., und zwar mit folgenden Worten, beschrieben:

> ... Siehe die Führer dieses Landes kamen, um ihren Anteil zu übergeben, dem Ruhm Seiner Majestät zu huldigen, um Atem für ihre Nasen zu erbitten wegen der Größe seiner Stärke, wegen der Macht des Ruhms Seiner Majestät[28].

28 Breasted, »Records«, II, Abschnitt 434.

»Die Größe Seiner Stärke« wird auch in der hebräischen Version erwähnt – »die zwölfhundert Wagen und sechzigtausend Reiter und das zahllose Kriegsvolk, das mit ihm aus Ägypten kam: Libyer, Suchiter und Äthiopier«.

In seinem Zorn demütigte der Herr Jerusalem, das Standbilder ägyptischer, sidonischer und anderer Gottheiten auf den Hügeln um Jerusalem aufgestellt hatte; bald würde der widderköpfige Gott alle Pracht des Tempels Salomo und alles bewegliche, kostbare Gut erhalten.

> 2. Chronika 12, 9: So zog Sisak, der König von Ägypten, gegen Jerusalem heran, und er nahm die Schätze des Hauses Jahwes und die Schätze des königlichen Palastes; samt und sonders nahm er's; auch nahm er die goldenen Schilde, die Salomo hatte anfertigen lassen.

Was zurückgelassen wurde, war die alte Bundeslade, ein wertloses Stück, eine Reliquie noch aus der Wüste, zusammen mit den steinernen Tafeln der Zehn Gebote. War Ägypten arm an alten Stelen?

Gefäße und Ausstattungsgegenstände von Salomos Tempel

Die Schätze, die Thutmosis III. aus Palästina mitnahm, sind auf einer Wand des Karnaktempels wiedergegeben.

In zehn Reihen stellt das Relief den legendären Reichtum Salomos zur Schau in Bildern mit den mannigfachen Kostbarkeiten, Ausstattungsgegenständen, Gefäßen und Gerätschaften aus dem Tempel, dem Palast und wahrscheinlich auch aus den Heiligtümern der fremden Götter. Unter jedem der abgebildeten Stücke gibt ein Zahlenzeichen an, wieviel Stücke dieser Art von dem ägyptischen König aus Palästina mitgebracht wurden: jeder Strich bedeutet ein Stück, jeder Bogen zehn und jede Spirale hundert gleichartige Stücke. Hätte Thutmosis III. prahlerisch seine gesamte Beute aus dem Tempel und dem Palast Jerusalems ausbreiten und jedes Stück einzeln aufzeigen wollen, statt dieses Zahlensystem zu benutzen, so hätte es einer Mauer von der Länge einer Meile bedurft, und selbst diese hätte nicht ausgereicht. In den fünf oberen Reihen erscheinen Gegenstände aus Gold und in den nächsten Reihen solche aus Silber zwischen goldenen und edelsteinbesetzten, in den unteren Reihen sind Sachen aus Bronze und Halbedelsteinen dargestellt.

Der ganze Reichtum, den ein Volk in Palästina in Jahrhunderten fleißiger Arbeit und seßhaften Lebens angehäuft hatte, Beutestücke, die Saul und David bei ihren kriegerischen Unternehmungen zugefallen waren und solche aus dem amalekitischen Auaris, Einkünfte aus dem Handel zwischen Asien und Afrika, Gold von Ophir und die Geschenke der Königin von Saba-Hatschepsut – alles das wurde die Beute Thutmosis' III. Auf den Wänden des Karnaktempels ist die Arbeit Churams (Hirams) vom Stamme Naphtali wiedergegeben; Churam und seine Gehilfen waren geschickte Künstler, und die Hand Salomos, ihres königlichen Herrn, versorgte sie freigiebig mit kostbaren Metallen und Steinen[29]. Beispiele vom Können der Handwerker Davids müssen ebenfalls in dieser Sammlung enthalten sein, denn nach

> 1. Könige 7, 51: . . . brachte Salomo die Weihgeschenke seines Vaters David hinein (und) legte das Silber und das Gold und die Geräte in die Schatzkammern des Tempels Jahwes.

Auch die von Bezalel, dem Sohne Uris, gearbeiteten heiligen Gegenstände können hier abgebildet worden sein[30]. Eine erschöpfende Identifikation der im Karnaktempel abgebildeten Gegenstände mit den in den Büchern der Könige und der Chronik beschriebenen ist eine Angelegenheit intensiver Untersuchungen und sollte am besten mit Hilfe von Abgüssen des Reliefs von Karnak durchgeführt werden. Der folgende kurze Exkurs erhebt nicht den Anspruch auf Vollständigkeit und endgültige Festlegung, sondern ist nur ein Versuch. Doch wird er die Identität der Beute Thutmosis' III. mit jener aufzeigen, die der ägyptische König in den Tagen Rehabeams, Salomos Sohn, aus Bauwerken in Jerusalem fortgeführt hat.

29 1. Könige 7, 13–45; 2. Chronika 4, 11–22.
30 2. Chronika 1, 5.

Ein großer Teil der Beute bestand aus religiösen Gegenständen, die aus einem Tempel stammten. Da waren Altäre für Brandopfer und zum Weihräuchern, Opfertische, Schalen für Trankopfer, Gefäße für heiliges Öl, Schaubrottische und ähnliches in großer Menge. Zweifellos war es ein ungewöhnlich reicher Tempel, den Thutmosis III. geplündert hatte.

Was Schischak aus Jerusalem forttrug, waren die Schätze des Tempels Salomos und des Königspalastes (2. Chronika 12, 9).

Auf dem Karnakrelief wird gezeigt, wie Thutmosis III. dem Gott Amon gewisse Gegenstände darbringt: es sind dies Teile von der Beute des Königs, die er dem Tempel des Amon weihte und an ägyptische Priester gab. Dieses Bild stellt nicht die ganze Beute Thutmosis' III. dar. Er wählte für die ägyptischen Tempel das, was er aus dem fremden Tempel entführt hatte, und in dieser Sammlung »kunstvoller Arbeiten« muß man nach jenen Dingen Ausschau halten, die in den Abschnitten der Bücher der Könige und der Chronik bei Beschreibung des Tempels aufgezählt werden.

Auf den Wänden der Grabkammern von Wesiren Thutmosis' III. wird gezeigt, wie Schätze aus Palästina befördert werden. Außer solchen, schon aus der Darbringungsszene an Amon bekannten Kunstwerken gibt es hier noch andere Gegenstände, die offenbar aus dem Palast stammen. Diese wurden in den Palast des Pharaos und in die Häuser seiner Günstlinge gebracht.

Die Bücher der Heiligen Schrift haben nur über die Ausstattungsgegenstände und die Gefäße des Tempels einen ins einzelne gehenden Bericht überliefert. Glücklicherweise erleichtert die Aussonderung der sakralen Beutestücke in der Szene der Weihung an Amon den Versuch des Wiedererkennens.

Nach den hebräischen und ägyptischen Quellen sollen die verwendeten Metalle und der Stil der künstlerischen Ausführung hier kurz miteinander verglichen werden. Das Material aus dem die Gegenstände hergestellt waren, wird auf dem Relief durch Beischriften angegeben; sie waren aus drei verschiedenen Metallen verfertigt, die als Gold, Silber und

Bronze übersetzt wurden. Die Metalle, die für die sakralen Ausstattungsgegenstände und die Gefäße im Tempel Salomos verwendet wurden, waren Gold, Silber und Bronze (»Messing«), wie bei den »kunstvollen Arbeiten«.

Des öfteren ist auf dem Relief ein Gegenstand aus Gold und ein anderer von gleicher Form aus Messing dargestellt. Von der Anfertigung gleicher Stücke aus Gold sowohl wie aus Bronze (Messing) für den Tempel Salomos ist wiederholt in den Büchern der Könige und der Chronik die Rede.

Wenn Gold für Geräte und die Ausschmückung des Tempels Salomos verwendet wurde, so war es entweder massives Gold[31] oder ein gehämmerter Goldüberzug auf Holz[32]. Die Abbildungen der Gegenstände in Karnak werden mit den Worten »Gold« und »mit Gold überzogen« bezeichnet.

In der Zeit, als Israel noch keinen bleibenden Platz für seinen Ort der Gottesverehrung hatte, wurde die Bundeslade und andere heilige Gegenstände von einem Ort zum anderen verbracht und manchmal auch in die Schlacht mitgenommen. Um das Weiterbefördern zu erleichtern, waren die Lade und die Altäre der Stiftshütte mit Ringen und Tragstangen versehen[33]. Die alten Ausstattungsgegenstände der Stiftshütte wurden von Salomo in den Tempel gebracht[34] und in den Tagen seines Sohnes vom Pharao und seinen Truppen fortgeführt. Die Bundeslade jedoch wurde nicht weggetragen, sondern blieb im Tempel bis zum babylonischen Exil[35]. Sie war vermutlich ein Vorbild für andere tragbare Gerätschaften für den Gottesdienst, wie sie im heiligen Bezirk von Bethel und Silo und danach in Jerusalem benutzt wurden. In der zweiten und siebten Reihe des Karnakreliefs sind verschiedene truhenähnliche Kästen mit Ringen an den Ecken und Tragstangen erkennbar.

»Ein ringsum laufender Kranz aus Gold« war ein altes jüdisches Ornament an heiligen Tischen und Altären[36]. Eine sol-

31 1. Könige 7, 48–50; 2. Chronika 4, 7; 8, 21, 22.
32 1. Könige 6; 20, 21, 28, 30, 32, 35; 2. Chronika 3; 7, 9.
33 Exodus 37; 3, 13–14.
34 1. Könige 8, 4.
35 Seder Olam 25. Andere Quellen in Ginzberg, »Legends«, VI, 380.
36 Exodus 37; 11, 12, 25.

che Verzierung befindet sich sowohl an dem goldenen Altar in der zweiten Reihe (9) des Reliefs als auch an dem Bronze- (Messing-) Altar in der neunten Reihe (177)[37].

Die beliebteste Verzierung an Gefäßen war die *shoshana*, übersetzt als »Lilie« (Lotus).

> 1. Könige, 7, 26: . . . sein Rand (des ehernen Meeres) war wie ein Becherrand gearbeitet, eine Lilienblüte . . .

Bei den auf dem Karnakrelief abgebildeten Gefäßen erscheint oft das Lotusmotiv. Eine lotusförmige Schale wird in Gold (10), in Silber (121) und in farbigem Stein (Malachit?) (140) gezeigt. An verschiedenen Gefäßen ist ein mit Lotusblüten versehener Rand zu erkennen (35, 75, 175), eine sehr ungewöhnliche Art von Randverzierung, die sich nur im biblischen Bericht und auf dem Relief Thutmosis' III. findet.

Knollen (Knospen) zwischen Blüten (»Knollen mit Blüten«)[38] wurden ebenfalls in der Stiftshütte als Ausschmükkung verwendet. Dieses Motiv erscheint auf einer Vase (195) in der untersten und ebenso in der fünften (75) Reihe des Karnakreliefs.

Löwen und Ochsen werden als Schmuckmotive im Tempel von Jerusalem erwähnt (1. Könige 7, 29 und 36). Das Karnakrelief zeigt Löwenköpfe (20, 60), und auf einem Trinkgefäß ist als Verzierung der Kopf eines Ochsen erkennbar (132).

In ägyptischen Tempeln werden Götter häufig in schamlosen Stellungen abgebildet. Unter den Figuren der sakralen Gegenstände auf den Karnakreliefs gibt es keine phallischer Art, noch Götterbilder überhaupt. Einige Tierköpfe (Löwen) mit dem Uräuszeichen an der Stirn und der Kopf eines Falken sind auf den Deckeln etlicher Pokale angebracht. Diese Pokale könnten aus dem Palast stammen, den Salomo seinem ägyptischen Weib gebaut hatte.

37 Siehe Tafel »Gefäße und Einrichtungsgegenstände des Tempels in Jerusalem«.

38 Exodus 37, 17 ff. Die Randverzierung der Gefäße wird von H. Schaefer behandelt in »Die altägyptischen Prunkgefäße mit aufgesetzten Randverzierungen« (Leipzig 1903). Auf die biblische Beschreibung der Gefäße weist er in dieser Arbeit nicht hin.

In allen heidnischen Kulten wurden und werden noch Götzenbilder verehrt. Die auf dem Relief dargestellten Hunderte von sakralen Gegenständen gehören offensichtlich nicht zu einem Götzenkult; sie weisen vielmehr auf eine Form der Verehrung hin, bei der zwar Tier-, Weihrauch- und Schaubrotopfer dargebracht, aber keine Götterbilder verehrt wurden. Der von Thutmosis III. geplünderte Tempel von Kadesch-Jerusalem war zwar reich an Utensilien für den Gottesdienst, aber ohne jedes Bildnis eines Gottes.

Stück um Stück können die Altäre und Gefäße aus Salomos Tempel an der Wand in Karnak identifiziert werden.

Im Tempel Salomos befand sich ein Altar aus Gold für Brandopfer (1. Könige 7, 48; 2. Chronika 4, 19). Es war der einzige Altar dieser Art. In der zweiten Reihe des Reliefs befindet sich ein Altar mit einem Kranz um den Rand, zwar teilweise zerstört, aber doch noch gut zu erkennen (9). Die Beischrift lautet: »Der (ein) große(r) Altar.« Er war aus Gold gefertigt.

Ein anderer Altar im Tempel von Jerusalem war aus »Messing« (Bronze); er war viereckig und sehr groß[39]. In der neunten Reihe des Karnakreliefs ist ein Altar aus »Messing« (Bronze) abgebildet, dessen Form der des goldenen Altars ähnlich ist. Die Beischrift sagt (177) »Ein großer Altar aus Messing (Bronze).« Da seine Höhe gleich seiner Breite ist, entspricht er nicht der Beschreibung des Altars im Zweiten Buch der Chronik, der nur halb so hoch war wie breit. Aus dem ersten Kapitel des Zweiten Buches der Chronik wissen wir jedoch, daß sich noch ein anderer eherner (bronzener) Altar von der Hand Bezalels unter den heiligen Gegenständen des Tempels in Jerusalem befand.

Dicht bei dem Altar stand der Tisch, »auf dem die Schaubrote lagen« (1. Könige 7, 48; 2. Chronika 4, 19). Das Schaubrot war offenbar nicht aus Mehl, sondern aus Silber oder Gold; im Buche Exodus[40] wird gesagt, daß das Schaubrot von

39 Zwanzig Ellen im Quadrat und zehn Ellen hoch (2. Chronika, 4, 1).
40 Vgl. Exodus 25, 30; 35, 13; 39, 36 und Numerus 4, 7.

Bezalel gemacht sei, und dieser war ein Goldschmied. Auf dem Relief von Karnak ist ein Schaubrot in der Form eines Kegels abgebildet; der Kegel in der siebten Reihe (138) trägt die Erklärung »Weißes Brot«. Dieses Brot war aus Silber. Die dreißig Kegel aus Gold (48) und die vierundzwanzig aus farbigem Stein (Malachit) (169), von der gleichen Form wie der Silberkegel, stellen ebenfalls Schaubrote dar.

Der »Leuchter mit den Lampen« (2. Chronika 4, 20) war eine Vorrichtung mit Lampen, die wie Blumen geformt waren. Die Figuren 35, 36, 37 und 38 des Reliefs sind Leuchter mit Lampen. Einer von ihnen (35) hat drei lilienförmige Lampen zur Linken und drei zur Rechten. Die anderen Leuchter (37, 38) haben acht Lampen zur Linken und acht zur Rechten. Der Leuchter, den Bezalel für die Stiftshütte anfertigte, besaß drei Lampen zur Linken und drei zur Rechten[41], und auf seinen Armen waren »mandelförmige Knollen und Blüten« (Exodus 25, 34). Eine spätere Form zeigte eine Vorliebe für sieben Lampen beiderseits des Schaftes.

Neben den Leuchtern werden noch andere erwähnt. Im Buch der Könige werden sie beschrieben, als trügen sie Blüten (1. Könige 7, 49). Diese Form ist in der dritten Reihe des Reliefs zu sehen (25, 26, 27, 28). Der Leuchter hat die Form eines schlanken Schaftes mit einer Lotusblüte.

Nahe bei dem Altar, den Schaubrottischen und den Leuchtern standen die Tische für die Opfer.

> Exodus 35, 13: ... den Tisch mit ... und allen seinen Geräten. 37, 16: Sodann fertigte er die Geräte an, die auf den Tisch kommen sollten, die zu ihm gehörenden Schüsseln und Schalen, Becher und Kannen, mit denen das Trankopfer gespendet wird, aus gediegenem Golde.

Der Tisch war – wie die Geräte – aus Gold (1. Könige 7, 48). Auf den »Opfertischen« in der dritten Reihe (aus Gold) des Reliefs und in der siebten Reihe (aus Silber) stehen Sätze von Geschirr: drei flache Schüsseln, drei große Becher, drei Töpfe (oder Schalen) und dazu eine Schaufel. Auf dem Relief sind

41 Exodus 25, 35; 37, 19.

Abb. 9: Relief aus dem Amun-Tempel, Karnak. Zeit des Thutmosis III., um 1450 v. Chr.
Bildarchiv Preußischer Kulturbesitz.

viele Tische aus Gold, Silber und Bronze abgebildet. Unter den Gerätschaften des Tempels befanden sich auch »Haken« (Gabeln) und alle zugehörigen Geräte« (2. Chronika 4, 16). In der dritten Reihe des Karnakreliefs gibt es neben dem Opfertisch und in derselben Reihe am linken Ende Haken, löffelartige Gegenstände und anderes Werkzeug (30, 31, 32, 33, 43, 44); Schüsseln erscheinen in den meisten Reihen, besonders aber in der zweiten und sechsten (aus Gold).

Im Tempel von Jerusalem befanden sich »der Räucheraltar mit seinen Stangen und das Salböl« (Exodus 35, 15). Da in der Heiligen Schrift vom Aussehen dieses Altars keine genaue Beschreibung gegeben wird, können verschiedene altarähnliche Gegenstände, die zum Weihräuchern geeignet wären, in Betracht gezogen werden. Stieg der Rauch des brennenden

Weihrauchs durch die Öffnungen der Ziertüllen? Wurde der Weihrauch in einer Schale mit einem Untersatz verbrannt (41, 181)? Gefäße mit Salböl werden auf Ständeraltären gezeigt (41); über den Abbildungen der untersten Reihe (197–199) steht: »Alabaster, gefüllt mit heiligem Salböl für das Opfer«.

Im Tempel Salomos wurden goldene Sprengschalen benutzt, um während des Gottesdienstes Wohlgerüche zu verbreiten (2. Chronika 4, 22; 1. Könige 7, 50). Das hebräische Wort *masrek* bedeutet einen Springbrunnen oder ein Gefäß, das eine Flüssigkeit versprüht. Es wird berichtet, daß solche Gefäße im Tempel Salomos standen (1. Könige 7, 50; 2. Chronika 4, 22). Unter den auf der Wand in Karnak gezeigten Gefäßen sind ein oder zwei von eigenartiger Form. Eines in der fünften Reihe (73) hat zwei seitliche Röhren (Tüllen?) und ist mit Tierfiguren geschmückt. Diese Röhren sind mit dem Bekken durch zwei Tiere (Löwen?) verbunden, die sich ihm entgegenrecken; kleine Nagetiere rennen die Röhren entlang, ein Paar aufwärts und ein Paar abwärts, auf dem obersten Teil des Gefäßes sitzen Amphibien (Frösche). Springbrunnen unserer Zeit werden nicht selten in dieser Weise ausgeschmückt, denn Figuren von Fröschen eignen sich für einen solchen Zweck besonders gut. Die Röhren und die Mäuler der Tiere auf dem Gefäß können dazu gedient haben, Duftstoffe oder Wasser zu versprühen. Der daneben befindliche Gegenstand scheint ebenfalls ein Sprenggefäß zu sein. Hundert goldene Becken wurden von Salomo für den Tempel angefertigt (2. Chronika 4, 8). In der sechsten Reihe des Wandbildes werden fünfundneunzig goldene Becken gezeigt; sechs größere Bekken stehen gesondert.

Die Wände und der Boden des Salomonischen Tempels waren mit »feinem Gold überzogen« und mit »kostbarem Gestein bedeckt« (2. Chronika 3, 5–6; 1. Könige 6, 28f.). Der Pharao, der »alles nahm«, ließ auch dieses Gold und diese Steine nicht an den Wänden. Etliches davon wurde zu Schmuckstücken umgearbeitet, und die Inschrift (über 63–65) sagt: »Gold und vielerlei Edelsteine, die Seine Majestät neu verarbeiten ließ.« Anderes Gold wurde in Form von Barren und (Ketten-) Gliedern (23, 24) mitgenommen. Goldene Ketten, heißt es, seien ebenfalls im Tempel Salomos gewesen (2. Chronika 3, 16): »Dann fertigte er Ketten an.«

Dreiunddreißig Türflügel sind in der untersten Reihe des Reliefs dargestellt, und die Inschrift erklärt, daß sie »aus gehämmertem Kupfer« seien (190).

> 2. Chronika 4, 9: Sodann machte er den Vorhof der Priester und den großen Hof und Türen zu dem Hof; die zugehörigen Türflügel aber überzog er mit Erz (Bronze)[42].

Unter der Beute des Pharaos werden auch Tartschen oder Schilde aus »gehämmertem Gold« erwähnt (2. Chronika 9, 15). Diese dreihundert Schilde zusammen mit den zweihundert Tartschen aus Gold (2. Chronika 9, 15–16) waren nicht Teile der Tempeleinrichtung, sondern schmückten »das Libanonwald-Haus«. In der siebten Reihe des Reliefs sind drei Scheiben mit der Zahl 300 bezeichnet, was heißt, daß sie für dreihundert Stück stehen. Das Metall, aus dem sie hergestellt sind, ist nicht angegeben; einige Dinge in dieser Reihe sind aus Silber, aber das nächste Stück hat eine Beischrift, die anzeigt, daß es aus Gold besteht.

Das »große eherne Meer« (1. Könige 7, 23; 2. Chronika 4, 2) und die ehernen (bronzenen) Gestühle wurden vom Pharao nicht geraubt (2. Könige 25, 16). Unter den Dingen, die später von Nebusaradan, dem Hauptmann Nebukadnezars, fortgeführt wurden, befanden sich »zwei Säulen, ein Meer und die Gestühle, die Salomo für das Haus des Herrn gemacht hatte«[43].

Der Ephod des Hohenpriesters (ein Schulterkragen mit einer Brustplatte) wird in der Heiligen Schrift nicht unter der

42 *Nechoshet* wird sowohl mit »Messing« wie mit Kupfer übersetzt. Es handelt sich jedoch entweder um Kupfer oder Bronze (Legierung aus Kupfer mit Zinn); Messing (Legierung von Kupfer mit Zink) kam erst viel später in Gebrauch.

43 2. Könige 25, 16. Einige wenige Goldgefäße mögen von den Priestern unter Rehabeam gerettet worden sein, denn es wird gesagt, daß Nebukadnezar goldene Gefäße mitnahm, die Salomo für den Tempel gemacht hatte (2. Könige 24, 13). Aber im Seder Olam wird gesagt, daß Pharao Serach Asa das zurückgab, was Sisak Rehabeam weggenommen habe.

Beute des Pharaos erwähnt und wurde vielleicht nicht mitgenommen, doch wurden kostbare Priestergewänder fortgeschleppt. Die vierte Reihe zeigt prächtige Schulterkragen, einige davon mit Brustplatten; sie waren als Geschenke für die Amonpriester bestimmt.

In den Reliefs von Karnak besitzen wir einen ausgezeichneten und ins einzelne gehenden Bericht über die Gefäße und Ausstattungsgegenstände des Tempels Salomos, einen wesentlich eingehenderen als in der einen Reliefszene des Titusbogens in Rom, die nur den Leuchter und einige wenige andere Gefäße des Zweiten Tempels zeigt, die, genau tausend Jahre nach der Plünderung des Ersten Tempels durch die Ägypter, in die römische Hauptstadt gebracht wurden.

Zoologische und botanische Sammlungen aus Palästina

Thutmosis III. hatte Erfolg mit seinen Plänen. Das Königreich Davids und Salomos war geteilt; Juda unterwarf sich der ägyptischen Herrschaft. Die Schiffsbasis Ezeon-Geber stand nicht mehr unter Judas Kontrolle; die Meerfahrten der Israeliten gemeinsam mit den Seeleuten von Tyrus und Sidon wurden nicht wiederholt.

Megiddo, das die Straße zwischen Jerusalem und Sidon sicherte, wurde die ägyptische Hauptfestung in Syrien-Palästina. Die Sidonier, welche die Besatzung von Megiddo wahrscheinlich als Söldner unterstützten, versuchten nach seinem Fall, ihre eigene Unabhängigkeit zu retten. Jaffa fiel in die Hände eines Generals Thutmosis' III.[44]; der Flotte der Phönizier, oder doch eines Teils von ihr, bemächtigte sich Thutmosis III. einige Jahre später. Das nördliche Königreich Israel, regiert von einem Marionettenkönig, der ein Werkzeug in den Händen des Pharaos war, brauchte nicht erobert zu wer-

44 Siehe die phantastische Erzählung von der Einnahme Jaffas durch einen General Thutmosis'III. im Harris-Papyrus, 500, Rückseite, übersetzt von Goodwin, »Transaction of the Society of Biblical Archaeology«, III, 340–348, und G. Maspero, ebenda, I, 53–66; neue Übersetzung von T. E. Peet »Journal of Egyptian Archaeology«, XI (1925), 226f.

den. Jerobeam kam aus Ägypten, wo er für seine Aufgabe vorbereitet worden war. Es war logischerweise damit zu rechnen, daß das Land Israel freiwillig an Thutmosis III. Tribut zahlen würde.

In weniger als fünf Monaten – um genau zu sein: in einhundertundachtundvierzig Tagen – war der Palästinafeldzug vorüber. Im nächsten Jahr kehrte Thutmosis III. auf einer Inspektionsreise nach Palästina zurück und nahm Tribut entgegen. In Palästina machte der Pharao eine Tochter der königlichen Familie zu einer seiner Frauen[45] und brachte sie, zusammen mit Schmuck aus Gold und Lapislazuli und einem Gefolge von dreißig Sklaven, in seine Heimat; er brachte auch Pferde mit, Streitwagen, bei denen Gold und Elektron verarbeitet worden war, Stiere und Kleinvieh, flache Schalen aus Gold, »das nicht gewogen werden konnte«, »flache Silberschalen«, »ein mit Lapislazuli eingelegtes goldenes Horn«, »viel Silber«, 823 Krüge voll Weihrauch, 1718 Krüge mit Honigwein, Elfenbein, kostbares Holz, »alle Üppigkeiten dieses Landes.«

Im Jahre darauf (»Jahr 25«) kam der Pharao wieder nach Palästina zu einer Inspektion. Diesmal suchte er Nordpalästina (Ober-Retenu) auf. Unterwegs bewunderte er die Gärten von Juda, Benjamin und Ephraim. Vieles aus diesen Gärten, reich an Farbe, Art und Wohlgeruch, wurde nach Ägypten verpflanzt:

> Alle Pflanzen, die da wachsen, alle Blumen, die in Gottes Land sind, welche Seine Majestät fand, als Seine Majestät nach Ober-Retenu zog[46].

Wie auf den Puntreliefs Hatschepsuts, wird dieses Land Gottes Land (Göttliches Land) genannt. Nach dem Beispiel der friedlichen Expedition Hatchepsuts, bei der allerdings nur einunddreißig Almugbäume auf ägyptischen Boden übergeführt wurden, hat die Tribut eintreibende Expedition Thutmosis' III. ganze botanische Sammlungen mitgenommen.

45 Breasted, »Records«, II, Abschnitt 447.
46 Ebenda, Abschnitt 451.

Diese Sammlungen sind auf den Mauern des Karnaktempels wiedergegeben; sie zeigen verschiedene, der Flora Palästinas vor etwa 2850 Jahren eigene Arten. Zugleich wurde eine zoologische Sammlung mitgenommen; eine Inschrift erwähnt dies nicht, aber die Abbildungen der Tiere erscheinen auf dem Relief zwischen den Pflanzen.

> Seine Majestät sagte: »Ich schwöre, so wahr Ré mich liebt und mein Vater Amon mir gnädig gesinnt ist, alle diese Dinge sind wahrhaftig geschehen.«

Angesichts dieser Bilder wird die Erinnerung wach an das, was von Salomo gesagt wird, dessen königliches Vergnügen es war, Pflanzen und Tiere zu sammeln und zu studieren.

> 1. Könige 5, 13: Und er redete da über die Bäume – von der Zeder auf dem Libanon bis zum Ysop, der aus der Mauer wächst, und redete über die Tiere und die Vögel und das Gewürm und die Fische. (Bei Luther 1. Könige 4, 33.)

Botaniker[47] erkennen unter den Pflanzen, die Thutmosis III. mitbrachte, den blauen Lotos, den Weindattelbaum und den Granatapfelbaum, Drachenwurz (Calla), Aronstab, Iris, Chrysanthemum und auch Kornblume und Mandragora, ferner eine Abart der Kiefer und eine Art »Melonenbaum«. Viele der Pflanzen können jedoch überhaupt nicht identifiziert werden[48].

Es scheint sicher, daß viele der auf dem Karnakrelief abgebildeten Pflanzenarten in Palästina nicht heimisch waren. Wie ist nun das Vorhandensein dieser Pflanzen unter denen zu erklären, die Thutmosis III. aus Palästina mitbrachte?

»Möglicherweise könnte die zweifache geographische Angabe, Palästina und Gottes Land, durch die Tatsache erklärt werden, daß eine Anzahl der Pflanzen tatsächlich aus Gottes

47 G. Schweinfurth, »Pflanzenbilder im Tempel von Karnak«, Englers »Botanische Jahrbücher«, LV (1919), 464–480. Wreszinski, »Atlas zur altägyptischen Kulturgeschichte«, Teil II, Text zu Tafel 26.

48 Wreszinski, »Atlas«, Teil II, Text zu Tafel 33: ». . . entzieht sich die weit überwiegende Zahl der dargestellten Pflanzen der botanischen Bestimmung und damit auch der Bestimmung ihrer Heimat.«

Land kam. Es gibt noch eine weitere Möglichkeit, das Vorhandensein dieser Pflanzen zu erklären, daß nämlich Fürsten ferner Länder dem auf seinem Kriegszug befindlichen Pharao Boten mit Geschenken sandten.«[49] Diese zweite Erwägung ist befremdend; es ist nicht üblich, daß ferne Länder kriegerischen Eroberern während ihres Feldzuges Pflanzen und Vögel schicken. Die erste Erwägung illustriert, welch seltsame Vermutungen angestellt werden müssen, um der Identifikation Palästinas mit Gottes Land aus dem Wege zu gehen.

Wie schon gesagt wurde, scheint ein Teil der Blumen und Pflanzen nicht in Palästina heimisch zu sein, und einige von ihnen können überhaupt nicht bestimmt werden. Da die einzelnen Arten jedoch von einer sehr genau arbeitenden Hand gezeichnet sind, kam man zu der Schlußfolgerung: »Diese Pflanzen, schon zur Zeit Thutmosis' III. selten, gibt es heutzutage nicht mehr.«

Auf Schiffen ließ Salomo Bäume bringen aus Ländern, die mehr als eine Jahresreise entfernt lagen. Kein Wunder, daß in der Beute Thutmosis' III. Pflanzen waren, die dem heutigen Palästina fremd sind; sie waren nämlich auch zur Zeit Thutmosis' III. der südwestlichen Ecke des Mittelmeers fremd. Dies kann aus dem Umstand geschlossen werden, daß der Pharao sie von seiner militärischen Expedition mitbrachte und an den Wänden des Karnaktempels darstellen ließ, ebenso wie die Schätze von Gold und Silber; diese Pflanzen waren nämlich, obwohl in Palästina gezogen, exotisch und selten.

Auf dem Relief befinden sich zwischen den Pflanzen Abbildungen von Tieren, von denen die der Vögel besser erhalten sind. Ein Zoologe hat viele Vogelarten bestimmt, aber einige schienen ihm phantastische Erfindungen des Bildhauers zu sein[50], da sie im Osten unbekannt sind. Es ist bekannt, daß die Schiffe von Tharsis Pfauen mitbrachten (1. Könige 10, 22; 2. Chronika 9, 21), und sicherlich sammelte Salomo nicht nur eine Art von Vögeln. Es war sein zoologischer Garten, der

49 Ebenda, Teil II, Text zu Tafel 33.
50 M. Hilzheimer, zitiert von Wreszinski, »Atlas«, Teil II, Text zu Tafel 33.

vom Pharao, ebenso wie die Schätze seines Tempels und Palastes, nach Ägypten verbracht wurde.

Auf den Reliefs von Dêr-el-Bahari und Karnak können wir heute das Volk von Juda aus der Zeit Salomos, die Tiere und die Pflanzen, die es züchtete und die Dinge, die ihm teuer waren, betrachten.

Genubath, der König von Edom

Edom wurde wie Israel von einem Vorsteher regiert, der vom König von Theben eingesetzt war. Hadad der Edomiter hatte einen Sohn namens Genubath von der Schwester der Thachpenes, der Gemahlin des Königs Amosis.

> 1. Könige 11, 20: Und die Schwester der Thachpenes gebar ihm seinen Sohn Genubath, und Thachpenes (zog) ihn in Pharaos Palast (groß), und so wuchs Genubath mitten unter Pharaos Söhnen auf.

Hadad war nach dem Tod Joabs in den Tagen Salomos nach Edom zurückgekehrt[51]. Seitdem waren etwa vierzig Jahre vergangen, sein Sohn Genubath war nun Lehnskönig in Edom und wohnte entweder in Edom oder in Ägypten.

Auch aus diesem Land müssen der ägyptischen Krone Tribute geleistet worden sein; es bedurfte zur Unterwerfung Edoms keines Feldzugs. Als Thutmosis III. von einer seiner Inspektionsreisen nach Palästina zurückkam, fand er in Ägypten Tribut vor, den Boten gebracht hatten aus dem Land »Genubatye«, das nicht mit Kriegsgewalt hatte erobert werden müssen.

> Als Seine Majestät eintraf, kamen die Boten der Genubatyer und trugen ihren Tribut herbei[52].

Er bestand aus Myrrhe, »Negern als Dienerschaft«, Stieren, Kälbern, dazu Fahrzeugen, beladen mit Elfenbein, Ebenholz und Pantherfellen.

51 1. Könige 11, 21–22.
52 Breasted, »Records«, II, Abschnitt 474.

Wer war das Volk von Genubatye? Kaum eine Frage wurde über diesen merkwürdigen Namen verloren. Das Volk von Genubatye war das Volk ihres Königs Genubath, eines Zeitgenossen Rehabeams.

Ein Jahr zuvor, im siebten Jahr nach dem Feldzug nach Megiddo und Jerusalem, stieß Thutmosis III. nordwärts gegen Arwad vor. Er benutzte dabei die Festung Megiddo als Basis und wurde durch die den Sidoniern genommene Flotte unterstützt.

»Bei seiner Rückkehr nach Ägypten nahm er mit sich die eingeborenen Fürsten, um sie in Freundschaft für Ägypten erziehen zu lassen, damit sie zurückgeschickt werden können, um allmählich an die Stelle der alten feindseligen Generation syrischer Fürsten zu treten.«[53]

> Siehe, die Kinder der Vorsteher und ihre Brüder wurden in die Festungen Ägyptens gebracht. Wer nur immer von diesen Vorstehern starb, so würde Seine Majestät seinen Sohn veranlassen, an seine Stelle zu treten[54].

Dies ist eine Politik ähnlich der, die im Falle der Edomiter Hadad und Genubath angewendet wurde.

Prinzessin Ano

In der Septuaginta – der griechischen Fassung des Alten Testaments –, die in Alexandria in Ägypten im 3. Jahrhundert vor unserer Zeitrechnung entstand, findet sich der Bericht, daß Jerobeam, als er in Ägypten vom Tode Salomos hörte, dem König von Ägypten in den Ohren lag und bat: »Laß mich gehen, und ich werde in mein Land ziehen.« Und Susakim (Schischak) gab Jerobeam Ano zum Weibe, die älteste Schwester der Thelkemina, seiner eigenen Frau. Sie war groß unter den Töchtern des Königs, und sie gebar Jerobeam Abia.[55]. Dieser Bericht ist von Wichtigkeit, weil er den Namen

53 Ebenda, Abschnitt 463.
54 Ebenda, Abschnitt 467.
55 Septuaginta, 3. Könige 12, 24 e.

der Schwester der Königin nennt; die noch vorhandene hebräische Fassung der Bibel erzählt nur, daß Jerobeam außer Landes floh »zu Schischak, dem König von Ägypten, und war in Ägypten bis zum Tode Salomos«. Nach der Septuaginta erhielt Jerobeam eine ägyptische Prinzessin zur Frau wie – nur eine Generation früher – der Edomiter Hadad (1. Könige 11, 19).

Im Metropolitan Museum of Art in New York wird ein kanopischer Krug aufbewahrt, der den Namen der Prinzessin Ano trägt[56]. Als Zeit der Herstellung des Kruges wurde aus stilistischen Gründen diejenige Thutmosis' III. angenommen. In keinem ägyptischen Dokument und keiner sonstigen ägyptischen Quelle findet sich die Erwähnung einer Prinzessin dieses Namens. Die Existenz einer Prinzessin mit Namen Ano in den Tagen Thutmosis' III. macht den Bericht der Septuaginta glaubhaft und liefert eine zusätzliche Unterstützung zur Identifikation des Schischak oder Susakim der Septuaginta mit dem Pharao, den wir unter dem Namen Thutmosis III. kennen.

»Die erstaunliche Zivilisation«

Außer den Reliefs an den Wänden von Karnak zeigt auch noch eine Anzahl anderer Denkmäler den Reichtum, den Thutmosis III. aus Palästina fortführte. Unter diesen Denkmälern stehen die Gräber von Rechmire [57], einem Wesir Thutmosis' III, und von Mencheperre-Seneb, einem Hohenpriester, an erster Stelle. Gefäße und Einrichtungsgegenstände werden auf dem Wege von Palästina nach Ägypten gezeigt. Auch Streitwagen aus Gold und Silber waren unter der Beute Thutmosis' und wurden seinen Günstlingen als Geschenke gegeben.

Die vielerlei Kunstwerke aus Palästina wurden in der ägyp-

56 Metropolitan Museum of Art, Nr. 10.130.1003.

57 Breasted, »Records«, II, Abschnitt 760, über das Grab des Rechmirê: »Dies ist eine der wichtigsten Darstellungen, die aus dem alten Ägypten erhalten blieben. Ähnliche Bilder sind auch in anderen thebanischen Gräbern zu finden, aber keines davon enthält eine so fein ausgeführte, detaillierte und ausführliche Darstellung des Reichtums asiatischer Völker, der nun als Tribut in die Schatzkammern der Pharaonen floß.«

tischen Hauptstadt aufs höchste geschätzt und die Künstler Palästinas als Gefangene nach Ägypten gebracht, um dort ihr Handwerk auszuüben. Auf den Wänden der Grabkammern des Wesirs sind Kupferschmiede dargestellt, und es heißt dazu: »Das Bringen der asiatischen Kupfer(schmiede), die Seine Majestät bei den Siegen in Retenu gefangennahm.« Über den Kunsttischlern aus Palästina erscheinen die Worte: »Das Herstellen von Truhen aus Elfenbein, Ebenholz.« Da waren Ziegelmacher, die für den Bau des Amontempels arbeiten[58], und daneben steht die Inschrift: »Gefangene, die Seine Majestät für die Arbeiten am Amontempel mitbrachte.« »Der Aufseher, er sagt zu den Bauleuten: ›Die Rute ist in meiner Hand; seid nicht müßig‹.«

Alles dies wurde als Beweis dafür angesehen, daß die Kanaanäer, die einheimische Bevölkerung Palästinas, in den Künsten wohl bewandert war, so verwunderlich es auch scheinen möchte: »Wir lernen aus den Beutestücken, die nach Ägypten gebracht wurden – mit Silber eingelegte und goldüberzogene Streitwagen und anderes – die erstaunliche Zivilisation Syriens jener Zeit kennen.«[59]

Wir aber wissen jetzt, daß die erstaunliche Zivilisation, deren Erzeugnisse wir auf diesen Denkmälern sehen, nicht kanaanäisch, sondern israelitisch war. Es ist deshalb interessant zu lesen, welche Rolle die modernen Historiker den Kanaanäern beim Entwicklungsprozeß der ägyptischen Kunst und bei der Geschmacksverfeinerung des ägyptischen Volkes zuschreiben; es sind ebenso unbeeinflußte Meinungen, wie es die Kritik an Werken eines Künstlers ist, dessen Name sich hinter einem Pseudonym verbirgt.

»Zu dieser Zeit (Thutmosis' III., 1503–1449) standen die Syrer auf einer höheren Stufe der Zivilisation als selbst das

58 Ebenda, Abschnitt 756: ». . . von besonderem Interesse sind die semitischen Fremdlinge, die unter den Ziegelmachern in der Schar der Gefangenen erscheinen, die Seine Majestät für die Arbeiten am Amontempel mitbrachte. Dies ist selbstverständlich genau das, was hernach von den Hebräern verlangt wurde.«

59 Mercer, »Extra-Biblical Sources«, S. 10. Siehe auch P. Montet, »Les Reliques de l'art syrien dans l'Egypte du Nouvel Empire« (Paris 1937).

wunderbar begabte Volk von Ägypten. Die nach Ägypten fortgeschleppte Beute – Panzerhemden, goldbeschlagene Streitwagen und solche, die mit Silber eingelegt waren – gibt Zeugnis von einer industriellen und künstlerischen Entwicklung, von der selbst Ägypten noch lernen konnte. Mit all diesen kostbaren Gütern kamen Gefangene nach Ägypten, die im Niltal in dem Handwerkszweig weiterarbeiteten, den sie daheim schon ausgeübt hatten, und während sie arbeiteten, unterwiesen sie die Ägypter . . . Die syrischen Handwerker arbeiteten in Ägypten so gut, daß ihre Erzeugnisse sogar den Geschmack der Ägypter veränderten; daneben wurde die Sprache semitisiert, und der Schreibstil wurde nach und nach flüssiger und eleganter. Durch den großen Zufluß fremden Blutes nahmen sogar die Gesichtszüge des Eroberervolkes weniger kühne, dafür weichere Formen an. Derartige Veränderungen hat Ägypten seit dem Beginn der Monarchie niemals gekannt.«[60]

Es lohnt sich auch, die goldbeschlagenen und mit Silbereinlagen versehenen Streitwagen näher zu betrachten, die Thutmosis III. in Palästina erbeutete. »Das Lied der Lieder, welches Salomos ist«, wird als ein Werk späterer Zeit bezeichnet und die Erwähnung des Luxus zu Salomos Zeiten als Phantasieprodukt des Dichters. »König Salomo machte sich einen Streitwagen aus dem Holz des Libanon. Die Stützen machte er aus Silber, den Boden aus Gold, die Verkleidung aus Purpur.« Die ägyptischen Denkmäler zeigen, daß es im fünften Jahr nach Salomo in Jerusalem und auch in Megiddo nicht nur einen, sondern viele solcher Wagen aus Gold und Silber gegeben hat.

Wir müssen demnach unser vermeintliches Wissen von einer kanaanäischen Kunst des 16. und 15. Jahrhunderts vor unserer Zeitrechnung beiseite legen und anfangen, Wissen zu erwerben von einer jüdischen Kunst des 10. Jahrhunderts, von der die Kunstgeschichte bisher nichts zu kennen glaubte.

60 R. W. Rogers, »Cuneiform, Parallels to the Old Testament« (2. Auflage, New York und Cincinnati 1926), S. 255.

Gottes Land und Rezenu[61]

Dieses Kapitel zeigt, daß die Eroberung Palästinas durch Thutmosis III. nicht in der kanaanäischen Periode stattgefunden hat, sondern zur Zeit der jüdischen Könige, genauer gesagt im fünften Jahr Rehabeams, des Sohnes Salomos. Im vorhergehenden Kapitel wurde dargelegt, daß die Expedition der Königin Hatschepsut nach dem Lande Punt in der Zeit König Salomos unternommen wurde und daß das von ihr besuchte Land Juda und vermutlich auch Phönizien gewesen sei. Mit anderen Worten: Wir nehmen an, daß die Königin Hatschepsut auf ihrer friedlichen Fahrt und Thutmosis III. auf seinen kriegerischen Expeditionen das gleiche Land aufsuchten.

Wir befinden uns nun in folgender Situation: Entweder sind wir in die Irre gegangen, oder wir erhalten einen zusätzlichen Beweis, daß die Königin Hatschepsut auf ihrer berühmten Expedition nach Palästina und nicht ins östliche Afrika ging. Ist nicht gerade dieser Punkt wesentlich für eine Identifikation der Königin Hatschepsut mit der Königin von Saba?

Die Annahme, daß die Menschen aus Gottes Land auf den Bildern Hatschepsuts Menschen aus Palästina gewesen seien, kann leicht bewiesen oder widerlegt werden, indem man diese Abbildungen mit den Figuren der mit einem Schild versehenen Männern auf dem Karnakrelief vergleicht, das die Eroberung Palästinas symbolisch darstellt. In beiden Fällen haben ägyptische Künstler faktisch der gleichen Generation die Skulpturen ausgeführt. Sie waren Meister in der Wiedergabe der charakteristischen Merkmale der verschiedenen Rassen. Aus den verschiedensten Zeitaltern sind Bilder erhalten geblieben, auf denen ägyptische Künstler ganze Sammlungen rassischer Typen geschaffen haben. Ein Blick auf die Menschen aus Gottes Land, die »Menschen aus dem Süden«, und die Ägypter auf den Reliefs der Puntexpedition kann uns dazu veranlassen, das Feingefühl der Künstler zu würdigen, mit dem sie den Typ ihrer eigenen Rasse und den fremder Rassen auszudrücken verstanden.

61 Eduard Meyer liest »Rezenu«, Breasted übersetzt »Retenu«.

Dieselben charakteristischen Profile, dieselbe Tracht des mit einem langen Band zusammengehaltenen Haares und derselbe lange Bart, der wie die Verlängerung eines spitzen Kinns wirkt, machen es sicher, daß Typen ein und desselben Volkes sowohl auf den Reliefs Hatschepsuts als auch Thutmosis' III. dargestellt wurden.

Aber, so könnte man fragen, wenn Thutmosis III. in dasselbe Land zog, in das Hatschepsut zwei oder drei Jahrzehnte zuvor gekommen war, weshalb nannte er dann das von ihm eroberte Land Rezenu (Palästina) nicht mit demselben Namen wie Hatschepsut: Gottes Land und Punt?

Jahr für Jahr kehrte Thutmosis III. nach Palästina zurück, um Tribute einzuziehen (2. Chronika 12, 8: ». . . sie sollen ihm untertan werden«). Drei Jahre nach der Eroberung von Megiddo, Kadesch und anderen Städten hatte er auf die Wände von Karnak Abbildungen der Bäume und Pflanzen einmeißeln lassen, die er aus Palästina mitgebracht hatte; und daneben die bereits zitierte Inschrift: »Pflanzen, welche Seine Majestät im Lande Retunu fand. Alle Pflanzen, die da wachsen, alle Blumen, die in Gottes Land sind, welche Seine Majestät nach Ober-Retenu zog.«[62]

Dieser Satz veranlaßte den Übersetzer zu der Schlußfolgerung, daß »Gottes Land manchmal für Asien gebraucht wird«[63].

Der sechste Kriegszug Thutmosis' III. glich dem ersten: Er eroberte den Norden Syriens. Drei Jahre später ging er nach Palästina, um Kontributionen einzutreiben. Nach der Beschreibung der von Sinear, Cheta und dem Lande Naharina erhaltenen Tribute heißt es im Register: »Wunderdinge, die Seiner Majestät in diesem Jahr in das Land Punt gebracht wurden: getrocknete Myrrhe . . .« Der Übersetzer war von dieser Redewendung überrascht[64], wir dagegen finden, daß Thutmosis III. dieselben Bezeichnungen wie Hatschepsut, nämlich Punt und Gottes Land, für das Land gebrauchte, das sie beide aufsuchten: Phönizien – Palästina.

62 Breasted, »Records«, II, Abschnitt 451.
63 Ebenda, Anmerkung zu Abschnitt 451.
64 Ebenda, Abschnitt 486.

Es erhebt sich nun folgende Frage: Erzeugte Palästina Myrrhe, die in der Aufzählung des Tributs genannt, und Weihrauch, der bei den Geschenken aufgezählt wird, die Hatschepsut in Gottes Land empfing?

Myrrhe und Weihrauch werden in ägyptischen Inschriften wiederholt als Produkte Punts erwähnt. Weihrauch (olibanum) entsteht in klaren Tropfen, die weiß werden, wenn man sie sammelt und zu Klümpchen oder Stäbchen formt. Wegen seiner Farbe wird der kostbare Weihrauch in verschiedenen Sprachen (Griechisch, Arabisch) »weiß« genannt, ebenso im Hebräischen (*lebana* – weiß). Der weniger kostbare Weihrauch (ladanum) ist von gelber oder brauner Farbe[65]. Die Weihrauchpflanzen gedeihen nur in sehr bestimmten Gegenden: Somalia und das südliche Arabien, auf den einander gegenüberliegenden Küsten des Roten Meeres, sind Gegenden, wo Weihrauch heute noch erzeugt wird. Botaniker wurden zu Führern der Archäologen bei der Suche nach dem Lande Punt.

Nach seiner fünften Inspektionsreise in das eroberte Syrien und Palästina verzeichnete Thutmosis III. als Tribut Weihrauch, Öl, Honig und Wein. Zurückgekehrt von seinem neunten Besuch, stellte er fest, er habe als »Retenu-Tribut in diesem Jahr« Pferde, Streitwagen, verschiedene Silbergefäße in der Ausführung des Landes erhalten und ebenso »trockene Myrrhe, Weihrauch, 693 Krüge süßes und grünes Öl, 2080 Krüge und Wein 608 Krüge«.

Von seinem siebten Feldzug schrieb er: »Tribut der Fürsten von Retenu, die zur Huldigung kamen ... Nun, jeder Hafen, zu dem Seine Majestät kam, wurde versorgt mit Brotlaiben, und ausgesuchten Brotlaiben, mit Öl, Weihrauch, Honig, Wein und Früchten – alles war über alle Begriffe reichlich da – ... Es wurde berichtet, die Ernte des Landes Retenu habe bestanden aus viel frischem Getreide, Getreidekörnern (nicht gemahlen), Gerste, Weihrauch, grünem Öl, Wein, Früchten, jeglichen erfreulichen Dingen des Landes.«[66]

65 Siehe Lucas, »Ancient Egyptian Materials« (2. Auflage), S. 92.
66 Breasted, »Records«, II, Abschnitt 471–473.

Myrrhe und Weihrauch waren Produkte Palästinas. Wir wollen nachsehen, ob die Heilige Schrift irgendeinen Hinweis dafür gibt, daß sie zur Zeit Salomos Produkte des Heiligen Landes waren. In dem »Lied der Lieder, welches Salomon ist«, sagt der verliebte Fürst zur kleinen Hirtin (4, 6): »Bis daß der Morgenwind weht und die Schatten fliehn, will ich mich ergehn zu dem Myrrhenberge und zum Weihrauchhügel.«

Das Lied spricht von den Zeiten Salomos, selbst wenn es erst später niedergeschrieben wurde.

Lebana (Weihrauch) bei Bethel (Richter 21, 19) war wahrscheinlich der Ort, wo die Weihrauchpflanze wuchs. In den Tagen Thutmosis' III. wurden, wie er selbst erzählte und bildlich darstellen ließ, die seltenen Pflanzen der Gärten Palästinas nach Ägypten übergeführt. Später, in den Tagen Jesaias (60, 6) und Jeremias (6,20), wurde Weihrauch aus dem südlichen Arabien und Palästina eingeführt.

Es ist jetzt an der Zeit, den Namen »Retenu« oder »Rezenu« zu erklären, der in vielen ägyptischen Inschriften des Neuen Reiches oft zur Bezeichnung von Palästina verwendet wird. Galiläa wird »Ober-Rezenu« genannt. »Rezenu« ist anscheinend eine Umschreibung des Namens, den die Bevölkerung Palästinas für ihr Land gebrauchte. Nach seiner Bedeutung muß deshalb die hebräische Sprache befragt werden.

In der Heiligen Schrift wird Palästina häufig »Erez« (Land), »Erez Israel« (das Land Israel) und »Arzenu« (besitzanzeigender Fall, »unser Land«) genannt[67]. Was die Ägyptologen als Retenu oder Rezenu lesen, ist wahrscheinlich das »Arzenu« der Bibel.

Nur in einer einzigen Inschrift des Mittleren Reiches (XII. Dynastie) wird unter Sesostris III. der Name Rezenu erwähnt – es ist ein sehr kurzer Bericht über einen Streifzug in dieses Land gegen M-n-tyw. Da wir den gleichen Namen, Mntyw, in ägyptischen Dokumenten einer viel späteren Periode, der des Königs Menašše (Manasse), finden werden, muß das Mntyw des Mittleren Reiches den Stamm Menašše bedeuten. Wenn

67 Josua 9, 11; Richter 16, 24; Psalmen 85, 10, 13; Micha 5, 4; Das Hohelied 2, 12; vgl. auch Leviticus 26, 5; Numerus 10, 9 und Jeremia 5, 19.

die Inschrift zu Recht der Zeit Sesostris' III. zugeschrieben wird, würde aus der Erwähnung des Stammes Menašše hervorgehen, daß die Israeliten, bevor sie nach Ägypten kamen, in Palästina gewohnt hätten, und zwar nicht als eine einzelne patriarchalische Familie, sondern als Stämme, die stark genug waren, um vom Pharao als Feinde betrachtet zu werden. Dies würde übereinstimmen mit der Überlieferung einer Niederlage, die Abraham und die Diener seines Hauses den Königen von Sinear und Elam und ihren Verbündeten (Genesis 14) zufügten, und mit der Zahl der Israeliten (etwa zwei Millionen einschließlich der Weiber und Kinder) in den Tagen des Exodus zu einem etwa zweihundert Jahre währenden Aufenthalt in Ägypten.

Sosenk (Schoschenk)

Nach der konventionellen Geschichtsschreibung regierte Thutmosis III., und die ganze XVIII. Dynastie überhaupt, über ein kanaanäisches Palästina. Pharao Schischak, der die Gefäße aus dem Tempel in Jerusalem fortführte, suchte man in einer Zeit, die um einige hundert Jahre auf die Epoche der Ramessiden folgte. Die Ramessiden waren die letzten großen Pharaonen der Ära, in welcher Ägypten ein Weltreich war.

Unter dem Namen der Könige aus der noch ziemlich im Dunkeln liegenden Periode, welche die Historiker, die sich mit Ägypten befassen, auf über sechshundert Jahre ausdehnen (bis zur Eroberung Ägyptens durch Kambyses im Jahre 525 v. Chr.), fand sich ein hieroglyphischer Name, der »Sosenk« gelesen wurde. Dieser König aus der libyschen Dynastie ließ die Namen der Städte, die ihm untertan waren, auf die Außenseite der südlichen Wand des Karnaktempels meißeln. Diese Städte werden durch Figuren, wie die Städte-Figuren auf dem Relief Thutmosis', dargestellt, und es ist augenfällig, daß Sosenk dieses Wandbild kopierte. Während aber die Liste Thutmosis' aus gutgekannten Namen besteht, die aus der Bibel vertraut sind, enthält die Liste Sosenks zumeist unbekannte Namen. Die Begleitinschrift ergeht sich in »stereotypen Redewendungen ... zu unklar, zu allgemein und unbestimmt, um als Grundlage für eine Untersuchung von Sosenks Kriegszug zu dienen. Hätten wir nicht im Alten Testament die kurze Erwähnung von seiner Plünderung Jerusalems, würden wir kaum die Vermutung aufstellen dürfen, daß dieses Relief das Denkmal für einen bestimmten Feldzug wäre«[68].

Und doch wird in allen Textsammlungen und Handbüchern Sosenk (Schoschenk) als der biblische Schischak angeführt. Es wird allerdings eingeräumt, »daß das Datum der Thronbesteigung Schischaks von der israelitischen Chronologie abhängig ist«[69].

Auf dem Relief stehen die Namen von einhundertfünfundfünfzig Städten[70]. »Nur siebzehn davon können mit Sicherheit und zwei weitere mit Wahrscheinlichkeit lokalisiert werden. Vierzehn von diesen gehören zu Israel; es sind meistenteils unwichtige Städte, während die restlichen fünf in Juda liegen und – mit einer Ausnahme – unbedeutende Dörfer sind.«[71]

Von den palästinischen Städten wurden die folgenden aufgrund phonetischer Ähnlichkeit bestimmt: Beth-San, Hapharaim, Gibeon, Megiddo »und die interessanteste ist p'-hw-k-rw'-'b'-r'-m oder Hekel Abram, was nichts anderes heißen kann als ›das Feld des Abram's‹«[72]. Es gibt nun, das ist eine Tatsache, eine Anzahl von p'-hw'k-r-w, und jedes von ihnen wird als *hekel*, »Feld« (in Aramäisch), identifiziert. Ein Ort mit dem Namen Hekel Abram, der in Juda oder Israel gelegen haben soll, ist unbekannt, ebenso wie irgendein anderes Hekel[73].

68 Breasted, »Records«, IV, Abschnitt 709; Wilson, »Egyptian Historical Text« in »Ancient Near Eastern Texts«, Hrsg. v. Pritchard: »Ein erzählender Bericht über den Feldzug des Pharaos ist nicht vorhanden. In seinen Inschriften sind die Hinweise auf den Tribut des Landes Syrien oder seine Siege ... unklar und verallgemeinert.«

69 W. F. Albright: »Archaeology and the Religion of Israel« (Baltimore 1942), S. 211.

70 Jirku, »Die ägyptischen Listen, Klio Beihefte«, XXXVIII (1937).

71 Breasted, »Records«, IV, Abschnitt 711.

72 Ebenda, Abschnitt 715.

73 A. Jirku (»Die ägyptischen Listen, Klio Beihefte«, XXXVIII, 1937) äußerte Zweifel, ob ein aramäisches Wort *hekel* im 10. Jahrhundert in Palästina gebraucht worden sein könnte.

So gut wie kein Name konnte in ganz Juda lokalisiert werden, denn selbst die wenigen »unbedeutenden Dörfer« waren mehr oder minder Mutmaßungen. Das erweckt den Eindruck, daß lediglich Israel Sosenk (Schoschenk) untertan war und Juda nicht. Weder Jerusalem, Hebron, Beerseba, Bethlehem noch irgendein anderer bekannter Ort waren unter den Namen der Liste, desgleichen nicht Jaffa, Gath oder Askalon[74].

Die Inschrift erwähnt in allgemein gehaltenen Ausdrücken den Sosenk übergebenen Tribut, wo aber sind die Beutestücke, die Gefäße und die Ausstattung des Tempels Salomos und seines Palastes? War »Schischak« so bescheiden, daß er die eroberte Hauptstadt und die reiche Beute des Tempels nicht erwähnte und zugleich so prahlerisch, daß er eine Liste mit den Namen nicht existierender Städte aufstellte?

Von Thutmosis III. wiederum wird gesagt, er sei in ein präisraelitisches Kanaan eingedrungen, etwas fünf- oder sechshundert Jahre vor der Schischak zugeschriebenen Zeit. Er habe Städte und Festungen erobert, die erst viel später – zur Zeit der Richter oder Könige – erbaut wurden und habe aus Kanaan eine unermeßliche Beute, bestehend aus heiligen Gefäßen und Ausstattungsstücken in Gold, Silber und Messing (Bronze) fortgeführt, Gegenstände, die sechshundert Jahre später von Salomo formgetreu – und sogar der Zahl nach – kopiert und in den Büchern der Könige beschrieben wurden. Ist dies nicht eine sehr zweifelhafte Konstruktion? Beruht es nicht auf einem Irrtum, diese Kunstgegenstände den Kanaanäern zuzuschreiben? Wenn dies aber so ist, wer war dann dieser libysche Sosenk, der Hunderte von Jahren nach der Zeit Jerobeams und Rehabeams vom nördlichen Königreich (Israel) Tribute empfing? Auf den Seiten dieses Buches, die sich mit der Periode der libyschen Dynastie beschäftigen, wird er als der Pharao So identifiziert werden, dem Hosea, der letzte König des Nordreichs, Tribut sandte (2. Könige 17, 4).

74 Es muß darauf hingewiesen werden, daß ein Teil des Reliefs zerstört ist.

Zusammenfassung

Die Generation, die nach der Königin Hatschepsut in Ägypten lebte, wurde in diesem Kapitel mit der Generation nach König Salomo in Palästina zeitlich gleichgesetzt. In Ägypten war es die Zeit des Pharaos, der aus modernen Geschichtswerken als Thutmosis III. bekannt ist; in Palästina war es die Zeit Rehabeams, Salomos Sohn, und Jerobeams vom Nordreich. Die beiden Länder, Ägypten und Palästina, kamen in engen Kontakt miteinander. Der Pharao drang in Juda ein und, nach gleichlautenden ägyptischen und biblischen Berichten, »nahm (er) alle Städte« und näherte sich der Hauptstadt, in den Annalen des Pharaos Kadesch und in der Heiligen Schrift sowohl Jerusalem wie Kadesch genannt. Die Eroberung Palästinas wird nahezu übereinstimmend in den Büchern der Könige und der Chronik wie in den ägyptischen Annalen beschrieben. Das Land »fiel in Zwietracht«. Nach einem erfolglosen Versuch, das Land zu verteidigen, unterwarfen sich die Festungen und die anderen Städte; die Fürsten mit ihren Familien sammelten sich in der Hauptstadt, deren Tore mit Einwilligung des Königs und der Fürsten geöffnet wurden, und »sie demütigten sich«. Palast und Tempel der Hauptstadt wurden geplündert und ihre Ausstattung und Gefäße nach Ägypten fortgeschafft. Die eingehende Beschreibung dieser Ausstattungsstücke und Gerätschaften, wie sie in den Büchern der Könige und der Chronik erhalten ist, stimmt völlig überein mit den auf den Wänden des Karnaktempels eingemeißelten Bildern. Die Gegenstände sind in Form und Aussehen identisch, gleichen sich in der Ausführung und sind gleich an Zahl: Altäre, Becken, Tische, Leuchter, Sprengschalen, Vasen mit Rändern aus »Knollen und Blüten«, lotusförmige Becher, Vasen aus Halbedelsteinen und priesterliche Ephodim (Amtstracht des Hohenpriesters), Goldschilde und kupferbeschlagene Türflügel.

Die Gefangenen auf dem Relief, die die eroberten Städte symbolisch darstellen, sind gleicher Rasse und Erscheinung wie das Volk von Punt und des Göttlichen Landes, das Königin Hatschepsut eine Generation zuvor aufsuchte, was wiederum beweist, daß Hatschepsut auf ihrer friedlichen Expedition nach Palästina kam. Unter den Städten, die Thutmosis III. eroberte, waren von Salomo und Rehabeam erbaute Städte, die sich aber in dem vollständigen Verzeichnis von Kanaan aus der Zeit der Eroberung Josuas nicht finden; jedoch lebte Thutmosis III. nach der konventionellen Chronologie von Josua.

Es wurde bewiesen, daß die biblischen Angaben über goldene Streitwagen zu Salomos Zeiten wahr sind. Solche Streitwagen wurden vom Pharao aus Palästina mitgebracht, und es wurden auch Handwerker aus Palästina in Ägypten beschäftigt.

Juda geriet in Abhängigkeit, und seine Bevölkerung wurde dem Pharao untertan. Von seinen wiederholten Expeditionen zur Entgegennahme von Tributen brachte der Pharao Weihrauch mit, ein Produkt des Landes, woraus sich nebenbei ergibt, daß der Weihrauch, den Hatschepsut aus dem Göttlichen Land mitbrachte, ein palästinisches Erzeugnis war; der Pharao erwähnte auch tatsächlich die Erzeugnisse von Punt und dem Göttlichen Land in Verbindung mit seiner Expedition nach Palästina. Er war es auch, der die zoologischen und botanischen Sammlungen König Salomos nach Ägypten überführte.

Während Jerobeam in Ägypten als Flüchtling vor Salomo lebte, heiratete er eine Schwester der Königin namens Ano. Ein kanopischer Krug, auf dem sich ihr Name befindet und der aus der Zeit Thutmosis' III. datiert, wird im Metropolitan Museum of Art aufbewahrt.

Im Buch der Könige wird Genubath als Sohn des im Exil lebenden Edomiterkönigs Hadad erwähnt, der im Palast der Pharaonen geboren und dort zur Zeit Davids und Salomos aufgezogen wurde. In den Annalen Thutmosis' III. wird er namentlich genannt als Fürst eines unterworfenen Landes, der dem Pharao Tribut zu leisten hätte.

Die Zeit Hatschepsuts war die Zeit Salomos, und die Zeit Thutmosis' III. die Zeit Rehabeams, Salomos Sohn, und seines Gegners Jerobeam.

Kapitel 5

Ras Schamra

Die Zeittafel der minoischen und mykenischen Kultur

An einem Frühlingstag des Jahres 1928 hob ein Bauer beim Pflügen seines Feldes an der Küste von Ras Schamra im nördlichen Syrien den Stein eines Grabgewölbes ab. Im Jahre 1929 und in den darauffolgenden Jahren wurden in zwölf Ausgrabungskampagnen[1] die Gebäude einer Stadt und ihres Hafens freigelegt und gleichzeitig Keramik, Gebrauchsgegenstände, Schmuckstücke und Tafeln einer Bibliothek gefunden. Dieser unbedeutende, auf Landkarten nicht einmal verzeichnete Ort liegt im Norden von Latakia, dem antiken Laodicea *ad mare* an der syrischen Küste, gegenüber der der Insel Zypern nach dem Festland im Osten weisenden Landzunge. An einem klaren Nachmittag ist die Insel von den Hügeln, die Ras Schamra umgeben, zu sehen.

Versuchsweise wurde der Ort mit dem Ugarit der El-Amarna-Briefe identifiziert[2], und dort gefundene schriftliche Dokumente bestätigten diese Vermutung. In grauer Vorzeit war die Stadt wiederholt in Trümmer gelegt worden. Die Schichten, in denen Wohnstätten ausgegraben wurden, numerierte man, von der Oberfläche beginnend, mit I bis V. Die erste oder oberste Schicht ist am besten erforscht; in den ersten neun Ausgrabungskampagnen konnte jedoch nur etwa ein Achtel dieser Schicht freigelegt werden. Die Grabung in tieferen Straten ist auf sehr kleine Flächen beschränkt geblieben. Die zweite Schicht enthielt einige Gegenstände ägyptischer Herkunft aus der Zeit des Mittleren Reichs; während

1 Unter der Leitung von Claude F. A. Schaeffer. Die Berichte darüber in »Syria, Revue d'art oriental et d'archéologie«, 1929 ff. Neudrucke der sieben ersten Berichte wurden zusammen unter dem Titel: »Les Fouilles de Minet-el-Beida et de Ras-Schamara, 1929–1936, veröffentlicht.

2 L. Forrer, »Syria, Revue d'art oriental et d'archéologie«, XIII (1932), 26.

des Mittleren Reichs lag die nordsyrische Küste innerhalb des ägyptischen Einflußgebietes. In einer Tiefe von mehr als zehn Metern kamen noch ältere Kulturen ans Tageslicht; Überreste aus dem Neolithikum (Jungsteinzeit) wurden auf dem darunter liegenden, gewachsenen Felsboden gefunden.

Das Alter der Funde in der obersten, vierzig Zentimeter bis zwei Meter unter der Oberfläche liegenden Schicht wurde bestimmt, noch ehe die Inschriften gelesen waren. Material, Form und Ausführung der Keramik gelten in den Händen der Archäologen als zuverlässiger Kalender. Es wurde erklärt, daß die Keramiken der Nekropole von Minet el-Beida (dem Hafen von Ras Schamra) und der Akropolis von Ras Schamra zyprischen Ursprungs seien, aber auch mykenischer Herstellung des. 15., 14. und teilweise des 13. Jahrhunderts v. Chr.[3].

Als auch einige ägyptische Gegenstände in dieser Schicht gefunden wurden, die nach Feststellung der Experten aus der Zeit der XVIII. und XIX. Dynastie stammten[4], bestätigen sie klar die aufgrund der Keramikfunde gemachte Zeitbestimmung. Die Zeit der höchsten Blüte Ugarits wurde in das 15. Jahrhundert verlegt und das 14. Jahrhundert als das des plötzlichen Verfalls der Stadt bezeichnet.

Da zwei verschiedene Methoden angewandt wurden, die beide zu ähnlichen Schlüssen führten, gab es keinen weiteren Zweifel über das Alter dieses Ortes und alle Publikationen, die sich mit Ras Schamra-Ugarit befaßten[5], beruhen auf der Voraussetzung, daß die literarischen und kulturellen Überbleibsel der ausgegrabenen Schicht Erzeugnisse des 15. und 14. Jahrhunderts seien.

Bevor wir fortfahren, müssen wir den objektiven Wert einer Zeitbestimmung anhand von Keramiken und anderen

3 Schaeffer, »Les Fouilles de Minet el-Beida et de Ras Schamra, Campagne 1929« (Paris 1929), S. 296 (»extrait de Syria, Revue d'art oriental et d'archéologie«); »La Deuxième Campagne de fouilles à Ras Shamra, 1930« (Paris 1931), S. 4; »La Troisième Campagne de fouilles à Ras Shamra, 1931« (Paris 1933), S. 11, 24.

4 Schaeffer, »La Deuxième Campagne«, S. 10–11.

5 Eine erste Bibliographie über Ras Schamra findet sich in Schaeffers »Ugaritica I« (Paris 1939). In den zehn Jahren nach 1929 überstieg die Zahl der Publikationen fünfhundert.

Kunstgegenständen aus Mykene und Kreta untersuchen. Im Verlauf dieser Erörterung werde ich auch einige Worte über das Alter der mykenischen und minoischen Kulturen zu sagen haben.

In Knossos an der Nordküste und in Phaistos an der Südküste Kretas und auch an anderen Stellen der Insel wurden Überreste einer Kultur entdeckt, die nach dem Namen des halblegendären König Minos die minoische genannt wird. Die Überreste gehören verschiedenen Epochen an. Der Palast von Knossos und andere Bauten wurden plötzlich zerstört; an ihrer Stelle entstanden ein neuer Palast und neue Bauten, die wiederum zerstört und aufs neue erbaut wurden. Mancherlei Gründe ließen in dem Entdecker dieser Altertümer den Glauben entstehen, daß eine Naturkatastrophe die Ursache der Zerstörung gewesen sei, die das Ende der einen und den Beginn einer neuen Periode bedeutete[6]. Die Zeit wurde eingeteilt in die früh-, mittel- und spätminoische Periode und jede Periode unterteilt in drei Abschnitte: I, II und III.

Eine andere, an ihrer charakteristischen Keramik erkennbare Kultur hatte ihr Zentrum in Mykene auf dem griechischen Festland. Auch sie wurde eingeteilt in eine früh-, mittel- und spätmykenische oder -helladische Periode, die in großen Zügen den minoischen Perioden Kretas entsprechen.

Die minoischen und helladischen Perioden beginnen mit dem Ende der Steinzeit und sind Unterteilungen der Bronzezeit. Es gibt keinerlei Zeugnisse in der minoischen-mykenischen Zeit selbst, die bei einer Fixierung der Daten behilflich sein könnten. Die kretische Schrift konnte trotz einiger vielversprechender Bemühungen noch nicht entziffert werden, und deshalb werden die Kontakte mit Ägypten als die einzige Quelle für die Aufstellung einer Zeittafel der minoisch-mykenischen Vergangenheit betrachtet[7]. Mit einigen Abweichun-

6 Sir Arthur Evans, »The Palace of Minos« (London 1921–1935, II, 43, 101, 214, 286–289; 347; III, 12, 14, 348, 401–403.

7 »Die Chronologie des prähistorischen Griechenlands ist natürlich weit davon entfernt, gesichert zu sein, wenn auch durch die Verbindungen mit Ägypten gewisse allgemeine Zeitangaben gemacht werden können.« A. J. B.

gen werden das Alte, Mittlere und Neue Reich Ägyptens für Entsprechungen der früh-, mittel- und spätminoischen und -helladischen Perioden gehalten.

Im Knossos der frühminoischen Periode wurden Vasen gefunden, die der in Abydos in Ägypten ausgegrabenen Keramik der I. Dynastie Ägyptens ähnlich sind. Siegel, wie sie für die VI. Dynastie Ägyptens typisch sind, kamen auf Kreta zutage. Während der mittelminoischen Periode bestand zwischen Kreta und Ägypten ein lebhafter Verkehr. In Abydos wurde in einem Grab aus der XII. Dynastie eine polychrome Vase der Zeit Mittelminoisch II gefunden und in Knossos eine Statuette aus der Zeit der XII. oder XIII. Dynastie entdeckt. Die Datierung der mittelminoischen Periode »hängt natürlich von derjenigen ab, die der XII. Dynastie zugewiesen ist«[8]. Kreta wurde durch eine Katastrophe zerstört, die zeitlich der Katastrophe des Exodus entspricht (Ende des Mittleren Reichs und Ende der Periode Mittelminoisch II). Nach der Periode Mittelminoisch III, die der Zeit der Hyksosherrschaft in Ägypten entspricht (der Name des Hyksospharaos Chian wurde auf dem Deckel eines Kruges in Knossos gefunden), machte Kreta sich vom ägyptischen Einfluß frei. Es erlebte seine Renaissance in der Periode Spätminoisch I, die zeitlich der ägyptischen Renaissance nach Vertreibung der Hyksos entspricht.

In Mykene auf dem griechischen Festland kamen ebenfalls einige ägyptische Gegenstände zutage mit den Kartuschen Amenophis' II., Amenophis' III. und seiner Frau Teje, alle aus der XVIII. Dynastie (Neues Reich); Vasen des spätmykenischen Stils wurden in großer Menge in Ägypten ausgegraben, in Theben und besonders unter den in Trümmern liegenden Mauern des Palastes Echnatons in el-Amarna, »was

Wace, »Prehistoric Greece« in »Cambridge Ancient History«, I (Cambridge 1923), 173–180. »Die Schwierigkeit beginnt, wenn wir versuchen, diese archäologischen Daten in irgendein Schema der Weltchronologie einzuordnen . . . Das einzige benachbarte Land, für das es ein leidlich festgelegtes chronologisches System gibt, das auf geschriebenen Dokumenten und Inschriften beruht, ist Ägypten.« Ebenda, S. 174.

8 Ebenda, S. 175.

damit ein festes Datum (etwa 1380 v. Chr.) für diesen Stil der Vasenmalerei ergibt«[9].

In der vorliegenden Untersuchung geht es darum, einen Datierungsfehler von mehr als einem halben Jahrtausend in der konventionellen ägyptischen Chronologie des Neuen Reichs ans Licht zu bringen. Wenn Echnaton 840 und nicht 1380 v. Chr. lebte, dann sind die im Palast Echnatons gefundenen mykenischen Keramiken um fünf- bis sechshundert Jahre jünger als angenommen wird, und die spätmykenische Periode würde dementsprechend um ein halbes Jahrtausend auf der Zeittafel vorrücken. Ich behaupte, daß die glorreiche XVIII. Dynastie, das Königreich Davids und Salomos und die spätminoische wie die spätmykenische Periode gleichzeitig um das Jahr 1000 vor unserer Zeitrechnung begannen.

Wenn wir jetzt zu den Ausgrabungen von Ras Schamra zurückkehren, so finden wir, daß die Keramiken und Bronzen von Kreta und Mykene und die ägyptischen Kunstgegenstände nicht zwei verschiedene, übereinstimmende Schlüssel für die Datierung liefern, sondern letztlich nur einen einzigen: Denn die Zeittafeln von Kreta und Mykene sind ja auf der Chronologie Ägyptens aufgebaut. Dies wird in dem Kapitel eingehender aufgezeigt werden, das sich mit den Problemen der stratigraphischen Archäologie auseinandersetzt.

Grabkammern

Es erhebt sich nun folgende Frage: Gibt es außer den Keramiken nicht noch andere Funde, welche die allgemein akzeptierte Ansicht, die oberste Ausgrabungsschicht in Ras Schamra gehöre in das 15. und 14. Jahrhundert, entweder unterstützen oder aber in Frage stellen? Unterstützt das Zeugnis, das Architektur und geschriebene Dokumente ablegen, die konventionelle Chronologie oder aber die hier vertretene Ansicht, daß diese Schicht und die mit ihr begrabene Vergangenheit der Zeit vom 10. bis 9. oder 8. Jahrhundert angehören?

9 Ebenda, S. 177.

Die Kammern der Nekropole sind im Gegensatz zu den Bauten der Akropolis unversehrt geblieben. In einem für Ras Schamra typischen Grab führen sauber angelegte Steinstufen in eine Grabkammer mit gewölbter Decke. Ähnliche Gewölbe hat man auf Zypern gefunden. Der Ausgräber von Ras Schamra schrieb über sie: »Jene auf Zypern sind beträchtlich später und reichen nach den Angaben der schwedischen Ausgräber bis ins 8. und 7. Jahrhundert[10]. Man kann deshalb diese zyprischen Gräber als späte Kopien der Kammergräber von Ras Schamra betrachten. Ein gutes Beispiel ist das Grabgewölbe von Trachonas an der Ostküste der Halbinsel Karpas, genau gegenüber von Ras Schamra. Bevor jedoch frühere Gräber dieses Typus auf Zypern gefunden worden sind, kann von einer direkten Übernahme nicht die Rede sein. Es liegen etwa fünfhundert Jahre zwischen dem Trachonasgrab und den Gräbern von Ras Schamra.«[11]

Auf Zypern, jenseits der Meerenge, und in Ras Schamra sind die Gewölbe von der gleichen Konstruktion: Sie müssen zur selben Zeit gebaut worden sein. Die Entstellung der Chronologie macht es nötig, daran festzuhalten, daß fünfhundert Jahre vergingen, ehe die Bewohner Zyperns anfingen, die Gewölbe von Ras Schamra zu kopieren, die damals aber schon mit Erde bedeckt und dem menschlichen Auge verborgen gewesen sein müssen. Oder es müßte heißen, daß, ungeachtet der offensichtlichen Ähnlichkeit der eigenartigen Gewölbe beiderseits der Meerenge, wegen des Zeitunterschiedes von fünfhundert Jahren eine Übernahme nicht erfolgen konnte.

Neben der Form des Grabes und Gewölbes ist eine charakteristische Besonderheit der Gräber in der Nekropole von Ras Schamra eine Vorrichtung zum Darbringen von Trankopfern. Es war dies eine Öffnung mit einem Rohr, durch das dem Toten flüssige Nahrung gespendet wurde, um die Seele auf ihrer Reise zur anderen Welt zu stärken.

10 E. Gjerstad und andere, »The Swedish Cyprus Expedition, 1927–1931« (Stockholm 1934–1937). I, 405.

11 Schaeffer, »The Cuneiform Texts of Ras Shamra-Ugarit« (London 1939), S. 29.

Es ist offensichtlich eine sehr gezwungene Erklärung, zu behaupten, die Bevölkerung Zyperns habe ein halbes Jahrtausend verstreichen lassen, bevor sie begann, die Gräber der Nekropole von Ras Schamra (Minet el-Beida) nachzubauen. Diese Erklärung ist in der Tat völlig unhaltbar, nicht nur deshalb, weil viel archäologisches Material beweist, daß der Einfluß von Zypern auf das Festland ausgeübt wurde und nicht umgekehrt, sondern hauptsächlich wegen der in den Gräbern gefundenen Keramik. Nach dem ersten Ausgrabungsjahr in Ras Schamra wurde folgende Feststellung veröffentlicht:

»Der Einfluß, welcher vorzuherrschen scheint, wenn nicht in Ras Schamra selbst, so doch in der nahegelegenen Nekropole von Minet el-Beida, ist derjenige der Insel Zypern. Von zyprischer Form und Konstruktion sind die Gräber in Minet el-Beida, und die Vasen aus bemaltem und gebranntem Ton, aus denen die Grabbeigaben größtenteils bestehen, sind deutlich erkennbar und nahezu ausnahmslos zyprisch.«[12]

Griechische Elemente in den Schriften von Ras Schamra

Ras Schamra war nicht nur eine Seestadt, die Handel trieb mit Waffen aus zyprischem Kupfer, mit Wein, Öl und wohlriechenden Essenzen – zu Hunderten wurden dort Krüge, Flaschen und Fläschchen aufgefunden –, es war auch eine Stadt des Lehrens und Lernens: Es gab dort eine Schule für Schreiber sowie eine Bibliothek. Die zukünftigen Schreiber lernten in dieser Schule mindestens vier Sprachen zu lesen und zu schreiben.

Unter dem Schutt eingestürzter Mauern eines entweder von Menschenhand oder durch entfesselte Naturgewalten zerstörten Gebäudes wurden Tontafeln entdeckt. Die ganze Sammlung dieser Tontafeln ist in Keilschrift, und zwar in vier verschiedenen Sprachen, geschrieben. Zwei der Sprachen könnten mit Leichtigkeit gelesen werden: Sumerisch, das

12 Charles Virolleaud, »Les Inscriptions cunéiformes de Ras Shamra«, »Syria, Revue d'art oriental et d'archéologie«, X (1929), 308.

»Latein« oder die »tote Sprache« der Gelehrten, und Akkadisch, die Sprache des geschäftlichen und politischen Lebens der babylonischen Welt.

Akkadische Geschäftsbriefe wurden gelesen, Empfangsbescheinigungen und Aufträge von Kaufleuten. Mit zwei der gefundenen Tafeln, die denen der Amarna-Sammlung sehr ähnlich waren[13], war die Verbindung Ras Schamras mit Ägypten gegen Ende der XVIII. Dynastie eindeutig erwiesen. Einige der großen Tafeln sind zwei- und sogar dreisprachige Lexika, und auf etlichen der Tafeln befindet sich ein »Copyright«-Vermerk: Eine Erklärung, daß diese Tafeln auf Anordnung Niqmads, des Königs von Ugarit, geschrieben wurden.

Nikomedes ist ein alter griechischer Name[14]. Die Ähnlichkeit zwischen dem Namen Nikomedes, der ursprünglich als ionischer Name betrachtet wurde, und dem Namen des ugaritischen Königs Niqmad ist so offenkundig, daß – nach der Entzifferung des Namens des Königs – zwei unabhängig voneinander arbeitende Gelehrte ihn mit dem griechischen Namen in Verbindung brachten[15]. Andere Gelehrte dagegen wiesen die Gleichsetzung des Namens des Königs Niqmad (der seinen Namen auch Niqmes und Niqmedes schrieb) mit dem des Nikomed (Nikomedes) der Griechen zurück, weil sie sich fragten, wie denn ein ionischer Name im 14. Jahrhundert vor unserer Zeitrechnung hätte in Gebrauch sein können. Diejenigen, welche die Identifikation vornahmen, waren nicht in der Lage, ihre Position gegen die Rechenkünste der konventionellen Chronologie zu verteidigen[16].

13 In den Ruinen der Bibliothek von Ras Schamra-Ugarit.

14 Der halblegendäre Aristomenes, der das Volk von Messenien in seinen Kämpfen gegen die Spartaner in den Jahren 684 und 683 v. Chr. anführte, war ein Sohn Nikomedes' – nach anderen Quellen der eines Pyrrhus (F. Hrozný, »Les Ioniens à Ras Shamra«, »Archiv Orientální«, IV [1932], 177). Aristoteles erwähnt einen Archon von Athen dieses Namens, der 483 v. Chr. lebte. Später findet sich der Name auch bei den Spartanern. Im 3. Jahrhundert baute Nikomedes I., König von Bithynien, an der östlichen Küste des Bosporus seine neue Hauptstadt Nikodemia.

15 Hrozný und E. Dhorme; siehe Hrozný, »Une Inscription de Ras Shamra en langue Churrite«, »Archiv Orientální«, IV (1932), 129, 176.

16 Schaeffer, »Cuneiform Texts«, S. 33.

Ugarit war eine Stadt des Seehandels; ihre Bevölkerung setzte sich aus verschiedenen Volksgruppen zusammen. Ein hier gefundenes Dokument beschreibt die Vertreibung König Niqmads und aller in der Stadt befindlichen fremdländischen Gruppen. Unter ihnen waren Leute aus Alaschia (Zypern), Khar (die man für Churriter hielt) und Jm'an. Der letzte Name wurde von den Entzifferern als Jamanu identifiziert, der aus assyrischen Inschriften gut bekannt ist und Ionier bedeutet[17]. Diese Interpretation von Jm'an wurde nur aus dem Grunde bestritten, daß eine Erwähnung von Ioniern im 14. Jahrhundert unmöglich gewesen wäre. An einer anderen Stelle der gleichen Inschrift, wo die Namen der Vertriebenen wiederholt werden, taucht der Name Didyme auf. Die Entzifferer hielten ihn für den Namen der Stadt Didyma in Ionien[18]. Diese Stadt war durch ihren Kult des Apollon Didymaios berühmt. Der Name der Gottheit Didymaios (Ddms) fand sich noch auf einer anderen Tafel von Ras Schamra; die Entzifferer sahen weder nach rechts noch nach links und übersetzten: »Apollon Didymaios«[19]. Nun sind aber von Didyma Altertümer mitgebracht worden, die aus dem 8. Jahrhundert stammen[20]. Im 15. oder 14. Jahrhundert könnten jedoch weder die Ionier noch das Heiligtum des Apollon Didymaios erwähnt worden sein. Die Chronologie könnte nicht in Einklang zu bringen sein mit dem ionischen Nikomedes, nicht mit dem Namen der ionischen Stadt Didyma oder dem griechischen Kult des Gottes dieser Stadt, und vor allem nicht mit dem Namen der Ionier selbst in den Texten von Ras Schamra und das,

17 E. Dhorme, »Première traduction des textes phéniciens de Ras Shamra«, »Revue biblique«, XL (1931), 38. Ebenso Hrozný, »Les Ioniens à Ras Shamra«, »Archiv Orientální«, IV (1932), S. 176.

18 Dhorme, »Revue biblique«, XL (1931); Hrozný, »Les Ioniens à Ras Shamra«, »Archiv Orientální«, IV(1932).

19 »Das ddmy ist die Geschlechtsbestimmung eines Namens, der in der Form ddm eine Gottheit darstellt in (Text) 17, 6. Wir würden darin gerne den Didymaios erblicken. Die Stadt wäre dann Didyma, und der Gott wäre der von Didyme, Apollo.« Dhorme, »Revue biblique«, XL (1931); siehe auch Hrozný, »Les Ioniens à Ras Shamra«, »Archiv Orientální«, IV (1932), 176.

20 Im Britischen Museum, mitgebracht von C. T. Newton aus Didyma (vom Didymaion).

obgleich es sie alle gab und keine Erklärung vorgebracht werden konnte anstelle der abgelehnten Theorie von einer ionischen Kolonie aus der Stadt Didyma bei Milet in Ionien, die nach Ugarit gekommen war und von dort, zusammen mit Niqmad, dem König ionischer Herkunft, vertrieben wurde[21]. Man konnte nur feststellen, daß es nicht ein Gran von Wahrscheinlichkeit gäbe, Texte aus der Mitte des zweiten Jahrtausends so zu deuten.

Unter den in Ras Schamra gefundenen Tafeln befindet sich auch ein »Schiffskatalog«. Es handelt sich – bestimmt für lexikographische Zwecke – um eine Aufzählung der verschiedenen Arten und Verwendungsmöglichkeiten von Kriegs- und Handelsschiffen. In diese Liste waren Fracht- und Passagierschiffe, Rennboote, Fischerbarken, Fähren, Kriegsschiffe und Truppentransporter eingetragen. Im Zweiten Buch der *Ilias* gibt es etwas Ähnliches, den berühmten Schiffskatalog. Dieser Teil der *Ilias* wurde als spätere Interpolation angesehen; als aber ein Gelehrter[22] auf die Ähnlichkeit zwischen den Katalogen von Ras Schamra und der *Ilias* hinwies, wurde der Kommentar zu diesem Teil der *Ilias* revidiert und einer von entgegengesetzter Bedeutung substituiert: »Wie jetzt gewisse Gelehrte annehmen, wäre der Katalog keine spätere Interpolation, sondern hat eine lange Geschichte hinter sich. Wie die Ras-Schamra-Texte zeigen, wurden im Hafen von Ugarit, viele Jahrhunderte vor der Zeit der homerischen Listen, solche Kataloge abgefaßt.«[23]

Es wird allgemein angenommen, daß die *Ilias* im 7. Jahrhundert niedergeschrieben worden sind. Hinsichtlich der Zeit ihrer Entstehung gehen die Ansichten der Gelehrten schon seit dem Altertum weit auseinander; man meint, es

21 »Die ägäische Kolonie von Ugarit scheint also besonders aus Ioniern bestanden zu haben, die aus Didyme bei Milet stammen ... Nkmd ... könnte man als den König der Ionier betrachten, die sich Ugarits im 13. Jahrhundert bemächtigten.« Hrozný, »Les Ioniens à Ras Shamra«, »Archiv Orientální«, IV (1932).

22 T. H. Gaster, »A Phoenician naval gazette; new light on Homer's Catalogue of ships«, »Quarterly Statement of the Palestine Exploration Fund«, April 1938.

23 Schaeffer, »Cuneiform Texts«, S. 40.

müsse irgendwann zwischen dem 12. und 7. Jahrhundert gewesen sein.

Wird als die Zeit König Niqmads das Ende des 15. und der Beginn des 14. Jahrhunderts angenommen, dann ist der einzige mögliche Schluß aus dem Vergleich der beiden »Schiffszeitungen«, daß Hunderte von Jahren vor dem frühesten Datum für die *Ilias* bereits ein Schiffskatalog existierte, der dem großen Epiker als Vorbild diente.

Hebräische Elemente, Vergleich zweier Städte und zweier Epochen

Die dritte Sprache der Keilschrifttafeln von Ras Schamra (die beiden ersten waren sumerisch und akkadisch) behielt ihr Geheimnis nicht lange für sich. Allem Anschein nach waren die großen Tafeln mit einer alphabetischen Schrift beschrieben. Ihre Keilschrift konnte weder eine ideographische noch eine Silbenschrift sein, denn eine Silbenschrift wie die akkadische braucht Hunderte von verschiedenen Zeichen, eine alphabetische dagegen nur wenige; und bei dieser dritten Schrift gab es nur dreißig verschiedene Buchstaben.

Ein Beispiel für die Vereinfachung der Keilschrift war den Gelehrten bekannt: Die Perser des 6. Jahrhunderts hatten die Keilschrift für ein Alphabet von sechsunddreißig Buchstaben übernommen[24].

Der glückliche Gedanke, es könnte sich um ein in Keilschrift geschriebenes Althebräisch handeln, kam gleichzeitig mehreren Gelehrten[25]. Ein Versuch, anstelle der Keilschriftzeichen hebräische Buchstaben zu setzen, war von Erfolg gekrönt, und vor der gelehrten Welt lagen Tafeln in einer lesbaren Sprache. Einige der Texte wurden sogar in hebräischer Buchstabenschrift von modernen Gelehrten neu herausgegeben[26].

Durch Striche, die die Schreiber von Ras Schamra-Ugarit

24 Virolleaud, »Les Inscriptions cunéiformes«, »Syria«, X (1929), 305.
25 Unabhängig voneinander H. Bauer und E. Dhorme im Jahre 1930.
26 H. L. Ginsberg, »Kitvei Ugarit«, Jerusalem 1936.

hinter jedes Wort setzten, wurde die Deutung erleichtert. Die zyprische Schrift des 6. Jahrhunderts hat den gleichen charakteristischen Strich hinter jedem Wort; diese Ähnlichkeit wurde auch hervorgehoben, gleichzeitig aber erklärt, daß mehr als sechshundert Jahre verflossen seien, ehe sich diese Eigentümlichkeit wiederholte[27]. Schon wieder die sechshundert Jahre! Wieder – wie im Falle der Grabkammern – bedurfte es sechshundert Jahre des Verborgenseins, ehe die Bewohner Zyperns begannen, ihre nur sechzig Meilen entfernten Nachbarn nachzuahmen.

Mit einem Eifer, der nur mit der begierigen Erregung der Entdecker eines verborgenen Schatzes verglichen werden kann, zündeten die Gelehrten ihre Lampen an und lasen die Botschaften in altem Hebräisch. Noch bevor sie zu lesen begannen, glaubten sie zu wissen, daß die Tafeln etwa sechshundert Jahre älter waren als die älteste bekannte hebräische Inschrift. Die Entdeckung war alarmierend: Hunderte von Jahren, ehe die Israeliten nach Kanaan kamen, gebrauchten die Kanaanäer nicht nur das Hebräische[28], sondern schrieben es auch in einer alphabetischen Schrift[29]. Eine alphabetische Schrift im 15. Jahrhundert vor unserer Zeitrechnung war eine Offenbarung für Paläographen und Kulturhistoriker. »Da diese Dokumente aus dem 14. oder 15. Jahrhundert stammen, ist das Ras-Schamra-Alphabet eines der ersten, das geschaf-

27 »Es ist eine bekannte Tatsache, daß die Zyprioten, allerdings von einer ziemlich späten Epoche, dem 6. Jahrhundert an, ihre Sprache mit Hilfe einer 60 Zeichen umfassenden Art Alphabet schrieben, in welchem die Worte, wie in Ras Schamra, durch einen vertikalen Strich voneinander getrennt werden, und deren Herkunft man früher gerade in der akkadischen Schrift gesucht hat. Muß demnach das Alphabet von Ras Schamra als Prototyp des zyprischen Alphabets angesehen werden? Es berührt aber wohl eigenartig, daß sich eine sehr vereinfachte Schrift im Laufe der Zeit von neuem kompliziert haben soll ...« Virolleaud, »Les Inscriptions cunéiformes«, »Syria«, X (1929), 309.

28 Aus semitischen, in den Amarna-Briefen vorkommenden Worten gefolgert.

29 Einige der in Ras Schamra gefundenen Keilschrifttexte in Althebräisch enthalten Hinweise auf den Süden von Palästina-Kanaan (Negev), weshalb die Sprache je nach Belieben protophönizisch oder kanaanäisch genannt wurde.

fen wurde und zur Zeit das älteste bisher bekannte Alphabet.«[30] Das hebräische Keilschrift-Alphabet von Ras Schamra ist keine primitive Pionierleistung: Gewisse Anzeichen deuten auf ein bereits fortgeschrittenes Entwicklungsstadium. »Das Ras-Schamra-Alphabet ist so weit entwickelt, daß es das Vorhandensein eines älteren, jedoch erst noch zu findenden Alphabets voraussetzt.«[31]

Das, was die Ureinwohner Kanaans niederschrieben, war sogar noch weniger zu erwarten. Nach den biblischen Angaben über die Kanaanäer erwartete man, das Spiegelbild eines gottlosen Geschlechtes und einer geistig niedrigen Kulturstufe zu erblicken, es erschien jedoch das Bild eines achtunggeischenden Volkes. Im Buch Leviticus und in anderen Büchern der Heiligen Schrift werden den Kanaanäern Schlechtigkeit und Lasterhaftigkeit zugeschrieben; das Land »wurde von ihnen geschändet«. Dies schien eine »vorgefaßte Meinung der israelitischen Historiker« zu sein ... »Wie die Dinge liegen, enthüllen die Ras-Schamra-Texte eine Literatur von hohem sittlichem Gehalt, durchdrungen von Sinn für Ordnung und Gerechtigkeit. Vermittels dieser Dokumente sehen wir nun, daß sich die früheren Israeliten in keiner Weise von den Kanaanäern unterschieden.«[32]

Die hebräischen Texte von Ras Schamra sind überwiegend Gedichte, die die Heldentaten und Kämpfe der Götter und die Abenteuer und Gefechte der Heroen schildern. Das Pantheon von Ras Schamra[33]bestand aus einer Anzahl von Göttern; Baal war einer von ihnen, doch die oberste Gottheit war El[34]. Das Land der Kanaanäer wird manchmal »das ganze Land Els« genannt, und die Oberherrschaft dieser Gottheit (»Niemand kann ändern, was El bestimmt hat«), die unter

30 Schaeffer, »Cuneiform Texts«, S. 35.

31 Ebenda, S. 36.

32 Ebenda, S. 59.

33 Man versuchte Parallelen zu finden zwischen den Göttern der Ras-Schamra-Texte und -Tempel und den Göttern des theologischen Werkes von Sanchuniaton, einem frühen phönizischen Schriftsteller, den Eusebius zitiert.

34 R. Dussaud, »Les Découvertes de Ras Shamra (Ugarit) et l'Ancien Testament« (Paris 1937), S. 59.

dem gleichen Namen in der Bibel als der Herr der Israeliten bekannt ist, wird als »ein klarer Hinweis auf eine monotheistische Tendenz in der kanaanäischen Religion« betrachtet[35]. Aber ganz abgesehen davon, daß El nicht der einzige, sondern der Hauptgott ist, wird er in den Ras-Schamra-Texten mit homerischen Ausdrücken beschrieben, die dem Alten Testament fremd sind: »El lacht aus vollem Herzen und schnippt mit seinen Fingern.«

Außer dem Namen El, der in den Gedichten vorherrschend ist – besonders im Gedicht von Keret, das von Heldentaten im Negeb handelt – begegnet man auch dem Namen Yahu (Jahwe) in den Ras-Schamra-Texten[36].

Einige sonst seltene Ausdrücke oder Namen auf den Ras-Schamra-Tafeln finden sich auch auf Denkmälern des 7. Jahrhunderts vor unserer Zeitrechnung[37].

Ein ganz ungewöhnlicher Ausdruck auf einer der Ras-Schamra-Tafeln – »Astart aus der Sippe Baals« – erscheint auch auf dem Epitaph Eschmunazers, des phönizischen Königs von Sidon im 5. Jahrhundert[38].

Die mythologischen Schilderungen der Ras-Schamra-Gedichte gebrauchen oft dieselbe Ausdrucksweise wie die mythologischen Bilder der Heiligen Schrift. Der Leviathan ist »eine gewundene Schlange« (Jesaia 27, 1) und hat mehrere Köpfe (Psalm 74, 14). Der Lotan der Gedichte ist ebenfalls eine »flüchtige und gewundene Schlange« und hat sieben Köpfe. In einem der Gedichte wird El ein Ausspruch in den

35 Schaeffer, »Cuneiform Texts«, S. 60.

36 Zum Beispiel in dem Namen yw-il.

37 J. W. Jack, »The Ras Shamra Tablets« (Edinburgh 1935): »Ein Wort zweifelhafter Bedeutung, *mphrt*(Gemeinschaft oder Familie), welches auf zwei der Ras-Schamra-Tafeln vorkommt, findet sich auf der Stele des Jehimilk, König von Byblos (etwa 650 v. Chr.). Seltsamerweise erscheint der Name Jehimilk auch auf einer der Ras-Schamra-Tafeln.« Vgl. M. Durand, »Nouvelle inscription phénicienne archaïque«, »Revue biblique«, XXXIX (1930), 321 ff. Dieselbe Stele enthält die Redewendung: »Baal Schamin und Baal Gebal« (Byblos); die Worte »Baal Schamin« werden auch im Vertrag zwischen Asarhaddon und dem König von Tyrus (7. Jahrhundert) benützt. Ebenda, S. 331.

38 Jack, »Teh Ras Shamra Tablets«, S. 9.

Mund gelegt, der wie eine Anspielung auf die große Tat des Auseinanderreißens des Meeres von Yam-Suf klingt. Das Zeitwort »auseinanderreißen«, das dort in den Psalmen (136, 13) gebraucht wird, ist das gleiche *(gzr)*. Aus dieser Ähnlichkeit wurde folgender Schluß gezogen: Lange vor dem Exodus und dem Durchzug durch das Rote Meer kannten die Kanaanäer Palästinas diesen Mythus[39].

Die Sprache der Gedichte von Ras Schamra ist, in Etymologie und Syntax, »überraschend verwandt«[40] mit der Sprache, Etymologie und Syntax der Heiligen Schrift, und die charakteristischen Dual- und Pluralformen, sowohl maskulin wie feminin, werden als Beispiele angeführt.

Das Versmaß der Gedichte, die Einteilung in Versfüße von drei Silben und drei Worten, und das Ausgleichen der thematischen Übereinstimmung (Parallelismus) finden sich auch in der Heiligen Schrift[41]. »Diese Regeln sind genau die der hebräischen Dichtung, und selbst die Sprache einiger unserer Ras-Schamra-Texte ist vollständig biblisch.«[42] Es wurde deshalb der Schluß gezogen, daß sowohl das Hebräische wie das Phönizische aus dem Kanaanäischen hervorgegangen seien, das als ein althebräischer Dialekt bezeichnet werden könnte[43].

»Im Wortschatz gibt es erstaunliche Ähnlichkeiten, viele Worte und sogar Redewendungen sind« in den Ras-Schamra-Texten und im Alten Testament »identisch«[44]. Hin und wieder findet sich eine aus den Psalmen bekannte Wendung, wie etwa: »Ich benetze mein Lager mit Tränen.«

39 Dussaud, »Les Découvertes«, S. 61: »Lange vor der Erzählung von dem Durchzug der Israeliten durch das Rote Meer kannten die Volksüberlieferungen oder die Mythen des südlichen Palästinas eine Legende, in der der Gott El geschildert wird, wie er zwischen den Fluten den großen Wüstenstreifen emporsteigen ließ, der das Rote vom Mittelländischen Meer trennt. Es scheint daher wahrscheinlich, daß diese Legende der Prototyp der Erzählung vom Durchzug der Israeliten durch das Rote Meer ist . . .«

40 Jack, »The Ras Shamra Tablets«, S. 10.

41 Ebenda.

42 Schaeffer, »Cuneiform Texts«, S. 58. Schaeffer zitiert Dussaud, »Syria, Revue d'art oriental et d'archéologie«, XVI (1935), 198.

43 Dussaud, »Les Découvertes«, S. 50; J. A. Montgomery and Z. S. Harris. »The Ras Shamra Mythological Texts« (Philadelphia 1935), S. 16.

44 Jack, »The Ras Shamra Tablets«, S. 10.

»Am meisten ähnelt der Stiel den dichterischen Büchern des Alten Testaments und besonders dem Buch Jesaia.«[45] »Wir sehen, daß die Phönizier des 14. Jahrhunderts vor unserer Zeitrechnung Rhythmen und dichterische Formen benutzten, die alle ihre Weiterentwicklung im Hohenlied fanden... Es gibt sogar einige zusammengesetzte Ausdrücke, die in beiden Sprachen identisch sind, wie Beth-Haver, ›das Haus der Versammlung‹, ein Ausdruck, der sowohl auf einer der Tafeln als auch im Buch der Sprüche vorkommt«[46]. Um es kurz zu sagen: »... es gibt zahllose Parallelen zum Alten Testament, im Wortschatz wie in der dichterischen Ausdrucksweise«[47], und »es besteht enge Verwandtschaft zwischen den Ras-Schamra-Tafeln und der Literatur des Alten Testaments«[48].

Der religiöse Kult, wie ihn die Gedichte und die anderen Texte von Ras Schamra widerspiegeln, hat ebenfalls gewisse Ähnlichkeit mit dem Kult der Israeliten. Es gab einen *Rav Cohanim*, einen Hohenpriester; Breitbeile mit eingravierten Widmungen für *Rav Cohanim* wurden ausgegraben. In den Ras-Schamra-Texten wird das aus dem Tempeldienst in Jerusalem bekannte, *mattan tam* genannte Opfer erwähnt, und wie sich aus den in dieser phönizischen Stadt gefundenen steinernen Phalli ergibt, wurde auch in Ras Schamra die Beschneidung vorgenommen[49].
Das jüdische Gesetz, das dem Volke verbot, ein Kalb in der Milch des Muttertiers zuzubereiten, wandte sich gegen einen bestimmten Brauch und ein kulinarisches Gericht. Wie sich aus den Schriften erweist, erfreut sich dieses Gericht in Ras Schamra großer Beliebtheit.

Aus all diesem wurde folgender Schluß gezogen: »Die Überlieferungen, Kultur und Religion der Israeliten sind untrennbar mit den frühen Kanaanäern verbunden. Die Kompilatoren des Alten Testaments waren sich dessen durchaus be-

45 Ebenda, S. 7.
46 Dussaud, »Les Découvertes«, S. 105–106.
47 Albright, »Archaeology and the Religion of Israel«, S. 38
48 Schaeffer, »Cuneiform Texts«, S. 77.
49 Ebenda, S. 47.

Abb. 10: Goldgefäße aus Mykene. Weinkanne und Becher sind typisch griechisch verziert, mit getriebenem Ornament. H. Schliemann fand diese Gefäße in den Gräbern auf der Burg zu Mykene. Bildarchiv Preußischer Kulturbesitz.

wußt und daher von der fixen Idee besessen, mit dieser Vergangenheit zu brechen und zu verbergen, daß sie in ihrer Schuld stünden.«[50]

Selbst in kleinsten Einzelheiten war das Leben in Ras Schamra im 15. Jahrhundert dem in Jerusalem einige sechshundert oder siebenhundert Jahre später auffallend ähnlich.

Bei einem Besuch des schwerkranken Königs Hiskia ordnete Jesaia an, es solle ein Heilmittel aus Feigen – *debelah* – auf die entzündete Wunde gelegt werden. *Debelah* ist im Heilmittelbuch der Ärzte von Ras Schamra verzeichnet und wird auch in einer tierärztlichen Abhandlung genannt. Daraus wurde gefolgert: »Der Prophet machte von einem sehr altertümlichen Heilmittel Gebrauch, das bereits im 15. und 14. Jahrhundert die Tierärzte Ugarits kannten.«[51]

Dieser Fall von Übereinstimmung zwischen den medizinischen Tafeln Ras Schamras und dem Bericht aus der Heiligen Schrift steht nicht vereinzelt da: »In der gleichen (tierärztlichen) Abhandlung finden wir auch einige Fachausdrücke, die mit ähnlichen in der Bibel genau übereinstimmen, was diesen

50 Ebenda, S. 59.

51 Ebenda, S. 41. M. B. Gordon, »Annals of Medical History«, IV (1942), 406–408, weist besonders darauf hin, daß in Ugarit *debelah* innerlich, nicht äußerlich angewendet wurde.

Kontakt zwischen den Ras-Schamra-Texten und dem Alten Testament noch mehr unterstreicht.«[52] Hinsichtlich der Medizin war das verallgemeinernde Urteil: »Sie (die genau übereinstimmenden Fachausdrücke) bestätigen eine sehr überraschende Ähnlichkeit des medizinischen Wissens der Kanaanäer oder Protophönizier mit dem aus der Zeit der Könige von Juda.«[53]

Die Gewichte und Maße von Ras Schamra waren ebenfalls die aus der Bibel bekannten. Im sumerisch-babylonischen Zahlungssystem war das Talent in 3600 Schekel eingeteilt, nach der Heiligen Schrift dagegen (Exodus 38, 25–27) bestand ein Talent nur aus 3000 Schekel. War dies eine irrtümliche Angabe? nach den Ras-Schamra-Texten wurde dort das Talent ebenfalls in 3000 Schekel eingeteilt[54].

In den Texten wurde Goldschmuck für die Mädchen von Ras Schamra erwähnt, und er wurde auch ausgegraben[55]. »Es werden nun in den Texten drei Arten von goldenen Anhängern mit den Bezeichnungen ›Astarte‹, ›Sonnen‹ und ›Monde‹ genannt. Das Wort für einen Sonnenanhänger ist *schapasch. Schapasch* wird identifiziert mit dem Wort *schebis* in Jesaia 3, 18[56]. Derselbe Prophet machte Anspielungen auf Halbmonde oder Anhänger in der Form eines Mondes. Wir finden also in Ras Schamra nicht nur die Erwähnung solcher Anhänger in den kanaanäischen Texten, sondern auch die Zierstücke selbst, die Jahwe, nach der zitierten Jesaiastelle, eines Tages den hochfahrenden Töchtern Zions wegnehmen wird.«[57]

Solche im Fluch des Propheten erwähnten Schmuckstücke kamen aus der Erde wieder zum Vorschein. »Und Jahwe sprach: Weil die Frauen Zions (so) hochfahrig sind, im Gehen den Hals hochrecken und freche Blicke werfen, immerfort

52 Schaeffer, »Cuneiform Texts«, S. 41.

53 Ebenda.

54 »In Ras Schamra war es, wo man zuerst dem später von den Israeliten angewendeten und an einer bestimmten Stelle im Buche Exodus beschriebenen Gewichtssystem begegnet.« Ebenda, S. 27.

55 Ebenda. Tafel XXXII, Fig. I.

56 Charles Virolleaud, »Un Poème phénicien de Ras Shamra«, »La Deuxième Campagne de fouilles de Ras Shamra«, S. 209–210.

57 Schaeffer, »Cuneiform Texts«, S. 62.

tänzelnd einhergehen und mit den Fußspangen klirren, wird der Herr den Scheitel der Frauen Zions grindig machen ... An jenem Tage wird der Herr abreißen die prächtigen *akhasim* (Fußspangen) und die *schebisim* (Stirnbänder, Sonnen) und die *schaharonim* (Halbmonde), die Ohrtropfen und die Armketten und die Kopfschleier ... die Fingerringe und die Nasenringe ... und die Mäntel und die Tücher und die Taschen ... und die feinen Linnen und die Turbane und die Überwürfe ... Und ihre Tore werden seufzen und trauern, und verödet wird sie am Boden sitzen« (Jesaia 3, 16–26).

In Stunden des Kummers und der Trauer streute man sich Staub aufs Haupt, im alten Ugarit wie in Jerusalem, wie die Texte auf den Tafeln und auf den Rollen des Alten Testaments beweisen.

Dieses ganze Wiederaufleben des Stil und Metrums, der religiösen Mythen und des Kults, der alten Bräuche, der Gewichte und Maße, des medizinischen Wissens, der Tracht und des Schmucks, von modernen Gelehrten wieder und wieder nachdrücklich betont, würde mit aller Bestimmtheit auf die Koexistenz von Ugarit mit dem Jerusalem des 9. oder 8. Jahrhunderts hinweisen, gäbe es nicht ein Hindernis: Die Tatsache, daß die ugaritischen Texte und Gegenstände als gleichzeitig mit der ägyptischen und mykenischen Welt des 15. und 14. Jahrhunderts betrachtet werden.

Die Bibelkritik und die Dokumente von Ras Schamra

Während der letzten siebzig Jahre wurden die Doktrinen der Bibelkritik von den meisten Lehrstühlen der modernen Exegese verkündet und schließlich von vielen Kanzeln gepredigt. Es gab zwei grundsätzliche Auffassungen: 1. Vor der Zeit der Könige (oder vor 1000 v. Chr.) gab es bei den Israeliten keine schriftlichen Dokumente; und 2. die meisten Stellen der Heiligen Schrift sind späteren Ursprungs, als aus der Schrift selbst hervorgeht oder rabbinische Tradition ihnen zuerkennt.

Seit 1930, als die Tafeln von Ras Schamra entziffert wurden, galten sie als Beweise dafür, daß 1. schon im 15. Jahrhundert das Hebräische in einer in hohem Grade vervollkommneten alphabetischen Schrift geschrieben wurde, die eine lange Zeit der Entwicklung hinter sich hatte; und daß 2. viele biblische Überlieferungen und Legenden existierten und biblischer Stil, dichterische Form und Ausdrucksweise in Gebrauch waren, etwa sechshundert Jahre bevor, selbst nach rabbinischer Tradition, die biblischen Bücher zusammengestellt wurden.

Es gab eine große Verwirrung[58]. Drei Generationen berühmter Wissenschaftler, zu deren Vorlesungen Studierende von weither gekommen waren, Mitarbeiter an Enzyklopädien und Verfasser von Kommentaren – sie alle fühlten sich veranlaßt, das Alter des Alten Testaments niedriger anzusetzen und für verschiedene Teile sogar eine nachevangelische Bearbeitung anzunehmen. Die ganze Beweisführung war mit sprachwissenschaftlichen Erwägungen und einer allgemeinen Theorie über die natürliche Entwicklung religiösen Denkens untermauert. Sachkundig konnte aufgezeigt werden, daß der eine oder andere Ausdruck in den Psalmen oder Sprüchen zur Zeit Davids oder Salomos im 10. Jahrhundert nicht verwendet worden sein konnte, sondern erst in der Zeit vom 6. bis 3. Jahrhundert entstanden war. Nun wurden aber auf den Ras-Schamra-Tafeln des 15. oder 14. Jahrhunderts die gleichen Ausdrücke gefunden. Über viele Teile aus den Büchern der Propheten wurde das Urteil einer späteren Entstehung gefällt; viele Stellen sollten – so wurde angenommen – während der hellenistischen Periode, die der Eroberung Palästinas durch Alexander den Großen im Jahre 332 v. Chr. folgte, entstanden und eingeschoben sein. Und weiter wurde angenommen, daß viele Sätze Anspielungen enthielten auf die Ereignisse des Makkabäerkrieges gegen die Seleukiden, nahezu sechshundert Jahre nach Jessaia. Jetzt fanden sich aber dieselben Gedanken und ähnliche Ausdrücke auf den Ras-Schamra-Tafeln aus einer Zeit, die sechs- oder siebenhundert Jahre vor der der frühesten Propheten lag.

58 »Das ist eine vollständige Revolution der Exegese der vormosaischen Zeit.« Dussaud.

»Durch die vorliegenden Dokumente wird die Geschichte der hebräischen Sprache der syrischen Kultur bis in die Mitte des zweiten vorchristlichen Jahrtausends zurückgeschoben.«[59] Vor dem Zeugnis der Tontafeln werden alle Beweise für eine späte Entstehung und alle darauf beruhenden Schlußfolgerungen null und nichtig[60].

Die Bibelkritik verwandte viel Mühe darauf, dem Judentum der vorexilischen Zeit viele seiner Leistungen abzusprechen. Durch ein Vorverlegen der Auffassungszeit vieler sozialer, sittlicher und religiöser Gebote des Alten Testaments in die nachexilische Periode ließ die Bibelkritik sie im babylonischen Exil entstehen und wies ein gut Teil der Seleukidenzeit und dem Einfluß griechischen Gedankenguts zu.

Die neue, seit den Ausgrabungen in Ras Schamra vorherrschende Meinung bezeichnet ebenfalls viele soziale, religiöse und kulturelle Elemente der Heiligen Schrift als Nachahmung, und zwar kanaanäischer Vorbilder[61]; da sie etwa sechshundert Jahre vor der Zeit exisitierten, die ihnen nach dem biblischen Text zukäme, konnten sie nicht jüdischen Ursprungs sein. Die Kanaanäer bereiteten den jüdischen Religionsvorstellungen den Weg; ihre Dichtung stand auf hoher sittlicher Stufe, und sie vererbten den Juden ihre Sprache, ihr Alphabet, ihren Stil und ihr Versmaß; kanaanäisch waren ebenfalls das Ethos der sozialen Gerechtigkeit und die Leidenschaft der Prophetie – Hunderte von Jahren, ehe sie israelitisches Gut wurden[62]. Diese und ähnliche Schlußfolgerungen waren durch das den Tafeln von Ras Schamra zugeschriebene Alter bedingt. Angesichts der überzeugenden Parallelen zwischen Sprache, Stil und dichterischer Form, zwischen Fachausdrükken, sittlichen Vorstellungen, religiösem Gedankengut, Tempelvorschriften und sozialen Einrichtungen, ferner zwischen dem Schatz an Legenden und Überlieferungen, medizinischem Wissen, Tracht und Schmuck, wie sie die Ras-Schamra-

59 Montgomery and Harris, »Mythological Texts«, S. 1.
60 Dussaud, »Les Découvertes«, S. 115.
61 Schaeffer, »Cuneiform Texts«, S. 59.
62 Dussaud, »Les Découvertes«, S. 118.

Tafeln und viele Stellen der Bibel widerspiegeln, hätte die logische Schlußfolgerung sein müssen, daß die Tafeln und die Bücher der Bibel, die diese Parallelen enthalten, aus der gleichen Zeit stammen. An eine solche Schlußfolgerung wurde jedoch wegen der bereits aufgezeigten Behinderung durch die Chronologie nicht gedacht.

Die Revision der Chronologie erfordert es, daß die Zeit von Ras Schamra (Schicht I, unter der Oberfläche) der Zeit der Könige von Juda bis zu Josaphat gleichgesetzt wird. Das Vorhandensein von Parallelen im Leben Palästinas und in einer zeitgenössischen syrischen Stadt, in der die Sprachen der benachbarten Völker gelehrt wurden, scheint nur natürlich zu sein.

Wenn schon diese Rekonstruktion der Weltgeschichte durch eine Korrektur von fünf- bis sechshundert Jahren der herkömmlichen Geschichtsauffassung Schwierigkeiten bereitet, wie kann dann ein wissenschaftliches Gewissen eine Kluft doppelten Ausmaßes überbrücken und die Ergebnisse fleißigen Bemühens der Bibelkritik mit den archäologischen Funden von Ras Schamra in Einklang bringen? Die Spanne beträgt zwölf Jahrhunderte.

Höhlenbewohner oder Karier?

Die vierte, in Keilschrift auf den Tafeln der Ras-Schamra-Bibliothek geschriebene Sprache wird Khar genannt. Neben sumerischen Worten standen Erklärungen in Khar. Es scheint sich um die örtliche Sprache zu handeln, die Sprache der Regierung und eines großen Teils der Bevölkerung. Selbst mit Hilfe der zweisprachigen Silbenwörterbücher, deren sich die Schreiber bedienten, gibt es keine abschließende Deutung des Khar. Wären die Wörter in der Kharsprache in sumerischer Sprache erklärt worden, hätten die Philologen eine leichtere Aufgabe gehabt; aber die Übersetzung und Erklärung sumerischer Wörter in Khar lieferte den Entzifferern nicht alle erforderlichen Schlüssel.

Auf verschiedenen archäologischen Dokumenten war man,

schon vor den Ausgrabungen von Ras Schamra, häufig auf die Erwähnung von »Khr« gestoßen. Akkadische Texte sprechen von »Khurri«, und in ägyptischen wird ein Teil Syrien des öfteren »Kharu« genannt. Lange Zeit wurde angenommen, daß diese assyrischen und ägyptischen Benennungen sich auf die Horiter oder Höhlenbewohner der ersten Kapitel der Bibel bezogen.[63].

Nach der Entdeckung der Archive von Tell el-Amarna in Ägypten fand sich, daß einer der Briefe aus diesen Archiven – von der Einleitung abgesehen – in einer unbekannten Sprache geschrieben war. Dieser von Tuschratta, dem König von Mitanni, geschriebene Brief befaßte sich in seinen sechshundert Zeilen mit einigen Dingen, die mit Hilfe anderer Briefe erklärt werden konnten, und damit war die Sprache entziffert. Sie wurde zuerst Mitannisch genannt, was später in Subaräisch abgeändert wurde.

Dann wurden in den Staatsarchiven von Boghazköi im östlichen Anatolien Briefe in einer ähnlichen Sprache gefunden, die den Namen Khri erhielt. Das Volk, das diese Sprache gebrauchte, wurde Khr genannt. Wissenschaftler lasen diese Worte unterschiedlich – Khar und Khur –, entschieden sich aber schließlich für Khur als den zutreffenderen Namen und nannten dementsprechend das Volk Churri oder Churriter.

Ungeachtet der Tatsache, daß sich die Sprache dieses Volkes schriftlich fixiert vorfand, blieb eine Reihe von Gelehrten dabei, die Churri mit den biblischen Horitern oder Höhlenbewohnern zu identifizieren[64].

Es ist eine deutliche Spur einer Verbindung der Churri mit Palästina entdeckt worden: Auf Tafeln vom Tell Taanach im Tal Jesreel standen churrische Namen.

Mit jeder neuen Entdeckung wurde in zunehmendem

63 Olmstead, »History of Palestine and Syria«, S. 140: »Der Name Kharu steht zweifellos mit dem Namen der Horiter in Verbindung, von denen man in biblischen Zeiten nur noch wußte, daß sie von den Edomitern ausgerottet wurden; es ist auch möglich, daß irgendeine Verbindung zu den Churri besteht.«

64 Siehe E. A. Speiser, »Mesopotamian Origins« (Philadelphia 1930), S. 133; ebenso seine »Introduction to Hurrian« (New Haven 1941), S. 3.

Maße deutlich, daß die Churri großen Einfluß auf die Zivilisation des Vorderen Orients ausübten. Es wurde sogar festgestellt, daß mit der Ankunft der Churri in diesem Teil der Welt eine neue Ära der Zivilisation anbrach[65]. In gewisser Hinsicht wurden sie die führende Macht, und »die Geschichte ihrer gewaltigen Ausbreitung, von Armenien bis hinab ins südliche Palästina und von den Küsten des Mittelländischen Meeres bis hinauf zu den Grenzen Persiens, stellt eines der erstaunlichsten Kapitel in der Geschichte des Vorderen Orients dar«[66].

Linguisten mühten sich ab, die Sprache dieses Volkes zu enträtseln[67], aber die Historiker wissen nichts von seiner Geschichte. »Churrisch« schien demnach eine Sprache ohne Volk zu sein. Jene, die es sprachen, waren nicht semitisch, sie waren aber auch nicht indo-iranisch[68].

Dann kamen in Ras Schamra die Schriftstücke in alphabetischem Khar zutage. Übersetzungen aus anderen Sprachen ins Khar bewiesen, daß zum mindesten ein Teil der Bevölkerung das Khar als Alltagssprache benützte. Wer waren denn diese Khar, die ihren Namen dem Lande Syrien und ihre Sprache Kleinasien und Mitanni aufprägten, die eine Festung in Palästina besetzt hielten, die genau genommen überall und nirgends saßen und weder Semiten noch Indo-Iranier waren?

Es zeigte sich, daß Khar nicht nur geschrieben werden konnte, sondern daß die Schreiber, die in Khar schrieben, auch eine Reihe anderer Sprachen beherrschten und sich in lexikographischen Studien ergingen (»mehrere Räume« in der Bibliothek Niqmads »enthielten nur Wörterbücher und Lexika«)[69]. Der Gedanke, daß die Khar Höhlenbewohner oder Troglodyten (die biblischen Horiter) waren, erscheint deshalb völlig unhaltbar.

Höchstwahrscheinlich ist das churrische Volk nur eine Schöpfung moderner Sprachforscher. Wenn wir den ganzen

65 Speiser, »Mesopotamian Origins«, S. 152.
66 Ebenda, S. 120.
67 Siehe Speiser, »Introduction to Hurrian«.
68 Speiser, »Mesopotamian Origins«, S. 131.
69 Schaeffer, »Cuneiform Texts«, S. 37.

Vorgang fünf- oder sechshundert Jahre näher an unsere Zeit heranbringen, fangen wir an, uns Gedanken darüber zu machen, ob die Khar der Inschriften nicht in die der klassischen Literatur so häufig erwähnten Karer sind. Im Ägyptischen hieß das Mittelmeer das Meer von Khar(u). War es das Meer der Troglodyten, oder war es das Meer der Karer?

Die Karer lebten an der Küste des östlichen Mittelmeeres und hatten Siedlungen in vielen anderen Teilen der Welt. Sie hinterließen ihre Spuren in geographischen Namen, die die Silbe »kar«, »kart« oder »keret» enthalten[70]. In sehr früher Zeit – der des halblegendären Königs Minos von Kreta – stellten sie die Mannschaft seiner Flotte. Herodot sagte, daß sie damals Inselbewohner waren und als Seeleute auf den Schiffen des Minos dienten. »Minos hatte sich viel Gebiet unterworfen und war siegreich im Kriege«, und »deshalb standen auch die Karer zu jener Zeit unter allen Völkern in höchstem Ansehen«[71].

»Erst viel später wurden die Karer von Dorern und Ioniern von den Inseln vertrieben und kamen so auf das Festland.«[72] Mit dem Festland ist hier die Südwestecke Kleinasiens gemeint, wo Halikarnassos, die Geburtsstadt Herodots, lag.

Thukydides schrieb die Vertreibung der Karer König Minos zu: »Minos ist der erste all jener, die uns aus der Überlieferung bekannt sind, der eine Flotte hatte . . . (Er) wurde Herr der Kykladen und war der erste, der sich um die Besiedlung der meisten Inseln kümmerte, nachdem er die Karer von ihnen vertrieb und seine eigenen Söhne als Statthalter dort einsetzte.«[73]

Von den Karern schrieb Thukydides, sie hätten auf vielen Inseln verstreut gelebt und gemeinsam mit den Phöniziern

70 Der Süden Kanaans, der im Buch Josua *Negeb-Kereti* genannt wird, war nach Ansicht verschiedener Wissenschaftler in früher Zeit von Einwanderern aus Kreta besetzt worden.

71 Herodot (übersetzt von A. D. Godley, 1921–1924), I, 171.

72 Ebenda.

73 Thukydides (übersetzt von C. Foster Smith; London und New York 1919), I, IV.

Seeräuberei getrieben: »... die Inselbewohner waren der Seeräuberei noch mehr ergeben. Unter ihnen waren sowohl Karer wie Phönizier, denn die Karer bewohnten die meisten der Inseln.« Die engen Beziehungen, die zwischen Karern und Phöniziern bestanden, werden ferner durch Stadtnamen bezeugt wie Phoinix und Phoinikus in Karien[74].

Die Kenntnis von der ungefähren Lage karischer Kolonien außerhalb des südwestlichen Kleinasiens und den Wegen der karischen Wanderung ging der Geschichtswissenschaft früh verloren. Im ersten Jahrhundert schrieb Strabo[75]: »Ebenso sind die Auswanderungen der Karer ... nicht Dinge, die jedermann ohne weiteres kennt.«[76]

Zypern gehörte offenbar zu den »meisten der Inseln«, und die Karer lebten dort bis in späte Zeit, Herodot (V, 111) erwähnt einen karischen Schildträger aus Zypern in frühpersischer Zeit.

Es ist nicht viel Scharfsinn nötig, um zu dem Schluß zu kommen, daß die Khar von Ras Schamra die Karer waren.

Die Karer siedelten nicht nur auf Zypern, sondern auch an der Küste des gegenüberliegenden Festlandes, und ähnliche Gräber im östlichen Zypern und in Ras Schamra sind dafür der Beweis. Die besondere Eigenart der karischen Gräber wurde von dem frühen Historiker Thukydides betont, der schrieb, daß die Karer die meisten der Inseln bewohnt hätten, »was aus der Tatsache zu ersehen ist, daß, als Delos von den Athenern in diesem Krieg (426 v. Chr.) gereinigt wurde (für den Kult. Anm. d. Übers.) und sie die Gräber aller jemals auf der Insel Gestorbenen beseitigten, sie mehr als die Hälfte karische entdeckten, erkenntlich an der mit ihnen begrabenen

74 Georg Meyer, »Die Karier« (Göttingen 1885), S. 3.

75 Strabo, »The Geography«, I, 3, 21.

76 Es wurden umfassende Untersuchungen angestellt, bei denen der Name Kar über die ganze Welt verfolgt wurde, um Spuren karischer und phönizischer Seefahrten zu finden. Siehe Baron d'Eckstein, »Revue archéologique«, XIV (1857), XV (1858), und Brasseur de Bourbourg, »S'il existe des sources de l'histoire primitive du Mexique dans les monuments égyptiens« (Paris 1864). Namen wie Karkar (Qarqar) oder Karkemisch (auch Gargamisch geschrieben), und das Wort »Kar« in Städtenamen wie Kar Salmanassar, mögen in diesem Zusammenhang erwähnt werden.

und wieder aufgefundenen Rüstung und der jetzt noch bei ihnen gebräuchlichen Art des Begräbnisses«[77].

Moderne Archäologen wiederum weisen auf die besonderen Merkmale der Gräber von Ras Schamra und denen des östlichen Zyperns hin.

Weil die Karer bereits früh im ersten Jahrtausend vor unserer Zeitrechnung Bewohner des nördlichen Syriens waren, ist es einfach ein Gebot der Vernunft, in der Heiligen Schrift nachzuforschen, ob sie dort erwähnt werden. Im 8. Jahrhundert hatte Athalja – die Tochter Ahabs und Schwiegertochter des Königs Josaphat von Jerusalem –, die Königinmutter, die den Thron an sich riß, als ihr Sohn Ahasja auf dem Weg nach Megiddo von Jehu getötet wurde, eine Leibwache, die aus »Kari« (Karern) bestand. Diese Leibwache nahm später an einem Aufstand gegen Athalja teil, als der Priester Jojada ein Abkommen traf mit »den Führern der Hundertschaften, mit den Kari (Karern) und den Trabanten« (2. Könige 11; 4, 19)[78] und Joas vor sie brachte, den Knaben, der heimlich gerettet worden war, als Athalja die königliche Familie tötete.

Es ist mehr als wahrscheinlich, daß die Kreti der »Krethi und Plethi« (Krether und Plether) von Davids Leibwache (2. Samuel 8, 18), die sein Marschall Benaja anführte, die gleichen Kari waren. An einer Stelle der Heiligen Schrift (2. Samuel 20, 23) heißt es, daß Benaja über die Kari (oder Kre) und Plethi gesetzt war. Von alters her wurden die Philister als die Krethi-Plethi angesehen. Das Wort »Plethi« wird im allgemeinen als Kurzform für Philister bezeichnet, und es wird ohne ausreichenden Grund angenommen, sie wären dasselbe Volk wie die Krethi. So entstand die Theorie, daß die Philister von Kreta kamen[79]. Plethi kann nicht identisch sein mit Krethi

77 Thukydides, I, VIII.

78 Die King-James-Bibel sagt hier: »die Hauptleute und die Garde.«

79 Deuteronomium 2, 23; Amos 9, 7; Jeremia 47, 4. Jeremia spricht von den »Philistern, dem Überrest der von der Insel Kaphtor Gekommenen«. Durch die Identifikation der Philister mit den Krethi und Plethi wurde Kaphtor mit Kreta gleichgesetzt. Mit den historischen Beweisen würde es mehr im Einklang stehen, wenn wir unter Kaphtor Zypern verstehen. Wenn Kaphtor nicht Zypern war, würde in der Heiligen Schrift kein Name für Zypern und auch keine Erwähnung der Insel zu finden sein, und das wäre un-

oder Kari (Karer), weil die beiden Namen – jedesmal wenn sie erwähnt werden – immer durch ein »und« verbunden sind[80].

Der Ursprung der Krethi auf Kreta – was sogar aus dem Namen zu hören ist – wird auch durch die Saptuaginta bezeugt, die »Krethi« mit Kreter übersetzte. Die Karer kamen von Kreta. Die Krethi kamen ebenfalls von Kreta und waren mit den Kari identisch. Es ist klar, daß Karer, Kari und Krethi ein und dasselbe sind.

Die Karer, im Jerusalem der Königin Athalja die königliche Leibwache, wurden im Ägypten des 7. Jahrhunderts mit der gleichen Aufgabe betraut, nachdem sie zusammen mit den Ioniern durch einen Sturm dorthin verschlagen worden waren[81]. Die Karer blieben in dieser Stellung, bis Kambyses Ägypten eroberte[82]. Sie bildeten auch die Leibwache der Könige von Lydien im 6. Jahrhundert. In diesem Zusammenhang ist es interessant, Herodots Bericht (I, 171 ff.), die Karer hätten Waffen erfunden und hergestellt, die dann von den Griechen nachgeahmt wurden, einmal mit der Tatsache in Beziehung zu bringen, daß »an keinem anderen Ort Syriens oder Palästinas eine so große Menge Waffen gefunden wurde wie in Ras Schamra[83]«, und zum anderen mit der Targum-Übersetzung der Krethi als Bogenschützen.

Am Ende des 7. und zu Beginn des 6. Jahrhunderts prophezeiten Zephanja (2, 5) und Ezechiel (25, 16), es werde das Ende des Landstrichs am Meer von Keret kommen.

Als kurze Zeit später Nebukadnezar Tyrus unterwarf, flo-

wahrscheinlich, weil Zypern sehr nahe bei Syrien liegt. Die Inseln der Kittiter (Jeremia 2, 10, Ezechiel 27, 6), gewöhnlich als Zypern identifiziert, bedeuten alle Inseln und Küstenländer des Westens, Mazedonien und sogar Italien. Vgl. den Artikel »Cyprus« in »The Jewish Encyclopedia«.

80 Dem Wort »Plethi« wurde noch eine andere Auslegung gegeben. Das Targum übersetzt »Krethi« als »Bogenschützen« und »Plethi« als »Schleuder«, abgeleitet von dem Wort *palet* »werden« oder »hinauswerfen«. Dasselbe Verb kann auch mit der Bedeutung aufgefaßt werden: »jene, welche ausgeworfen wurden« vom Meer, oder: »Reste eines Volkes, das irgendeinem Ort im Meer entrann«; *iam polat* heißt »das Meer warf aus (vertrieb)«.

81 Herodot, II, 152.

82 Ebenda, II, 154.

83 Dussaud, »Les Découvertes«, S. 20.

hen die Phönizier zusammen mit den Karern nach Karthago, und diese Kolonie entwickelte sich danach zu einer Weltstadt.

Die karische Sprache

Vor den Sprachforschern lagen nun die Ras-Schamra-Tafeln, und es sollte anzunehmen sein, daß die gelehrte Welt endlich der Lösung der Frage: Was für eine Sprache war die der Karer? näher wäre als Strabo, der sich neunzehn Jahrhunderte zuvor damit befaßte[84].

Bei seiner Aufzählung der Verbündeten Trojas nannte Homer auch die »barbarisch sprechenden Karer«. Apollodoros verstand die Worte als eine Anspielung auf die Tatsache, daß die Karer nicht Griechisch, sondern eine fremde Sprache redeten[85]. Strabo dagegen schloß aus Homers Bemerkung, daß die Karer zwar Griechisch redeten, es aber wie Barbaren aussprachen; er hatte wahrscheinlich die Karer Kleinasiens im Sinn, von denen Herodot schrieb, daß nach der Ansiedlung der Karer dort die Sprache der Kaunier, der früheren Bewohner, »sich der der Karer, oder die der Karer sich der ihren angeglichen habe«[86].

Daß die Karer sich einer den Griechen unverständlichen Sprache bedienten, geht aus einer Geschichte Herodots hervor[87]. Er erzählt, wie ein Karer in einen Tempel kam, um das Orakel zu befragen; die Thebaner standen verwundert, als sie den Orakelspruch in einer anderen als der griechischen Sprache vernahmen. Der Fremde sagte, daß die Worte des Orakels karisch seien und schrieb sie auf.

Die Karer sprachen auch Griechisch; Herodot erzählte uns, daß die Ägypter Griechisch von den Karern und Ioniern lernten, die in den Tagen Psammetichs im 7. Jahrhundert vor unserer Zeit nach Ägypten kamen.

Vereinzelte karische Worte haben sich bei den klassischen

84 Strabo, »The Geography«, XIV, II, 27ff.
85 Ebenda, mit Hinweis auf Apollodoros, den athenischen Grammatiker.
86 Herodot, I, 172.
87 Ebenda, VIII,135.

Schriftstellern gefunden, und ebenso blieben einige karische Eigennamen erhalten[88]. Auf verschiedenen Denkmälern in Ägypten wurden zusammen mit griechischen handschriftlichen Zeugnissen solche gefunden, die nichtgriechisch sind. Sie sind mit griechischen Buchstaben geschrieben unter Hinzufügen einer Anzahl abweichender Zeichen, wohl um sie der Aussprache anzupassen. Es wurde der Schluß gezogen, daß dies Namen seien, die karische Söldner neben denen ihrer ionischen Waffengefährten aufzeichneten[89]. Die Zeit war die des 7. Jahrhunderts. Es wurde auch eine Anzahl Grabinschriften entdeckt, von denen einige zweisprachig waren – karisch und ägyptisch –, da aber die Texte offenbar nicht exakt aus der einen Sprache in die andere übertragen waren, blieben Versuche, das Karische zu entziffern, ohne entscheidendes Ergebnis. Die Hypothese, daß die Sprache indogermanisch sei, wurde erörtert und verworfen[90]. Semitisch ist sie jedoch ebenfalls nicht.

Die gleiche Feststellung – daß sie weder indogermanisch noch semitisch sei – wurde für die churrische Sprache (Khar) Mesopotamiens getroffen. In beiden Fällen, im Khar und in den karischen Inschriften, sind die Schriftzeichen der Sprache fremd – im einen Fall von der Keilschrift übernommen, im anderen vom griechischen Alphabet. Interessant ist, daß im Karischen ein mitannisches Element zu erkennen ist[91].

Bis heute kann das Karische noch nicht gelesen werden. Im Sommer 1935 wurden (von Benveniste) verschiedene karische Inschriften bei Mylasa in Karien entdeckt, die aber bis-

88 Siehe A. H. Sayce, »The Karian Laguage and Inscriptions«, »Transactions of the Society of Biblical Archaeology«, IX (1886), 123–154. W. Brandenstein, »Karische Sprache«, Pauly-Wissowa, »Real-Encyclopädie der classischen Altertumswissenschaft«, Suppl. VI (1935), 140–146; F. Bork, »Die Sprache der Karer«, »Archiv für Orientforschung«, VII (1931–1932).

89 Lepsius erwähnte diese Unterschriften und zog diese Schlußfolgerung.

90 P. de Lagarde vertrat die Hypothese, das Karische sei iranischen Ursprungs. Siehe P. Kretschmer, »Einleitung in die Geschichte der Griechischen Sprache« (Göttingen 1896), S. 376 ff.

91 »Neben dem elamoiden Kern ist im Karischen ein starker Einschlag aus dem Mitanni deutlich zu erkennen.« F. Bork, »Die Sprache der Karer«, »Archiv für Orientforschung«, VII (1931), 23.

her noch nicht veröffentlicht wurden. Aus den schon erwähnten Gründen scheint mir, es würde erfolgversprechend sein, das Khar von Ras Schamra von der Voraussetzung ausgehend zu untersuchen, daß es die karische Sprache – nur mit anderen Schriftzeichen – sei, und die karischen Inschriften so mit Hilfe der Ras-Schamra-Tafeln zu entziffern.

Die Theorie, daß die Ras-Schamra-Tafeln Hinweise auf die Ionier enthalten, hätte anerkannt werden sollen: Ionier können sehr wohl in den Texten erwähnt worden sein, handelt es sich doch nicht um das 14., sondern um das 9. Jahrhundert. Es scheint mir auch zulässig zu sein, die Vermutung anzustellen, daß das als Ugarit[92] gelesene Wort der karisch-ionische Name Euagoras ist. Könige dieses Namens herrschten auf Zypern, und die Regierungen eines Euagoras im 5. und eines anderen im frühen 4. Jahrhundert vor unserer Zeitrechnung sind durch griechische und lateinische Schriftsteller bekannt. In einem späteren Kapitel dieses Buches wird vom Krieg dieses zweiten Euagoras gegen die Perser die Rede sein. Der Einfluß Zyperns auf Ras Schamra wurde von den Ausgräbern betont; es hieß, daß in einer früheren Zeit dieser Ort an der syrischen Küste eine Kolonie zyprischer Herrscher gewesen sein könnte. Diese Bemerkung erhärtet die Vermutung, daß ein früher König von Zypern, ein Nachkomme der Karer, die von den Ioniern ostwärts vertrieben wurden, an der syrischen Küste gegenüber der Insel Zypern auf den Trümmern einer alten eine neue Stadt erbaut und sie nach seinem eigenen Namen Euagoras genannt hätte.

Der Name des Königs Nikmedes (auch Nikmes, Niqmad geschrieben) ist der ionisch-karische Name Nikomedes. Ein ähnlicher Name, Nikodemus, mag eine dem semitischen Ohr angenehmere Form gewesen sein[93].

92 *Egrt*«. Siehe Hrozný, »Les Ioniens à Ras Shamra«, »Archiv Orientální«, IV (1932), 175. Vgl. Virolleaud, »Syria, Revue d'art oriental et d'archéologie«, XII, 351 und 557.

93 Nikodemus von Salamis auf Zypern prägte um etwa 460–450 v. Chr. Münzen. Sir George F. Hill, »Catalogue of the Greek Coins of Cyprus«, London 1904, S. 52.

Die Stadt Didyma, von der die Ionier nach Ugarit kamen, lag in Ionien, ihr Name aber ist karisch[94]. Tafeln des 9. Jahrhunderts vor unserer Zeitrechnung konnten diesen Namen enthalten, nicht aber solche des 15. Jahrhunderts.

Es ist wirklich seltsam, daß der Gelehrte, der daran festhielt, in den Ras-Schamra-Texten seien Ionier erwähnt, nichtsdestoweniger beharrlich darauf bestand, daß die Khar von Ras Schamra, die zusammen mit den Ioniern erwähnt werden, die Horiter (Höhlenbewohner) der Bibel waren[95]. Nicht nur in den Ras-Schamra-Texten, sondern auch in vielen Texten griechischer Schriftsteller sind Ionier und Karer zusammen erwähnt. Ungeachtet der Tatsache, daß die Karer durch die Griechen (Ionier) in früher Zeit von Kreta und den Kykladen vertrieben wurden, vermischten sich beide Völker, und der Bericht über ihr erstes gemeinsames Auftreten an der ägyptischen Küste zeigt, daß sie bei ihren Unternehmungen zu Verbündeten geworden waren. In der klassischen Literatur erscheinen die Karer gewöhnlich entweder zusammen mit den Ioniern oder mit den Phöniziern.

Wenn eines Tages im Schutt von Ras Schamra eine orphische Hymne gefunden werden sollte, dann würde dies einen Glückstag, nicht aber ein Wunder für die Ausgräber bedeuten.

Nach Homer nahmen die Karer an der Verteidigung von Troja teil. Sie mögen ihre eigenen Erinnerungen daran gehabt haben und eigene Dichtungen, in denen sie die Kämpfe um Ilion besangen. Es ist bekannt, daß auf Zypern Gedichte verfaßt wurden, die den gleichen Stoff behandelten wie die Ilias[96], aber abgesehen von fünfundzwanzig kurzen Fragmen-

94 Siehe den Artikel »Didyma« von Bürchner in Pauly-Wissowa, »Real-Encyclopädie«.

95 Die churrischen Inschriften von Ras Schamra beweisen einmal mehr den großen Einfluß des churrischen oder horitischen Volkes auf Syrien und Palästina. Diese Tatsache sollte uns nicht verwundern, sobald wir die Rolle erkennen, die die Churriter zu Ende des dritten und in der ersten Hälfte des zweiten Jahrtausends in Syrien und Palästina gespielt haben.« Hrozný, »Archiv Orientální«, IV (1932), 127. Siehe auch Speiser, »Mesopotamian Origins«, S. 133.

96 Herodot, II, 117.

ten blieb nichts davon erhalten. Waren diese Gedichte ursprünglich karisch geschrieben?

Nun, da die Khar-Sprache von Ras Schamra zu lesen ist, sollte an die frühen Beziehungen zwischen den Karern und Kreta und zwischen Kreta und Zypern gedacht werden. Ein neuer Versuch müßte dann unternommen werden, die noch unlesbaren Zeichen der zyprischen Inschriften, der Linearschrift Kretas und der Bilderschrift dieser Insel zu deuten und so den Schleier zu heben, der die Vergangenheit Kretas und der minoischen Kultur, die Seeabenteuer der Karer im zweiten Jahrtausend und vielleicht sogar die Geschichte von Atlantis verhüllt.

Amenophis II.

Syrien-Palästina war während des hier untersuchten Zeitraums ein Gebiet, nach dessen Besitz die Pharaonen trachteten, das aber nach Unabhängigkeit strebte.

Als die lange und erfolgreiche Regierung Thutmosis' III. zu Ende ging, ergriff Amenophis II. (sein Königsname wird gewöhnlich Acheperurê gelesen) das Zepter. Für die asiatischen Provinzen war der Tod Thutmosis' III. das Signal, sich zu erheben, um sich vom ägyptischen Joch zu befreien. An der Spitze eines gewaltigen Heeres von Streitwagen, Reitern und Fußtruppen marschierte Amenophis II. nach Syrien und Palästina, um die Rebellion zu unterdrücken. Seine Majestät »zog gegen Retenu (Palästina) auf seinem ersten siegreichen Feldzug, um seine Grenzen zu erweitern ... Seine Majestät kam nach Schemesch Edom und verwüstete es ... Seine Majestät kam nach Ugarit und unterwarf alle seine Feinde ...«[97].

Auf dem Wege nach Syrien stellte Amenophis II. vor den Fürsten des Landes seine Geschicklichkeit im Bogenschießen zur Schau, um sie zu beeindrucken und mit Furcht zu erfüllen.

Er kehrte nach Memphis zurück mit einigen hundert Edel-

97 A. M. Badawi, »Die neue historische Stele Amenophis' II.«, »Annales du service des antiquités de l'Egypte«, XLII (Cairo 1943), 1–23.

leuten als Kriegsgefangene und einer Beute von etwa hundert Pferden und Streitwagen oder Kriegsfahrzeugen. Bei seiner Rückkehr nach Ägypten ließ er am Mast seines Schiffes auf dem Nil einige der Gefangenen mit den Köpfen nach unten aufhängen.

Im neunten Jahr seiner Regierung wiederholte er den Feldzug nach Palästina. Sein Ziel war Aphek in Untergaliläa. Er plünderte zwei Dörfer »westlich von Socho« und kehrte, nachdem er andere unbedeutende Ortschaften gebrandschatzt hatte, mit weiteren Gefangenen nach Memphis zurück. Sein lästiges Kommen machte ihn zum gemeinsamen Feind der Königreiche von Palästina und Syrien. Als er wiederum nach Palästina zog, wurde die größte und anscheinend einzige Schlacht an einem y-r'-s-t genannten Ort ausgefochten. Verschiedene Lösungen sind für die Identifikation dieses Ortes vorgeschlagen worden[98]. Eine wichtige Tatsache ist jedoch, daß Amenophis seinen Annalen nach an diesen Ort kam, *einen* Tag nachdem sein Heer die ägyptische Grenze überschritten hatte[99]. Der Ort der Schlacht konnte demnach nur im südlichen Palästina gelegen haben.

Es wird angenommen, daß dies ein siegreicher Feldzug war, weil Amenophis sich selbst siegreich nennt. Aber war er es wirklich? Woraus bestand die Beute dieser Schlacht bei y-r'-s-t?

> Liste dessen, was Seine Majestät an diesem Tage erbeutete: seine Pferde 2, Streitwagen 1, ein Panzerhemd, zwei Bogen, ein Köcher voller Pfeile, ein Harnisch und ...[100]

98 Brugsch las den Namen »Arinath« und identifizierte ihn mit »Orontes«. Breasted und andere schlossen sich dieser Ansicht an. F. W. von Bissing machte Einwände geltend. »Die Statische Tafel von Karnak« (Leipzig 1897), S. 34. Petrie las »Arseth« und vermutete, es handle sich um das Haroshet am Kison (»History of Egypt«, II, 155). J. A. Wilson jedoch bestätigte die Lesart y-r'-s-t auf dem Karnakfragment.

99 Nach der Memphis-Stele begann Amenophis II. seinen Feldzug im »Ersten Monat der Dritten Jahreszeit, Tag 25«. Er erreichte y-r'-s-t im »Ersten Monat der Dritten Jahreszeit, Tag 26« (Karnakvariante), also nur einen Tag später. Siehe »Egyptian Historical Texts« von J. A. Wilson in »Ancient Near Eastern Texts«, S. 245 und Anmerkung 8 auf der gleichen Seite.

100 Breasted, »Records«, II, Abschnitt 785.

ein Gegenstand, dessen Deutung nicht mehr möglich ist. Was aber auch immer dieser letzte Gegenstand gewesen sein mag, die Gesamtbeute war wirklich kläglich, wenn alles, was der König von Ägypten nach seiner siegreichen Schlacht aufzählen konnte, ein Streitwagen war, zwei Pferde, zwei Bogen und ein Köcher »voller Pfeile«. Er erlitt eine Niederlage[101].

Nach einem Sieg dringt ein Heer gewöhnlich tiefer in das Gebiet des Feindes ein. Die der Aufzählung der Beute unmittelbar folgenden Zeilen sagen jedoch: ». . . indem er südwärts gen Ägypten zog, ritt der König zu Pferde weiter.«[102] Sofort nach der Schlacht wandte sich der König nach Ägypten.

Wenn ein König von einem erfolgreichen Feldzug zur Wiederherstellung der Ordnung in den Provinzen zurückkehrt, suchen sich die an dem Wege seiner triumphalen Heimkehr liegenden Städte nicht gerade diesen Augenblick für einen Aufstand aus. Vasallenstädte rebellieren dann, wenn sie ihren Bedrücker auf der Flucht sehen; und genau dies trat ein, denn die Kriegsannalen berichten, daß Asiaten einer Stadt am Wege nach Ägypten »einen Plan schmiedeten, um die Fußtruppen Seiner Majestät hinauszutreiben«[103].

Während des Restes seiner Regierungszeit von einigen Jahrzehnten kehrte Amenophis II. nicht nach Palästina zurück, und von einem jährlichen Tribut von dort wird nichts berichtet[104].

Um zu ermitteln, ob sein Feldzug zu einer Niederlage wurde, muß seine persönliche Bewertung des Feldzuges mit dem Bericht der Heiligen Schrift verglichen werden.

Rehabeans Sohn Abia, dem König von Juda, gelang es, gegen Jerobeam, den König von Israel, eine entscheidende

101 Sidney Smith kam unabhängig zur gleichen Schlußfolgerung, daß der Feldzug Amenophis' eine vernichtende Niederlage war. »Occasional Publications of the British Institute of Archaeology in Ankara« (London 1949), Bd. I. E. Edel »Zeitschrift des Deutschen Palästina-Vereins«, 69 (1953) S. 97–106. A. Alt., Ibid, 70 (1954), S. 39–62.

102 Breasted, »Records«, II, Abschnitt 786.

103 Ebenda, Abschnitt 787.

104 Daß er Syrien-Palästina verlor, kann auch aus der Tatsache geschlossen werden, daß sein Nachfolger Thutmosis IV. sich »Eroberer von Syrien« nannte.

Schlacht zu gewinnen (2. Chronika 13). Das muß bedeuten, daß die ägyptische Herrschaft bereits im Schwinden begriffen war.

Nach der kurzen Regierungszeit Abias folgte ihm sein Sohn Asa. »In seinen Tagen war das Land zehn Jahre lang ruhig.« Er baute in Juda befestigte Städte, errichtete Mauern und Türme, Tore und Sperren, und sagte zu Juda: »Wir haben Gott unseren Herrn gesucht, und er hat uns auf allen Seiten Ruhe gegeben« (2. Chronika 14, 7). So bauten sie und kamen zu Wohlstand.

Schon die Zerstörung der heidnischen Götterbilder kam einer Empörung gleich (2. Chronika 14, 5), denn unter ihnen standen sicher die der ägyptischen Götter an erster Stelle, da das Land seit Schischak (Thutmosis III.) der ägyptischen Krone untertan war. Mit der Befestigung der Städte Judas und der Aushebung seiner Krieger erkannte Asa eindeutig die ägyptische Herrschaft nicht an.

> 2. Chronika 14, 7: Und Asa hatte ein Heer, das Schild und Speer trug: aus Juda dreihunderttausend, und aus Benjamin zweihundertachtzigtausend, die Tartschen trugen und den Bogen spannten – all diese – wehrbereite Leute.

Die Städte waren befestigt, und das Heer stand bereit.

> 2. Chronica 14, 8–9: Es zog aber gegen sie der Kuschit (Äthiopier) Serach zu Felde mit einem Heer von einer Million Kriegern und dreihundert Wagen und gelangte bis Maresa. Da zog Asa aus, ihm entgegen, und sie stellten sich im Tal Zephata bei Maresa in Schlachtordnung.

Asa betete zu Gott um Hilfe.

> 2. Chronika 14, 11–13: Und Jahwe schlug die Kuschiten (Äthiopier) vor Asa und vor den Judäern, so daß die Kuschiten flohen. Asa aber und die Krieger, die er bei sich hatte, verfolgten sie bis Gerar, und es fielen von den Kuschiten so viele, daß ihrer keiner am Leben blieb; denn sie wurden zerschmettert vor Jahwe und seinem Heer. Und sie trugen sehr viel Beute davon . . .

Serach, der Äthiopier, der ein Heer von Äthiopiern und Libyern (2. Chronika 16, 8) von den südlichen und westlichen Grenzen Ägyptens heranführte (wie das Heer des Pharaos Schischak), konnte niemand anderer sein als ein Pharao. Der Weg von Äthiopien nach Palästina führt durch das Niltal, und ein äthiopisches Heer, das Palästina erreichen wollte, hätte erst Ägypten erobern müssen. Überdies läßt die Anwesenheit libyscher Truppen im Heer kaum Zweifel daran aufkommen, daß der König der Pharao von Ägypten war. Nach Meinung der Exegeten (Graf, Erbt) muß die Erzählung der Chronik eine ägyptische oder arabische Invasion als historischen Hintergrund haben.

Die Schilderung der Schlacht von Maresa oder Moresheth[105] verrät, warum der Pharao Palästina eilig den Rücken kehrte und sein Gesicht gen Ägypten wandte, warum sein Heer von diesem Schlachtfeld nur »einen Bogen und zwei Pferde« mitnahm, und warum die Bevölkerung der Städte, wahrscheinlich im edomitischen Südpalästina, gegen seine Garnisonen Verschwörungen anzettelte.

Es weist auf eine Niederlage hin, wenn ein ägyptischer König von seiner eigenen Tapferkeit und seinem Ungestüm auf dem Schlachtfeld spricht und wie er selbst gegen die Soldaten des Feindes kämpfte. Das bedeutet, daß Seine Majestät allein weiterkämpfte, als jedermann geflohen war. In prahlerischen Ausdrücken, die sich auf kein bestimmtes Gefecht beziehen, verherrlicht die Inschrift den allein kämpfenden Herrscher. »Siehe, er war wie ein wildblickender Löwe.«

Er wurde nur bis Gerar verfolgt und hatte so noch die Genugtuung, auf seinem Rückweg nach Ägypten ein paar Dorfvorsteher fortschleppen zu können, die er dann in Ägypten lebendig verbrannte; seine Stele in Memphis berichtet davon.

Amenophis II. war zwar kein großer Herrscher, wohl aber ein starker Mann. Er war stolz auf seine Körperkräfte und

105 Micha 1, 14 wird der Ort Moreseth Gath genannt. Die erste Silbe von Meresha oder Mereshet könnte möglicherweise »das Wasser von« bedeuten, wie in Meriba oder Me-rom. Um Moreshet wiederzugeben, konnten die Ägypter *mu-areset* oder das Wasser von *areset* schreiben. Amenophis II. überschritt »den Arm des Wassers (Furt) von *arseth*«. (Petrie, »History of Egypt«, II, 15.)

brüstete sich damit, daß niemand seinen Bogen spannen könne. Ein großer Bogen mit seinem Namen wurde vor wenigen Jahrzehnten in seinem Grab gefunden.

»Es gibt nicht einen, der seinen Bogen spannen kann, weder unter seinen Soldaten noch unter den Häuptlingen des Hügellandes (oder) unter den Fürsten von Retenu (Palästina). Denn seine Stärke ist soviel größer als (die von) irgendeinem König, der je gewesen ist . . .«, so heißt es auf der Stele von Elephantine[106].

»Es ist seine Geschichte, die Herodot in der Legende bietet, daß Kambyses den Bogen des Königs von Äthiopien nicht spannen konnte[107]. Für diese Geschichte, die sich in legendärer Form bei Herodot (III, 21 ff.) erhielt, und für die historische Inschrift, die Amenophis II., der einige Jahrhunderte früher lebte, großsprecherisch auf die Stele von Elephantine schreiben ließ, nahm ein moderner Gelehrter gemeinsamen Ursprung an. In Herodots Erzählung ist ein äthiopischer König der prahlerische Spanner des Bogens Amenophis' II. War Amenophis II. ein Äthiopier auf dem ägyptischen Thron?

In den Adern der Könige der thebanischen Dynastie floß äthiopisches Blut[108]. War die königliche Gemahlin Thutmosis' III, eine Vollblutäthiopierin und gebar sie ihm einen dunkelhäutigen Sohn? Oder war Amenophis II. überhaupt nicht der Sohn Thutmosis' III.? Er nannte sich selbst Sohn des Thutmosis, aber dieser Anspruch braucht nicht buchstäblich wahr gewesen zu sein. Er nannte Hatschepsut seine Mutter[109]. Ist es möglich, daß er vor seiner Thronbesteigung Vizekönig von Äthiopien war[110]? Die konventionelle Chronologie, die

106 Breasted, »Records«, II. Abschnitt 792.

107 Breasted, »A History of Egypt« (New York 1912), S. 326.

108 Vgl. Foucart im »Bulletin de l'Institut Egyptien«, 5 série, II (1917), 268–269. Amenophis I., ein früherer König der XVIII. Dynastie, wird mit schwarzem Gesicht dargestellt. I. Rossellini, »I Monumenti dell'Egitto e della Nubia« (Pisa 1832–1844).

109 Breasted, »Records«, II, Abschnitt 803. Siehe Gautier, »Le Livre des rois d'Egypte«, II, 287.

110 Es ist ein seltsamer Umstand, daß in der heiligen Überlieferung Abessiniens (*Kebra Nagast*) Menelik, der König von Äthiopien und der Sohn der Königin des Südens – des Gastes Salomos –, nach Palästina zurückkehrte, um

Serach mit Osorkon aus der libyschen Dynastie identifiziert, stößt auf die Schwierigkeit der biblischen Erwähnung Serachs als Äthiopier.

Es war eine glanzvolle Leistung, einen so entscheidenden Sieg auf dem Schlachtfeld davonzutragen, wenn der Gegner nicht ein kleiner arabischer Fürst war, wie einige Exegeten dachten[111], oder ein Pharao der unrühmlichen XXII. Dynastie, wie andere Exegeten annahmen, sondern Amenophis II., der große Pharao, der Nachfolger Thutmosis' III., des größten aller Pharaonen. Es war ein Sieg auf der ganzen Linie, wie es die Niederlage der Hyksos-Amalekiter durch Saul war; wie wir aber sehen werden, war seine Auswirkung auf die spätere Periode nicht von gleicher Bedeutung. Politisch wurde der Sieg nur unzureichend ausgenützt, aber das nimmt ihm nichts von seinem militärischen Wert. Ägypten, auf dem Höhepunkt seiner Stellung als Großmacht, wurde von Asa, dem König von Juda, geschlagen, und dies war nicht etwa ein Sieg über eine ägyptische Garnison oder über eine Abteilung, die zum Eintreiben von Tributen ausgeschickt war, sondern ein Sieg über die Masse der ägyptisch-äthiopischen und libyschen Streitkräfte, an deren Spitze der Pharao und König selbst stand.

Mit der Zerschlagung des ägyptischen Heeres im Süden Palästinas war auch das gesamte Syrien-Palästina vom ägyptischen Joch befreit. Vorher hatte der Pharao Ugarit verwüstet und alle Königreiche dieses Gebietes bedroht; es ist möglich, daß der König von Juda irgendwelche Hilfe aus dem Norden erhielt, und sicherlich haben die syrischen Seevölker mit Asa sympathisiert. Aus den Inschriften Amenophis' II. spricht sein Ehrgeiz, nicht nur über das Land am Nil zu herrschen,

den Tempel zu berauben; nachdem es ihm durch eine List gelungen war, die Bundeslade zu stehlen, floh er nach Äthiopien und wurde von Salomo, seinem Vater, bis an die Grenze Ägyptens verfolgt. In dieser Legende vermischen sich zwei historische Elemente. Die Plünderung des Tempels war das Werk von Schischak–Thutmosis III., dem Nachfolger der Königin von Saba-Hatschepsut. Jener, der vom König von Jerusalem verfolgt, aus Palästina floh, war Serach-Amenophis II., der Nachfolger Schischak-Thutmosis' III.

111 Welche ein Kusch in Arabien neben dem Kusch (Äthiopien) in Afrika annehmen.

sondern auch über die Länder am Jordan, am Orontes und Euphrat, die sich nach dem Tode Thutmosis' III. erhoben hatten. Der große Sieg von Maresa trug die Freiheitsbotschaft zu allen diesen Völkern; ein Widerhall von dieser Schlacht hätte in vielen Ländern und noch nach vielen Generationen vernommen werden müssen. Aber nur noch einmal wird das Buch der Chronik diesem Sieg gerecht, und zwar in den Worten des Sehers Chanani: »Waren nicht die Kuschiten und die Libyer (Lubim) ein großes Heer mit einer Unzahl von Wagen und Reitern?« (2. Chronika 16, 8.) Es heißt auch, daß die Bevölkerung der nördlichen Stämme zu Juda überging, des großen Ansehens wegen, das dieses Land genoß, nachdem es den Pharao und sein Heer erfolgreich zurückgeschlagen hatte (2. Chronika 15, 9). Doch blieben nicht weitere Belege vom Sieg Asas über Amenophis II. erhalten? Ein derartig großer Erfolg sollte ein stärkeres Echo gefunden haben.

Er hatte dieses Echo. Ein phönizisches Gedicht besingt den Sieg über die Streitmacht Amenophis' II.

Das Gedicht von Keret

Eines der in Ras Schamra aufgefundenen Epen enthält auch historisches Material. Das Gedicht von Keret – die Archäologen nennen es nach dem Namen seines Helden – hat einen geschichtlichen Rahmen. Es wurde erstmals von Charles Virolleaud übersetzt und interpretiert[112]. Später unterlegte man dem Text eine sehr abweichende Bedeutung. Virolleaud las in dem Gedicht von der Gefahr, die dem Lande Kerets, des Königs von Sidon, drohte. Der Einfall des Heeres Terahs in den Negeb (den Süden Palästinas) erregte in Keret Befürchtungen, und er weinte in der Abgeschlossenheit seines Zimmers. In seiner großen Not sprach ihm eine Stimme, die er im Traum vernahm, Mut zu, und er ging, der Gefahr zu begegnen, und schloß sich dem Heer der Verteidiger an.

112 Charles Virolleaud, »La Légende de Keret, roi des Sidoniens« (Paris 1936).

Nach Virolleaud erscheinen in dem Gedicht die Namen der beiden Stämme Ascher und Sebulon. Aus dem Gedicht ist nicht zu entnehmen, ob der Stamm Sebulon die Rolle eines Feindes oder Freundes spielte.

Ascher wird wiederholt in einem Refrain genannt, und das Gedicht schildert lebendig, wie bewaffnete Stammesangehörige davoneilen, um sich der Hauptmacht gegen Terah anzuschließen.

> Ascher, zwei und zwei sind gegangen, Ascher, drei und drei sind gegangen, sie schlossen die Häuser, sie marschierten zusammen.

Freiwillige schlossen sich den Tausenden von Hasis an.

> Männer von Hasis kamen zu Tausenden und zu Myriaden, wie eine Flut (*yr*).

Sie marschierten dem Heer Terahs entgegen. Und Terah kam in den Negeb mit einer großen Streitmacht: »eine große Streitmacht von dreihundertmal zehntausend (*rbt*)«, das würde drei Millionen Mann bedeuten, wenn die Übersetzung korrekt ist. Das Gedicht erzählt dann, wie das gewaltige, angreifende Heer sich nach seiner Niederlage in vollem Rückzug befand.

Wer war Terah? fragte Virolleaud. In der Genesis heißt der Vater Abrahams Terah. Eine Theorie[113], die in Frankreich Anhänger fand, wurde aufgestellt, daß in dem phönizischen Lied von Keret die Wanderungen und Kämpfe der Patriarchen beschrieben seien. Es hieß, das Gedicht sei eine sehr aufschlußreiche Ergänzung zu den Legenden der Genesis vom Aufenthalt und der Wanderung der Patriarchen im Negeb in Südpalästina.

Der Patriarch Abraham kam in den Negeb und ebenso der Terah des Gedichts. In der Heiligen Schrift wird gesagt, daß Abrahams Vater Terah von Ur in Chaldäa, am Unterlauf des Euphrats, nach Charran im Nordwesten wanderte und dort seine Tage beschloß (Genesis 11, 32). Aufgrund des Gedichts

113 »Wie wir schon erwähnten (›Syria, Revue d'art oriental et d'archéologie‹, XIV, 149), ist dieser Name *Trh* offensichtlich der gleiche wie derjenige des Vaters von Abraham.« Ebenda, S. 25.

wurde eine Korrektur vorgenommen, und man kam überein, daß Terah nicht in Charran starb, sondern die Eroberung Kanaans von Süden her vorbereitete und teilweise auch durchführte, und daß Abraham, als er auf Schwierigkeiten stieß, alles aufgab und Kanaan verließ, um in Ägypten Zuflucht zu suchen[114]. Abraham und seine beiden Brüder, Söhne des biblischen Terah, werden in dem Gedicht nicht genannt, woraus geschlossen wurde, daß dies der führenden Rolle wegen geschah, welche Terah spielte, und wegen der unbedeutenden Rolle Abrahams, der in der Menge der Terahiten zu einem Anonymus wurde. Wenn die Erzählung auch sehr von der biblischen Legende abweicht, schien immer noch die Kombination – der Negeb als Schauplatz und Terah als Angreifer – eine überzeugende Parallele zu sein zum Negeb als Schauplatz und dem Eindringling Abraham, Sohn des Terah. Virolleaud zog deshalb den Schluß, daß Terahiten in den Süden Kanaans eindrangen und auf den Widerstand der Bevölkerung stießen, obgleich in der Heiligen Schrift nichts von einem Kampf Abrahams mit den Kanaanäern gesagt, vielmehr der friedliche Charakter seines Aufenthalts betont wird.

Nicht zu erklären ist die Unvereinbarkeit der ungeheuren Zahl der Krieger in der Streitmacht Terahs: dreihundertmal zehntausend ist völlig abweichend von der Zahl der Personen in Abrahams Haushalt einschließlich des Gesindes. Auch das Vorkommen der Namen Ascher und Sebulon bereitete Schwierigkeiten. Ascher und Sebulon waren Söhne des biblischen Israel; diese Stämme waren Nachkommen Abrahams, des Sohnes Terahs. Wie konnte Terah an der Seite der Kinder Aschers und Sebulons kämpfen, an der Seite seiner eigenen, viele Generationen jüngeren Nachkommen?

Um dieser Situation gewachsen zu sein, wurde gesagt, daß ursprünglich die Namen Ascher und Sebulon zu Bezirken

114 »Für die Hebräer hatte Terah die Eroberung und Besetzung von Kanaan lediglich vorbereitet, und auch sein Sohn Abraham hatte diese Unternehmung erst geplant, denn angesichts der Schwierigkeiten hatte er das Projekt aufgeben und nach Ägypten fliehen müssen.« Ebenda, S. 32.

gehörten, die von Kanaanäern bewohnt waren. Zu späterer Zeit wären diese Bezirke von den Stämmen Israels erobert worden, die nicht ihre eigenen Namen auf sie übertrugen, sondern sich nach ihnen benannten[115].

Dann wurde eine weitere Übersetzung und Interpretation des Keretgedichtes vorgelegt. Sie lehnt Terah, Ascher und Sebulon als Eigennamen ab und gibt für sie die Bedeutungen: Bräutigam (*terah*), nach, hinter (*atur*) und kranker Mann (*zebulun*)[116]. Sie bestreitet auch den vorwiegend kriegerischen Inhalt des Gedichtes und bezeichnet es als eine Liebesromanze. Auf diese Weise sind durch eine andere Deutung diese Namen als Namen von Stämmen, auf die man in ugaritischer Zeit nicht gefaßt sein konnte, beseitigt. Zahlreiche weitere Abänderungen und Korrekturen wurden außerdem noch vorgelegt.

Uns erscheint jedoch, daß Virolleauds Übersetzung nicht weit von der Wahrheit abweicht. Der Terah des Gedichtes war allerdings nicht der Vater des Patriarchen, aber die Namen der Stämme und die kriegerische Handlung scheinen mit der Geschichte übereinzustimmen.

Es wird keinesfalls bestritten, daß Ugarit und die ganze phönizische Küste in dem Zeitabschnitt, mit dem wir uns befassen, von Amenophis II. bedroht wird.

Unbeeinflußt von den Einschränkungen, die eine unrichtige Schätzung des Alters der Ras-Schamra-Tafeln mit sich bringt, stellen wir die Frage: Kennen wir aus der Heiligen Schrift einen erfolglosen Angriff einer großen Streitmacht auf Südpalästina?

Ein solcher Angriff erfolgte unter der Führung des Äthiopiers Serach in den Tagen Asas, des Königs von Juda. Im Zweiten Buch der Chronik wird das unter Serach eindringende Heer eine sehr große Menge genannt, »tausendmal tausend«, oder eine Million.

115 »Es handelt sich hier nicht um zwei der zwölf Stämme (Ascher und Sebulon), sondern um zwei dieser kanaanäischen Bezirke, nach denen sich die zwölf Stämme eines Tages benennen würden.« Ebenda, S. 18.

116 H. I. Ginsberg in »Ancient Near Eastern Texts«, Hrsg. Pritchard, S. 142ff. Anstelle von »Ascher, zwei und zwei sind gegangen« übersetzte er: »Hinter zwei gehen zwei.«

2. Chronika 14, 9: Es zog aber gegen sie der Kuschit Serach zu Felde mit einem Heer von einer Million (Kriegern) . . .

Im Äthiopier Serach haben wir bereits König Amenophis II. erkannt und die biblischen Belege mit den ägyptischen verglichen.

Wir wollen jetzt noch einige Angaben des phönizischen Gedichts, der Inschriften Amenophis' II. und der Bibel miteinander vergleichen. Finden wir wiederum Parallelen, dann werden wir damit die Identifikation Serachs mit Amenophis II. auf das deutlichste bekräftigen.

In dem phönizischen Gedicht wird das Heer Terahs mit folgenden Worten beschrieben:

Eine große Streitmacht von dreihundertmal zehntausend (*rbt*) mit kupfernen Harpen (*hepeš*, Sichelschwertern), mit bronzenen Dolchen (*šnn*).

Es fiel auf, daß das Gedicht für kupferne Sichelschwerter das ägyptische Wort *hepeš*[117] verwandte und für die bronzenen Dolche das ägyptische Wort *šnn*.

Im Grabe des Amenken[118] ist Amenophis II. bei der Besichtigung von Geschenken dargestellt, die an seine Offiziere zu verteilen sind; es sind dies mit den Worten »dreihundertsechzig bronzene hps (*hepeš*)« bezeichnete Schwerter, und neben diesen Schwertern sind einhundertvierzig Dolche abgebildet. Da nun in dem phönizischen Gedicht die Waffen mit dem ägyptischen Namen genannt sind, würde die Schlußfolgerung, sie seien ägyptischen Ursprungs, keine willkürliche sein. Die Waffen werden in dem phönizischen Gedicht mit dem Wort benannt, das auf dem ägyptischen Denkmal verwendet wurde, auf dem Amenophis II. mit den Waffen für sein Heer wiedergegeben ist. Demnach waren die Streitmächte Terahs mit Waffen ausgerüstet, die mit denen, die

117 Jack, »The Ras Shamra Tablets«, S. 38. »Drei Millionen mit kupfernen Sichelschwertern oder Harpen (für die das ägyptische Wort *hepeš* verwendet wird) und bronzenen Dolchen.« Von Jack stammt auch die Übersetzung dieser zwei Zeilen des Gedichts.

118 Breasted, »Records«, II., Abschnitt 802.

Amenophis II. seinen Soldaten zur Bewaffnung gab, identisch sind. Beispiele solcher Harpen (Sichelschwerter) wurden in Gezer in Südpalästina gefunden[119]. Die erhalten gebliebenen Teile des Gedichts beschreiben, wie die Heere in die Schlacht stürmen. Wir sehen, wie Keret über die Felder zieht, auf denen er Waffen findet, die von den fliehenden Soldaten eines geschlagenen Heeres fortgeworfen wurden, und wie er zu einer blutig gefärbten Quelle kommt[120]. Er dringt gegen die Städte Edoms vor mit der Absicht, sich seinen eigenen Teil an der Beute zu sichern.

Nach der Heiligen Schrift plünderten die jüdäischen Sieger nach der Schlacht von Maresa (Moreseth Gath) die Städte des Südens: ». . . und die Krieger . . . verfolgten sie bis Gerar . . . und (sie) überwältigten alle Städte rings um Gerar . . . und so plünderten sie alle diese Städte, denn es gab viel darin zu plündern« (2. Chronika 14, 13–14).

In dem Epos beschreibt der Dichter Keret den Marsch nach Süden zur Plünderung der Städte nach dem Sieg mit den folgenden Worten.

Gehe einen Tag und zwei Tage,
Einen dritten und einen vierten,
Einen fünften und einen sechsten,
Und am siebten Tage wirst du Šapašiten begegnen,
Und du wirst kommen nach Edom Rabbim
Und nach Edom Serirot.

Das Gedicht hat den Rhythmus des Marschtritts des Helden und seiner Krieger.

Dann traf er die Šapašiten
Und kam nach Edom Rabbot
Und nach Edom Serirot.

Der König von Edom bat Keret:

Kämpfe gegen Edom Rabbot

119 Siehe A. Lods, »Israel« (London 1932), S. 64.
120 »*Mqr mmlat dm.*« Ginsberg bezieht »*dm*« auf den nächsten Satz und gibt dafür die Bedeutung »Siehe!«.

Noch gegen Edom Serirot.
Weiche, König von Sidon,
O Keret, von meinem Vorhof[121].

Und Keret forderte von ihm statt der Beute seiner Tochter; denn sie war »schön wie Astarte«.

Gespannt sind wir, zu erfahren, ob Keret die Tochter des Königs der Edomiterstadt als Gemahlin nach Sidon brachte – ein später aufgefundenes Fragment des Gedichtes erzählt, daß es wirklich so geschah. Vor allem aber möchten wir wissen, wer die »Šapašiten« vor den Mauern der Städte Edoms waren, was der Name Serirot bezeichnet, und ob wir uns auf dem Wege befinden, den wir uns vornahmen zu verfolgen.

Was bedeutet »Leute der Šapaš«? Eine teilweise Antwort liegt vor: »Šapaš ist die Sonne, und die Šapašiten erhielten ihren Namen nach ihr; die Šapaš Kanaans entsprach dem Schamasch (Sonne) der Assyrer und Babylonier.«[122] Die Truppen, die wiederholt als Gegner Kerets vor den Mauern der Edomiterstadt genannt werden, waren Šapaš- oder Schamaschleute.

Die Städte Edoms waren dazu verurteilt, geplündert zu werden, das geht aus dem Gedicht und dem Zweiten Buch der Chronik hervor, welches auch andeutet, daß dieses Schicksal ihnen auferlegt wurde, weil sie offenbar Serach und seine äthiopische und libysche Streitmacht unterstützten. Es wäre deshalb interessant, zu erfahren, von welchem Stützpunkt aus Amenophis II. seinen Feldzug gegen Palästina führte.

Der Bericht Amenophis' II. über seinen Feldzug in Palästina-Syrien beginnt wörtlich:

> Seine Majestät war in der Stadt Schamasch Edom. Seine Majestät lieferte dort ein Beispiel von Tapferkeit.

Die Stadt Schamasch Edom wird in den noch vorhandenen ägyptischen Dokumenten nirgends erwähnt außer in den Verzeichnissen Thutmosis' III. und auf dieser Denkmalinschrift Amenophis' II. Ist es ein zufälliges Zusammentreffen, daß in

121 Übersetzt von Virolleaud, »La Légende de Keret«.
122 Ebenda, S. 14.

dem phönizischen Gedicht über den Einfall Terahs und seiner Menge der Name der Stadt Edom ist und das Volk Šapaš oder Schamasch genannt wird? Wir haben den Terah des Gedichts als den Serach der Heiligen Schrift identifiziert und den Serach der Heiligen Schrift als Amenophis II. Nun finden wir die gleiche Stadt mit dem gleichen Volk als militärischen Stützpunkt Terahs im Epos und Amenophis' II. in den hieroglyphischen Annalen wieder.

In der Septuaginta, der griechischen Übersetzung der Heiligen Schrift, finden wir eine Erklärung für das Wort »Sarira« oder »Serirot« (Plural) im Gedicht von Keret. Ein Zusatz zu 1. Könige 12, 24 enthält einige Einzelheiten über Jerobeam. Seine Mutter, die 1. Könige 11, 26 Zeruja genannt wird, heißt dort Sarira. Als er von Salomo über den nördlichen Teil des Königreichs gesetzt wurde, baute er im Gebirge Ephraim eine Stadt und nannte sie Sarira. Nach Salomos Tod kehrte Jerobeam aus seinem Exil in Ägypten zurück und »kam in das Land von Sarira«. Dort versammelte sich der Stamm Ephraim, und Jerobeam befestigte Sarira, wie es in der Septuaginta heißt.

Sarira war der Name einer Festung, die erstmals um 920 v. Chr. erbaut wurde, und möglicherweise der Name jeder Festung, die nach dem Plan der Festung Jerobeams, der er den Namen seiner Mutter gab, gebaut wurde. In den Tagen Kerets, eine Generation später, war der Name Edom Serirot (Plural von Sarira) gebräuchlich – ein halbes Jahrtausend vor Jerobeam ist Serirot ein Anachronismus.

Welche Funktion hatte Keret in der verbündeten Armee? Bei 2. Samuel 8, 18 steht, daß Krethi und Plethi (Krether und Plether) die Leibwache Davids bildeten. Sie waren Söldner im Dienst des Königs von Jerusalem. Etwa sechzig Jahre später, in einer Zeit der Not, bat Asa die Sidonier um Hilfe; sie selbst waren, wie es der erste Teil des Keretgedichtes lebendig beschreibt, durch die aus dem Süden nahende Invasion beunruhigt.

Die Niederlage des unter Terah eindringenden Heeres, die über die Felder verstreuten Waffen, die vom Blut rotgefärbten Quellen und die vor den siegreichen Kriegern zitternden

Städte Edoms – dies alles sind lebendige Bilder, die zur biblischen Erzählung vom Sieg über Serach und die mit ihm verbündeten edomitischen Städte passen.

Eine Analyse des historischen Hintergrundes des Keretgedichtes zeigt, daß die Übersetzung Virolleauds ohne ausreichende Begründung abgelehnt wurde. Das Gedicht ist die Beschreibung eines Krieges und einer wilden Flucht. Die Erwähnung der Stämme Ascher und Sebulon ist in diesem Rahmen nur natürlich und bedarf keiner philologischen Theorie, die diesen Namen andere Bedeutungen unterlegt. Diese zwei von den Stämmen Israels waren die nächsten Nachbarn Sidons. Zusammen mit den Sidoniern verließen sie ihre Heimstätten und eilten nach Maresa, um an der Schlacht teilzunehmen oder um Asas Sieg für sich auszubeuten. Eine Anspielung auf diese Mitwirkung der nördlichen Stämme findet sich 2. Chronika 15, 9 im Anschluß an die Schilderung von Asas Sieg: ». . . denn es waren aus Israel eine Menge Leute zu ihm übergegangen, da sie sahen, daß Jahwe, sein Gott, mit ihm war.«

Beim Vergleich des Berichtes im Zweiten Buch der Chronik mit den Annalen Amenophis' II., des Nachfolgers Thutmosis' III., fanden wir, daß nach beiden Quellen ein großes Heer von den Grenzen Ägyptens in Palästina einfiel; daß es den Ort Moreseth Gath – oder Mu Areset auf ägyptisch – erreichte, einen oder zwei Tagesmärsche von der Grenze (*nakhal mizraim*) entfernt, und daß es von den Verteidigern des Landes zurückgeschlagen wurde. Ferner fanden wir, daß die Herrschaft Ägyptens über Palästina aufhörte und erst vom Nachfolger Amenophis' II. wiederhergestellt wurde.

Beim Vergleich der Annalen Amenophis' II. mit dem Gedicht von Keret finden wir bei beiden, daß die phönizische Küste bedroht war (Ugarit wird von Amenophis II. ausdrücklich erwähnt); daß die Angreifenden mit *hepeš* oder kupfernen Sichelschwertern bewaffnet waren, und daß Schamasch Edom in dem Feldzug eine wichtige Rolle spielte, da es zuerst von Amenophis II. besetzt war und dann von Keret und seinen Verbündeten, die den Eindringling besiegten.

Wenn jetzt die Chronika und das Gedicht von Keret miteinander verglichen werden, dann finden wir, daß nach dem Text der Heiligen Schrift das in den Negev einfallende Heer aus dreihundert Streitwagen und »eintausendmal tausend« Kriegern bestand und das verteidigende Heer aus dreihunderttausend Männern aus Juda. Nach dem Gedicht hatten die Angreifer dreihundertmal zehntausend Mann. An der Spitze des Heeres stand Serach oder (nach Virolleauds Übersetzung) Terah. Die Städte im Negev wurden geplündert; Edom Serirot wird erwähnt und findet in der Übersetzung der Siebzig (Septuaginta) eine Erklärung. Nördliche Stämme Israels nahmen gemeinsam mit dem Heer aus dem Süden an der Plünderung der Städte des Negevs teil.

Wir wollen nicht den Versuch unternehmen, für die vorliegende Rekonstruktion der Geschichtsschreibung aus Virolleauds Interpretation des Keretgedichtes ein Argument herzuleiten oder aus ihr unsere Schlußfolgerungen zu ziehen, weil seine Übersetzung noch umstritten ist. Andererseits können wir eine teilweise Rechtfertigung Virolleauds und eine Unterstützung seiner Ansichten mit dem historischen Rahmen bieten, der sich durch unsere Rekonstruktion ergeben hat.

Einige zwanzig Jahre nach der Niederlage bei Maresa stellte Thutmosis IV., der Nachfolger Amenophis' II., die Hegemonie Ägyptens über Syrien und Palästina wieder her. Es gibt keine Berichte von dem Feldzug, der Pharao führt jedoch die Bezeichnung »Eroberer von Syrien«[123]. Thutmosis IV. traf, wenn überhaupt, nur auf geringen Widerstand. Der Druck der Assyrer aus dem Norden ließ es den Syrern wünschenswert erscheinen, sich Ägypten zu unterwerfen[124].

123 Thutmosis IV. wird auf der Stele im Louvre C. 202 zweimal »Eroberer von Syrien« genannt. P. Pierret, »Recueil d'inscriptions inédites du Musée Egyptien du Louvre«, II partie (Paris 1878), S. 35. Vgl. »Journal of Egyptian Archaeology«, XXVII (1941), 18.

124 Wie in einem vorhergehenden Kapitel ausgeführt wurde, ist Schischak der biblische Name für Thutmosis. Da die Tafeln von Ras Schamra in die Periode der Pharaonen Amenophis und Thutmosis gehören, sollten wir erwarten, dort neben dem biblischen Namen Serach auch den Namen Schischak zu finden. Tatsächlich war er unter den ersten entzifferten Wörtern und verur-

Das Ende von Ugarit

Der Ausgräber von Ras Schamra stellte fest, daß die Stadt gewaltsam zerstört und nicht wiederaufgebaut worden sei. Die Bauten waren in Trümmer gelegt und die Bibliothek vom Feuer verzehrt worden; ihre Mauern stürzten über den Tontafeln zusammen und zerbrachen viele von ihnen. Der letzte König, dessen Name auf den vom Feuer verschont gebliebenen Tafeln erwähnt wird, ist Niqmad. Es wurde auch eine Proklamation gefunden, auf der es heißt, daß die Stadt erobert und Niqmad und alle Fremden ausgewiesen worden seien.

In der Schicht des vom Feuer zerstörten Gebäudes wurden ein Siegelabdruck Amenophis' III. und zwei Briefe vom Typus der El-Amarna-Sammlung gefunden. Nach diesen Funden zu urteilen, ging Ugarit in der letzten Zeit Amenophis' III. oder am Anfang der Regierung Echnatons zugrunde, in einer Zeit, die als Amarna-Periode bekannt ist.

In einem Brief, der von Abimilki, dem König von Tyrus, geschrieben und der in den Staatsarchiven von Achet-Aton (el-Amarna) gefunden wurde, unterrichtet dieser Vasallenkönig den Pharao über das, was sich in Ugarit ereignet hatte.

> Und Ugarit, die Burg des Königs, hat Feuer verzehrt, ihre Hälfte hat es verzehrt, und ihre (andere) Hälfte ist nicht da, und die Leute des Chatti-Heeres sind nicht da[125].

Halb Ugarit war verbrannt, der andere Teil dem Erdboden gleichgemacht, und die Angreifer, Krieger von Chatti, zogen sich zurück, nachdem sie dieses Werk der Zerstörung vollbracht hatten.

Die Erwähnung der über Ugarit hereingebrochenen Ver-

sachte beträchtliche Überraschung. »Das Wort *Swsk*, ein Eigenname, kann vielleicht dem ägyptischen *Schoschenk*, hebräisch *Sosaq* und *Sisaq*, nahestehen.« Dhorme, »Revue biblique, XL, 1931, S. 55. Der Übersetzer wagte nicht, den richtigen Schluß zu ziehen, denn was hätte dieser Pharao des 9. oder 10. Jahrhunderts in der Mitte des zweiten Jahrtausends zu suchen?

125 El-Amarna-Tafeln, Brief 151. (Deutsche Übersetzung von J. A. Knudtzon, O. Weber und E. Ebeling: »Die El-Amarna-Tafeln«, Leipzig 1915, Teil I.)

nichtung und die heute noch vorhandenen Beweise einer gewaltsamen Zerstörung überzeugten die Erforscher von Ras Schamra, daß die Stadt in eben den Tagen, von denen im Brief Abimilkis die Rede ist, zu bestehen aufgehört hatte.

In den Amarna-Briefen wurde die Stadt Ugarit namentlich erwähnt und über ihre Verwüstung berichtet, aber der Name des Königs von Ugarit wurde nicht genannt. Er konnte nur durch indirekte Folgerungen ermittelt werden. Daß Niqmad während der Amarna-Zeit lebte, ist bekannt[126]. Sein Name auf den spätesten Tafeln der Ras-Schamra-Bibliothek und die beiden Tafeln vom Typus der Amarna-Briefe lieferten den Beweis, daß sich die Brandkatastrophe und die Zerstörung, wie sie vom König von Tyrus beschrieben und von den Ausgräbern vorgefunden wurde, zur Zeit Niqmads, in der Amarna-Periode, ereignete.[127].

Die in Ras Schamra aufgefundene Proklamation bezieht sich unmittelbar auf die Umwälzung im Leben dieser Stadt. Irgendein angreifender König erließ die Verfügung, daß die »Jaman (Ionier), das Volk von Didyme, die Khar (Karier), die Zyprioten, alle Fremden, zusammen mit dem König Niqmad« aus Ugarit vertrieben werden sollten, »alle diejenigen, die euch ausplündern, alle diejenigen, die euch unterdrücken, alle diejenigen, die euch zugrunde richten«[128]. Es scheint, daß die Proklamation an den phönizischen Teil der Stadtbevölkerung gerichtet war; sie war in Althebräisch mit Keilschriftzeichen geschrieben.

Der einleitende Teil der Proklamation fehlt; dies ist bedauerlich[129], weil er vielleicht den Namen des Königs, welcher

126 Virolleaud, »Suppiluliuma et Niqmad d'Ugarit«, »Revue hittite et asianique«, V (1940), 173 f.; siehe Albright, »Archaeology and the Religion of Israel«, S. 38.

127 Siehe Schaeffer, »Les Fouilles de Minet el-Beida et de Ras Shamra, La Neuvième Campagne« (»Syria«, XIX, 1938), 196, bezüglich der Zeit, wann Ugarit zerstört wurde.

128 Hrozný, »Les Ioniens à Ras Shamra«, »Archiv Orientální«, IV (1932), 171; Dhorme, »Revue biblique«, XL (1931), 37–39.

129 »Es ist zu bedauern, daß der Anfang der Inschrift nicht erhalten geblieben ist; man kann annehmen, daß die ersten Zeilen der Inschrift Einzelheiten über die Hauptpersonen der beschriebenen Ereignisse enthielten.«

Niqmad vertrieb, verraten hätte. Wer war der König, der Ugarit eroberte und verbrannte, der seine Bevölkerung vertrieb und König Niqmad zur Flucht zwang? Im achten Kapitel wird seine Identifizierung erfolgen.

War Niqmad, dessen Stadt verbrannt und dessen Flotte zerstreut wurde, ein Vorläufer der späteren Auswanderung nach Afrika, wo um die Mitte des 9. Jahrhunderts phönizische Flüchtlinge Karthago, oder »Keret, die Neue«, das heutige Tunis, gründeten[130]? Oder richtete er seine Segel nach Hellas, wo Ugarit mykenische Waren einhandelte? Ugarit war auch ein Handelsplatz für die Ionier, die dort eine eigene Kolonie hatten und die mit Niqmad flohen.

Ich glaube, daß Niqmad in der Geschichte dieses ereignisreichen Jahrhunderts nicht verlorenging, und beabsichtige, seinen Zufluchtsort später ausfindig zu machen.

Verspätete Echos

Drei der Hauptschlußfolgerungen dieses Kapitels sind: 1. Die Zeittafeln von Kreta (Minoische Periode) und dem frühen Griechenland (Mykenische Periode) sind um dieselbe Zeitspanne verschoben, um welche die ägyptischen Daten von der revidierten Chronologie abweichen; 2. die Bibelkritik, die den Ursprung vieler biblischer Texte späten Jahrhunderten und fremden Einflüssen zuschrieb, ist in dieser Beziehung ebenso im Irrtum wie diejenigen, welche umgekehrt annehmen, viele biblische Texte und Einrichtungen seien von den Kanaanäern des 14. Jahrhunderts entliehen; 3. die churrische Sprache ist nichts anderes als Karisch; ein churrisches Volk gab es nicht.

Wir erfuhren ebenfalls, daß Amenophis II. der biblische Serach ist und daß er die Herrschaft über Syrien und Palästina in einer Schlacht bei Maresa verlor; daß das Keretgedicht sich tatsächlich auf die Bedrohung Ugarits durch Amenophis II. bezieht und daß Ugarit im 9. Jahrhundert verwüstet wurde.

Hrozný, »Les Ioniens à Ras Shamra«, »Archiv Orientálni«, IV (1932), S. 176.

130 Keret, die Stadt, und Keret, der Eigenname, werden verschieden buchstabiert.

Die Ausgräber und Interpreten sahen sich gezwungen, eine Reihe von Folgerungen anzustellen über das – geschichtswissenschaftlich bedingte – Wiederauftauchen des einen oder anderen älteren Kulturgutes. Die Grabkammern von Ugarit beeinflußten den Baustil der Grabkammern auf Zypern – aber erst, nachdem mehr als ein halbes Jahrtausend vergangen war. Der Schiffskatalog von Ugarit tauchte nach einer Pause von mehreren Jahrhunderten in den Epen Homers wieder auf. Schmuckstücke, die denen von Ugarit völlig glichen, wurden sechs- oder siebenhundert Jahre nach der Zerstörung Ugarits von den Mädchen Jerusalems getragen. Dichterischer Stil und Versmaß, gesetzliche Vorschriften und Priesterbräuche, selbst das Gewichtssystem tauchten nach einem gleich langen Zeitabschnitt wieder auf. In der zyprischen Schrift wurden Trennstriche zwischen den geschriebenen Worten eingeführt, einige siebenhundert Jahre, nachdem die Schrift von Ras Schamra mit den gleichen charakteristischen Merkmalen in Vergessenheit geraten war.

Im westlichen Kleinasien, wo Homer lebte, im Jerusalem der Propheten und auf Zypern, überall rings um Ugarit, hallte das Echo seiner Kultur, seiner Sprache und seiner Kunst wider, aber erst nach einer langen Pause des Schweigens.

Niemals wurden in Ägypten solche verspäteten Echos vernommen, und wie konnte es auch anders sein? Denn die Chronologie von Ugarit – Ras Schamra ist so konstruiert, daß sie mit der Chronologie Ägyptens übereinstimmt.

Kapitel 6

Die El-Amarna-Briefe

Die El-Amarna-Briefe – wann wurden sie geschrieben?

Einige kleine Dörfer liegen verstreut am Ufer des Nils in jenem Tal, wo einst Achet-Aton, »Horizont des Aton«, lag. Der Platz trägt heute den von modernen Archäologen künstlich zusammengesetzten Namen Tell el-Amarna. Trümmer von Tempeln, Palästen, Grabanlagen, Privatwohnungen und Werkstätten von Handwerkern sind vom Wüstensand befreit worden, der sie jahrtausendelang begraben hatte.

1887 legte man in Tell el-Amarna Staatsarchive frei. Eine Fellachin, die in ihrem Hofraum grub, stieß auf einige Tontafeln mit Keilschriftzeichen: man sagt, daß sie ihren Fund für den Gegenwert von zwei Schilling verkaufte. An den Louvre geschickte Proben wurden als Fälschungen bezeichnet, aber bald erkannte die wissenschaftliche Welt ihre Echtheit an.

Für öffentliche und private Sammlungen begannen während der folgenden Jahre viele Ärchäologen mit einer Jagd nach diesen Tontafeln. Aber viele Tafeln waren bereits von unbefugten Ausgräbern und Antiquitätenhändlern in alle Winde zerstreut worden; viele waren beschädigt, manche durch unsachgemäße Ausgrabung oder während des Transports zerbrochen oder sogar geteilt worden von den heimlichen Ausgräbern.

Bis jetzt konnten über dreihundertsechzig Tafeln wieder beigeschafft werden. Mit Ausnahme vereinzelter Tafeln, die in Palästina und Syrien gefunden wurden und unverkennbar der gleichen Sammlung angehören, ist man der Meinung, daß sie allesamt an oder bei der als Staatsarchive von Achet-Aton erkannten Stelle gefunden worden sind. Nur wenige der Tafeln enthalten Fragmente epischer Dichtungen; alle übrigen gehören zu einem Briefwechsel zwischen zwei aufeinanderfolgenden Königen von Ägypten, und den unabhängigen Königen von Gebieten im Mittleren Osten und auf Zypern und zwischen Vasallenkönigen, Fürsten oder Offizieren in Syrien und Palästina.

Die Könige im Norden waren den ägyptischen Königen nicht untertan, und sie schrieben »An meinen Bruder« und unterzeichneten selbst »Dein Bruder«. Die Könige von Kanaan und Syrien standen jedoch unter dem Zepter der Dynastie am Nil, und sie schrieben »An meinen König, meinen Herrn« und nannten sich »Dein Diener«. Es gibt auch Briefe, die an gewisse Würdenträger des ägyptischen Hofes gerichtet sind. Von den Pharaonen selbst oder in ihrem Namen geschriebene Briefe waren eindeutig Kopien, die in den Archiven als Belege aufbewahrt wurden. Mit wenigen Ausnahmen ist die Sprache der Tafeln assyrisch-babylonisch (akkadisch), mit vielen Worten eines syrischen Dialekts, der dem Hebräischen ähnelt[1].

Die Stadt Achet-Aton wurde von dem Ketzerkönig Amenophis IV. erbaut, der den Kult des Amon von Theben abschaffte und den Kult des als Sonnenscheibe dargestellten Aton einführte; seinen Namen änderte er in Echnaton. Kurz nach der Zeit seiner Regierung wurde die Hauptstadt Achet-Aton verlassen, seine Religion als Irrlehre abgestempelt, seine Bildnisse beschädigt. Sein Schwiegersohn, der junge Pharao Tutenchamon, regierte noch kurze Zeit in der alten Hauptstadt Theben, dann erlosch die Dynastie. Nur etwa fünfundzwanzig Jahre währte die kurze Geschichte Achet-Atons, bevor es von seinen Bewohnern verlassen wurde.

Die Entstehungszeit der Briefe kann mit ziemlicher Genauigkeit festgelegt werden. Sie waren an Nimmuria (Ni-ib-mu'-wa-ri-ia, Mi-im-mu-ri-ia, Im-mu-ri-ia), der mit Ameno-

1 Deutsche Übersetzung von Hugo Winckler und J. A. Knudtzon. Die Arbeit des letztgenannten skandinavischen Wissenschaftlers ist für das Studium der Amarna-Briefe von erstklassiger Bedeutung. Die Übersetzung ins Englische stammt von S. A. B. Mercer (1939). Zwölf Briefe, die seit Knudtzons Veröffentlichung neu aufgefunden wurden, sind in Mercers englischer Ausgabe enthalten. In beiden Ausgaben sind die Briefe in ähnlicher Weise numeriert. Die Zitate aus den Briefen in diesem Kapitel sind der englischen Fassung von Mercer entnommen. »The Tell el-Amarna-Tablets« (Toronto 1939). Die Übersetzungen sind jedoch an Hand der Ausgabe von Knudtzon überprüft worden.

phis III. identisch ist, gerichtet und an Naphuria (Na-ap-hu-ru-ri-ia, Nam-hur-ia), welches der Name Amenophis' IV. (Echnatons) war. Die an Amenophis III. gesandten Briefe waren wahrscheinlich aus den Archiven in Theben nach Achet-Aton gebracht worden.

Lange Reihen von Regalen sind mit Büchern und Abhandlungen über diese Briefe angefüllt, die bis vor kurzem die älteste uns erhaltene Staatskorrespondenz darstellten. Die Geschichtswissenschaft ist, wie angenommen wird, damit im Besitz historischer Zeugnisse einer Periode, die vor dem Einzug der Israeliten in Kanaan liegt. Eines der Hauptziele der Forschung war, die in den Briefen erwähnten Orte und Völker zu identifizieren.

Auf den vom Vasallenkönig von Jerusalem (Urusalim) an den Pharao geschriebenen Tafeln werden wiederholt die »Chabiru« genannt, die das Land vom Osten des Jordans her bedrohten. In Briefen, die aus anderen Orten geschrieben sind, findet sich kein Hinweis auf die Chabiru, wohl aber auf ein Eindringen von *sa-gaz-mesch (sa-gaz* wird ideographisch auch *chabatu* gelesen und mit »Halsabschneidern«, »Plünderern« übersetzt), die immer wieder erwähnt sind. Mit Hilfe verschiedener Briefe ist erwiesen, daß Chabiru und *sa-gaz (chabatu)* identisch sind. Voll tiefer Furcht wird in Briefen aus Syrien vom Vordringen des Königs von Chatti bis zu den Abhängen des Libanons berichtet.

Es entsteht der Eindruck, daß diese Einfälle – der Chabiru aus dem Osten und des Königs von Chatti aus dem Norden – die ägyptische Vorherrschaft über Syrien bedrohten, eine Herrschaft, die, wie wir erfuhren, kurz nach der Regierungszeit Echnatons tatsächlich aufhörte. Die Vasallen bitten in ihren Briefen unaufhörlich um Hilfe gegen die Eindringlinge und oft auch um Hilfe gegeneinander. König Echnaton, »der erste Monotheist der Weltgeschichte«[2], kümmerte sich nicht um sein Reich; er war versponnen in seinen Traum von »einer Religion der Liebe«. Nur wenig oder gar keine Hilfe wurde gewährt; die Herrschaft der Pharaonen über Syrien und Ka-

2 Breasted, Weigall, Freud.

naan wurde gebrochen und die Kontrolle Ägyptens über seine asiatischen tributpflichtigen Provinzen abgeschafft.

Der Name »König von Chatti« wird allgemein als »König der Hethiter« verstanden. In späterer Zeit – der Sethos' I. und Ramses' II. aus der XIX. Dynastie – kam es zu großen Kriegen zwischen den Königen von Chatti und den Pharaonen. In einem Kapitel, das sich mit jener Periode befaßt, wird die Geschichte des »vergessenen Weltreichs der Hethiter« untersucht werden. Vom »König von Chatti« der Amarna-Zeit wird angenommen, er sei einer der Könige dieses »vergessenen Weltreichs« gewesen.

Der in den Briefen des Königs von Jerusalem erwähnte Name Chabiru wurde zu einer Streitfrage von großer Bedeutung und gab Anlaß zu folgender Vermutung: Diese Eindringlinge könnten die Hebräer unter Josua gewesen sein, die sich den Grenzen Kanaans näherten. Auch die Chabiru tauchten aus der Wüste auf und näherten sich dem Land von der anderen Seite des Jordans her. Da sie während der Zeiten Amenophis' III. und Echnatons das Gelobte Land erreichten, wird angenommen, sie hätten Ägypten irgendwann in den Tagen Thutmosis' III. oder Amenophis' II. verlassen.

Dies scheint keine besonders gut begründete Auslegung zu sein, denn diese Monarchen waren Eroberer und Despoten und zu mächtig, um zuzulassen, daß die Israeliten sich vom Joch der Knechtschaft befreiten. Andere Gelehrte lehnten es ab, die Israeliten mit den Chabiru zu identifizieren, weil angenommen wird, daß die Hebräer noch zur Zeit Echnatons in Ägypten gewesen wären und die einzige Möglichkeit, das Land zu verlassen, sich während einer Zeit der Anarchie hätte ergeben können, als die einst machtvolle Dynastie im Absterben war, oder während des Interregnums, das dem Erlöschen jener Dynastie folgte. Dies wären die einzigen für den Aufstand und Auszug der Sklaven möglichen Zeiten gewesen. Nach jener Ansicht kamen die Chabiru mit einer der Wellen von Wandervölkern, die begierig darauf aus waren, sich im Lande Kanaan anzusiedeln; andere Wellen müssen der ersten gefolgt sein, und eine davon seien die Israeliten unter Josua ben Nun gewesen.

Im einleitenden Kapitel dieses Buches beschäftigte ich

mich mit den verschiedenen Theorien über die Zeit des Exodus und machte dort deutlich, daß eine große Gruppe von Gelehrten sich noch nicht einmal über einen Exodus am Ende der XVIII. Dynastie einigen kann, sondern Ramses II. aus der XIX. Dynastie als Pharao des Exodus vorzieht und den Exodus für einen unbedeutenden Vorfall in der Geschichte Ägyptens hält, und daß andere Ramses II. als Pharao der Unterdrückung bezeichnen und seinen Sohn Merenptah als den Pharao des Exodus.

Da nach der Meinung dieser Gelehrten die El-Amarna-Tafeln aus der Zeit vor dem Exodus stammen, konnten die Chabiru nicht gut die Israeliten gewesen sein. Es wurde daher nach einem anderen Bindeglied gesucht, um die Erzählung der Heiligen Schrift mit den aus den Briefen ersichtlichen Einzelheiten in Zusammenhang zu bringen. Eine Parallelgestalt zu Joseph wurde in Dûdu[3] gefunden, dem ägyptischen Höfling mit semitischem Namen und offensichtlich semitischer Abstammung, der nicht nur als Empfänger einiger Amarna-Briefe, sondern auch als Eigentümer einer reich ausgestatteten Grabanlage in Achet-Aton das Gedächtnis an sich wachgehalten hat. In dem Bestreben, seinen Günstlingen eine besondere Gabe zukommen zu lassen, beschenkte König Echnaton jeden mit einem Grabe, das zu Lebzeiten des Empfängers gebaut und mit Szenen aus dem Leben des Königs und seiner Familie ausgeschmückt wurde. Der Eigentümer des Grabes ist – gewöhnlich ohne seine Familie – als kleine Gestalt abgebildet, die vom König Auszeichnungen empfängt. Im Grabe Dûdus sind auch Figuren von Semiten zu sehen, die sich über dessen Belohnung freuen. Ein Brief an diesen Dûdu wird später noch zitiert werden.

In der Person Ianhamus[4] wurden ebenfalls Ähnlichkeiten

3 Mercer, »The Tell el-Amarna Tablets«, S. 510ff.; Barton, »Archaeology and the Bible«, S. 368; H. Ranke, in »Zeitschrift für Ägyptische Sprache«, LVI (1920), 69–71; Albright, »Cuneiform Material for Egyptian Prosopography«, »Journal of Near Eastern Studies«, V (1946), 22, Anmerkung 62.

4 Vgl. Marquart, »Chronologische Untersuchungen«, S. 35ff., und Jeremias, »Das Alte Testament im Lichte des Alten Orients« (2. Auflage, Leipzig 1906), S. 390ff.

mit Joseph entdeckt. Nach den Angaben in den Amarna-Briefen war Ianhamu ein ägyptischer Bevollmächtigter für die Verwaltung der staatlichen Kornkammern, von denen die kanaanäischen Fürsten Getreide kauften. Es herrschte eine Hungersnot im Lande, und aus den Briefen des Königs von Gubla und Sumur (Sŭmŭra) vernehmen wir ein unaufhörliches Flehen um Getreide.

Es mag noch von einer weiteren Mutmaßung berichtet werden: Der kurze Aufenthalt Isaaks und Rebekkas oder Abrahams und Saras in Ägypten[5] wurde in Verbindung gebracht mit einigen Angaben über eine Dienerin der Göttin der Stadt Gubla und über ihren Mann, die beide in Ägypten waren. Der König von Gubla und Sumur unterstützte das Paar in seinem Wunsch, nach Kanaan zurückzukehren, wenn er nicht gar ihre Auslieferung forderte.

Die Theorie, welche die Chabiru und die Hebräer identifizierte, wurde jedoch nicht aufgegeben; es schien, daß sonst die Geschichte dieser beiden Völker des Altertums, der Ägypter und der Hebräer, die in benachbarten Ländern lebten, kein Bindeglied im Verlauf vieler Hunderte von Jahren ihrer frühen Geschichte aufweisen würde. Das andere eventuelle Bindeglied – die Stele des Merenptah, mit welcher ich mich später beschäftigen werde – wird ebenfalls sowohl für als gegen die Theorie Chabiru/Hebräer gedeutet.

Die Gleichsetzung Chabiru/Hebräer wird noch von einer großen Anzahl von Gelehrten vertreten; zu der Zeit, als die Amarna-Briefe geschrieben wurden, pochten die israelitischen Nomaden der Wüste an die Tore jenes Landes, das zu erobern sie gekommen waren. Widersprach nicht diese Meinung dem Schema, nach welchem die Israeliten noch unter Ramses II, in Knechtschaft lebten? Wenn dies so war, dann mußte die ursprüngliche Konzeption in eine neue Form gebracht werden, und daraufhin wurde angenommen, daß die Auswanderung der Hebräer in aufeinanderfolgenden Abschnitten vor sich ging. Vermittelnde Theorien wurden vorge-

5 O. Weber in J. A. Knudtzon, »Die El-Amarna-Tafeln« (Leipzig 1915), S. 1172.

tragen, die den Exodus in mehrere Auszüge hintereinander auflösten: der Stamm Rachel und der Stamm Lea wanderten zu verschiedenen Zeiten fort; als der erstere Kanaan erreichte, befand sich der letztere noch in der Knechtschaft in Ägypten und folgte später nach. Eine andere Theorie ließ die Josephiten aus Ägypten kommen und die Jakobiten geradewegs aus Mesopotamien, und nach einer weiteren Variante kamen die Jakobiten aus Ägypten und die Abrahamiten von Norden her.

Eine neue Schwierigkeit der Gleichsetzung Chabiru/Hebräer ergab sich aus der Tatsache, daß keine Person des Buches Josua in den Amarna-Briefen identifiziert werden konnte. Als die Israeliten in Kanaan eindrangen, war Adonizedek der König von Jerusalem, Hoham König von Hebron, Piram König von Jarmuth, Jahpia König von Lachisch und Debir König von Eglon (Josua 10, 3). Unter den Briefen gibt es eine Anzahl, die von Königen einiger dieser Orte, nicht aber von diesen Königen geschrieben sind. Noch wichtiger ist die Tatsache, daß nur wenig Ähnlichkeit zwischen den in beiden Quellen geschilderten Vorgängen besteht. Das Ereignis bei der Belagerung Jerichos, der ungewöhnlichste Vorfall in der ersten Zeit der Eroberung, fehlt in den Briefen, und Jericho wird überhaupt nicht erwähnt. Dieses Schweigen ist befremdend, wenn die Chabiru die Hebräer unter Josua waren. Keines der gleichzeitigen Ereignisse kann in den Briefen aufgespürt werden.

Sethos I. und Ramses II., Pharaonen der XIX. Dynastie, hinterließen in Ägypten und Palästina Denkmäler zum Gedächtnis an ihre Züge durch Palästina als Eroberer dieses Landes, das unter den Pharaonen der Amarna-Zeit oder ihren Nachfolgern verloren ging. In den Büchern Josua und Richter, die über vierhundert Jahre umfassen, läßt nichts auf die Hegemonie Ägyptens oder seine Einmischung in die Angelegenheiten Kanaans schließen.

Aus all diesen Gründen schien es gewagt, die Erzählung von der Eroberung durch die Hebräer zeitlich so weit zurückzuverlegen. Der Streit der Meinungen darüber ist noch im Gange. Einige von jenen, die die Theorie nicht billigen konnten, daß die Hebräer bereits zur Zeit Amenophis' III. und Echnatons in Kanaan eingedrungen seien, setzten die Chabiru den Apiru gleich, Arbeitern in den ägyptischen Steinbrüchen der Sinai-Halbinsel, auf ihrem alljährlichen Zug von dort nach ihrer Heimat im Libanon; andere identifizierten sie als Auswanderer aus dem babylonischen Distrikt Afiru.

Wie hätten die Hebräer Kanaan erreichen können, ehe sie Ägypten verließen? Oder wie konnten sie der Knechtschaft in Ägypten entrinnen, ehe dessen Macht geschwächt war?

Nach meinem chronologischen Schema wurden die Amarna-Briefe, abgesandt und empfangen von Amenophis III. und Echnaton, nicht, wie allgemein angenommen wird, zwischen 1410 v. Chr. und 1370 v. Chr. geschrieben, sondern zwischen 870 v. Chr. und 840 v. Chr., zur Zeit König Josaphats von Jerusalem[6]. Wenn diese Theorie richtig ist, dann sollten wir erwarten, unter den Tafeln der Amarna-Sammlung Briefe zu finden, die von keilschriftkundigen, königlichen Schreibern im Namen der israelitischen Könige von Jerusalem und Samaria geschrieben wurden. Der fleißigste Briefschreiber unter den Fürsten und Oberherren war der König von Sumur (Samaria). Von ihm blieben über sechzig Briefe erhalten, von denen vierundfünfzig an den König von Ägypten gerichtet sind. Der Pharao schrieb ihm sogar: »Du schreibst mir mehr als alle Regenten.«

Die dreihundertsechzig Briefe, welche die politische Vergangenheit der großen und kleinen Nationen des Vorderen Orients während einer wichtigen Periode des fernen Altertums miteinander verknüpfen, waren Gegenstand ausgedehnter Studien im Interesse der ägyptischen, babylonischen, hethitischen, syrischen und kanaanäischen Geschichte. Die oben gemachte Angabe über die Abfassungszeit der Briefe sollte nicht hingenommen werden, nur weil sie in ein Schema paßt, das auf anderem Beweismaterial aus vorhergehenden oder nachfolgenden Perioden aufgebaut ist. Sie sollte im Hinblick auf die Briefe selbst aufgezeigt werden. Neben der Heiligen

6 Den Lesern dieses Kapitels wird empfohlen, schon jetzt 1. Könige 16–22, 2. Könige 1–10 und 2. Chronika 16–22 zu lesen.

Schrift und den Amarna-Tafeln beziehen sich zwei weitere Quellen auf die Zeit König Josaphats: die Stele des Königs Mescha von Moab und die Inschriften des assyrischen Königs Salmanassars III. Auch diese Überreste aus der Vergangenheit, und nicht die Bibel allein, müssen mit dem Inhalt der Armarna-Briefe übereinstimmen, wenn es wahr ist, daß die ägyptische Geschichte berichtigt und um mehr als ein halbes Jahrtausend vorverlegt werden muß.

Jerusalem, Samaria und Jesreel

Die Amarna-Briefe geben uns die Namen von Fürsten und Statthaltern in Syrien und Palästina und die Namen von Städten und mit Mauern umgebenen Ortschaften. Bis heute ist noch nicht einer der Personennamen wiedererkannt worden, und nur einigen der geographischen Namen kam man auf die Spur. Ich werde einige wichtige geographische Ansiedlungen und auch eine Reihe von Personennamen identifizieren.

Das Urusalim der Amarna-Briefe konnte nicht mißverstanden werden; es bedurfte keiner Mühe, in ihm Jerusalem zu erkennen. Die Schwierigkeit begann erst im Hinblick auf die Stellen der Heiligen Schrift[7], nach welchen die präisraelitische Stadt Salem oder Jebus und nicht Jerusalem genannt wurde. Man kam zu dem Schluß, daß die Amarna-Briefe diese Angaben als irrtümlich erwiesen. Wenn jedoch die Amarna-Briefe zu israelitischer Zeit geschrieben waren, gibt es den angedeuteten Konflikt nicht. Sumur (auch Sumura) und Gubla sind die in den Amarna- Briefen am häufigsten vorkommenden Städte, jede wird mehr als einhundertmal erwähnt. Andere Städte werden nicht einmal zehn- oder fünfzehnmal genannt. »Von Sumur, der nach Gubla am häufigsten genannten Stadt, ist uns kein Königs- oder Fürstenname überliefert. Trotz all der Bedrängnis, die sie durchmacht, ist kein Brief aus ihr in der ganzen Amarna-Korrespondenz erhalten.«[8]

7 Siehe Genesis, 14, 18; Josua 15, 8 und 18, 28; Richter 19, 10–11; 1. Chronika 11, 4–5.

8 Weber in Knudtzon, »Die El-Amarna-Tafeln«, S. 1135.

Aus dem Inhalt der Briefe geht deutlich hervor, daß Sumur der »wichtigste Platz« in Syrien-Palästina war und offenbar auch der Sitz des Bevollmächtigten für die Verwaltung des Gebietes. Sumur war eine Festung[9]. Es gab dort einen Königspalast, und die häufige Erwähnung dieses Palastes in den Briefen an den Pharao erweckt den Eindruck, daß er ein wohlbekannter Bau gewesen ist.

Sumur oder Sumura war Samaria (Šemer, Šomron im Hebräischen). Daß Sumur Samaria war, konnte nicht vorausgesetzt werden, weil diese Stadt während der Regierung Omris, des Vaters Ahabs, erbaut wurde und zu der Zeit, die der Eroberung durch Josua vorausging, natürlich noch nicht existiert hatte.

1. Könige 16, 24: Er (Omri) kaufte für zwei Talente Silber von Semer einen Berg, baute den Berg aus und nannte die Stadt, die er gebaut hatte, nach Semer, dem Besitzer des Berges, Samaria.

Da die Vokale in der hebräischen Bibel eine späte Interpolation sind, eingefügt von den Masoreten (»Träger der Tradition«), mehr als eintausend Jahre, nachdem die Fassung des Alten Testaments abgeschlossen war, kann der Name Šemer auch Sumur gelesen werden.

Samaria war von einer starken Mauer umgeben, von der Überreste ausgegraben worden sind. Die Stadt besaß einen prächtigen Königspalast, dessen Ruinen heute noch gesehen werden können.

Auf den folgenden Seiten, welche die Geschichte dieses Zeitabschnittes beschreiben, wird die Identität von Sumur (Sumura) und Samaria ausführlich dargelegt werden.

Zusammen mit Sumur wird Gubla wiederholt erwähnt. In den Briefen fand sich der Beweis dafür, daß Gubla als Erbin Sumurs angesehen wurde, wenn diese Stadt zeitweilig von den Syrern besetzt war. Der König von Gubla schrieb an den Pharao in Ägypten:

Brief 85: Was früher geg(eben) wurde in Sumura, (w)er(de) jetzt in Gubla gegeben!

9 Brief 81.

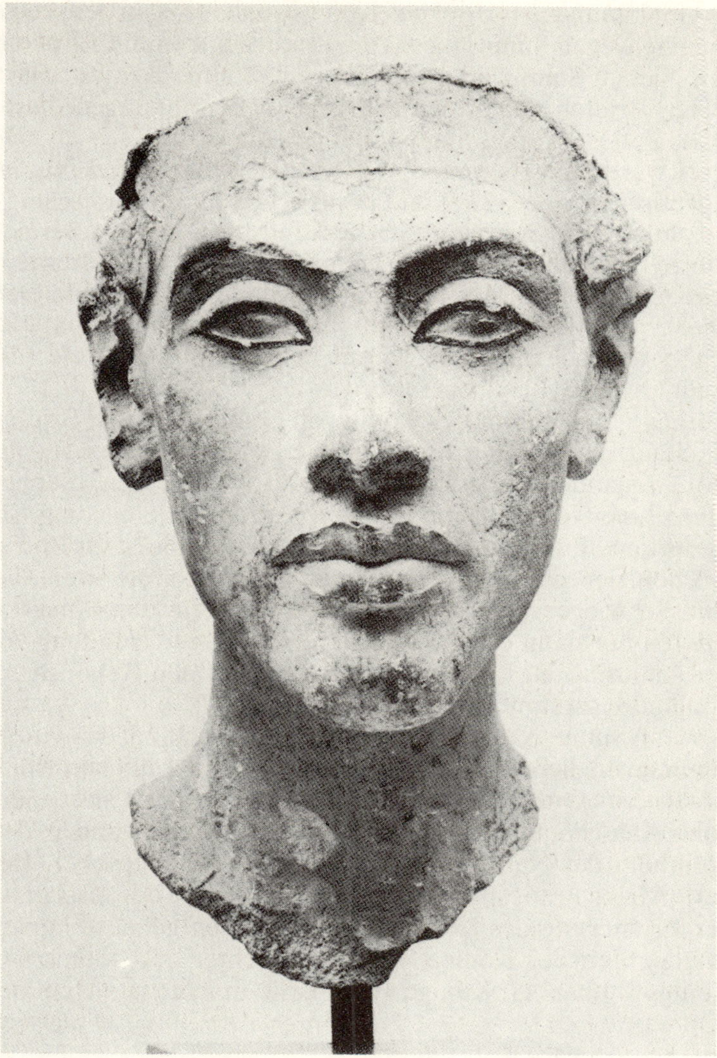

Abb. 11: Echnaton, Stuckplastik aus Armarna (um 1355 v. Chr.). Bildarchiv Preußischer Kulturbesitz.

Es gibt kaum einen Brief des Königs von Gubla, in dem seine Unruhe wegen Sumur nicht zum Ausdruck kommt. Er nennt den Namen Sumur oder Sumura etwa fünfundachtzigmal in seinen Briefen neben den zahlreichen Erwähnungen dieser Stadt als des »Königs Stadt« oder »meine Stadt«.

Es wurde angenommen, daß Gubla Byblos sei, *Kpny* im Ägyptischen, aber Gwal im Phönizischen und Hebräischen[10], die phönizische Stadt nördlich von Beirut. Es muß im Bereich von Syrien-Palästina jedoch mehr als ein Gwal (»Grenze«) gegeben haben; in der Heiligen Schrift findet sich zum Beispiel ein Hinweis auf ein Gwal im Süden von Palästina[11]. Es erhob sich auch die Frage, warum in den Amarna-Briefen die Stadt Gwal (Byblos) zu Gubla wurde.

Einige Male nennt der König von Gubla in seinen Briefen die Stadt Batruna, die als das antike Botrys identifiziert wurde[12]. Menander, ein griechischer Schriftsteller, von Josephus zitiert[13], sagt indessen von Ithobaal (Ethbaal), dem König von Tyrus im 9. Jahrhundert, daß »er es war, der die Stadt Botrys in Phönizien gründete«. Die Stadt Botrys konnte, wenn sie vom Schwiegervater Ahabs erbaut wurde, in den Amarna-Briefen nur dann erwähnt werden, wenn ihre Gründung vor der Amarna-Zeit lag, was mit der vorliegenden Rekonstruktion übereinstimmt.

Wenn Sumur Samaria ist, dann ist einleuchtend, daß Gubla der ursprüngliche Name von Jesreel, der anderen Hauptstadt Israels, ist. Omri erbaute Samaria mit seinem Palast. Sein Sohn Ahab baute seinen Palast in Jesreel, angrenzend an den Weinberg des Naboth. Dort fand die Königin Jesebel (Izebel), Ahabs Frau, später einen gewaltsamen Tod. Jesebel, in der Erinnerung des Volkes die am meisten gehaßte Person aus der Zeit der Könige, war eine Tochter des sidonischen Königs Ethbaal (1. Könige 16, 31). Sie brachte das Übel der

10 Josua 13, 5; Ezechiel 27, 9.

11 Psalm 83, 7. Vgl. 1. Könige 5, 18 (des hebräischen Textes). Siehe R. Dussaud, »Syria, Revue d'art oriental et d'archéologie«, IV (1923), 300 f.

12 Dhorme, »Revue biblique« (1908), 509 f.; Weber in Knudtzon, »Die El-Amarna-Tafeln«, Seite 1165.

13 »Against Apion«, I, 116; »Jewish Antiquities«, VIII, 1.

Heiden in das Land, tötete die Propheten Jahwes und verfolgte Elia, den Thisbiten. Hunderte von Baalspropheten »essen an Jesebels Tisch« (1. Könige 18, 19). Unter ihrem Einfluß »ging der König hin und diente Baal und verehrte ihn« (1. Könige 16, 31). Flavius Josephus berichtet, daß Jesebel der Gottheit, »die sie Belias nennen«, einen Tempel baute[14].

In fast allen seinen Briefen schrieb der König von Gubla: »Möge Bêlit (Ba'alat) von Gubla Macht geben ...« Die Bêlit dieser Briefe scheint die Gottheit Ba'alat oder Belias gewesen zu sein, deren Kult aus Phönizien eingeführt worden war[15].

Gubla scheint demnach der ursprüngliche Name der königlichen Residenzstadt gewesen zu sein, die wir aus der Heiligen Schrift unter dem Namen Jesreel kennen. König Ahab muß viele Frauen gehabt haben, denn er hinterließ siebzig Söhne in Samaria (2. Könige 10, 1). Ahabs Hauptfrau aber war die Tochter des Königs von Sidon. Sie übte zauberischen Einfluß auf ihn aus, und er baute für sie und mit ihrer tätigen Hilfe die neue Residenz, wie die Geschichte von Naboth erzählt. Es war nicht zu erwarten, daß Ahab, der Abtrünnige, die neue Residenz zu Ehren der verfolgten Gottheit, des Gottes von Israel (»Der Herr wird säen«), benennen würde; möglich ist, daß der Name der neuen Residenz von dem Namen einer phönizischen Stadt, die der phönizischen Prinzessin und jetzigen Königin von Israel teuer war, abgeleitet wurde. Es kann außerdem die Vermutung aufgestellt werden, daß die Residenz zu Ehren dieser Frau Jebel genannt wurde, was bei Übertragung in Keilschrift Gubla und in die Schrift der Bibel Izebel (Jesebel) wird[16].

In der Heiligen Schrift gibt es einen klaren Hinweis darauf, daß Jesreel vorher mit dem Namen der Königin Jesebel

14 Josephus, »Jewish Antiquities«, VIII, XIII, 1.

15 Philo von Byblos, »Fragmente«, 2, 25.

16 Es ist möglich, daß der Name Jesebel (Izebel) eine spätere Form von Zebel ist; die Hinzufügung des »*I*«verleiht dem Namen ein schimpfliches Gepräge von Verleugnung oder Verfluchung, wie im Namen I-kabod (1. Samuel 4, 21).

bezeichnet war. Als ihr Leben schimpflich endete, zerrissen Hunde ihr Fleisch, »und Jesebels Leichnam soll dem Mist auf dem Felde gleich werden, daß man nicht sagen kann: Das ist Jesebel![17]« (2. Könige 9, 37). Der Sinn des Satzes ist, daß der Name des Platzes mit dem Tode der Königin, deren Namen er trug, ausgelöscht sein sollte. Die Stadt erhielt danach den Namen des Tales – Jesreel[18].

Unser weiteres Vorgehen erfolgt unter der Voraussetzung, daß Sumur und Gubla Samaria und Jesreel in Israel waren: die zwei Städte waren die beiden Hauptstädte eines Staates. Der König von Gubla war wegen seiner zweiten Hauptstadt beunruhigt, die er in unaufhörlichen Kämpfen mit den Syrern einmal verlor und dann wiedergewann. Als Sumur fiel, trat Gubla ihr Erbe an. Wir haben damit die Antwort auf die Frage, warum kein König von Sumur in den Amarna-Briefen erwähnt wird, obgleich diese Stadt so oft genannt ist: Ihr König hatte seinen Wohnsitz in Gubla. Möglicherweise wurden einige der Briefe mit dem üblichen Segenswort: »Möge Bêlit von Gubla Macht geben« aus Sumur (Samaria) geschrieben.

Nachdem wir den Vorhang vor dem Schauplatz der Amarna-Zeit hochgezogen haben, müssen wir die Personen auf der Bühne identifizieren.

Die fünf Könige

Die Könige des Alten Orients führten gewöhnlich mehrere Namen. Die Amarna-Briefe waren an die Pharaonen Nimmuria und Naphuria gerichtet.

Nimmuria war Amenophis III., und Naphuria Ameno-

17 Die King-James-Übersetzung lautet: ». . . so daß sie nicht sagen sollen: Dies ist Jesebel.«

18 Die Lage der Residenzstadt von Jesreel ist noch nicht festgestellt worden. In der überlieferten Gegend im Osten des Tales kamen keine Altertümer zutage. Es ist weit wahrscheinlicher, daß Jesreel im Westen des Tales gesucht werden muß. Wenn Ahab eine Tochter des sidonischen Königs zur Frau nahm, könnte er danach gestrebt haben, am Seehandel der Phönizier Anteil zu nehmen. Elia lief, ohne haltzumachen, vom Karmel nach Jesreel (1. Könige 18, 46).

phis IV. (Echnaton). Die ägyptischen Könige hatten in der Regel sogar fünf Namen[19]. Daß Nimuria der Thronname Amenophis' III. und Naphuria der Thronname Echnatons war, ist nicht aus den Amarna-Briefen, sondern aus anderen ägyptischen Dokumenten bekannt. In den Briefen werden die Namen Amenophis oder Echnaton nicht genannt.

Die Könige von Jerusalem hatten, ebenso wie die Könige von Samaria und Damaskus, mehr als einen Namen. Für Salomo sind fünf verschiedene Namen überliefert[20]. König Hiskia von Jerusalem hatte neun Namen[21]. Angesichts dieses Brauches ist die Möglichkeit begrenzt, in den Amarna-Briefen die Namen der Könige Palästinas in der Form vorzufinden, wie wir sie aus der Heiligen Schrift kennen.

Aber auch wenn die Könige viele Namen hatten, heißt das doch nicht, daß wir freie Hand hätten bei der Wahl, welchen wir stellvertretend einsetzen wollen. Keineswegs stehen Tür und Tor einer unterschiedslosen Identifikation offen. Das Leben und die Kriege syrischer und palästinischer Könige dieser Periode sind in der Heiligen Schrift und in den Briefen in vielen Einzelheiten geschildert; alle diese Einzelheiten beider Quellen werden Fall für Fall einander gegenübergestellt werden.

Ich würde Freude darüber empfinden, wenn an diesem Punkt der Erörterung meine Identifikation von Abdi-Chiba als Josaphat, Rib-Addi als Ahab und Benhadad als Abdi-Aširta willkürlich erscheinen sollte: In dem von Menschen aus vielen Jahrhunderten überfüllten Saal der Geschichte deute ich direkt auf bestimmte Gestalten, die Namen tragen, die von den Namen der Personen, nach welchen wir suchen, völlig verschieden sind; es heißt sogar von ihnen, sie gehörten in eine Zeit, die durch sechs Jahrhunderte von der Zeit getrennt ist, in der die von uns gesuchten Menschen lebten

19 Einen Thronnamen, einen Eigennamen und Epitheta; einige von ihnen konnten noch zu Lebzeiten des Monarchen geändert worden sein.

20 Die Quellen sind bei Ginzberg, »Legends«, VI, 277, zusammengestellt.

21 Traktat Sanhedrin 94, a; Hieronymus über Jesaia 20, 1 und 31, 1; Ginzberg, »Legends«, VI, 370.

Diese Identifikation werde ich aufrechterhalten, sogar bevor ich die Personen genauer untersucht habe, die ich so ohne scheinbare Berechtigung auswählte.

Die Wünschelrute in meiner Hand ist der Maßstab der Zeit: Ich setze das Zeitalter Thebens und el-Amarnas um sechs Jahrhunderte herab, und ich finde in Jerusalem König Josaphat, in Samaria Ahab und in Damaskus Benhadad. Wenn mich mein Maßstab der Zeit nicht irreführt, dann sind sie die Könige, die während der Amarna-Periode in Jerusalem, Samaria und Damaskus regierten.

Die Amarna-Briefe wurden zur Zeit Amenophis' III. und seines Sohnes Echnaton geschrieben, gut einige siebzig Jahre, nachdem Thutmosis III. Palästina erobert und den Tempel von Kadesch geplündert hatte. Da wir die Gleichzeitigkeit von Salomo und Hatschepsut (Königin von Saba), von Rehabeam und Thutmosis III. (Schischak) und von Asa und Amenophis II. (Serach) festgestellt haben, sind wir zu der Folgerung gezwungen, daß derjenige, der aus Jerusalem Briefe an Amenophis III. und Echnaton schrieb, König Josaphat war. Wir sind jetzt nicht mehr frei: Entweder haben wir bis zu diesem Augenblick unrecht gehabt, oder der Inhalt der Amarna-Briefe entspricht den biblischen Berichten über die Zeit Josaphats. Hierüber müssen wir uns im klaren sein, noch bevor wir uns zum ersten Male mit den *El-Amarna-Tafeln* befassen.

Fünf Könige – zwei aufeinanderfolgende Könige von Damaskus, ein König von Israel, einer von Juda und einer von Moab – waren zu der Zeit, die zu untersuchen ist, die Hauptpersonen auf der Bühne des politischen Lebens der ägyptischen Provinzen Syrien und Palästina. Von zweien bewahrte die Heilige Schrift ähnliche Namen: In den Amarna-Briefen wird Hasael, der König von Damaskus, Aziru, Azaru oder Azuru genannt, und wie wir sehen werden, heißt Mescha, der König von Moab, in den Briefen Mesch.

Der Name des Königs von Jerusalem der Amarna-Briefe wird Abdi-Chiba gelesen. Die gleichen Zeichen erlauben jedoch, ideographisch gelesen, eine andere Deutung; zuerst wurde vorgeschlagen, den Namen Ebed-Tov (im Hebräischen »Der gute Diener«)[22], und später, ihn Puti-Chiba zu lesen[23]; wieder andere erklären ihn als Aradchepa oder Arthachepa[24]. Wir ersehen aus dieser Tatsache, daß in Keilschrift geschriebene Namen auf viele Arten gelesen werden können, und daß die Lesart Abdi-Chiba nur eine Mutmaßung unter einer Anzahl anderer ist[25].

Der Name des Königs von Jerusalem, Josaphat, mag noch nicht einmal einer seiner verschiedenen ursprünglichen Namen gewesen sein, sondern vielleicht ein Name, den ihm das Volk in Erinnerung an seine Taten beilegte. Er bedeutet »Jahwe ist der Richter« oder »Einer der richtet im Namen Jahwes«. Dieser König sandte in alle Städte Judas Leviten mit einem »Buch des Gesetzes Jahwes«, um das Volk zu belehren (2. Chronika 17, 9), und ein oberster Gerichtshof für das »Gericht Jahwes« wurde in Jerusalem eingerichtet (2. Chronika 19, 8–10).

> 2. Chronika 19, 5–6: Auch bestellte er Richter im Lande, in allen festen Städten Judas, Stadt für Stadt, und er sprach zu den Richtern: Seht (wohl) zu, was ihr tut! Denn ihr richtet nicht im Auftrage von Menschen, sondern Jahwes, und er hilft euch beim Rechtsprechen.

Ferner baute er in Jerusalem ein neues Gerichtsgebäude (2. Chronika 20, 5). Ein König, dessen ganzes Streben dieser Aufgabe gewidmet war, konnte in der Erinnerung eines Volkes wohl den Beinamen Josaphat erhalten. Die talmudische Tradition behauptet zum Beispiel, daß Salomo (»Friede«) ein

22 Von H. Winckler; siehe A. H. Sayce; »Records of the Past« (New Series, 6 Vols., London 1889–1893).

23 Von A. Gustavs, »Die Personennamen in den Tontafeln von Tell Taanek« (Leipzig 1928), S. 10.

24 Dhorme. Chiba ist wahrscheinlich die churritische Form des Namens Chepa, einer hethitischen Gottheit. Vgl. B. Maisler, »Untersuchungen zur alten Geschichte und Ethnographie Syriens und Palästinas«, I (Gießen 1930), 37.

25 Ein Name, der den Teil *chiba* enthält, findet sich bei den Hauptleuten König Davids; Eljachba (Elichiba) in 2. Samuel 23, 32. Es scheint, daß die ursprüngliche Lesart Ebed-Tov vorzuziehen ist.

nach dem Tode des Königs, Davids Sohn, aufgekommener Name war.

Der Name Rib-Addi bedeutet, ideographisch geschrieben, »Der Ältere (Bruder unter den Söhnen) des Vaters«, wobei der erste Teil des Namens »der ältere« Bruder oder »der ältere« Sohn und der zweite Teil »Vater« bedeutet. Er ist wie der hebräische Name Ahab zusammengesetzt, dessen erster Teil »Bruder« (ah) und dessen zweiter »Vater« (ab) besagt.

Im Briefwechsel mit Ägypten wird der König von Amurru-Land Abdi-Aširta genannt (auch Abdu-Aštarti, Adra-Aštarti geschrieben). Aus den Briefen des Königs von Sumur[26] kann geschlossen werden, daß der Sitz Abdi-Aširtas und Azarus (Azirus), der Könige von Amurru-Land, in Dumaška (Damaskus) war. Das Amurru-Land der Briefe ist demnach das Aram (Syrien) des biblischen Textes. Daß Amurru-Land Syrien bedeutet, erfahren wir auch aus einer Inschrift Salmanassars III[27].

Nach Nikolaus von Damaskus, einem Historiker des ersten Jahrhunderts vor unserer Zeitrechnung, war Benhadad ein allgemein für die Könige von Damaskus gebrauchter Name[28]. Viele Bibelforscher sind ebenfalls der Meinung, daß der Name Benhadad eine generelle Bezeichnung für die Könige von Damaskus war[29], und Historiker nehmen an, daß der König von Damaskus, welcher Ahabs Gegner war, in Wirklichkeit Biridri hieß; er war das Haupt einer Koalition gegen Salmanassar III., wie wir aus einer Inschrift jenes assyrischen Königs wissen. »Wie es dazu kam, daß in der Heiligen Schrift der Name mit Benhadad übersetzt wurde, ist unbekannt.«[30]

Den wirklichen Biridri werden wir in den Amarna- Brie-

26 Brief 107.

27 D. D. Luckenbill, »Ancient Records of Assyria« (Chicago 1926–1927), I, Abschnitt 601. Die Amoriter waren ein Stamm aus Syrien und Kanaan.

28 Josephus, »Jewish Antiquities«, VI, 5.

29 Siehe Jack, »Samaria in Ahab's Time«, S. 119, Anmerkung 3. Vgl. Jeremia 49, 27 und Amos 1, 4.

30 Jack, »Samaria in Ahab's Time«. Siehe Meyer, »Geschichte des Altertums«, II, Teil 2 (2. Auflage, 1931), S. 274, Anmerkung 2, und Seite 332, Anmerkung 1.

fen in der Person des Kommandanten von Megiddo kennenlernen.

Es bestand der Brauch, Könige mit Namen zu nennen, die mit dem in ihren Gebieten ausgeübten Kult in Übereinstimmung standen. In der Heiligen Schrift wird der Kult der Astarte und der Aschera zur Zeit Benhadads erwähnt[31].

Der Name Abd' Astart war im 9. Jahrhundert üblich: Flavius Josephus zitiert ein nicht mehr vorhandenes Werk Menanders von Ephesus und gibt uns eine Königsliste der phönizischen Könige. Hiram, der Zeitgenosse Salomos, hatte einen Enkel mit Namen Abd'Astart, der im Alter von 39 Jahren von den vier Söhnen seiner Amme getötet wurde[32]. Diese Geschichte könnte ein Echo von der Ermordung Benhadads sein (2. Könige 8).

Die biblische Lesart des Namens Hasael – *l* und *r* sind auswechselbare Buchstaben – unterscheidet sich von dem Namen auf den Tafeln (Aziru oder Azaru) lediglich durch den Hauchlaut *h*[33]. Wissenschaftler, die Ivri (hebräisch) von Chabiru ableiten, dürften keinerlei Schwierigkeiten finden, Hasael von Azaru abzuleiten. Flavius Josephus nannte Hasael mit dem Namen Azaelos.

Die Könige von Jerusalem und Samaria waren Erbfürsten. In den Amarna-Briefen nennen sie sich selbst *rabiti sari*, Fürsten oder Regenten; aus dem Zusammenhang der Briefe ergibt sich, daß jeder den Thron seines Vaters innehatte. Der regierende König von Samaria erinnerte den Pharao an die

31 Aschera wird gewöhnlich, wie in 1. Könige 18, 19, mit »Haine« übersetzt (»die Propheten der Haine«). Über Aschera und Astarte siehe M. Ohnefalsch-Richter, »Kypros, The Bible and Homer« (London 1893), S. 141 ff.

32 »Against Apion«, I, 122.

33 Wir haben sowohl in der Heiligen Schrift wie in den Briefen andere Beispiele, wo oft ein *h* oder ein *kh* beliebig hinzugefügt oder weggelassen wurde. Hadoram im Zweiten Buch der Chronik (2. Chronika 10, 18) wird im Ersten Buch der Könige (12, 18) Adoram (Adoniram) genannt. Ein anderes Beispiel ist Adad und Hadad, zwei Schreibweisen des gleichen Namens (1. Könige 11, 14 ff.). In einigen Briefen heißt der König von Beirut Ammunira, in anderen Hamuniri. »Der Laut h im biblischen Namen Hasael kommt zufällig im Akkadischen als Haza-ilu vor, wenn aber die Schreibweise Aza-ilu vorkäme, würde sie völlig mit den in anderen Fällen zu beobachtenden Tatsachen übereinstimmen.« (Professor I. J. Gelb, Schriftliche Mitteilung vom 15. Mai 1951.)

Zeit, da sein Vater vom Vater des Pharaos Hilfe erhielt. Und der König von Jerusalem schrieb:

> Brief 286: Siehe, mich hat nicht mein Vater und nicht meine Mutter gesetzt an diesen Ort. Die mächtige Hand des Königs hat mich hereingeführt in das Haus meines Vaters.

Dies bedeutet, daß der Pharao von Ägypten unter den königlichen Prinzen einen als Nachfolger seines Vaters, des Vasallenkönigs, auszuwählen pflegte.

»Den Regenten« (Vasallenkönigen) wurden Statthalter beigegeben als Repräsentanten der ägyptischen Krone. Für das nördliche Syrien gab es einen Statthalter, dessen Sitz wahrscheinlich in Damaskus war; ein anderer hatte seinen Sitz in Samaria (Sumur). Beiden werden wir nicht nur in den Briefen, sondern auch in der Heiligen Schrift begegnen und sie dort wiedererkennen.

In Jerusalem gab es keinen ständigen Bevollmächtigten (Vorsteher). In einem seiner Briefe bat der König von Jerusalem, der »Vorsteher des Königs«, der in Gaza saß, möge zu einem Besuch nach Jerusalem geschickt werden[34]. Gelegentlich kam ein solcher Beamter für kurze Zeit nach Jerusalem[35]. Diese auf Einladung erfolgenden Besuche von Abgeordneten und das Fehlen eines ständigen Repräsentanten der ägyptischen Krone deuten darauf hin, daß der König von Jerusalem ein Vasall mit größerer Unabhängigkeit war als die übrigen Könige und Oberhäupter.

Wenn auch die Könige von Jerusalem und Samaria selber Vasallen waren, hatten sie doch ihre eigenen Tributpflichtigen. Der König von Jerusalem nahm von den Königen von Arabien und den Philistern Treuebekenntnisse entgegen und empfing Silber und Vieh als Tribut (2. Chronika 17, 11). Mescha, der König von Moab, war Samaria tributpflichtig (2. Könige 3, 4). In den Amarna-Briefen begegnen wir häufig dem »Rebellen Mesch«; sein Name kommt so oft vor, daß er für eine grammatische Form zur Bezeichnung einer Gruppe ge-

34 Brief 287.
35 Brief 289.

halten wurde. Wir werden sehen, daß *amel-gaz*-Mesch (Singular) »der Rebell mesch« war, der rebellische König von Moab, und daß die *amelut-gaz*-Mesch »die Leute des Rebellen Mesch« oder die Moabiter waren.

Im Gegensatz zu den Königen besaßen andere Personen dieses geschichtlichen Schauplatzes im allgemeinen nur einen Namen. Ähnlich sind sich in den Amarna-Briefen und in der Bibel die Namen der ägyptischen militärischen Statthalter und die der Heerführer in Juda und ebenso auch verschiedene andere Namen. Die Ähnlichkeit oder Identität der Namen wird noch erhärtet durch die Gleichheit der Funktionen ihrer Träger, wie sie aus der Heiligen Schrift und den Briefen hervorgeht.

In den Büchern der Könige und der Chronik sowie in den Briefen von el-Amarna können nicht nur bedeutende Persönlichkeiten in Juda, Israel, Moab und Syrien ausfindig gemacht werden; auch die Namen von Herrschern über winzige Königreiche in Syrien lassen sich in den Amarna-Briefen und in den Inschriften Salmanassars, des Königs von Assyrien, der zur Zeit Josaphats und Ahabs lebte, miteinander vergleichen. Beide Quellen – die Amarna-Briefe und die Inschriften des assyrischen Königs – sind mit denselben Keilschriftzeichen geschrieben. In dieser Abhandlung über die Amarna-Briefe sollen später die Teilnehmer an den Widerstandskämpfen gegen den Angreifer aus dem Norden identifiziert werden.

Die Briefe der Hauptleute Josaphats

König Josaphat hatte fünf Hauptleute an der Spitze seines Heeres.

> 2. Chronika 17, 14–19: Und dies war ihre Amtsordnung nach ihren Familien; zu Juda gehörten als Obere von Tausendschaften: Adna, der Obere, und mit ihm dreihunderttausend tapfere Männer;
> neben ihm Jehochanan, der Obere, und mit ihm zweihundertachtzigtausend;

und neben ihm Amasja, der Sohn Sichris, der sich freiwillig Jahwe hingegeben hatte, und mit ihm zweihunderttausend tapfere Männer.
Zu Benjamin aber gehörten: der tapfere Eljada und mit ihm zweihunderttausend mit Bogen und Schild Gerüstete, und neben ihm Jehosabad und mit ihm einhundertachtzigtausend zum Kriegszug Gerüstete.
Diese waren es, die dem König dienten, abgesehen von denen, die der König in ganz Juda in die festen Städte gelegt hatte.

Der Ausdruck »Amtsordnung nach ihren Familien« ist von wesentlicher Bedeutung. Er weist auf das Vorhandensein seines Feudalsystems zu jener Zeit hin, in dem der Rang innerhalb des Heeres erblich war und vom Vater auf den Sohn überging. In der nächsten Generation werden wir auf die Namen der Hauptleute Ismael, Sohn des Jehochanan, und Elisaphat, Sohn des Sichri, stoßen[36]. Die Zahl der Männer unter dem Befehl jedes der fünf Hauptleute könnte bedeuten, daß in ihren Lehnsgebieten ein-, zwei- oder dreihunderttausend Mann für die Aushebung tauglich waren; es ist jedoch noch eine andere Auslegung möglich, die in einem der folgenden Abschnitte gebracht werden wird.

Die Amarna-Briefe liefern ein reichhaltiges Material über das damalige Feudalsystem in Juda.

Einwandfrei stellen wir Briefe fest, die von dreien der fünf militärischen Hauptleute Josaphats geschrieben sind. Ihre Stellung als militärische Anführer ist in den Briefen die gleiche wie im Zweiten Buch der Chronik; ihre Namen sind leicht wiederzuerkennen. Eine geringe Abweichung in einem der Namen hat eine Nebenbedeutung, die uns zu Überlegungen über die Religionsentwicklung in Juda führen wird und über die Reform, die kurz nach dem Tode Josaphats stattfand.

Der Addudani (auch Addadani geschrieben) der Amarna-Briefe wird in der Heiligen Schrift Adna genannt[37]. Aber die

36 2. Chronika 23, 1.
37 Adna ist eine verstümmelte Form des göttlichen Namens »Addu« (Addu von Dan). Diese Verstümmelung ist wahrscheinlich das Werk eines frommen Schreibers, der nicht zugeben wollte, daß ein Mann, der dem gottes-

Inschrift Schamschi-Adads, der nach Salmanassar 823 v. Chr. König von Assyrien wurde, enthält einen Hinweis auf ein Geschenk, das er von Adadanu, dem Fürsten von Gaza (Azati), erhielt[38]. Der »Sohn des Zuchru« der Amarna-Briefe wird in der Bibel »Sohn des Sichri« genannt[39]. Der Iahzibada der Amarna-Briefe ist der Iehozabad (Jehosabad) der Heiligen Schrift.

Diese Offiziere waren in der Tat bedeutende Heerführer, da der Pharao direkt mit ihnen korrespondierte; doch enthüllen die Äußerungen der Ehrerbietung in ihren Briefen ihre mehr untergeordnete Stellung und unterscheiden sich von denen in den Briefen des Königs von Jerusalem.

Wegen seiner Stellung als Oberster der Hauptleute führte Addudani einen ausgedehnten Briefwechsel mit dem Pharao; vier seiner sehr ausführlich geschriebenen Briefe blieben erhalten. Aus ihnen erfahren wir von dem komplizierten System, nach welchem ein Anführer einerseits dem Pharao unmittelbar, andererseits dem örtlichen Vorsteher des Pharaos und außerdem noch dem König (Regenten) in Jerusalem verpflichtet war. Der Pharao schrieb an Addudani:

> Brief 294: Höre auf deinen Vorsteher und schütze die Städte des Königs, deines Herrn, die in deiner Obhut sind.

Addudani antwortete unter Beteuerungen seiner Loyalität:

> Brief 292: Zu dem König, meinem Herrn ... hat gesprochen also Addudani, dein Diener ... Ich habe gehört die Worte, die geschrieben hat der König, mein Herr, an seinen Diener: »Schütze deinen Vorsteher, und schütze die Städte des Königs, deines Herrn!« Siehe, ich schütze, und siehe, ich höre Tag und Nacht auf die Worte des Königs, meines Herrn. Und es achte der König, mein Herr, auf seinen Diener!

Nach dieser Einleitung berichtet er über lokale Angelegenheiten, über Vorbereitungen, um die Bogenschützen des Kö-

fürchtigen Josaphar nahestand, den Namen Addu-dani getragen hatte.

38 Luckenbill, »Records of Assyria«, I, Abschnitt 722. Mercer (»Tell el-Amarna Tablets«, S. 375, Anmerkung) bringt Azzati mit Gaza (hebräisch Aza) in Verbindung.

39 2. Chronika 17, 16.

nigs zu treffen, über Karawanen, über Konflikte zwischen ihm und einem Vorsteher und über eine Garnison, die er nach Jaffa gelegt hatte, und so weiter.

Die gleichen Worte wurden an den Sohn »des Zuchru« geschrieben: »Schütze die Städte des Königs, die in deiner Obhut sind.« Dieser Befehl wird in der Antwort des Sohnes Zuchrus wiederholt. Die Gewohnheit, in den Briefen ganze Sätze aus dem zu beantwortenden Brief zu wiederholen, hatte zur Folge, daß wertvolle Einzelheiten aus den verlorenen Tafeln der Amarna-Zeit bewahrt blieben.

Der Rufname des Briefschreibers blieb nicht erhalten, sondern nur der zweite Teil seines Namens: »des Zuchru«[40]. In der biblischen Liste der fünf Hauptleute Josaphats wird nur einer mit dem Namen seines Vaters genannt: Amasja, Sohn Sichris. Es ist interessant, daß auch in den Amarna-Briefen nur im Falle des Sohnes Zuchrus der Name seines Vaters hinzugesetzt wird. Der Bibeltext erklärt diese Besonderheit: Sichri opferte sich freiwillig Gott, und seine Nachkommen wurden durch den Namen »Söhne Sichris« geehrt (2. Chronika 17, 16 und 23, 1).

Der Sichri der (masoretischen) Bibel ist der Zuchru der Amarna-Briefe; Amasja, der Sohn Sichris, ist der »Sohn des Zuchru«, der Hauptmann, der an den Pharao schrieb und über die Sicherheitslage seines Bezirks berichtete[41].

Der Iehozabad (Jehosabad) des Zweiten Buches der Chronik heißt in den Briefen, die er an den Pharao schrieb, Iahzibada. Diese wenigen kurzen Briefe sind Empfangsbestätigungen der Befehle des Pharaos. Der Ort, aus dem sie stammen, ist nicht angegeben, aber sie wurden aus dem südlichen Palästina geschrieben. Im Zweiten Buch der Chronik (17, 17–18) wird gesagt, daß Jehosabad einer der Oberen im Lande Benjamin war.

Jehosabad wird als der letzte der fünf militärischen Anführer in Josaphats Königreich genannt. Er führt weder Besprechungen mit dem Pharao noch berät er ihn, wie der Rang-

40 Brief 334.
41 Brief 335.

oberste unter den Hauptleuten, aber er empfängt und bestätigt als zuverlässiger Krieger die Befehle des Pharaos. Hier ist einer seiner stereotypen Briefe:

> Brief 275: Zu dem König, meinem Herrn, meinen Göttern, meiner Sonne, hat gesprochen also Iahzibada, dein Diener, der Staub deiner Füße: Zu den Füßen des Königs, meines Herrn, meiner Götter, meiner Sonne, fiel ich siebenmal siebenmal nieder. Das Wort, das gesprochen hat der König, mein Herr, meine Götter, meine Sonne, zu mir, siehe, das besorge ich für den König, meinen Herrn.

Die Verwaltungsbezirke von Juda und Benjamin und ihre Aufteilung unter die Hauptleute und *sari* der Städte kann man durch Kombination der Angaben in den Amarna-Briefen und in der Bibel annähernd bestimmen. In der Ausgabe von Knudtzon (wie auch in der von Mercer) sind die Amarna-Briefe nach den geographischen Aufenthaltsorten der Absender angeordnet, die Briefschreiber aus dem Norden kommen vor denen aus dem Süden. Es spricht für die intensive Bearbeitung Knudtzons, daß die Briefe Addadanis, des Sohnes Zuchrus, und Iahzibadas gleich hinter den Briefen des Königs von Jerusalem eingeordnet sind; er lokalisierte demnach diese Briefschreiber richtig in den südlichen Teil Palästinas.

Adaia, der Vorsteher

Im 23. Kapitel des Zweiten Buches der Chronik finden wir eine Liste der Hauptleute im sechzehnten Jahr nach Josaphat. Anstelle von Amasja, Sichris Sohn, diente Elisaphat, Sichris Sohn; Ismael, der Sohn Jehochanans, folgte auf seinen Vater als einer der Hauptleute des Heeres. Wie bereits erwähnt, ging die Stellung des Hauptmanns vom Vater auf den Sohn über und von einem Bruder auf den anderen, was deutlich die feudale Institution erkennen läßt. In jenem sechzehnten Jahr nach Josaphat gab es einen Hauptmann namens Maasejahu, Sohn des Adajahu (Adaja). Adaia muß in den Tagen Josaphats gelebt und im Dienste des Königs gestanden haben. Die Amarna-Briefe geben uns Aufschluß über seine Rolle. Er war offenbar des Königs Bevollmächtigter in Edom, das Benjamin benachbart ist, und eine Zeitlang war ihm auch die Aufsicht über die Tore Gazas unterstellt, durch die der Handel mit Ägypten aufrechterhalten wurde.

In der Heiligen Schrift heißt es, daß zur Zeit Josaphats »kein König in Edom war: ein Vogt war König« (1. Könige 22, 47; zitiert nach der King-James-Bibel). Dieses Land stand unter der Kontrolle des Königs von Jerusalem und befand sich in Abhängigkeit von Juda (2. Chronika 21, 8).

In drei Absätzen der Briefe des Königs von Jerusalem wird viermal der Name Adaias genannt:

> Brief 285:... Addaja, der Vorsteher des Königs (Pharao ...).
> Brief 287:... Addaja samt den Besatzungs-Leuten des Offiziers, den gegeben hat der König. Es wisse der König, daß gesagt hat Addaja zu mir: »Siehe, lasse mich abziehen! ...«[42]
> Brief 289: Die Besatzungs-Leute, welche du gesandt hast ... hat Addaja genommen und gelegt in sein Haus in Hazati ...

Diese Briefe unterrichten uns, daß Adaia ein Vorsteher des Pharaos war und daß er dem als Regent fungierenden König in Jerusalem unterstellt war[43]. Der Vorsteher in Edom, einem von Juda abhängigen Land, war tatsächlich dem König von Israel unterstellt.

Stadtfürsten

Die Liste der fünf Hauptleute Josaphats, wie sie im Zweiten Buch der Chronik gegeben wird, endet mit dem Satz: »Diese waren es, die dem König dienten, abgesehen von denen, die der König in ganz Juda in die festen Städte gelegt hatte.« Als geistliche Betreuer sandte Josaphat Leviten zu diesen Stadtfürsten.

42 In seiner Transkription gibt Knudtzon diese unterschiedlichen Schreibweisen des Namens wieder.

43 Im Brief 254 wird gesagt, daß Dumuia Adaia anvertraut wird. Bezeichnet dieser Name eine Persönlichkeit, oder könnte er für Duma in Seir oder Edom (Jesaia 21, 11) stehen?

2. Chronika 17, 7: Im dritten Jahre seiner Regierung aber sandte er seine obersten Beamten Benchail und Obadja und Sacharja und Netanel und Michajahu aus, in den Städten Judas zu lehren ...

Ein Stadtfürst mit Namen Widia schrieb an den Pharao aus Askalon im südlichen Palästina. Sieben Tafeln der Amarna-Sammlung sind mit seinem Namen gezeichnet. Seine souveräne Gewalt war auf eine einzige Stadt beschränkt. Demgemäß schrieb Widia:

Brief 320: Siehe ... ich beschütze den Ort des Königs, der in meiner Obhut ist.

Brief 326: Siehe, ich beschütze die Stadt des Königs, meines Herrn.

Widia empfing einen Vorsteher des Pharaos und bereitete einen Tribut für ihn vor.

In Ägypten genoß der Monarch göttliche Verehrung als Inkarnation des Gottes, als Sohn der Sonne und als die Sonne selbst. In Anpassung an die ägyptischen religiösen Glaubensvorstellungen redeten die untergeordneten Kleinfürsten der tributpflichtigen Länder den Pharao folgendermaßen an: »An den König, meinen Herrn, meinen Gott, meine Sonne, die Sonne im Himmel.« Ebenso schrieb auch Widia aus Askalon.

Abgötterei und heidnischer Einfluß ließen, um einen Ausdruck Elias zu gebrauchen, die Städte um Jerusalem »auf beiden Seiten hinken«. Es war deshalb notwendig, sich um die Belehrung des Volkes zu kümmern: »... und er (Josaphat) zog unter dem Volke umher von Beersaba bis zum Gebirge Ephraim und bekehrte sie zu Jahwe, dem Gott ihrer Väter« (2. Chronika 19, 4). Dieser Versuch gelang aber nur unvollständig, wie die Heilige Schrift bestätigt: »... doch hatte das Volk seinen Sinn nicht auf den Gott seiner Väter gerichtet« (2. Chronika 20, 33).

Amon, der Statthalter von Samaria

Der Herrscher Ägyptens stellte den regierenden Königen in den syrischen und palästinischen Reichen seine Vorsteher zur Seite. Nach den Amarna-Briefen war Aman-appa der Vorsteher in Sumur während des ersten Teils der Regierungszeit Rib-Addis. In einem Brief des Königs von Sumur an Aman-appa heißt es:

> Brief 73: Du kennst meine Verhältnisse, weil du gewesen bist in Sumura, daß ich dein treuer Diener bin.

Diesem Statthalter begegnen wir auch im Zweiten Buch der Chronik:

> 2. Chronika 18, 25: Der König von Israel aber befahl: Nehmt Michajehu (den Propheten) und bringt ihn zurück zu Amon, dem Stadthauptmann, und zum Prinzen Joas ...

Der Name des Statthalters Amon wurde seiner Stellung wegen dem des Prinzen aus königlichem Geblüt vorangestellt. Daß er ein Ägypter war, ergibt sich aus seinem Namen, der der heilige Name einer ägyptischen Gottheit ist.[44].

Nach seiner Rückkehr nach Ägypten wurde Amon vom König von Sumur (Samaria) als Freund und Anwalt seiner Sache vor dem Pharao angesehen und als Kenner der militärischen und politischen Lage Sumurs empfohlen. Der König von Sumur schrieb an den Pharao:

> Brief 74: Siehe, Aman-appa ist bei dir, frage ihn! Er weiß und hat gesehen die Not, die mich bedrückt.

Er bat Aman-appa, wieder nach Sumur zu kommen und Bogenschützen mitzubringen.

> Brief 77: Hast du nicht deinem Herrn gesagt, daß er dich sende an der Spitze von Feldtruppen?

44 Amon war auch der Name des Sohnes von Manasse, dem König von Jerusalem im 7. Jahrhundert (2. Chronika 33, 20–25). Es heißt von Manasse, er verleite »Juda und die Bewohner von Jerusalem dazu, Böses zu tun« (2. Chronika 33, 9).

Der König von Sumur war mit dem Vorsteher des Pharaos sehr vertraut. Er schrieb in einem anderen Brief:

> Brief 93: »Ich komme zu dir an«, so schreibst du an mich. Höre mich! Sage dem König, daß er dir gebe dreihundert Leute!

Der Vasallenkönig und der Statthalter berieten sich in allen diesen Angelegenheiten und brachten ihre gemeinsame Sorge um Sumur (Samaria) zum Ausdruck.

Wie aus den Briefen hervorgeht, war Aman-appa ein Gegner der Politik, den König von Damaskus zu unterstützen. Auch in der Heiligen Schrift zeigt Amon, der Statthalter von Samaria, durch Gefangennahme des Propheten, der vor einem Krieg gegen den König von Damaskus warnte[45], daß er der Politik beipflichte, die verlorengegangenen Städte mit Waffengewalt wiederzugewinnen.

Zur Zeit des Amarna-Briefwechsels war Aman-appa ein bejahrter Mann, der das Ende jener Zeit nicht mehr erlebte[46]. Der König von Sumur (Samaria), der seit einiger Zeit nichts von Aman-appa aus Ägypten gehört hatte, schrieb ihm bewegten Herzens: »Wenn du gestorben bist, dann sterbe auch ich.«[47]

»Zu Aman-appa, meinem Vater, hat gesprochen also Rib-Addi, dein Sohn«, schrieb der König von Sumur (Samaria). Diesen Ausdruck der Ehrerbietung überliefert die Heilige Schrift in Zwiegesprächen der gleichen Zeit. Der König von Samaria sprach ähnlich zu Elisa: »Mein Vater« (2. Könige 6, 21).

In den Amarna-Briefen führen Würdenträger häufig den Titel *sar*, unter welchem der Statthalter Amon in der Heiligen Schrift bekannt ist.

In der Heiligen Schrift wird als Name des Statthalters von Samaria Amon angegeben, in den Amarna-Briefen war Statt-

45 1. Könige 22, 26–27.

46 Brief 106: ». . . und Feindschaft ist gegen Sumur. Und siehe, jetzt ist sein Vorsteher tot . . .«

47 Brief 87.

halter von Samaria Aman-appa. Sie waren ein und dieselbe Person[48].

Die erste Belagerung von Samaria durch den König von Damaskus

Die Könige von Juda und Israel waren der ägyptischen Krone treu ergeben, aber der König des syrischen Reiches nützte das Gleichgewicht der Kräfte zwischen Nord und Süd aus, um seinen Herrschaftsbereich zu erweitern.

Die Briefe Abdi-Aširtas (Benhadads) von Damaskus waren unterwürfig trotz oder gerade wegen seiner verräterischen Absichten. Die übliche Form einer respektvollen Anrede einem Herrscher gegenüber war: »Ich falle siebenmal siebenmal nieder zu den Füßen meines Herrn«; dem fügte der König von Damaskus, wenn er dem Pharao schrieb, gewöhnlich hinzu: »Dein Diener und der Staub deiner Füße, dein Hund.«

Nach der Heiligen Schrift war Benhadad, der König von Damaskus, ein Nachkomme Resons, der »seinem Herrn entfloh« und »Leute um sich sammelte und der Hauptmann einer Räuberbande wurde, ... so eroberte er Damaskus ... und wurde König von Damaskus«[49].

Der König von Sumur (Samaria) und andere Vasallenkönige nannten den König von Damaskus »den Knecht«.

48 Zu Beginn dieses Jahrhunderts wurden in Tell Ta'anak, dem biblischen Taanach, auf den Hügeln in der Umgebung des Esdraelon-Tales einige Tontafeln, mit Keilschrift beschrieben, gefunden; sie sind denen der Amarna-Sammlung sehr ähnlich. Nach einer dieser Tafeln treibt ein Statthalter namens Aman-hasir Tribut von einem Ortsvorsteher ein (E. Sellin, »Tell Ta'annek«, »Denkschriften der Akademie der Wissenschaften«, Philosophisch-Historische Klasse, Bd. 50, Wien 1904). Die Lesart Aman-hasir wurde von Albright in Aman-hatpe geändert. »Amanhatpe, Governor of Palestine«, »Zeitschrift für ägyptische Sprache und Altertumskunde«, LXII (1927), 63f. Übernommen wurde seine Lesart von A. Gustavs, »Die Personennamen in den Tontafeln von Tell Taanek«, S. 26. Albright sprach die Vermutung aus, daß dieser Statthalter der zukünftige Amenophis (Amenhotep) II. war.

49 Könige 11, 23–24.

Brief 71: Was ist Abdi-Aširta, der Knecht, der Hund, daß er nimmt das Land des Königs an sich? Was ist seine Erhebung?

Infolge der Politik von Damaskus, die die Rivalität zwischen Israel und Juda noch verstärkte, standen sich seit den Tagen Resons die beiden Länder ständig feindlich gegenüber. Baesa, der König von Israel, baute als Drohung gegen Juda Rama aus. Asa, der König von Juda, sandte Geschenke an Benhadad, worauf dieser sich gegen Baesa wandte und »Ijon schlug und Dan, und Abel-Beth-Maacha, das ganze Kinneroth samt dem ganzen Lande Naphtali« (1. Könige 15, 20). Juda besetzte das Gebirge Ephraim (2. Chronika 17, 2). Dies geschah zwei Generationen nach Salomo und wenige Jahrzehnte vor der Amarna-Zeit.

Mit dem Beginn der neuen Dynastie, der des Omri, erstarkte das Königreich Israel. Es war die Zeit, in der von Thutmosis IV., dem Vater Amenophis' III., die ägyptische Hegemonie über Palästina wiederhergestellt worden war.

Zur Zeit Ahabs, Omris Sohn, begann Benhadad[50] erneut mit den Feindseligkeiten und brachte ein Bündnis der von ihm abhängigen Kleinfürsten zustande:

1. Könige 20, 1: Benhadad aber brachte seine ganze Streitmacht zusammen – dazu waren zweiunddreißig Könige mit Rossen und Wagen ihm verbündet ...

Im Brief des Königs von Sumur (Samaria) finden wir eine Beschwerde:

Brief 90: Ferner; alle Stadtherren (Führer) sind einig mit Abdi-Aširta.

Der König von Damaskus begann mit der Belagerung Samarias.

1. Könige 20, 1:... und er (Benhadad) zog herauf und schloß Samaria ein und bestürmte es.

Dieser Feldzug eröffnete eine lange Reihe von Belagerungen,

50 Der Gegner Ahabs wird im allgemeinen als Sohn Benhadads I., des Gegners von Baesa, betrachtet und deshalb Benhadad II. genannt.

Schlachten, kurzen Waffenruhen und erneuten Bedrückungen, die den Zeitraum ausfüllen, der in den letzten sechs Kapiteln des Ersten und in den ersten neun Kapiteln des Zweiten Buches der Könige beschrieben ist.

Die Feindschaft gegen Sumur ist sehr groß geworden ...

heißt es wiederholt in verschiedenen Briefen des Königs von Sumur (Samaria).

Die Zeit war günstig; das Land Israel wurde von einer Dürre heimgesucht, und das Nationalgefühl der Zehn Stämme war im Schwinden begriffen. Durch den heidnischen Bilderkult war im nördlichen Königreich der Weg frei geworden für die geistigen Einflüsse der umliegenden Völker. Die religiösen Bindungen zwischen Samaria, Sidon und Damaskus verwischten alle Grenzen. Sogar die Propheten – Elia aus Gilead und sein Nachfolger Elisa – mengten sich in die Staatsangelegenheiten von Damaskus ein, machten dort Besuche und wurden von Leuten aus Damaskus aufgesucht.

In diesem Zustand geistigen und materiellen Niedergangs wurde das Land Samaria eine Beute des scharfsinnigen Kriegsmannes und Politikers von Damaskus. Bis nördlich zum Lauf des Orontes waren alle Länder »die Länder des Königs, des Herrn«, des Pharaos von Ägypten; aber dieser Umstand hinderte den Damaszener nicht, den Versuch zu machen, seinen Herrschaftsbereich auszudehnen: Er erkannte, daß das Heranziehen des Königs von Assyrien durch das Tal des Orontes ihm Gelegenheit zu einem doppelten Spiel bot, und wußte, daß es der ägyptische König nur ungern sehen würde, wenn er von ihm abfiele und offen zu den kriegslüsternen Assyrern überginge, die, ohne Ägypten den Krieg zu erklären, als Eroberer an die Tore der Festungen im nördlichen Syrien hämmerten. Die waghalsige Politik des Königs von Damaskus suchte ein Opfer: Samaria wurde als erstes dazu ausersehen und mit seiner Belagerung begonnen.

König Ahab befragte einen Propheten, durch wen Hilfe kommen werde. »Die Knappen der Bezirksobersten« würden die Syrer in die Flucht schlagen, war die Antwort (1. Könige 20, 14). Was bedeutet dies? Aus welchem Grunde sollte die syrische Streitmacht sich vor der Leibwache des Vorstehers fürchten, wenn sie vor dem Heer des Königs keine Furcht empfand? In der Schlacht vor den Mauern von Samaria »schlugen zweihundertzweiunddreißig Knappen von Bezirksobersten« an der Spitze der kleinen Besatzung von Samaria die Syrer in die Flucht. Die Antwort darauf kann in den Briefen gefunden werden.

Der König von Sumur und Gubla (Jesreel) bat in seinen Briefen an den Pharao und die Vorsteher wiederholt darum, es möchten ihm kleine Abteilungen und Bogenschützen (Feldtruppen) geschickt werden. Im vorhergehenden Abschnitt wurde ein solcher Brief zitiert; der Vorsteher wurde gebeten, dreihundert Mann zum Entsatz der Stadt zu schicken.

Die Träger des Hoheitszeichens des ägyptischen Staates (die Knappen der Bezirksobersten) waren eine Art Schutztruppe, die den Vorstehern des Pharaos zugeteilt war; diese kleinen Abteilungen zählten zehn, seltener hundert Mann. Bei der Ausübung ihrer Pflicht wurden sie von den regulären ägyptischen Truppen unterstützt, und ihr Erscheinen auf dem Kampfplatz bei Streitigkeiten zwischen Vasallen der ägyptischen Krone kündigte den endgültigen Entschluß des Pharaos an, einem der Rivalen mit Waffengewalt beizustehen. Die Ungeduld, mit der eine solche Abteilung zum Entsatz Samarias erwartet wurde, spiegelt sich in der folgenden Stelle aus einem Brief des Königs von Sumur an Haia (?), einen Würdenträger in Ägypten, wider:

> Brief 71: Warum hast du dich zurückgehalten und nicht gesagt dem König, daß er sende Feldtruppen und sie nehmen Sumura? Was ist Abdi-Aširta, der Knecht, der Hund, daß er nimmt das Land des Königs an sich? . . . So sendet mir fünfzig Paar Pferde und zweihundert Fußkrieger . . . bis daß ausziehen die Feldtruppen . . .

Benhadad prahlte mit seinen Truppen; der Schutt von Samaria würde nicht ausreichen, die Hände all des Volkes, das ihm folgte, zu füllen (1. Könige 20, 10). Der Sieg über dieses Heer war entschieden, als die Repräsentanten der Oberherrschaft an der Spitze der Verteidiger Samarias erschienen.

1. Könige 20, 19: Als jene aber aus der Stadt ausgerückt waren, die Knappen der Bezirksobersten und die Hauptmacht, die ihnen folgte ...
21: Und der König von Israel zog heraus und erbeutete die Rosse und die Wagen und brachte Aram eine große Niederlage bei.

Die »Knappen der Bezirksobersten« waren Krieger des Pharaos.

Brief 129a: Wer kann bestehen gegen die Krieger des Königs (Pharao)?

Später, als das Heer von Damaskus ihn von neuem bedrängte, erinnerte der König von Sumur (Samaria) an dieses oder ein ähnliches Ereignis:

Brief 121: Ich habe geschrieben an den Hof: »Sende Feldtruppen!« Haben sie nicht früher zurückgenommen die Länder für den König?

Und in ähnlicher Weise schrieb er in einem anderen Brief dieser späteren Periode:

Brief 132: Früher stand Abdi-Aširta gegen mich, und ich schrieb an deinen Vater: »Sende Feldtruppen des Königs! Und genommen wird das ganze Land (in einigen) Tagen.«

Noch einmal kam er auf dieses denkwürdige Ereignis zurück, und seine Worte stimmen mit der Erzählung in der Heiligen Schrift überein:

Brief 138: Als Abdi-Aširta Sumurri eroberte, da schützte ich die Stadt durch eigene Hand; es waren keine Besatzungs-Leute bei mir. Ich schrieb aber an den König, meinen Herrn, und es zogen Krieger aus, und sie nahmen Sumurri.

Gefangennahme und Freilassung des Königs von Damaskus durch den König von Samaria

Ein Jahr, nachdem die »Knappen der Bezirksobersten« Samaria von der Belagerung befreit hatten, zog Benhadad noch einmal gegen den König von Israel und wurde von den Verteidigern in der Ebene von Aphek gestellt. »... und Israel lag ihnen gegenüber wie ein paar junge Ziegen, während Aram (die Syrer) das Land füllte« (1. Könige 20, 27).

Durch die große Masse dieses Heeres wurden sie mit Furcht erfüllt; wir lesen in den Amarna-Briefen, daß das Heer aus wilden und irregulären Truppen bestand. In der Schlacht erlitten die Syrer auch diesmal eine Niederlage, und Benhadad floh nach Aphek, wo er sich verbarg. Da sagten seine Diener zu ihm: »Siehe, wir haben gehört, daß die Könige von Israel barmherzige Könige sind ... wir wollen so ... zum König von Israel hinausgehen ...« Und sie »gingen zum König von Israel und sagten: Dein Knecht Benhadad spricht: Möchte doch meine Seele am Leben bleiben! Da erwiderte er: Lebt er noch? er ist ja mein Bruder. Die Männer aber nahmen's als gutes Omen, griffen es eiligst von ihm auf und fragten: So ist Benhadad dein Bruder? Er erwiderte: Geht, holt ihn! Da kam Benhadad zu ihm heraus, und er ließ ihn zu sich auf seinen Wagen steigen. Nun sagte er zu ihm: Die Städte, die mein Vater deinem Vater abgenommen hat, will ich zurückgeben, und du darfst dir in Damaskus Bazare anlegen, wie es mein Vater in Samaria getan hat, mich aber magst du auf solche Verpflichtung hin freilassen; da legte er ihm solche Verpflichtung auf und ließ ihn frei« (1. Könige 20, 31–34).

Aus dieser Erzählung erfahren wir, daß Benhadad zwar geschlagen und gefangengenommen, dann aber freigelassen und ein Abkommen mit ihm geschlossen wurde; daß die Syrer einen Teil Samarias gebaut hatten und daß wegen einiger Städte Streitigkeiten zwischen Syrern und Israeliten bestanden.

Es scheint, daß wir in den Briefen des Königs von Sumur Hinweise auf alle diese Ereignisse finden, von denen etliche nur wenige Jahre vor dem Zeitpunkt des Briefwechsels stattfanden.

Später, in den Zeiten der Not und Bedrückung, dachte der König von Sumur an die besseren Tage zurück, und er schrieb an den Pharao:

Brief 127: Als früher heraufzog Abdi-Ašratu gegen mich, war ich mächtig; aber siehe, jetzt sind meine Leute niedergeschmettert ...

Als er Hilfe vom Pharao gegen Azaru (Hasael), den Sohn Abdi-Aširtas (Benhadad)[51] erwartete, erinnerte er an die Gefangennahme des Königs von Damaskus:

Brief 117: Wenn meine Worte gehört werden, dann wird wahrhaftig Azuru genommen werden wie sein Vater.

Benhadad wurde gefangengenommen, aber wieder freigelassen.

Brief 117: Damals war Abdi-Aširta noch nicht genommen nebst allem, was ihm gehörte, wie ich gesagt habe.

Der Vertrag (»die Verpflichtung«) mit Benhadad wurde zu einer Zeit geschlossen, als der Syrer geschlagen war. Ein Prophet, der über die Leichtgläubigkeit des Königs von Samaria tief beunruhigt war, verkleidete sich als verwundeter Krieger, stellte sich dem König auf der Straße in den Weg und sagte zu ihm: »... so soll dein Leben für sein (Benhadads) Leben haften und dein Volk für sein Volk« (1. Könige 20, 42.)

Diese biblische Prophezeiung ging in Erfüllung. Wir lesen die Klagen des Königs von Samur, daß er vom König von Damaskus, dem er einst die Freiheit schenkte, unterdrückt werde. Er erwägt sogar ein neues Abkommen mit dem König von Damaskus, nur daß diesmal er der gedemütigte Partner wäre:

Brief 83: Warum hast du dich zurückgehalten, so daß genommen wird dein Land? ... Ferner: ich habe geschrieben nach Besatzungs-Leuten und nach Pferden und nicht werden sie gegeben. Schicke Antwort an mich! Oder ich mache einen Bund mit Abdi-Aširta ... dann wäre ich gerettet.

Nun befand er sich in der Lage des einst so unglücklichen Königs von Damaskus, der als Besiegter um einen Friedensvertrag bat.

Das nach der Schlacht von Aphek zugunsten Israels ge-

51 Daß Hasael ein Sohn Benhadads war, wird weiter unten behandelt.

schlossene Abkommen bestand drei Jahre: »Drei Jahre hatte er Ruhe, da war kein Krieg zwischen Aram (Syrien) und Israel« (1. Könige 22, 1); dann begannen die Feindseligkeiten zwischen Samaria und Damaskus aufs neue. Der Krieg, der mit der Belagerung von Samaria seinen Anfang nahm, wurde bei Aphek fortgesetzt und brach nach einer dreijährigen Waffenruhe erneut bei Ramoth-Gilead aus. Demgemäß schrieb der König von Sumur (Samaria): »Dreimal in diesen Jahren hat er (Abdi-Aširta) mich angegriffen«[52].

Schiffe, Anführer oder Legionen?

In den Amarna-Briefen kehrt häufig ein Wort wieder, das an manchen Stellen zum Text paßt, an anderen jedoch keineswegs: es ist das mit »ein Schiff« übersetzte Wort *elippe.*

Diese Übersetzung ist am Platz in dem Brief des Königs von Tyrus, in dem er schreibt, daß der König von Beirut in einem Schiff fortfuhr, und ebenso in einem Brief des Königs von Sumur (Samaria), der darum bat, es mögen ihm mit Schiffen Vorräte gesandt werden.

Im 9. Jahrhundert versuchte Palästina, den alten Brauch der Meeresfahrten des vorausgegangenen Jahrhunderts fortzusetzen. Josaphat traute sich zu, Salomos Unternehmen zu wiederholen, und baute in Ezeon-Geber am Golf von Aqaba Schiffe, um sie »nach Tharsis« auszuschicken (2. Chronika 20, 35 ff.), ein Unterfangen, das unglücklich ausging, noch ehe es richtig begonnen hatte: Ein plötzlich aufkommender Sturm zerschlug die Flotte. Die phönizischen Städte Tyrus, Sidon und Beirut trieben Handel zur See noch bis in sehr viel spätere Zeit. In den eben genannten Beispielen ist es zweifellos richtig, *elippe* mit »Schiff« zu übersetzen. Die Lesart »Schiffe« könnte selbst in Verbindung mit dem Binnenland Palästinas richtig sein, wenn es zu jener Zeit auf dem Jordan (wie es Strabo, XVI, 2, später beschrieb) oder dem Galiläischen Meer Schiffahrt gab. In einigen Fällen ist jedoch von Schiffen die

52 Brief 85.

Rede, die über trockenes Land fahren und Dinge tun, die zu einem Wasserfahrzeug wahrlich nicht passen. So heißt es zum Beispiel, die *elippe* wären in Amurru-Land eingedrungen und hätten mit den Mördern Abdi-Aširtas eine Verschwörung angezettelt.

Es gibt in der hebräischen Sprache ein aus dem Syrischen abgeleitetes Wort *ilpha (aleph, lamed, phe)*, das »Schiff« bedeutet[53]. Ein altes hebräisches Wort *aluph* (ebenfalls: *aleph, lamed, phe)* bezeichnet einen Fürsten, Herrn einer Sippe, Familienoberhaupt«[54]. Mir will scheinen, daß *elippe* in den Amarna-Briefen mitunter den Anführer oder das Oberhaupt eines kleinen Stammes bezeichnen muß. Die eine oder andere in den Amarna-Briefen erwähnte und für einen Hafenort gehaltene Stadt muß nicht notwendigerweise eine Stadt am Meer oder an einem See gewesen sein, nur weil dort *elippe* ankamen und irgend etwas taten. In diesen Fällen wird das Wort von heutigen Gelehrten mißverstanden, aber sie können sich damit trösten, daß ein ähnlicher Irrtum dem Schreiber unterlief, der bei der Niederschrift der Annalen dieser Zeit alte Chroniken benutzte.

Als Benhadad mit seinen Hauptleuten vom Schlachtfeld bei Aphek in jene Stadt floh, stürzte ein Teil der Stadtmauer ein und »fiel auf siebenundzwanzigtausend« Mann (1. Könige 20, 30). Das klingt wie reine Übertreibung. Aphek war keine so große Stadt, und Zehntausende von Menschen können kaum durch eine einstürzende Mauer getötet werden. Nun heißt aber *eleph* (wieder: *aleph, lamed, phe)*»tausend«[55] und *aluph* ist, wie ich erwähnt habe, ein »Anführer«.

Es ist daran zu erinnern, daß in der Aufzählung der Feudalbereiche der fünf Oberen Josaphats gesagt wurde, der eine habe dreihunderttausend tapfere Männer unter sich, ein zweiter zweihundertundachtzigtausend, und so weiter. Wenn auch zur Zeit Davids die Zahl der zur Aushebung verfügbaren

53 Siehe Levy, »Wörterbuch über die Talmudim und Midrashim«.

54 Ebenda.

55 Sar-ha-eleph ist ein Hauptmann über ein Tausend (eine Tausendschaft). Dies kann der Ursprung von *aluph*, »Anführer«, gewesen sein.

Männer in Juda fünfhunderttausend und in Israel achthunderttausend betrug[56] und ein Jahrhundert später Asa dreihunderttausend Männer aus Juda und zweihundertachtzigtausend aus Benjamin befehligte, so scheint doch, daß die Stelle über die Oberen Josaphats die militärische Macht der palästinischen Fürsten jener Zeit richtiger wiedergäbe, wenn sie wie folgt gelesen würde: »Adna, der Obere, und mit ihm tapfere Männer dreihundert Anführer. Neben ihm Jehochanan, der Obere, und mit ihm zweihundertachtzig Anführer«, und so fort.

Es gibt zeigenössisches Beweismaterial dafür, daß Feudalbereiche nach Anzahl der Anführer oder der Oberhäupter von Gemeinden gezählt wurden. Mescha schrieb auf seiner Stele: »Und die Führer von Dibon waren fünfzig, denn ganz Dibon war (mir) untertan. Und ich regierte über einhundert (Führer) in den Städten, die ich dem Lande angegliedert habe.«

Das Wort »Tausende« in der biblischen Erzählung von der Niederlage bei Aphek und wahrscheinlich auch in der Stelle über die Oberen Josaphats, und ebenso das Wort »Schiffe« in einer Anzahl der Amarna-Briefe müssen revidiert und durch »Anführer« oder »Oberhäupter von Gemeinden« ersetzt werden, so daß auf diese Weise die Stellen in den Briefen und in der Heiligen Schrift einen vernünftigen Sinn erhalten.

Der König von Samaria sucht einen Verbündeten gegen den König von Damaskus

Wegen einer der strittigen Städte wurde der Waffenstillstand gebrochen:

> 1. Könige 22, 3:. . . sagte der König von Israel zu seinen Dienern: Ihr wißt doch, daß Ramoth-Gilead uns gehört, und da säumen wir, es der Hand des Königs von Aram zu entreißen?

Vom Streit um die Städte Israels, die der König von Damas-

56 2. Samuel 24, 9.

kus genommen hatte, ist viele Male in den Amarna-Briefen die Rede.

Nach der Heiligen Schrift waren dies anfänglich die Städte »Ijon und Dan und Abel-Beth-Maacha und ganz Kinneroth mit dem ganzen Land Naphtali« (1. Könige 15, 20), »die Städte Israels«, die der König von Damaskus zuvor eingenommen hatte; zu dem Gebiet, das er erobert hatte, kam später noch anderes hinzu.

»Abdi-Aširta, der Hund, er sucht, alle Städte zu nehmen«, schrieb der König von Sumur (Samaria).

> Brief 81: Es möge wissen der König, mein Herr, daß mächtig ist die Feindschaft Abdi-Aširtas und daß er genommen hat alle meine Städte an sich.

Um diese verlorengegangenen Städte wiederzugewinnen, sah sich der König von Sumur (Samaria) nach einem Verbündeten um. Wenn einer der königlichen Regenten ihm zur Seite stünde, vermeinte er in der Lage zu sein, Schlag um Schlag zurückzugeben und die syrischen Banden zu vertreiben.

> Brief 85: Wenn ein Regent mit mir einverstanden wäre, dann würde ich Abdi-Aširta wegtreiben aus Amurri.
> 1. Könige 22, 4: Und er sagte zu Josaphat, willst du mit mir zum Kampf gegen Ramoth-Gilead ziehen?

Zu jener Zeit war der Vorsteher Aman-appa in Samaria. Ein Prophet mahnte die Könige von Jerusalem und Samaria, nicht in den Krieg gegen den König von Damaskus zu ziehen. Der Prophet wurde dem Vorsteher (Stadtvogt) übergeben (1. Könige 22, 26).

Zu Beginn seiner Regierung machte sich König Josaphat stark gegen Israel: »Er aber legte Heeresmacht in alle festen Städte Judas ... und in die Städte Ephraims, die sein Vater Asa erobert hatte« (2. Chronika 17, 2). Später schloß er Frieden mit Israel und war bereit, sich Ahab auf seinem Feldzug gegen den König von Damaskus bei Ramoth-Gilead anzuschließen. Er fühlte, daß der Syrer zu mächtig wurde und der Tag kommen könnte, an dem er auch Jerusalem bedrohen würde. Vielleicht wollte er auch das Vergehen seines Vaters

Asa wiedergutmachen, der den König von Damaskus zur Verteidigung seines Landes gegen Baesa von Israel zu Hilfe gerufen hatte.

Die beiden Könige vereinigten ihre Streitkräfte und traten ihrem Feind bei Ramoth-Gilead entgegen. Im Verlauf der Schlacht streckte ein verirrter Pfeil König Ahab nieder.

Ahab oder Joram: Zwei Versionen der Heiligen Schrift

Mit der Geschichte dieser ersten Schlacht bei Ramoth-Gilead erreichen wir die Zeit, während der die Amarna-Briefe geschrieben wurden. Der König, der mehr als sechzig der noch vorhandenen Briefe schrieb, nannte sich selbst – wenn die Lesart richtig ist – Rib-Addi. War nun ihr Verfasser der biblische Ahab oder Joram, Ahabs Sohn? Diese Briefe wurden während der letzten Zeit, in der Josaphat in Jerusalem regierte, geschrieben, und ihr Inhalt stimmt mit den Ereignissen jener Zeit überein.

Nach der ausführlicheren Fassung der Geschichte in der Heiligen Schrift starb Ahab an der in der Schlacht bei Ramoth-Gilead erhaltenen Wunde; auf dem Thron Israels folgte ihm sein Sohn Ahasja, der zwei Jahre regierte; nach dem Tode Ahasjas übernahm sein Bruder Joram die Regierung. Die weniger weitläufige, wahrscheinlich aber ältere Fassung in der Heiligen Schrift besagt, daß Ahab bei Ramoth-Gilead anscheinend nur verwundet wurde und weitere neun Jahre regierte.

Vom Regierungsantritt Jorams von Israel gibt es einander widersprechende Berichte:

> 2. Könige 1, 17: Und sein Bruder Joram wurde König an seiner (Ahasjas) Statt im zweiten Jahre Jorams, des Sohnes Josaphats, des Königs von Juda.
> 2. Könige 3, 1: Joram, Sohn Ahabs, wurde im achtzehnten Jahre Josaphats, Königs von Juda, in Samaria König über Israel[57].

57 Siehe auch 2. Könige 8, 16.

Josaphat regierte fünfundzwanzig Jahre[58]. Die zeitliche Differenz dieser beiden Angaben beträgt neun Jahre: die letzten sieben Jahre Josaphats und die ersten zwei Regierungsjahre seines Sohnes[59]. Für Chronologen und Exegeten ergaben diese unvereinbaren Berichte natürlich Schwierigkeiten. Die hier zur Diskussion stehende und lediglich chronologische Schwierigkeiten bietende Frage wird zu einem bedeutsamen Problem für das Studium der Geschichte Palästinas während der Zeit der Amarna-Briefe, denn während dieser neun Jahre wurde der größte Teil der Briefe geschrieben.

Es muß klar herausgestellt werden, daß das Problem sich nicht aus einem Vergleich der Heiligen Schrift mit den Amarna-Briefen ergibt, sondern aus den Divergenzen der biblischen Texte. Die Amarna-Briefe werden bei der Klärung der strittigen Frage behilflich sein.

Wenn während der letzten sieben Regierungsjahre König Josaphats Joram in Israel regierte, dann würde er es auch gewesen sein, der die fünfundsechzig in den Archiven von el-Amarna erhalten gebliebenen Briefe schrieb. Ist aber die andere Version des Zweiten Buches der Könige richtig, und während der letzten sieben Regierungsjahre König Josaphats regierte in Israel noch König Ahab, dann muß er der Urheber dieser Briefe gewesen sein, und die Ereignisse dieser sieben oder neun Jahre müssen sich zu seiner Zeit zugetragen haben. Die Erlebnisse, die seinem Sohn Joram zugeschrieben werden, würde Ahab gehabt haben, wenn er erst ein oder zwei Jahre nach Josaphat gestorben wäre, denn er wäre nicht durch die Hand eines der Bogenschützen Benhadads gefallen, sondern nur verwundet worden und hätte Benhadad überlebt. In ähnlicher Weise würde der Aufstand Meschas, des Königs von Moab, nicht nach dem Tode Ahabs, sondern nach seiner Niederlage bei Ramoth-Gilead stattgefunden haben.

Die Schilderung der Schlacht von Ramoth-Gilead läßt in uns das Gefühl entstehen, daß die Hand eines späteren Schreibers verschiedene Quellen miteinander in Einklang zu

58 2. Chronika 20, 31.

59 Dieselbe Diskrepanz von neun Jahren besteht in den Berichten über die Regierungszeit von Baesa und Asa.

bringen versuchte. Nachdem er von einem Bogenschützen verwundet worden war, sagte Ahab zu seinem Wagenlenker: »Lenke um und schaffe mich aus dem Kampfgetümmel heraus, denn ich bin verwundet.« Dies deutet darauf hin, daß der verwundete Ahab das Schlachtfeld verließ. Dem widerspricht jedoch der nächste Satz: »Es war aber der Kampf an jenem Tage sehr heftig; so blieb der König Aram gegenüber, bis zum Abend, gestützt im Wagen stehend. Am Abend aber starb er, und das Blut ergoß sich in die Höhlung des Wagens« (1. Könige 22, 35).

Diese Erzählung beschließt ein Kapitel des Dramas, das als der Frevel Ahabs bekannt ist: Als sein Weib Jesebel ihm den neben seinem Palast in Jesreel gelegenen Weinberg Naboths schenkte, um dort einen Kräutergarten anzulegen, und Ahab sich aufmachte und zum Weinberg hinabging, um ihn in Besitz zu nehmen, begegnete ihm Elia, der Thisbite. Und Ahab sagte zu Elia: »Hast du mich gefunden, mein Feind?« Der gefürchtete Mann antwortete: »Ich habe dich gefunden . . . Du bist mein Mörder und Erbe zugleich . . . An der Stelle, da die Hunde Naboths Blut aufgeleckt haben, werden die Hunde auch dein Blut auflecken. Die Hunde sollen Jesebel auf der Flur von Jesreel fressen« (1. Könige 21, 19-23).

Der Fluch erfüllte sich, wie es gesagt war: Nach der Schlacht von Ramoth-Gilead, »als sie aber den Wagen im Teich von Samaria abspülten, leckten die Hunde sein (Ahabs) Blut auf; und die Huren wuschen sich damit, nach dem Wort, das Jahwe gesagt hatte«. (Die King-James-Bibel schließt hier wie folgt. ». . . und sie wuschen seine Waffen, nach dem Wort des Herrn, das er gesprochen hatte.«) (1. Könige 22.)

Die Geschichte von der Begegnung des Sehers mit dem König hatte jedoch eine Fortsetzung. Als Ahab die Worte des Propheten hörte, zerriß er seine Kleider und legte ein härenes Gewand an, fastete und ging still umher. Und Elia, der Thisbite, hörte das Wort des Herrn: »Hast du gesehen, daß sich Ahab vor mir gedemütigt? Weil er sich vor mir gedemütigt hat, so will ich das Unheil nicht in seinen Tagen kommen lassen, in den Tagen seines Sohnes will ich das Unheil über sein Haupt kommen lassen.«

Abb. 12: Amenophis III. Dieses Relief aus Kalkstein stammt aus dem Grab des Chaemhet in Theben (um 1380 V. Chr.).
Bildarchiv Preußischer Kulturbesitz.

Was aber hatte es mit dieser Vergebung auf sich? Ahab demütigte sich, und das Unglück, das zum Verderb seines Lebens bestimmt war, wurde bis zur nächsten Generation zurückgestellt. Trotzdem soll nun das Unheil über ihn gekommen sein?

Das Bemühen des Schreibers, die verschiedenen Aussagen miteinander in Einklang zu bringen, blieb erfolglos, wie aus den Widersprüchen im Text hervorgeht. Der Bearbeiter der Bücher der Könige war angesichts der beiden abweichenden Versionen hilflos, und wenn er auch der Überlieferung, daß Joram während der letzten sieben Jahre Josaphats König in Israel war, den Vorrang gab, verschwieg er doch die andere Version nicht. Bei der Beschreibung der Geschichte dieses Zeitabschnitts wich er der Kernfrage aus und schrieb in einer Anzahl von Kapiteln das unpersönliche und unbestimmte »König von Israel«[60].

Schon in der Erzählung von der Schlacht bei Ramoth-Gilead wird jedesmal, wenn vom König von Jerusalem die Rede ist, sein Name Josaphat genannt, der König von Samaria dagegen wird fünfzehnmal nur als »König von Israel« erwähnt: »Und der König von Israel und Josaphat«; »Und der König von Israel sagte zu Josaphat«; im Hauptteil der Erzählung wird der Name Ahabs nicht genannt.

Im Krieg gegen Moab wird ferner der König von Jerusalem wiederholt mit Namen genannt, nicht dagegen der »König von Israel«: »Denn der König von Israel und Josaphat ...« Nur die einleitende Bemerkung läßt erkennen, daß Joram gemeint ist. In der Geschichte von der Heilung Naemans findet sich allein das immer wiederkehrende »König von Israel« und kein Name, und selbst der Bericht von den Anschlägen gegen

60 Die Annalen (die Bücher der Könige und der Chronik) wurden während und nach dem babylonischen Exil zusammengestellt, da vom Exil in den Büchern der Chronik und von der Rückkehr in denen der Könige erzählt wird. Der Bearbeiter der Bücher der Könige deutete an, daß seine Arbeit eine Komplikation nach dem »Buch der Chroniken der Könige Israels« war, das ein umfangreicheres Werk als die kanonischen Chroniken gewesen zu sein scheint. In den Annalen werden auch die Bücher der Propheten Nathan, Iddo und anderer (die zur Zeit, als die Heilige Schrift revidiert und kanonisiert wurde, nicht vorhanden waren) genannt.

das Leben des »Königs von Israel« enthält nicht seinen Namen. In der langen Erzählung von der zweiten Belagerung Samarias, als der König der Mutter, die ihr Kind getötet hatte, begegnete, und in der Schilderung der Befreiung von dieser Belagerung steht nicht ein einziges Mal der Name des Königs neben der feststehenden Bezeichnung »König von Israel«. Dies ist einmalig in den Büchern der Könige und der Chronik.

Eine zeitgenössische Quelle, die Licht in das ganze Problem bringen könnte, ist die Stele des Königs Mescha von Moab, auf der eingemeißelt zu lesen ist, daß Omri, der König von Israel, Moab viele Tage unterdrückte, und »sein Sohn folgte ihm nach, und auch er sagte: ›Ich will Moab demütigen.‹ In meinen Tagen sagte er das.« Und dann folgt:

> Omri hatte sich des Landes von Mâdeba bemächtigt und (Israel) wohnte darin während seiner Tage und der Hälfte der Tage seines Sohnes, vierzig Jahre; aber Kemosch gab es in meinen Tagen zurück[61].

Ein wichtiges Ereignis wird hier nach der einen Quelle (Mescha-Stele) der Regierungszeit von Amris Sohn Ahab zugeschrieben, und nach der anderen, der einen der beiden biblischen Versionen, der Regierungszeit von Ahabs Sohn Joram.

Das Zweite Buch der Könige beginnt mit den Worten: »Nach Ahabs Tode fiel Moab von Israel ab.« Dies steht im Widerspruch zur Mescha-Stele, auf der es heißt, daß Mescha sich auflehnte, als Omris Sohn erst die Hälfte seiner Regierungsjahre hinter sich hatte. Wenn Ahab bei Ramoth-Gilead nicht getötet, sondern nur verwundet wurde und die Niederlage das Signal für den Aufstand Moabs gewesen wäre, dann würde die Wendung »und die Hälfte der Tage seines (Omris) Sohnes« zu der Version passen, daß Ahab während jener Zeit noch regierte, die sonst Joram zugeschrieben wird.

Neben der Tatsache, daß der Aufstand Meschas nicht nach Ahabs Tod, sondern in der Mitte seiner Regierungszeit stattfand, steht auch die Zahl von vierzig Jahren für die Regierungszeit Omris und die Hälfte der seines Sohnes mit dem bi-

61 Übersetzung von S. R. Driver.

blischen Bericht in Widerspruch. Die vierzig Jahre der Unterdrückung Moabs können als allgemeine Zahlenangabe aufgefaßt werden, weil »vierzig« als Zeitmaß für eine Generation oder für eine bestimmte Periode galt, wie etwa unsere Zählung nach Jahrhunderten; die Angabe im Bericht muß jedoch annähernd der abgelaufenen Zeit entsprechen und auf eine längere Regierungszeit von Omri und Ahab oder von einem der beiden deuten[62].

Es wird berichtet, daß Omri zwölf Jahre über Israel regierte, davon sechs Jahre in Thirza (1. Könige 16, 23). Entweder begann die Regierungszeit Ahabs später als angegeben ist, oder sie währte länger. Da von seinem Vater Omri gesagt wird, daß er »sechs Jahre in Thirza regierte«, jedoch zwölf Jahre lang über Israel, ist klar, daß er während der letzten sechs Jahre seinen Sitz in seiner neuen Hauptstadt Samaria (Šemer) hatte. In ähnlicher Weise könnten sich die zweiundzwanzig Jahre der Regierung Ahabs in Samaria allein auf die Regierungszeit in jener Stadt beziehen, während die Jahre seiner Regierung in seiner neuen Hauptstadt Jesreel unerwähnt blieben.

In einem seiner letzten Briefe an den Pharao Echnaton schrieb der König von Sumur (Samaria) über sich selbst:

> Brief 137: Siehe, ich kann nicht einziehen in die Länder Ägyptens. Ich bin greis, und einen schweren Schmerz hat mein Körper.

Ahab hätte wohl sagen können, daß er alt sei, nicht aber sein zweiter Sohn während der ersten Zeit seiner Regierung.

Die Inschrift des Königs Salmanassar III. von Assyrien und Babylonien steht wie die Mescha-Stele mit der gleichen Version in der Heiligen Schrift in Widerspruch. Salmanassar schrieb, daß er in seinem sechsten Regierungsjahr bei Qarqar gegen eine Koalition syrischer und palästinensischer Fürsten kämpfte. Unter den Fürsten wird Ahab genannt; er führte der verbündeten Streitmacht ein Heer von zehntausend Kriegsleuten und zweitausend Kampfwagen zu[63]. Im achzehnten

62 Vgl. 1. Könige 16, 23 und 16, 29.
63 Luckenbill, »Records of Assyria«, I, Abschnitt 610.

Jahr seiner Regierung schrieb Salmanassar, daß er »einen Tribut von den Männern von Tyrus, Sidon und von Jehu aus dem Hause Omris« erhielt[64].

In den zwölf Jahren zwischen dem sechsten und dem achtzehnten Jahr der Regierung Salmanassars muß die Regierungszeit Ahabs geendet und muß Ahasja zwei Jahre, Joram zwölf Jahre und Jehu für eine unbestimmte Zeit regiert haben. Aber selbst wenn Ahab direkt nach der Schlacht von Qarqar gestorben[65] und der in der Inschrift erwähnte Tribut Jehus unmittelbar nach seiner Thronbesteigung geleistet worden wäre, blieben doch keine zwölf Jahre für eine Regierungszeit Jorams übrig.

Die Mescha-Stele erfordert demnach eine Verlängerung der Regierungszeit Ahabs und die Inschrift Salmanassars eine Verkürzung derjenigen Jorams, um Ahab zeitlich näher an Jehu heranzubringen. Den geschilderten Umständen nach kann eine Hypothese aufgestellt und überhaupt die Existenz Jorams, des Königs von Israel, in Zweifel gezogen werden[66].

Was konnte den Chronisten dazu verleitet haben, Ahabs Sohn mit dem Namen Joram (Jehoram) zu benennen? Joram war ein Sohn Josaphats und der Schwiegersohn Ahabs (2. Chronika 21, 6). Daß es in Josaphats Politik lag, durch diese Verbindung gute Beziehungen mit Israel herzustellen, ist einleuchtend; vermutlich hoffte er, das Königreich unter seinem Sohn Joram und Athalja, der Tochter Ahabs und Jesebels, zu vereinen. Josaphat besuchte Samaria und verbündete sich mit Ahab bei dessen kriegerischen Unternehmungen.

64 Ebenda, Abschnitt 672. Jehu war ein Sohn Josaphats, Sohn des Nimsi. War er ein Sohn einer Tochter Omris?

65 »In diese dreizehn Jahre, von 854 bis 842 v. Chr., müssen Ahabs Tod, die Regierungen Ahasjas und Jorams und die Thronbesteigung Jehus fallen. Nach 854 scheint für Ahab keine Zeit übrig zu sein. Ahabs Tod kann indessen nicht einem so frühen Zeitpunkt wie 854 zugeschrieben werden.« K. Marti in »Encyclopaedia Biblica«, I (New York 1899), »Chronology«.

66 Es scheint problematisch, daß Ahab, der den Kult Jahwes verfolgte, seinen Sohn Jehoram (Joram) (»Jahwe ist erhaben«) genannt haben sollte. Dies würde ein eindrucksvolles Argument sein, wenn nicht die Tatsache bestünde, daß auch die biblischen Namen der anderen Kinder Ahabs – Ahasja, Joas und Athalja – Anlaß zur gleichen Frage gäben.

Von Ahab heißt es, er sei bei Ramoth-Gilead getötet worden, und von seinem Sohn, auch er sei, und zwar ebenfalls mit dem König von Juda als Verbündetem, in dieser Schlacht bei Ramoth-Gilead unter ähnlichen Begleitumständen verwundet worden (2. Könige 8, 28). Viele weitere, den Regierungszeiten dieser beiden Könige zugeschriebene Einzelheiten tragen das Merkmal verwirrender Ähnlichkeit.

Der Chronist versetzte einen Ahasja und einen Joram nach Israel, einen anderen Ahasja und einen anderen Joram nach Juda. Vermutlich brachte ihn der Stand der Dinge, wie er ihn in älteren Chroniken vorfand, in Verwirrung.

Joram, der Sohn Josaphats, übte vielleicht als Nachfolger Ahabs, seines Schwiegervaters, und Ahasjas, Ahabs Sohn, der nach einer kurzen Regierungszeit und langen Krankheit starb, die Regentschaft aus. Von Joram heißt es: »Und er wandelte auf dem Weg der Könige von Israel, wie die vom Hause Ahabs taten, denn er hatte die Tochter Ahabs zum Weibe.«[67] Danach riß Jehu den Thron Israels an sich, und Joram wurde zusammen mit Ahasja von Juda getötet. Ahabs Tochter Athalja, Jorams Weib, ergriff dann Besitz vom Thron Jerusalems, nachdem ihr Gemahl und ihr Sohn getötet waren. Nach der Schilderung der Ermordung Jorams und Ahasjas durch Jehu fährt das Zweite Buch der Könige fort: »Und Ahab hatte siebzig Söhne in Samaria.« Jehu schickte an die Ältesten von Samaria Briefe mit der Aufforderung: »Sucht aus den Söhnen eures Herrn den Besten und Tüchtigsten aus, setzt ihn auf den Thron seines Vaters.« Der König, der hier »euer Herr« genannt wird, war Ahab, nicht Joram, Ahabs Sohn, und es wäre einer von seinen (Ahabs) Söhnen sein Nachfolger geworden, wenn nicht alle seine Söhne in dem Blutbad umgekommen wären. Auch dieses würde eine längere Dauer der Regierung Ahabs bis fast zum Aufstand Jehus erklärlich machen.

Auf den folgenden Seiten wird aufgezeigt werden, daß Gerüchte vom Tode Ahabs ausgestreut wurden, als er noch am Leben war. Ein späterer Chronist konnte sich leicht fehlleiten lassen, wenn schon Zeitgenossen im Irrtum befangen waren.

67 2. Chronika 21, 6. Vgl. auch 2. Könige 8, 16-18.

Ohne Rücksicht darauf, ob die Hypothese über Joram richtig ist oder falsch, unterstützen die Dokumente von Mescha, Salmanassar und el-Amarna einhellig die Fassung der Heiligen Schrift, nach welcher Ahab während der letzten sieben Jahre der Regierung Josaphats noch am Leben war.

In der Auseinandersetzung um die beiden Versionen im Buch der Könige legen alle drei nichtbiblischen Quellen Zeugnis ab zugunsten der unbedeutenderen Version gegen den allgemein gültigen Text; der Bericht im Zweiten Buch der Könige 1, 17 muß als der richtige angesehen werden. Das würde bedeuten, daß Ahab nicht vor, sondern nach Josaphat starb, und dies wiederum, daß der königliche Schreiber von mehr als sechzig der erhalten gebliebenen Tontafeln Ahab und kein anderer war.

Kapitel 7

Die El-Amarna-Briefe (Fortsetzung)

Hungersnot

Vom Hunger getrieben, kamen Stämme aus der Wüste in das Land jenseits des Jordans und überquerten den Fluß, nur um das Land Israel in noch größerer Not und noch größerem Elend vorzufinden als das Gebiet, aus dem sie entflohen waren. Die Felder in Israel gaben keinen Ertrag, die Weiden waren von der Sonne versengt; nur Disteln und Dornen wuchsen auf dem unfruchtbar gewordenen Land.

Die erste Voraussage der Dürre kam von Elia, dem Thisbiten, der zum König sprach:

> 1. Könige 17, 1:. . . es soll diese Jahre nicht Tau noch Regen fallen.

Glühende Hitze strömte vom Himmel, und die Bäume auf dem Felde verdorrten. Der Bach Kerith, wo der Prophet nach Wasser suchte, trocknete aus wie die anderen Bäche.

> 1. Könige 17, 7: Nach einiger Zeit aber vertrocknete der Bach, denn es war kein Regen im Lande gefallen.

Sehnsüchtig suchten die Augen der Menschen den Himmel ab, ob sich nicht eine Wolke zeigen würde. ». . . bis Jahwe Regen fallen läßt auf die Erde herab«, so sagte der Prophet, solle sein Segen für die arme Witwe währen (1. Könige 17, 14).

Anders als in Ägypten, das auf einen Fluß angewiesen ist[1], hängt die Ernte Palästinas ausschließlich vom Regen ab; Trockenheit brachte Hungersnot mit sich.

> 1. Könige 18, 2: Als die Hungersnot in Samaria immer stärker wurde . . .

Es war eine Zeit von Hungersnot und Hungertod, beispiellos

1 Der Blaue Nil wird von tropischen Regenfällen gespeist, die in Äthiopien niedergehen sowie von der Schneeschmelze in den Bergen dieses Landes.

in der Geschichte der Könige von Israel, und sie währte sieben Jahre.

2. Könige 8, 1: Denn Jahwe hat eine Hungersnot herbeigerufen, die wird für sieben Jahre ins Land kommen.

Diese Hungersnot überschattete alle anderen Ereignisse jener Zeit; die ganze Periode stand unter dem Zeichen des Hungers. Eine Folge von Kapiteln in der Heiligen Schrift beschreibt diese Hungersnot. Während jener Jahre wurden die Amarna-Briefe geschrieben, und es würde unbegreiflich sein, wenn sie diese Verhältnisse nicht widerspiegeln sollten; doch wie zu erkennen ist, sind die vom König von Sumur (Samaria) geschriebenen Briefe der Amarna-Sammlung ebenso beredt wie das Buch der Könige.

Die Hungersnot war so groß, daß Kinder für Brot verkauft wurden.

Brief 74: Dahin sind unsere Söhne und unsere Töchter nebst uns selbst, indem sie gegeben worden sind in Iarimuta für die Rettung unseres Lebens. Mein Feld ist einer Frau, welche ohne Gatten ist, gleich wegen Mangels an Bestellung.

Nachdem Söhne und Töchter in die Sklaverei verkauft waren, um sich und den Rest der Bevölkerung vor dem Verhungern zu retten, ging auch der Hausrat im Tausch gegen Nahrungsmittel dahin.

Brief 75: Dahin sind die Söhne, die Töchter und die Holzgeräte der Häuser, indem sie gegeben worden sind in Iarimuta für die Rettung unseres Lebens.

Der König wiederholte seinen Vergleich eines Landes ohne Saat mit einer Frau, die von ihrem Gatten verlassen war; er sollte ihn noch in vielen Briefen wiederholen müssen. An mehr als dreißig Stellen seiner Briefe schreibt der König von Sumur (Samaria) vom Elend der Hungersnot und verwendet sich für die Versorgung der Bevölkerung oder des Heeres.

Brief 79:. . . und irgend etwas gebe er mir zur Nahrung für sie! (die Feldtruppen) Ich habe nichts.

Brief 83: So gebe er denn Getreide zur Nahrung für mich!
Brief 85: Es ist kein Getreide da zur Nahrung für uns. Was soll ich sagen meinen Bauern? Dahin sind ihre Söhne, ihre Töchter ... sende Getreide in Schiffen und erhalte am Leben seinen Diener und seine Stadt!
... es möge gut erscheinen dem König, meinem Herrn, daß gegeben werde Getreide, Erzeugnis des Landes Iarimuta.
Brief 86: Es ist nichts da, um zu geben für Errettung. Und vom Lande Iarimuta werde Getreide gegeben zur Nahrung für uns!

Das von Iarimuta im Austausch gegen die Freiheit eines Teiles der Bevölkerung erhaltene Getreide wurde rationiert und in kleinsten Mengen unter die Bauern verteilt. (In welcher Gegend Iarimuta zu suchen ist, wird der Leser in einem späteren Abschnitt erfahren.)

Wir erleben den Ablauf der Jahre:

Brief 85: ... und zwei Jahre messe ich schon mein Getreide.
Brief 86: Und siehe, drei Jahre messe ich schon unser Getreide.
Brief 90: Mein Feld ... wegen Mangels an Bestellung ... ich messe ... (mein Korn).
Brief 91: Mein Getreide messe ich.

Der Hinweis in der Heiligen Schrift auf die sieben Jahre währende Hungersnot (2. Könige 8, 1) entspricht dem aus diesen Briefen gewonnenen Eindruck; noch nach dem dritten Jahre der Trockenheit wird die Hungersnot ständig erwähnt, obgleich wir aufgrund der Briefe allein die Zeit nicht genau berechnen können. Mit Hilfe des Anhaltspunktes der sieben Jahre können wir eine Zeittafel für einige der Amarna-Briefe aufstellen.

Quellen und Brunnen versiegten; ein Fürst aus dem Norden, ein Verbündeter des Königs von Ägypten, beabsichtigte, Sumur (Samaria) zu Hilfe zu kommen.

Brief 85: ... es war aber kein Wasser zum Trinken für ihn, und so ist er zurückgekehrt in sein Land.

Der Mangel an Wasser wird in der Geschichte von dem Bach beschrieben, der nach regenlosen Zeiten austrocknete (1. Könige 17, 7); die Stelle wurde oben zitiert. Der König von Israel, der einen Zug gegen Mescha unternahm, befand sich in einer üblen Lage, denn es »hatte das Heer und das Vieh, das ihnen folgte, kein Wasser« (2. Könige 3, 9). »Und es war eine Hungersnot im Lande« (2. Könige 4, 38). Im Brief des Königs von Babylon lesen wir: »Der Weg (nach Ägypten) sei beschwerlich, das Wasser dahin und das Wetter heiß.«[2]

In der gleichen Weise sind diese Dürre und die Besorgnis des Königs von Israel darüber in jenem Teil der Erzählung wiedergegeben, in welcher er zu seinem Palastvorsteher Obadja sagt:

1. Könige 18, 5-6: Auf! Wir wollen im Lande umhergehen zu den Quellen und den Bächen; vielleicht finden wir Gras, daß wir Roß und Maultier am Leben erhalten können und nichts von den Tieren eingehen zu lassen brauchen. So teilten sie sich in das Land, darin umherzuziehen.

Ein Zitat aus einem Brief, den ein Mann aus Gubla, nicht jedoch der König selber, an den Pharao schrieb, kann uns veranlassen, eine Vermutung über den Verfasser anzustellen. Nach einem Bericht über politische Angelegenheiten spricht der Briefschreiber von seiner Sorge um die Esel:

Brief 94: Früher hat in bezug auf Esel befohlen der König, daß sie gegeben werden seinem treuen Diener. Siehe aber, jetzt hat er nichts . . .

Der Name des Schreibers am Anfang des Briefes ist zerstört. Es könnte Obadja gewesen sein, ein Mann, der das Vorrecht besaß, dem Pharao zu schreiben, und der mit der Pflege der Tiere betraut war. Der Mann, der gemeinsam mit Ahab, dem König von Samaria, darum besorgt war, daß »wir nichts von den Tieren eingehen zu lassen brauchen«, berichtet dem ägyptischen Herrscher, daß die Esel die Hungersnot und auch die Trockenheit nicht überstanden hätten.

Von der Seuche unter den Tieren in Samaria ist in einem Brief die Rede, den ein Anführer aus Ägypten schrieb; er hatte erfahren, daß das Volk von Sumura Gubla nicht betre-

2 Brief 7.

ten durfte, seitdem in Sumura eine Seuche ausgebrochen war.

Brief 96: Was für Seuche bei den Eseln?

Ebenso wie in der Hauptstadt verhungerte auch das Volk außerhalb Samarias. Der König ließ die Schätze seines Reiches zusammen mit den »zur Rettung des Lebens« in die Sklaverei verkauften Kindern an einen Ort namens Iarimuta bringen, um von dort Getreide zu holen; die Liste der Schätze blieb teilweise erhalten. Doch erhielt der König das Getreide nicht, denn der Herrscher des Gebietes, aus dem es kommen sollte, verbündete sich offenbar mit Damaskus.

Die furchtbare siebenjährige Hungersnot hinterließ tiefe Spuren. Tausend Jahre später berichtete die rabbinische Haggada: »Im ersten Jahr wurden alle Vorräte in den Häusern verzehrt. Im zweiten Jahr fristete das Volk sein Leben mit dem, was es auf den Feldern zusammenkratzen konnte. Das Fleisch der reinen Tiere war ausreichend für das dritte Jahr; im vierten Jahr mußten die Ärmsten sich mit den unreinen Tieren behelfen; im fünften mit den Kriechtieren und Insekten; und im sechsten geschah das Ungeheuerliche, daß Weiber, wahnsinnig vor Hunger, ihre eigenen Kinder verzehrten . . . Im siebten Jahr versuchten die Menschen, das Fleisch von ihren eigenen Knochen zu nagen.«[3]

Die zeitgenössischen Briefe des Königs von Sumur (Samaria) geben die Todesqual dieser Jahre wieder. Er schrieb von seinen vergeblichen Bemühungen, Getreide für den Lebensunterhalt aus Iarimuta zu bekommen, »daß ich nicht sterbe«[4]. Und wieder schrieb er: »Dahin ist alles«[5], und erneut: »Dahin ist alles«[6]., und der König hatte nichts, was er seinem Volke geben konnte, kein Getreide für Brot und kein Saatkorn für eine Ernte im nächsten Jahr.

Ferner schrieb der König, er habe für seine Bauern keine Lebensmittel[7], daß er sich vor ihnen fürchte[8], daß sie rebellie-

3 Ginzberg, »Legends«, IV, 190-191.
4 Brief 105.
5 Brief 112.
6 Brief 117.
7 Brief 118.

ren würden[9], daß sie beabsichtigten, davonzulaufen: »Meine Bauern suchen abzuziehen«[10], und daß sein Land unbebaut sei und die Bauern nach Orten aufgebrochen wären, wo Getreide zu finden sei:

Brief 125: Und es ist kein Getreide da zur Nahrung für mich, und die Bauern sind abgezogen nach Städten, wo Getreide da ist zur Nahrung für sie.

In 2. Könige 8, 1 spiegelt sich diese Auswanderung wider:

Auf, geh fort, du und dein Haus, und halte dich, wo es auch sei, in der Ferne auf; denn Jahwe hat eine Hungersnot herbeigerufen.

Bezeichnend ist, daß in der Heiligen Schrift und in den Briefen die jahrelange Hungersnot auf das Land Samaria begrenzt ist.

Der kürzeste Bericht – so kurz, weil nur einige wenige Worte von ihm auf einer beschädigten Tafel erhalten blieben – spricht am beredtesten:

. . . Staub . . . Ertrag . . . der Länder.

Die Rebellion Meschas

Mescha, der König von Moab, leistete dem König von Israel Tribut: »Mescha, der König von Moab, aber trieb Schafzucht; so lieferte er dem König von Israel einhunderttausend Lämmer und die Wolle von einhunderttausend Widdern« (2. Könige 3, 4).

Nach der Niederlage bei Ramoth-Gilead (2. Könige 1, 1 und 3, 5) erhob Moab sich wider den König von Israel, und um ihn wieder zu unterwerfen, marschierten die verbündeten Heere von Israel, Juda und Edom um das Tote Meer, wobei sie sehr unter dem Mangel an Wasser zu leiden hatten. Sie erreichten Moab von Süden her und verheerten das Land. Erfolglos versuchte der König von Moab die Umzingelung zu

8 Brief 117.
9 Brief 118.
10 Brief 114.

durchbrechen. »Nun nahm er seinen erstgeborenen Sohn, der an seiner Statt König werden sollte, und brachte ihn auf der Mauer als Brandopfer dar. Da kam ein gewaltiger Zorn über Israel, und sie zogen von ihm ab und kehrten in ihr Land zurück« (2. Könige 3, 27).

Es ist offenkundig, daß Israel geschlagen wurde und seine Verbündeten nicht in der Lage waren zu helfen. Über den »gewaltigen Zorn« erfahren wir keine Einzelheiten.

In den sechziger Jahren des letzten Jahrhunderts zeigten Araber aus Diban in Transjordanien – dem alten Dibon – einem Reisenden eine schwarze Basaltstele, auf welcher althebräische Schriftzeichen eingemeißelt waren. Nach dem Verkauf des Steines an ein Museum bedauerten die Araber den Handel. Sie vermuteten im Innern des Steines einen Schatz, über den die sonderbare Inschrift etwas aussage, und so entschlossen sie sich, den Stein aufzubrechen; außerdem glaubten sie, dadurch mehr Einzelstücke zum Verkauf zu haben, und, wenn der Stein einen Zauber enthalten sollte, sie diesen vorher zunichte machen müßten. So erhitzten sie den Stein im Feuer und gossen kaltes Wasser über ihn, daß er in viele Stücke zersprang.

Einem jungen Gelehrten war es jedoch vorher gelungen, heimlich von einem Araber einen Abguß des Steines machen zu lassen. Der zerbrochene Basalt wurde später in sehr schadhaftem Zustand für den Louvre erworben. Der Abguß ergänzt zwar die fehlenden Teile, alles zusammen aber ergibt doch nur den oberen Teil der Stele. Die Inschrift, von der zur Zeit der Entdeckung des Steines angenommen wurde, sie sei die älteste in hebräischen Schriftzeichen in den Händen der Archäologen, stellte die Tatsache außer Frage, daß die Moabiter sich des Hebräischen bedienten.

Der Text ist ein Bericht vom Siege Meschas über Israel. Er beginnt mit den folgenden Worten:

»Ich bin Mescha, der Sohn des Kamosch, König von Moab, der Daibonite (Dibonite)[11]. Mein Vater herrschte über Moab dreißig Jahre, und ich herrschte nach meinem Vater. Und ich

11 Über Dibon vgl. Numerus 21, 30; Josua 13, 9.

machte diese Höhe für Kamosch in KRKHH, eine Höhe der Errettung, denn er hatte mich vor allen meinen Gegnern errettet, und weil er mich meine Lust hat sehen lassen an allen, die mich haßten.

Omri, der König von Israel, hat Moab viele Tage bedrückt, weil Kamosch zornig war über sein Land. Und sein Sohn folgte ihm nach, und auch er sprach so: Ich will Moab bedrücken. In meinen Tagen sprach er so; aber ich sah meine Lust an ihm und an seinem Hause; und Israel ging zugrunde in einer lange währenden Vernichtung.«[12]

Mescha berichtete, daß er Mâdeba wiederherstellte; daß er Baal-Meôn und Kirjathon erbaute und daß er gegen Atârôth kämpfte, welches seit alters her der Wohnsitz derer von Gad sei und das der König von Israel befestigte, und daß er alles Volk dieser Stadt erschlug. Der Spruch des Kamosch wies ihn an: »Geh, nimm Nebo (im Kampf) gegen Israel«, und er nahm es ein und erschlug alle, die darinnen waren, siebentausend Männer und Knaben, Weiber und Mädchen und Dienerinnen. »Und der König von Israel hatte Jahas erbaut und wohnte darin, während er gegen mich kämpfte. Aber Kamosch vertrieb ihn vor mir; und ich nahm es . . . um es Daibon anzugliedern.« Mit Hilfe der Sklavenarbeit der gefangenen Israeliten baute und erneuerte Mescha die Mauern und den Palast in Karkhah (Keriho), worüber noch mehr Einzelheiten berichtet werden. Er erbaute noch weitere Orte, setzte dann den Krieg fort und zog gegen die israelitische Stadt Hauronon – und an dieser Stelle bricht der Bericht ab. Die Zeilen sind unleserlich, es kann aber angenommen werden, daß von weiteren Kriegstaten die Rede ist. Einige Male ist noch ein »und ich« zu entziffern. Der untere Teil der Stele fehlt ganz. Die auf der Stele erwähnten Städte liegen im heutigen Transjordanien, von Karkhah aber ist nichts bekannt.

Jedes Wort und jeder Buchstabe und ebenso jeder beschädigte Teil waren Gegenstand sorgfältiger Untersuchung: die

12 Übersetzung von S. R. Driver. Eine moderne Übersetzung von W. F. Albright unterscheidet sich in einigen Einzelheiten (»Palestine Inscriptions« in »Ancient Near Eastern Texts«, Hrsg. Pritchard).

Mescha-Stele wird als die größte Einzelentdeckung der biblischen Archäologie betrachtet, insbesondere weil sie einen Parallelbericht zu einer biblischen Erzählung liefert.

Im Buch der Könige steht, daß bei dem Versuch, das aufständische Moab zu unterwerfen, »über Israel ein gewaltiger Zorn kam«; welche Form dieser Zorn annahm, verschweigt der Bericht aber. Aus dem Buch der Chronik wird ersichtlich, daß die Moabiter gemeinsam mit den Ammonitern und mit Hilfe der Syrer in Palästina einfielen. Aus der Mescha-Stele erfahren wir, daß Moabs König Mescha mit einer »lange währenden Vernichtung« Rache an Israel nahm und daß Mâdeba, Atârôth, Nebo und Jahas zurückgewonnen wurden. Diese »lange währende Vernichtung« kann nicht nur in der Wiedereroberung von vier oder fünf wenig bedeutenden Orten im jetzigen Transjordanien bestanden haben.

Die Keilschriftbriefe von el-Amarna, die zwanzig Jahre nach der Entdeckung der Mescha-Stele gefunden wurden, gelten als historische Dokumente einer um etwa fünfhundertfünfzig Jahre vor der Mescha-Stele liegenden Zeit, die sich auf die kanaanäische Periode beziehen. Die vorliegende Untersuchung erweist sie als zeitgenössische Dokumente, die etwa in der Mitte des 9. Jahrhunderts geschrieben worden sind.

Wir müßten eigentlich erwarten, in den Briefen aus Palästina und besonders in denen des Königs von Samaria einen direkten Hinweis auf die Rebellion Meschas zu finden und gleichfalls die Erwähnung von Ereignissen, von denen ein Bericht auf dem unteren, fehlenden Teil der Mescha-Stele eingemeißelt war. Und tatsächlich legen die Amarna-Briefe Zeugnis ab von der Geschichte jenes Krieges und liefern uns Material, um den fehlenden Teil der Stele in großen Zügen zu rekonstruieren.

Der König von Sumur (Samaria) hatte schon im ältesten seiner erhalten gebliebenen Briefe an den Pharao (Amenophis III.) geschrieben:

> Brief 68: Es wisse fürwahr der König, mein Herr ... daß aber sehr mächtig geworden ist die Feindschaft der *sa.gaz. Meš* (Sa. Gaz-

Krieger) gegen mich. So halte sich nicht zurück der König, mein Herr, von Sumur, daß es sich nicht ganz anschließe den *sa.gaz. Meš* (Sa. Gaz-Kriegern).

In der (deutschen) Übersetzung der Amarna-Briefe finden wir *sa-gaz-Meš* (Mesch) als »Sa. Gaz-Krieger« oder »Sa.Gaz-Leute« wiedergegeben. Bei der Übertragung dieser Worte ins Englische wird *sa-gaz*, das, ideographisch geschrieben, auch *chabuta* gelesen werden kann, mit »Plünderer«, »Halsabschneider« oder »rebellische Banditen« übersetzt. »Mesch« (Meš) wird als das Suffix der Pluralform bezeichnet. In den Briefen kommt dieses Wort überaus häufig und immer im Zusammenhang mit den plündernden Rebellen vor. Manchmal werden die eindringenden Plünderer *amêlut sa-gaz-Mesch* genannt, wobei *amêlut* »die Menschen« oder »das Volk« bedeutet; einige Male spricht der Text von *gaz-Mesch* als einer Einzelperson, und die Übersetzer übergingen »Mesch« erneut und gaben es lediglich als »Räuber« wieder. »Er nimmt deine Städte, der *amêl-gaz-Mesch*, der Hund«, und diese Worte werden übersetzt: »der *gaz*-Mesch«, wobei *Mesch* außer acht gelassen wird. Der Text spricht aber in diesen Fällen von einer einzelnen Person, und Mesch kann hier deshalb nicht das Suffix der Pluralform sein.

Ich werde Mesch ebenfalls nicht übersetzen, weil es der Personenname des Königs Mescha ist, ich werde es aber in der Übersetzung auch nicht auslassen. Wir werden demnach lesen: ». . . sehr mächtig geworden ist die Feindschaft der Rebellen (Plünderer) des Mesch gegen mich«, und in einem anderen Satz: ». . . er nimmt deine Städte, der Rebell Mesch, der Hund.«[13]

Nach der Inschrift der Mescha-Stele fand der Aufstand in der Mitte der Regierungszeit Ahabs statt. Da diese Rebellion in den älteren Briefen des Königs von Sumur erwähnt ist, befinden wir uns im zweiten Teil der Regierungszeit Ahabs.

In einem anderen Brief aus den ersten Jahren der Amarna-Korrespondenz schrieb der König von Sumur (Samaria) von neuem:

13 Brief 91.

Brief 69: . . . siehe, jetzt erheben sie sich Tag und Nacht mit Feindseligkeiten, welche gegen mich sind.

Ambi, eine geographische Bezeichnung, die im Zusammenhang mit der Rebellion des Mesch genannt wird[14], scheint der Name des Landes Moab, seiner Hauptstadt oder seines Volkes zu sein. Möglicherweise ist Ammi, das wiederholt in Verbindung mit Ambi genannt wird, Ammon[15]. In der Genesis (19, 38) werden die Ammoniter Ammi genannt. Es taucht in den Amarna-Briefen auch eine Stadt namens Rubute auf; dies muß die Hauptstadt Rabbat-Ammon sein[16]. Der König von Sumur (Samaria) schrieb an einen Würdenträger in Ägypten:

Brief 73: Als er (Abdi-Aširta) geschrieben hatte zu den Leuten von Ammia: »Tötet euern Herrn!« und sie sich angeschlossen den *amêlutu-Gaz* (Plünderern), dann sagten die Regenten: »In derselben Weise wird er auch uns tun.« Und so werden alle Länder sich anschließen den *amêlutu-Gaz* (Plünderern).

Nachdem ihr König getötet worden war, schlossen sich die Ammoniten den Hirtenvölkern auf den Feldern Moabs an.

»Da rückt ein gewaltiger Haufen gegen dich an . . ., danach aber rückten die Moabiter und die Ammoniter und mit ihnen welche von den (Meunitern) heran«, wurde König Josaphat gemeldet (2. Chronika 20, 1-2).

Der König von Sumur schrieb:

Brief 79: Erfahre, daß seit der Ankunft Aman-appas zu mir alle *amêlutu-Gaz-Meš* (die Leute des Banditen Mesch) gerichtet haben ihr Antlitz auf mich auf Zurede von Abdi-Aširta. So höre denn mein Herr auf die Worte seines Dieners, und sende mir Besatzungs-Leute, um die Stadt des Königs zu schützen, bis ausziehen Feldtruppen! Und wenn keine Feldtruppen da sind, so schließen sich alle Länder den *amêlutu-Gaz-Meš* an.

14 Briefe 72 und 102.

15 Ambi und Ammia, beide nicht weit von Sumur, werden von den Historikern in die Nähe der Küste verlegt und mit Enfe bei Tripolis identifiziert. Beide Namen, Ambi und Ammia, seien, wie angenommen wird, zwei Namen für einen Ort. Siehe Mercer, »Tell el-Amarna Tablets«, S. 269.

16 »Rabbat der Kinder Ammon« (Deuteronomium 3, 11).

Angesichts dieser Briefe wird zur Gewißheit, was im allgemeinen aus den Berichten in den Büchern der Könige und der Chronik nur vermutet wird – daß bei der Rebellion Moabs und den Unruhen unter den Stämmen der Wüste der König von Damaskus im geheimen seine Hand mit im Spiele hatte[17]. Der König von Sumur (Samaria) bat, daß ihm Pferde und Fußtruppen gesendet werden möchten, »damit er (Abdi-Aširta) nicht zusammenbringe alle Banditen des Mesch«[18].

Es gibt nur selten einen Brief, in dem der König von Sumur (Samaria) nicht die Rebellion des Mesch und die Rolle erwähnt, die der Herrscher von Damaskus – offen oder geheim – dabei spielte. Im Zweiten Buch der Chronik (20, 1-2) kann über diese Rolle von Damaskus im Krieg zwischen Samaria und Moab nachgelesen werden.

Der »gewaltige Zorn«: Eine Rekonstruktion der unklaren und fehlenden Teile der Mescha-Stele

»Die Stadt des Königs, meines Herrn«, Sumur (Samaria), wurde von den »Banditen« oder »Halsabschneidern« des Mesch (Mescha) bedroht. Schon in den ältesten der erhalten gebliebenen Briefe des Königs von Sumur wurde der Pharao gewarnt, daß die Rebellen die Hauptstadt gefährdeten. Außerdem erhielt er die Warnung, daß »das Land des Königs und Sumura, eure Besatzungsstadt« sich mit den Leuten des Rebellen Mesch (*amêlu-Gaz-Meš*) verbinden würde, und du »hast dich zurückgehalten«[19]. Der König bat um Feldtruppen

17 Vgl. R. Dussaud, »Les Monuments palestiniens et judaïques« (Musée du Louvre, Paris 1912), S. 13. »Mescha sagt uns nichts, aber aus den Mitteilungen der Bibel geht es klar hervor, daß das Geheimnis seines Glücks auf das Geschick zurückzuführen ist, mit dem er die Rückschläge für sich nutzen konnte, die Israel nach Ahabs Tod erlitt und deren eifrigster Antreiber der König von Damaskus war. Es kann kein Zweifel darüber bestehen, daß die Gegend nördlich von Dibon wiederum von Mescha im Einvernehmen mit Hasael, König von Damaskus, und vielleicht unter dessen Lehnsherrschaft, besetzt wurde.«

18 Brief 71.

19 Brief 76.

und sprach offen aus, daß er nicht in der Lage sei, sein Land gegen die Truppen des Rebellen Mesch zu verteidigen[20]. Es kam jedoch keine Hilfe, und so schrieb er erneut:

Brief 83: Höre auf mich! Warum hast du dich zurückgehalten, so daß genommen wird dein Land? Laß doch nicht gesagt werden: »In den Tagen der Regenten haben die *amêlutu-Gaz-Meš* (die Leute des Rebellen Mesch) genommen alle Länder.« Laß nicht so etwas gesagt werden in zukünftigen Tagen: »Und nicht vermochtest du es wieder zu nehmen« . . . wenn auch nun abgefallen sind Sumura und Bitarha . . .

In den Tagen, als dieser Brief geschrieben wurde, war Sumur (Samaria) nur bedroht. Eine weitere eindringliche Warnung stand in einem anderen Brief des Königs von Sumur: Wenn der Pharao nicht hören wolle auf die Worte, die er ihm schreibe, dann

Brief 88:. . . die ganzen Länder des Königs bis nach Ägypten hin werden sich anschließen den *amêlutu Sa.Gaz.Meš* (den Leuten des Rebellen Mesch).

Zuletzt wird ersichtlich, daß mit Hilfe des Königs von Damaskus die Truppen Meschas nach Samaria (Sumur) eindrangen:

Brief 91: Warum sitzt du und hältst dich zurück, so daß er nimmt deine Städte, der *amêl-Gaz.Meš*(der Rebell Mesch), der Hund? Als er Sumura genommen hatte . . .

Nach dem Verlust seiner Hauptstadt blickte der König von Sumur verzweifelt nach der Hilfe Ägyptens aus und bat den Pharao in demselben Brief:

Brief 91: So mögest du geben tausend Minen Silber und einhundert Minen Gold. Dann würde er (der Rebell Mesch) abziehen von mir. Und er hat genommen alle meine Städte . . .

Wir wissen aus der Heiligen Schrift, daß der König von Samaria (Sumur) Verhandlungen geführt hatte, um seine Hauptstadt durch die Hergabe von Silber und Gold von der Belagerung zu befreien; dies geschah während der ersten Belagerung

20 Brief 79.

von Samaria, wie 1. Könige 20, 5 beschrieben ist, und ihm wurde daraufhin bedeutet:

»Dein Silber und dein Gold ... sollst du mir geben.«

Wenn wir die Amarna-Briefe und alle in ihnen enthaltenen Mitteilungen auf das genaueste durchlesen, stehen wir vor der überraschenden Tatsache, daß es dem Rebellen Mescha von Moab gelang, in Samaria einzudringen.

Der erste Gedanke, der sich aufdrängt, ist dieser: Wir besitzen nur den oberen Teil der Mescha-Stele; wahrscheinlich war auf dem verlorengegangenen unteren Teil von der »lange währenden Vernichtung« oder dem »gewaltigen Zorn« die Rede (2. Könige 3, 27). Es ist auch möglich, daß die Mescha-Stele nur den einen Teil einer auf das engste zusammenhängenden Inschrift auf zwei Monolithen gebildet haben kann, von denen jede die Hälfte der Geschichte enthielt.

Es ist deutlich zu erkennen, daß wir nur den oberen Teil der Stele besitzen; daß zwei Stelen vorhanden waren, ist nicht ausgeschlossen. In jedem Fall haben wir die Inschrift der Mescha-Stele nachzuprüfen, und es kann sein, daß wir bei der Prüfung Dinge bemerken, denen wir bisher nicht genügend Aufmerksamkeit schenkten.

Nach der Einnahme der Stadt Jahas und noch im Kriege mit Israel, wandte sich der König von Moab der Bautätigkeit an einem bisher nicht identifizierten Orte zu:

»Ich erbaute KRKHH (Karkhah), die Mauer von Yearim (oder der Wälder) und die Mauer des Ophel. Und ich baute seine Tore, und ich baute seine Türme. Und ich baute den Königspalast, und ich machte die zwei Wasserbecken inmitten der Stadt. Und es gab keine Zisterne inmitten der Stadt, in Karkhah. Und ich sprach zu allem Volk: ›Macht euch ein jeder eine Zisterne in seinem Hause.‹ Und ich schnitt ein (?) die Einschnitte (?) für Karkhah mit (Hilfe der) Gefangenen von Israel.«

Es gibt keine Stadt, die unter dem Namen Karkhah bekannt ist. Einige Gelehrte glaubten, daß es sich um einen Teil der Stadt Dibon handle, und eine andere Vermutung geht dahin, es wäre die Stadt Kir-ha Kharoset gemeint. Aus irgendeinem Grunde ist die Erwähnung dieser Bautätigkeit in Karkhah das Hauptthema der Stele, und zusammen mit dem Hinweis auf Karkhah im einleitenden Teil verleiht dies der Tätigkeit dort noch während des Krieges gegen die Israeliten besondere Bedeutung.

Unter Zuhilfenahme der Amarna-Briefe kann angenommen werden, daß KRKHH die Hauptstadt des gesamten ägyptischen Herrschaftsbereiches in Palästina oder in Sumur (Samaria) war, in die der Rebell Mescha eindrang, nachdem er den Widerstand der befestigten Städte im Osten erfolgreich überwunden hatte. Samaria liegt – in gerader Linie gemessen – etwa zwanzig Meilen vom Jordan, der Grenze Ammons, entfernt.

Im Hebräischen bedeutet Kerakh oder Karkha »eine sehr große, von einer Mauer umgebene Stadt, in die alljährlich Fremde des Handels wegen kommen«[21], das heißt also eine Hauptstadt[22].

Nach der Mescha-Inschrift befand sich in Karkhah »Ophel«, dessen Mauer er baute oder erneuerte. In der Heiligen Schrift wird ein »Ophel« genannter Teil der Stadt nur für Jerusalem und Samaria erwähnt. Gehasi, der Diener Elisas, »des Propheten, der in Samaria ist«, kehrte zum Hause seines Herrn mit den Geschenken Naemans zurück und trennte sich von den Dienern des *sar*, als sie in der Stadt Samaria den Ophel erreichten (2. Könige 5, 24). Dieser Hinweis auf »Ophel« in Karkhah auf der Mescha-Stele ist von unbestreitbarem Wert.

Ebenso wie es vom Königspalast *(beth-melech)* in den Amarna-Briefen so oft heißt, er befände sich in Sumur, und

21 Levy, »Wörterbuch über die Talmudim und Midrashim«.

22 Dieses bekannte Wort wird mit zwei *khaf* geschrieben; die beiden Buchstaben in der Mescha-Inschrift sind aber ein *khuf* und ein *heth*, die anderen Schriftzeichen für *k* und *kh*; doch in derselben Inschrift des Mescha ist *kar*, das Wort für »Stadt«, ebenfalls mit einem *khuf* geschrieben, und es ist wahrscheinlich, daß die ursprüngliche Schreibweise von Kerakh und Karkhah mit einem *khuf* die richtige ist, da sie abgeleitet ist von *kar* »die Stadt«. *Kar* für »Stadt« ist karischen Ursprungs. In ähnlicher Weise schreiben wir heute sowohl »Carer« mit einem C wie »Karer« mit einem K.

der in Samaria (dem heutigen Sebastije) der Zeit Omris und Ahabs ausgegraben wurde, heißt es auch, daß er in Karkhah, also in der Hauptstadt aus der Inschrift der Mescha-Stele, läge.

Das Verhalten Meschas bei der Eroberung der Hauptstadt, »der Stadt des Königs« (Pharaos), war allerdings bezeichnend. Er besserte die Stadt selbst, ihren Palast und ihre Mauern wieder aus. Seiner Meinung nach gehörte das alles nicht dem König von Israel, sondern dem Pharao, und wer immer in dieser Stadt baute, zeigte Ägypten gegenüber seine friedfertige Gesinnung und erwarb auch das Recht, als Ranghöchster der Vasallenfürsten von Syrien-Palästina angesehen zu werden.

In anderen, aus dem nördlichen Syrien geschriebenen Briefen heißt es, daß die folgenden, wahrscheinlich außerhalb des Herrschaftsbereichs von Israel gelegenen Orte von den Rebellen des Mesch (Mescha) ausgeplündert wurden: Mahzibti, Giluni, Magdali und Ušte, ebenso Tahši und Ubi[23].

Gleich einem wirbelnden Sturm griffen die Araber das Land von allen Richtungen her an. Die Bauern von den weiten Flächen der Küste, ausgehungert und durstig, stießen zu den Scharen der rebellischen Stämme, die das Land durchstreiften.

Vermutlich erhielt Mesch (Mescha) für die Freigabe Sumurs (Samarias) ein Lösegeld, und wenn dies geschah, so kam dieses Geld offensichtlich aus den ägyptischen Schatzkammern, da der ägyptische König in Samaria eine seiner Palaststädte sah.

Die Stele war angefertigt, um in Karkhah-Samaria aufgestellt zu werden, sie wurde aber in Dibon belassen. Der Vasall triumphierte über seinen Herrn und über den Herrn seines Herrn und erhielt wahrscheinlich ein Lösegeld. Dies war gemeint mit dem »gewaltigen Zorn« im biblischen Text und mit der »lange währenden Vernichtung« auf der Mescha-Stele.

Oder kam etwa die vom Vorsteher Aman-appa abgesandte

23 Briefe 185 und 189.

Hilfe rechtzeitig an, und die Unterdrücker Samarias zogen ohne Lösegeld ab, wie es 1. Könige 20 geschrieben steht?

Arza, der Höfling

Der König von Damaskus folgte den Scharen des Rebellen Mesch und zog aufs neue gegen Samaria (Sumur) heran und drang in die Stadt ein, die durch Kriege und Belagerungen in Trümmer gelegt und von den meisten ihrer Einwohner der Hungersnot wegen verlassen war. Er schrieb dem Pharao:

> Brief 60: Siehe, ich bin ein Diener des Königs und ein Hund seines Hauses, und das ganze Amurri-Land bewache ich für den König, meinen Herrn . . . Siehe, alle Unterkönige des Königs suchen auserlesene Truppen, um die Länder zu reißen aus meiner Hand . . . Wenn mein Vorsteher in . . . des Königs, der Sonne ist, dann ernte ich das Getreide Sumurs, und alle Länder schütze ich für den König, meine Sonne, meinen Herrn.

Er hatte eine Entschuldigung für seinen Einzug in Sumur bereit, den Vorwand eines Mannes, der sich darauf versteift, eine Stadt zu beschützen, die seinen Schutz nicht nötig hat: er »befreite es aus der Hand der Krieger von Šehlal«. »Es waren keine Leute darinnen (in Sumur), um es zu schützen.«

Wenn er nicht gewesen wäre, »dann würden jetzt fürwahr verbrennen mit Feuer Sumur und seinen Palast die Krieger von Šehlal«. Daß diese Truppen von ihm aufgehetzt waren, sagte er nicht.

Er schrieb an einen Vorsteher in Ägypten:

> Brief 62: Als ich aber herbeieilte . . . und ich anlangte in Sumur, da waren die Leute nicht da, die in seinem Palast gewohnt hatten; denn siehe, die Leute, welche in seinem Palast gewohnt hatten, Šabi-ilu, Bišitanu, Mâia und Arzaja. Siehe, nur vier Leute waren es, die in seinem Palast wohnten, und sie sagten zu mir: »Rette uns aus der Hand der Krieger von Šehlal!« . . . Was lügen die Regenten dir vor? Und du hörst auf sie.

Eine der vier Personen, die im Palast von Samaria verblieben waren, als der König von Damaskus dort eindrang, hieß Arzaja. Vermutlich war dies derselbe alte Höfling und Palastbewohner, den wir aus dem Ersten Buch der Könige unter dem Namen Arza kennen.

Einige Jahrzehnte zuvor geschah es, daß Ela, der Sohn Baesas, nach zweijähriger Regierungszeit vom Befehlshaber Simri getötet wurde, als sich der junge König »im Hause Arzas, des Vorstehers des Palastes« betrank (1. Könige 16, 9). Seitdem waren zwölf Jahre der Regierung Omris und eine Anzahl von Jahren der Regierung Ahabs verstrichen, und Arza erfreute sich noch immer der Atmosphäre des Palastlebens.

Aus der Heiligen Schrift wissen wir nun von zwei Belagerungen Samarias und nichts von seinem Fall. Als aber der König von Samaria dem besiegten Benhadad mit einem brüderlichen Abkommen erlaubt hatte, in Frieden abzuziehen, lesen wir, daß ein Prophet zum König sagte: »Weil du den mir verfallenen Mann aus der Hand gelassen hast, so soll dein Leben für sein Leben haften und dein Volk für sein Volk« (1. Könige 20, 42). In diesen Worten liegt die Geschichte verborgen, die wir in den Briefen des Königs von Sumur lesen:

> Brief 74: Siehe aber, jetzt hat der König (der Pharao) seine treue Stadt gelassen aus seiner Hand ... Denn mächtig ist die Feindschaft der *gaz*-Leute (Banditen) geworden gegen mich ...

Nebenbei soll erwähnt werden, daß die im Bibeltext gebrauchte Redewendung »aus der Hand gelassen« in diesem Briefe wiederkehrt.

Jerusalem in Gefahr

Von den Hügeln, die Jerusalem umgeben, sind die Berge von Moab in der klaren Luft über dem Jordan und dem Toten Meer deutlich zu sehen. Truppenbewegungen können jedoch aus dieser Entfernung nicht wahrgenommen werden, es sei denn, daß durch ihre große Menge Abhänge und Schluchten in ihrer Farbe verändert werden.

2. Chronika 20, 1–3: Danach aber rückten die Moabiter und die Ammoniter und mit ihnen welche von den (Meunitern) gegen Josaphat an, um ihn anzugreifen. Als nun Boten kamen und Josaphat meldeten, von jenseits des Meeres von (Edom) rückt ein gewaltiger Haufen gegen dich an . . .[24] da geriet Josaphat in Furcht

Sein im Zweiten Buch der Chronik überliefertes Gebet vor allen Versammelten aus Juda und Jerusalem beginnt mit diesen Worten:

2. Chronika 20, 6: Jahwe, du Gott unserer Väter, bist nicht du Gott im Himmel und du Herrscher über alle Reiche der Heiden? In deiner Hand ist Kraft und Stärke, und niemand vermag dir gegenüber standzuhalten.

Dann erinnerte er den Herrn daran, daß das Land dem Volke Israel für immer gegeben worden war:

2. Chronika 20, 7: Hast nicht du, unser Gott . . . es den Nachkommen Abrahams, deines Freundes, für immer übergeben?

Er gab seinem festen Glauben Ausdruck, daß der Herr einen Ort, an welchem ein Heiligtum in seinem Namen erbaut war, nicht verlassen, sondern kommen würde zu helfen.

2. Chronika 20, 8–9: Und sie (dein Volk Israel) ließen sich darin nieder und erbauten dir darinnen ein Heiligtum für deinen Namen, indem sie sprachen: Wenn uns Unglück trifft . . . und (wir) aus unserer Not schreien zu dir, damit du (uns) hörest und errettest.

Dann sprach Josaphat zu Gott von der Not seines Volkes:

2. Chronika 20, 10–11: Und nun siehe, da sind die Ammoniter und Moabiter und die vom Gebirge Seir . . . gekommen, uns aus deinem Besitztum, das du uns verliehen hast, zu vertreiben.

Er schloß mit einer Anrufung und erklärte seine und seines Volkes Hilflosigkeit gegenüber der großen Zahl der angreifenden Scharen:

24 »Me'ever haiam me'aram« bestätigt nicht die King-James-Übersetzung (von jenseits des Meeres, von Syrien«. (Luther: »Es kommt wider dich eine große Menge von jenseits des Meeres, von Syrien.«)

2. Chronika 20, 12:... denn wir sind kraftlos gegenüber diesem gewaltigen Haufen, der gegen uns anrückt, und wir wissen nicht, was wir tun sollen, sondern auf dich sind unsere Augen gerichtet.

Die Gefühle des Königs von Jerusalem beim Anblick der ungeheuren Horden, die von allen Seiten auf sein Königreich zuzogen, ergeben sich ebenso aus seinem Gebet wie aus seinen Briefen. Hier auf Erden war sein Haus in Abhängigkeit von Ägypten, und der Pharao hatte die Pflicht, ihn zu schützen.

Der König von Jerusalem schrieb an den Pharao:

Brief 288: Es sorge der König für sein Land! Verloren geht das Land des Königs. Das ganze nimmt man mir; Feindschaft ist mir bis nach den Ländern Šeeri und bis nach Gintikirmil[25]. Da ist Friede allen Regenten, und mir ist Feindschaft. (Zitiert nach dem Text des Autors.)

Das gleiche Gebiet – das Gebirge Seir (Šeeri) – wird in beiden Quellen deutlich als das ferne Land bezeichnet, aus dem ein Teil der Angreifenden kam.

Der König drückte seine Überzeugung aus, daß sein Herr nicht den Ort preisgeben würde, an welchen er für immer seinen Namen gesetzt habe:

Brief 287: Siehe, der König hat gesetzt seinen Namen im Lande von Urusalim auf ewig. So kann er nicht im Stich lassen die Länder von Urusalim (Jerusalem).

Zur gleichen Zeit äußerte er die Befürchtung, daß die Angreifenden ihn und sein Volk aus dem Besitztum seines Herrn vertreiben würden, wenn keine Hilfe käme.

Brief 287:... aber wenn Feldtruppen (dieses Jahr) nicht da sind, dann bleiben auch nicht die Länder und die Regenten dem König.

Es besteht eine gewisse Ähnlichkeit zwischen der Anrufung

25 In der Übersetzung von Knudtzon und gleicherweise in der von Mercer ist der Satz anders gestellt: »Da ist Feindschaft gegen mich. Soweit die Länder von Šeeri reichen und selbst bis Gintikirmil da ist Friede allen Regenten, und nur da ist Feindschaft.«

Vergleichen wir diesen Text mit dem biblischen, so sehen wir, daß der neue Satz den Worten »Das ist Friede« vorausgeht.

seines himmlischen und seines irdischen Herrn; nachdem er aber gewahr wurde, daß vom letzteren keine Hilfe kam, schrieb er ihm ungeduldige Worte, Worte, die er an seinen Gott nicht gerichtet haben würde:

Brief 288: Obwohl ein Mann die Tatsachen sieht, sehen doch die zwei Augen des Königs, meines Herrn, nicht ... Jetzt aber nehmen die Chabiru die Städte des Königs (Übersetzung Mercer).

Der König von Jerusalem vermeidet es, wie andere Vasallenkönige Worte der Ehrerbietung für die Götter Ägyptens zu schreiben; er nennt den Pharao nicht »meine Sonne, meinen Gott« wie die anderen Vasallen und erwähnt zum Unterschied von anderen Briefschreibern nicht seinen Gott. Daran kann er als Diener eines Herrn erkannt werden, dessen Namen er nicht in seinen Briefen an seinen heidnischen Schutzherrn profanieren wollte.

Es ist nur natürlich, daß aus dem Munde wie von der Hand des gleichen Mannes die gleiche Art der Anrufung kommt; diese Ähnlichkeit wirft ein Licht auf die Echtheit dieses Gebetes im Zweiten Buch der Chronik und beweist die religiöse Reinheit des königlichen Monotheisten.

Über den feindlichen Einfall und die Bedrohung Jerusalems sind in den Briefen Einzelheiten enthalten. Die Hirtenschaften von Moab und Seir nahmen mit Hilfe jener Häuptlinge, die zu den Angreifern übergingen, Rabbat in Ammon jenseits des Jordans ein, und die Bevölkerung Ammons schloß sich den Nomaden an.

Brief 289: ... nachdem sie Rubuda genommen haben, so suchen sie jetzt Urusalim zu nehmen.

In Rubuda, auch Rubute geschrieben[26], erkannten wir das »Rabbat der Kinder Ammon« wieder, eine Stadt, die auch heute noch existiert. Einzelne Banden überschritten zur gleichen Zeit an mehreren Stellen die Grenzen des Königreichs Juda. Das ist mit den Worten »von jenseits des Meeres (Totes Meer), von Syrien« gemeint.

26 Brief 290.

Daß Syrien ihnen den Durchzug gestattete, erfahren wir aus den Briefen des Königs von Sumur (Samaria), und ein Brief aus Palästina berichtet, daß die Banden sogar im Tal Ajalon auftauchten[27]. Dies erklärt, warum sich die Bevölkerung in die Feste Jerusalem zurückzog.

> 2. Chronika 20, 4: Da versammelten sich die Judäer, um Jahwe um Hilfe anzugehen; auch aus allen Städten Judas kamen sie, Jahwe zu suchen.

Und der König von Jerusalem schrieb an den Pharao:

> Brief 289: Das ganze Land des Königs ist abgefallen.

Eine unerwartete Wendung der Lage ersparte Jerusalem die Unterwerfung. Der Anmarsch des »gewaltigen Haufens« »der Kinder Ammon, Moab und der vom Gebirge Seir« gegen Jerusalem wurde durch Zwistigkeiten unterbrochen, die unter den Verbündeten ausbrachen.

> 2. Chronika 20, 23: Und zwar standen die Ammoniter und Moabiter gegen die Bewohner des Gebirges Seir, sie niederzumetzeln und zu vertilgen, und als sie mit den Bewohnern Seirs fertig waren, halfen sie sich einander zum Verderben.

Ähnlich heißt es in einem Brief des Königs von Sumur:

> Brief 76: Siehe, jetzt hat er (Abdi-Aširta) zusammengebracht alle *gaz*-Leute (Banditen) gegen Šigata und Ambi . . .

Diese Städte lagen im Bereich Ammons beziehungsweise Moabs; Šigata scheint das Sukkoth am Jordan zu sein. Der König von Jerusalem machte auf die aus der Wüste jenseits des Jordans vordringenden, umherstreifenden Stämme aufmerksam, die er Chabiru nannte. Chabiru ist abgeleitet von der hebräischen Wurzel *chaber*, »ein Mitglied einer Bande«, *Chabiru* bedeutet »Banditen« und steht Jesaia 1, 23 für »Diebsgenossen«, Hosea 6, 9 für »Räuber« und in den Sprüchen 28, 24 für »Geselle eines Verderbers«.

Diese Bedeutung des Wortes »Chabiru« hätte sich schon

27 Brief 273.

allein dadurch aufdrängen müssen, daß *sa-gaz*, das mit »Banditen« und »Halsabschneidern (Räubern)« übersetzt wird, im Wechsel mit dem Ausdruck »Chabiru« vorkommt.[28] Die verschiedenen Theorien über das Wort Chabiru (Khabiru) in den Amarna-Briefen – daß es »Ivri« (Herbräer), oder »apiru« (Bergarbeiter), oder »Afiru« (aus dem babylonischen Gebiet Afiru stammend) bedeute – erweisen sich somit als unbegründet.

Der Šulman-Tempel in Jerusalem

»Der Šulman-Tempel in Jerusalem« lautet die Überschrift eines Artikels von Professor Julius Lewy, einem bedeutenden Assyriologen[29]. Lewy schloß aus einer bestimmten Stelle des Amarna-Briefes 290, der vom König von Jerusalem an den Pharao geschrieben wurde, daß diese Stadt zu jener Zeit auch unter dem Namen »Tempel des Šulman« bekannt war; denn tatsächlich las Lewy das Ideogramm, das schon so vielen Forschern vor ihm Rätsel aufgegeben hatte[30]. Nachdem der König von Jerusalem Klage darüber geführt hatte, daß das Land zu den eindringenden Banden (Chabiru) abgefallen sei, schrieb er: ». . . abgefallen ist jetzt . . .noch dazu eine Stadt des Landes Urusalim, deren Name Bit Šulmani ist, eine Stadt des Königs . . .« Bêt-Šulman ist im Herbäischen, wie Professor Lewy richtig übersetzt, der Tempel des Šulman. Da er dies jedoch im Jahre 1940 schrieb, konnte Lewy natürlich nicht ahnen, daß das Gebäude der Tempel Salomos war und nahm deshalb an, daß Šulman eine Gottheit war.

Es war schon überraschend, in den im 14. Jahrhundert v.

28 »Chabiru« wird auch mit einem Ideogramm geschrieben, das »Halsabschneider (Räuber)« bedeutet. C. J. Gadd, »The Fall of Niniveh« (London 1923).

29 »Journal of Biblical Literature«, Vol. 59 (1940), S. 519 ff.

30 Vgl. Weber in Knudtzon, »Die El-Amarna-Tafeln«, S. 1160 und S. 1343, hier über die verschiedenen Vorschläge, wie das Ideogramm Ninib zu lesen sei. Lewy löste das Problem: »Das Ideogramm Nin-ib kann Šulmanu ausgesprochen werden.«

Chr. geschriebenen Amarna-Briefen zu finden, daß die Hauptstadt des Landes bereits damals Jerusalem (Urusalim) benannt war und nicht, wie es die Bibel für die Zeit vor der Eroberung forderte, als Jebus oder Salem[31]. Hinzu kam nun, daß es in der Stadt einen Tempel des Šulman gab und daß der Bau von so großer Bedeutung war, daß sein Name gelegentlich dazu benutzt wurde, die Stadt selbst zu bezeichnen. Doch war nach der Eroberung durch die Israeliten unter Josua ben-Nun vom Tempel des Šulman nicht mehr die Rede. Lewy schrieb:

»Abgesehen davon, daß diese Aussage des Beherrschers des Gebietes das Vorhandensein eines Šulman-Tempels in Jerusalem während der ersten Zeit des 14. Jahrhundertes v. Chr. beweist, läßt sie auch keinen Zweifel daran, daß damals die Stadt nicht nur als Jerusalem, sondern auch als Bêt-Šulman bekannt war.« »Es ist bezeichnend, daß es nur dieser Name (Jerusalem) ist, der nach dem Ende der Besetzung der Stadt durch die Jebusiter wieder auftaucht; der Šụlman-Tempel hat diese Zeit aller Wahrscheinlichkeit nach nicht überdauert.«

Salomo erbaute seinen Tempel im 10. Jahrhundert. Es spricht viel dafür, daß in einem im nächsten (dem 9.) Jahrhundert aus Jerusalem geschriebenen Brief Salomos Tempel erwähnt werden würde, wie dies auch wirklich der Fall war, und man bediente sich seiner auch, um die Hauptstadt zu bezeichnen. Wenn man an die hervorragende Bedeutung dieses Bauwerkes denkt, »des Tempels, den der König für Jahwe baute« (1. Könige 6, 2), war dies nur etwas ganz Natürliches.

31 Siehe den Abschnitt »Jerusalem, Samaria, Jesreel«.

Der Aufstand der Sodomiter

Während der unruhigen Zeit, die Jerusalem durchmachte, kam der König von Juda offenbar zu der Überzeugung, daß eine kleine, sehr alte Siedlung am Wege vom Jordan nach Jerusalem dazu neigte, sich auf die Seite der Feinde zu schlagen. Šuwardata, der Fürst von Kelte, wechselte seine Politik, je nachdem wie der Wind wehte. Einmal schrieb er, daß er dem König von Jerusalem gegen die Banditen *(sa-gaz)* Gefolgschaft leisten würde[32]; ein anderes Mal stellte er sich gegen den König von Jerusalem und beklagte sich, daß der König Kelte genommen habe, während er wiederum vom König von Jerusalem der Illoyalität gegenüber den ägyptischen Belangen bezichtigt wurde.

Kelte [33] könnte als das Wadi Kelt auf dem Weg von Jerusalem nach Jericho identifiziert werden.

Ein Feldzug Josaphats wird im Ersten Buch der Könige kurz erwähnt:

> 1. Könige 22, 46: Und die Reste der Sodomiter, die aus den Tagen seines Vaters Asa übriggeblieben waren, nahm er aus dem Land. (Zitiert nach der King-James-Bibel.)

Das Wadi Kelt, wo heute Wasser in Fülle aus der Erde dringt und zum Toten Meer abfließt und wo einige Einsiedler zwischen den Felsen hausen, war offensichtlich der letzte Zufluchtsort der Überlebenden aus dem Tal, das zu einem See des Todes wurde. Zur Zeit des Einbruchs der Wüstenstämme erwiesen sie sich als unzuverlässig. Der König von Jerusalem schrieb ihnen damals: »Folgt mir!«, sie kamen jedoch nicht. Weitere Einzelheiten finden sich in den Briefen des Königs von Jerusalem und Šuwardatas.

32 Dieser Brief Šuwardatas bestätigt, was aufgrund anderer Überlegungen bereits festgestellt wurde, daß nämlich *sa-gaz* (»Banditen, Plünderer«) und Chabiru die gleichen sind oder, wenn eine Unterscheidung zwischen diesen beiden Benennungen gemacht werden soll, die Angreifer selbst nicht verschieden waren.

33 Es wird gewöhnlich als Kila identifiziert, das etwa acht Meilen nordwestlich von Hebron liegt, »aber im Brief 289 scheint es enger mit Beth-San und Sichem verbunden zu sein«. Mercer, »Tell el-Amarna Tablets«, S. 694.

Der Name des Fürsten der Sodomiter könnte den Philologen Anlaß geben, sich über deren rassische Herkunft Gedanken zu machen[34].

Die zweite Belagerung von Samaria

Aufs neue belagerte der König von Damaskus Samaria.

> 2. Könige 6, 24: . . . König von Aram (Syrien) sein ganzes Heer zusammenbrachte und heranrückte und Samaria belagerte.

Der König von Sumur (Samaria) schrieb:

> Brief 92: . . . ist er (Abdi-Aširta) jetzt gezogen gegen mich.

»Die Feindschaft gegen Sumur ist sehr groß geworden«, wird in vielen Briefen des Königs dieser Stadt wiederholt. In einer Anzahl von Briefen klagt er über das Elend jener von Belagerung und Hungersnot gequälten Stadt. Im Zweiten Buch der Könige wird diese Hungersnot der eingeschlossenen Stadt beschrieben:

> 2. Könige 6, 25: Es entstand aber in Samaria eine große Hungersnot, und sie belagerten es so lange, bis ein Eselskopf 80 (Šekel) Silber und ein Viertel Kab Taubenmist 5 (Šekel) Silber kostete.

Der Hunger schwächte die Bevölkerung und Besatzung der Stadt, aber der König von Samaria fuhr fort, die Stadt zu verteidigen und die Bollwerke zu überwachen.

34 Nach dem Tode Josaphats – unter seinem Nachfolger – »machte Libna sich von der Obergewalt los« (2. Chronika 21, 10). Es scheint, daß die Störungsversuche eines gewissen Labaia zu Lebzeiten dieses Königs von Jerusalem Vorläufer dieses Aufstandes waren. Es wird angenommen, daß Labaia nicht nur der Name eines Häuptlings, sondern auch die Bezeichnung für eine Gruppe von Einwohnern war (Weber in Knudtzon, »Die El-Amarna-Tafeln«, Seite 1308). Libna, auch Labina genannt (von Josephus), lag zwischen Makkeda und Lachisch (Josua 10, 28 ff.). Einmal zog Labaia nach Makkeda (Brief 244) und griff ein anderes Mal Gezer im Norden von Lachisch an (Brief 254). Als Labaia Gezer im Süden plünderte, schrieb er dem Pharao, daß dies »sein einziges Verbrechen sei«, und es träfe nicht zu, daß er dem Vorsteher Gehorsam oder Tribut verweigert hätte.

2. Könige 6, 26:... als ... der König von Israel einmal auf der Mauer entlanggging ...

Es war dies die Mauer einer Festung. In einem der Amarna-Briefe schrieb der König dieser Stadt:

Brief 81: Früher waren Sumura und seine Leute eine Feste ... und Besatzungsleute waren bei uns.

Als der König bei einer dieser Besichtigungen erfuhr, daß sich in der Stadt ein Fall von Kannibalismus ereignet und Hunger den mütterlichen Instinkt überwältigt hatte, zerriß er seine Kleider, und das Volk sah ihn in einem härenen Gewand (2. Könige 6, 29 f.).

Die folgende Botschaft sandte der König von Sumur (Samaria) an den Pharao:

Brief 74: Es möge hören der König auf die Worte seines Dieners und seinem Diener Lebensmittel geben und somit seinen Diener am Leben erhalten! So werde ich schützen seine treue Stadt ... Ist doch dies bei dir gut mir gegenüber? Was soll ich tun in meiner Alleinheit? Siehe, danach trachte ich Tag und Nacht.

In solchen Worten schrieb der König, der in Stunden der Verzweiflung härene Kleider anlegte.

Sein ganzes Hoffen war auf das Kommen rascher Hilfe von außen gerichtet, aber die Zeit verging, und es schien, daß ihm keine werden sollte.

Brief 74: Wenn nicht da ist ein Mann, der mich errettet aus der Hand der Feinde (Abdi-Aširta), so werden wir die Regenten ... aus den Ländern, und es werden alle Länder sich den *amêlut-gaz* (Plünderern) anschließen ... und wenn auch der König dann auszöge, so wären alle Länder ihm feind, und was würde er uns dann tun können? Auf diese Weise haben sie ... untereinander gesetzt, und auf diese Weise habe ich in hohem, hohem Grade Furcht, daß das kein Mann da ist, der mich errette aus ihrer Hand.

In seiner Besorgnis um rechtzeitige Hilfe wandte er sich an Aman-appa[35].

35 Er schrieb auch an einen anderen Würdenträger in Ägypten (Haia), setzte ihm seine schwierige Lage auseinander und bat, man möge ihm Pferde und Fußvolk schicken (Brief 71).

Aman-appa war der Würdenträger, an den der König von Samaria (Sumur) schrieb: »Du kennst meine Verhältnisse, weil du gewesen bist in Sumura, daß ich dein treuer Diener bin.« Diesem Bevollmächtigten und ehemaligen Stadtvogt Amon von Samaria (1. Könige 22, 26) stellte der König folgende Frage:

> Brief 73: Warum hast du dich zurückgehalten und nicht geredet zu dem König, deinem Herrn, so daß du auszögest nebst Feldtruppen und herfielst (oder sie herfielen) über das Amurri-Land? Wenn es doch erführe, daß Feldtruppen auszögen! Haben sie ja ihre Städte verlassen und sind abgezogen.

Dieses Zitat ist von besonderem Interesse für einen Vergleich mit der Erzählung vom Ende der zweiten Belagerung Samarias nach dem Buch der Könige:

> 2. Könige 7, 6–7: Jahwe hatte nämlich das Heer Arams (Syriens) ein Geräusch von Wagen und Rossen, ein Geräusch von großen Truppenmassen, hören lassen, so daß sie untereinander sagten: Gewiß hat Israel die Könige der Hethiter und die Könige Ägyptens gegen uns gedungen, über uns herzufallen. So hatten sie sich in der Dämmerung aufgemacht und hatten ihre Zelte und ihre Rosse und ihre Esel, das Lager, wie es stand, zurückgelassen, um ihr nacktes Leben zu retten.

Wir wissen nun, daß die Furcht der Syrer vor den Mauern von Samaria nicht grundlos war. Der König von Israel führte wirklich Verhandlungen wegen des Ausrückens von Feldtruppen aus Ägypten. Er wußte im voraus, daß allein schon auf das Gerücht hin, daß »die Feldtruppen ausgezogen sind«, die Syrer ihre Zelte verlassen und die Flucht ergreifen würden.

Die Amarna-Briefe und das Buch der Könige bieten zwei Berichte, die einander ergänzen.

Die Stadt geriet zwar in Bedrängnis, sie wurde aber nicht erobert. Wie sich dies zutrug, wird im sechsten und siebenten Kapitel des Zweiten Buches der Könige erzählt, und hiermit steht der folgende Bericht des Königs von Sumur (Samaria) in Übereinstimmung:

Brief 106: Es (Sumur) zu bedrängen haben sie vermocht; aber es zu erobern haben sie nicht vermocht.

Als der König von Damaskus seine Streitmacht für den Feldzug, der in einer Flucht enden sollte, zusammenzog, schrieb er an seine Krieger: »Versammelt euch im Hause Ninibs.«[36] Das könnte bedeuten: »Schließt ein Bündnis mit dem König von Assyrien.«[37] Eine Intrige des Königs von Damaskus, der seinerseits vom König von Assyrien aufgewiegelt worden war, steckte hinter der Rebellion des Moabiters Mescha.

Als aber der König von Damaskus von den Mauern Samarias abzog und floh, schrieb er nach der Heimkehr von seinem erfolglosen Feldzug an den Pharao:

Brief 64: Zu dem König, meinem Herrn, hat gesprochen also Abdi-Aštarti, der Diener des Königs: Zu den Füßen des Königs, meines Herrn, bin ich niedergefallen siebenmal . . . und siebenmal noch dazu, sowohl mit Bauch als mit Rücken. Und es erfahre der König, mein Herr, daß die Feindschaft mächtig geworden ist über mich. So möge es gut erscheinen dem König, meinem Herrn, daß er entsendet einen Großen, um mich zu schützen.

Naeman, Sar von Syrien

Der Befehlshaber des Königs von Damaskus trug den Namen Naeman. »Naeman aber, ein Heerführer *(sar)* Arams (Syriens), stand bei seinem Herrn in hohem Ansehen und in großer Gunst, denn durch ihn hatte Jahwe Aram Sieg verliehen« (2. Könige 5, 1).

Das fünfte Kapitel des Zweiten Buches der Könige erzählt die Geschichte von der Heilung dieses Heerführers durch den Propheten Elias. Im Verlauf der Erzählung erfahren wir, daß die Syrer in Banden umherstreiften (wie es oft in den Amarna-Briefen erwähnt wird), Gefangene aus dem Lande

36 Brief 74.

37 Vgl. Weber in Knudtzon, »Die El-Amarna-Tafeln«, S. 1160, zu Bêr-Ninib in den Briefen 74 und 290: »Beide Orte können natürlich unmöglich identisch sein.«

Israel wegführten, und daß sich unter diesen Gefangenen ein israelitisches Mädchen befand, die Dienerin im Hause des Heerführers wurde. Die Angehörigen seines Haushaltes rieten ihm, es mit der Behandlung des Propheten von Samaria zu versuchen, und der König von Syrien sagte zu Naeman: »Geh hin, ich will dir einen Brief an den König von Israel mitgeben.«

Als der König von Israel den Brief erhielt, zerriß er seine Kleider. »Bin ich denn Gott?« rief er aus, »daß dieser zu mir schickt, ich solle einen von seinem Aussatz befreien? Nun seht ihr doch deutlich, daß der Händel mit mir sucht.«

Die Geschichte, wie der Seher Elisa eingriff, als er hörte, daß der König seine Kleider zerrissen habe, und wie er den Heerführer Naeman heilte, ist wohlbekannt[38].

Zwei Tatsachen in dem zitierten Teil der Geschichte muten recht merkwürdig an. Erstens: Da doch Benhadad selber an der Spitze der zweiunddreißig Hauptleute seines Heeres stand[39], warum wird in dieser Geschichte von der wunderbaren Heilung die Befreiung Syriens einem Heerführer Naeman zugeschrieben? Und zweitens: Der König von Israel war zeit seines Lebens der Rivale des Königs von Damaskus; weshalb flößte ihm dann dies Verlangen, einen kranken Heerführer zu heilen, solche Furcht ein, daß er seine Kleider zerriß?

Zur Erklärung der wirklichen Rolle dieses Heerführers Naeman wollen wir uns die zeitgenössichen Briefe ansehen. Ein Mann, durch den Syrien befreit wurde, muß in den Briefen festzustellen sein, und wir erkennen ihn in der Person des Ianḫama, der auch Iaanḫamu genannt wird.

Ianḫama, der Vorsteher des Pharaos in Syrien, wurde zum König von Damaskus mit ähnlichen Vorrechten gesandt, wie sie Aman-appa besaß, als er beim König von Samaria war. Naemans Titel in der Heiligen Schrift – *sar* – wird auch in den

38 Er ordnete sieben Bäder im Jordan an. Der Jordan ist reich an Schwefel, Kalium und Magnesium, die aus den Quellen am Galiläischen Meer in den Fluß gelangen. Sie bilden die Ablagerungen des Toten Meeres, wo nach dem Verdunsten des Wassers die Salze zurückbleiben.

39 Oder »zweiunddreißig Könige, die seine Bundesgenossen waren«. 1. Könige 20, 16.

Briefen gebraucht. Er war ein Bevollmächtigter des Königs von Ägypten, betraut mit der Aufsicht über das Heer und die mit Mauern versehenen Städte im Amurru-Land (Syrien), und später auch Aufseher über die Vorratshäuser für das Getreide. Er hatte großen Einfluß auf alle Angelegenheiten der syrischen Verwaltung. Nach seinem Namen zu urteilen, war er syrischer Herkunft, wie auch einige andere Würdenträger am Hofe von Theben[40]. Ianḫama ist ein semitischer Name. »Ianḫamu war ein mächtiger Vertreter Ägyptens in Syrien, der dort als guter und weiser Mann geachtet war und der sich als treuester Diener des Pharaos erwies«[41]

Der Diener Elisas sagte: »Nun hat mein Herr diesen Aramäer (Arami, Syrer) Naeman geschont und von ihm nicht angenommen, was er mitgebracht hatte.« Als Naeman geheilt war, bat er Elisa, ihm zwei Maultierlasten Erde mitzugeben, »denn dein Knecht will hinfort anderen Göttern keine Brand- und Schlachtopfer mehr bringen, sondern nur Jahwe. Aber Jahwe möge mit deinem Knecht Nachsicht haben: Wenn mein Herr in den Tempel Rimmons geht, um sich dort niederzuwerfen, und sich dabei auf meinen Arm stützt ... dann möchte ich mich auch im Tempel Rimmons niederwerfen dürfen. Jahwe möge doch in diesem Punkte mit deinem Knechte Nachsicht haben.« Der hier genannte Gott Rimmon war vermutlich der Gott Ré-Amon, der höchste Gott der Ägypter. Ianḫamas Herr war erst Amenophis III. und später Echnaton. Wie aus dem Zusammenhang der Briefe hervorgeht, schützte Ianḫama den König von Damaskus und war ihm bei seinem Aufstieg zur Macht behilflich. Zu verschiedenen Zeiten, so wird berichtet, sei er in Syrien und Ägypten gewesen und habe eine Politik ausgeglichener Verhältnisse in Syrien begünstigt angesichts der Notwendigkeit, die Stellung von Damaskus im syrischen Block gegen den »König von Chatti« zu sichern.

Das ist der Grund, weshalb im Zweiten Buch der Könige gesagt wird, daß durch Naeman, »der bei seinem Herrn in ho-

40 Beispielsweise Dûdu, der später in diesem Kapitel erwähnt wird.
41 Mercer, »Tell el-Amarna Tablets«, S. 297. Siehe auch Weber in Knudtzon, »Die El-Amarna-Tafeln«, S. 1169.

hem Ansehen und in großer Gunst stand ... Jahwe ... Aram den Sieg verliehen hatte.«

In den älteren Briefen des Königs von Sumur (Samaria) kommt seine Furcht vor dem mächtigen Vorsteher des Pharaos offen zum Ausdruck, so daß er dem Pharao in einem Brief schreibt: »Du mußt mich befreien aus der Hand des Ianḫamu.«[42] Er bat ferner den Pharao, seinen Vorsteher davon in Kenntnis zu setzen, daß er, Ianḫama, verantwortlich dafür sei, wenn der Person des Königs von Samaria etwas zustoßen sollte. »Ferner sage zu Ianḫamu: ›Sogar ist Rib-Addi in deinen Händen, und alles, was ihm angetan wird, ruht auf dir‹.«[43]

Später, als Aman-appa Samaria verließ und in Ägypten gestorben war[44], schrieb der König von Samaria an den Pharao und bat ihn, Ianḫama zum Vorsteher in Samaria zu ernennen. »Es möge meinem Herrn recht erscheinen, daß er sende Ianḫamu als seinen (Sumurs) vorsteher ... Ich höre aus dem Munde der Leute, daß er ein weiser Mann ist und alle Leute ihn lieben.«[45] Hierbei müssen wir an die Worte in der Bibel denken, daß Naeman »ein Mann von hohem Ansehen« war.

Was war geschehen, daß der König von Samaria, der einst Ianḫama fürchtete und bat, aus seiner Hand befreit zu werden, nun selber gerade diesen Mann als Vorsteher der Verwaltung Samarias empfahl? In einem anderen Brief bittet er den Pharao erneut, Ianḫama zu schicken, und im nächsten lobt er ihn mit den Worten: »Es ist kein Diener wie Ianḫamu dem König ein treuer Diener.«[46]

Aus Ägypten schrieb Ianḫama dem König von Samaria: »Gehe hin und stehe in Sumur, bis ich ankomme! ... Tritt hinein, fürchte dich nicht« [47], und der König von Samaria schrieb ihm in der Hoffnung, daß der Pharao Ianḫama er-

42 Brief 83 (Übersetzung Mercer).
43 Brief 83.
44 Brief 106.
45 Brief 106.
46 Brief 118.
47 Brief 102.

nennen würde: »Beschleunige recht schnell dein Ankommen«, und erklärte, daß er wegen der Feindschaft des Volkes von Ambi nicht in der Lage wäre, nach Samaria zu gehen.

Aus den Briefen geht nicht hervor, weshalb sich die Furcht des Königs von Samaria vor dem syrischen Vorsteher in Vertrauen verwandelte. Die Erklärung gibt die Heilige Schrift in der Geschichte von der Heilung Naemans durch den Propheten von Samaria. Naeman war dem Propheten mehr als dankbar, und ebenfalls dem König von Samaria, zu dem er mit einem Brief des Königs von Damaskus kam. »Ja, jetzt weiß ich, daß es auf der ganzen Erde keinen Gott gibt außer in Israel« (2. Könige 5, 15). Elisa erklärte sogar, daß er Naeman heilen würde, um dadurch dem König von Israel politisch zu helfen.

So wurde er zu einem Freund. Als der König von Damaskus getötet wurde, wovon auf einer späteren Seite erzählt wird, befand sich Ianḫama (Naeman) offenbar in Ägypten. Den nächsten syrischen König unterstützte er nicht; er wechselte Briefe mit dem König von Samaria und bezeigte ihm seine Gunst.

Sowohl in den Briefen wie in der Heiligen Schrift treten noch weitere Charaktereigenschaften Ianḫamas und manches von der Rolle, die er spielte, zutage. Er war ein freigebiger Mann, wie sich aus der Geschichte seiner Heilung ergibt: dem Diener des Propheten gab er zwei Talente Silber und zwei Festkleider, mehr, als jener verlangt hatte, nachdem der Prophet sich geweigert hatte, zehn Talente Silber, sechstausend Goldstücke und zehn Festgewänder anzunehmen.

Interessant ist, aus den Briefen zu erfahren, daß Ianḫama die Aufsicht über das Schatzhaus des Pharaos in Syrien führte, da er »über Geld und Kleider« gesetzt war[48].

Es war ein echter Brauch jener Zeit, mit Kleidern und Geld zugleich zu zahlen. In einem Brief schrieb der König von Sumur, daß er »dreizehn Minen Silber und ein Paar Gewänder« an jemand gezahlt habe, der einen Botengang für ihn ausführte[49].

Im Hause des syrischen Vorstehers befand sich nach der

48 Brief 85.
49 Brief 112.

Heiligen Schrift ein von einer syrischen Bande als Gefangene verschlepptes israelitisches Mädchen, das seiner Frau aufwartete[50]. In einem älteren Brief des Königs von Sumur (Samaria) an den Pharao findet sich eine Beschwerde darüber, daß zwei Leute aus seinem Gebiet im Privathause Ianḫamas festgehalten würden[51].

Die Amarna-Briefe sprechen ebenfalls von ihm als dem großmütigen Gönner eines palästinischen Jünglings, der auf seine Kosten in Ägypten erzogen wurde[52].

Der Mann, »durch den Jahwe Aram (Syrien) den Sieg verliehen hatte« und den der König von Samaria fürchtete, war Ianḫama[53]. Wie es dazu kam, daß dieser Heerführer seine Haltung änderte und zu seinem Helfer des Königs von Samaria wurde, ist in den Briefen aufgezeichnet worden und wird durch die Heilige Schrift näher erläutert.

Die Briefe der »Großen Frau von Sunem«

Eine Frau mit Namen Baalat Neše ließ dem Pharao in ihren Briefen, von denen zwei erhalten blieben, Berichte zukommen. Wer mag diese Frau gewesen sein, die zu jener Zeit in Palästina lebte und im Rang hoch genug stand, um dem Herrscher in Ägypten schreiben zu dürfen? Sie ist die einzige Briefschreiberin aus Palästina in der Amarna-Sammlung.

In ihrem ersten Brief[54] unterrichtet sie den Pharao, daß die Plünderer *(sagaz*-Leute) Banden nach Ajaluna (Ajalon) ausgeschickt hätten, und schrieb von »zwei Söhnen des Milkili« im Zusammenhang mit einem Raubzug, der offenbar ihre Geburtsstadt bedrohte. Die Gefahr konnte nicht abgewendet werden, denn sie schrieb erneut:

Brief 274: Zu dem König ... hat gesprochen also Ba'lat (Neše),

50 2. Könige 5, 2.
51 Brief 83.
52 Brief 296.
53 Die biblische Benennung Naeman könnte ein Beiname sein, er bedeutet »getreu«.
54 Brief 273.

deine Dienerin, der Staub deiner Füße ... Es rette der König, mein Herr, sein Land aus den Händen der *amêlut-sa-gaz-Meš* (Leute des Banditen Mesch), daß es nicht zugrunde gehe!

Und sie benachrichtigte den Pharao, daß die Angreifer näher rückten und eine weitere Stadt gefallen sei: »Ja, dies zur Kenntnis des Königs, meines Herrn.«

Im Brief 250 von der Hand eines anderen Korrespondenten lesen wir, daß Milkili »sich gegen Šunama und Burkuna stellte«. Wenn wir diese Nachricht zu der Tatsache fügen, daß die Briefschreiberin sich beim Pharao über die Banden des Milkili beschwerte, die ihren Wohnort bedrohten, wird deutlich erkennbar, daß ihre Heimat entweder Šunama oder Burkuna war.

Wenn diese ganz einfache Folgerung kein Trugschluß ist, dann wäre die Herrin von Šunuma oder Burkuna nicht nur einer der Amarna-Korrespondenten, sondern sie müßte auch auf einer der Seiten des Alten Testaments erscheinen, und dies ist wirklich der Fall. Es beginnt mit dem Vers:

2. Könige 4, 8: Eines Tages kam Elisa nach Sunem, dort wohnte eine reiche Frau.

Sunem ist zweifellos Šunama; anzunehmen, daß es zur gleichen Zeit in der gleichen Stadt oder im benachbarten Burkuna eine »Große Frau« gab, würde eine weit hergeholte Vermutung sein.

Baalat Neše, der Name dieser »Großen Frau«, kann aufgefaßt werden als »eine Frau, welcher ein Wunder ward« (Baalat-Neš)t[55]. Die Geschichte von Elisa, der dem Sohn der Frau von Sunem Leben einhauchte, wäre zu jener Zeit ein Hauptgesprächsthema in den Palästen gewesen. Sie war darüber hinaus auch Anlaß der fürstlichen Audienz, die der König von Israel dem Diener Elisas gewährte (2. Könige 8, 4). Diese Frau konnte auch im ägyptischen Palast bekannt gewesen sein

55 Diese Übertragung sollte für »die Herrin der Löwen« eingesetzt werden. (Siehe Mercer, »Tell el-Amarna Tablets«, Anmerkung zu Brief 273): *neše* ist das Ideogramm für »Löwe«, dieses Ideogramm könnte jedoch für das phonetisch ähnliche Wort im Hebräischen, das »Zeichen« oder »Wunder« bedeutet, benutzt worden sein.

als »eine Frau, welcher ein Wunder ward«. Durch die weite Verbreitung der Geschichte von der Wiedererweckung ihres Kindes gewann ihre hohe Stellung noch an Ansehen.

Schon allein die Tatsache der Existenz einer »Großen Frau« mit Namen Baalat Neše in der Stadt oder in dem Bezirk Sunem (Šunama) zur Zeit einer Hungersnot und der Revolte des Mesch (Mescha) scheint ein Seitenlicht auf das Kommen und Gehen Elisas, eines heiligen und heilkundigen und in der Volksüberlieferung verehrten Mannes zu werfen.

Der König von Damaskus konspiriert gegen das Leben des Königs von Samaria

Die Hungersnot und das Fehlen einer zielbewußten Politik im Umgang mit den syrischen Vasallen und ebenso die häufige, lange Abwesenheit der ägyptischen Vorsteher – das alles trug dazu bei, daß dies Gebiet in einen Zustand der Anarchie zurückfiel.

Der König von Sumur (Samaria) warnte den Pharao:

> Brief 75: Aduna, König von Irkata, haben erkaufte Leute getötet, und es ist niemand, der irgend etwas gesagt hat zu Abdi-Aširta, obwohl du es erfahren hast ... jetzt haben die Leute von Ammi getötet seinen Herrn. So habe ich denn Furcht.

Er war voller Furcht, und das nicht ohne Grund, denn er selbst war als Opfer ausersehen und sollte aus dem Hinterhalt getötet werden.

> 2. Könige 6, 8: Als der König von Aram (Syrien) gegen Israel Krieg führte, traf er mit seinen Dienern diese Verabredung: an dem und dem Ort sollt ihr euch in den Hinterhalt legen.
> 10: So schickte der König von Israel zu dem Ort, den ihm der Gottesmann genannt hatte, hin und ließ ihn beobachten, nicht nur einmal oder zweimal.

Bei den Amarna-Briefen findet sich die entsprechende Stelle in Briefen des Königs von Sumur an den Pharao und an seinen früheren Vorsteher Aman-appa:

Brief 81... es stand ein Fremder mit gezogenem Dolch gegen mich; ich aber habe ihn getötet ... Abdi-Aširta. Auf seine Zurede ist verübt worden diese Tat gegen mich.
Siehe, so sitze ich und halte mich zurück in der Mitte meiner Stadt. Nicht kann ich hinauskommen aus der Tür ... neunfach bin ich verwundet, und so habe ich in bezug auf mein Leben Furcht.

Aus den Briefen ist die panische Angst zu spüren, die der König von Damaskus dem König von Samaria (Sumur) einflößte, der sich damals in seiner Residenz Jesreel (Gubla) aufhielt, dadurch, daß er Hinterhalte an die Plätze legte, an denen sein gehetzter Rivale vermutlich vorüberkommen würde. Der König von Sumur schrieb:

Brief 88: Verschlossen ist das ganze Stadttor von Gubla. Zu welcher Zeit du immer ausziehst, wird er (Abdi-Aširta, König von Damaskus) weichen vom Stadttor. Aber wir können nicht aus den Türen hinausgehen.

Flavius Josephus, der die Geschichte nach der Heiligen Schrift berichtet, schrieb von »heimlichen Anschlägen auf das Leben des israelitischen Königs«[56]: »Da lagen einige Syrer auf der Lauer, um ihn zu töten.«[57] Der König wagte sich nicht mehr aus der Stadt; aber »Adados (Benhadad) hatte mit seinem Anschlag keinen Erfolg« und »entschied sich, offen zu kämpfen«.

Der Hain von Jesreel (Gubla) bot den Banden des Königs von Damaskus Möglichkeiten genug, sich zu verstecken. Dieser Hain wird in der Heiligen Schrift erwähnt: »Und Ahab machte die Aschera (Hain)« (1.Könige 16, 33), und der Kräutergarten im Weinberg des Naboth war ein Teil dieses Haines. Wahrscheinlich war der Hain wegen des jahrelangen Mangels an Wasser verdorrt, und der König, der für sein Leben fürchtete, entschied sich, ihn zur eigenen Sicherheit niederhauen zu lassen. Er schrieb dem Pharao:

Brief 91:... er (Abdi-Aširta) sucht Gubla zu nehmen, und ich ... meine Baumpflanzungen über mir ...(*gefällt*)

56 »Jewish Antiquities«, IX, 60 (Übersetzung von R. Marcus).
57 Ebenda, IX, 51.

Es kann sein, daß wir hier eine Erklärung dafür haben, weshalb der Weinberg Naboths, den Ahab und Jesebel als Garten für sich anpflanzen ließen, in dem schicksalhaften Schlußbericht vom Drama des Naboth nur »das Feld« genannt wird (2. Könige 9, 37).

Der König von Damaskus wird getötet, während er krank darniederliegt

Nach den Jahren der Belagerungen und Schlachten kam der Tag, an dem der Gegner des Königs von Samaria von schwerer Krankheit befallen wurde.

> 2. Könige 8, 8–9: Dann ging Elisa nach Damaskus, und Benhadad, König von Aram (Syrien), war gerade krank. Da wurde ihm gemeldet: Der Gottesmann kommt hierher. Darauf gebot der König dem Hasael . . . geh . . . und frage durch ihn Jahwe: Werde ich von dieser meiner Krankheit genesen?
> Hasael ging ihm entgegen . . . (und) trat er vor ihn hin und sprach: Dein Sohn Benhadad, König von Aram, hat mich zu dir gesandt mit dieser Frage: Werde ich von dieser meiner Krankheit genesen?

Die Frage, ob der König von Damaskus von dieser Erkrankung genesen oder ob er sterben würde, kehrt in einem Brief des Königs von Sumur (Samaria) an »einen Großen« in Ägypten wieder:

> Brief 95: Abdi-Aširta ist sehr krank. Wer weiß, ob er stirbt?

Er starb wohl auf seinem Krankenlager, nicht aber an seiner Krankheit, denn er wurde umgebracht[58]. Ein Mann aus Gubla berichtete dem Pharao:

58 »Abdi-Aširta ist aber nicht eines natürlichen Todes infolge dieser Erkrankung gestorben, sondern ermordet worden, und zwar offenbar von Amurru-Leuten selbst . . . Die wahren Umstände . . . sind leider infolge der Lückenhaftigkeit des Textes nicht deutlich zu erkennen.« Weber in Knudtzon, »Die El-Amarna-Tafeln«, S. 1132. »Aus 105, 25 f. ist wohl zu entnehmen, daß die Söhne des Abdi-Aširta bei seinem gewaltsamen Ende kaum ganz unbeteiligt sein können.« Ebenda, S. 1198.

Brief 101: Haben sie ja getötet den Abdi-Aširta, den der König (Pharao) eingesetzt hatte . . .

Ein mehr ins einzelne gehender Bericht blieb in den hebräischen Quellen erhalten, in denen Hasael als Mörder bezeichnet wird.

2. Könige 8, 15: Am folgenden Tage aber nahm er die Bettdecke, tauchte sie in Wasser und breitete sie über sein Antlitz, daß er starb, und Hasael wurde König an seiner Statt.

Beide Berichte stimmen darin überein, daß Benhadad (Abdi-Aširta) schwer krank war, daß er jedoch nicht an seiner Krankheit starb, sondern einen gewaltsamen Tod fand.

Die Amarna-Briefe geben uns noch ergänzende Auskunft. Hasael (Aziru, Azaru) war ein Sohn Benhadads: »Aziru, ein Sohn von Abdi-Aširta, ist nebst seinen Brüdern in Dumaška.«[59] Diese Nachricht ist nicht ganz neu; Nikolaus von Damaskus, ein Schriftsteller aus dem ersten Jahrhundert vor unserer Zeitrechnung schrieb: »Nach dem Tode von Adad (Hadad) regierten seine Nachkommen zehn Generationen lang, jeder erbte von seinem Vater den Namen und die Krone.«[60] Es wurde angenommen, daß Nikolaus von Damaskus sich geirrt haben müsse[61]. Nun besitzen wir aber authentische Dokumente, die beweisen, daß es stimmte, wenn er Hasael einen Sohn Benhadads nannte. In der Heiligen Schrift heißt es, daß Hasael, nachdem er Elisa begrüßt hatte, »zurückkehrte zu seinem Herrn« in Damaskus. Seinen Vater, den König, »Herrn« zu nennen, steht völlig in Einklang mit Brauchtum und Ausdrucksweise[62].

Hasael war nicht der gesetzmäßige Erbe des Thrones. Wie Ahab, der nur eine Frau als Königin, aber viele Weiber und von ihnen siebzig Söhne hatte, besaß wahrscheinlich auch

59 Brief 107.

60 Josephus (»Jewish Antiquities«, VII, 102), er zitiert Nikolaus von Damaskus.

61 Th. Reinach, »Textes«, S. 80.

62 Es war ebenfalls ein ägyptischer Brauch. Siehe A. Erman und A. M. Blackman, »The Literature of the Ancient Egyptians« (London 1927), S. 42.

Benhadad viele Söhne. Aus einer Inschrift Salmanassars kann geschlossen werden, daß Hasael von einer Nebenfrau geboren wurde: »Hasael, der Sohn eines Niemand, bemächtigte sich des Thrones.«[63]In den Amarna-Briefen wird er beharrlich »Knecht« genannt.

Wenn aber Menanders Erzählung von Abd'Astartus, dem Enkel Hirams, die Geschichte Abdi-Aŝirtas wiedergibt, der auch Abdu-Aštarti genannt wird[64], dann wurde der biblische Benhadad, der damals König von Damaskus war, von den Söhnen seiner Amme getötet. Söhne der königlichen Amme wurden in Ehren gehalten und konnten sogar gelegentlich Ansprüche auf den Thron geltend machen[65].

Nachdem er den Thron des ermordeten Abdi-Aširta (Benhadad) an sich gerissen hatte, war Aziru, der auch Azaru genannt wurde[66] (Hasael oder Azaelos bei Josephus), eifrig bestrebt, die Zustimmung des Pharaos zu erhalten. Da die Ermordung nicht öffentlich geschehen war, konnte Hasael den Versuch machen, sich zu rechtfertigen und behaupten, er sei zu Unrecht des Verbrechens beschuldigt, und so schrieb er: »Auch jetzt sündige ich nicht. Nicht das geringste habe ich dem König, meinem Herrn, angetan. Der König, mein Herr, kennt die Leute, die Frevel begangen haben«[67]. Diese Worte lassen durchblicken, daß die Anschuldigung bis zur ägyptischen Hauptstadt gedrungen war.

63 Luckenbill, »Ancient Records of Assyria«, I, Abschnitt 681.

64 Brief 64. Siehe weiter oben den Abschnitt: Die fünf Könige.

65 Vgl. H. W. Helck: »Der Einfluß der Militärführer in der XVIII. ägyptischen Dynastie«, »Untersuchungen zur Geschichte und Altertumskunde Ägyptens«, 14, (1939), 66–70. In Ägypten ist nur während der XVIII. Dynastie feststellbar, daß Milchbrüder diese Rolle übernehmen.

66 Brief 117.

67 Brief 157.

Hasael, »der Hund«, steckt die Stützpunkte Israels in Brand

Noch weit verderblicher als die Herrschaft des ermordeten Königs von Damaskus sollte sich für das Reich Israel die Regierung Hasaels (Azarus, Azirus) erweisen. Wie schon zur Zeit seines Vaters, litt die Bevölkerung Samarias auch in den Tagen des Königs Hasael unter der Hungersnot. Mehr als fünf Jahre befand sich die Stadt fast ständig im Zustand der Belagerung und ging von einem Besitzer auf den anderen über[68]. Der König von Sumur (Samaria) schrieb:

> Brief 125: ... und jetzt hat Aziru mich wiederholt bedrängt ... meine Städte gehören Aziru, und mir trachtet er nach ... Was sind die Hunde, die Söhne Abdi-Aširtas, daß sie tun nach ihrem Herzen und aufgehen lassen die Städte des Königs in Feuer?

Nahezu dasselbe sagte Elisa, als er Hasael vor den Toren von Damaskus ankündigte, er würde König von Syrien werden.

> 2. Könige 8, 11–13: ... der Gottesmann aber weinte. Hasael fragte: Warum weint mein Herr? Er antwortete: Weil ich weiß, was du den Israeliten tun wirst; du wirst ihre Festungen in Brand stecken ... Hasael aber erwiderte: Was ist dein Knecht, der Hund, daß er so etwas tun könnte?

Sein Ausdruck »ist dein Knecht (der) Hund ...?«, der zufällig nicht in Vergessenheit geriet, war zur Zeit der Amarna-Briefe eine typische Redewendung. Etliche Anführer und Vorsteher schlossen ihre Briefe mit folgendem Satz: »Was ist dein Knecht, der Hund, daß er nicht hören sollte die Worte des Königs, des Herrn?«

In manchen seiner vielen Briefe gebraucht der König von Sumur (Samaria), wenn es sich um Hasael (Aziru) handelt, ebenso wie andere Absender von Botschaften das Wort »Hund«. Mitunter wird der Name Azirus überhaupt nicht genannt, sondern es steht dort nur das Wort »Hund«, wie etwa im Brief 108: »wegen des Hundes«, und der Pharao wußte, wer gemeint war.

68 Brief 106.

Noch eine andere aus der Heiligen Schrift bekannte Redewendung aus dem Munde Hasaels kehrt in seinen Briefen wieder. Als Hasael den Propheten Elisa aufsuchte, sagte er:

> 2. Könige 8, 9: Dein Sohn Benhadad, König von Aram (Syrien), har mich zu dir gesandt ...

In seinen Briefen an Dûdu in Ägypten schrieb Aziru:

> Brief 158: Zu Dûdu, meinem Herrn, meinem Vater, sprach also Aziri, dein Sohn, dein Diener.

Um seine Ehrerbietung zu bezeugen, gebrauchte er in der Unterhaltung wie in seinen Briefen die Ausdrücke »dein Sohn« und »dein Diener«. In dem einzigen in der Bibel erhaltenen Zwiegespräch, an dem Hasael teilhat, gibt es drei Redewendungen, die auch in seinen Briefen erscheinen. Das eigentliche Thema des Zwiegesprächs – die Frage, ob der König von Damaskus am Leben bleiben würde, und die Behauptung, daß er, Hasael, der neue König, die Städte (Israels) in Rauch aufgehen lassen würde – wird auch in den Amarna-Briefen sichtbar. Für die wortgetreue Wiedergabe der biblischen Reden und Zwiegespräche ist dies deshalb ein wertvolles Beispiel.

An dieser Stelle ist es angebracht, einen der Briefe zu zitieren, die Aziru (Hasael) an jenen mächtigen Mann in Ägypten schrieb, der Dûdu genannt wird. Wir werden durch ihn eine Vorstellung davon erhalten, wer die geheimnisvolle treibende Kraft in der kolonialen Verwaltung Ägyptens war, die Abdi-Aširta und seinen Sohn bei ihren abenteuerlichen Feldzügen in Syrien und Palästina unterstützte.

> Brief 158: Zu Dûdu, meinem Herrn, meinem Vater sprach also Aziri, dein Sohn, dein Diener: Zu den Füßen meines Vaters fiel ich nieder. Auf meinem Vater sei Wohlbefinden! ... siehe, du bist dort, mein Vater, und was immer der Wunsch Dûdus, meines Vaters, ist, so schreibe! Und ich will fürwahr geben. Siehe, du bist mein Vater und mein Herr, und ich bin dein Sohn. Die Länder Amurri sind deine Länder, und mein Haus ist dein Haus, und alles, was dein Wunsch ist, schreibe! Und ich, siehe, deinen

Wunsch will ich fürwahr geben. Und siehe, du sitzest vor dem König, meinem Herrn ... Feinde haben Worte der Verleumdung gesprochen. Aber du lasse sie nicht zu! Und siehe, du mögest vor dem König, meinem Herrn ... sitzen und Worte der Verleumdung gegen mich nicht zulassen! ... Aber wenn der König, mein Herr, mich nicht liebt, sondern mich haßt, was soll ich dann sagen?

Wer weiß, ob alle Briefe des Königs von Sumur (Samaria) Echnaton zu Gesicht kamen? Der König von Samaria beklagte sich darüber, daß viele seiner Benachrichtigungen unbeantwortet blieben und nicht gebührend Beachtung fänden.

Dieser Dûdu, dessen prächtige Grabstätte zwischen den Gräbern der Höflinge Echnatons in Achet-Aton (Tell el-Amarna) erhalten blieb, soll semitischer Herkunft gewesen sein. Wandbilder seines Grabes zeigen einige Asiaten bei der Feier seiner Auszeichnung durch die Hand des Pharaos[69], und diese Asiaten waren Syrer. Der Name Dûdu ist ein semitischer Name aus der Zeit der Könige in Palästina, der in der Heiligen Schrift als Dodo erscheint (2. Samuel 23, 9; 24).

Es ist denkbar, daß dieser Dûdu ein Abkömmling des Edomiters Hadad, Salomos Gegner, war und durch Heirat zum Königshaus Ägyptens gehörte (1. Könige 11, 19).

Dûdu, der Kammerherr und »oberste Sprecher aller fremden Länder«, wie er sich in einer Inschrift seiner Grabkammer selbst nannte, räumte Aziru (Hasael) die Schwierigkeiten aus dem Wege, und einige der Tafeln des Königs von Sumur (Samaria) mußten siebenundzwanzig Jahrhunderte warten, bis ihnen Aufmerksamkeit zuteil wurde. Ihr Absender, der verzweifelt war bei dem Gedanken, daß seine Botschaften dem Pharao nicht vorgetragen würden, und voller Sorge, daß er ein Selbstgespräch führte, schloß einen Brief mit der bitteren Klage:

Brief 122: Ich allein schütze mein Recht ... Was soll ich tun? Höre! Ich bitte: Weigere dich nicht, es seien Leute vor dem König, oder es seien keine da. Höre mich! Siehe, so habe ich geschrieben an den Hof; es wurden aber meine Worte nicht gehört.

69 N. de Garis Davies, »The Rock Tombs of El-Amarna«, Vol. VI, »The Tomb of Tutu«. J. D. S. Pendlebury, »Tell el-Amarna«, S. 51.

Die Worte Elisas, mit denen er Hasael seine Thronbesteigung und seine Kriege gegen Israel ankündigte, gingen in Erfüllung. Hasael (Aziru) brachte noch mehr Elend über Israel als Benhadad (Abdi-Aŝirta). Aus Gubla (Jesreel) wurde dem Pharao eine Tafel geschickt:

> Brief 127: Als früher heraufzog Abdi-Aŝratu (Abdi-Aŝirta) gegen mich, war ich mächtig; aber siehe, jetzt sind meine Leute niedergeschmettert . . .

In einer Reihe von Überfällen wurde von Hasael das Land entvölkert.

> Brief 109: Aber siehe, die Söhne Abdi-Aŝirtas, des Knechtes, des Hundes, haben genommen die Städte des Königs und die Städte seines Regenten nach ihrem Herzen . . . Unter solchen Umständen brennt es in meinem Herzen . . . Und Frevel, Frevel streben sie nach . . .

Die Gewalttätigkeiten Hasaels sind in der Heiligen Schrift beschrieben: er tötete nicht nur die Männer, er zerschmetterte auch ihre Kinder und schnitt schwangeren Frauen die Leiber auf (2. Könige 8, 12).

Der Pharao erhielt eine weitere Tafel aus Gubla:

> Brief 124: Genommen hat Aziru alle meine Städte. Gubla allein ist mir übrig geblieben . . . Siehe, es sind hinaufgezogen Krieger gegen Gubla . . . Und nimmt er es, wo soll ich dann stehen?

Diese Bedrückung durch Aziru (Hasael) dauerte viele Jahre, noch die letzten Briefe der Amarna-Sammlung erzählen davon: sie währte, solange er lebte und herrschte.

Ein entsprechender Bericht findet sich an der folgenden Stelle der Heiligen Schrift.

> 2. Könige 10, 32: In den Tagen begann Jahwe unter Israel aufzuräumen, und Hasael schlug sie im ganzen Gebiet Israels.

»Alle meine Städte« – mit den Worten des Königs von Sumur (Samaria) in den Amarna-Briefen – ist mit den Worten des Zweiten Buches der Könige »im ganzen Gebiet Israels«.

Die letzten Briefe Ahabs

»Die Leute von Gubla und mein Haus und meine Frau sagten zu mir: ›Gehe hinter dem Sohn Abdi-Aširtas her und lasset uns Frieden stiften!‹ Ich aber weigerte mich.«[70]

So schrieb der König, dessen »Weib Jesebel ihn verführt hatte« (1. Könige 21, 25). Den Protesten der Bevölkerung begegnete er mit Vergeltungsmaßnahmen. »Und sie sagten: ›Wie lange willst du uns töten? Wo wirst du Leute nehmen zum Wohnen in der Stadt?‹«, so berichtete er selbst. ». . . und zur Zeit, als mir der Mut klein war, da faßte ich aus meinem Herzen heraus einen Entschluß«[71], und er begab sich nach Beirut, schloß Freundschaft mit dem König dieser Stadt und traf Vorbereitungen für einen Zufluchtsort, falls Aziru (Hasael) ihn aus seiner Stadt vertreiben sollte. Der König von Samaria war ein Schwiegersohn des Königs von Sidon (1. Könige 16, 31) und der König von Beirut wahrscheinlich ein Verwandter dieser Familie. Seine Stadt schloß hinter ihm die Tore, als er fortging. Von seinem Zufluchtsort aus beklagte er sich beim Pharao und berichtete, daß er seine Gegner niedergemacht habe. Daß er solches tat, geschah nicht zum erstenmal, denn in der Heiligen Schrift findet sich die Schilderung von der Verurteilung aller Anhänger der feindlich gesinnten Gruppe der Propheten Jahwes zum Tode (1. Könige 18, 3 ff.). Er fürchtete einen Aufstand seines Volkes, was er auch schon mehrfach in seinen früheren und späteren Briefen zum Ausdruck gebracht hatte: »Ich habe Furcht vor den Bauern, daß sie mich erschlagen«, »Meine Bauern fürchte ich«, ». . . dann werden kämpfen meine Bauern.«[72]

Er schrieb, als habe er Angst vor dem Fluch, den Elisa ihm auf dem Felde Naboths entgegengeschleudert hatte: »An der Stelle, da die Hunde Naboths Blut aufgeleckt haben, werden die Hunde auch dein Blut auflecken.«

70 Brief 136.
71 Ebenda.
72 Briefe 77, 117 und 130.

Brief 138: Und siehe, jetzt haben geschrieben die Leute von Gubla an mich: ... Siehe ihre feindlichen Worte: »Gib ihn her! ... sein Blut.«

In der Heiligen Schrift steht nichts von diesen Einzelheiten über seine Zuflucht in Beirut und später in Sidon[73], wo er offenbar bei den Angehörigen Jesebels mehr als ein Jahr blieb; diese lange Abwesenheit ließ jedoch das Gerücht von seinem Tode entstehen. »Sie sagten: ›Ist doch tot unser Herr.‹ Als sie gesagt hatten: ›Tot ist Rib-Addi.‹ So sind wir aus seinen Händen heraus.«[74] Diese Episode und dazu der Glaube an den Tod des Königs mögen zu der Verwirrung des späteren Geschichtsschreibers beigetragen haben und eine der Ursachen für die mancherlei chronologischen und dynastischen Widersprüche in den verschiedenen Versionen der Heiligen Schrift gewesen sein.

Hier hören die Briefe Rib-Addis, des biblischen Ahab, auf. Er, »ein alter Mann«, bat – mit nur wenig Hoffnung, die Aufmerksamkeit seines ägyptischen Lehnsherrn zu erregen –, ob der Pharao ihm »Buruzilim« als Residenz zuweisen wolle[75]. Meinte er damit Jerusalem? Und zeigte sein Schreiber nur seine Unkenntnis, wie denn überhaupt in vielen Briefen der Amarna-Sammlung die Namen der Städte und Personen orthographisch willkürlich geschrieben wurden? Oder handelt es sich um die hebräische Präposition »in« (b' im Hebräischen), die vor den in Keilschrift geschriebenen Namen der Stadt gesetzt wurde?

Josaphat war erst kurz zuvor gestorben. Offenbar übergab der Pharao das Königreich Israel Joram, dem Sohne Josaphats und Schwiegersohn Ahabs; es hat den Anschein, daß Joram es auf sich nahm, im nördlichen Königreich die Ordnung wiederherzustellen, und daß er seinen jungen Sohn Ahasja in Jerusalem ließ[76].

Der letzte Brief Rib-Addis schließt mit den mahnenden Worten: »... denn wenn ich gestorben bin, meine Söhne, Die-

73 Brief 162 vom Pharao. Jesebel stammte aus Sidon.
74 Brief 138.
75 Brief 137.
76 Siehe den Abschnitt »Ahab oder Joram« weiter oben.

ner des Königs, aber leben, so werden sie an den König schreiben: ›Wohlan, schaffe uns unsere Stadt wieder!‹«

Der befürchtete Aufstand wurde von der lange unterdrückten Gruppe der Jahwepropheten angeführt, und im Heer, das sich Hasael widersetzte, brach eine Verschwörung aus. Als der Aufstand auf Jesreel übergriff, zog Jehu voller Wut heran, tötete Joram, der zuvor in einer Schlacht gegen die Syrer verwundet worden war, und den zu einem kurzen Aufenthalt aus Jerusalem gekommenen Ahasja. Jesebel wurde aus dem Fenster gestürzt und von Jehus Pferden zertreten; Ihr Körper wurde auf dem Felde Naboths von den Hunden zerrissen, so daß zur Bestattung nichts als ihr Schädel, die Füße und Hände blieben.

Auch Ahabs siebzig Söhne, die in Samaria lebten, wurden umgebracht und ihre Häupter in Körben nach Jesreel getragen (2. Könige 10, 7).

Der Fürst von Beirut unterrichtete den Pharao, daß der Bruder des Königs von Gubla und Sumur (Brief 142) dessen Kinder in die Hände von Übeltätern gegeben habe. Aus der Heiligen Schrift wissen wir, daß Jehu die Sippe Ahabs in Samaria und Jesreel töten ließ. »Darauf machte Jehu alle nieder, die vom Hause Ahabs in Jesreel noch übrig waren« (2. Könige 10, 11).

Die fünfundsechzig Briefe Rib-Addis, des Königs von Sumur und Gubla (Samaria und Jesebel-Jesreel), an Pharao Amenophis III., Pharao Echnaton und den Vorsteher Aman-appa enthüllen ein Bild vom Charakter des Mannes der sie schrieb; eines Menschen schweren Herzens und voller Trauer und Sorge. Nicht eine frohe Zeile findet sich in seinen Briefen, und durch die Ereignisse zu seiner Zeit in seinem Land wird eine solche Gemütsverfassung auch wahrlich gerechtfertigt. Unter allen Briefeschreibern der Amarna-Zeit war keiner, der so kummervolle Worte fand. »Was soll ich tun in meiner Alleinheit? Sieh, danach trachte ich Tag und Nacht.« Seine Schwermut übertrug sich auch auf sein Volk.

»Da ging Ahab nach Haus, erbittert und zornig ... Und er

warf sich auf sein Lager, wandte sein Gesicht ab und aß nichts« – das war, als Naboth ihm seinen Weinberg verweigerte (1. Könige 21, 4). »Als aber Ahab diese Worte hörte, zerriß er seine Kleider, legte ein hörenes Gewand auf seinen bloßen Leib, fastete, schlief im hörenen Gewand und ging still umher« – das war, als Elisa ihn und Jesebel verfluchte für das, was sie Naboth angetan hatten, der auf das Zeugnis falscher Zeugen hin zum Tode durch Steinigung verurteilt wurde (1. König 21, 27). »Da ging der König von Israel erbittert und zornig von dannen nach Samaria« – und das war, als er hörte, es sei verfehlt gewesen, Benhadad mit einem Abkommen davonziehen zu lassen (1. Könige 20, 43).

Die Heilige Schrift verdammte diesen Anhänger fremder Götter, der von religiösem Eifer besessen war: »Und Ahab tat, was Jahwe mißfiel, mehr als alle seine Vorgänger« (1. Könige 16, 30).

Die rabbinische Tradition verurteilte Ahab wegen seiner Abgötterei und der Verfolgung der Propheten Jahwes, konnte aber die Augen nicht verschließen vor seiner Liebe zur Heimat und den tiefen Empfindungen seiner verstörten Seele. »Bei der Verhandlung über Ahab vor dem himmlischen Gericht hielten sich die anklagenden Zeugen und seine Verteidiger genau die Waage, bis der Geist Naboths erschien und den Ausschlag gegen Ahab gab.«[77]

Ein eingehendes Studium dieses Zeitabschnittes kann den falschen Eindruck entstehen lassen, als wären Benhadad und Hasael die Hauptfeinde in der langen Geschichte des jüdischen Volkes gewesen und nicht nur zwei Schurken, wie sie in jeder Generation zu finden sind. Sie wurden jedoch zu Nationalhelden der syrischen Geschichte. Es ist Tatsache, daß zur Zeit des Flavius Josephus – neunhundert Jahre nach der Zeit, die ich beschreibe – diese beiden Könige in Syrien als große Erbauer, große Eroberer und große Charaktere geehrt wurden und das Volk von Damaskus das Andenken dieser Nationalhelden und Heiligen hochhielt. Nachdem Josephus die Mordtat geschildert hatte, schrieb er: »Adados und Azaelos,

77 Ginzberg, »Legends«, IV, 187.

die nach ihm herrschten, werden bis auf den heutigen Tag als Götter verehrt wegen ihrer Wohltaten und auch wegen der Erbauung von Tempeln, mit denen sie die Stadt Damaskus schmückten. Und sie (die Syrer und die Bevölkerung von Damaskus) veranstalten alltäglich zu Ehren dieser Könige und zum Ruhm ihrer Zeit im Altertum glänzende Aufzüge ...«[78] Während die Araber von Damaskus das Andenken Benhadads und seines mörderischen Sohnes feierten, ging ihr Rivale Ahab in das Gedächtnis seines Volkes als großer Sünder in Israel ein.

Die Aufmerksamkeit, die den historischen Ereignissen und selbst einigen weniger bedeutenden Geschehnissen dieser Zeit, mit der sich dieses Kapitel befaßte, geschenkt wurde, ist hauptsächlich der Tatsache zu verdanken, daß die unschätzbaren Amarna-Briefe in dieser Zeit geschrieben wurden und reiches Material für Parallelen liefern. Vom Standpunkt der biblischen Schilderung aus wird die Bedeutung dieser Periode noch unterstrichen, denn die Briefe behandeln die noch im Dämmer der Vergangenheit liegende Zeit der Seher Elia und Elisa.

78 Josephus, »Jewish Antiquities«, IX, 92–94.

Kapitel 8

Die El-Amarna-Briefe (Schluß)

Iarimuta

Beim Lesen der Briefe des Königs von Sumur (Samaria) ist die häufige Erwähnung eines Platzes namens Iarimuta, auch Rimuta geschrieben[1], auffallend und ebenso die Rolle, die er in den Plänen des Königs spielt. Dieser Platz wird achtzehnmal in dreizehn Briefen, und zwar nur in seinen Briefen erwähnt. In den Jahren der Hungersnot erhielt sein Volk von dort Getreide, aber nur gegen hohe Bezahlung und im Austausch gegen Hausrat und sogar gegen Kinder, die in die Sklaverei gegeben wurden. In frühen Zeiten hatte Sumur (Samaria) zu Recht einen Anspruch auf Getreide aus Iarimuta besessen. Der König schrieb an den Pharao und erbat seinen Befehl: »Es möge gut erscheinen dem König, meinem Herrn, daß gegeben werde Getreide, Erzeugnisse des Landes Iarimuta.«[2] In ähnlicher Weise schrieb er an den Statthalter Aman-appa: »Sage zu deinem Herrn, daß gegeben werde an seinen Diener Erzeugnis des Landes Iarimuta, wie es früher gegeben worden ist an Sumura.«[3]

Drei ägyptischen Bevollmächtigten, von denen zwei Amanappa und Ianḫama waren, unterbreitete der König von Sumur (Samaria) den Anspruch, den er gegen diesen Platz besaß, »und sie haben mein Recht anerkannt«. Wegen Iarimuta hatte er Streit mit dem König von Damaskus:

> Brief 105: Weil das, was mir gehört ... deswegen hat er gemacht Feindschaft gegen mich ... er bedrängte ... und er hat genommen ... er hat gemacht Feindschaft mit mir wegen ... um zu nehmen Getreide zur Nahrung von Iarimuta, daß ich nicht sterbe.

Eine Zeitlang wurde Iarimuta vom König von Sumur und Gu-

1 Brief 85.
2 Brief 85.
3 Brief 86.

bla behauptet und sein Heer dort stationiert, er schrieb dem Pharao: »Sage dem Ianḫama, daß er nehme Geld (und Kleider) für die Leute von Gubla in Iarimuta.«

Der Streit wegen Iarimuta überlebte Abdi-Aširta (Benhadad) und wurde mit gleicher Heftigkeit noch in den Tagen Azirus (Hasaels) geführt. Der König von Sumur (Samaria) forderte vom Pharao militärische Unterstützung, um den dortigen Aufseher, der sich auf die Seite des Königs von Damaskus gestellt hatte, zu zwingen, Lebensmittel an die Bauern und Soldaten auszugeben.

> Brief 114: Früher haben aus Iarimuta Lebensunterhalt verschafft meine Bauern. Aber siehe, siehe, nicht gestattet ihnen Iapa-Addi zu ziehen nach Lebensmitteln für die Besatzungsleute. So möge denn senden der König seine Feldtruppen ... Ferner: Sorge für mich! Wer würde Freund sein, wenn ich stürbe? Ist doch wirklich Iapa-Addi mit Aziru.

Während seiner ganzen Regierungszeit bestand er darauf, daß Iarimutas Getreide wie in früheren Zeiten ihm und seinem Volke gehöre.

> Brief 125: Früher waren Besatzungsleute des Königs bei mir, und der König gab Getreide von Iarimuta zur Nahrung für sie. Aber siehe, jetzt hat Aziru mich wiederholt bedrängt.

Die verschiedensten Vermutungen wurden über diesen Platz angestellt: es sei – in Übereinstimmung mit der Theorie, Ianḫama wäre der biblische Joseph – Gosen in Ägypten gewesen[4]; ferner hieß es, Iarimuta sei der alte Name für Philistäa und Saron[5]; und endlich, es habe in der Ebene von Antiochia gelegen[6]. »Iarimutas Lage ist ungewiß.«[7]

4 Vgl. C. Niebuhr, in »Mitteilungen, Vorderasiatisch-Ägyptische Gesellschaft«, I (1896), 208 ff.; W. M. Müller, ebenda, II (1897), 274 f.; H. Ranke, »Keilinschriftliches Material zur Altägyptischen Vokalisation« (Berlin 1910), S. 22 und Anmerkung 1.

5 Albright, »Journal of the Palestine Oriental Society«, II (Jerusalem 1922), 112, Anmerkung 2; ebenda, IV (1924), 140.

6 Maisler, »Untersuchungen zur alten Geschichte und Ethnographie Syriens und Palästinas«, S. 7 ff.

7 Mercer, »Tell el-Amarna Tablets«, Anmerkung zu Brief 68.

Wenn sich der König von Sumur (Samaria) so sehr um diesen Platz bekümmerte und seine Erzeugnisse für sich forderte, daß er sich seinetwegen in einen langanhaltenden Streit einließ, dürfen wir erwarten, daß uns die Bibel eine Antwort auf die Frage gibt: Welcher Platz war das?

1. Könige 22, 3: ... sagte der König von Israel zu seinen Dienern: Ihr wißt doch, daß Ramoth-Gilead uns gehört, und da säumen wir, es der Hand des Königs von Aram zu entreißen?

Ramoth in Gilead fiel eine bedeutende Rolle in den Kriegen des Königs von Israel zu, der sich mit seinen Propheten beriet: »Soll ich gegen Ramoth-Gilead zum Kampfe ziehen oder soll ich davon absehen?« Sein Stadtvogt Amon unterstützte ihn bei diesem Unternehmen (1. Könige 22, 26). Josaphat begleitete den König von Israel in die Schlacht bei Ramoth, wie schon berichtet wurde, und hier wurde Ahab der einen Version nach getötet, nach der anderen aber nur verwundet.

Zu einem späteren Zeitpunkt hatte der König von Israel »in Ramoth-Gilead gegen Hasael, König von Aram (Syrien), auf der Wacht gelegen« (2. Könige 9, 14)[8], und hier im Felde wurde Jehu von einem Jünger Elisas gesalbt (2. Könige 9, 4).

Flavius Josephus gab Aramatha in Galadene[9] als Namen des Ortes an, um den Ahab mit den Syrern kämpfte.

Das Ramoth der Bibel ist das Aramatha bei Josephus, und beide sind das Iarimuta oder Rimuta der Amarna-Briefe.

Die in den Jahren der Hungersnot in Samaria um diesen Platz geführten Kriege und ausgefochtenen Schlachten werden durch die Briefe weitgehend erklärlich: Das Hochland von Gilead war die Kornkammer der ganzen Gegend und nicht von der Hungersnot betroffen.

Bei der Schilderung der Zeit Ahab-Jorams und Josaphats in der Heiligen Schrift tritt Ramoth in Gilead deutlich in den Vordergrund – aber auch nur während dieser Zeit[10].

8 Siehe auch 2. Könige 8, 28.

9 »Jewish Antiquities«, VIII, 398.

10 Babylonischer Talmud, Traktat Makkot 9 b: »Sichem in den Bergen, gegenüber Ramoth in Gilead. Siehe A. Neubauer, »La Géographie du Talmud« (Paris 1868), S. 10.

Samaria (Sumur) unter den Oligarchen

Obgleich Sumur (Samaria) während der Zeit der Amarna-Briefe das Zentrum der ägyptischen Verwaltung war, wurde es doch nahezu ununterbrochen von den Königen von Damaskus belagert. Schon auf den vorhergehenden Seiten wurde – zusammen mit den Parallelen aus der Bibel und den Amarna-Briefen – von den beiden Belagerungen Samarias gesprochen, von der Aufhebung der ersten durch »die Knappen der Bezirksobersten« und von der zweiten langen Belagerung als Auswirkung des Gerüchts vom Herannahen des ägyptischen Heeres.

Außer König und Vorsteher besaßen auch die Ältesten der Stadt eine gewisse Machtbefugnis, und ihrer Entscheidung stellte der König das Schicksal der Stadt anheim, als er bei der ersten Belagerung das Ultimatum des Königs von Damaskus erhielt (1. Könige 20, 7).

Während des größeren Teils der Zeit, in der die Amarna-Briefe geschrieben wurden, lebte der König von Sumur in seiner zweiten Residenz und schrieb von dort die meisten seiner Briefe, in denen er um Hilfe für seine Hauptstadt bat. Zu Beginn dieser Zeit trat der Vorsteher Aman-appa (der biblische Stadtvogt Amon) von seinem ständigen Posten in Sumur ab und hielt sich nun zumeist in Ägypten auf. Der Sitz Ianḫamas war in Damaskus.

Durch die anarchischen Zustände, die als Folge der vielen Wechselfälle und häufigen Belagerungen herrschten, wuchs der Einfluß der Ältesten in Sumur, die eine Zeitlang als einzige in der Stadt die Gewalt in Händen hatten. Als der Versuch Azirus (Hasaels), in die Stadt einzudringen, fehlschlug, schrieb er in einem Brief:

Brief 157: Aber die Großen von Sumur haben mich nicht zugelassen.

An diese Großen oder »Obersten und Ältesten« von Samaria schrieb Jehu und forderte sie auf, einen der Söhne Ahabs zum König zu wählen oder sich ihm zu unterwerfen (2. Könige 10), und diesmal wurden die Oligarchen von Furcht ergriffen und ließen Jehu in die Stadt hinein.

Die »Königsstadt« Sumur

Die Stadt Samaria war eine »Königsstadt«, eine Residenz, entstanden als Zentrum der ägyptischen Verwaltung in den asiatischen Provinzen. In den Tagen ihres Erbauers Omri pflegte der Pharao Silber nach Samaria zu senden:

> Brief 126: Früher aber wurde zu meinen Vätern gesandt vom großen Hof Silber . . .

Ägypten erhielt dagegen, wenn überhaupt, nur dürftige Tribute, während der Pharao Samaria auch mit Streitwagen versorgte.

In der Stadt gab es einen Palast, und in den Amarna-Briefen wird das »Königshaus« von Sumur häufig erwähnt; nominell war es die Residenz des Pharaos, in Wirklichkeit jedoch die seines Regenten – des Vasallenkönigs – und wahrscheinlich auch die des ihm beigegebenen ägyptischen Bevollmächtigten. Mescha spricht ebenfalls auf seiner Stele vom »Königshaus«, das er erneuerte, und in der Heiligen Schrift ist von dem Palast die Rede, den Ahab in Samaria baute und dessen Wände mit Elfenbein verkleidet waren. Die Worte Meschas: »Ich schnitt ein(?) die Einschnitte (?)« könnten sich auf die Elfenbeinschnitzereien des Palastes beziehen, die bei den Ausgrabungen des Palastes Omris und Ahabs in Samaria in Mengen gefunden wurden[11]; mehr darüber wird in einem späteren Abschnitt des Kapitels gesagt werden.

Die Stadt Samaria war von einer Mauer umgeben, und die Mauer wird sowohl in der Heiligen Schrift als auch in den Amarna-Briefen und gleichfalls auf der Mescha-Stele erwähnt.

Auf dem Platz vor dem Tore fand die Beratung der beiden Könige mit den Propheten statt, und die »Throne« standen »am Eingange des Tores von Samaria« (2. Chronika 18, 9). Im Tor hielt sich auch der Offizier auf, der »zum Aufseher über das Tor bestellt« war (2. Könige 7, 17). Bei ihrer Flucht ließen

11 J.W. Crowfoot and G.M. Crowfoot, »Early Ivories from Samaria« (London 1938).

die Syrer vor den Mauern Samarias Gerste und Mehl zurück, wofür dieser Offizier Silber als Bezahlung einnehmen mußte; er war es, der dann zu Tode getreten wurde. Der Brauch, am Tore Geld einzunehmen, ergibt sich auch aus einem Brief des Königs von Sumur: »Und alle meine Stadttore haben angenommen Kupfer.«[12] Vom Tor von Samaria, das ein wichtiger Ort, eine Art Forum für das Volk war, wird ebenso in der Mescha-Inschrift wie in der Heiligen Schrift und den Amarna-Briefen gesprochen.

In der Stadt gab es eine hügelartige Erhebung oder Akropolis – Ophel genannt – und auch hiervon ist in der Heiligen Schrift wie auf der Mescha-Stele die Rede (2. Könige 5, 24).

Die Ausgrabungen in Samaria förderten zwei Teilstücke der alten Mauer, die Stelle des Tores (die Stadtmauer hatte nur ein Tor) und palastähnliche Bauten zutage[13]. Weil Mesch (Mescha) Samaria gemeinsam mit dem König von Damaskus besetzte, schrieb er die Bautätigkeit in der Stadt auf seiner Stele sich selbst zu, wobei die Arbeiten von israelischen Gefangenen ausgeführt wurden. Ähnlich schrieb der König von Damaskus an einen Würdenträger in Ägypten nach all den Verwüstungen, die die Stadt in den Kriegen und während der Belagerungen erlitten hatte: ». . . ich baute Sumur«[14], womit er meinte, daß er durch israelitische Gefangene die Mauern des Palastes und andere Bauwerke wiederherstellen ließ. Dieses Vorrecht, in Samaria zu bauen, wurde hoch bewertet und kommt auch in dem Vertrag zwischen Benhadad und Ahab zur Sprache. Nach der Niederlage der Syrer bei Aphek sagte Benhadad zum König von Samaria:

> 1. Könige 2, 34: . . . du darfst dir in Damaskus Bazare (Gassen) anlegen, wie es mein Vater in Samaria getan hat.

Als die Stadt eine Zeitlang in seinen Händen war, nahm er dort – gemeinsam mit dem Rebellen Mesch (König Mescha) – die Bautätigkeit wieder auf.

12 Brief 69.
13 G. A. Reisner, C. S. Fisher und D. G. Lyon, »Harvard Excavations at Samaria, 1908 – 1910« (Cambridge, Mass. 1924).
14 Brief 62.

Der nächste König von Damaskus, Aziru, der biblische Hasael, versprach, während er Sumur (Samaria) besetzt hielt: »Siehe, ich werde es aufbauen, Sumur jetzt ... Mein Herr, Sumur werde ich jetzt in Eile aufbauen«[15], und aufs neue: » ... infolgedessen habe ich es nicht aufgebaut, Sumur. In einem Jahr werde ich (aber) Sumur aufbauen.«[16]

Salmanassar III. vertreibt König Niqmad

Nach der hier vorgelegten Rekonstruktion der Geschichtsschreibung wurden die Amarna-Briefe nicht zu Beginn des 14. Jahrhunderts, sondern in den drei Jahrzehnten von 870 bis 840 v. Chr. geschrieben. Um 858 v. Chr. wurde Salmanassar König von Assyrien, später dann auch König von Babylonien, und brachte Opfer dar in Babylon, Borsippa und Kutha[17]. Er unternahm eine Reihe verheerender Beutezüge an die phönizische Küste und nach Nordsyrien. Die Verlegung der Amarna-Briefe in die Zeit Josaphats, des Königs von Jerusalem, Ahabs, des Königs von Samaria, und ihres Zeitgenossen Salmanassar stellt mich vor die Aufgabe, nicht nur die Übereinstimmung zwischen den Briefen und den Büchern der Könige und der Chronik zu erweisen, sondern auch die zwischen den Briefen und den assyrischen Inschriften. In seinen Annalen schildert Salmanassar seine meist in Syrien geführten Kriege. In einem in Tell el-Amarna gefundenen Brief Abimilkis, des Königs von Tyrus, heißt es: »Und Ugarit, die Burg des Königs, hat Feuer verzehrt; ihre Hälfte hat es verzehrt, und ihre (andere) Hälfte ist nicht da, und die Leute des Chatti-Heeres sind nicht da.« Im Abschnitt »Das Ende von Ugarit« (fünftes Kapitel) haben wir die Frage gestellt: Wer war der Angreifer? Wie zitierten auch eine in Ras Schamra gefundene Proklamation, in welcher der angreifende König anordnete, daß die »Jaman (Ionier), das Volk von Didyme, die Khar (Karier), die Zyprioten, alle Fremden, zu-

15 Brief 159.
16 Brief 160.
17 Luckenbill, »Records of Assyria«, I, Abschnitt 566.

sammen mit dem König Niqmad« aus Ugarit verwiesen werden sollten. Es fehlt der einleitende Teil der Proklamation, aus dem sich der Name des Königs, der Niqmad vertrieb, hätte ergeben können, doch fanden sich Anzeichen dafür, daß es durch Babylonier, die hier Chatti genannt werden, geschah[18]. Diese Andeutung geht nicht weit an der Wahrheit vorbei, denn Babylon wurde von Salmanassar seinem Reiche einverleibt.

Wir sind gespannt, zu erfahren, ob Salmanassar irgendeinen schriftlichen Bericht von seiner Eroberung Ugarits hinterließ, und tatsächlich finden wir auch in seinen Annalen zweimal den folgenden Vermerk:

> Jahr vier. Den Städten des Nikdime (und) Nikdiera näherte ich mich. Sie wurden erschreckt durch meine mächtigen furchteinflößenden Waffen und meine grimmige Kriegsführung (und) warfen sich auf das Meer in weidengeflochtenen (?) Booten –. Ich folgte ihnen in Booten aus –, focht eine große Schlacht auf dem Meere, brachte ihnen eine Niederlage bei, und mit ihrem Blut färbte ich das Meer wie Wolle[19].

Die Stadt des Nikdime scheint die Stadt Niqmads (Nikmeds) zu sein. Städte wurden zu Ehren ihrer Könige benannt, und in diesem Fall steht eindeutig »des Nikdime« da. Der Übersetzer dieses Berichts versah auch die Worte »Stadt des Nikdime« mit der Glosse: »Personenname«. Bei den orientalischen Völkern ist die Umstellung zweier Konsonanten, besonders bei Personennamen, etwas ganz Alltägliches; so befindet sich nicht weit von Ras Schamra entfernt Iskanderun, eine Stadt, die nach Alexander genannt ist. Die Stadt des Nikdime lag wie die Stadt des Niqmad (Nikmed) nahe am Meer. Es kann sein, daß sogar Salmanassars Vergleich vom Meer, das wie gefärbte Wolle aussah, durch den Handel von Ugarit-Ras Schamra veranlaßt war. In Ugarit waren Wollfärbereien eingerichtet gewesen, und es wurden dort massenweise zerstoßene Schneckenschalen gefunden, die zum Ausziehen des Farbstoffes vorgerichtet waren. Eine schriftliche

18 Hrozný, »Les Ioniens à Ras Shamra«, »Archiv Orientální«, IV (1932), S. 178.

19 Luckenbill, »Records of Assyria«, I, Abschnitt 609.

Anweisung, drei Ladungen Wolle zu färben, kam ebenfalls zutage.

Gemeinsam mit Suppiluliuma, einem zeitgenössischen Stadtkönig, ließ Niqmad einige Zeit vor seiner Vertreibung der Göttin der Stadt Arne Spenden zukommen. Auf diese Namen werden wir auch in den Annalen Salmanassars stoßen.

Eine syrische Koalition tritt Salmanassar III. unter Biridri (Biridia), dem Kommandanten von Megiddo, entgegen

Salmanassar berichtet, daß ihm in seinem sechsten Jahr – also zwei Jahre, nachdem er König Nikdem aufs Meer hinausgetrieben hatte – ein Fürst namens Biridri unter dem Beistand einer Koalition von zwölf Fürsten bei Qarqar entgegengetreten sei[20]. Unter den Verbündeten Biridris waren Ahab, der Fürst von Israel (»mit zweitausend Streitwagen und zehntausend Kriegern«), die Stadt Irqata (es wird kein Fürst genannt), Matinuba'li, der Fürst von Arwad, der Fürst von Usa (nicht mit Namen genannt) und der Fürst von Siana Adunuba'li.

Die Inschrift Salmanassars sagt nicht, daß die verbündeten Fürsten, unter ihnen Ahab, persönlich an der Schlacht teilnahmen, sie stellt lediglich fest: ». . . diese zwölf Könige nahm er (Biridri) sich zu Hilfe. »Einigen eben dieser Fürsten begegnen wir in den Amarna-Briefen. Sie schrieben dem Pharao, daß sie ihre Garnisonen in Bereitschaft halten würden, um dem eindringenden König von Chatti entgegenzutreten, und einige von ihnen – aus dem nördlichen Syrien, das unmittelbarer bedroht war als Palästina – mögen auch persönlich an der Schlacht teilgenommen haben.

Die Stadt Irqata schrieb dem Pharao:

> Brief 100: . . . sprachen also Irkata und die Leute seines Schoßes: . . . es weiß (oder wisse) das Herz des Königs, des Herrn, daß wir schützen Irkata für ihn . . . Der Hauch des Königs möge nicht weichen von uns! Das Stadttor haben wir verschlossen, bis heran-

20 Im nördlichen Syrien.

kommt der Hauch des Königs an uns. Mächtig ist die Feindschaft geworden gegen uns in hohem, hohem Grade.

In einem Brief von Rib-Addi wird mitgeteilt[21]: »Aduna (König von) Irkata, haben erkaufte Leute getötet«, und im gleichen Brief ist von den Kriegen des Königs von Chatti im Nordosten die Rede. Der Fürst Aduni von Siana aus den Inschriften Salmanassars war vermutlich der Aduna »von – – – und von Irkata« der Amarna-Briefe. Wenn aber der Aduni der Kriegsannalen Salmanassars nicht der Fürst von Irqata war, dann erklärte der Amarna-Brief die Unterlassung Salmanassars, den Fürsten von Irqata namentlich aufzuführen: Der Fürst von Irqata war getötet worden, und die Stadt verteidigte sich, ohne einen neuen Fürsten zu wählen.

Von Mut-ba'lu blieben zwei Briefe erhalten. Er schrieb an den Pharao:

Brief 255: Nach Karaduniaš sende der König, mein Herr, Karawanen! Ich werde sie hinbringen, so daß sie sehr geschwind fortkommen.

Da Karaduniasch Babylonien ist[22] und die Stadt des Mutba'lu auf dem Wege nach Babylon liegt, dürfen wir annehmen, daß der Mut-ba'lu der Amarna-Briefe der in der assyrischen Inschrift Salmanassars erwähnte Matinuba'li, Fürst von Arwad, ist. Mut-ba'lu sprach nicht davon, von wo aus er seine Briefe schrieb. Dadurch, daß die assyrische Inschrift Matinuba'li König von Arwad nennt, bringt sie den Mut-ba'lu der Briefe mit dieser Stadt in Verbindung. Von Josephus, welcher Menander zitiert, erfahren wir[23], daß Metten-Baal ein Enkel Ithobaals (Ethbaals) und ein Neffe von Jesebel war.

Uzu (Usa) lag bei Tyrus und Tyrus, das »auf einer Insel vor der Küste« lag, hatte nicht genügend Trinkwasser, um eine Belagerung aushalten zu können. In diesen regenlosen Jahren bat der König von Tyrus den Pharao, die Stadt Uzu in den Herrschaftsbereich von Tyrus einzubeziehen.

21 Brief 75.
22 Knudtzon, »Die El-Amarna-Tafeln«, S. 1013 f.
23 »Against Apion«, I, 123–125.

Brief 150: Es möge doch richten der König sein Antlitz auf seinen Diener und ihm geben Uzu, damit er lebe (beziehungsweise gerettet werde), und damit er trinke Wasser . . .

In beiden Quellen, in der Inschrift Salmanassars und den Briefen, stießen wir auf Irqata, Arwada und Uzu, kleine Fürstentümer, die sich dem von Norden kommenden Gegnern entgegenstellten.

Megiddo war die starke militärische Basis hinter diesen Außenposten. Es war von Thutmosis III. befestigt worden, dessen Feldzug und Sieg bei Megiddo ausdrücklich betont wurden. Die Stadt war ein Riegel auf dem Wege der von Norden her vordringenden Heere, ihre Garnison schützte auch die Ebene von Esdraelon (Jesreel).

Zur Zeit der Amarna-Briefe stand die Festung Megiddo unter dem Befehl eines Hauptmanns namens Biridia. Daß in dieser Zeit schwerer Unruhen eine große Verantwortung auf ihm lag, ist begreiflich; acht seiner Briefe wurden aufgefunden, und nach ihnen zu urteilen, war er ein wagemutiger und getreuer Soldat.

Brief 243: . . . und siehe, ich schütze Makida, die Stadt des Königs, meines Herrn, Tag und Nacht . . . Des Tages bewache ich von den Feldern. Mittelst Wagen und Krieger schütze ich die Mauern des Königs, meines Herrn.

Nach Megiddo versuchte Ahasja, der Enkel Josaphats, zu entkommen, als der Aufstand Jehus ihn unvermutet in Jesreel traf. Wie aus den Briefen hervorgeht, war Megiddo eine Festung, die Jehu, auf der Verfolgung Ahasjas, nicht zu betreten gewagt hätte; aber es gelang Ahasja nicht, zu entrinnen: Auf der Flucht nach Megiddo wurde er in einen Hinterhalt gelockt und getötet (2. Könige 9, 27).

Als die Mauern Megiddos, einstmals eine furchterregende Anlage, ausgegraben wurden, ergab sich, daß sie in Konstruktion und Bearbeitung den Mauern von Ahabs Palast in Samaria, der aus dem 9. Jahrhundert stammt, sehr ähnlich waren[24].

24 Siehe C. S. Fisher, »The Excavations of Armageddon« (Chicago 1929), S. 16.

Als Befehlshaber dieser wichtigsten Festung war Biridia der richtige Mann, um die Koalition der Vasallenkönige gegen den »König von Chatti« anzuführen[25]. Rang und Stellung des Biridia der Amarna-Briefe entsprechen denen des Biridia in der Inschrift Salmanassars. Die etwas abweichende Schreibweise der Namen rührt daher, daß nicht nur Personennamen, sondern auch geographische Bezeichnungen in den Briefen unterschiedlich geschrieben wurden: Der gleiche Biridia (der in einem Fall seinen Namen Biridi schrieb) teilte einmal dem Pharao mit, daß er Makida, und ein anderes Mal, daß er Magidda verteidige. In den Briefen gibt es viele ähnliche Beispiele.

Während sich Biridia auf seinem Posten in Megiddo befand, stieß er mit dem König von Assyrien, dem Feinde des Pharaos, zusammen, und es waren die unter seinem Kommando stehenden Streitwagen, die Salmanassar erbeutete . . .

Im Heer unter Biridia standen eintausend Musri-Krieger, als es, nach dem Bericht Salmanassars, mit dessen Armee bei Qarqar zu einer Schlacht kam. Musri ist der assyrische Name für Ägypten (Mizraim im Hebräischen). Da es unsinnig erschien, daß der ägyptische König nur den zehnten Teil der Soldaten geschickt haben sollte wie Ahab, wurde angenommen, daß Musri ein anderes Reich als Ägypten bezeichne. Die eine Theorie verlegte es auf die Sinai-Halbinsel[26], und eine andere lokalisierte es im nördlichen Syrien oder östlichen Anatolien[27].

Diese Theorien erübrigen sich, wenn die Amarna-Briefe

25 Da die Amarna-Briefe nicht als zur Zeit Salmanassars gehörend betrachtet wurden, hieß es von Biridri, dem Anführer der Koalition, es handle sich bei ihm um Benhadad, den mächtigsten der Könige Syriens. (Siehe Meyer, »Geschichte des Altertums«, II, Teil 2, S. 274). Die Identifikation Benhadads mit Biridi gab zu der Frage Anlaß: Warum kam Ahab seinem Feinde Benhadad bei Qarqar zu Hilfe? Es wurde die Vermutung angestellt, daß Benhadad seinen Krieg gegen Ahab führte, um ihn zu zwingen, am Kriege gegen Salmanassar teilzunehmen.

26 C. Beke, »Mount Sinai a Volcano«, S. 8.

27 Hugo Winckler, »The Encyclopaedia Biblica«, Hrsg. Cheyne and Black, schenkt dieser Theorie mit allen ihren Konsequenzen (hinsichtlich aller Berührungen der Israeliten mit Ägypten) Glauben, wodurch viele wichtige Punkte wertlos wurden.

zeitlich richtig eingeordnet werden. Die Anwesenheit einer kleinen Abteilung ägyptischer Soldaten in dem unter Biridia vereinigten Heer steht in Einklang mit dem Inhalt der Amarna-Briefe. Biridia schickte dem Pharao regelmäßige Berichte über seine Vorbereitungen, sich dem König von Chatti auf dem Schlachtfeld entgegenzustellen.

In einer Anzahl von Briefen an den Pharao spricht der König von Sumur von der Gefahr, die vom König von Chatti drohte. So heißt es in einem der älteren Briefe: »Es erfahre der König, mein Herr, daß der König von Chatti erobert hat alle Länder, welche Besitztum des Königs von Mitta (etwa = Mittani) oder des Königs von Nachma (etwa = Nachrima) waren. (Und) das Land der . . . Könige hat Abdi-Aširta, der Knecht, der Hund, an sich genommen.«[28] In Mitanni (Mitta) waren die Erfolge des Königs von Chatti nur von kurzer Dauer, denn König Tuschratta von Mitanni, der Schwiegervater des Pharaos, konnte ihm unter anderen zahlreichen und wertvollen Geschenken auch einige von »der Beute aus dem Lande Chatti« senden und seinen Schwiegersohn auf diese Weise wissen lassen, daß er keine Niederlage erlitten hatte. Abgesehen von seiner Eroberung Babylons während eines dynastischen Krieges zwischen zwei babylonischen Fürsten, verzeichneten die Berichte Salmanassars keinen entscheidenden Sieg oder einen dauernden Landgewinn im Osten.

Fast in jedem Jahr während der ersten zwei Jahrzehnte seiner Regierung wiederholte Salmanassar seine südwärts gegen Syrien gerichteten Feldzüge. Die nordsyrischen Vasallen Ägyptens berichteten dem Pharao von den Raubzügen des Königs von Chatti in den Amarna-Briefen.

Diese Überfälle hinterließen völlige Zerstörung. Rib-Addi schrieb in einem seiner späteren Briefe: »Ich habe gehört von dem Chati-Leuten, daß sie verbrennen die Länder mit Feuer. Ich habe wiederholt geschrieben . . . Erobert sind alle Länder des Königs, meines Herrn . . . jetzt bringen sie Krieger von den Chati-Ländern, um zu erobern Gubla.«[29] In diesem Brief

28 Brief 75.
29 Brief 126.

Abb. 13: Tributzahlung König Jehus von Israel an König Salmanassar III. Relief und Inschrift von dem Obelisken Salmanassars III. Bildarchiv Preußischer Kulturbesitz.

drückte Rib-Addi seine Befürchtung aus, daß der Angriff sich gegen ihn richten würde. Seine Nachricht, daß der König von Chatti die Städte bis auf den Grund niederbrenne, entsprach der Wahrheit. Salmanassar schrieb selbst: »Ich zerstörte, ich verwüstete, ich verbrannte mit Feuer« – eine Feststellung, die er oft wiederholte; nach seinem sechzehnten Zug nach Syrien verewigte er seine Taten mit diesen Worten: »Zahllose Städte zerstörte ich, verwüstete ich, verbrannte ich mit Feuer.«

Das gleiche stand in vielen Briefen syrischer Stadtfürsten an den Pharao.

Von den Taten des Königs von Chatti schrieb Rib-Addi in einem noch späteren Brief[30], aber diese Zeilen sind lückenhaft, und wir können zwischen den unleserlich gewordenen Zeichen nur noch die Worte »König der Chatti-Länder« lesen.

Salmanassar, der assyrische König des 9. Jahrhunderts, war nach dieser Rekonstruktion der Geschichtsschreibung der König von Chatti der Amarna-Briefe. Nachdem er das von seinem Vater Aššurnâsirpal ererbte Reich gesichert und durch die Eroberung Babylons und noch anderer Gebiete erweitert hatte, schrieb er:

> Das Land Chatti bis zu seiner fernsten Grenze brachte ich unter meine Macht. Von der Quelle des Tigris bis zur Quelle des Euphrat unterwarfen (es) meine Hände[31].

Chatti ist hier offenbar eine weitgefaßte geographische Bezeichnung und kein ethnographischer Name.

Als die Syrer unter den Mauern von Samaria das Herannahen eines Entsatzheeres zu hören glaubten, bildeten sie sich ein, daß es entweder das Heer Ägyptens oder das von Chatti sei (2. Könige 7, 6). Mit dem letzteren ist offensichtlich das Heer Salmanassars gemeint. Er drängte alle übrigen Länder in die Verteidigung, und als sein einziger wirklicher Gegner wurde der Pharao betrachtet. Ihre Rivalität hinsichtlich Syriens tritt in den Amarna-Briefen deutlich zutage.

30 Brief 129.
31 Luckenbill, »Records of Assyria«, I, Abschnitt 641.

Salmanassar III. dringt in das Amurru-Land ein und wird vom König von Damaskus bekämpft.

Im zehnten Jahr seiner Regierung kämpfte Salmanassar gegen eine andere Koalition, die wieder unter der Führung Biridis (Biridia) stand. Als Biridi starb, tötete Hasael, unter Ausnutzung der Abwesenheit eines ägyptischen Vorstehers, seinen eigenen Vater.

Aziru (Hasael) stand in Ägypten in dem Verdacht, sich auf die Seite des »Königs von Chatti« geschlagen zu haben, wie dies bei seinem Vater schon einmal der Fall gewesen war[32], denn er empfing Boten des Königs von Chatti. Zu gleicher Zeit bat er den Pharao, ihn als König von Damaskus zu bestätigen, dessen Thron er widerrechtlich an sich gerissen hatte. Er wurde aufgefordert, nach Ägypten zu kommen, schob aber wiederholt seine Abreise mit der Ausrede hinaus, es müßten die Bewegungen des Königs von Chatti beobachtet werden. ». . . und wenn der König von Chatte zur Feindschaft gegen mich herankommt, so, o König, mein Herr, Krieger . . . und Wagen gib du mir zu meinem Beistand.« Aber man fragte ihn: »Warum hast du verpflegt den Boten des Königs von Chatte? Meinen Boten hast du aber nicht verpflegt.« Ein langer und interessanter Brief des Pharaos an ihn ist erhalten geblieben: Das königliche Beil würde sein Haupt und die Häupter seiner ganzen Familie abschlagen[33], wenn er sich auf die Seite der Feinde des Pharaos stelle, er würde aber in Gnade stehen, wenn er treu bliebe (Brief 162).

Aziru (Hasael) war »sehr, sehr froh« über die »schönen und guten« Worte des Pharaos, aber er konnte der Einladung, nach Ägypten zu kommen, nicht Folge leisten. Sein Doppelspiel erzürnte auch den König von Chatti. Aziru (Hasael) schrieb an seinen Protektor Dûdu: »Aber mein Herr, der König von Chatte ist in Nuhašše hineingekommen. So kann ich denn nicht gleich kommen. Möchte der König

32 Brief 75.

33 Eine ähnliche Strafe wurde auf Jehus Befehl über die Brüder von Ahabs Erben verhängt.

von Chatte abziehen!« In einem Brief an den Pharao gab er zu, daß er »früher bei dem König von Chatte ankam«[34], aber nun blicke er nur noch in das Antlitz der Sonne, seines Herrn (Echnaton). »Und es kommt der König von Chatte herein in Amurri, das Land des Königs, meines Herrn ... denn jetzt sitzt er in Nuhašše, zwei einfache Tagesreisen bis nach Tunip[35], und ich habe Furcht, daß er bedrängen wird Tunip. Möchte er abziehen.«[36] »... und ich habe Furcht vor ihm, daß er etwa in Amurri heraufsteigt (oder kommt) ... So habe ich Furcht vor ihm ...«[37]

Wir müssen nun die Annalen Salmanassars daraufhin untersuchen, ob er wirklich nach Amurru kam und Hasael (Aziru) bedrohte.

In den Briefen der syrischen Stadtkönige lesen wir von dem Entsetzen, das Salmanassar in diesem Lande erregte und das er auch in seinen Annalen erwähnt: »Die Könige des Landes Amurru, alle von ihnen, wurden mit Furcht erfüllt beim Herannahen meiner gewaltigen, schreckenerregenden Waffen.«[38] Er nennt das Land Syrien mit dem Namen, der auch in den Amarna-Briefen dafür verwendet wird – Amurru (Amurri). Außerdem bestätigen die Annalen Salmanassars das, was in den Amarna-Briefen über Hasael (Aziru) gesagt wurde: »In meinem achtzehnten Regierungsjahr überschritt ich zum sechzehnten Male den Euphrat. Hasael von Aram (Amurru) erhob sich zum Kampfe.« Er schrieb, daß Hasael Stellung am Berge Senir bezog (Antilibanon). »Der Saniru, eine Bergspitze gegenüber dem Libanon.« Diese strategische Position Hasaels schützte Tunip (Baalbek). In der Schlacht erbeutete Salmanassar 1121 Streitwagen. »Bis nach Damaskus, seiner königlichen Stadt, drang ich vor. Seine Baumgärten schlug ich nieder.«

Nach seinen Annalan zog Salmanassar vier Jahre darauf

34 Brief 165.

35 Von Halévy und Winckler als Baalbek identifiziert. Vgl. Weber in Knudtzon, Seite 1123 ff.

36 Brief 165.

37 Brief 166.

38 Luckenbill, »Records of Assyria«, I, Abschnitt 601.

»gegen die Städte Hasaels von Aram (Amurru)« und »eroberte vier seiner Städte«.

Die Phönizier ziehen fort in eine neue Heimat

Aus den Annalen Salmanassars erfahren wir, daß er bis nach Tyrus hin die syrische Küste unterjochte. Der Terror Assyriens und der schwere Tribut zwangen die Phönizier, nach einer neuen Heimat Ausschau zu halten. Eine Anzahl von ihnen verließ Tyrus und noch andere Städte, zog an die halbwegs des Mittelmeers gelegene nordafrikanische Küste und gründete dort die Kolonie Karthago[39]. Auf der Suche nach einer weiteren Erwähnung der kriegerischen Unternehmungen Salmanassars in den Amarna-Briefen ergibt es sich von selbst, daß wir unsere Aufmerksamkeit den aus Tyrus geschriebenen Briefen zuwenden. Abimilki, der König von Tyrus, sandte mehrere Tafeln an den Pharao und versicherte ihm:

> Brief 147: Und siehe, ich schütze Tyrus, die große Stadt, für den König, meinen Herrn.

Und noch einmal:

> Brief 149: Der König, mein Herr, hat mich bestellt zu schützen Tyrus, die Dienerin des Königs.

Der Pharao forderte Auskünfte von Abimilki über die Städte Syriens, und Abimilki schrieb, daß Aziru (Hasael) Sumura (Samaria) erobert habe und daß die Stadt Danuna in Syrien ruhig sei (Salmanassar zog in seinem zweiten Regierungsjahr durch diese von ihm Dihnunu genannte Stadt); er schrieb auch, daß die Stadt Ugarit zur Hälfte durch Feuer zerstört und der andere Teil der Stadt ausgeplündert wurde und daß die Krieger des Chatti-Heeres sie verlassen hätten.

Im vierten Jahr seiner Regierung eroberte Salmanassar Ugarit, die Stadt Nikdems. Nachdem Danuna und Ugarit in

39 In der zweiten Hälfte des 9. Jahrhunderts.

der Hand Salmanassars waren, war die Lage von Tyrus aufs äußerste gefährdet, besonders weil die Stadt, wie sich aus den Amarna-Briefen ergibt, mit Sidon in Fehde lag und von jenseits des Jordans plündernde Stämme sich Tyrus näherten. Auf seinem Felseneiland war Tyrus nicht nur wegen der Versorgung mit Wasser, sondern auch wegen des Holzes für den Schiffsbau auf das Festland angewiesen.

In seiner Bedrängnis schrieb Abimilki, er sei ein »Diener der Tränen« geworden, und flehte um Hilfe. Als er endlich die Nachricht erhielt, daß die Flotte des Pharaos nach Tyrus kommen würde, schickte er seine Seeleute den ägyptischen Schiffen entgegen. Für eine Weile schöpfte er wieder Mut und schrieb erneut, daß er die Stadt verteidigen werde aber die Hilfe war unzureichend und kam – wenn sie überhaupt kam – zu spät.

Salmanassar schrieb im achtzehnten Jahr seiner Regierung, daß er »den Tribut der Tyrer, Sidonier und des Jehu aus dem Hause Omris« empfangen habe.

In seinem letzten Brief an den Pharao änderte Abimilki den Ton, in dem er in seinem früheren Briefen zu schreiben pflegte. Sonst war es seine Gewohnheit, dem Pharao zu sagen, daß er, der erhabene Oberherrscher »seinen Schall gibt im Himmel (donnert) wie Adad«. Hier muß bemerkt werden, daß Salmanassar in seinen Inschriften das gleiche von sich selbst sagte: »Ich donnerte wie Adad, der Sturmgott« und er schrieb auch: »Salmanassar, der mächtige König, der Sonne aller Völker.« Echnaton und Salmanassar nahmen beide für sich in Anspruch, die Sonne zu sein, und schon bald wurde Abimilki klar, daß es zwei Sonnen gab: eine gewalttätige im Zweistromland und eine untätige in Ägypten.

Abimilki zollte zwar dem Pharao noch Respekt und nannte ihn »ewige Sonne«, aber in seinem letzten, langen Brief schrieb er nicht mehr an ihn als seinen einzigen Herrscher, und es wurde dem Pharao deutlich zu verstehen gegeben, daß Abimilki sich auch vor einem anderen Herrn verneige.

> Brief 155: . . . und der König ist ewige Sonne. Der König hat befohlen, daß seinem Diener und dem Diener Šalmaiâtis, gegeben

werde ... und daß gegeben werde Wasser ... zum Trinken für ihn. Aber nicht haben sie getan, wie der König, mein Herr befohlen hat. Nicht geben sie. So sorge denn der König für den Diener Šalmaiâtis, daß Wasser gegeben werde um seines Lebens willen! Ferner: Mein Herr König, wenn nicht da ist Holz, nicht da ist Wasser, nicht da ist Stroh, nicht da ist Erde, nicht da ist eine Pflanze für den Toten, so möge der König, mein Herr, sich kümmern um den Diener Šalmaiâtis, daß ihm Leben gegeben werde!

Zur Erklärung der Bedeutung dieses verblüffend auftauchenden Namens Šalmaiâti wurden bizarre Vermutungen aufgestellt und veröffentlicht. Der Wechsel in der Oberherrschaft über Tyrus ist leicht mißzuverstehen, wenn man den zeitgenössischen Bericht Salmanassars, der in seinem achtzehnten Regierungsjahr von Tyrus und Sidon Tribut empfing, außer Betracht läßt. Šalmaiâti konnte auch nicht ein anderer Name des Pharaos sein, weil Abimilki sich Diener des Pharaos und Diener des Šalmaiâti nannte. Ferner wurde vorgeschlagen [40], das Wort sei »Maya-ati« zu lesen und mit Meritaton, einer Tochter Echnatons, zu identifizieren, doch wurde zugegeben, daß die Beweise für diese und ähnliche Erklärungen unzureichend seien[41]. Sodann hieß es, daß Šalmaiâti ein Gott war, und es wurde eine Hypothese aufgestellt, nach der das alte Jerusalem und Tyrus beide eine Gottheit Salem verehrt hätten und diese Gottheit von Abimilki Šalmaiâti genannt wurde; es wurde indessen bemerkt, daß ein dem Namen einer Gottheit in der Regel hinzugefügtes Zeichen jedesmal fehlte, wenn der Name Šalmaiâti in den Briefen vorkam. Wer aber konnte er dann gewesen sein? Denn ungeachtet der beiden Tatsachen – daß Šalmaiâti und der Pharao nicht die gleiche Person sein konnten und Šalmaiâti keine Gottheit war – wurde angenommen, Šalmaiâti wäre der Name eines Gottes, gleichbedeutend mit der Sonne oder dem Aton Echnatons. Hier jedoch wäre die-

40 Von W. F. Albright, »Journal of Egyptian Archaeology«, 23 (1937), 191f.; »Journal of Biblical Literature«, 61 (1942), 314.

41 »... noch ist die Etymologie des Wortes klar.« Mercer, »Tell el-Amarna Tablets«, S. 504–505.

ser Gott als das *alter ego* Echnatons angerufen, was das Gottesdeterminativ entbehrlich mache und dennoch ein Hinweis auf eine zweite Persönlichkeit sei [42].

Aber Abimilkis letzter Brief ist noch nicht zu Ende, und was ist es, was wir gerne noch aus ihm erfahren möchten? Selbstverständlich etwas über die Auswanderung der Bevölkerung von Tyrus und anderer phönizischer Städte, die auf ihren Schiffen dem drückenden Joch Salmanassars und der wiederkehrenden Dürre entgehen wollten und an den Küsten des Mittelmeeres einen neuen Hafen suchten. Wir wissen, daß in den Tagen Salmanassars und aus Furcht vor ihm aus Tyrus und anderen phönizischen Städten Flüchtende sich aufmachten und den Grundstein legten zum Bau Karthagos.

Dieser letzte Brief Abimilkis schließt mit den Worten:

> Brief 155: So möge richten der König sein Antlitz auf seinen Diener und Tyrus, die Stadt Šalmaiâtis . . . Siehe, der Mann von Beruta (Beirut) ist auf Schiff weggegangen, und der Mann von Sidon geht auf zwei Schiffen weg, und ich gehe weg nebst allen deinen Schiffen und meiner ganzen Stadt.

Die dramatische Bedeutung dieses Briefes wird hierdurch klar. Abimilki schrieb, daß er sein Felseneiland verlassen und die Bevölkerung von Tyrus evakuieren würde. Er bat den Pharao, für alles zu sorgen, was in der verlassenen Stadt zurückblieb, die durch ihre Tributverpflichtung an einen königlichen Angreifer gebunden war.

Wer ist der gefürchtete »König von Chatti« der Amarna-Korrespondenz?

Der König von Chatti, immer gefürchtet und oft in den Briefen der syrischen Fürsten erwähnt, könnte durchaus einer der Korrespondenten der Amarna-Sammlung gewesen sein. Er befand sich zwar in ständigem Konflikt mit Ägypten, führte aber nie offen Krieg gegen den Pharao; zumindest sandte der

42 Weber in Knudtzon, »Die El-Amarna-Tafeln«, S. 1254 ff.

Pharao niemals seinen syrischen Vasallen ein starkes Heer zu Hilfe. Daß sie Briefe miteinander wechselten, ist deshalb möglich. Als feststehend wird allgemein angenommen, daß Suppiluliuma, von dem lediglich ein sehr freundschaftlicher Brief erhalten blieb, der gefürchtete König von Chatti war. Einige Generationen später war ein anderer Suppiluliuma »ein König von Chatti«, und es schien daher recht und billig, daß der Suppiluliuma der Amarna-Zeit ebenfalls ein großer König von Chatti gewesen sei.

Und tatsächlich lebte zur Zeit Salmanassars III. (im 9. Jahrhundert) ein Fürst namens Suppiluliuma (Sapalulme), den Salmanassar in seinen Annalen erwähnt [43], und er könnte der Verfasser des mit seinem Namen unterzeichneten Briefes in der Armarna-Sammlung gewesen sein [44].

In einem kurzen und lückenhaften Text aus Ugarit, der von Schenkungen an die Göttin der Stadt Arne spricht, ist sowohl der Fürst Niqmad von Ugarit-Ras Schamra als auch Suppiluliuma genannt [45]. Anscheinend brachten Niqmad und ebenfalls Suppiluliuma der Göttin von Arne Geschenke dar. Arne lag nicht weit von Ugarit entfernt und wurde von Salmanassar auf einem seiner Feldzüge eingenommen. »Gegen die Städte des Arame (Personenname) zog ich heran. Seine königliche Stadt Arne eroberte ich.«[46]

Unabhängig von der Feststellung der Identität Salmanassars III. mit dem König von Chatti, dem Angreifer aus dem Norden zur Zeit der Amarna-Korrespondenz gibt es einen Grund zu der Annahme, daß der König von Chatti einer der Briefschreiber von Amarna gewesen ist. Wir haben bereits aufgezeigt, daß er in den Briefen des Königs von Tyrus unter dem Namen Šalmaiâti erwähnt ist, mit diesem Namen ist aber kein Brief unterzeichnet.

Da nun Salmanassar III. König von Assyrien war, der durch

43 Luckenbill, »Records of Assyria«, I, Abschnitt 599.

44 Brief 41.

45 G. Virolleaud, »Suppiluliuma et Nigmad d'Ugarit«, »Revue hittite et asianique«, V (1940), 173–174; C. H. Gordon, »Ugaritic Handbook« (Rom 1948).

46 Luckenbill, »Records of Assyria«, I, Abschnitt 563.

Intrigen und Eroberungen auch König von Babylon wurde, und Burraburiasch (Burnaburiasch) der Name des Königs ist, welcher aus Babylon schrieb und die Assyrer in seinen Briefen als seine Untertanen bezeichnete[47], ist höchstwahrscheinlich Burnaburiasch das *alter ego* des Assyrers Salmanassar. Daß der König in Ninive und in Babylon verschiedene Namen gebrauchte, ist aus vielen Beispielen bekannt[48].

Salmanassar schrieb von sich selbst: »Salmanassar, der mächtige König, der König des Weltalls, der König ohne seinesgleichen, der Selbstherrscher ... der die Macht der Fürsten der ganzen Welt zerschlägt, der alle seine Feinde wie Töpfe zerschmettert hat, der mächtige Held, der schonungslose.«

Es hat auch den Anschein, daß zu dieser Zeit einzig und allein Salmanassar so geschrieben haben würde wie Burnaburiasch, der ungemein überheblich war und Briefe schrieb, die oft an Beleidigungen grenzten. Unter dem Vorwand einer Unpäßlichkeit weigerte er sich, dem Boten des Pharaos eine Audienz zu gewähren (»... so daß sein Bote niemals vor mir Speise gegessen oder Rauschtrank getrunken hat«), und dann sagte Burnaburiasch, obwohl der Pharao der Gekränkte war, daß er zornig sei – »... und ich ließ meinen Zorn über meinen Bruder gegen dich los« – weil er nicht die einem unpäßlichen Herrscher zustehende Botschaft der Anteilnahme erhalten habe. Als er aber durch eingehende Befragung seines eigenen Boten erfahren hatte, wie weit der Weg sei und daß der Pharao in dieser kurzen Zeitspanne auf die Nachricht, daß er sich nicht wohl befände, noch nicht habe antworten können, fügte er dem gleichen Brief hinzu: »... so ließ ich den Zorn über meinen Bruder nicht los gegen dich.« Darauf fand er an den Gaben des Pharaos etwas auszusetzen: »... so kam, als ich die vierzig Minen Gold, die sie brachten, in den Ofen legte, Vollwichtiges nicht hervor.« Er forderte von ihm, »seinen Schaden möge man ihm ersetzen!«, den er durch die Plünderung einer Karawane in Syrien erlitten habe, denn »Kinachchi ist dein

47 »Assyrer, Untertanen von mir.« Brief 9.

48 Siehe den Artikel »Babylonien« in »Encyclopaedia Biblica«, Hrsg. Cheyne and Black.

Land, und seine Könige sind deine Diener«, deshalb »bändige sie, und das Geld, das sie weggenommen haben, erstatte es!« Ebenso schrieb er: »Meinen Boten halte nicht zurück! Eilends möge er kommen!« Er verlangte, daß verschiedene Kunstgegenstände für ihn angefertigt und ihm als Geschenke zugesandt werden sollten: »Getier, sei es des Landes, sei es des Flusses, möge man der (Gestalt) von Lebendigem gleich machen; das Fell möge gemäß dem von Lebendigem gemacht werden!« Er schickte zwar auch Geschenke, bemerkte aber dazu: »An die Herrin deines Hauses habe ich (nur) zwanzig Siegelringe aus schönem Lasur-Stein übersandt, weil sie mir nichts getan hat, das ich zu vergelten habe.«

Diese Art, an den Pharao zu schreiben, ist in der Amarna-Sammlung einmalig. Alle Anzeichen deuten auf die Identifikation von Burnaburiasch sowohl mit dem Salmanassar der assyrischen Inschriften als auch mit dem Šalmaiâti im Brief des Königs von Tyrus und auch mit dem »König von Chatti«.

Es gibt ein langes Verzeichnis der Geschenke, die Echnaton an Burnaburiasch sandte [49]. Nach einer weitschweifigen Aufzählung von Gegenständen aus Gold, Silber, kostbarem Gestein und Elfenbein erwähnt die Liste Tiere, aber dieser Teil ist unleserlich geworden, und nur das Wort »Steinbock« (*du-ra-chu*) ist noch zu entziffern. Die Liste vermittelt den Eindruck, daß es sich eher um einen Tribut als um Geschenke handelt, und die Briefe von Burnaburiasch lassen erkennen, daß das in großen Mengen übersandte Gut nicht ganz freiwillig gegeben wurde. Die im Grabe Tutenchamons, des Schwiegersohnes Echnatons, gefundenen Schätze übertreffen jeden anderen archäologischen Fund in Ägypten und anderwärts, sie sind aber unbedeutend im Vergleich zu den Geschenken, die Echnaton an Burnaburiasch sandte. Die Liste beginnt mit den Worten:

Brief 14: Dies sind die Gegenstände, die Naphururia, der große König, König von Ägypten (sar Miisri), an seinen Bruder Burn-

49 Brief 14.

aburiaš, den großen König, König von Karaduniaš (Babylonien), übersandte.

Auf einem Obelisken ließ Salmanassar die Übergabe von Tributen verschiedener Länder abbilden, von denen eines Musri (Ägypten) war: »Tribut aus dem Lande Musri.« Außer Gold – und weit mehr geschätzt als dieses Metall – werden seltene Tiere beschrieben: Kamele mit zwei Höckern, ein Flußpferd und noch andere Land- und Wassertiere, von denen einige dargestellt sind. Es ist denkbar, daß dies Abbildungen der Tiere »des Landes und des Flusses« waren, die in dem zitierten Brief gefordert wurden.

Wenn wir nun die den König von Chatti betreffenden Parallelen in den Annalen Salmanassars und in den Amarna-Briefen kurz zusammenfassen, ergibt sich das Folgende:

Der Bericht über den Feldzug des Jahres vier der Regierung Salmanassars gegen Nikdem (Niqmad) hat sein Gegenstück in einem Brief des Königs von Tyrus und in einer in Ugarit-Ras Schamra gefundenen Proklamation. Von Salmanassars wiederholten Feldzügen in Syrien – er selbst zählt sechzehn Einmärsche während der ersten achtzehn Jahre seiner Regierung – ist in vielen der Amarna-Briefe die Rede, insbesondere in denen, die aus den Städten des nördlichen Syriens kamen.

Salmanassar schrieb: »Das Land Chatti bis zu seiner fernsten Grenze brachte ich unter meine Macht«, und außerdem: »Ich empfing Geschenke von allen den Königen von Chatti.«[50] In den Briefen von el-Amarna wird der angreifende König »König von Chatti« genannt. Daß er zahlreiche Städte durch Feuer zerstörte, erwähnen seine Inschriften wie auch die Briefe von el-Amarna, und noch heute sind die Spuren der Feuersbrunst an den Ruinen von Ugarit erkennbar. »Der lähmende Schrecken« vor seinen Waffen, der nach seinen Annalen die Könige des Landes Amurru befiel, finden Ausdruck in vielen Briefen.

Die Namen der Städte und Fürsten, die dem Pharao vom

50 Luckenbill, »Records of Assyria«, I. Abschnitt 563.

Herannahen des Eroberers schrieben, tauchen auch in Salmanassars Annalen als die Namen jener auf, die mit Ägyptens (Musris) Unterstützung im sechsten Jahr seiner Regierung gegen ihn kämpften. In seinem elften und noch einmal in seinem vierzehnten Regierungsjahr kämpften sie erneut gegen ihn. Vom Befehlshaber dieser Koalition, dem Biridri der assyrischen Annalen oder dem Biridia (auch Biridi geschrieben) der Briefe, liegen militärische Berichte an den Pharao über seine Verteidigungspläne gegen den Angreifer vor.

Über das Tributverhältnis, in das Salamanassar in seinem achtzehnten Regierungsjahr die Städte Tyrus und Sidon brachte, und die Auswanderung ihrer Bevölkerung auf Schiffen in eine neue Heimat, schreibt der König von Tyros in seinem letzten Brief. Seinen Marsch gegen Hasael (Aziru) im gleichen Jahr, von dem Hasael ebenfalls in seinen Briefen berichtet, verzeichnet Salmanassar in seinen Annalen, wie auch in beiden Quellen von Hasaels Stellung im Antilibanon (Senir) die Rede ist, und ebenso die Briefe auch die Kriege des Königs von Chatti (Salmanassar) im Bereich Mesopotamiens erwähnen.

Die Geschenke aus Gold und die seltenen Tiere, die Ägypten sandte, sind in den Amarna-Briefen beschrieben und auf dem Obelisken Salmanassars abgebildet.

Eigentümlichkeiten der Sprache der Amarna-Briefe

Die Amarna-Briefe wurden in Keilschrift geschrieben, und zwar in Babylonisch (Akkadisch) mit vielen »syrischen Spracheigentümlichkeiten« (Idiomen). Da sie aus den Tagen Josaphats, des Königs von Jerusalem, stammen, sollte man erwarten, daß ihre Ausdrucksweise – wie solche für jedes Land und jedes Zeitalter charakteristisch ist – derjenigen in den älteren Büchern der Propheten ähnlich ist, denn Josaphat trennen nur hundert Jahre vom Propheten Amos.

Die Ähnlichkeit der Ausdrücke in den Amarna-Briefen aus Palästina und bei den Propheten und Psalmisten blieb nicht unbemerkt, und gleichartige Redewendungen wurden ausfindig gemacht und hervorgehoben. Hier einige Beispiele[51]:

In den Briefen des Iahtiri (Yakhtiri) und Ba'lu-mihir[52] wird die Treue gegenüber der herrschenden Gewalt durch die Metapher »ich habe gelegt meinen Nacken an das Joch, welches ich trage« ausgedrückt, ähnlich wie Jeremia 27, 11 f.

Mit den Worten »den Staub essen (lecken)« in den Briefen der Männer von Irkata wird ebenso wie Jesaia 49, 23, die Unterwerfung des Feindes umschrieben.

Des Königs »Antlitz« richtet sich gegen einen Mann, oder der König »wirft nieder« das Antlitz eines Mannes, oder er schleudert (läßt) aus seiner Hand den Menschen – so in den Briefen Rib-Addis (Ahabs), Genesis 19, 21, und 1. Samuel 25, 29. Rib-Addis »Antlitz ist freundlich gegen den König«; »er hat sein Antlitz dem Ruhm des Königs zugewandt und möchte sein gnädiges Antlitz sehen«. »Sofort werden biblische Vorstellungen von ›Antlitz (Angesicht)‹ und ›Gegenwart (Anwesenheit)‹ ins Gedächtnis zurückgerufen.«

»Genau wie Ikhnatons (Echnatons) Hymne uns an Psalm 104 erinnert, so klingt Psalm 139, 7 ff. an bei den Worten Tagis (Brief 264): ›Siehe, was uns betrifft, so sind auf dich meine zwei Augen. Wenn wir hinaufsteigen zum Himmel (*šamema*), wenn wir hinabsteigen zur Erde, so ist unser Haupt (*rušunu*) in deinen Händen.‹«

Der »Schemel deiner Füße« ist ein Ausdruck, der sich in einem der Briefe und Psalm 110 findet. Akhi-Yawi schreibt: »Ein Bruder bist du, und Liebe ist in deinen Eingeweiden und in deinem Herzen«, ähnlich wie Jeremia 4, 19. »Jetzt aber weint Dunip (Tunip), deine Stadt, und ihre Tränen rinnen, und es gibt kein Anfassen unserer Hand« (das heißt, niemand, der uns hilft) – diese Worte, welche die Männer von Tunip schrieben, erinnern uns an die Klagelieder 1, 2, und an Jesaia 42, 6.

Rib-Addis Berufungen auf den guten Namen des Pharaos

51 Die folgenden Beispiele und Zitate stammen aus: S. A. Cook, »Style and Ideas«, in »Cambridge Ancient History«, II.

52 Briefe 296, 257.

enthalten Redewendungen, wie sie auch im Deuteronomium 9, 27f., und in Josua 7, 9, gebraucht werden. Wenn er sagen will, daß er seine Sünden bekenne, wählt er die Worte: »... und ich meine Sünden den Göttern bekannt habe«[53], Worte, die sich auch in den Sprüchen 28, 13 finden; und wenn er schreibt, daß er sterben werde, »wenn nicht kommt ein anderes Herz« im König, so verwendet er einen Ausdruck, der auch 1. Samuel 10, 9 und Ezechiel 11, 19 vorkommt.

Der König von Jerusalem schrieb an den Pharao, daß »er (der Pharao) hat gesetzt seinen Namen im Lande Urusalim auf ewig. So kann er nicht im Stich lassen die Länder von Urusalim«, Worte, die uns an die Stelle Jeremia 14, 9, erinnern. Ein anderes Mal schrieb er: »Siehe, der König, mein Herr, hat gesetzt seinen Namen am Aufgang der Sonne und Untergang der Sonne« – eine Parallele zu Maleachi 1, 11.

Diese und ähnliche Parallelen veranlaßten den Gelehrten, der sie zusammentrug, zu schreiben: »Die wiederholten lyrischen Äußerungen Rib-Addis und Abdi-Chibas sind frühe Beispiele der hemmungslosen Wehklagen der späteren Israeliten, nur daß sie sich nicht an einen göttlichen König, ihren Oberherrn, in Ägypten, sondern an Jahwe wenden.«[54] Mit dieser Feststellung traf der Verfasser nur die halbe Wahrheit. Er betonte die Ähnlichkeit der Ausdrücke, womit er recht hatte; aber unter dem Zwang der konventionellen Chronologie sah er diese Tatsache als Beweis dafür an, daß die Kanaanäer sieben- oder achthundert Jahre vor den israelitischen Propheten und Schriftgelehrten die gleichen eigentümlichen Ausdrücke verwendet hätten, und hier war er im Unrecht.

Kunst und Literatur, die als kanaanäisches Kulturerbe betrachtet wurden, waren in Wirklichkeit eine israelitische Schöpfung, und die Beweise für die Kontinuität der Kultur in Palästina (vor und nach der Eroberung durch die Israeliten) schwinden dahin.

53 Brief 137.
54 Siehe A. Cook, in »Cambridge Ancient History«, II, 338.

Dieser aus der Untersuchung einer anderen entnommenen Zusammenstellung von Vergleichen können wir alle die Ausdrücke hinzufügen, die wir als identisch erkannten, sowohl in den Briefen als auch in den Dialogen und Monologen jener Kapitel der Bücher der Könige und der Chronik, die sich mit der Zeit Ahabs und Josaphats befassen, und die wir auf den vorausgegangenen Seiten dieses Buches miteinander verglichen haben. Wir stellten sogar die Formen der Redeweise Josaphats ähnlichen Konstruktionen in den Briefen des Königs von Jerusalem und Ausdrücke des biblischen Ahab denen in den Briefen des Königs von Sumurra gegenüber und fanden jeden Satz des biblischen Zwiegesprächs Hasaels beibehalten in Briefen von und über Aziru.

Es wäre ein leichtes, diese Sammlung noch zu erweitern, denn es gibt in den hierzu gehörigen Kapiteln der Bücher der Könige oder der Chronik keinen Monolog oder Dialog, der nicht Redewendungen enthält, wie sie auch in den Amarna-Briefen vorkommen. Die übliche Form der ehrerbietigen Anrede, wie »der König, mein Herr«, »mein Vater«, »dein Sohn«, »dein Bruder«, besondere Wendungen, wie: »Was denn, ist dein Diener ein Hund, daß er dieses tun sollte?«[55] oder »auf dich sind unsere Augen gerichtet«[56], und ganz allgemeine Redewendungen, wie: »aus der Hand gelassen«[57], finden sich in den Amarna-Briefen wie in den Kapiteln der Bücher der Könige und der Chronik, die sich mit der Zeit Ahabs und Josaphats befassen, zu deren Zeit auch die Kunst, auf Ton zu schreiben, hochentwickelt und der Austausch von Briefen allgemein üblich war. Jesebel sandte an die Ältesten von Jesreel Briefe, in denen sie zum falschen Zeugnis gegen Naboth aufforderte. Benhadad schrieb dem König von Israel einen Brief mit der Bitte, Naeman zu heilen, und Jehu

55 »Der Hund« bedeutet auch einen männlichen Prostituierten. Siehe Deuteronomium 23, 18. Der Ausdruck: »Ist dein Diener ein Hund, daß er nicht darf...« findet sich auch in den Briefen aus Lachisch, dem heutigen Tell ed-Duweir im südlichen Palästina. Diese Briefe wurden kurz vor der Zerstörung des ersten Tempels geschrieben.

56 2. Chronika 20, 12 (Worte Josaphats).

57 1. Könige 20, 42.

schickte nach dem Gelingen seiner Verschwörung in Jesreel zweimal Briefe an die Ältesten von Samaria.

Die Amarna-Briefe liefern uns genügend Beweise dafür, daß im Palästina jener Zeit die Verwendung von Schreibern und das Schreiben von Briefen etwas ganz Alltägliches war, und sie bezeugen ebenfalls, daß zur Zeit Ahabs und Josaphats in Palästina die Schreiber neben Hebräisch auch Keilschrift lesen und schreiben konnten. Dies bestätigt die zu Beginn dieses Jahrhunderts aufgestellte Theorie[58], daß zu der Zeit, in der die Annalen zusammengestellt wurden, die später der Herausgeber der biblischen Texte benutzte, in Palästina in Keilschrift geschrieben wurde.

Die Ausgrabungen in Samaria förderten zwei Keilschrifttafeln zutage. Eine von ihnen enthält die Worte: »... sagte Abiahi, dem Vorsteher der Städte, (er solle) sechs Ochsen und zwölf Schafe abliefern«, während die Schrift der anderen Tafel nahezu völlig unleserlich ist. Auf beiden Tafeln befindet sich ein hebräisches Siegel[59], und ein hebräischer Schreiber muß sie geschrieben haben. Welcher Zeit diese Tafeln aus dem Palast in Samaria angehören, ist nicht genau bekannt; der Palast wurde im frühen 9. Jahrhundert erbaut und gegen Ende des 8. Jahrhunderts zerstört.

Das Zeitalter des Elfenbeins

Die Periode der Amarna-Korrespondenz könnte sehr gut auch das »Zeitalter des Elfenbeins« genannt werden. Neben dem zu allen Zeiten gleich großen Verlangen nach Gold waren Gegenstände aus Elfenbein am höchsten begehrt und zusammen mit Lapislazuli die am häufigsten erwähnten königlichen Geschenke. Die asiatischen Könige schickten den

58 H. Winckler, »Der Gebrauch der Keilschrift bei den Juden«, »Altorientalische Forschungen«, III (1902), Teil I, S. 165ff.; E. Naville, »Archaeology of the Old Testament« (London 1913); Benzinger, »Hebräische Archäologie« (2. Auflage, 1907), S. 176; Jeremias, »Das Alte Testament im Lichte des alten Orients«, S. 263.

59 Reisner, Fisher and Lyon, »Harvard Excavations at Samaria«, I, 247.

Pharaonen Amenophis III. und Echnaton Lapislazuli und erbaten von diesen Gegenstände, insbesondere Möbel aus Elfenbein oder eingelegt mit Elfenbein.

So schrieb Amenophis III. dem König von Arzawa in Kleinasien: »Zehn Sessel aus ušû-Holz (Ebenholz), mit Elfenbein und Lasur-Stein ausgelegt und überzogen ... habe ich dir bringen lassen«[60], und Tuschratta, der König von Mitanni, schrieb Amenophis III.: »Und möge mein Bruder geben drei Statuen aus Elfenbein.«

Burnaburiasch, der aus Babylon schrieb, erbat sich Gegenstände aus Elfenbein:

> Brief 11: Stiele aus Elfenbein möge man anfertigen und färben! Pflanzen des Feldes, die einander gleichen, aus Elfenbein möge man anfertigen und färben, und man möge sie bringen!

Die Liste der von Amenophis IV. (Echnaton) an Burnaburiasch gesandten Geschenke breitet das »Zeitalter des Elfenbeins« vor den Augen des Lesers aus. Es folgen einige Zeilen aus dieser Liste:

Brief 14:
8 *umninu* aus ušû-Holz (Ebenholz), mit Elfenbein ausgelegt.
2 *umninu* aus ušû-Holz, mit Elfenbein ausgelegt.
––– aus ušû-Holz, mit Elfenbein ausgelegt.
6 Tiertatzen aus Elfenbein ...
9 Pflanzen aus Elfenbein ...
10 ... welche übersäet sind, aus Elfenbein ...
29 Ölbehälter-Gurken aus Elfenbein ...
44 Ölbehälter, übersäet mit Feigen, Datteln und kurumanu, aus Elfenbein ...
3hundert 75 Ölbehälter aus Elfenbein ...
19 *gasu* aus Elfenbein ...
19 Brustschmucke aus Elfenbein ...
13 *umninu* aus Elfenbein ...
3 für das Haupt, aus Elfenbein ...
3 Näpfe aus Elfenbein ... kûpa ist sein Name.
3 Ölbehälter-Rinder aus Elfenbein ...
3 Ölbehälter-*dušahu* aus Elfenbein ...
aus Elfenbein ... aus Elfenbein ... aus Elfenbein ...

60 Brief 31.

Die vorliegende Untersuchung hat als Tatsache festgestellt, daß König Ahab ein Zeitgenosse Amenophis' III. und Echnatons war und daß Samaria mit Hilfe des Königs von Ägypten erbaut wurde. Ein Elfenbeinhaus wurde in Samaria errichtet:

> 1. Könige 22, 39: Die übrige Geschichte Ahabs aber und alles, was er getan hat, und der Palast von Elfenbein, den er gebaut hat, und alle die Städte, die er gebaut hat, das ist ja aufgezeichnet in der Chronik der Könige von Israel.

Über Israel und die Hauptstadt Samaria mit ihren Bauten weissagte einige Generationen nach Ahab der Prophet Amos:

> Amos 3, 15: Ich will das Winterhaus samt dem Sommerhaus zerschlagen, und die mit Elfenbein ausgelegten Häuser sollen zugrunde gehen.

Und noch einmal prohezeite er Unheil »für den Sorglosen auf dem Zion und den Sicheren auf dem Berge Samarias«:

> Amos 6, 4–5: Sie liegen auf Lagern von Elfenbein und räkeln sich auf ihrem Diwan . . . Sie grölen zum Klang der Harfe . . .

Von den früheren Ausgräbern wurden das Haus und die Lager aus Elfenbein für poetische Erfindungen der Verfasser der Heiligen Schrift gehalten[61], aber spätere Ausgrabungen am Ort des alten Samaria brachten »Hunderte von Elfenbeinfragmenten« ans Licht[62], die als Schmuckstücke, Teile von Möbeln und Verzierungen identifiziert wurden[63]. Es kann auf das genaueste festgestellt werden, daß es zur Zeit Ahabs war, als diese Gegenstände angefertigt wurden. Für diese Schlußfolgerung zeugen Elfenbeinfragmente mit hebräischen Buchstaben: Ein Vergleich dieser Buchstaben mit denen der Mescha-Inschrift zeigte, daß beide aus ein und derselben Zeit stammen[64].

61 Vgl. Reisner, Fisher and Lyon, »Harvard Excavations at Samaria«, S. 61.
62 Crowfoot and Crowfoot, »Early Ivories«, S. 2.
63 Ebenda, S. 55.
64 E. I. Sukenik, ebenda: »Das Resultat dieser Untersuchung führt uns zu dem Schluß, daß die Samaria-Elfenbeine, wie jene aus Arslan-Tasch, aus dem 9. Jahrhundert stammen und *älter* sind als die Ostraka aus Samaria.«

Die Ausgräber fühlten sich berechtigt, folgendes zu beschreiben: »Kein anderer Fund hat uns soviel von der Kunst der israelitischen Monarchie verraten.«[65]

Auf einigen dieser Stücke finden sich ägyptische Muster, und auf mehreren Platten ist die deutlich herausgearbeitete ägyptische Doppelkrone zu erkennen[66]. Da im 9. Jahrhundert vor unserer Zeitrechnung der Norden Spaniens unter assyrischer Herrschaft stand, würde ein Bibelforscher erwarten, auf assyrische Motive zu stoßen, nicht dagegen auf ein Vorherrschen ägyptischer Einflüsse in der Kunst einer Zeit, in der – nach seiner Zeittafel – lange nach der glänzenden XVIII. Dynastie, die Künste in Ägypten unter den aus niedriger Herkunft stammenden Nachfolgern Schoschenks (Sosenks) der XXII. Dynastie nicht mehr gepflegt wurden. Die Ausgräber Samarias waren überrascht: »Es ist bezeichnend, daß sich auf unseren Elfenbeinen kein Anzeichen assyrischer Einflüsse findet«, und: »Andererseits ist der Einfluß Ägyptens überall vorherrschend.«[67] Es gibt Platten mit Abbildungen ägyptischer Götter; die Darstellungen auf den Möbelstücken »sind ganz ägyptisch«[68].

Wenn wir nun die Zeit Echnatons mit der Ahabs gleichsetzen, dann wird uns die Rolle, die Ägypten zur Zeit der Amarna-Briefe in Samaria spielte, klar und macht das Vorkommen ägyptischer Motive und Möbelstile auf den Samaria-Elfenbeinen leicht begreiflich. Wir sind sogar in der Lage, die Elfenbeinfunde von Samaria mit ägyptischen Funden aus der Zeit Echnatons zu vergleichen. »Geflügelte Figuren in Menschengestalt« wurden in Samaria gefunden. »Die Formen der geflügelten Gestalten auf den Elfenbeinen ... sind ägyptischen Vorbildern entliehen. Schutzgöttinnen dieses Typs stehen an den vier Ecken des Schreines Tutenchamons.«[69] Drei in Samaria gefundene geflügelte Sphinxe mit menschlichen Köp-

65 Crowfoot and Crowfoot, »Early Ivories«, S. 49.
66 Ebenda, S. 23.
67 Ebenda, S. 49.
68 Ebenda, S. 9.
69 Ebenda, S. 18.

fen waren gleichfalls dem menschenköpfigen Löwen aus dem Grabe Tutenchamons ähnlich[70].

Tutenchamon war ein Schwiegersohn Echnatons. Von unserem Standpunkt aus ist das Vorhandensein ähnlicher Figuren auf seinem Sarkophag wie im Samaria Ahabs keineswegs unerwartet.

Als die Ausgräber der Samaria-Elfenbeine den Stil der Ornamente und damit den Einfluß der ägyptischen Kunst erkannten, glaubten sie, in den Tagen Ahabs habe eine Renaissance alter Kunstformen eingesetzt und das »Ägypten von gestern« sei nach sechshundert Jahren in Samaria zu neuem Leben erwacht.

Unter den gleichen Darstellungen der samarischen Elfenbeine konnten in der Bibel beschriebene Motive wiedererkannt werden, wie etwa Palmbäume »zwischen zwei Cheruben« (Ezechiel 41, 18). »Einige der Figuren (der Elfenbeine von Samaria) glichen denen, die als Schnitzereien am Hause des Herrn in Jerusalem angebracht waren.«[71] Man gelangte zu dem Schluß, daß der Stil der Ausschmückung im Tempel von Jerusalem ein Zwischenstadium in der Folge der verschiedenen Einflüsse darstellte. »Der Typus geht auf die ägyptische Kunst der XVIII. Dynastie zurück.«[72]

Über das Ursprungsland des Stils – Ägypten oder Palästina – kann man verschiedener Ansicht sein, wahrscheinlich entstand die Anregung zu den Motiven der Schnitzereien durch eine gegenseitige Beeinflussung. Beim vergleichenden Studium der Kunst Ägyptens und Palästinas kehrt jedoch eine Tatsache alle Schlußfolgerungen um: Die XVIII. Dynastie herrschte von der Zeit Sauls bis zu den Tagen Jehus, und die großen Tempel in Luxor und Karnak, Schöpfungen Thutmosis' III. und Amenophis' III., wurden nicht vor, sondern nach dem Tempel in Jerusalem erbaut.

Zur Zeit Salomons wurde aus fernen Ländern, zusammen mit Silber, Affen und Pfauen, Elfenbein eingeführt. Von Palä-

70 H. Carter, »The Tomb of Tut.ankh.Amen« (London 1923–1933), Bd. II, Tafel XIX.

71 Crowfoot and Crowfoot, »Early Ivories«, S. 53.

72 Ebenda, S. 34.

stina wurde es nach Ägypten ausgeführt, und Hatschepsut brachte von dort Elfenbein mit, wie die Reliefs der Puntexpedition es zeigen und die Begleittexte erzählen. Wie sich aus seinen Annalen ergibt, nahm Pharao Thutmosis III. während seines Eroberungszuges bei der Plünderung Meggidos »sechs große Speisetische aus Elfenbein und sechs Stühle aus Elfenbein« neben anderen Beutestücken mit, und aus Jerusalem brachte er – wie sich aus den hebräischen Quellen ergibt – »den großen elfenbeinfarbenen Thron, überzogen mit gediegenem Golde« (2. Chronika 9, 17, und 12, 9). Während seines achten Feldzuges empfing Thutmosis III. als Tribut unter anderem »Schiffe, beladen mit Elfenbein«. In seinen Berichten über den Tribut, den er aus Punt, Gottes Land, oder Rezenu (Palästina) erhielt, heißt es häufig: Rohelfenbein (von den Fürsten Rezenus bei der sechzehnten Entgegennahme von Tribut achtzehn Elefantenzähne) und Elfenbein in Form von Möbeln (Tische aus Elfenbein beim dreizehnten Empfang von Tribut). Nach Vergrößerung seiner Flotte durch die der Phönizier sandte er seine Schiffe aus, um den Tribut einzuholen, und wählte – wie vor ihm Hatschepsut – den Seeweg für den Transport des Elfenbeins aus Palästina nach Ägypten.

Zu jener Zeit gelangte die Kunst der Elfenbeinbearbeitung nach Ägypten. Im Grabe Rechmirês, eines Wesirs Thutmosis' III., sind Handwerker aus Palästina abgebildet – von dort nach Ägypten gebrachte Künstler – beim »Herstellen von Kästen aus Elfenbein«. Das einige Jahrzehnte später erbaute Samaria wurde ein hauptsächlich für Ägypten schaffendes Zentrum für die Verarbeitung von Elfenbein. Unter den in Samaria ausgegrabenen Elfenbeinen befinden sich viele halbfertige Stücke mit ägyptischen Mustern.

Farbeffekte wurden durch Beize des Elfenbeins mit Farbstoffen erzeugt[73]. Farbiges Elfenbein wurde auch im Grabe Tutenchamons gefunden, und in einem der Amarna-Briefe von Burnaburiasch lesen wir auch von gefärbtem Elfenbein.

Die Tafeln von el-Amarna erwähnen Möbelstücke und ver-

73 »Ilias«, IV, 141–142. Homer spricht hier von einer karischen Frau, die Elfenbein purpurn färbt.

schiedene Gegenstände aus Elfenbein, die nach Kleinasien, Zypern, Assyrien und anderen Ländern des westlichen Asiens geliefert wurden, und ähnliche Stücke wie in Samaria wurden in diesen Ländern entdeckt.

Im letzten Jahrhundert wurden in Mesopotamien Intarsienplatten mit ägyptischen Darstellungen gefunden. Als die Elfenbeine Samarias ausgegraben wurden, fand die Feststellung allgemeine Zustimmung; daß sie jenen schon vorher im Palast von Nimrud und auch an anderen Plätzen aufgefundenen Stücken eng verwandt waren: Elfenbeinschnitzereien, die »aus der gleichen Werkstatt wie die Samaria-Elfenbeine gekommen sein konnten, wurden von Layard im Nordwestpalast von Nimrud entdeckt, nur wenige vereinzelte Stücke stammen aus anderen Orten«[74].

Elfenbeinschnitzereien wie jene aus Samaria wurden an verschiedenen Plätzen gefunden, manches Mal zusammen mit ägyptischen Gegenständen aus der Zeit der XVIII. Dynastie. Einer dieser Plätze ist Megiddo, und obwohl die Elfenbeine von Samaria und von Megiddo die gleichen Muster und die gleiche Bearbeitungsmethode aufweisen, wurden sie zwei verschiedenen Perioden zugeschrieben[75]. In ähnlicher Weise wurden andere Elfenbeinfunde von ihren Entdeckern entweder der Zeit der XVIII. Dynastie (15. und 16. Jahrhundert) zugewiesen[76]. Die zweite Periode wurde als ein Zeitalter der Nachahmung alter ägyptischer Stilarten und des Wiederauflebens der alten Handwerkskunst bezeichnet.

Sie stammen jedoch aus ein und derselben Periode, und Elfenbeinschnitzereien aus dem Samaria Ahabs und dem Theben Tutenchamons sind Erzeugnisse ein und desselben goldenen Zeitalters der Elfenbeinkunst.

74 Crowfoot and Crowfoot, »Early Ivories«, S. 9.
75 Siehe G. Loud, »The Megiddo Ivories« (Chicago 1939).
76 Ebenda.

Schlußfolgerungen

Wenn jemand entschlossen ist, an der traditionellen Konstruktion der Geschichtsschreibung festzuhalten, und darauf besteht, daß die Amarna-Briefe an archaische kanaanäische Fürsten und von ihnen geschrieben wurden, ist er auch gezwungen, dabei zu bleiben, daß in Kanaan Ereignisse eintraten, die sich ein halbes Jahrtausend später zur Zeit Josaphats und Ahabs wiederholten. Dies würde es zur Bedingung machen, an die Existenz einer Stadt Sumur in jener Zeit zu glauben, von der nicht die geringste Spur erhalten blieb, und ferner daran, daß diese Stadt mit ihrem Königspalast und ihren starken Mauern wiederholt von einem König von Damaskus belagert wurde, der einiger Städte wegen mit dem König von Sumur in einem langwierigen Streit lag und mehrfach Kriege mit ihm führte – ein Konflikt, der sich über einige Jahrzehnte hinzog. Er wäre außerdem gezwungen, an der Annahme festzuhalten, daß bei irgendeiner Gelegenheit der König von Sumur den König von Damaskus gefangennahm, ihm aber die Freiheit wiedergab; daß es der dem Vorsteher unterstellten Wachmannschaft bei einer Belagerung Sumurs durch den König von Damaskus gelang, die syrische Streitmacht von den Mauern Sumurs zu vertreiben, und daß bei Gelegenheit einer anderen Belagerung Sumurs das syrische Heer das Lager im Stich ließ und die Flucht ergriff, als es den Lärm herannahender ägyptischer Feldtruppen zu hören vermeinte – alles in allen Einzelheiten ein genaues Bild dessen, was sich ein halbes Jahrtausend später vor den Mauern Samarias zutrug.

Die traditionelle Konstruktion der Geschichtsschreibung unterstellt ebenfalls, daß es dem an der Spitze einer Koalition vieler arabischer Stammesfürsten stehenden König von Damaskus gelang, den Aufstand eines Königs von Sumur, dessen Vasall er war, zu schüren, und daß dieser rebellische Vasallenkönig Städte des Königs von Sumur eroberte und dessen Volk Demütigungen unterwarf – genau wie in den Tagen der Rebellion Meschas gegen den König von Samaria;

daß Rimuta der Ort war, um den die Könige von Damaskus und Sumur miteinander im Streit lagen – wie es um Ramoth ging in der zweiten Epoche;

daß der König von Sumur eine zweite Residenz besaß, in der eine Gottheit Bêlit (Ba'alit) verehrt wurde, deren Name der gleiche war wie der der von Jesebel eingeführten Gottheit, und daß der König von Sumur in seiner zweiten Residenz Haine anpflanzte, wie Ahab es auf dem Felde Naboths tat;

daß der König von Damaskus mehrfach versuchte, den König von Sumur in einen Hinterhalt zu locken, daß es diesem aber jedesmal gelang, dem Tode zu entrinnen – genau wie der König von Damaskus der zweiten Periode;

daß den König von Damaskus eine schwere Krankheit befiel, an der er jedoch nicht starb, sondern auf seinem Krankenlager einen gewaltsamen Tod erlitt – genau wie der König von Damaskus der zweiten Periode.

Solch ein hypothetischer Gelehrter wäre auch zu dem Zugeständnis gezwungen, daß alle diese übereinstimmenden Zufälligkeiten in einer Zeit auftraten, als das Land Sumur von einer Dürre heimgesucht wurde, in der die Quellen versiegten und eine schwere Hungersnot die Folge war;

daß diese Dürre mehrere Jahre währte, die Bevölkerung Hungers starb, Seuchen unter den Tieren ausbrachen und die Einwohner das Reich der beiden Residenzen verließen – wieder alles genau so, wie es auch in der zweiten Periode eintrat.

Er müßte auch behaupten, daß beide Perioden sich in keiner Weise voneinander unterscheiden und jedes Ereignis der einen Periode sein Gegenstück in der zweiten hatte. In beiden Fällen wurde das Land Edom von einem Bevollmächtigten des Königs von Jerusalem regiert. In beiden Fällen drangen weit vom Gebirge Seir herkommende Stämme im Lande jenseits des Jordans ein. In der ersten wie in der zweiten Periode bedrohten die Eindringlinge Jerusalem, was zur Folge hatte, daß die Bewohner des Königreichs ihre Heimstätten fluchtartig verließen. Wie einige Jahrhunderte später Josaphat, fürchtete auch der König von Jerusalem, mit seinem Volk aus dem ererbten Besitz vertrieben zu werden, und sprach von seiner Furcht in ähnlichen Worten wie jener; doch wandte sich alles zum Guten, als die Stämme vom Gebirge Seir und der Länder östlich des Jordans übereinander herfielen – wie sie es fünf- oder sechshundert Jahre später ebenfalls taten.

Dieser Gelehrte müßte auch zugeben, daß die militärischen Anführer des kanaanäischen Königs von Jerusalem ihre Briefe mit den gleichen Namen unterzeichneten, wie die militärischen Hauptleute Josaphats, des Königs von Jerusalem, hießen, und

daß es sich um so ungewöhnliche und eigenartige Namen handelte wie zum Beispiel Iahzibada (Ieozabad) und »Sohn des Zuchru« (»Sohn des Sichri«) oder Addaia (Adaia) oder Addudani (Addadani, Adna), der wiederum der erste der Anführer war;

daß der Vorsteher von Sumur den gleichen Namen trug wie der Stadthauptmann von Samaria (Amon) der späteren Periode;

und daß der Hüter des Palastes in Sumur Arzaja hieß wie der Vorsteher des Palastes des Königs von Israel Arza.

Ferner lebte in der Stadt Sunem (Šunama) eine »Große Frau«, der schon während der ersten Periode irgendein Wunder widerfahren sein muß, das ihr den Namen Baalat-Neše eintrug.

Dann wieder hatte der König von Damaskus einen Heerführer (Naeman, Ianhama), durch dessen Hand »Syrien die Freiheit gegeben wurde« und der anfänglich vom König von Sumur gefürchtet, später aber sein Freund wurde – genau wie seine Reinkarnation sechshundert Jahre später.

Und weiter: Der Nachfolger des ermordeten Königs von Damaskus mit Namen Aziru oder Azaru handelte genau wie der Hasael der zweiten Periode: Er unterdrückte das Land Sumur, eroberte fast das ganze Königreich, brannte die Stützpunkte und Dörfer des Königs von Sumur nieder und benutzte sogar beim Reden die gleichen eigentümlichen Ausdrücke wie später Hasael.

Dieser Gelehrte würde sich auch der Tatsache gegenübersehen, daß in der zweiten Periode die Stadt Irqata wieder ihren König verlor und daß sich die Könige Matinuba'li und Adunuba'li unter der Führung Biridris dem mächtigen Angreifer aus dem Norden widersetzten – genau wie es in der ersten Periode geschah, als ein Biridia (Biridi) die Aufgabe übernahm, die Männer der königlosen Stadt Irqata, den König Mut-ba'lu und König Aduna gegen den Eindringling aus dem Norden zu führen. In beiden Fällen war dieser Angreifer aus dem Norden der König von Assyrien und der Herr von Chatti, in beiden Fällen der Sieger über die Koalition syrischer und palästinischer Fürsten, die von ägyptischen Truppen unterstützt wurden, und in beiden Fällen erhielt er Versöhnungsgeschenke aus Musri (Ägypten) in Form von seltenen Tieren oder deren Abbildern. Gegen ihn kämpfte zwischen Libanon und Hermon aufs neue Hasael, der König von Damaskus, wie es in der ersten Periode Azaru getan hatte, und die Könige von Tyrus und Sidon, aufs schwerste durch diesen Angreifer beunruhigt, verließen ihre Städte und schifften sich ein, wie sie es sechshundert Jahre zuvor schon einmal getan hatten.

In beiden Perioden blühte die Kunst der Elfenbeinbearbeitung und ließ identische Muster entstehen: Entwürfe und Art der Ausführung – charakteristisch für die erste Periode – wiederholten sich in der zweiten und wurden einander so ähnlich befunden, daß sie für Kopien der Kunstgegenstände der ersten Periode gehalten wurden. Beide Perioden besaßen die gleiche Architektur und handwerkliche Steinbearbeitung (Megiddo, Samaria).

In beiden Perioden wurde das an Eigentümlichkeiten reiche gleiche Hebräisch gesprochen.

Kann man an eine solche Reihe zufälliger Übereinstimmungen glauben? Und wenn man daran glaubt, dann nur, um erneut auf die alten Schwierigkeiten zu stoßen? Wenn die Chabiru die Israeliten waren, weshalb wird dann im Buch Josua, das ja von der Eroberung Kanaas berichtet, und in den Briefen von el-Amarna kein gemeinsamer Name und kein gemeinsames Ereignis überliefert?

Auf halbem Wege

Zu Beginn dieser Arbeit stellte ich den Leser vor das ungelöste Problem, in welchem Verhältnis die Geschichte Israels zur Geschichte Ägyptens steht. Die eine dieser beiden alten Nationen behauptet, in engen Beziehungen zur anderen gestanden zu haben, und tatsächlich bewegt sich die biblische Geschichte im Licht und Schatten des großen Königreiches am Nil. Auf der anderen Seite verleugnet die ägyptische Geschichte in allen ihren zahlreichen Inschriften auf Stein und Papyrus jeglichen echten Kontakt mit dem benachbarten Königreich am Jordan. Selbst das glorreiche, im Alten Testament so sehr gepriesene Zeitalter König Salomos scheint an den ägyptischen Königen und ihren Geschichtsschreibern völlig unbemerkt vorübergegangen zu sein. Und mehr als das: Die großen Ereignisse der Vergangenheit der Israeliten – ihre lange Knechtschaft in Ägypten und ihr Auszug aus diesem Land unter so ungewöhnlichen Umständen – sind offenbar der konventionellen Geschichte Ägyptens vollkommen unbekannt geblieben. Aus diesem Grund ist die Zeit des Exodus umstritten und wird so ziemlich jedem einigermaßen annehmbaren Zeitpunkt der ägyptischen Vergangenheit zugeordnet, angefangen vom Beginn des Neuen Reiches – etwa 1580 v. Chr. – bis viele Jahrhunderte später. Diese Ungewißheit über die Zeit des Aufenthaltes in Ägypten und des Auszugs ergibt sich unmittelbar aus dem Fehlen von Hinweisen auf die Kinder Israels in Ägypten und ihr Verlassen des Landes und der mangelhaften Unterrichtung über die nachbarlichen Beziehungen dieser beiden Völker während der in der Heiligen Schrift behandelten Zeit.

Wir haben den Versuch unternommen, das Problem der Synchronisierung der Geschichte dieser beiden Völker des Altertums zu lösen, die beide an vorderster Stelle in der Geschichte der Alten Welt stehen, und wir wagten dies, nachdem wir erkannt hatten, daß die biblische Geschichte vom Exodus häufig wiederholte Hinweise auf eine Naturkatastrophe enthält. Logische Überlegungen zwangen uns daher, in den noch vorhandenen ägyptischen Quellen nach Hinweisen auf einen Aufruhr in der Natur zu suchen.

Diese Suche blieb nicht erfolglos. Der Leidener Papyrus Ipuwer ist ein Bericht von einer Naturkatastrophe, der ein sozialer Umsturz folgte; in der Beschreibung der Katastrophe fanden wir viele Einzelheiten über Wirren und Umwälzungen wieder, die nach der Heiligen Schrift während des Exodus eintraten. Die Inschrift auf dem Schrein von el-Arisch enthält eine andere Version des von einem Orkan und einer neuntägigen Finsternis begleiteten Aufruhr der Elemente, und dort fanden wir auch eine Beschreibung vom Zuge des Pharaos mit seinem Heer nach der östlichen Grenze seines Königreiches, wo er in einem Wasserwirbel unterging. Der Name des Pharaos steht in einer Königskartusche, was beweist, daß der Schreiber den Text nicht als mythisch betrachtete.

Wenn der Bericht in diesen Dokumenten den gleichen Hergang überliefert wie das Buch Exodus, dann ist damit ein Synchronismus in der Geschichte dieser beiden alten Völker festgestellt. Aber hier, wo wir die Lösung des Problems über den Zeitpunkt des Exodus in der ägyptischen Geschichte zu finden erwarteten, wurden wir vor ein anderes Problem gestellt, das die Frage nach diesem Zeitpunkt an Bedeutung verlieren ließ. Welche Theorien auch immer über das Datum des Exodus aufgestellt wurden – nicht einmal tauchte der Gedanke auf, daß die Israeliten Ägypten am Vorabend des Eindringens der Hyksos verließen. Infolgedessen standen wir vor einem Problem von wesentlich anderer Bedeutung: Entweder ist die ägyptische Geschichte viel zu lang oder die biblische Geschichte viel zu kurz. Muß nun die ägyptische Geschichte um einige »gespenstische« Jahrhunderte gekürzt oder die biblische Geschichte um die gleiche Anzahl »verlorengegangener« Jahrhunderte verlängert werden?

Die Antwort auf dieses Problem konnten wir nicht wissen, ehe wir einen weiten Weg durch die Jahrhunderte der alten Geschichte zurückgelegt hatten. Wir entdeckten einen Pfad, auf dem wir diesen Gang antreten konnten: Wenn die Israeliten Ägypten am Vorabend des Einfalls der aus Asien kommenden Hyksos verließen, konnten wir vielleicht in der Heiligen Schrift einen Hinweis finden, daß die Kinder Israels und die Eindringlinge außerhalb der Grenzen Ägyptens aufeinanderstießen. Und tatsächlich, noch ehe sie den Berg Sinai erreichten, begegneten die Israeliten den Horden der Amalekiter. Wir wandten uns den altarabischen Schriftstellern zu und fanden, daß die Überlieferung von den Amalekitern im literarischen Erbe der Araber von ihrer frühen Vergangenheit noch lebendig ist als dem beherrschenden Stamm, der nach Ägypten eindrang und dort vierhundert oder fünfhundert Jahre lang regierte.

Als wir Punkt für Punkt die ägyptischen Hieroglyphen, hebräische, biblische und nachbiblische Quellen sowie die autochthonen arabischen Überlieferungen, die sich in ihren mittelalterlichen Schriften finden, miteinander verglichen, wurden wir zu der Schlußfolgerung gezwungen, daß die Zeit der Hyksosherrschaft in Ägypten in der biblischen Geschichte die Zeit der Richter war. Bei Gleichsetzung der Hyksos mit den Amalekitern ergab sich eine weitere Stütze für den Synchronismus: Exodus und Ende des Mittleren Reiches. Dann mußten wir den historischen Zeitpunkt des Zusammenbruchs der Hyksosherrschaft in Ägypten und den des Endes der Amalekiterherrschaft im Vorderen Orient untersuchen. Bei der Belagerung der Hyksosfestung Auaris durch Amosis spielten fremde Truppen eine entscheidende Rolle. Aus Parallelen im Buch Samuel konnten wir feststellen, daß König Saul, der erste jüdische König, der Sieger über die Amalekiter bei el-Arisch war, und mit Hilfe vielfältiger Beweise konnten wir ermitteln, daß el-Arisch am Ort des alten Auaris liegt.

David war ein Zeitgenosse Amosis', des Begründers der XVIII. Dynastie, und Amenophis' I. und Salomo war ein Zeitgenosse Thutmosis' I. und Hatschepsuts. Außerdem fanden wir, daß der berühmte Zug Hatschepsuts nach Gottes Land und Punt die Fahrt nach Palästina und Phönizien war, die in der Heiligen Schrift als Besuch der Königin von Saba beschrieben wird.

Wir verglichen viele Einzelheiten und fanden stets, daß sie übereinstimmten. Dies aber führte uns zur nächsten Station auf unserem Weg. Fünf Jahre nach dem Tod Salomos wurden sein Palast und der Tempel in Jerusalem von einem Pharao geplündert. Auf Hatschepsut folgte Thutmosis III. Wenn wir auf dem richtigen Weg waren, so mußten wir hier wieder auf eine Übereinstimmung stoßen: Thutmosis III. mußte Jerusalem der Schätze seines Tempels und seines Palastes beraubt haben, und dies war auch in Wirklichkeit sein Werk, denn die Abbildungen seiner Beute stimmen in Form und Anzahl sehr genau mit der Beschreibung der Beutestücke überein, die ein Pharao im fünften Jahr nach Salomos Tod mitnahm.

Nach der Heiligen Schrift und nach ägyptischen Quellen fand unter dem nächsten Pharao wieder ein Überfall auf Palästina statt. Jedoch diesmal war der Zug alles andere als siegreich.

Während dreier Generationen bewiesen die Bibelforscher zur vollen Zufriedenheit der Allgemeinheit, daß viele Teile der Bibel aus wesentlich späteren Jahrhunderten stammten, als es die Heilige Schrift hinstellen würde. Als in den dreißiger Jahren dieses Jahrhunderts die Ras-Schamra-Texte aufgefunden wurden, fand eine Revision der Beurteilung in genau entgegengesetzter Richtung statt: Die gleichen biblischen Texte galten nun als Erbe einer kanaanäischen Kultur, die um sechs Jahrhunderte älter war als die Bibeltexte. Der Vergleich des Materials aus hebräischen, ägyptischen und ugaritischen Literaturquellen überzeugte uns jedoch, daß nicht nur die frühere Herabsetzung des Alters der Prosa und Verse der Bibel irrig war, sondern auch seine neuerliche Heraufsetzung. Wenn wir dies sagen, greifen wir dem vor, was wir mit Recht geltend machen können: Noch immer wissen wir nicht, welche der beiden Geschichtsschreibungen, die israelitische oder die ägyptische, berichtigt werden muß. Wir mußten gleichzeitig die Beobachtung machen, wie die Geschichte anderer Länder und Völker des Altertums entweder mit der israelitischen oder mit der ägyptischen übereinstimmte und wie die Geschichte von Zypern, Mykene und Kreta durch ihre abwechselnde Übereinstimmung mit der einen oder anderen Seite in der Archäologie und Chronologie Verwirrung stiftete.

In drei aufeinanderfolgenden Kapiteln verglichen wir das historische Beweismaterial aus drei aufeinanderfolgenden Generationen in Ägypten (Hatschepsut, Thutmosis III.,

Amenophis II.) und Palästina (Salomo, Rehabeam, Asa) und fanden unbedingte Übereinstimmung. Es ist möglich, daß durch reinen Zufall in Ägypten ein Zeitalter starke Ähnlichkeit mit einem anderen aufweist und so den Anschein einer Gleichzeitigkeit erweckt, es ist aber ganz unmöglich, daß drei aufeinanderfolgende Generationen in Ägypten und im benachbarten Palästina, die zwei verschiedenen Zeitaltern angehören sollen, in so vielen Einzelheiten folgerichtig übereinstimmen. Was aber noch mehr überrascht, ist, daß diese drei aufeinanderfolgenden Generationen sowohl in Ägypten als auch in Palästina nicht willkürlich ausgewählt, sondern uns geradezu aufgezwungen wurden durch die Überlegungen und Parallelen in den vorausgegangenen Kapiteln, in denen wir die Zeit des Exodus und die folgenden Jahrhunderte bis Saul und in Ägypten die letzten Tage des Mittleren Reiches und die darauffolgenden Jahrhunderte der Hyksosherrschaft bis zum Beginn des Neuen Reiches genau untersuchten.

Es würde in der Tat ein Wunder sein, wenn alle diese Übereinstimmungen rein zufällig wären. Wer mit der Wahrscheinlichkeitstheorie vertraut ist, weiß, daß mit jeder zusätzlichen Übereinstimmung die Wahrscheinlichkeit für eine weitere nicht in arithmetischer oder geometrischer Progression, sondern in einer Progression höherer Ordnung geringer wird; die Wahrscheinlichkeit, daß alle die Parallelen, die wir auf den vorausgegangenen Seiten dargelegt haben, nur zufällige Übereinstimmungen seien, wäre daher eine Trillion oder Quadrillion zu eins.

Auf die drei oben erwähnten Generationen in Ägypten und Palästina folgten in Ägypten Amenophis III. und Echnaton, in Juda Josaphat und in Israel Ahab. Es konnte kein reiner Zufall sein, daß auch in der vierten Generation wieder ein Bild entstand, in dem die Einzelheiten zusammenpassen wie die Stücke eines Puzzlespiels. Die Geschichte zweier Länder und die Wechselfälle im Leben ihrer Herrscher und Völker konnten nicht so vollständig übereinstimmen, wenn nicht exakter Synchronismus vorliegt. Und so geschah es, daß in dieser vierten Generation Herrscher und führende Persönlichkeiten des einen Landes tatsächlich Briefe an Herrscher und führende Persönlichkeiten des anderen Landes schrieben und von ihnen schriftliche Antworten erhielten. In welchem Umfange Einzelheiten und Geschehnisse in diesen Jahren der Hungersnot und Belagerungen, der Überfälle aus Ländern östlich des Jordans und des militärischen Drucks aus dem Norden übereinstimmen, habe ich ausführlich erzählt, und diese Aufeinanderfolge stets wiederkehrender Wechselbeziehungen und Ähnlichkeiten gibt uns das sichere Gefühl, daß wir nicht auf dem falschen Wege sind.

Wir sind jedoch noch nicht am Ende angelangt. Unabhängig von dem, was bisher über die zahlreichen Parallelen, Textvergleiche, Übereinstimmungen und Ähnlichkeiten sowie über die Wahrscheinlichkeitstheorie gesagt worden ist, können wir doch das Problem der Geschichte des Altertums nicht als gelöst betrachten, ehe wir den ganzen Weg bis zu dem Punkt zurückgelegt haben, an welchem die Geschichte der Völker des Alten Orients für die Synchronisation kein Problem mehr bietet. Nach der israelitischen Geschichtsschreibung liegen vor uns das 8. Jahrhundert sowie die folgenden Jahrhunderte. Wo sollen wir nun Raum finden für die sogenannte XIX. Dynastie, die Dynastie Ramses' II. und anderer berühmter Könige? Und wie steht es mit dem Hethiterkönig, mit dem Ramses II. einen Vertrag schloß? Wo ist noch Raum für die XX. und XXI. Dynastie, die Herrschaft der Libyer und der Äthiopier in Ägypten und alle anderen bis einschließlich der XXX. Dynastie, die zu Ende ging, kurz bevor Alexander nach Ägypten kam?

Die von uns vorgenommenen Identifikationen sind wertlos, wenn es uns nicht gelingt, mit Sicherheit diesen Zeitpunkt der Geschichte – das Ende der letzten Dynastie eingeborener ägyptischer Herrscher – zu erreichen. Wir müssen imstande sein, die archäologischen, historischen und chronologischen Probleme, denen wir in den folgenden Jahrhunderten begegnen werden, zu lösen und mit Hilfe des aus Ipuwers Hand empfangenen Ariadnefadens unseren Weg bis dahin fortzusetzen, wo die Vorgänge in der Geschichte der verschiedenen Völker des Altertums miteinander in Einklang stehen. Wenn uns das nicht möglich ist, werden die von uns festgestellten Übereinstimmungen zwangsläufig als wunderlich bezeichnet werden; denn es sind ihrer zu viele, und sie sind so treffend, daß sie nicht dem Zufall zugeschrieben werden können. Der sicherste Weg zu unserem Ziel wird sein, durch sorgfältige Arbeit eine vollständige Revision der Geschichtsschreibung des Altertums zu schaffen.

Register

Aaron 46, 90
Abd' Astartus, 306
  Enkel Hirams 378
Abdi-Aširta, 318, 322, 324 ff., 328, 349, 364 f, 367, 375 ff., 378 f., 382, 389, 400
  Ermordung 376 ff.
  identisch mit Benhadad 303, 318, 389
  König von Amurru-Land 306
Abdi-Chiba 305
  identisch mit Josephat 303
  König von Jerusalem 304
Abel-Beth-Maacha 319, 328
abessinische Kaiser, Genealogie 150
abessinische Überlieferung 150
Abia 223
  König von Juda 270
  Sohn Rehabeans 270
Abiahi 417
Abimilki 285 f., 394, 405–408
Abraham 93, 185, 231, 276 f., 294, 357
Abu-el-Saud 121, 133
Abu-faid 128
Abu-Salt 95
Abu'l Faradj 94
Abulfeda 93, 99
  ›Historia anteislamica‹ 93, 99, 121
Abydos 239
Acheperurê, Königsname Amenophis' II 268
Achet-Aton 76, 289 ff., 293, 381
Adad, s. Hadad 377
Adad, Sturmgott 406
Adadanu, Fürst von Gaza 311
Adados, s. Benhadad 375
Adaia 313 f.
Adalos 386
Addaia, 426
  identisch mit Adaia
Addudani 310 f.
  identisch mit Addadani, Adna 310, 313, 426
  Adna 426
  Hauptmann Josaphats 309 f.
Adoniram 199
Adonizedek, König von Jerusalem 295
Adulam 200
Aduna, 427
  König von Irkata 374, 397
Aduni, Fürst von Siana 397
Adunuba'li 426
  Fürst von Siana 396
Afiru, babylonischer Distrikt 296
Afrika 132
Agag 107, 126, 133
  Name des Amalekiterkönigs 106, 133
Agog 122, 126
  identisch mit Apop 108 f.
ägyptische Geschichte, Einteilung 21 ff.
Ägypten 21 passim
  assyrische Eroberung 136 f.
  Aufstieg aus den Trümmern Amaleks 124
  Aufruhr 51–55
  Befreiung von den Hyksos 115
  Berichte über Erdbeben 47 f.
  Einfall der Amalekiter 96
  Einfall der Hyksos 66–69
  Eroberung
    durch Hyksos 113
    durch Kambyses 263
  Flucht 63–66
  Geschichte 18 f., 142 f.
  göttliche Verehrung des Monarchen 315

Herrschaft der Amalekiter 97
Hyksos 101–103
Invasion 98
Kunst der Elfenbeinbearbeitung 422f.
Misraim 43
nach dem Exodus 89
Präzedenzfall eines Huldigungsbesuches 164
Schilderung der Verwüstungen 77ff.
Tod der Auserwählten 61
Unterjochung durch Amu 79, 89
Wiedergewinnung der Freiheit 118
Ägypter 67f., 89
Israeliten verfolgend 40f.
Sklave eines Amalekiters 121
ägyptische Chronologie und Sothisperiode 111ff.
Ägyptische Finsternis 70–73
in hebräischen und ägyptischen Quellen 74f.
ägyptische Geschichte 297
Bindeglied zu israelischer 21–86
Einordnung Exodus 83
Verdopplung 142f.
ägyptische Könige, fünf Namen 303
Ahab 19 passim
Befragung eines Propheten 320
Begegnung mit Elia 331
Feldzug gegen König von Damaskus 328
Gerüchte von seinem Tod 337
identisch mit Rib-Addi 303
letzte Briefe 383ff.
Palast in Samaria 398
siebzig Söhne 301, 337
Tod 329
Vertrag mit Benhadad 393
Ahasja 329, 337
Enkel Josaphats 398
Ermordung durch Jehu 337
Regierungszeit 329, 337
Sohn Ahabs 329
Ajalon, Tal 360
Ajaluna 372
Akhi-Yawi 414
Akkadisch 243, 413
Akropolis 393
Aksum 188
Al-Samhudi 97
›Geschichte der Stadt Medina‹ 97, 125, 133
Alaschia 244
Albright, W. F.,
›Archaeology and the Religion of Israel‹ 232, 251
›Journal of the Palestine Oriental Society‹ 32, 159, 389
›From the Stone Age . . .‹ 184
›Journal of Egyptian . . .‹ 407
›Palestine Inscriptions‹ 346
Alexander der Große 9f., 17, 23, 141, 255, 395
Eroberung Palästinas 9, 24
Einmarsch in Ägypten 433
Alexandria 223
Alkan, Abou-Kabous 98
Alkurtubi 132
Almugbäume 172, 177f., 219
Altes Reich 22, 81f., 154, 185, 239
Altes Testament 223, 250f., 253f., 428
Alter 255
Althebräisch 246
Amalek 90, 100, 105, 116
Abkömmling des Eliphas 93
Sohn Noahs 93
Amalekiter 90f., 94–97, 100, 103, 105–111, 113, 116, 119ff., 123f., 127, 129, 131f., 134ff., 157, 274
arabischer Stamm 93
Beweise für Identität mit Hyksos 93, 139
Bosheit 135
Flucht aus Arabien 92
Herrschaft in Syrien 100
Herrschaftsgebiet 111
identisch mit Amu 134
Kampf gegen Israeliten 92
Kolonialpolitik 109

Parallelen zu Hyksos 103–108
Sitz in Mekka 94
Ursache überstürzter Auswanderung 97
Vernichtung durch David 123 f.
Verschmelzung mit Philistern 121
Zusammenstellung ihrer Eigenschaften 135 f.
amalekitische Pharaonen 96–100
arabische Überlieferungen 96–100
Aman-appa 328, 354, 365 f., 368, 370, 374, 388
identisch mit Amon 317 f.
Vorsteher in Sumur 316 ff., 388, 391
Amasja,
Sohn Sichris 310, 312 f.
Hauptmann Josaphats 312
Ambi 349, 360, 371
Amenemhet III. 84
Ameni 80
Amenken 279
Amenophis I. 79, 144, 273
Zeitgenosse Davids 430
Amenophis II. 22, 268–275, 278 ff., 281 ff., 292, 432
Annalen 283
Feldzug Syrien und Palästina 268, 281
identisch mit Serach 279, 287, 304
Kartuschen in Mykene 239
Verlust Syriens und Palästinas 270
Amenophis III. 22, 28, 285, 291 f., 296, 302 ff., 332, 347, 369, 385, 418, 432
Erbauer von Karnak und Luxor 22
Geschenke aus Lapislazuli und Elfenbein 417 f.
Hegemonie über Palästina 319
Kartuschen in Mykene 239
nennt Palästina ›Gottes Land‹ 153
Amenophis IV. (Echnaton) 22
Geschenke an Burnaburiasch 418
Ammi 349
Ammon 124, 349, 353, 359 f.
Ammoniter 347, 349, 357
Amon-Ré 177
Amon, 168 ff., 207
Abschaffung des Kults durch Echnaton 290
Gott 210
Amon,
identisch mit Aman-appa 317 f.
Sohn von Manasse 316
Statthalter von Samaria 316–318
Amos 62
Prophet 413, 419
Prophezeiung des Amosis 62
Amosis II. 24, 26
Amrou 99
Amu 22, 69, 76 f., 83, 85 f., 88 f., 100, 102, 109 f., 117 f., 129 f., 134
Eindringen 81, 83, 89
Unterjochung Ägyptens 79
Amun-Tempel, Relief, Abb. 215
Amurri 404 f.
Amurru-Land, s. Damaskus 306
Anatolien 399
Ano, Prinzessin 223 f.
Anti-Bäume 172
Antiochia 389
Antisemitismus, Beginn 137
Aphek 269, 323, 325
Ebene 323
Niederlage der Syrer 393
Schlacht von 324, 326
Apion 26
Apiru 296
Apisstier, Kult 199
Apollodoros 264
Apop (Apophis) 108, 119, 130
identisch mit Agog 108, 122
Apop II. 108, 114, 117
Apophis 75 ff.
Gott der Finsternis 73
König 102
vierter Hyksos-König 102
Apophis II. 108
Araber 88, 137, 354, 430
Arabia Deserta 94
Arabia Felix 94, 149
Arabia Petraea 94

Arabien 92, 97, 111, 116, 150 passim
Aufruhr 94 ff.
arabische Überlieferungen über amalekitische Pharaonen 96–100
Aram 124, 306, 325, 370
König 331
Aramatha 390
Arame 409
Aristomenes 243
Aristoteles 243
Reise in Asien 138
Arne 396, 409
Artapanus 59
Arthachepa, s. Abdi-Chiba 305
Aruna 201
Arwad 223, 396 f.
Arza, Höfling 355 ff.
Arzaja 355 ff.
Hüter des Palastes in Sumur identisch mit Arza, König von Israel 426
Asa 271, 274, 278, 283, 327 f., 432
König von Juda 274
Sohn Abias 271
Asarhaddon 137
Ascher 31, 276 ff., 283
Aschera, s. Astarte 307
Asien 132
Askalon 233, 315
Assyrer 101, 126, 281, 284
Assyrien 24, 367
Geschichte 18, 20, 141 f.
Terror 405
assyrische Annalen 413
Astarte 249, 271, 307
Aššurnâsirpal,
Vater von Salmanassar III 402
Atărôth 346 f.
Athalja 263
Jorams Weib, Thron Jerusalems ergreifend 337
Tochter Ahabs 262, 336
Tochter Jesebels 336
Athener 19, 261
Äthiopien 124, 145, 149 ff., 155 f., 191, 272
Äthiopier 204, 271 f.
Atlantis 268
Aton 290, 407
Auaris 19, 26, 85, 99, 101 f., 113 f., 116 f., 125, 129, 136, 157, 209, 430
Belagerung 118
Beschreibung durch Manetho 126
Einnahme 122
Fall 123
Hauptstadt Amaleks 126
identisch mit el-Arisch 128 f., 430
Lage 128
Zwingburg der Amu-Hyksos 109
Aufruhr in Arabien 94 ff.
Augustinus 27
›Auserwählt‹ 60–63
Azaelos 386
Aziru, Azaru, Azuru 304, 377 f.
identisch mit Hasael 405
Sohn Abdi-Aširtas 324

Baal 248
Gottheit 301
Baal-Meôn 346
Baalat Neše 372 ff., 426
Baalbek 404
Babylon 395, 397, 410, 418
Eroberung 400
durch Salmanassar III 402
Babylonien 23 f., 141
Geschichte 18 ff., 142, 296
Babylonier 281
Babylonisch 413
babylonische Gefangenschaft 24
Babylonischer Talmud 149, 390
babylonisches Exil 141, 211
Badawi, A. M., ›Die neue historische Stele Amenophis' II‹ 268
Baesa 319, 329 f., 356
König von Israel 319
Bakhit 73
Ba'lu-mihir 414
Barak 109
Baron, S. W., ›A Social and Religious History of the Jews‹ 34

Barton, ›Archaeology and the Bible‹ 293
Bauer, H. 246
Beerseba 233, 315
Beirut 153, 300, 325, 384, 408
Beke, Charles,
›Mount Sinai a Volcano‹ 41 ff., 399
›Discoveries of Sinai in Arabia and of Midian‹ 43
Benaja, Marschall Davids 262
Benchail 315
Benhadad 304, 307, 319, 321, 322 ff., 326, 330, 356, 368, 377 f., 399, 416
identisch mit Abdi-Aširta 303, 377 f.
König von Damaskus 306, 318
Nationalheld 386 f.
Vertrag mit Ahab 393
Benjamin 199, 271, 310, 327
Land 312 f.
Bérard, ›Le nom des Phéniciens‹ 184
Berg Senir 404
Berg Sinai 44, 90, 103, 430
als Vulkan 41–44
Beruta, s. Beirut 408
Bêt-Šulman, identisch mit Tempel Salomos 361
Beth-Haver 251
Beth-San 122, 232
Beth-Zur 200
Bethel 199, 211, 230
Ausgrabung von 32
Bethlehem 200, 233
Bezalel 213
Sohn Uris 209
Bibel 24 f., 87, 97, 391
Gewichte und Maße 253 f.
goldene Streitwagen 235
Heiligkeit Jerusalems in früheren Zeiten 184 f.
Horiter 267
Parallelen Papyrus Ipuwer 52–55
schriftliche Überlieferung 47
Vokale 298
Bibelkritik 287
und Dokumente von Ras Schamra 254–257
Bileam, Segen 109
Zauberer 106
Biridia (Biridri) 396, 399, 403, 426 f.
Befehlshaber Megiddos 306 f., 398
Leiter der Koalition gegen Salmanassar III 306, 396–402
Bissing, F. W. von, ›Die Statistische Tafel von Karnak‹ 269
Bišitanu 355
Black, ›The Encyclopaedia Biblica‹ 399, 410
Blackman, A. M., ›The Literature of the Ancient Egyptians‹ 377
Blauer Nil 339
Boghazköi 258
Bonfante, ›The Name of the Phoenicians‹ 184
Borchardt, L.
›Nilmesser und Nilstandsmarken‹ 84
›Altägyptische Festungen an der zweiten Nilschwelle‹ 84
Bork, F., ›Sprache der Karer‹ 265
Borsippa 394
Botrys 300
Brandenstein, W., ›Karische Sprache‹ 265
Breasted, A. H., ›A History of Egypt‹ 130
Breasted, J. H., ›Ancient Records of Egypt‹ 115 passim
Brugsch, H. K. 50, 269
Bubastis 129
Budge, E. A. W.,
›The Queen of Sheba . . .‹ 149
›Kebra Nagast‹ 150, 186
›Egypt‹ 27
Bundeslade 208, 211, 274
Bürchner, ›Didyma‹ 267
Burkuna 373
Burnaburiasch 418
Geschenke von Echnaton 411
identisch mit Salmanassar III. 410 f.

Byblos 300
Hauptstadt der Phönizier 153 ff.

Carnavon-Tafel 114
Carra de Vaux 98
Carter, H., ›The Tomb of Tut. ankh. Amen‹ 421
Chabas, F. 49
Chabiru 28 f., 291 f., 294 ff., 360 f., 427
Gleichsetzung mit Hebräern 292, 294 f.
Identität mit Hebräern 28
Invasion der 28, 33
Chaldäa 276
Chaldäer, Sprache der 20
Chamsin, heißer Wind 37 f.
Chanani, Seher 275
Charran 276 f.
Chatti 285, 291, 396 f., 399–402, 405
Cheta 228
Cheyne, ›The Encyclopaedia Biblica‹ 399, 410
Chian 239
Hyksoskönig 102, 108
Chlearchus von Soli 137
Chobab 110
Chronologie,
ägyptische und Sothisperiode 112 f.
revidierte 287
Richtigstellung 20
Chur 90
Churam, s. Hiram 209
Churchill 17 f.
churrische Sprache,
identisch mit Karisch 287
identisch mit Khar 265 f.
Churriter 258, 267
Volk 20
Clarke, S., ›Journal of Egyptian Archaeology‹ 84
Cleopatra 23
Contenau, G., ›La Civilisation phénicienne‹ 184
Cook, S. A.,
›Cambridge Ancient History‹ 415
›Style and Ideas‹ 414
Cromwell 17
Crowfoot, G. M. & J. W., ›Early Ivories from Samaria‹ 392, 419 ff., 423
Cyrus,
Einnahme Babyloniens 24
Eroberer des chaldäisch-babylonischen Reiches 141

Daibon 346
Dalman, G., ›Petra und seine Felsheiligtümer‹ 124
Damaskus 198, 303 f., 306, 308, 317–320, 343, 404
Dan 199, 319, 328
Danuna 406
David 24, 32, 120, 122 ff., 140, 184, 186, 197 ff., 205, 218, 240, 306
Ausbau Jerusalems 144
Krone des Ammoniterkönigs 124
Leibwache 262
Zeitgenosse Amosis' 430
Davis, Theodore M., ›The Tomb of Hatshopsitu‹ 85, 171
Debir 295
König von Eglon 295
Debora 109
Siegeslied 45, 109
Delos 261
Dêr-el-Bahari 151, 178 ff., 188
Reliefs 153, 159, 188 f., 222
Tempeldienst 181
Dhorme, E. 243, 246, 305
›Revue biblique‹ 244, 300
›Première traduction . . .‹ 244
Dibon 327, 345, 352, 354
Didymaios, Gottheit 244
Didyme 244 f., 267, 286, 394
Djordjan, Sohn Noahs 93
Djorhomiten 95
Donaldson, J., ›The Ante-Nicene Fathers‹ 26
Dorer 269

Douma 98
Driver, S. R. 346
›The Book of Exodus in the Revised Version‹ 40 f.
Übersetzung Mescha-Stele 334, 346
Dshauhari (Djauhari) 134
Dubeux, L. ›Tabari: »Chronique«« 99, 132
Dûdu 293, 380 f., 403
Dumaška, s. Damaskus 377
Dümichen, J., ›Geographie des alten Ägyptens‹ 156
Dunand, M., ›Nouvelle inscription phénicienne archaique‹ 249
Dunip, s. Tunip 414
Durchquerung der Wasser bei Pi-Kharoti 74 f.
Naturereignis 39
Dussaud, R., 255
›Les Monuments palestiniens ...‹ 350
›Les Découvertes de Ras Shamra ...‹ 248, 250 f., 255, 263
›Syria, Revue ...‹ 300
Dynastien Ägyptens 22 ff.
Unterteilung von Manetho 23
Dynastie Ramses II, fehlender Zeitraum 433

Ebeling, E., ›El-Amarna-Tafeln‹285
Echnaton 9, 17, 23 f., 28 ff., 239 f., 285, 290 ff., 293, 303, 335, 369, 381, 385, 404, 406 ff., 418–421, 432
Amenophis IV. 22, 291
Datierung 23 f., 28
Ende der Regierung 29
erster Monotheist 291
Hymne, ähnlich Psalm 414
Religion der Liebe 291
Eckstein, Baron de, ›Revue archéologique‹ 261
Edel, Bd. I. E., ›Zeitschrift des Deutschen Palästina-Vereins‹ 270
Edom 123, 124 f., 158 ff., 198, 222, 268, 280 ff., 283, 314, 344
Edom Rabbot 280
Edom Serirot 282, 284
Eerdmans, B. D., ›Alttestamentliche Studien‹ 33
Eglon 295
Eje 29
El 248 f.
El Kantarah 126
el-Amarna 239, 285, 304, 412, 427
El-Amarna-Briefe 236, 289 passim
Datierung 289–297, 304
Hungersnot 339–334
Redewendungen 414, 416
Sprache 413–417, 419
Zeit Josaphats 424
Zeugnis von Meschas Rebellion 347
El-Amarna-Sammlung 285
el-Arisch 70, 116, 123, 129
Fluß von 127 f.
identisch mit Auaris 128
el-Hadjoun 95
El-Harit 95, 131
el-Henneh 74
el-Kosĕr 176
Hafen am Roten Meer 156 f.
el-Kuds 206
El-Welid,
Eroberer Ägyptens 98
Sohn des Douma 98
Ela, Sohn Baesas 356
Elam 231
Elath 157 ff.
Elephantine 273
Elfenbein 417–423, 427
›Elfte Plage‹ 89
Invasion der Hirtenkönige 103
Elia 43, 302, 315
Begegnung mit Ahab 331
Einmischung in Staatsangelegenheiten 320
Heilung Naemans 367
Prophet 301
Seher 387
Voraussage der Dürre 339
Eliphas 93

Elisa 317, 353, 369, 371, 376 f., 380, 382, 385
heiliger Mann 374
Leben der Frau von Sunem einhauchend 373
Nachfolger von Elia 320
prophezeit Hasael Königtum 379
Seher 368, 387
Elisaphat, Sohn des Sichri 310, 313
Eljada, Hauptmann Josaphats 310
Endor, Hexe von 122
Enfe 349
Engelbach, R., ›The Problem of the Obelisks‹ 193
Ephod 217
Ephraim 109, 328
Gebirge 282, 315, 319
Erbt 372
Erdbeben,
ägyptische Aufzeichnungen 48, 56
Exodus 41 f.
seltsame Wirkungen 60
Tod der Auserwählten 61
Erdstoß und Zehnte Plage 56 f.
Eremitage-Papyrus 77–80, 85, 129 f.
Eriträisches Meer 154
Erman, A., ›The Literature of the Ancient Egyptians‹ 377
›Erstgeboren‹ 60–63
Esau 93
Eschmunazer, phönizischer König von Sidon 249
Esdraelon, s. Jesreel 398
Etam 200
Ethbaal, sidonischer König 300
Euagoras 266
Euphrat 144 f., 275 f., 402, 404
Euphratgebiet 117 f.
Eusebius 22, 26, 59, 87, 248
›Preparation for the Gospel‹ 59, 138, 153, 184
Evangelium Lukas 186
Evangelium Matthäus 186
Evans, Sir Arthur J., ›The Palace of Minos‹ 84, 238
Exodus 24 f., 140, 239, 432
Beschreibung 38 ff.
Einordnung in Ägyptens Geschichte 83
fehlende Hinweise in ägyptischen Quellen 21
Gleichsetzung Ende Mittleres Reich 430
historische Zeit 25–34
kurz vor dem Hyksoseinfall 86
letzte Nacht 56–60
und Neues Reich 25
unwichtiger Vorgang 34, 48
Ezeon-Geber 157–160, 165, 198, 218, 325

Federn, Walter 13
Feigin, S. I. 14
Fisher, C. S.,
›Harvard Excavations . . .‹ 393, 417, 419
Excavations of Armageddon‹ 398
Flavius Josephus 26, 71 passim
›Against Apion‹ 87 passim
›Jewich Antiquities‹ 73 passim
Fleischer, H. O., ›Abulfeda: »Historia anteislamica«‹ 93, 132 f.
Flucht aus Ägypten 63–66
Flutwelle bei Safa 97
Forer, L., ›Syria, Revue d'art . . .‹ 236
Freedman, H., ›Midrasch Rabbah‹ 60
Fresnel, F.
›Kitab Alaghaniy‹ 132
›Journal Asiatique‹ 94
Freud, S., 291
›Der Mann Mose und die monotheistische Religion‹ 30

Gad 346
Gadd, C. J., ›Fall of Niniveh‹ 361
Galadene 390
Galiläa 139, 203
Galiläisches Meer, Schiffahrt 325
Gardiner, A.H. 52, 57 f., 81 ff., 115
›Journal of Egyptian

Archaeology‹ 84, 103, 110, 113f., 127f.
›Etudes Chapollion‹ 27, 35, 39f.
›New Literary Works from Ancient Egypt‹ 77
»The Admonitions . . .‹ 50, 54
Garis Davis, N. de, ›The Rock Tombs of El-Amarna‹ 381
Garstang, John 13
›The Foundations of Bible History‹ 29, 33
Gaster, T. H., ›A Phoenician naval gazette . . .‹ 245
Gath 200, 233
Gauthier, ›Le Livre des rois d'Egypte‹ 125
Gaza 110, 200, 308, 311, 314
Geb, Majestät 75
Gedicht von Keret 275–284
Gehasi 353
Gelb, I. J. 14
Genubath 235
König von Edom 222f.
Sohn Hadads 222
Georgius Syncellus 26
Gerar 272, 280
Gericht Jahwes 305
Geschichte Ägyptens, Verhältnis Geschichte Israels 428
Geschichte der Alten Welt, Synchronisierung 428
Geschichte des Altertums, ungelöstes Problem 433
Verzerrung 18ff.
Geschichte des jüdischen Volkes, sechshundertjährige Lücke 142f.
Verhältnis Geschichte Ägyptens 428
Geschichtsschreibung des Altertums,
vollständige Revision 20, 432
Geschichtsschreibung,
Problem der Korrektur 433f.
traditionelle Konstruktion 424
Geschichtsverdopplung, Beispiele 424–427
Gezer 157, 280
Ghor 43
Gibeon 232
Gideon 111
Gjerstad, E., ›The Swedish Cyprus Expedition‹ 241
Gifford, E. H., ›Eusebius: »Preparation for the Gospel«‹ 59
Gilead 320, 390
Giluni 354
Ginsberg, H. I.
›Ancient Near Eastern Texts‹ 278
›Kitvei Ugarit‹ 246
Gintikirmil 358
Ginzberg, Louis,
›Legends of the Jews‹ 59 passim
Glaser, E.,
›Mitteilungen, . . .‹ 154
›Punt und die südarabischen Reiche‹ 152
Godley, A. D., ›Herodot‹ 101, 260
Golf von Akaba 39, 43, 157, 165, 325
Golf von Suez 39
Goodwin, ›Transactions . . .‹ 218
Gordon, C. H. 14
›Ugaritic Handbook‹ 409
Gordon, M. B., ›Annals of Medical History‹ 252
Gosen 389
Gottes Land 155, 184, 219ff., 227–231
Beschreibung 166–170
Göttliches Land 152, 154, 160f., 177, 184f.
Erzählungen 169
Hatschepsuts Expedition 160–166
identisch mit Punt 156, 192f.
identisch mit Palästina 192f.
identisch mit Phönizien 192f.
Terrassen 178
Goyon, Georges,
›Kêmi‹ 74f.
›Les Traveaux de Chou . . .‹ 70
Graf 272
Greßmann, H.,
›Altorientalische Texte‹ 80

›Der Ursprung der israelitisch-jüdischen Eschatologie‹ 44
›Mose und seine Zeit‹ 37, 39, 44
Griechen 264, 267
Griechenland,
Geschichte 20
Zeittafel 287
Griffith, F. L., ›The Antiquities . . .‹ 69, 73
Grünbaum, M., ›Neue Beiträge zur semitischen Sagenkunde‹ 166
Gubla 294, 297 f., 300 ff., 321, 342, 375 ff., 382, 388 f.
identisch mit Byblos 300
identisch mit Jesreel 301
Guérin, V., ›Judée‹ 69
Gunkel, H., ›Literaturzeitung‹ 43
Gunn, B.,
›Egyptian Archaeology‹ 103
›The Expulsion of the Hyksos‹ 100, 113, 115
Gustavs, A., ›Die Personennamen in den Tontafeln von Tell Taanek‹ 318
Gutschmidt 76

Hadad 125, 222 f., 235, 377, 381
Hadad der Edomiter 198, 222, 224
Hadedeser, König von Zoba 198
Hadramaut 150
Haggada 97 f., 158, 164
über Saul 122
über siebenjährige Hungersnot 347
Halévy, J., 404
›Annuaire, . . .‹ 149
›Legende de la reine de Saba‹ 149
Halikarnassos 260
Hall, H. R.,
›Israel and the Surrounding Nations‹ 27
›Egyptian Chronology‹ 113
›The people and the Book‹ 28 f., 31
Haman,
Wesir Persiens 137
Hapharaim 232
Har-Nur (Berg des Feuers) als Berg Sinai 43
Haremheb 128
Harra Radjla 43
Harris-Papyrus 218
Harris, Z. S., ›Ras Schamra Mythological Texts‹ 250, 256
Hasael 307, 324, 379–382, 385, 389 ff., 394, 404 f., 416, 427
ermordet seinen Vater 403
Gewalttätigkeiten 382
identisch mit Aziru, Azaru, Azuru 304, 378, 426
König von Damaskus 304
Nationalheld 386
Prophezeiung der Königswürde durch Elisa 379
steckt Israels Stützpunkte in Brand 379–382
Hasis 276
Hatschepsut 22 passim
besucht Königin von Saba 191–193
Elfenbein 422
Expedition nach dem Göttlichen Land 160–166
Inschrift 84 f.
Nachweis Identität mit Königin von Saba 193
Reise nach dem Lande Punt 151
Statuen 145 f.
Thutmosis Mitherrscher 194
Weissagung 164
Ziel ihrer Reise 151–156
Hauronon 346
Havila 117, 127
Hazor, Regierungssitz Jabins 109
Hebräer 27, 31, 277, 292, 296
Gleichsetzung mit Chabiru 295
Identität mit Chabiru 28, 294
Hebräisch 246 ff., 250, 345, 417, 427
hebräische Geschichte 141
hebräische Schriftzeichen, früheste 108
Hebron 233, 295, 363

Heilige Schrift 24f. passim
Ausstattung Tempel Solomos 210
erfolgloser Angriff auf Südpalästina 278
Gewalttätigkeiten Hasaels 382
Hungersnot 340
verdammt Ahab 386
zwei Versionen 329–338
Heiliges Land = Land von Jerusalem 193
Hekel Abram 232
Helck, H. W., ›Der Einfluß der Militärführer . . .‹ 378
Heliopolis 126
Herculaneum 42
Hermon 427
Herodot 101, 154, 177, 200, 260, 263f., 267, 273
Herrschaft der Äthiopier und Libyer, fehlender Zeitraum 433
Hethiter 19f., 292, 266
Hieronymus 303
Hill, Sir George F., ›Catalogue of the Greek Coins of Cyprus‹ 266
Hilzheimer, M. 221
Hiram 191, 209, 307, 378
König der Phönizier 183
König von Tyrus 157f.
Hirtenkönige 102, 103–106, 113f.
Eindringen 105
Herkunft der Bezeichnung 110
Hiskia 141, 252, 303
Hitzig, F., ›Urgeschichte und Mythologie der Philistäer‹ 128
Hoham, König von Hebron 295
Hohelied Salomons 230
Homer 183, 264, 267, 288, 422
Horeb 90
Horiter (Höhlenbewohner) 258f.
Horus 103, 189
Hosea 233
Hrozný,
›Inscription de Ras Shamra . . .‹ 243
›Archiv Oriental‹ 267
›Ionien à Ras Shamra‹ 243ff., 266, 286f., 395
Hungersnot
in den Amarna-Briefen 339–344
siebenjährige 343
Hyksos,
Einfall in Ägypten 66–69, 82f., 86, 120
nach jüdischen Quellen 104f.
kurz vor Exodus 86
Flucht nach Scharuhen 119f.
Folterungen 102
Gleichsetzung mit Amalekitern 430
Grausamkeit 135f.
Herkunft 87ff.
Herrschaft und Vertreibung 101
Identifizierung mit Israeliten 25, 86
identisch mit Amu 69, 102f.
in Ägypten 101ff.
Namenserklärung bei Manetho 38
Niederlage 119
Parallelen zu Amalekitern 129–134
Rückzug nach Idumäa 118–124
Übertragung des Hasses auf Juden 139
Vertreibung 33, 84
in ägyptischen und hebräischen Quellen 113–118
Verwechslung mit Israeliten 138
Zusammenstellung ihrer Eigenschaften 129f.
Hyksos-Dynastie, letzte 103
Hyksosherrschaft 83, 86, 239, 432
Grausamkeit 102
Hyksosperiode, Dauer 111ff.

Iahtiri 414
Iahzibada, identisch mit Ieozabad 311ff., 426
Ianhama 293f., 368–372, 388f.
Charaktereigenschaften 369, 371
identisch mit Naeman 368
Vorsteher in Syrien 368

Iarimuta 341, 343, 388 ff.
Ibn Abd-Alhakam 99, 132
Idam 95
Iddo, Prophet 333
Ijon 319, 328
Ilias 245 f., 422
Ilion 267
Indien 137 f.
Indo-Iranier 259
Inka 184
Ionier 244 f., 260, 264, 266 f., 394
Ipuwer 49–54, 66–69, 80 f., 83, 429, 433
israelische Geschichte, Bindeglied zu ägyptischer 21–86
Irkata 374, 397
Irqata 396 ff., 426 f.
Isaak 93, 294
Isis 103
Iskanderun 395 f.
Ismael, Sohn Jehochanans 310, 313
Ismailia, Museum von 69
Israel 27 passim
Geschichte 21
  Handelsherrschaft zwischen Asien und Afrika 196
Israeliten,
  begegnen Amalekitern 430
  Aussehen 165 f.
  Auszug 35 f.
  Begegnung mit Hyksos 90–94
  Gefühle gegenüber Amalekitern 135
  Kampf gegen Amalekiter 90 ff., 111
  Knechtschaft in Ägypten 428
  Leid durch Identifizierung mit Hyksos 139
  Rauch und Feuersäule 40 f.
  Segnung durch Bileam 109
  Verwechslung mit Hyksos 135
  zweite Schlacht mit den Amalekitern 92
israelische Propheten,
  Sprache 413, 415
Ithobaal 397
  König von Tyrus 300
Izebel, s. Jesebel 300 ff.

Jabin, König von Kanaan 109
Jack, J. W.,
  ›Samaria in Ahab's Time‹ 160, 306
  ›Ras Shamra Tablets‹ 249 f., 279
Jaffa 218, 233, 312
Jahas 346, 352
Jahpia, König von Lachisch 295
›Jahre des Lärms‹ 51, 67
Jahwe, Lokalgottheit eines Vulkans 44
Jakobiten 295
Jaman, s. Ionier 286, 394
Jamanu, s. Ionier 244
Jarmuth 294
Jathrib, arabische Bezeichnung für Medina 110
Jeanne d'Arc 18
Jebel 301
Jebus 297, 362
Jebusiter 362
Jehimilk, König von Byblos 249
Jehochanan 310, 327
  Hauptmann Josaphats 309
Jehosabad 311
  Hauptmann Josaphats 310
Jehosaphat 19
Jehu 262, 336, 385, 398, 403, 406, 421
  Regierungszeit 336
  Thron Israels annektierend 337
Jeremia 63, 78, 230, 414
Jeremias, ›Das Alte Testament im Lichte des alten Orients‹ 417
Jericho 13, 166, 363
  Belagerung 295
  Mauern von 29 f.
  Jerobeam 219, 223, 233, 282
  Aktivitäten 199
  der Ephratiter 198 f.
  König von Israel 270
Jerusalem,
  Amarna-Zeit 297–302
  Gefahr 356–361
  Hauptstadt Davids 144

heilige Stadt aller Völker 197
heiliger Ort vor Davids Eroberung 184 f., 199
Heimstatt heidnischer Götter 199
identisch mit Kadesch 204 ff.
identisch mit Urusalim 28, 291
Šulman-Tempel 361 f.
Tempel, erbaut vor Karnak 421
Weg von Theben aus 156 ff.
Zerstörung
durch Nebukadnezar 24
durch Titus 139
Jesaia 63, 230, 249, 251 f., 254
Jesebel 301, 331, 336, 383, 397, 416
Ahabs Frau 300
Einführung des Baal-Kultes 301
von Hunden zerrissen 302, 385
Jesreel 201, 321, 331, 375, 385, 398
Amarna-Zeit 297–302
Hauptstadt Israels 300
identisch mit Gubla 300 f.
Tal 201, 258
Verschwörung 417
Jesus 186
Jethro 110
Jirku, A., ›Die ägyptischen Listen . . .‹ 206, 232
Joab 125, 222
Einnahme Amalekiter Hauptstadt 124
Vernichter der Hyksos 140
Joel 205
Jojada 262
Jonathan, Sohn Sauls 122
Joram 329–338, 384
Ermordung 337
Regierungsantritt 329
Regierungszeit 330
Sohn Ahabs 329
Sohn Josaphats 336, 384
Jordan,
Schiffahrt 325
Josaphat,
bekehrt das Volk zu Jahwe 315
Briefe der Hauptleute 309–313
Gebet 357
identisch mit Abdi-Chiba 303
König von Jerusalem 262
Liste der Hauptleute 313
oberster Gerichtshof 305
Regierungszeit 329 f.
Schiffbau 325
Sohn Paruahs 159
Statthalter in Ezeon-Geber 159
Joseph 96, 293, 389
Josephiten 295
Josua 29, 202, 235, 292, 295, 298
Kampf gegen Amalekiter 90
Josua ben-Nun 292
Juda,
Abhängigkeit 235
Aufstieg 124
Feudalsystem 310
Religionsentwicklung 310
Teilung 24
Truppenstärke 326 f.
Judäa 119, 139
Juden,
früheste Erwähnung 137
Identifizierung mit Hyksos 138
von Philosophen Indiens abstammend 137 f.
jüdische Geschichte 141
jüdische Kunst des 10. Jh. 226
jüdisches Volk, Geschichte 21
Julius Africanus 22, 26

Kabous 99
Kadesch 201 ff., 204 ff., 207, 228
identisch mit Jerusalem 204 f.
Lage in Juda 203 f.
Kadesch Naphtali 203
Kalanier 138
Kallen, Horace M. 14
Kambyses 26, 142, 263, 273
Kamosch 346
Kamose 24, 114
Vasallenkönig, Sohn Sekenenrês 114
Kanaan 31 ff., 91 f., 290 ff. passim
Kanaanäer 91 f., 109, 256, 287
Kaphtor 121, 262

Kar Salmanassar 261
Karer, Karier 257–264, 394
identisch mit Khar 259
in der Heiligen Schrift erwähnt 262
Teilnahme an Trojas Verteidigung 264
Vertreibung 260
Kari, s. Karer, Karier 262
Karien 261
Karisch,
identisch mit Churrisch 287
mitannisches Element 265
karische Sprache 20, 264–268
Karkah 346, 352 f., 354
Karkar 261
Karkemisch 261
Karmel 201, 302
Karnak,
Obelisk 147
Relief 202, 208, 210, 221, 224, 227
sakrale Gegenstände Tempel Salomos 211–218
Salomos Pflanzen- und Tiersammlung 220 ff.
Tempel 231
erbaut von Thutmosis III. und Amenophis III. 22, 421
Karpas 241
Karthago 264
Bau 408
Gründung durch Phönizier 409
›Keret, die Neue‹ 287
Katan 96
Katastrophe 80
in arabischen Überlieferungen 95
ägyptische Darstellung 51
geologische 45
Schilderung in Psalmen 45 ff.
Tod des Pharaos 64
Umfang 44, 80
Verbindungsglied Geschichte Israels und Ägyptens 9
während des Exodus 428
Kaunier 264
Kautzsch-Bertholet 63, 78, 172
›Die Heilige Schrift des Alten Testaments‹ 52
Kebra Nagast 149, 186 ff.
›Buch von der Herrlichkeit der Könige‹ 186
Keilschrift 413, 417
Kennedy, H. B. W., ›Petra, Its History and Monuments‹ 124
Keret,
Landstrich 263, 231
Gedicht von 249, 275–284
König von Sidon 275
Kerith, Bach 339
Khar 244, 257 f., 286, 394
identisch mit Karern 259
King-James-Bibel 78, 104, 302, 363
Kinneroth 319
Kir-ha-Kharoset 328, 352
Kirjathon 346
Kitab Alaghaniy 94, 131
Klagelieder 414
Knossos 84, 102, 283 f.
Knudtzon J. A.,
›die El-Amarna-Tafeln‹ 285, 290, 294 passim
König von Damaskus,
Ermordung 376–378
Gefangennahme und Freilassung 322–325
Kampf gegen
König von Samaria 327 ff.
Salmanassar III. 403 ff.
Konspiration gegen König von Samaria 374 ff.
König von Israel,
Besorgnis über Dürre 342
Chronik 419
König von Jerusalem 328, 333, 358 ff., 361, 363, 413, 415 f.
Tributempfänger 308
König von Juda 304, 363
König von Samaria,
Kampf gegen König von Damaskus 327 ff.
König von Sidon 301, 383

König von Sumur,
Briefe über Hungersnot 343
König von Tyrus 325, 409
Königin von Saba 19, 144–193, 274, 304
Besuch bei Salomo 147
Besuch im Palast von Jerusalem 168
Flotte 160
Geschenke von Salomo 170–176
hebräische Legenden 189f.
Herkunft 147–151, 185f.
Identifikation mit Hatschepsut 191ff., 227
Königreich Saba 155
Koran 158, 185
Krauß, S., ›Earthquake‹ 52
Kreta 238ff., 260, 262f., 267
durch Katastrophe zerstört 238
Geschichte 20, 431
minoische Kultur 142
mykenische Kultur 142
Zeittafel 287
Krethi und Plethi 262f., 282
Krethi, s. Karer, Karier 263
Kretische Kultur,
Minoische Zeit 84
kretische Schrift 238
Kretschmer, ›Geschichte der griechischen Sprache‹ 256
Kykladen 260, 267

Lachisch 295, 364
Lagarde, P. de 265
Land von Jerusalem = Heiliges Land 193
Lange, H. O., ›Prophezeihungen eines ägyptischen Weisen‹ 50
Laodicea 236
Lapislazuli, häufigste königliche Geschenke 417f.
Laris 128
Latakia, s. Laodicea 236
Laud, Sohn Noahs 93
Lauth, F. J., ›Altägyptische Lehrsprüche‹ 50
Layard 423
Lea 295
Lebana (Weihrauch) 229f.
Leemanns, C., ›Aegyptische Monumenten ...‹ 49
Lefebvre, G., ›Histoire des grands prêtres ...‹ 182
Legrain, L.,
›American Journal ...‹ 150
›In the Land ...‹ 149
Lepsius 83, 265
›Letters from Egypt ...‹ 84
Lepsius, R.,
›Extracts from Chronology ...‹ 30
›Nubische Grammatik‹ 154
Leviathan 249
Leviten 305, 314
Leviticus 63, 248
Levy, J., ›Wörterbuch ...‹ 57, 61, 116, 326, 353
Lewy, Julius 361f.
Libanon 291, 296, 404, 427
Libna 364
Libyer 204, 275
Lieblein, J., ›Handel ...‹ 156
Lods, A., ›Israel‹ 280
Lot 185
Lucas, A., ›Ancient Egyptian Materials ...‹ 152, 154, 172, 229
Luckenbill, D. D.,
›Ancient Records of Assyria‹ 306, 311, 378, 394f., 402, 404, 409, 412
Luther 62, 78, 104, 147
Luxor-Tempel, erbaut v. Amenophis III. 22
Lydien 263
Lyon, D. G., ›Harvard Excavations ...‹ 393, 417, 419

Maasejahu, Sohn des Adajahu 313
Mâdeba 346f.
Magdali 354
Mahzibti 354
Mâia 355
Maimonides, ›Homonyme in der Bibel‹ 184

Maisler, B., ›Untersuchungen zur alten Geschichte . . .‹ 305, 389
Makere, s. Hatschepsut 146, 177
Make-da 185–190
Make-ra 185–190
Thronname Hatschepsuts 188
Makida, s. Megiddo 398
Makkabäerkrieg 255
Makkeda 364
Malakhei-Roim (Hirtenkönige) 103–106
Manasse, König von Jerusalem 316
Manetho 98f. passim, 128f., 136f., 139f.
über Hyksos 102
ägyptischer Priester des 3. Jh. 23f.
Beschreibung von Auaris 126
Einteilung ägyptischer Dynastien 23
letzte Hyksos-Dynastie 103
Mann, Thomas, ›Buddenbrooks‹ 12
Manteuffel, G., ›Deopusculis graecis Aegypti . . .‹ 80
Maouya 99
Marcus, R., ›Flavius Josephus: »Jewich Antiquities‹« 175
Maresa 200, 275, 283f.
Schlacht von 271, 280, 287
Mariette, A.,
›Deir el Bahari‹ 179
›Les Listes géographiques . . .‹ 203
Marquart, ›Chronologische Untersuchungen‹ 293
Marti, K., ›Encyclopaedia Biblica‹ 336
Masoreten 298
masoretische Bibel 106
Maspero, G. 155
›The Struggle of the Nations‹ 155, 179, 191
›Transactions . . .‹ 203
Masudi 98, 129
›Abrégé des merveilles‹ 98, 129
›Les Prairies d'or‹ 95, 97f.
Matinuba'li 426
Fürst von Arwad 396f.
Maya 184
Medien 137
Geschichte 18ff.
Medina 110, 186
von David erobert 125
Meer des Durchzugs 42
Lage 39, 77
Megasthenes 137f.
Megiddo 200f., 203, 207, 218 passim
Belagerung 202
geplündert von Thutmosis III. 422
Mekhilta Beshalla 132
Mekka 94f., 110, 136
Untergang 95
Melchisedek, König von Salem 185
Memphis 74, 77, 101, 269
Menander 300, 378
Menander von Ephesus 307
Mencheperre-Seneb, Hohepriester 224
Menelik 273
Sohn Salomos und der Königin von Saba 149
Stammvater der Dynastien abessinischer Monarchen 186
Mercer, S. A. B. 290, 313, 358, 370
›Extra-Biblical Sources . . .‹ 32, 225
›Tell el-Amarna . . .‹ 293, 349 passim
›Tutankhamen and Egyptology‹ 31
Merenptah 30ff., 86, 294
Pharao des Exodus 30, 293
Meriba 90, 272
Meritation, Tochter Echnatons 407
Mescha 304, 308f., 327 passim
Aufstand 330, 334, 374
Bautätigkeit 352f.
Einnahme Sumurs 352f.
König von Moab 297, 304, 308, 344
Opferung des erstgeborenen Sohnes 345
Rebellion 344–350
Sieg über Israel 345
Taten 346f.

Verhalten bei Eroberung der Hauptstadt 354
Mescha-Stele 334 f., 347, 350–355, 392
größte Einzelentdeckung biblischer Archäologie 347
Inschrift 348, 419
Mesopotamien 265, 295
Messenien 243
Metten-Baal, Enkel Ithobaals 397
Meuniter 349
Meyer, Eduard 37, 112, 155, 227
›Die Israeliten und ihre Nachbarstämme‹ 44
›Geschichte des Altertums‹ 28, 44, 87, 130, 200, 306, 399
›Geschichte Alt-Ägyptens‹ 156
Meyer, Georg, ›Die Karier‹ 261
Michajahu 315
Midian 111, 125
Midianiter 110
Midrasch Aba Gorion 90
Midrasch Rabba 60
Midrasch Schemoth Raba 71
Midrasch Schir Haschirim Raba 71
Midrasch Tanhuma Hakedom Hajaschan 71
Midrasch Tannaim 132
Milkili 372 f.
Minet el-Beida 242
Hafen von Ras Schamra 237
minoische Kultur 142, 236–240, 268
Minoische Periode 287
Minos,
König von Kreta 238, 260
Minoische Zeit, Kretische Kultur 84
Misraim, verschwundenes Königreich in Sinai 43
Mitanni 87, 258 f., 400
Mitta 400
Mittleres Reich 81–85, 111 f. passim
Mizraim, s. Ägypten 399
Moab 124, 297, 330, 345 ff., 349, 359
Abfall von Israel 334
Krieg gegen Israel 333
Moabiter 347, 357, 360
Hebräisch sprechend 345
Mohammed 185
Montet, P.
›Le Drame d'Avaris‹ 30, 126, 129
›Les Reliques de l'art . . . 225
Montgomery, J. A.
›Arabia and the Bible‹ 146, 153
›Mythological Texts‹ 256
Moreseth Gath 272, 280, 283
Moses 26 f., 46, 90 ff., 96 f., 110, 135 f.
Zögling Echnatons 30
Mu Areset, s. Moreseth Gath 283
Müller, W. Max,
›Asien und Europa . . .‹ 204
›Palästinaliste Thutmosis' III.‹ 204
›Mitteilungen . . .‹ 389
›The Jewich Encyclopedia‹ 116 f.
Musil, A. 44
Musri-Krieger 399
Musri, assyrischer Name für Ägypten 399, 412, 427
Mut-Ba'lu 397
König 427
Mykene 238 ff.
Geschichte 431
mykenische Epoche 19, 287
mykenische Kultur 142, 236–240
Mykty, s. Megiddo 200 f.
Myrrhe und Weihrauch
als Produkte Palästinas 230
als Produkte Punts 229

Naboth 301, 376, 383, 385 f., 416, 425
Weinberg 300, 376
Nachma 400
Naeman 333, 353, 416
Heilung durch Elias 371
identisch mit Ianhama 368, 426
Sar von Syrien 367–372
Naphtali 319, 328
Naphuria 291, 302 f., 411
Thronname Amenophis' IV. (Echnaton) 303
Nash, Ogden 12

Nathan, Prophet 333
Naville, Edouard, 76, 155, 172
›The Temple of Deir el Bahari‹ 146, 151 f., 156, 161, 164, 168, 179, 181, 190
›Archaeology of the Old Testament‹ 417
›Life and Monuments of Hatshopsitu‹ 85
›The Store-City of Pithom . . .‹ 85
Nebo 346 f.
Nebukadnezar 24, 141, 217
Unterwerfung Tyrus' 263
Nebusaradan, Hauptmann Nebukadnezars 217
Necho II. 175
Wasserweg zwischen Nil und Rotem Meer 176 f.
Neferehu 77, 79
Negeb 249, 275 f.
Nehemia 205
Nehi, Vizekönig von Äthiopien 189
Nemir 99
Netanel 315
Neubauer, A., ›La Géographie du Talmud‹ 390
Neues Reich 81 ff., 101, 112, 140, 142 passim
und Exodus 25
Datierung 24
Verringerung des Alters 191
Neunte Plage 70 f.
Newberry, ›Three Old Kingdom Travellers . . .‹ 155
Newton 18
Newton, C. T. 244
Niebuhr, C., ›Mitteilungen . . .‹ 389
Nikdem 396, 405
Nikmedes, s. Niqmad 266
Nikodemus von Salamis 266
Nikolaus von Damaskus 306, 377
Nikomedes, s. Niqmad 243
Nil 145, 176 f., 274, 290, 428
Nilmesser bei Semne 84
Nimmuria 302
Thronname Amenophis' III 290 f.
Nimrud 423
Ninib 367
Ninive 410
Niqmad 243 f., 259, 266, 285 ff., 409, 412
König von Ugarit 243
Vertreibung durch Salmanassar III. 394 ff.
Noah 93
Noeldeke, T., ›Über Amalekiter‹ 100
Nubien, s. Äthiopien 189
Unterwerfung durch Thutmosis I. 145, 189
Nuhašše 403 f.
Numenius 138

Obadja 315, 342
Odyssee 183
Ohnefalsch-Richter, M., ›Kypros, The Bible and Homer‹ 307
Olmstead, A. T., ›History of Palestine and Syria‹ 27, 258
Omaya, s. Amu 134
Omeya, Sohn des Abu-Salt 95
Omri 319, 334 ff., 354, 356, 406
Erbauer Samarias 300, 392
König von Israel 335
Vater Ahabs 298
Ophel 352, 393
Ophir 158, 170, 172, 183, 191, 209
Lage 174 f.
Orontes 203 f., 275, 320
Osarsiph 26, 136
Osborn, C. S., ›The Earth Upsets‹ 60
Ouna 98

Palästina,
Befreiung von Ägypten 274
Einfall Moabiter und Ammoniter 347
Einfall Amenophis' II. 283
Eroberung
durch ägyptisches Heer 195
durch Thutmosis 227, 234
Festung der Amalekiter 109

Geschichte während
Amarna-Briefe 330
Gottes Land 153
identisch mit Retanu 145
Keilschrift 417
Kontinuität der Kultur 415
Myrrhe und Weihrauch 230
religiöse Bedeutung vor David 184 f.
Verwüstung 30
Weihrauch 193
Zeit der Hyksos-Herrschaft 106–111
Zoologische und botanische Sammlungen 218–222
Palmer, E. H., ›Koran‹ 158
Papyrus Eremitage 77–80, 110
Papyrus Ipuwer,
über die Zeit nach dem Exodus 67, 88 f.
ägyptische Darstellung einer Katastrophe 51, 429
Entstehungszeit 80 ff.
Interpretation 50
Parallelen zur Bibel 52–55
Papyrus Leiden, s. Papyrus Ipuwer 85
Papyrus Sallier 113, 130
Paruah 158 ff.
Salomos Stellvertreter im Lande Edom 159
Pauly-Wissowa, ›Real-Encyclopädie ...‹ 265, 267
Peet, T. E.,
›Egypt and the Old Testament‹ 24, 29, 32, 34
›Egyptian Archaeology‹ 218
Peleset 32
Pelusium 126
Pendlebury, J. D. S., ›Tell el-Amarna‹ 381
Pentateuch 138
Persien 137
Peters, Karl, ›Das goldene Ophir Salomos‹ 191
Petra 123, 166
Petrie, Sir M. W. Flinders, 112
›A History of Egypt‹ 85, 99, 130, 272
›Hyksos and Israelite Cities‹ 102, 126
›Palestine and Israel‹ 29, 32
Pfeiffer, Robert H. 13
Phiastos 238
Phalli, steinerne 251
Pharan 125
Pharao, Tod in den Fluten 74
Pharis, Sohn Noahs 93
Philistäa 389
Philister 32, 121 f., 133, 144, 157, 262
Verschmelzung mit Amalekitern 121
Vertreibung durch David 123
Philo der Alexandriner 71
Philo von Byblos 153
›Fragmente‹ 301
Phionikus 261
Phoinix 261
Phönizien 20, 123, 183 f., 227, 300
Phönizier 158, 183 f., 260, 267
Flucht nach Karthago 264, 405 f., 408
Kontakt mit Mayas und Inkas 184
Pi-ha-Khiroth 66, 69–77, 96
Lage des Meeres des Durchzugs 75
Pi-Kharoti, s. Pi-ha-Kiroth 75
Pi-Thom 76
Pierret, P., ›Recueil d'inscriptions ...‹ 284
Pindar 41
Piram, König von Jarmuth 295
Pirathon 109
Pirkei Rabbi Elieser 132
Pisoped 74, 77
Pithom 76, 85
Plage,
der Heimsuchung durch ›böse Engel‹ 104
der Finsternis, Hebräische Version 72

Plagen,
in Arabien 94 ff.
zur Zeit des Exodus 19
und Vorzeichen 35–44
Erklärungsversuch als wiederkehrendes Ereignis 38
Textvergleiche 52–55
Vorläufer der Katastrophe 56
wissenschaftliche Interpretation 35
Plato,
Kontakte zu Juden 138
›Timaios‹ 157
Plethi 262 f.
Plinius 42
Plutarch 182
›Numa‹ 183
›Vitae‹ 183
Pnuel 199
Pompeji 42
Pontifex, Wortursprung 182–185
Pontus 153
legendärer Vorfahr der Phönizier 184
Poseidon 153
Pritchard, ›Ancient Near Eastern Texts‹ 278
Prometheus 27
Psammetich 264
Ptolemäerzeit 119
Ptolemäische Dynastie 23
Ptolemäus, General Alexanders 23
Punische Kriege 183
Punt 152–156, 161, 164, 168, 175 f., 179 f., 183, 191 ff., 227 f., 234 f., 422
Erzeugnisse 235
identisch mit Palästina 192 f.
Lage 152 ff.
Myrrhe und Weihrauch 229
Wortursprung 182–185
Punt-Inschrift 164, 169
Punt-Reliefs 151, 166 f., 170 ff., 188, 422
Pyrrhus 243
Pythagoras, Kontakte zu Juden 138

Quarqar 335, 399
Schlacht von 336
Qes 85

Rabbat-Ammon 349
Rabbat, s. Rubbuda 359
Rabbi Jonathan 190
Rachel 295
Rama 319
Ramoth 390
Ramoth-Gilead 325, 327 ff, 334, 337, 390
Schlacht bei 329 ff., 333
Ramses II. 23, 86, 294, 433
Datierung 24
Eroberer Palästinas 295
Pharao der Unterdrückung 30 f., 293
Ramses III. 23, 32, 292
Ramses, Stadt 76, 85
Ranke, H.,
›Altorientalische Texte‹ 80
›Keilinschriftliches Material . . .‹ 389
›Zeitschrift für Ägyptische Sprache‹ 293
Raphidim, Schlacht bei 90
Ras Schamra 236–288, 395, 409, 412
Ausgrabungsort in Syrien 236
Dokumente und Bibelkritik 254–257
Einfluß Zyperns 266 ff.
gewaltsame Zerstörung 285
Gewichte und Maße 253
Grabkammern 241
griechische Elemente in den Schriften 242–246
Heilmittelbuch 252
Nekropole 241 f.
oberste Ausgrabungsschicht 237, 240
Pantheon 248
Schriftstücke in alphabetischem Khar 259
Tontafeln 242

Waffenfunde 263
Zerstörung 286
Ras-Schamra-Texte 431
Ré-Amon, Gottheit 369
Ré-Harachte 73
Rebekka 294
›Rebell Mesch‹ 308 f.
Rebellion Meschas 344–350, 367
Rechmitê, Wesir Thutmosis' III. 224, 422
Reguel 110
Rehabeam 199 f., 204, 206, 209, 217, 223, 334 f., 432
Nachfolger Salomos 195
Sohn Salomos 198, 227
Reinach, Theodore 76
›Textes d'auteurs . . .‹ 137 f., 377
Reisner, G. A.,
›Harvard Excavations . . .‹ 393, 417, 419
›The Viceroys of Ethiopia‹ 189
Reson 198, 318
Retenu 225, 228 ff.
identisch mit Palästina 145, 268
Worterklärung 230
Reuel 110
Rezenu 227–231
Worterklärung 230
Rezenus, Fürst 422
Rhinocolura (el-Arisch) 123, 128
Rib-Addi 316, 329, 370, 384, 397, 400, 414
identisch mit Ahab 303
Namensbedeutung 306
Rimmon, s. Ré-Amon 369
Rimuta 388, 425
Roberts, A., ›The Ante-Nicen Fathers'‹ 26
Rogers, R. W., ›Cuneiform, Parallels to the Old Testament‹ 226
Roosevelt, Franklin Delano 17
Rosellini, I.,
›I Monumenti Storici‹ 87
›Monumenti dell'Egitto . . .‹ 273
Rostovtzeff, M., ›Caravan Cities‹ 124 f.
Rotes Meer 95, 156, 176 f.
Rubuda, s. Rabbat 359
Rubute 349, 359

Saba (Scheba) 94, 155 f., 191
Land in Südarabien 149
Sacharja 315
Safa 95
Flutwelle 97
Salamis 266
Salatis (Salitis),
Erbauer Auaris' 127
König der Hyksos 101, 126
Salem 297, 362
Salmanassar III. 306, 309, 311, 335 f., 338, 378, 395, 405–408
Annalen 404 f., 412
Eindringen in Amurru-Land 403 ff.
Entgegennahme von Tributen 412
Eroberung Ugarits 405
Feldzüge gegen Syrien 400, 412
identisch mit König von Chatti 402, 409
identisch mit Šalmaiâti 406 f.
Kampf gegen die syrische Koalition 335, 396–402
König von Assyrien 297, 309, 335, 409
König von Babylonien 335, 410
Tribut von Tyrus, Sidon und Jehu 336, 407
Vertreibung Niqmads 394 ff.
Salomo 19, 28 passim
Ausstattung des Tempels 208–218
Besuch der Königin von Saba 147
Bildnis im ›Tempel des Höchsten Glanzes‹ 167
Brautnacht 187
Bündnis mit Hiram 183
›Friede‹ 305
Geschenke an Königin von Saba 170–176
Heiratspolitik 196
Plünderung seines Tempels 430 f.
Reichtum 144, 169 f., 208

Silber im Überfluß 171
Streitwagen 226
Teilung des Königreiches 218
Zeitgenosse Thutmosis' I. 430
Zerfall des Königreiches 194–200
zoologische und botanische Sammlungen 218–222
Salwas 99
Salzsee 39
Samaria 296, 298, 300 ff., 304, 307, 316–322, 323, 325, 328 f., 331, 333 ff., 417, 419 f.
Amarna-Zeit 289–297
Ausgrabungen 393, 417
Bautätigkeit 393
Elfenbeinfunde 420
Elfenbeinschnitzereien 423
erste Belagerung 318–325, 351
Hauptstadt Israels 24
Hungersnot 339–344
Königsstadt 392 ff.
Oligarchen 391
Seuche 342 f.
zweite Belagerung 334, 364–367
Samuel, Priester und Prophet 115, 119, 122
San el-Hagar (Tanis) 126
Sanchuniathon 153, 248
Sanherib 137, 141
Einfall in Palästina 9
Sara 294
Sargon 24
Sarira 282
Saron 389
Saul 115 ff., 118, 120 ff., 126, 133, 144, 196 f., 209, 432
Befreiung Israels und Ägyptens 117, 136
Besuch bei der Hexe von Endor 122
Eroberung Auaris' 126
erster jüdischer König 24, 122
König von Israel 115, 122
Krieg mit den Philistern 121
Sieg über Amalekiter 121
tragisches Ende 122
Vertreiber der Hyksos 122, 140
Sayce, A. H.,
›Records of the Past‹ 305
›Early History of the Hebrews‹ 38
›The Karian Language ...‹ 265
Schaefer, H., ›Die altägyptischen Prunkgefäße ...‹ 212
Schaeffer, Claude F. A.
›Cuneiform Texts ...‹ 241, 243, 245, 248–251, 253, 256, 259
›La Deuxième Campagne‹ 237
›Les Fouilles de Minet-el-Beida ...‹ 237, 286
›Syria, Revue d'art ...‹ 236
›Ugaritica I‹ 237
Schamasch 281 f.
Schamschi-Adad, König von Assyrien 311
Scharuhen 115, 119, 121, 123 ff., 136
Amalekiter-Hauptstadt in Palästina, Belagerung 123
Schemesch 268
Schirokko 37
Schischak 231 ff., 271, 304
identisch mit Thutmosis III. 210, 224
Schlacht
von Aphek 324
von Maresa 280, 287
von Qarqar 336
von Ramoth-Gilead 329, 331
von Raphidim 90
Schoff, H., ›The Periplus of the Erythralan Sea‹ 152
Schoschenk 231 ff., 420
Schrein von el-Arisch 69, 76, 85, 429
Schu, Majestät 73
Schweinfurth, G., ›Pflanzenbilder im Tempel von Karnak‹ 220
Sebastije 354
Sebekhotpe 84
Sebulon 276 f., 283
Sefer Hajaschar 71
Sefer Mikhilta Divre Ischmael 71
Seir 360

Gebirge 357 f., 426
Sekenenrê 114
Sekhet-za 128
Seleukiden 255
Seleukos Nikator 138
Seligsohn, M., ›Amalek‹ 93
Sem, Sohn Noahs 93
Semaja, Prophet 207
Semiten 259, 293
Semne 84
Nilmesser 83 f.
Senajahu 199
Sencheres 26
Senir 413
Berg (Antilibanon) 404
Septuaginta 128, 223 f., 282
Serach 217, 271 f., 278 f., 281–284
identisch mit Amenophis II. 279
Sesostris III. 230 f.
Seth 102
Sethe, Kurt 82 f., 197
›Mitteilungen . . .‹ 184
›Urkunden‹ 127
›Die Dauer der Belagerung von Scharuhen‹ 115
›Zeitschrift für ägyptische Sprache . . .‹ 200
Sethos der Große 23, 31
Sethos I. 292
Eroberer Palästinas 295
Sextus Julius Africanus 85
Siana 396 f.
Sichri 310 f.
freiwillige Opferung 312
Sidon 111, 157, 218 passim
phönizische Metropole 153
Sohn Pontus' 184
Tributverhältnis Salamanassar III. 413
Sidonier 282 f., 406
siebenjährige Hungersnot 340 f.
Silo 211
Simon, M., ›Midrasch Rabbah‹ 60
Simons, J., ›Handbook . . .‹ 204
Simri 356
Sinai 296
Sinear 228, 231
Sirbonis, See 39
Sirius 112
Sisak 198, 204, 206 ff., 217
Sisera, Hauptmann Jabins 109
Skythen 87
Smith, C. Foster, ›Thukydides‹ 250
Smith, Sidney 270
So, Pharao 233
Socho 200, 206, 269
Sodomiter, Aufstand 363 f.
Solymiten 26, 136
Somalia 229
Somaliaküste 156, 191
Somaliland 154 ff., 176, 192
Somalis 154
Sosenk (Schoschenk) 231 ff.
Identität mit Pharao So 233
Sothisperiode 111 ff.
Spanien, assyrische Herrschaft 420
Spartaner 19, 243
Spätzeit Ägyptens 23
Speiser, E. A., ›Mesopotamian Origins‹ 258 f., 267
Staatskorrespondenz, älteste 291
Stanley, Arthur P., ›Lectures on the History . . .‹ 43
Strabo 261, 325
›The Geography‹ 30, 123, 261, 264
Stricker, ›Acta Orientalia‹ 125
Subraräisch 258
Suchiter 204
Sukenik, E. J., ›Early Ivories‹ 419
Sukkoth 360
Sukkoth (Hütten) 65
Sulman-Tempel in Jerusalem 361 f.
Sumerisch 242
sumerisch-babylonisches Zahlungssystem 253
Sumur 297 f., 300, 302, 306, 316 f., 348 ff., 392 ff.
wichtigster Platz in Syrien-Palästina 298
Sunem 426

Große Frau von 372 ff.
Suppiluliuma 409
Stadtkönig 396
Sur 116 f., 126 f.
Susakim, s. Thutmosis III. 223
Synchronismus, israelische/ägyptische Geschichte 56, 428
Syrer 284, 347, 393, 402
Syrien 97, 124, 127 passim
Befreiung durch Naeman 368
Herrschaft der Amalekiter 97
Statthalter 297, 308
syrische Geschichte 296
Šabi-ilu 355
Šalmaiâti, s. Salmanassar III. 406 ff.
Šapaš 281 f.
Šapašiten 280 f.
Šeeri 358
Šigata 360
Šunama 373 f.
Šuwardata 363
Fürst von Kelte 363

Taanach 200 f.
Tabari 99, 132
›Chronique‹ 99
Tacitus 42
Tafeln der Zehn Gebote 208
Tag der Gesetzgebung 41
Tahši 354
Takif 95
Tanis 126
Targum Yamuschalmi 71, 110, 132
Tasm, Sohn Noahs 93
Teje, Kartuschen in Mykene 239
Tekoa 200
Tell Basta 129
Tell el-Amarna 28, 76, 258, 289, 381, 394
Tell el-Her 126
Tell el-Maskhuta 76
Tell Taanach 258
Tell-el-Yahudiyeh 126
Tempel Hatschepsuts 178
Tempel ›Höchster Glanz allen Glanzes‹ 151, 177–182
Aufbau 180 f.
Tempel Salomos 28, 180 f., 194–235
Errichtung 183
Ausstattung 208–218
identisch mit Bĕt-Šulman 361
sakrale Gegenstände 210 ff.
Tempel von Jerusalem 180 f., 194–235
Tempeldienst in Dêr-el-Bahari 181 f.
Terah 275–279, 282, 284
Vater Abrahams 276 f.
Terrassen aus Almugbäumen 177 f.
Thachpenes, Gemahlin
Amosis' 222
Königin 125
Thackeray, H. St., ›Flavius Josephus: »Against Apion‹« 76
Tharsis 221, 325
Tharu 128
Thebaner 264
Theben 156, 158, 290, 304
Thelkemina, Schwester Schischaks 223
Theophrastus 137
Thom, König 70
Pharao des Exodus 76
Thukydides 260
Thutmosis I. 22, 144, 157
3. König des Neuen Reichs 145
Vater Hatschepsuts 189
Thutmosis III. 144, 168, 189 passim
Beute 208 f., 221, 224 ff.
Eindringen in Palästina 200–203
Erbe Hatschepsuts 195
größter Eroberer 194
identisch mit Schischak 224
Inspektionsreisen nach Syrien und Palästina 219, 229
Plünderung Megiddos 422
Plünderung Tempel Salomos' 431
Zerfall des Salomonischen Reiches 194–200
Thutmosis IV. 22, 153, 270, 284, 319
Nachfolger Amenophis' II. 284

Tigris 402
Tihamma, Flutwelle 95, 97
Tihammaküste 94
Timaios 76
Titus 139
Tod der Auserwählten 61
Tod der Erstgeborenen 60f.
Todesschatten 55, 78
Tor von Samaria 393
Totes Meer 166, 344, 356, 359, 363
Trachonas 241
Tripolis 349
Troglodyten 259f.
Troja 264, 267
Tuch, D. F., ›Einundzwanzig sinaitische Inschriften‹ 134
Tunip, s. Baalbek 404, 414
Tunis 287
Tuschratta, König von Mitanni 258, 400, 418
Tutenchamon 23, 29, 290, 411, 423
  Farbiges Elfenbein im Grab 422
  Schrein 420
  Schwiegersohn Echnatons 421
Tutimaeus 76, 87
Ty-Taoui 76
Typhon 79, 103
Tyrer 406
Tyrus 111, 157, 218, 285f., 325, 329, 336, 397, 405f.
  Auswanderung Bevölkerung 408
  Tributverhältnis Salmanassar 412f.
  Unterwerfung durch Nebukadnezar 263
  Wechsel in der Oberherrschaft 407

Ubi 354
Ugarit 266f., 278, 283, 288, 394f., 405, 409
  Ende von 285ff.
  Eroberung durch Salmanassar 405
  Erwähnung in Amarna-Briefen 286
  Grabkammer 288
  Seehandel 244
  Verwüstung 274
Ur 276
Uri 209
Ursalim 358f., 361f., 415
Usa 396f.
Ussia 62
Ušte 354
Uzu 397f.

Vansleb 38
Vasallenkönige 308
Velikovsky, Immanuel
  ›Erde im Aufruhr‹ 11
  ›Vom Exodus bis König Echnaton‹ 11, 13
  ›Welten im Zusammenstoß‹ 9–12, 52, 108
Velikovsky, Simon Yehiel 15
Verdopplung der Geschichte 142f.
Verzerrung der Geschichte 17f.
Vesuv, Ausbruch 42
Virolleaud, Charles 275f., 278, 283f.
  ›La Légende de Keret . . .‹ 275, 281
  ›Les Inscriptions . . .‹ 242, 246f.
  ›Syria, Revue, d'art . . .‹ 266, 276
  ›La Deuxième . . . Un Poème phénicien . . .‹ 253
Virolleaud, G., ›Suppiluliuma et Nigmad d'Ugarit‹ 286, 409
Vordynastische Periode 22
Vulkan al-Bedr 44
Vulkanausbrüche, 44f.
  Berg Sinai 41–44
  Exodus 44

Wace, A. J. B., ›Prehistoric Greece‹ 238
Waddell, W. G., ›Manetho . . .‹ 26, 87
Wadi el-Arab 166
Wadi Kelte 363
Wanderung in der Wüste 25, 29, 33, 55, 78

Dauer 111
Wasserweg Verbindung Nil/Rotes Meer 176 f.
Weber, O. 294
›Die El-Amarna-Tafeln‹ 285, 297, 361, 367, 369, 376, 397, 408
Weigall 291
Weill, R. 100, 175
›Les Hyksos et la Restauration nationale‹ 88
›Remise en position chronologique . . .‹ 88
Weißbach, F. H., ›Die Keilinschriften des Achämeniden‹ 177
Wellhausen, H., ›Text der Bücher Samuels‹ 117
Weltgeschichte in der Schwebe 140–143
Widia 315
Wilson, I. A., 269
›Ancient Near Eastern Texts‹ 200
Winckler, H. 305, 404
›Der Gebrauch der Keilschrift bei den Juden‹ 417
›Geschichte Israels‹ 100
Winckler, Hugo 290
›Kritische Schriften‹ 34
›The Encyclopaedia Biblica‹ 399
Winlock, H. E.,
›Excavations at Deir el Bahari‹ 180
›The Pharaon of the Exodus‹ 31
Wolken über der Wüste 96
Wreszinski, ›Atlas‹ 220 f.
Wright, ›Epic of Conquest‹ 33
Wüstenfeld, F., ›Al-Samhudi: »Geschichte der Stadt Medina«« 97, 125, 133

Yahu, s. Jahwe 249
Yahuda, A. S.,
›The Accuracy of the Bible‹ 71
›The two Havilas‹ 117
Yaktan, s. Katan 96
Yakut 97, 100
Yam-Suf = Rotes Meer 39
›Meer des Durchzugs‹ 56
Yat Nebes 75
Yearim 352
Yemen 150
Yemeniten 149
Ykhtiri, s. Iahtiri 414

Zaphata 271
Zehnte Plage 35, 56 ff.
Erdstoß 56
Zeruja 282
Ziklag 121 f.
Zion 205, 419
Zoba 198
Zuchru, identisch mit Sichri 311 f.
Zug Hatschepsuts nach Punt, identisch Besuch Königin von Saba 430
Zwölf Stämme 93
Zypern 241 f., 266 f., 288 f.
Geschichte 431
Zyprioten 286, 394

Bitte beachten Sie
die folgenden Seiten

Immanuel
Velikovsky

Welten im Zusammenstoß

Ullstein Buch 35407

Sachbuch

Nach der Lektüre dieses Buches kann man nicht einfach zur Tagesordnung übergehen, denn hier wird nicht nur radikal mit der herkömmlichen Anschauung von der Evolution unseres Sonnensystems gebrochen, sondern auch Newton, Einstein und der Neodarwinismus werden in Frage gestellt. *Welten im Zusammenstoß* ist das faszinierendste Buch über Kämpfe im Weltraum, die sich in geschichtlicher Zeit abspielten und an denen auch unsere Erde teilnahm. Und wenn sich Ereignisse dieser Art in der Vergangenheit abgespielt haben, so können sie sich auch in Zukunft wiederholen. Mit noch fatalerem Ausgang?

Immanuel
Velikovsky

Erde im Aufruhr

Ullstein Buch 35438

Das Szenario der Evolution vor Millionen von Jahren hatte unvorstellbar dramatische Ausmaße. Dafür waren kosmische Kräfte verantwortlich, die die erdgeschichtliche Revolution auslösten, was Velikovsky anhand von geologischen und paläontologischen Funden beweist. Diese Umwälzungen traten in Zyklen auf und hatten eine extraterrestrische Ursache. Extreme Klimaschwankungen und Naturkatastrophen suchen uns heute wieder heim. Sind sie Vorboten neuer kosmischer Katastrophen, wie dies vor Jahrtausenden der Fall war?

Phantastische
Phänomene

Fey von Hassell
Niemals sich beugen

Fey von Hassell

Niemals sich beugen

Erinnerungen einer Sondergefangenen der SS

Aus dem Italienischen von Beatrice Andres

Piper
München Zürich

Die Originalausgabe erschien unter dem Titel »La Storia incredibile«
bei Editrice Morcelliana, Brescia 1987

ISBN 3-492-03352-0

Satz: Uhl + Massopust, Aalen
Druck und Bindung: May & Co., Darmstadt
Printed in Germany

Inhalt

Vorwort zur deutschen Ausgabe 7

Erster Teil: In Italien 1932–43 11
Rom 1932 13
Ich wachse heran 1933–37 17
Das Ende einer Epoche 1938–39 51
Kriegshochzeit 1939–40 55
Zeiten der Unsicherheit 1941–43 67

Zweiter Teil: Als Himmlers Geiseln 75
Waffenstillstand in Italien – die Deutschen besetzen Brazzà 77
In Brazzà unter deutscher Besatzung 82
Reise nach Rom – Weihnachten in Brazzà – letzte Monate in Freiheit 91
Das Attentat auf Hitler am 20. Juli 1944 und meine Verhaftung 99
In Udine im Gefängnis – Rückkehr nach Brazzà – Verschleppung nach Deutschland 104
Im Gefängnis in Innsbruck 113
Im Hotel Hindenburg-Baude bei Reinerz 131
Von Reinerz nach Stutthof 141
Das Konzentrationslager Stutthof und das Durchgangslager Matzkau 146
Aufenthalt in Lauenburg – im Konzentrationslager Buchenwald 161
Von Buchenwald nach Dachau 175
Der Freiheit entgegen! Reichenau, Villabassa, Anacapri 187
Auf der Suche nach den Kindern 200

Epilog 222
Faksimiles 227
Namensverzeichnis 233
Bildnachweis 240

Vorwort zur deutschen Ausgabe

Als ich im Mai 1945 nach meiner Befreiung durch die Amerikaner nach Rom zurückgekehrt war, begann ich sogleich mit der Aufzeichnung meiner Erlebnisse vor und während der Haft. Hierfür waren vornehmlich drei Gründe maßgebend. Es war mir klar, daß nur eine alsbaldige Niederschrift meiner Erinnerungen zahlreiche Einzelheiten, besonders die tragischen, vor dem Vergessen bewahren würde. Des weiteren war es mein Wille, das Erlebte meinen Kindern zu übermitteln, die mir von den Nazis entrissen worden waren und deren Schicksal für mich den Mittelpunkt jener Zeit gebildet hatte. Dank dem Optimismus meiner Jugend hoffte ich immer noch, sie wiederzufinden – wie es dann auch geschah. – Schließlich aber wollte ich auch etwas tun, das das unentwegte Kreisen meiner Gedanken um den Verbleib meiner verschollenen Kinder überdecken und mir helfen könnte, der inneren Angst wenigstens während der Tagesstunden Herr zu werden.

Eine Anzahl erhaltener Notizen über die jeweiligen Daten unserer Aufenthalte und die Namen von Orten und der Leidensgefährten waren mir dabei von Nutzen. Ich begann mit dem Aufruf Badoglios am 8. September 1943, dem darauffolgenden Waffenstillstand zwischen Italien und den Alliierten und der Besetzung von Brazzà durch die deutsche Wehrmacht. Meine kleinen Buben, mit denen ich diese Zeit gemeinsam erlebte, waren stets bei mir. Ende Juni 1945, mit Detalmo, meinem Mann, nach Brazzà zurückgekehrt, bat ich meine Freundin in Udine um Rückgabe jener kleinen Notizbücher, die ich am Tage meiner Verhaftung heimlich in ihrer Tasche hatte verschwinden lassen. Leider hatte sie aber diese Notizen in ihrem Garten verbrannt aus Sorge, die über unsere enge Freundschaft informierte Gestapo hätte bei ihr eine Haussuchung vornehmen können. Ich verbarg vor ihr meinen Ärger und meine Enttäuschung über diesen Verlust; glücklicherweise hatte ich eine bedeutende Anzahl von Briefen aufbewahrt, die mir nun von Nutzen waren. Auch waren da noch Nonino, unser Diener, Cilla und Ernesta, unsere Dienstmädchen, und Alvise und Anna, unsere Verwandten in Brazzà. Sie alle halfen mir mit Erinnerungen aus jener Zeit, die mir entfallen waren und es nun erlaubten, einige Gedächtnislücken zu schließen.

Im November 1945 konnten wir unsere Kinder endlich wieder nach Brazzà zurückbringen. Haus und Hof nahmen mich voll in Anspruch. So gesellten sich meine Aufzeichnungen zu sonstigen Dokumenten und Briefen, wo sie ihre erste Warteperiode durchliefen. – Nur einige Male wurden sie auf Drängen von Verwandten oder Freunden hervorgeholt, die davon gehört hatten und sie lesen wollten. 1950 war es ein alter neapolitanischer Freund unserer Familie, Andrea Giovene di Girasole, dessen maßgebliches Urteil bereits damals das Interesse eines weiteren Leserkreises voraussagte. Dennoch verschwand dann das Manuskript zum zweiten Male für Jahre in meinem Schreibtisch.

1966 kam dann Mario Schettini, Schriftsteller und Freund der Familie, mit seiner Frau zu einem kurzen Besuch nach Brazzà. Er zeigte sich begeistert von dem Manuskript, empfahl jedoch als Vervollständigung einen ersten Teil, der meine Erinnerungen an die Jahre vom September 1932 bis Februar 1938, also die römische Zeit, umfassen sollte, während der mein Vater Botschafter am Quirinal gewesen war. Zunächst fiel es mir schwer, seinem Rat zu folgen; dann aber erinnerte ich mich der Tagebücher, die ich als junges Mädchen in Rom wenigstens seit 1936 geführt hatte.

Um meine Arbeit beginnen zu können, bedurfte es nun aber noch der Erschließung der Quellen für die Zeit von Ende 1932 bis Anfang 1936, wofür ich keine Tagebücher, aber meine Schulkladden voller Aufzeichnungen, zur Verfügung hatte. Wieder half ich mir mit der Auswertung zahlreicher Briefe, vor allem aber mit ergänzenden Erklärungen meiner Mutter, die ich nun mit tausend Fragen bestürmte. Ihre Erzählungen riefen wiederum viele eigene Erinnerungen in mir wach, so daß ich ohne große Mühe den Zeitraum bis 1936 wieder einfangen konnte. Auch hütete ich mich, die zeitlich danach gelegenen Tagebücher voller bedeutungsloser Jungmädchenbagatellen nun etwa wörtlich zu übernehmen. Wohl aber entnahm ich ihnen, was von bleibendem Interesse war. Bei dieser Auswahl entdeckte ich, daß ich, wenngleich jung an Jahren, größtenteils über politische Begebenheiten geschrieben hatte, insoweit nicht Detalmo, mein zukünftiger Mann, den ich 1936 gerade kennengelernt hatte, das Hauptthema bildete ...

Auch diese Aufzeichnungen wurden sodann durch Berichte meiner Mutter und meiner Erzieherin Lotti vervollständigt.

Ich habe mich bemüht, alle meine Aufzeichnungen authentisch, ohne nachträgliches »Frisieren«, wiederzugeben, so wie ich es damals als junges Mädchen und junge Frau empfunden und erlebt habe.

Von Beginn an hatte ich mich der italienischen Sprache bedient, um meine Aufzeichnungen Freunden und Verwandten zugänglich machen zu können. Der italienische Verlag Editrice Morcelliana in Brescia hatte 1986 Briefe und andere Dokumente von Helmuth James von Moltke veröffentlicht und wandte sich nun aufgrund seines Interesses an dieser Geschichtsperiode an mich mit der Bitte um Einsicht in das Manuskript. 14 Tage nach Absendung einer Kopie erhielt ich vom Verlag zu meiner Überraschung die Absichtserklärung, meine Geschichte zu veröffentlichen, geknüpft an eine Bedingung, die mich ganz und gar nicht wunderte (schließlich ist Italienisch nicht meine Muttersprache): daß die sprachliche Diktion meines Italienisch verbessert würde. Diese Arbeit übernahm Detalmo. Der Erfolg, den die italienische Ausgabe hatte, ist auf diese Weise auch ihm zu danken.

Und nun erscheint dieses Buch auch in deutscher Sprache, und meine Freude darüber ist groß. Es ist mein Anliegen, daß die Geschehnisse in den damaligen Gefängnissen und Lagern im allgemeinen und die der Sippenhaft im besonderen von allen davon Betroffenen niedergeschrieben werden mögen. Dies sind wir vor allem der deutschen Jugend schuldig. Nur durch vielfache einander ergänzende Tatsachenberichte kann sie zur Überzeugung gelangen, daß Greuel dieser Art sie unmittelbar angehen und daß sie sich niemals wiederholen dürfen. Es ist die Aufgabe der älteren Generation, den Jüngeren diese Erinnerung nahezubringen und zu erhalten. Der italienische Philosoph Benedetto Croce erklärt in einer seiner Schriften, daß wir die Vergangenheit nur dann lebendig erhalten können, wenn es uns gelingt, daraus Geschichte der Gegenwart zu machen.

Dann wendet die Geschichte als unauslöschliche Anklage die Worte auf jene zurück, die sie zum vermeintlich ewigen Gedenken in eherne Lettern gießen und an der Münchner Feldherrnhalle anbringen ließen:

DEUTSCHE, VERGESST ES NIE!

Rom, am 8. September 1989 Fey von Hassell

Erster Teil

In Italien 1932–43

Rom 1932

Heute schreiben wir den *3. September 1932.* Wir sitzen in Großmuttis* Wohnzimmer in ihrem Haus in Feldafing am Starnberger See und warten gespannt auf einen Anruf von Papa aus Berlin, in dem er uns Bescheid geben wird, wo man ihn in nächster Zeit als Diplomat einsetzen wird. Eifrig beraten wir die verschiedenen Möglichkeiten und erinnern uns dabei an den Tag, an dem Papa zum Gesandten in Belgrad ernannt wurde. Damals sagte Reichskanzler Brüning zu ihm: »Ich schicke Sie nach Belgrad, das ist für Sie das beste Sprungbrett, um eines Tages Botschafter in Rom zu werden. In Belgrad werden Sie nämlich Gelegenheit haben, sich eingehend mit den Problemen im Balkan und an der Adria auseinanderzusetzen.« Deshalb haben wir allen Grund zu hoffen, daß er jetzt nach Rom versetzt wird.

Endlich läutet das Telefon. Sofort hebt Mutti ab: Er darf wirklich nach Rom! Wir sind außer uns vor Freude, denn die Mittelmeerländer lieben wir alle am meisten. Vor dem Ersten Weltkrieg war mein Vater für drei Jahre Vize-Konsul in Genua, nach dem Krieg zwei Jahre Geschäftsträger und Botschaftsrat in Rom und dann fünf Jahre Generalkonsul in Barcelona. Papa, der sich immer schon intensiv mit Dante beschäftigt hatte, könnte in Rom seine Studien fortsetzen, sagt Mutti, die Italiener würden das sicher besonders anerkennen. (Er hat dann auch wirklich eine Reihe von Dante-Vorträgen in Italien gehalten, selbstverständlich alle auf italienisch.)

Wir Kinder müssen zunächst noch ziemlich lange warten, bis auch wir nach Rom übersiedeln können.

Einen Monat später kommt Mutti, begeistert von dem neuen Wohnsitz, aus Rom zurück: Das wunderschöne

* Marie von Tirpitz, Witwe des Großadmirals Alfred von Tirpitz.

Haus, genannt Villa Wolkonsky, liegt in einem zauberhaften Park, durch den das malerische römische Aquaedukt verläuft.

10. Oktober. Ohne meine Geschwister langweile ich mich in Feldafing zu Tode: Mein fünf Jahre älterer Bruder Wolf-Ulli ist wieder an der Universität in Königsberg, mein drei Jahre älterer Bruder Hans-Dieter kehrt zur Ritterakademie in Brandenburg (einem Internat für junge Adelige) zurück, wo es sehr spartanisch zugeht: Die Räume werden nicht geheizt, und zu essen gibt es ganz wenig. Meine sieben Jahre ältere Schwester Almuth fährt ständig nach Berlin. Lotti Fette, seit 13 Jahren unsere Erzieherin, ist wieder bei uns. Ich mag sie sehr, aber sie hält mich an der kurzen Leine, wo ich doch so gern frei und unabhängig wäre.

15. Oktober. Mutti schreibt, daß Papa Mussolini besucht hat, es war ein inoffizieller Besuch, denn Papa hat dem König noch nicht sein Beglaubigungsschreiben überreicht. Er mußte durch einen langen Saal im Palazzo Venezia gehen, an dessen Ende ein riesiger Schreibtisch stand. Mussolini erhob sich und ging ihm ein paar Schritte entgegen. Dann setzte er sich wieder, stützte sich auf den Schreibtisch, schaute meinen Vater mit seinen großen Augen an und sagte: »Dunque!« (= Also).

Sogar an meinem 14. Geburtstag am 22. Oktober bin ich allein. Nur Großmutti und Tante Mani (Margot von Tirpitz, die jüngere Schwester meiner Mutter) sind zu Hause. Und natürlich Lotti Fette, die mich weiterhin mit ihrem Unterricht verfolgt. Ich bin noch nie in eine richtige Schule gegangen, und jetzt hoffe ich inständig, daß es in Rom eine deutsche Schule gibt, damit endlich dieser verflixte Privatunterricht ein Ende findet.

Im *November* hat Papa König Viktor Emanuel III. die Beglaubigungsurkunde überreicht. Wie Mutti schreibt, wurde er von einem Vierspänner abgeholt. Er trug seine Galauniform und sämtliche Orden. Der Staatsakt ging rasch über die Bühne, aber die Abfahrt und die Heimfahrt müssen imposant gewesen sein.

Endlich, am *22. Dezember,* fahren Lotti, Hans-Dieter, der aus dem Internat heimgekommen ist, und ich nach Rom. Almuth und Wolf-Ulli waren schon ein paar Tage eher angereist. Mutti holt uns mit dem Horch der Botschaft am Bahnhof ab. Der Fahrer ist ein Italiener. Vor der Botschaft werden wir von zwei Carabinieri in ihrer malerischen Uniform militärisch begrüßt. Offensichtlich stehen sie Tag und Nacht vor der Botschaft. Wir fahren über einen kurvigen, asphaltierten Weg durch den Garten bis vor den Haupteingang der Villa, wo uns zwei livrierte Diener die Autotüren öffnen. Hans-Dieter und ich knuffen uns heimlich und amüsieren uns über diesen unserer Ansicht nach reichlich übertriebenen Pomp.

Das Haus ist riesengroß. Wie eine Königin fühle ich mich, denn ich habe ein Zimmer ganz für mich allein mit einem Balkon auf den Garten hinaus; schade, daß es schon dunkel ist, ich kann nichts mehr sehen. Obwohl es Winter ist, atme ich diesen betörenden südländischen Duft.

Am nächsten Morgen stehe ich in aller Frühe auf, um Haus und Garten zu besichtigen. Der Garten fasziniert mich. Dort gibt es verwunschene Brunnen, dort wachsen Pinien und Zypressen, und im Grün des Akantus verstecken sich kleine Teiche. Statuen säumen die langen, stillen Alleen.

Am *24. Dezember* liegen – wie jedes Jahr – viele Geschenke unterm Weihnachtsbaum. Nur ist dieses Jahr alles viel größer und besonders der Baum ist gewaltig, weil die Räume so hoch sind. Die zwölf Bediensteten singen mit uns die beiden Weihnachtslieder »Stille Nacht, heilige Nacht« und »Oh, du fröhliche, oh, du selige«. Es klingt beinahe, als hätten wir unseren eigenen Chor. Der einzige Mißklang kommt von Wolf-Ulli, der so unbeschreiblich falsch singt und sich zu meinem Kummer an diesem Weihnachtsfest neben mich stellt.

(Die zwölf Dienstboten sind mir noch gut in Erinnerung: Brauner, um die 58 Jahre alt, ist durch seine Größe ein sehr repräsentativer Mann. Reinicke scheint sehr intelligent zu sein, während der junge Georg eher durch Dummheit glänzt. Wilma ist Zimmermädchen, ebenso wie Hanni, Maria und Liesel. Netty ist für den Küchenbereich verantwortlich. Sie hat bereits in Kopenhagen und Belgrad für uns gearbeitet. Nach Art der österreichischen Köchinnen trägt sie stets eine hohe, gestärkte weiße Haube. Ihre Schwester Anna geht ihr zur Hand, und der immer fröhlich aufgelegte italienische Küchenjunge Costantino erledigt in der Früh die Einkäufe. Unser privater Chauffeur ist ein Deutscher namens Schuhknecht, der zweite ist der Botschaftsfahrer, ein Italiener, der Tito heißt.)

Mutti, Lotti und wir vier Kinder gehen in die Christmette in Santa Maria in Aracoeli. An diesem Abend sehe ich zum ersten Mal ein wenig von der Stadt. Alles ist festlich beleuchtet, besonders die Denkmäler und die alten Paläste. Die Piazza Venezia, Santa Maria in Aracoeli und das Kapitol werden mir immer in Erinnerung bleiben. Hier begegnet man der Vergangenheit auf Schritt und Tritt, und restlos begeistert bin ich von der italienischen Architektur.

Am *31. Dezember* läuten um Mitternacht die Glocken der vielen Kirchen Roms. Es ist zauberhaft. Wie jedes Jahr zünden wir heute zum letzten Mal die Kerzen am Weihnachtsbaum an. In diesem milden Klima wirkt der Weihnachtsbaum beinah fehl am Platz – und in den italienischen Häusern sieht man auch kaum einen. Dafür haben die Italiener die ausgetüfteltsten und phantasievollsten Krippen. Was passiert nicht alles in der Nähe der kleinen Hütte, in der das Jesuskind liegt!

Ich wachse heran 1933–37

Am *2. Januar 1933* gratuliert das gesamte diplomatische Korps dem König von Italien. Auch Papa fährt in Galauniform mit seinen Mitarbeitern zum Quirinal.

30. Januar. Hindenburg, der am 26. April 1925 zum Präsidenten der Weimarer Republik gewählt worden war, ernennt Hitler zum Reichskanzler. Papa ist außer sich. Mein Ärger hat eine andere Ursache: Ich soll weiterhin Privatunterricht bekommen, wo ich mich doch so sehr auf eine normale Schule gefreut hatte. Es gibt eine deutsche Schule in Rom, warum darf ich sie nicht besuchen? Statt dessen kommt nun jeden Morgen ein gewisser Professor Gerke zu uns, um mich zu unterrichten. Er hat schwarze Koteletten, seine Haut ist olivfarben und seine ganze Leidenschaft gilt römischen Sarkophagen. Jede Woche sehen wir uns einen dieser Sarkophage an, und ich muß dann Aufsätze über deren Bildreliefs schreiben.

28. Februar. Jedermann ist entsetzt und bestürzt über den Reichstagsbrand in Berlin. Die Nazis schieben den Kommunisten die Schuld zu. Papa meint, es sei eine von den Nazis provozierte Brandstiftung; sie würden so versuchen, die Kommunisten vor den Wahlen am 5. März anzugreifen. Nachmittags spiele ich viel mit Willi Weisser und Wolfram Reisinger, beide Kinder von Botschaftsbeamten, in unserem Park. Wir holen ein Eselchen aus dem Stall und führen es in die Anlagen. Normalerweise zieht das Tier für die Gärtner einen kleinen Karren, mit dem sie Pflanzen und Laub transportieren. Wir wetten, wer es am längsten auf dem Rücken des Esels aushält, bis er die Flucht ergreift und durch Gestrüpp und tiefhängende Zweige in seinen Stall zurückgaloppiert. Nachher stehen wir mit zerrissenen Kleidern da.

In Deutschland haben am *5. März* die Wahlen stattgefunden. Mit der rechtsextremen Deutsch-Nationalen Volkspartei zusammen haben die Nazis 52 Prozent erhalten.

Ende April beginnt das berühmte internationale Reitturnier auf der Piazza di Siena im Park der Villa Borghese. Papa muß öfter dorthin, weil auch deutsche Reiter an dem Turnier teilnehmen. Lotti hat mir versprochen, mich an dem Tag, an dem um die »Coppa delle Nazioni« geritten wird, zur Villa Borghese mitzunehmen. Dieses Jahr ist es sehr spannend, weil die Deutschen schon zweimal gesiegt haben und im Fall eines dritten Sieges den Pokal gewinnen würden. Endlich ist es soweit. Wir machen uns auf den Weg zur Piazza di Siena. Das Rennen hat schon begonnen. Es herrscht absolute Stille. Die Spannung ist kolossal. Immer wenn ein italienischer Reiter in den Parcours kommt, könnte man eine Fliege summen hören, und man spürt die knisternde Nervosität, wenn ein deutscher Reiter an der Reihe ist. Wirft der Reiter ein Hindernis um, geht ein erleichtertes Aufatmen durch die Menge, am liebsten würden die Zuschauer applaudieren. Ich kann das zwar gut verstehen, aber ich finde es unsportlich. Der letzte deutsche Teilnehmer ist ein Offizier namens Momm mit dem berühmten Hengst Wotan. Das Pferd ist dermaßen gut trainiert, daß seine sicheren und exakten Sprünge fast mechanisch wirken. Allerdings fehlt Wotan die Spontaneität des kleinen, aber sehr kräftigen italienischen Pferdes Nasello. Jeder weiß, daß Momm nur ein Hindernis umzuwerfen braucht, um einen Gleichstand zwischen Deutschen und Italienern herbeizuführen. Nach dem ersten Hindernis verliert Momm einen Steigbügel und seine Militärkappe. Er bleibt jedoch ganz ruhig, versucht nicht einmal, seinen Steigbügel wiederzufinden. Den ganzen Parcours reitet er mit nur einem Steigbügel. Fehlerfrei! Der Applaus ist enorm, kommt aber nicht ganz von Herzen. Jedenfalls gewinnen die Deutschen den Pokal.

Am gleichen Tag, am *2. Mai,* werden in Deutschland die Gewerkschaften verboten und zugunsten der Deutschen Arbeitsfront aufgelöst. Papa meint, die Dinge entwickelten sich zunehmend schlimmer.

Meine Eltern sind oft zum Mittag- oder Abendessen aus,

und häufig begleitet sie dabei Almuth. Dann muß ich mit Lotti allein essen, und das ist überhaupt nicht lustig. Ich finde es viel schöner, wenn alle zu Hause sind. Mutti hat immer allerlei interessante Geschichten auf Lager, und Papa erzählt uns von seiner täglichen Arbeit und von politischen Ereignissen, die mich immer sehr interessieren. Vor ein paar Tagen hat er uns einen Besuch bei Mussolini geschildert. Er findet, daß Mussolini Argumenten gegenüber Offenheit zeigt. Außerdem könnte er mit der Monarchie im Hintergrund kaum den großen Diktator herauskehren. Dadurch ergäbe sich in Italien eine ganz andere Situation als in Deutschland, wo Hitler sich täglich mehr als Diktator gebärde. Außerdem sei Hitler ausgesprochen ungebildet, während Mussolini Geschichte und Völker kenne; sich mit ihm zu unterhalten, sei immer anregend.

25. Mai. Wir fahren alle nach Fregene, um zum ersten Mal im Meer zu baden. Natürlich sind wir dort die einzigen, denn die Italiener würden niemals vor Ende Juni baden gehen. Der Strand mit dem hübschen Pinienwald dahinter ist deshalb einsam und verlassen.

8. Juni. Gestern wurde der Viermächtepakt zwischen Deutschland, Italien, Frankreich und England unterschrieben. Papa war sehr froh darüber. Seit seiner Ankunft in Rom versucht er alles nur mögliche, um die europäische Politik in sichere Bahnen zu lenken.*

Meine Eltern geben für die deutsche Kolonie einen Empfang im Garten, zu dem 1500 bis 2000 Gäste geladen sind. Zu meinem größten Leidwesen muß ich auch dabei sein. Abends ist Papa sehr zornig: Unser Diener Brauner hat bemerkt, daß zahlreiche Silberlöffelchen fehlen und daß einige Gäste sich die Zigaretten und Zigarren nur so in die Taschen geschaufelt hätten. Müssen sich ausgerechnet die

* Schließlich wurde der Vertrag weder von Frankreich noch von England ratifiziert, aber er hat dennoch für einige Monate die europäische Außenpolitik beeinflußt.

Deutschen so benehmen? Ich habe immer geglaubt, Deutsche würden nicht stehlen. Was für eine naive Annahme! Papa beschließt, daß im nächsten Jahr das Besteck geliehen und die Rauchwaren nur in geöffneten Schachteln auf Tabletts angeboten werden sollen.

30. Juli. Hans-Dieter hat Ferien und kommt nach Hause. Da er ziemlich blaß ist, fährt Mutti mit uns ins Gebirge, in die Schweiz. Unser Ziel ist Engstenalp bei Bern, in 1800 Meter Höhe. Aber mit dieser Reise haben wir kein Glück, wir werden alle krank, bekommen Angina und Scharlach. Ich muß sogar auf die Isolierstation in ein Zürcher Krankenhaus, wo mich unsere schweizerischen Verwandten besuchen (Tante Berta, die Frau eines Vetters meiner Großmutter Tirpitz, und ihr Enkelsohn Franz-Uly Wille, Sohn von Uly Wille, einem hohen Schweizer Offizier); auch Almuth besucht mich zusammen mit Franz im Krankenhaus. Sie ist braungebrannt und hübsch, und Franz scheint mir schön wie ein Gott. Ich sterbe vor Eifersucht, weil Almuth ständig mit ihm zusammen ist. Aber ich bin wohl noch zu jung, kein Mensch beachtet mich!

Den *August* verbringen wir in Feldafing, wo mir so langweilig ist wie immer. Es gibt allerdings einen Funken Hoffnung: Allem Anschein nach wollen sie mich im Oktober in Rom auf die deutsche Schule schicken.

2. September. Papa kommt aus Berlin zurück und erzählt von seinem jüngsten Gespräch mit Hitler. Es sei unmöglich, Hitlers Redeschwall zu unterbrechen. Hitler führe stets das Wort, und zwar immer nur über das Thema, das ihn im Augenblick am meisten interessiere. Jedenfalls sind eine Diskussion und ein Ideenaustausch völlig ausgeschlossen. Papa berichtet weiter, er habe versucht, mit Hitler über die Notwendigkeit einer deutsch-italienischen Zusammenarbeit wegen der »Probleme im Südosten«* zu sprechen.

* Gemeint war wohl die Lage auf dem Balkan, besonders aber in Jugoslawien.

Mussolini hatte diese Idee sofort mit großem Interesse aufgegriffen. Hitler hingegen blieb völlig passiv, zeigte keine Reaktion (ähnlich wie Außenminister von Neurath). Im Juli hatte Hitler alle Parteien verboten. Das war für Papa das Ende eines freien und demokratischen Staates. Mit diesem Schritt beginnt Hitler, den totalitären Staat aufzubauen.

Ende *September* kehren wir nach Rom zurück, und ich kann endlich in die Schule gehen. Der Schulleiter gefällt mir sehr gut, wir sind nur zu acht in der Klasse. (Viele Jahre später erzählte mir Lotti, ich wäre am ersten Schultag zu Direktor Döhner gerufen worden. Er stellte mir einige Fragen, und ich antwortete mit sehr lauter Stimme. Daraufhin bat er mich, leiser zu sprechen. Ich antwortete genauso laut wie vorher: »Daran werden Sie sich gewöhnen müssen, zu Hause sprechen wir immer so laut« (Lotti war leider sehr schwerhörig). Meine Antwort belustigte den Direktor so, daß er sie meinen Eltern gegenüber wiederholte.) Am *22. Oktober* werde ich 15 Jahre alt und bekomme viele schöne Geschenke, unter anderem eine Ziehharmonika. Ich muß tüchtig üben. Besonders glücklich bin ich darüber, daß Mutti für mich Reitstunden arrangiert hat.

30. Oktober. Heute bin ich zum ersten Mal hier in Rom geritten. Der Unterricht findet in der Reithalle im Foro Mussolini bei der Farnesina statt. Mein Reitlehrer ist Feldwebel beim italienischen Heer und heißt d'Inzeo (die späteren Champions Raimondo und Piero sind seine Söhne). Bis dahin glaubte ich, gut zu reiten, aber er kritisiert einfach alles. Angeblich habe ich keinen guten Sitz, halte mich zu gerade, meine Steigbügel sind zu lang, so könnte ich niemals springen lernen. Sicherlich wird es nicht einfach sein, meinen Sitz zu korrigieren, aber ich glaube, mir werden die Reitstunden viel Spaß machen. D'Inzeo redet nicht viel, er wirkt entschlossen und etwas rauhbeinig, aber herzensgut.

Am *5. November* geben meine Eltern ein großes Mittagessen. Almuth nimmt daran teil, während ich mit Lotti essen muß, womit ich aber völlig einverstanden bin. Abends sitzen wir, wie es nunmehr selten vorkommt, im engsten Familienkreis beisammen. Papa berichtet von einem Gespräch, das er vor kurzem mit Mussolini hatte, und vergleicht es mit dem mit Hitler vor einem Monat, und dabei schneidet Hitler sehr schlecht ab. Hitler, so sagt Papa, ist fanatisch, unlogisch, konzentriert nur auf seine eigenen Ideen, Mussolini dagegen denkt klar und logisch, er ist ein Mann der Tat, der seinem Gesprächspartner interessiert zuhört. Papa hofft, daß seine Macht ihn nicht verdirbt, was er für möglich hält. (Mein Großvater von Tirpitz hatte eine ähnliche Meinung von Hitler wie Papa. Er wurde 1923 von politischen Freunden gebeten, sich mit Hitler zu treffen, um ein Urteil darüber abzugeben, was man von Hitler in Zukunft zu erwarten hätte. Nach der Unterhaltung, die ungefähr 20 Minuten dauerte, faßte mein Großvater sein Urteil zusammen: »Der Mann mag edle Gesinnungen haben; mir scheint er Gründen unzugänglich: Fanatiker, zur Verrücktheit neigend und durch Verhätschelungen hemmungslos.«)

20. November. Wir fahren alle nach Civitavecchia, wo das deutsche Kriegsschiff »Duisburg« liegt, auf dem die deutsche Kolonie »wählen« wird. Diese »Wahlen« waren mit der Frage verbunden, ob der Wähler den Austritt Deutschlands aus dem Völkerbund befürworte. 92 Prozent »wählten« die Nationalsozialisten und waren für den Austritt. Das deutsche Parlament existiert nicht mehr, es sei denn hie und da als dekoratives Element. Papa bestätigt: Wir haben jetzt einen totalitären Staat.

Neuerdings hat Lotti einen neuen Aufgabenbereich: Sie begleitet mich zu Empfängen und kleinen Festen, bei denen ich mich meistens langweile, weil ich die dort versammelten jungen Leute nicht kenne. Außerdem kümmert sie sich um den ordentlichen Ablauf des Haushalts, denn Mutti schafft das aus Zeitmangel nicht mehr. Lotti zahlt die Gehälter für das Personal aus und arrangiert bei großen Einladungen den Tischschmuck mit sehr viel Geschmack.

25. November. Die Eltern geben einen Tee für etwa 1000 Menschen. Am Haupteingang steht ein kleiner, hinkender Mann namens Fofo. Seine Aufgabe ist es, die Fahrer der Gäste, die sich verabschieden, heranzurufen. Alles läuft wie am Schnürchen, denn Fofo ist ein Phänomen: Jeden aus der römischen Gesellschaft kennt er mit Rang und Namen, und entsprechend bedeutet er den Chauffeuren vorzufahren.

3. Januar 1934. Wir haben Ferien, und ich nutze die Zeit, um soviel wie möglich zu reiten. D'Inzeo findet meinen Stil schon besser, aber er ist noch nicht ganz zufrieden. Ich habe meine Eltern auf einen Ausflug nach Pantano begleitet, wo unsere Freunde Cavazza leben. Wir haben einen alten Freund von Papa, Karl Otto von Kameke, der unser Gast ist, dorthin gebracht. Mit Hilfe eines Pendels kann er Wasseradern aufspüren. Cavazzas hatten Probleme mit ihren Kühen, die ständig krank waren und tote Kälber gebaren. Kameke pendelte in diesem Stall eine sehr kräftige unterirdische Strömung aus, die genau unter dem Bauch der Kühe entlanglief. (Später schickte Kameke Cavazzas ein deutsches Gerät, das den Strömungen ihre negative Wirkung nahm, und von dem Tag an gab es keine Zwischenfälle mehr.)

17. Januar. Aga (Anning von Kleist, eine Freundin meiner Eltern) teilt uns die Geburt ihres sechsten Kindes mit und bittet mich, Patin zu werden. Das bedeutet, daß ich so bald wie möglich konfirmiert werden muß. Als ich ein Jahr alt war und in Berlin die Lebensmittelversorgung sehr dürftig war, kümmerte sich die damals 18jährige Aga auf dem Gut ihrer Eltern in der Nähe von Berlin rührend um mein Wohl.

4. März. Die Eltern und Almuth treten eine Reise nach Tripolitanien an. Mutti verspricht mir, daß wir beide an Ostern nach Deutschland zur Taufe meines Patensohnes Kleist fliegen werden. Aus Tripolitanien heimgekehrt, erzählen alle drei begeistert von den Sehenswürdigkeiten dieses Landes. Das Forum Romanum sei nichts, verglichen mit den Ausgrabungen von Leptis Magna und Sabratha.

25. März. Mutti sieht es gar nicht gern, wenn ich mit Wolfram und seinen Freunden Fußball spiele. Gestern kam sie nach einem Ausritt im Park der Villa Borghese mit Santa Hercolani zurück, und Santa fragte nach uns Kindern. Mutti konnte nur antworten: »Wenn du wissen willst, was unsere Jüngste macht, schau dich nur um. Sie spielt vor dem Haupteingang Fußball.« Mutti hätte mich so gern anmutiger und mädchenhafter, aber ich mag nicht. (Die lebhafte und faszinierende Santa Hercolani-Borghese, eine Schwester von Livia Cavazza, war mit meinen Eltern befreundet und gehörte zu einer Gruppe von überzeugten Antifaschisten.)

30. März. Heute, am Palmsonntag bin ich in der evangelischen Kirche in der Via Sicilia konfirmiert worden. Es war sehr feierlich, und der Pfarrer hat eine eindrucksvolle Predigt gehalten. Auch der Spruch, den Pastor Walker für mich aus der Bibel ausgewählt hat, gefällt mir. Er lautet: »Gott ist Liebe, und wer in der Liebe bleibet, der bleibet in Gott und Gott in ihm.« (I Joh. 4,16)

5. April. Mutti und ich fliegen mit Zwischenlandungen in Venedig und München nach Berlin. Wegen des schlechten Wetters müssen wir oberhalb der Wolken fliegen. Der Flug ist unruhig, und ich bekomme Ohrenschmerzen. Aber alles geht gut, und ich bin stolz darauf, als erste von uns Kindern geflogen zu sein. Bis Berlin brauchen wir acht Stunden, dann geht es weiter mit der Eisenbahn bis Stiefelbein in Pommern, wo uns der Kutscher von Kleists in einem Zweispänner erwartet. Über kilometerlange Sandwege erreichen wir Schmenzin, das Kleistsche Gut. Am nächsten Tag findet die Taufe in der Familienkapelle im Haus statt, während der ich das Baby halten darf. Aga sieht wunderschön aus. Zum Diner waren dann 40 Gäste um einen endlos langen Tisch versammelt, die Männer im Smoking und wir in langen Abendkleidern. Plötzlich steht Onkel Ewald, der Hausherr, Agas Ehemann und Vater des Täuflings auf, ergreift sein Glas und bittet seine Gäste, ebenfalls aufzustehen, um mit ihm auf das Wohl des Kaisers, Wilhelms II., zu trinken.

Meine Blicke kreuzen sich mit Muttis. Später erklärt sie mir, daß sie es falsch fand, auf das Wohl eines Kaisers zu trinken, der schon vor beinahe 20 Jahren abgedankt hat. Ich bewundere ihre intellektuelle Beweglichkeit und ihre Haltung; denn immerhin ist sie ja am Hof aufgewachsen.

Ende des Monats, zurück in Rom, habe ich wieder Reitstunden. Bei schönem Wetter reiten wir über die Felder bei Tor di Quinto. Paola Antonelli, eine gute Reiterin, reitet an der Spitze der Gruppe neben d'Inzeo. Beim Schrittreiten unterhalten sich die beiden. Sie ist die Tochter eines Kavallerie-Obersten, und ich bin mit ihr gut befreundet. Manchmal sind die Ausritte sehr schwierig, und ich muß gestehen, daß ich oft Angst habe, vor allem wenn es steile Abhänge hinunter geht.

3. Mai. Zu Hause reden sie unentwegt über den Besuch, den Hitler Mussolini nächstens machen wird. Wahrscheinlich werden sie sich in Venedig treffen. Heute haben die Eltern zu einem großen offiziellen Mittagessen eingeladen. Unter den Gästen waren viele Minister und Botschafter, lauter geschniegelte und formelle Leute, die ich nicht leiden kann und die mich zur Opposition reizen. Ich quäle Lotti, weil ich mit ihr in den Salon gehen möchte. Die Tür zum Eßzimmer, in dem die Gäste tafeln, ist geschlossen, und man kann nur ihr Stimmengewirr hören. Ich habe mein Reitzeug an und laufe auf den Händen kreuz und quer durch den Salon. Lotti beschwört mich, das bleiben zu lassen, weil die Tür zum Eßzimmer jeden Augenblick geöffnet werden könnte. Aber es passiert nichts. Lotti hat zwar ganz schön gezittert, aber ich habe mich königlich amüsiert.

13. Juni. Am Vorabend des Treffens zwischen Hitler und Mussolini fahren die Eltern nach Venedig.* Ich bin sehr gespannt, was sie uns erzählen werden.

* Es war die erste Begegnung der beiden Männer, sie fand am 14. und 15. Juni 1934 statt.

18. Juni. Die Eltern sind wieder zurück, das Treffen scheint für Hitler ein Mißerfolg gewesen zu sein. Bei einem Essen am Lido soll Hitler geradezu an Mussolinis Lippen gehangen haben, er selbst hat dagegen kaum etwas beigetragen. Lediglich seine schlechten Tischmanieren fielen auf. So deutete Hitler an, er wolle ein Heim für große deutsche Sänger und Musiker im Ruhestand bauen lassen. Als Mussolini fragte, nach welchen Kriterien er die Auswahl treffen wolle, meinte er: »Das entscheide ich.« Nach dem Abendessen für die Herren wurden auch die Damen zu der von Hitler bevorzugten Wagner-Musik auf die Terrasse gebeten. Mutti hörte Hitler zu Mussolini sagen: »Ich bin so froh, nach Berlin zurückzukehren.« Mussolini tat so, als hätte er nichts gehört. Darauf wiederholte Hitler: »Ich freue mich, bald meinen Freund Dr. Goebbels wiederzusehen; ich sehe ihn fast jeden Abend, wir treffen uns immer mit der gleichen Gruppe von Freunden.« Diesmal antwortete Mussolini ihm: »Ich würde es vorziehen, viele und immer wieder andere Menschen zu treffen.« Meinen Eltern fiel auf, daß der jüngere, ungebildet und primitiv wie er war, eine gewisse Bewunderung für den älteren, arrivierten und gebildeteren Mann hegte. Mussolini verhielt sich damals dem deutschen Nationalsozialismus gegenüber eher skeptisch und verächtlich.

7. Juli. Ich war mit den Eltern und Almuth in Neapel, Paestum, Herkulaneum und Pompei. In Neapel erhielt Papa einen überraschenden Anruf von seinem Büro: Ernst Röhm, der Chef der SA, habe am 30. Juni geputscht. In den Zeitungen finden wir nur wenige Hinweise, da Mussolini der Presse verboten hat, über die Ereignisse zu berichten. Wenige Tage später hören wir von dem Massaker, das Hitler mit Hilfe der SS angerichtet hat. Alle Männer, von denen er glaubte, sie stünden ihm im Weg oder seien ihm unbequem, wurden in der »Nacht der langen Messer« umgebracht. Unter anderen starben Röhm, der General von Schleicher und Gregor Strasser, der zwar ein Nazi war, aber nicht mit Hitlers Politik übereinstimmte. Papa ist verzweifelt. Ich habe ihn selten so blaß gesehen. Er ist der Meinung, daß die ausländische Presse völlig zu Recht die Nazis als Gangster bezeichnet.

In der Nacht nach dem »Röhmputsch« hatte ich einen Traum, der mir immer im Gedächtnis bleiben wird. Ich träumte vom Golf von Neapel, das Meer lag fast schwarz unter einem intensiv gelben Vollmond. Langsam veränderte sich der Mond und nahm die Züge von Hitlers Gesicht an. Das Gelb wurde erdfarben und dann wie aus Eis. Zuletzt sah Hitlers Gesicht wie ein Totenkopf aus.

Papa quälen unentwegt Fragen: Wird man sich von der Herrschaft der Nazis befreien können! Was kann er tun, um Schlimmeres zu vermeiden?

Pompei und Herkulaneum haben mich stark beeindruckt. Welch ein Gefühl, durch eine so alte Stadt zu gehen, die sogar schon ein Heizsystem besaß. Und von welch hervorragendem Geschmack zeugten die Mosaike, die Bögen und die Innenhöfe! Der Tempel in Paestum ist in seiner Schlichtheit vollkommen.

20. Juli. Gott sei Dank sind die Untersekunda-Prüfungen zu Ende. Geglänzt habe ich nicht gerade. In Biologie habe ich überhaupt nichts gewußt, und in Englisch habe ich eine Menge Fehler gemacht. Aber Hauptsache, ich hab' es geschafft. Die anderen übrigens auch, und alle nur um Haaresbreite.

26. Juli. Wir hören von dem Mord an Dollfuß.* Wir sind entsetzt, denn Dollfuß' Geradlinigkeit und Ehrlichkeit bezweifelte niemand. Die italienische Presse ist empört. Zu Recht kritisiert sie die Einmischung der Nazis in die Angelegenheiten der Österreicher. Im übrigen ist klar, daß die Mörder von Hitler gedungen waren. Die Eltern befinden sich in einer prekären Lage, sind jedoch angenehm

* Engelbert Dollfuß hatte im März 1933 das Parlament aufgelöst und einen Ständestaat mit faschistischen Zügen errichtet. Er wurde bei dem versuchten Putsch der österreichischen Nationalsozialisten am 25. 7. 1934 ermordet.

berührt dadurch, daß alle, sogar Mussolini, während der Totenmesse für Dollfuß ganz besonders freundlich zu ihnen waren. Mussolini drehte sich, kaum daß er in der Kirche saß, fast herausfordernd um und begrüßte Papa, der ein paar Bänke hinter ihm saß. Natürlich ist das Verhalten der Anwesenden darauf zurückzuführen, daß sie alle die Haltung meines Vaters kennen, was die Situation aber um so verworrener macht: Als deutscher Botschafter hätte Papa mit äußerster Kühle behandelt werden müssen. Die Sympathiekundgebungen richteten sich jedoch an den Menschen und Nazigegner.

2. August. Hindenburg ist heute gestorben. Daß er die Machtergreifung Hitlers nicht verhindern konnte, war nicht allein seine Schuld. Die Zeit war eigentlich längst über ihn hinweggegangen. Wie hätte auch ein General, der Kaiser Wilhelm II. innerlich die Treue hielt, ein überzeugter Präsident der demokratischen Republik sein können? Im Grunde ist Hindenburg eine tragische Figur. Zuerst gewinnt er brillant etliche Schlachten eines schließlich verlorenen Krieges, dann zieht man ihn aus dem Winkel, in dem er sich verkrochen hat, heraus, um ihn zum Präsidenten einer Republik zu machen. Er selbst fühlte sich dem kaum gewachsen, ließ sich aber schließlich doch dazu überreden. So lauten jedenfalls Papas Kommentare.

In der zweiten Augusthälfte fahren wir zu Großmutti (Tirpitz) nach Feldafing.

Ende *September* schreiben uns die Eltern aus Rom, daß sie für die morgendlichen Ausritte in den Park der Villa Borghese zwei Pferde angeschafft haben: Das eine heißt Sirene und das andere Sandra. Almuth darf unser Auto nach Rom fahren, und ich werde sie begleiten. Wir werden über Zürich fahren und dort unsere Verwandten, die Willes, besuchen.

2. Oktober. Die Reise mit Almuth war herrlich. Franz-Uly Wille sah noch attraktiver aus als früher, und ich fühlte mich sehr geschmeichelt, weil er zu mir besonders nett war.

10. Oktober. In der neuen Klasse in der deutschen Schule sind wir dieses Jahr nur zu sechst: Gerda Bruhns, Tochter des Direktors der Herziana-Bibliothek, Annemarie Fischer, Tochter des deutschen Militär-Attachés, ein ungarisches Mädchen, ein Bulgare, ein Lette und Annelise Petchek-Caro, eine Jüdin, die bei Hitlers Machtergreifung mit ihrer Mutter aus Berlin geflohen war. Der Mathematikunterricht wird immer schwieriger, die einzige, die alles versteht, ist Annelise Petchek. Die Nazis lösen in ganz Deutschland den CVJM (Christlicher Verein Junger Männer) auf und ersetzen ihn durch die Hitlerjugend.

30. November. In der Schule nehmen wir gerade Goethe durch. Direktor Döhner gibt uns die Deutschstunden. Er interpretiert »Faust« hinreißend. Goethe ist und bleibt mein Lieblingsdichter, und sein »Faust« ist die Krone all seiner Dichtungen.

Auch mit unserem Geschichtslehrer Dr. Schuh haben wir Glück; seine Stunden sind für uns sehr spannend. Er sieht die allgemeine Entwicklung in der Welt sehr pessimistisch an. Natürlich spricht er nie über Politik, aber ich habe das sichere Gefühl, daß er ein entschiedener Gegner der Nazis ist. – Unser Kunstgeschichtslehrer ist Dr. Körte, ein sehr schüchterner junger Mann. Er errötet oft, außerdem sieht er immer nur mich an, wenn er etwas erklärt. Meine Mitschüler behaupten steif und fest, er sei in mich verliebt. Ich halte das für Unsinn. Ich glaube, er muß sich aus Schüchternheit einen festen Punkt aussuchen und hat dafür eben mich auserkoren.

In Rom gründet Irmtraut Reisinger, die Tochter des Botschaftskanzlers, zusammen mit Kurt Hunger und Hans Durst eine Gruppe der Hitlerjugend, der auch ich beitrete. Ich habe vorher mit Papa darüber gesprochen. Wir sind der Meinung, daß dies in Rom geht, weil wir annehmen, im Ausland werde die Gruppe sich eher pfadfinderisch als politisch betätigen. Die Pfadfindergruppen selbst sind bereits aufgelöst worden. Jeden Samstag treffen wir uns in der deutschen Botschaft am Vatikan in der Villa Bonaparte in

Via Piave bei Botschafter Diego von Bergen. Kurt Hunger, unser Gruppenleiter, ist ein ernster und sehr religiöser Mann. Wir spielen, singen und machen gemeinsame Ausflüge. Sonntags nimmt er uns in die Kirche mit. Aber ich sehe schon kommen, wenn die Nazis in Berlin davon erfahren, werden sie den armen Kurt hinauswerfen, weil er ein viel zu anständiger Mensch ist. Keiner dieser Typen will etwas mit Religion zu tun haben, es wird nur noch von »Weltanschauung« gesprochen.

31. Dezember. Mir fällt auf, daß Almuth sich die Lippen geschminkt hat, bevor sie heute auf einen Ball gegangen ist. Das gibt mir einen Stich ins Herz, nicht so sehr wegen der Sache an sich, sondern weil sie es vor uns verheimlicht. Ich bleibe mit den Eltern und den beiden Brüdern zu Hause. Wie jedes Jahr zünden wir heute zum letzten Mal die Weihnachtskerzen an und sehen zu, wie eine nach der anderen erlischt. Es ist immer wieder aufs neue schön, die Schatten der Zweige an der Decke und an den Wänden zu betrachten.

Das Jahr 1935 beginnt in Deutschland mit der Volksabstimmung an der Saar. Die Wähler sollen entscheiden, ob das Saarland deutsch oder französisch werden soll. 91 Prozent entscheiden sich für Deutschland. Ich debattiere erbittert mit Annemarie Fischer, weil ich meine, daß der in begeisterten Kundgebungen demonstrierte Nationalismus sich negativ auf die Weltöffentlichkeit auswirken wird, während sie alles herrlich findet.

20. Januar. Meine Eltern laden zu einem großen Kostümball ein, an dem ich natürlich nicht teilnehmen darf, weil ich noch zu jung bin. Ich habe mich trotzdem amüsiert. Über eine Wendeltreppe steige ich in ein Zwischengeschoß hinauf, in dem früher das Orchester untergebracht war. Es gibt dort ein Fenster zum Saal, vor dem ein roter Damastvorhang hängt. Da der Damast alt und brüchig ist, kann ich durch die Löcher ungeniert dem ganzen Treiben zusehen: dem pompösen Einzug der Gäste, die kostbare Kostüme tragen, später den tanzenden Paaren. Am lustigsten fand ich die Pärchen, die, um unbeobachtet engumschlungen tanzen zu können, der Mitte des Saales zustrebten.

Im *März* gibt es in der römischen Hitlerjugend einen schweren Konflikt. Hans Durst verläßt uns, an seine Stelle tritt Kurt Hunger, und unser dritter Gärtner Willy ist sein Vize. Aber das wird nicht lange gutgehen, weil Willy gegenüber Kurt Minderwertigkeitskomplexe hat und ihn haßt. Willy schreibt heimlich Berichte nach Berlin, in denen er Kurt anschwärzt, er würde hier im Smoking herumlaufen, wo es sich doch für einen Nazi gehöre, sich schlicht zu geben. Kurt nehme die jungen Leute am Sonntag in die Kirche mit und er verkehre in der »besseren Gesellschaft«. Als Annemarie und ich begreifen, daß Kurt in Gefahr ist, beschließen wir zu handeln. Wir wollen dem Leiter der Hitlerjugend in Deutschland einen Brief mit 20 Unterschriften schicken, in dem wir Kurt verteidigen. Willy, der von diesem Brief erfahren hat, kommt zu mir und fordert mich auf, ihm das Schreiben auszuhändigen, nicht ohne hinzuzufügen, daß in Deutschland auf derlei Tätigkeiten die Todesstrafe stünde.

Diese offensichtlich absurde Drohung erschreckt mich keineswegs. Ich antworte ihm, daß mein Name ihm genügen muß und daß ich mich entschieden weigere, ihm die anderen Unterzeichner zu nennen. Wütend verlangt er meinen Hitlerjugendausweis. Natürlich erzähle ich Mutti alles, worauf sie sofort Willy holen läßt. Sie kommen überein, daß ich Mutti den Brief geben muß, den sie vor Willys Augen im Kamin verbrennt. Ich bin sehr traurig. Das einzig Gute ist, daß Annemarie jetzt nachzudenken beginnt. Später haben Annemarie und ich herausgefunden, wer der Spitzel gewesen war. Er hatte extra mit unterschrieben, um die anderen Namen ausfindig zu machen und sie dann Willy weiterzugeben, so etwas Unanständiges! Dieses Verhalten war bezeichnend für seinen Charakter, außerdem trug sein Vater das goldene Parteiabzeichen und war Beamter an der Botschaft. (Als mein Vater verhaftet wurde, haben sich Freunde an ihn um Hilfe gewandt. Er lehnte mit den Worten ab: »Sein Kopf muß rollen.« Er hatte die Frechheit, sich nach dem Krieg um ein Entnazifizierungsschreiben an meine Mutter zu wenden. Sie hat vielen damals geholfen, auch solchen, von denen sie wußte, daß sie keine reine Weste hatten. Aber bei ihm hat sie empört abgelehnt.)

Ende des Monats fangen die Osterferien an. Ich reise mit meinen Eltern, Almuth und Lotti nach Sizilien. Wir fahren über Catania und besichtigen die Burg Friedrichs II. In Syrakus besuchen wir Freunde unserer Familie, Dodo und Gwen Cassis, auf ihrem herrlichen Gut. Dort werden gerade die Orangen geerntet, ein unvergeßliches Erlebnis. Ende Juli fliegen Almuth und ich für zwei Tage nach Venedig. Wir schauen uns die Stadt an, fühlen uns herrlich frei und unabhängig und haben großen Spaß. Von dort fahren wir weiter zu den Eltern in die Berge, nach Sulden bei Meran.

18. September. Wieder sind wir bei Großmutti in Feldafing. Papa kehrt von dem alljährlich stattfindenden Nürnberger Parteitag zurück, an dem auch die Diplomaten teilnehmen mußten. Er ist entsetzt über die Atmosphäre dieser Veranstaltung, über deren militärisches Gepräge und insbesondere über die Ankündigung der »Nürnberger Gesetze«, deren Gipfel das »Gesetz zum Schutz des deutschen Blutes und der deutschen Ehre« ist. Dieses Gesetz verbietet die Eheschließung zwischen Ariern und Juden und verpflichtet alle Anwärter auf öffentliche Stellen zum Nachweis ihrer arischen Abstammung bis ins zweite Glied. Papa ist der Ansicht, daß dies für unser Land das Ende seiner Kultur bedeutet. Er ist besorgt um all unsere jüdischen Freunde.

3. Oktober. Italien greift Abessinien an. Der Völkerbund erklärt den italienischen Staat zum Aggressor und verhängt Sanktionen. Viele Freunde von Almuth werden eingezogen und brechen nach Ostafrika auf. England mißbilligt verständlicherweise die italienische Politik, während Deutschland sich wohlwollend verhält. Papa ist überrascht von diesen italienischen Aktivitäten und beginnt, Mussolinis Fähigkeiten auf der Ebene der internationalen Politik zu bezweifeln. Mussolini legt ein Verhalten an den Tag, das eigentlich für einen Diktator typisch ist.

Anfang 1936 gehe ich zum Tanzunterricht ins Haus von Freunden, weil Mutti denkt, ich müßte langsam lernen, erwachsen zu werden. Ich habe überhaupt keine Lust dazu, aber ich werde gezwungen. Außerdem soll ich selbst einen Tanztee geben. Ich bitte deshalb meine Freundin Paola Antonelli, mir eine Liste der Gäste aufzustellen, die ich zu uns einladen soll. Es werden an die 60 sein. Lotti bereitet alles vor. Die Musik kommt aus einem großen Grammophon, es werden Gebäck und Säfte gereicht. Die Einladung dauert von 6 Uhr nachmittags bis 9 Uhr abends. Ein paar Tage später fragt mich Paola, wer von den Gästen mir denn am besten gefallen hätte. Zwei waren es: Antonino Morozzo della Rocca (heute Botschafter im Ruhestand) und Detalmo Pirzio-Biroli – heute mein Mann.

30. Januar 1936. Die Eltern und Almuth laden zum zweiten Mal zu einem Kostümball ein. Diesmal darf auch ich mitmachen. Ich gehe als Page in einem hellblauen Kostüm, tanze die ganze Nacht hindurch und amüsiere mich köstlich. Nach meinem Tanznachmittag werde ich pausenlos zu ähnlichen Veranstaltungen eingeladen, und die meisten gefallen mir auch gut; wenn Detalmo dabei ist, tanze ich fast ausschließlich mit ihm.

14. März. Ich bin mit den Eltern zum ersten Mal in die Oper gegangen. »Tannhäuser« wird gegeben. Für meinen Geschmack ist die Oper viel zu lang, außerdem mag ich Wagners Musik nicht, weil sie zu sehr nach Heldentum stinkt und obendrein Hitlers Lieblingsmusik ist. Santa Hercolani sitzt mit in unserer Loge. Im Flüsterton diskutieren meine Eltern und sie wieder einmal über den Unterschied zwischen dem Nazi-Regime und dem faschistischen. Santa versucht, Papa zu überzeugen, daß Mussolini und sein Regime weitaus schlimmer seien als das, was in Deutschland passiere. Papa weiß aber sehr wohl, daß dies nicht stimmt und daß Mussolini und seine Männer fast harmlos zu nennen sind im Vergleich zu Hitler und seiner kriminellen Horde. Aber aus der Ferne ist es eben schwer zu erkennen, was der Nationalsozialismus wirklich ist. Zufällig sitzt Papa nur durch die Logenwand von Mussolini getrennt, der nach dem ersten Akt erschienen ist. Mussolini macht ihm ein Zeichen, nachher ins Foyer zu kommen. Die beiden reden ausführlich über den Abessinienkrieg und über die einige Tage vorher (am 7. März) erfolgte Besetzung des entmilitarisierten Rheinlands, die keinerlei Reaktion von seiten Englands und Frankreichs zur Folge hatte. Mir scheint, daß sie nicht ehrlich miteinander sprechen konnten, weil Papa den Abessinienkrieg mißbilligt, während Mussolini bestimmt Vorbehalte gegenüber dem Vorgehen im Rheinland hatte.

23. März. Wie wir schon befürchtet hatten, kommt es in der Hitlerjugend von Rom nun tatsächlich zu Veränderungen. Willy, diesem gemeinen, schlecht erzogenen, innerlich und äußerlich schmutzigen Menschen, ist es gelungen, den ehrlichen, freundlichen und frommen Kurt Hunger hinauszudrängen – ein Beispiel dafür, daß alles Gute in Deutschland systematisch beseitigt wird. Auch Hitlers Kampf gegen die Juden trägt dazu bei; die besten Leute, die obendrein Deutschland so zugetan waren, werden vertrieben. Annelise Petchek tut mir so leid. Wegen dieses Rassenwahns mußte sie aus Deutschland fliehen, und dennoch zieht sie es vor, in Rom die deutsche Schule zu besuchen; sie redet nur gut über die Deutschen. Glücklicherweise sind der Direktor und viele Lehrer Gegner der Nazis und behandeln sie gut. Ich hoffe, daß sie auch in Zukunft beschützt werden kann.

7. April. Der deutsche Botschafter in London, Leopold von Hoesch, ist gestorben. Das ist für Papa sehr schlimm, weil er zu den wenigen gehört hatte, die zusammen mit Papa das Regime offen kritisierten. Jetzt hat Ribbentrop das Feld für sich. Der ehemalige Sekt-Vertreter, der keine Ahnung von Außenpolitik hat, aber mit Hitler befreundet ist, wird dauernd mit besonderen Aufträgen ins Ausland geschickt – was für die offiziell akkreditierten Botschafter einigermaßen problematisch ist. Von Neurath hatte gemeint: »Ich glaube nicht, daß er sich lange hält.« Mein Vater war davon gar nicht überzeugt, gab aber zu, daß es schwierig sei, diesen merkwürdigen, aufgeblasenen Mann ernst zu nehmen. Inzwischen haben die Italiener in Abessinien den Tana-See erreicht. Sie sind in letzter Zeit rasch vorgerückt. Was werden die Engländer darüber denken?

Nach dem x-ten Ritt auf der Reitbahn im Foro Mussolini lobt mich d'Inzeo endlich einmal ohne Einschränkung.

22. April. Ich besuche Detalmo. Sein Arbeitszimmer ist sehr gemütlich, und an einer Wand hängen zwei Photos von mir. Das schmeichelt mir natürlich. Er macht mir einen Heiratsantrag, und ich muß dummerweise darüber lachen. Aber er meint es ernst. Er hatte mir schon einmal so etwas angedeutet. Ich mag ihn sehr, aber ich bin erst 17 und er 20. Was wissen wir schon über uns?

1. Mai. Dieser Tag wird auch in der deutschen Kolonie gefeiert, deshalb reist eines der hohen Tiere der Nazis aus Berlin an, um eine Rede zu halten; zum Glück ist es einer der weniger schlimmen. Es ist so traurig, Deutschland in der Hand dieser Banditen zu wissen. Papa und alle anständigen Menschen müssen ihre berufliche Existenz in Frage stellen. Was sollen sie tun: fortgehen oder bleiben? Papa überlegt wieder und wieder, ob er nicht vielleicht doch besser gehen sollte; aber er muß auch fürchten, keine neue Anstellung zu bekommen, wenn er ohne einen vernünftigen Grund geht. Und vor allem hofft er, in seiner Position dazu beitragen zu können, das totale Desaster, den Krieg, zu verhindern. Sollte dies aber unmöglich sein, dann wäre es besser, wenn die Nazis ihn von sich aus entlassen würden. Eine nicht offiziell begründete Absetzung würde es ihm vielleicht ermöglichen, in Berlin ein neues Betätigungsfeld zu finden;

das würde ihm auch die weitere Zusammenarbeit mit seinen Freunden gegen Hitler ermöglichen.*

5. Mai. Dies ist ein aufregender Tag. Wir sind auf einem Reitturnier auf der Piazza di Siena. Plötzlich heulen die Sirenen, und über Lautsprecher wird angekündigt, daß Mussolini vom Balkon des Palazzo Venezia eine wichtige Nachricht verkünden wird. Im Nu ist die Piazza di Siena menschenleer, und auch wir, Lotti, Annemarie Fischer, Detalmo und ich laufen in Richtung Piazza Venezia, die von Menschen nur so wimmelt. Fast zwei Stunden müssen wir in der dichten Menge warten, dann erscheint endlich Mussolini, um dem Volk die Eroberung von Addis-Abeba mitzuteilen. Die Menschen jubeln, ihre Begeisterung kennt keine Grenzen. Die Engländer sind vermutlich entsetzt. Am Tag darauf trifft Papa Mussolini bei dem Reitturnier, und Papa gratuliert ihm zum Sieg. Diplomatische Heuchelei! Wenige Tage später erklärt Mussolini die Annexion Abessiniens, der König von Italien wird Kaiser von Äthiopien. Mir erscheint das alles übertrieben und lächerlich.

19. Juni. Gestern ist infolge eines Aufstandes der spanischen Truppen in Marokko unter der Führung Francos der Bürgerkrieg in Spanien ausgebrochen. Gerüchten zufolge wollen Italien und Deutschland »Beobachter« nach Spanien schikken. Das wäre allerdings eine beängstigende politische Eskalation.

3. Juli. Infolge der Regierungsumbildung überträgt Mussolini das Außenministerium, dem er bis dahin selbst vorstand, seinem Schwiegersohn Galeazzo Ciano. Die häufigen, beiderseits erwünschten Begegnungen zwischen Papa

* Mein Vater nahm Mitte der dreißiger Jahre Kontakt zu anderen Regimegegnern auf und war in den Widerstandskreisen um Beck und Goerdeler aktiv. Er beteiligte sich vor allem an den außenpolitischen Planungen und Sondierungen dieser Gruppen und wurde vielfach als Außenminister einer Regierung nach Hitler benannt.

und Mussolini werden in Zukunft deshalb wohl seltener und schwieriger werden. Ciano ist auf Papa eifersüchtig und sieht dessen gute Beziehungen zu Mussolini nicht gerne. Für Papa ist Ciano nichts als ein verwöhnter, eitler Junge.

4. Juli. Ich besuche mit den Eltern eine Militärparade aus Anlaß der Eroberung Äthiopiens auf der Via dell'Impero. Badoglio führt die Truppen an, bei denen sich auch Truppen von Äthiopiern befinden, während Detalmos Onkel, General Alessandro Pirzio-Biroli, der sie kommandiert hat, es vorzog, in Afrika auf seinem Posten zu bleiben.

Am *7. Juli* ist wieder ein hohes Nazitier nach Rom gekommmen. Natürlich mußten wir alle zum Kolonieabend gehen, wo der Mann sprechen sollte; er heißt Ley.

Er kam viel zu spät, und man sah, daß er stark angetrunken war. Die Ansprache war dementsprechend fürchterlich. Zwei Pimpfe hatten, nun schon seit einer Stunde, die Wimpel an beiden Seiten des Podiums gehalten. Bedingt durch das lange Warten im Stehen fiel der eine kleine Mann um, er war ohnmächtig geworden. Ley drehte sich kaum nach ihm um, und statt zu helfen, sagte er mit trunkener Stimme: »Keiner darf hier müde sein. Wenn einer müde ist, dann bin ich und nur ich alleine müde!« Diese paar Worte bezeichnen das Niveau der ganzen Ansprache. Aber trotz dieses kläglichen Auftritts drehte sich eine BDM-Führerin zu mir hin, sie war ungefähr 25 Jahre alt, und meinte: »Hat unser Ley nicht wunderbar gesprochen!« Ich schaute sie mehr als erstaunt an und sagte nur: »Ich verstehe dich einfach nicht.«

Mitte Juli. Ich ärgere mich darüber, daß meine Eltern mich wegen einer Kinderlähmungsepidemie in Rom in aller Eile nach Deutschland schicken wollen. Ein Sohn von Freunden ist an der Krankheit gestorben, und eine Tochter Mussolinis schwebt in Lebensgefahr. Das ganze macht mich auch unglücklich, weil ich Detalmo für lange Zeit nicht mehr sehen werde, zumal er in einigen Wochen für ein Jahr zum Studium nach Amerika fährt. Meine Eltern sehen es gar nicht gerne, daß wir uns immer häufiger verabreden, sei es unseres Alters wegen, sei es, weil er sein Studium noch längst nicht abgeschlossen hat; deshalb treffen wir uns häufig ohne Wissen der Eltern.

Da ich sofort nach Deutschland fahren soll, habe ich mich mit Detalmo heimlich verabredet. Mutti und Lotti bringen mich zum Zug, wo sie mich Frau Fischer, Annemaries Mutter, die mit ihrer Tochter in Urlaub fährt, anvertrauen. Auch Detalmo steigt in den Zug ein, aber in den letzten Wagen. Nachdem sich der Zug in Bewegung gesetzt hat, treffen wir uns und bleiben bis Florenz beieinander. Ganz aufgeregt und glücklich bin ich über diesen Streich, den wir meinen Eltern gespielt haben.

Ich bin mit Fischers oberhalb von Meran im Hotel Zirmerhof einquartiert. Wir haben Glück mit dem Wetter und machen schöne Bergtouren, spielen vor dem Abendessen Tischtennis, und es gibt immer viel zu lachen. Außerdem schreiben Detalmo und ich uns beinah täglich, trotz Schreibverbot.

Ende Juli fahre ich nach Feldafing, wo Großmutti mit einem schlimmen Fuß im Bett liegen muß. Ich wende alle meine Überredungskunst auf, damit sie Mutti bittet, mich nach Königsberg zur Hochzeit von Ulrike von Hassell fahren zu lassen; Kloto (Ulrikes Bruder) würde mich von München über Berlin dorthin begleiten. Mutti hat es tatsächlich erlaubt! Ich freue mich schon riesig darauf und verstecke vorsorglich die vielen Briefe von Detalmo in einem alten Koffer auf dem Boden. Am 15. August soll es losgehen.

14. August. Ribbentrop ist zum Botschafter in London ernannt worden. Ich kann mir nicht vorstellen, was für einen Botschafter dieser Sekt-Vertreter abgeben soll. In Berlin gelang es mir, ohne Karte am letzten Tag die Olympiade zu besuchen, ein unvergeßliches Erlebnis. Dann mit Kloto nach Königsberg, wo ich mich besonders auf dem Polterabend für Ulrike köstlich amüsierte.

Am *20. August* fahre ich nach Potsdam ins Führerinnenlager. Dort treffen sich die im Ausland lebenden BDM-Führerinnen, so auch Annemarie und ich als BDM-Führerinnen der Mädchen in Rom. Meine Familie war dagegen, aber ich wollte diese Erfahrung machen, um besser urteilen zu können. Die Mädchen sind erfreulicherweise sympathisch, aber die Atmosphäre ist erbärmlich. Unsere Führerinnen, die uns mit ihrem Unterricht über »Weltanschauung« anöden, verneinen in ihrer Beschränktheit alle Grundlagen unserer westlichen Kultur, wie Christentum, Freiheit des Wortes, Demokratie. Ihre »Weltanschauung« kann diese Werte nicht ersetzen. Wenigstens ist Annemarie Fischer, die von den Nazis vorher so begeistert war, jetzt endgültig geheilt. Ich bin darüber sehr erleichtert.

Am *14. September* findet wie in den Vorjahren der Nürnberger Parteitag statt. Wir sind in einem Lager außerhalb von Nürnberg untergebracht. Mutti schreibt mir einen wütenden Brief, weil sie in Feldafing Detalmos Briefe gefunden hat. Wie dumm! Ich soll Papa, der am Nürnberger Parteitag teilnehmen muß, in seinem Hotel besuchen. Zum Glück ist Papa nur halb so zornig, wie ich befürchtet habe. Nach ein paar ermahnenden Worten redet er mit mir über den Parteitag. Er meint, man müsse aufpassen, der Faszination der Veranstaltung nicht zu unterliegen. Sie ist ganz bewußt geplant; in Chören werden Volkslieder gesungen, die ihre Wirkung auf die Menschen nicht verfehlen dürften. Auf dem Gebiet sind die Nazis wahre Meister. Papa meint, daß nur eine klare politische Haltung davor schützt, sich davon beeinflussen zu lassen. Wie im vorigen Jahr fahre ich Anfang Oktober mit meiner Schwester mit dem Auto nach Rom.

23. Oktober. Nach den zwei offiziellen Besuchen Görings in den vergangenen Jahren in Rom ist nun Himmler, der oberste Befehlshaber der SS und der Gestapo, an der Reihe. Die SS-Leute, hochgewachsene, fast immer blonde junge Männer, beeindrucken die Italiener, die sicher nicht wissen, welche Funktion die SS-Leute in Deutschland haben. Und auch Himmlers Brutalität kann man hinter seinem schulmeisterlichen Aussehen, das sein Kneifer noch unterstreicht, nicht ahnen. Papa ist von Mussolinis beinahe servilem Gehabe gegenüber den »illustren Gästen« angeekelt. Für ihn ist es eine Bestätigung der Richtung, welche die italienische Außenpolitik Deutschland gegenüber eingeschlagen hat.

Anfang November reist Ciano in Begleitung meines Vaters zu einem offiziellen Besuch nach Berlin. Natürlich wäre er lieber allein gefahren, denn seine Abneigung gegenüber Papa wird immer offensichtlicher. Papa schätzt die Situation mittlerweile als bedrohlich ernst ein.

Durch den spanischen Bürgerkrieg befinden wir uns praktisch auch im Kriegszustand. Die Deutschen und Italiener stehen auf Francos Seite, die Franzosen und Russen zusammen mit englischen Beobachtern auf Regierungsseite. Man kämpft um Madrid.

28. November. Am 25. November haben Deutschland und Japan den Antikomintern-Pakt geschlossen. Papa hatte die Lage richtig eingeschätzt, daß nämlich das Desaster unausweichlich und nicht wieder gutzumachen wäre, wenn Hitler sich in die Außenpolitik stürzte. Hinter diesem Pakt steht Ribbentrop, der als Botschafter in London so erfolglos gewesen und von einem Fettnäpfchen ins andere getreten war. Vom ehemaligen Bewunderer Englands hat er sich zu dessen Feind entwickelt. Es war Ribbentrops Plan, Deutschland, Italien und Japan zu einem politischen, gegen England und Rußland gerichteten Block zu verschmelzen. Papa sieht es kommen, daß dieser politische Block bald militärische Formen annehmen wird, die leicht einen Krieg heraufbeschwören können. Die Frage ist, ob er unter diesen Umständen darauf warten soll, daß Berlin ihn hinauswirft.

30. November. In den letzten Tagen war ziemlich viel los, weil am 28. November Ungarns Reichsverweser, Admiral Horthy, eingetroffen ist und die italienische Regierung sich in Stücke riß, um ihn gebührend zu feiern. Papa meint, nicht einmal den lieben Gott hätten sie besser behandeln können. Gestern hatte er Gelegenheit, sich ausführlich mit Mussolini zu unterhalten. Es ging hauptsächlich um Spanien. Mussolini meinte, die Belagerung Madrids gleiche dem Stellungs- und Schützengrabenkrieg des Ersten Weltkriegs.

3. Dezember. Zu Ehren Horthys gehen wir in die Oper und sehen uns »Othello« an. Der vornehme Glanz dieses Abends ist mir unvergeßlich: die Damen in ihren kostbaren Roben, die Offiziere in Galauniform, die Logen geschmückt mit einem Meer von Rosen ... In ihrer Eleganz und ihrem Geschmack sind die Italiener unübertroffen. »Othello« allerdings gefällt mir nicht. Ich bin froh, als er endlich stirbt. Und Desdemona kann ich überhaupt nicht verstehen.

31. Dezember. Obwohl ich mich eigentlich auf den Hosenboden setzen sollte, um für mein bevorstehendes Abitur zu lernen, habe ich viel Vergnügen an den zahlreichen Bällen, auf die mir meine Eltern zu gehen erlauben; nicht einen Tanz lasse ich aus. Vielleicht sind sie so großzügig, weil sie glauben, ich würde so Detalmo vergessen, der weit fort in Amerika ist, aber da täuschen sie sich gewaltig!

Heute ist Silvester, und wir verbringen den Abend wie immer im Kreis der Familie. Wie wird sich die internationale Lage im nächsten Jahr entwickeln? Wir sind neugierig, aber vor allem auch besorgt. In Rom beginnt das neue Jahr trotz der dunklen Wolken am politischen Himmel, als wenn nichts wäre. Aber schließlich hat Rom im Lauf seiner Geschichte schon sehr viel erlebt.

Am *3. Januar 1937* besuchen wir Cavazzas und reiten zwei Stunden quer über die Felder, Gräben, Hürden und Bäche. Am *8. Januar* laden wir zu unserem dritten Kostümball ein, dem Almuth das Thema »Berühmte Liebespaare aus der Oper« gegeben hat. Almuth verkleidet sich als Rosenkavalier, ich bin die Sophie. Lotti näht uns mit ihren »Feen-Händen« unsere Kostüme aus alten Damastgewändern, die Mutti bei Hof trug. Wir erwarten 280 Gäste. Almuth und ich tanzen bis in den Morgen hinein.

27. Januar. Göring kommt abermals zu einem offiziellen Besuch. Diesmal begleitet ihn seine riesige, blonde, sehr deutsche Frau Emmy, sie scheint aber eine gutmütige Person zu sein. Mutti gelingt es, auch für mich eine Einladung zum Gala-Diner im Palazzo Venezia zu bekommen. Mittlerweile möchte sie, daß ich überallhin mitgehe, weil sie sich darüber im klaren ist, daß Papa seine Stellung nicht mehr lange halten kann. Ich sitze an dem Tisch, an dem auch Mussolini seinen Platz hat. Alles ist perfekt organisiert und geht in Windeseile; im Rekordtempo von 35 Minuten ist das Mahl beendet. Als alle aufgestanden sind, sehe ich Mussolini, Ciano, Göring und Papa in einem intensiven Gespräch beieinander stehen. Am Tag darauf erzählte uns ein Freund, Göring habe ihm gegenüber bemerkt: »Ich verstehe überhaupt nichts mehr. Erst sagt mir Ciano, von Hassell wäre sehr störend als Botschafter in Rom. Dann sehe ich, wie Ciano von Hassell so herzlich begrüßt, daß man beinahe meint, ihn sagen zu hören: ›Mein lieber Hassell, was würden wir tun, wenn Sie nicht da wären!‹«

2. Februar. Dieser Tag ist ganz nach meinem Geschmack. Morgens um 7 Uhr reiten Almuth und ich im Park der Villa Borghese unsere Pferde, weil die Eltern in Mailand sind. Nachmittags, nach der Schule, reite ich noch einmal, diesmal mit d'Inzeo im Foro Mussolini, danach springe ich kopfüber ins große Schwimmbad, ebenfalls auf dem Foro.

23. Februar. Jetzt muß ich aber wirklich anfangen zu lernen, sonst schaffe ich das Abitur nicht. In Geschichte nehmen wir gerade Bismarck durch. Was waren das für Persönlichkeiten, verglichen mit den Figuren von heute. Unser Lehrer konfrontiert uns mit einer interessanten Überlegung Bismarcks: »Wozu soll nur der, welcher im Krieg erwerbsunfähig geworden ist oder als Beamter im Alter Pension haben, und nicht der Soldat der Arbeit? Diese Sache wird sich durchsetzen. Die hat ihre Zukunft. Es ist möglich, daß unsere Politik einmal zugrunde geht, wenn ich tot bin, aber der Staatssozialismus paukt sich durch. Jeder, der diesen Gedanken aufnimmt, wird ans Ruder kommen!«

10. März. Wir geben ein offizielles Essen für Badoglio, den Oberbefehlshaber des italienischen Heeres. Glücklicherweise sitze ich neben einem Italiener, mit denen sich zu unterhalten nicht schwer ist. Man braucht nur ein paar Fragen zu stellen, und schon fangen sie an zu reden, man lehnt sich zurück und kann ihnen in aller Seelenruhe zuhören.

15. März. In Rom laufen immer mehr leitende Nazis herum, deren Funktion nicht genau definierbar ist, etwas undurchsichtige Leute, vor denen man sich besser in acht nimmt. Unter anderen ist da ein gewisser SS-Standartenführer namens Dollmann. Kein Mensch weiß, was er hier zu tun hat. (Einmal hat er für Himmler in Rom gedolmetscht; das brachte ihm die Ernennung zum Standartenführer und die Position als Himmlers persönlicher Vertreter in Rom ein.)

24. März. Papa kehrt aus Berlin zurück, wo er an der Konfirmation Egberts von Tirpitz teilgenommen hat (des Sohns von Muttis Bruder). Er war beeindruckt von der außergewöhnlichen Predigt Pastor Niemöllers, der wie ein Prophet zu seiner Gemeinde sprach, mit Überzeugung und ohne jede Angst.

Mit großer Offenheit hat er auf die Notwendigkeit eines Kampfes gegen das Böse, das heutzutage in Deutschland wütet, hingewiesen. Niemöller gehört zur Bekennenden Kirche, die von den Nazis heftig bekämpft wird.*Vor einigen Tagen bemerkte übrigens Mussolini gegenüber meiner

* Niemöller wurde noch im gleichen Jahr, zur Empörung der ganzen Welt, verhaftet.

Mutter: »Sagen Sie Ihrem Führer, daß man niemals einen religiösen Glauben unterdrücken darf, wenn man ihn nicht durch einen anderen ersetzen kann.«

Während seines Berlin-Aufenthalts zu Egberts Konfirmation traf Papa Hitler und Außenminister von Neurath. Er hat alles versucht, von Neurath von der Notwendigkeit zu überzeugen, daß er sich aktiv mit Hitler auseinandersetzen müsse; es dürfte keinesfalls noch weiter Druck auf Italien ausgeübt werden, denn das Land dürfe nicht dem Antikomintern-Pakt beitreten. Dieser Plan zeichnete sich nämlich immer deutlicher ab. Der Pakt ist schon so gefährlich genug; wenn auch noch Italien dazukommen würde, wäre der Krieg nicht mehr zu vermeiden. Aber vielleicht waren die Würfel bereits gefallen. Papa zufolge hat Hitler während des Gesprächs in Berlin über Krieg wie über eine Selbstverständlichkeit gesprochen, als ob es sich um eine bereits entschiedene und wünschenswerte Tatsache handle.

7. April. Papst Pius XI. hat eine neue Enzyklika »Mit brennender Sorge« verkündet, in der er die Verfolgung der christlichen Kirchen und der Juden verurteilt. Papa begrüßt das sehr, ist aber sicher, daß Hitler sein Verhalten nicht ändern wird.

20. April. »Führers Geburtstag«. Ein gewisser Ettel, Naziführer in der deutschen Kolonie in Rom, hat anscheinend Hitlers »Mein Kampf« auswendig gelernt. Ganz besonders den Teil, in dem Hitler schreibt, daß man sich den Zuhörern am nachhaltigsten einprägt, indem man immer die gleichen Slogans wiederholt, um sie in die Köpfe der Menschen einzuhämmern. In der Tat besteht Ettels Rede aus einer langweiligen Aufzählung öffentlicher Kundgebungen mit immer wieder dem gleichen Refrain: »Es herrschte tiefe Stille, dann erhob der Führer seine Stimme und sprach: ›Mein Volk ...‹ Dann war die Kundgebung zu Ende, der Führer flog in seinem silberschimmernden Flugzeug durch alle Stürme hindurch zur nächsten Kundgebung, wo wieder eine geduldige Menge seiner harrte, die er nicht umsonst würde warten lassen, und aufs neue erhob der Führer seine Stimme und sprach: ›Mein Volk ...‹« – So ging es über zwei Stunden, die Haare konnten einem zu Berge stehen! Leider haben die meisten Zuhörer gar nicht das Lächerliche dieser Rede empfunden.

10. Mai. Der Außenminister von Neurath macht einen Besuch in Rom. Mein Vater versucht wiederum, ihn zu größter Vorsicht zu veranlassen. Die gefährlichen Themen wie der Antikomintern-Pakt und der spanische Bürgerkrieg werden tatsächlich vermieden.

12. Mai. Das große Luftschiff »Hindenburg« verbrennt vor der Landung in den Vereinigten Staaten. 100 Menschen waren an Bord. Es ist ein großes Unglück.

Bei Tisch spricht Papa nicht mehr über Politik. Auch nicht über die Nazis oder die Faschisten. Ihm ist zugetragen worden, daß Reinecke, der zweite Diener, für die SS spioniert. So ein Schwein! Jetzt verstehen wir erst, was Göring während seines letzten Besuches in Rom meinte, als er sagte: »Wenn dieser Reinecke bei mir Diener wäre, hätte ich ihn längst mit einem Fußtritt hinausbefördert.«

30. Mai. Wir haben schon wieder Besuch in Rom, diesmal von Feldmarschall von Blomberg. Zum großen Diner im Palazzo Venezia werde ich auch gebeten. Bei dem anschließenden großen Empfang, zu dem alle Säle geöffnet sind, fragt mich Mussolini nach der Schule und der Hitlerjugend.

9. Juni. Aus ausländischen Zeitungen erfahren wir, daß faschistische Meuchelmörder in Frankreich die Brüder Rosselli umgebracht haben.* Während der Beerdigung in Paris

* Carlo Rosselli, Antifaschist und Politiker. Nach der Ermordung von Matteotti durch die Faschisten im Jahre 1924 wird er verhaftet, entkommt dem Gefängnis und flieht nach Paris. Im spanischen Bürgerkrieg kämpft er gegen Franco. Er wird verwundet, geht zurück nach Frankreich und wird zusammen mit seinem Bruder Nello, der ebenfalls Antifaschist ist, im Jahre 1937 ermordet.

fanden große Kundgebungen für die Demokratie statt. In der riesigen Menge französischer Demonstranten befanden sich viele antifaschistische Emigranten, darunter Saragat und Nenni.*

20. Juni. Santa Hercolani hat Mutti erzählt, daß Papa aufgrund seiner Aversion gegen militärische Pakte und Blockbildungen »die Bremse« genannt wird.

28. Juni. Wir haben die Ergebnisse des schriftlichen Abiturs bekommen; mir ist es ganz gut gegangen. Annelise Petchek hat mir in Latein und Mathematik geholfen, ich ihr in Englisch und Italienisch.

30. Juni. Gott sei Dank, die Schulzeit ist vorbei! Gestern waren die mündlichen Prüfungen, und wir sind fast gestorben vor lauter Angst. Wir wurden in den Prüfungssaal gerufen, dann teilte man uns mit, daß wir bestanden hätten und nannte uns den Notendurchschnitt. Auch Papa und der Reichskommissar, der zur üblichen Kontrolle aus Berlin gekommen war, nahmen an der Abschlußprüfung teil. Papas Gegenwart machte mich ziemlich unsicher. Zu meinem Erstaunen bestehe ich mit »gut«, Gerda Bruhns und Annelise Petchek auch. Die einzige, die diese Note wirklich verdient hat, ist Gerda; mir hätte nur ein »ausreichend« zugestanden, und Annelise hätte »sehr gut« bekommen müssen. Gerda und ich sind empört, weil uns klar wird, daß Annelise schlechter bewertet wurde, weil sie Jüdin ist. Um die Note zu rechtfertigen, gab man ihr in den für die Nazis so wichtigen Fächern Turnen, Singen und Zeichnen ein »ungenügend«. Voll Zorn gehe ich zum Reichskommissar und sage ihm, daß ich die Note »gut« nicht verdiente und sie nur

* Pietro Nenni, Sozialist, flieht nach der Machtergreifung durch die Faschisten nach Frankreich. Nach dem Kriege nimmt er wichtige Stellungen im politischen Leben Italiens ein; Giuseppe Saragat geht aus denselben Gründen wie Nenni nach Frankreich. Nach dem Kriege wird er zweimal zum Präsidenten der italienischen Republik gewählt.

bekommen hätte, weil ich die Tochter des Botschafters sei; Annelise aber hätte ein »sehr gut« bekommen müssen. Das gefällt ihm gar nicht, er läuft rot an und befiehlt mir, den Mund zu halten. Das wären Dinge, die mich nichts angingen. Am Ende entschuldigen Gerda und ich uns bei Annelise an Stelle derer, die diese Gemeinheit zu verantworten haben.

Anfang *Juli* kehrt Detalmo aus den Staaten zurück. Er wirkt auf mich ganz amerikanisch, aber ich denke, das wird sich geben. Oft fahren wir nach Castel-Fusano ans Meer. Mit Mutti reise ich wenig später nach Ischia und dann mit beiden Eltern nach Perugia, wo wir den berühmten Kunsthistoriker und -kritiker Bernard Berenson treffen, der in Florenz lebt. Er führt uns erst durch das zauberhafte Perugia und anschließend durch Assisi. In der Oberkirche von San Francesco meint Berenson: »Schaut mal, so müßte sich die Gotik überall präsentieren, so voller Licht und Fröhlichkeit. Aber in den gotischen Kirchen in Deutschland und Spanien findet man nur Finsternis und Schwermut.« Die Eltern unterhalten sich mit Berenson über die bedrückende Lage in Deutschland und in der westlichen Welt. Sie stimmen in vielem überein, als ob sie Geschwister im Unheil wären.

Im *August* besuchen wir auf dem Weg nach Sulden Cortona und Arezzo; dort gibt es eine Sonderausstellung mit Werken von Piero della Francesca. Weiter geht's nach Belpoggio bei Bologna zu Santa Hercolani, deren schönes Gut ich bisher nicht kannte. Über Ferrara und Verona erreichen wir Mantua; dort sehen wir uns eine Ausstellung mit Bildern der Familie Gonzaga an. Über Trento erreichen wir schließlich Sulden.

Anfang *September* fahre ich mit Almuth nach England. Sie wird einen Monat später nach Rom zurückkehren, ich aber bleibe bis Weihnachten, um Englisch zu lernen. Drei Tage lang besichtigen wir London. Ähnlich wie Berlin läßt die scheinbar endlose Ausdehnung dieser Stadt Rom beinahe als Dorf erscheinen.

Mutti schreibt, daß Professor Curtius ein von Hitler

persönlich unterzeichnetes Entlassungsschreiben erhalten hat.*

23. September. Nach London sind wir als paying-guests in Yeovil in Somerset gelandet. Es fällt mir nicht schwer, mich den englischen Lebensgewohnheiten anzupassen. Wir machen herrliche, lange Spaziergänge durch Wiesen und Wälder, organisieren Picknicks, spielen Rasentennis, trinken nachmittags Tee, besuchen die sympathischen, wenn auch

* In seinen Memoiren hält er folgende Szene fest: »An einem Septembermorgen 1937, als ich als Gast meines Freundes Karl Jaspers in Heidelberg eben mich anzog, und mich bei dem Blick durchs Fenster auf den umsteigenden Schloßberg von Heidelberg von Erinnerungen bestürmen ließ, klopfte es an meine Tür. Ich öffnete, draußen stand der Briefträger und brachte mir ein versiegeltes Schreiben. Dieses sprach mit der Unterschrift des ›Führers‹ meine Entlassung aus dem Dienst des Reiches aus. Ich empfand es wie einen Ritterschlag.«

Ebenfalls in seinen Memoiren schreibt Curtius über meinen Vater: »Zu den Bedürfnissen seiner (U. v. Hassells) tief geistigen Natur gehörte auch die Unterhaltung vor allem über die verschlungenen Probleme der Geschichte des gegenseitigen Verhältnisses zwischen Deutschland und Italien. Niemals erschien mir der Preußengeist dieses Botschafters aus alter hannoverischer Familie reiner als damals, als nach der Ermordung des österreichischen Bundeskanzlers Dollfuß mit der feindlichen Haltung Mussolinis das ganze mühsam errichtete Gebäude seiner Diplomatie zusammenstürzte. Ich hatte das Ereignis in Österreich erlebt, berichtete ihm davon und suchte ihn zu trösten. ›Was wollen Sie‹, erwiderte er lächelnd, ›wie langweilig wäre mein Beruf, wenn er nicht solche Aufgaben wie die jetzt gegebene mit sich brächte.‹ Und niemals erschien mir der schlanke bewegliche Mann mit dem scharfen Profil seines hageren blauäugigen, gewinnenden Gesichts schöner als bei der Eröffnungsfeier der Giottoausstellung in Florenz (1937). Diese vollzog sich in Gegenwart des Königs (von Italien) im großen Saal des Palazzo Vecchio. Lakaien in der quattro-cento-Tracht florentinischer Fresken geleiteten uns die steile Treppe hinauf. Eine vornehme Gesellschaft füllte den Raum, der weiter keines Schmuckes bedurfte. Der deutsche Botschafter (U. v. Hassell) erschien in einer Ordenstracht mit langem dunkelblauen wehenden Mantel. Jedermann fragte, wer diese auffallende ritterliche Erscheinung sei. Der Adel seines Wesens nahm alle gefangen.«

geistig nicht gerade sehr interessierten Nachbarn, kurzum, diese Art zu leben existiert auf dem Kontinent nicht mehr. Ich fühle mich um 50 Jahre zurückversetzt und finde einiges aus den Jugenderzählungen meiner Mutter wieder.

5. November. Almuth fährt nach Rom zurück, und ich wohne bei einer Familie in Cheltenham.

15. November. Ich besuche das »Ladies' College« in Cheltenham. Dort studierten Großmutti und Mutti je ein Jahr lang. Ich habe Geschichte, Wirtschaft und Literatur belegt. Es ist interessant, wie unterschiedlich die Atmosphäre zwischen den Schulen auf dem Kontinent und den englischen Schulen ist. Wenn man hier seinem Nebenmann hilft, ist das schon fast ein Verbrechen; von jemandem abzuschreiben ist Grund genug, sich zu schämen. In der Bibliothek, in der wir uns zwischen den Unterrichtsstunden aufhalten, herrscht absolutes Schweigen. Man studiert, keiner spricht, und man wird getadelt, wenn man ein lautes Wort sagt. Es ist ein großes Internat mit vielen Schülerinnen, die alle Uniform tragen. Die Disziplin ist perfekt, fast etwas zu starr.

20. November. Papa berichtet in einem Brief über Mussolinis Besuch in Deutschland. Er sei von der Wehrmacht, dem wirtschaftlichen und technischen Fortschritt und von dem ganzen Organisationsapparat des Landes tief beeindruckt. Papa fügt in Klammern »leider« hinzu; denn er ahnt, daß in Mussolini der Entschluß gereift ist, sich noch stärker an die deutsche Politik zu binden. Jetzt wird es für Ribbentrop ein leichtes sein, ihn zu seinem Beitritt zum Antikomintern-Pakt zu überreden. Ribbentrop ist so gut wie nie in London anzutreffen, sondern reist ständig mit Sonderaufträgen herum; auch in Rom war er schon wieder. Papa ist außer sich. Ich habe ihm zurückgeschrieben: »Ich hoffe, daß ›die Regentropfen‹ Rom bald verlassen; diese Tropfen müssen für Dich außerordentlich lästig und auch gefährlich sein.«

25. November. Ich hatte tatsächlich allen Grund, um meinen Vater besorgt zu sein. Mussolini ist dem Antikomintern-

Pakt beigetreten, der bislang zwischen Deutschland und Japan bestand, genau wie Papa es vorausgesehen hat. Das bedeutet das Ende einer europäischen Politik, das bedeutet Militärbündnis und Krieg. Als ich Papa in Rom wiedersah, erzählte er mir, er habe versucht, Ribbentrop den Beitritt Italiens zum Antikomintern-Pakt auszureden. Ribbentrop habe geantwortet: »Passen Sie auf, Sie sprechen zu Ihrem zukünftigen Außenminister.« Papa hat geantwortet: »Auch wenn Sie heute schon mein Außenminister wären, hätte ich genau dasselbe gesagt!«

27. November. In Cheltenham fühle ich mich sehr wohl und lerne deshalb die englische Sprache ziemlich rasch; auch Detalmo schreibe ich englisch. Was mir wirklich an diesem Land imponiert und was mich neidisch macht, wenn ich an Deutschland und Italien denke, ist der ausgeprägte Sinn für Demokratie. Man begegnet ihm überall, im Parlament, im öffentlichen und privaten Leben, in der Haltung eines jeden Bürgers. Wie schön, wenn es bei uns auch so wäre! Ob wir uns das jemals zu eigen werden machen können?

25. Dezember. Zu Weihnachten trifft die ganze Familie in Rom zusammen. Papa sagt, ihm bleibe nichts mehr zu tun, er könne das Schlimme nicht aufhalten. Und er fügt hinzu, recht sei ihm nur, daß er nicht selbst um seinen Abschied bitten muß, da sicherlich Ribbentrop und Ciano für seine Absetzung sorgen werden mit der Begründung, er sei für beide Regierungen eine Persona non grata, weil er sich ihrer aggressiven Politik in den Weg zu stellen suche.

30. Dezember. Papa wird inoffiziell davon in Kenntnis gesetzt, daß er Rom verlassen muß. Und so werden die ersten Monate des Jahres 1938 für uns die letzten in Rom sein.

Das Ende einer Epoche 1938–39

Anfang *Februar* berichten die Zeitungen, daß Papa seines Amtes enthoben worden ist. Wie zu erwarten, löst Ribbentrop von Neurath als Außenminister ab. Armes Europa! Auch von Blomberg wird entlassen, und Hitler wird oberster Befehlshaber der Wehrmacht.* Wir überlegen lange hin und her, ob wir das für den nächsten Tag geplante Kostümfest absagen sollen, aber Papa ist dafür, es stattfinden zu lassen. Dieser Ball war nicht nur ein großer Erfolg, sondern er bot auch die Gelegenheit für eine beinahe öffentliche Bekundung der Achtung für meinen Vater. Es war fast ein wenig peinlich, andererseits aber auch sehr befriedigend, daß nicht allein die Antifaschisten, sondern auch die Faschisten unsere Hände schüttelten, um uns so ihrer Sympathie und Solidarität zu versichern.

Die italienische Regierung, die anderen Botschafter und unsere Freunde laden uns unentwegt zu offiziellen Abschiedsessen ein. Beim offiziellen Essen der Regierung in der Villa Madama liest Ciano eine Rede vom Blatt, die nicht ein einziges freundschaftliches oder persönliches Wort für meinen Vater enthält. Als dann mein Vater das Wort ergreift – selbstverständlich liest er nicht ab –, sind die Zuhörer so ergriffen, daß viele Tränen in den Augen haben. Dies ist sicher nicht nur Ausdruck ihrer Zuneigung, vielmehr zeugt es wohl auch von der vielleicht nur vagen Vermutung, daß wir uns an einem geschichtlichen Wendepunkt befinden.

Hitler hat eine große Rede gehalten, in der er seinen Wunsch nach einer Annäherung an Österreich ausdrückte. Das ist ganz sicher alles andere als friedlich gemeint. Auch in England tut sich etwas in der Regierung. Halifax, ein anschei-

* Dieses Ämterrevirement fand im Zuge der sogenannten Blomberg-Fritsch-Krise statt. Durch die Ablösung v. Neuraths, des Kriegsministers v. Blomberg und des Oberbefehlshabers des Heeres, v. Fritsch, sicherten sich die Nazis endgültig die Kontrolle über Außenpolitik und Wehrmacht.

nend fähiger Mann, löst Eden als Außenminister ab. Anfang März verlassen meine Eltern Rom, begleitet von Freundschafts- und Solidaritätsbekundungen aller ihnen bekannten Italiener. Almuth und ich bleiben noch einen Monat, sie bei Eugenia Bisleti, ich bei Isabella Viti.

22. März. Die deutschen Truppen haben am 12. März Österreich besetzt, der so lange befürchtete »Anschluß« wird zur bitteren Wirklichkeit. Der Kanzler Kurt von Schuschnigg wird unter Hausarrest gestellt und durch einen gewissen Seyß-Inquart ersetzt. Österreich gibt es nicht mehr.*

Mussolini tat nichts, um dieses Unheil abzuwenden. Die italienische Öffentlichkeit reagiert aber einstimmig und heftig *gegen* die Deutschen. Man hat geradezu den Eindruck, daß Grenzen keine Gültigkeit mehr haben: Wenn Österreich so einfach besetzt werden konnte, warum dann nicht auch die Tschechoslowakei? Tatsächlich kann man in der deutschen Presse bereits lesen, wie sehr die »armen« Sudeten von den Tschechen mißhandelt werden.

18. April. Ich reise schweren Herzens endgültig nach Deutschland ab. Hinter mir liegt ein so schöner Lebensabschnitt, wie er vielleicht nie wiederkehren wird. Ich denke an die Ausritte mit d'Inzeo und Paola Antonelli, an die Ausflüge zu Sennis und Grottaferrata, an die Botschaftsbälle und all die anderen Feste und Abendeinladungen und an meine italienischen Freunde, die ich nie vergessen werde; eine selten sorglose Zeit!

* Nach langem und strengem Hausarrest kam Schuschnigg ins Gefängnis nach München (Oktober 1939) und erhielt den Namen »Dr. Auster«. Im Dezember 1941 wurde er ins KZ Sachsenhausen transportiert. Er erhielt dann die Genehmigung, seine Frau Vera und die wenige Monate alte Tochter Maria Dolores nachkommen zu lassen. Bis Februar 1945 blieb er in Sachsenhausen, dann begann für die kleine Familie eine Serie unzähliger Transporte von einem KZ zum anderen. Über Flossenbürg landeten sie dann in Dachau, wo ich ihnen begegnete und wir das Schicksal bis zu unserer Befreiung teilten.

Wir müssen Großmuttis Haus in Feldafing aufgeben und uns ein neues suchen. Man enteignet uns, weil genau gegenüber eine »Nationalsozialistische Erziehungsanstalt« gebaut werden soll. Wenigstens zahlen sie gut. Es wäre ja auch äußerst unangenehm gewesen, diese Leute genau vor unserer Nase zu haben. Wir machen uns also auf die Suche nach einem neuen Haus in Bayern und finden auch bald ein sehr hübsches Haus mit großem Garten in Ebenhausen im Isartal, 20 Kilometer von München entfernt. Vor dem Umzug reisen wir ein wenig durch Österreich, weil Papa seine bescheidenen Ersparnisse in ein kleines Gut investieren möchte. Bescheidene Ersparnisse deshalb, weil meinem Vater nach guter Diplomaten-Tradition sehr daran gelegen war, sein Land im Ausland würdig zu vertreten, und dafür gab er mehr Geld aus, als er durch Gehalt und Amtszulage einnahm. Leider fanden wir in Österreich nichts; die Häuser, die in Frage kamen, waren zu baufällig.

Die Stimmung in Österreich ist beängstigend: Die Unterwürfigkeit gegenüber den Nazis kennt keine Grenzen, alle grüßen mit »Heil Hitler«, sogar das Mädchen, das die Kühe melkt.

Lotti, die uns noch rührend beim Umzug geholfen hat, verläßt uns zu unserem großen Kummer für immer. 18 Jahre hat sie unser Leben geteilt, wir können uns gar nicht vorstellen, wie wir ohne sie auskommen sollen! Sie zieht zu ihrer Schwester Anni nach Hamburg.

Im Mai war Hitler in Rom, ohne daß der neue deutsche Botschafter schon ernannt worden wäre. Als Hitler durch Bozen fuhr, standen Hunderte von Tirolern an den Schienen und jubelten ihm zu. Natürlich war das von den Nazis organisiert; nicht gerade sehr taktvoll den Italienern gegenüber. – Der König und Mussolini haben ihn in Rom am Bahnhof empfangen. Am nächsten Tag wohnte Hitler einer für ihn organisierten Militärparade bei; die Truppen marschierten im sogenannten »passo romano«, einer Nachahmung des deutschen Parademarsches. Die Deutschen schmunzeln, weil die Vorführung so schlecht gelang. Zu dumm von Mussolini. Man sollte nie jemanden nachmachen wollen.

23. Juli. Wolf-Ulli fährt mit mir zur Hochzeit von Adelheid von Weizsäcker, der Tochter des Staatssekretärs im Außenministerium. Mit der Familie Weizsäcker sind wir seit langem befreundet.

14. August. Mussolini versucht, die deutsche Rassenpolitik nachzuahmen. Wie ist das alles widerwärtig! Es ist völlig absurd, wie da künstlich ein »Judenproblem« geschaffen wird.

3. Oktober. Die Lage in der Tschechei ist bedrohlicher denn je. Auf dem Nürnberger Parteitag erklärt Hitler die militärische Intervention zur einzig richtigen Lösung. Militär und Industrie versuchen ihm klarzumachen, daß ein Krieg Deutschlands Untergang wäre, aber Hitler tut so, als sähe und höre er nichts. Die Engländer fürchten sich und mit ihnen die ganze Welt. Chamberlain hatte Mussolini um Vermittlung gebeten. Mussolini, Hitler, Chamberlain und Daladier trafen sich dann am 29. September in München (Münchener Abkommen).

Deutschland annektiert das Sudetenland, und die anderen am Abkommen beteiligten Länder bürgen dafür, daß die Tschechei nicht angegriffen wird. Papa beurteilt das Münchener Abkommen sehr negativ. Die offene Kriegsdrohung überzeugte das Heer und insbesondere den Generalstab, die Opposition im Falle eines plötzlichen Angriffs zu unterstützen. Nun war dieser Pseudofrieden für die Generäle ein ausgezeichneter Vorwand, untätig zu bleiben und ihren Eid auf Hitler nicht zu brechen.

10. November. Gestern fand eine grauenvolle Hetzjagd auf die Juden statt: Ihre Läden und Synagogen wurden zerstört, sie selbst wurden im Nachthemd auf die Straße gejagt und mißhandelt. Die Polizei schritt gegen das Vorgehen der SS nicht ein. Es ist die reine Barbarei.

17. November. Ich überlege, nach Rom zurückzukehren, um ein Italienisch-Diplom zu erwerben. Anschließend könnte ich dann in Heidelberg Sprachen studieren. Auch wenn mich das nicht viel weiterbringen wird – es ist eine gute Ausrede, Detalmo wiederzusehen. Meine Eltern zögern, mich fahren zu lassen, weil sie den wirklichen Grund schon ahnen; aber es gelingt mir, sie zu überreden, indem ich ihnen versichere, daß momentan zwischen Detalmo und mir nur gute Freundschaft bestünde.

Kriegshochzeit
1939–40

14. Januar. Es ist wunderbar! Meine Eltern haben mir wahrhaftig erlaubt, nach Rom zu fahren! Vorgestern bin ich angekommen, und wer hat mich am Bahnhof abgeholt? Natürlich Detalmo! Die Eltern hätten sich darüber wohl kaum gefreut. Ich wohne bei Isabella Viti und genieße den Süden mit seinem ewig blauen Himmel. Hier sind die Menschen immer gut gelaunt, vielleicht sind sie etwas oberflächlich, aber was macht das schon? Für das Lebensgefühl ist es allemal besser als die andauernde deutsche Problematik.

20. Januar. Der Präsident der Reichsbank, Schacht, ist entlassen worden. Er hatte gegen die Finanzpolitik, die mehr als unverantwortlich mit der Aufrüstung verquickt war, zu offen protestiert.

16. März. Wie es vorauszusehen war, hat das Münchener Abkommen nichts genutzt. Die Slowaken erklären ihre Unabhängigkeit, aber selbstverständlich werden sie Vasallen der Deutschen sein. Ungarn besetzt die ukrainischen Karpaten, die Deutschen marschieren in Böhmen und Mähren ein, das zum Reichsprotektorat erklärt wird; Reichsprotektor wird von Neurath. Meines Erachtens hätte von Neurath nicht annehmen dürfen. England und Frankreich schweigen. So wird Hitler glauben, ihm sei alles erlaubt, und er wird noch weitere Länder besetzen. Es ist einfach unerhört!

20. März. Mutti schreibt mir, daß Papa endlich eine neue Anstellung in Berlin gefunden hat. Er arbeitet jetzt für den Mitteleuropäischen Wirtschaftstag. Wahrscheinlich wird er oft ins Ausland reisen müssen, und genau das hat er sich ja auch gewünscht.

23. März. Mit dem, was ich vor einigen Tagen sagte, hatte ich recht. Hitler besetzt weitere Gebiete – diesmal im Bereich der Memel – aufgrund eines »Abkommens« mit Litauen.

31. März. Endlich ist Chamberlain aufgewacht. England und Frankreich garantieren Polen, es gegen jeden Angriff zu verteidigen. Es wurde auch Zeit! Der italienische Sprachkurs ist zu Ende, und ich muß nach Deutschland zum Arbeitsdienst. Bei den Nazis ist das Pflicht, wenn man eine Universität besuchen möchte. Hunderte von jungen Mädchen und Männern aller Schichten und Studienrichtungen leben für sechs Monate in großen Lagern. Sie sollen Bauernfamilien bei der Feldarbeit helfen. Wie immer reizt mich die neue Erfahrung, obwohl es mir vor den sechs Monaten auch wieder graust. Detalmo gefällt meine Absicht überhaupt nicht. Außerdem hält er das alles für überflüssig, weil wir uns vor kurzem verlobt haben, auch wenn Mutti und Papa damit nicht einverstanden waren.

13. April. Am 7. April hat Italien Albanien besetzt. Man sieht, Mussolini nimmt sich Hitler zum Vorbild. Heute ist die englisch-französische Garantieerklärung auf Rumänien und Griechenland ausgedehnt worden. Endlich geschieht etwas, aber es scheint reichlich spät.

15. April. Ich fahre zum Arbeitsdienst, aber ich lasse mein Tagebuch zu Hause. Wenn sie es mit all den gegen die Nazis gerichteten Bemerkungen entdecken würden, ginge es mir schlecht.

20. September. Mein Arbeitsdienst ist früher als vorgesehen zu Ende. Während ich im Lager war, ist der von uns allen so befürchtete Krieg ausgebrochen: Deutschland ist in Polen eingefallen. Im Lager gab es eine Order, den Dienst um sechs Monate zu verlängern, aber Papa ist es gelungen, mich mit der Begründung herauszuholen, er brauche mich als Sekretärin. Der Befehl zur Verlängerung des Dienstes war der Tatsache zu verdanken, daß die Mädchen die Arbeit der vielen Männer ersetzen sollten, die eingezogen wurden.

Wie ist dieses Lager nun organisiert, dessen Modell, soviel ich weiß, von irgendeinem Nazi aus der Sowjetunion kopiert wurde? Jedes Mädchen wurde tagsüber mit einem regulären Arbeitsbuch zum Dienst zu den Bauern geschickt. Damit man sich nicht mit einer Familie anfreundete, wurde man jeden Monat zu einer anderen geschickt. Außerdem arbeitete jedes Mädchen turnusmäßig einen Monat lang in der Gemeinschaftsküche, in der Wäscherei, oder wir mußten die Zimmer säubern. Geweckt wurde um sechs Uhr, vor der Arbeit mußten wir turnen, dann folgte ein Dauerlauf. Sicher lag in all dem auch ein positiver Aspekt. Die bisher nur an Stadtleben gewöhnten Mädchen konnten etwas über die Landwirtschaft lernen; dabei war das Arbeiten angenehm und nicht zu anstrengend. Im direkten Umgang mit der Natur konnten sie erleben, wie alles wächst und was alles bis zu einer ertragreichen Ernte getan werden muß. Aber sonst war die Erfahrung meines Erachtens negativ: Das soziale Ziel, alle Schichten zu mischen, erwies sich als kompletter Reinfall. Die Mädchen mit Abitur bemühten sich erfolglos um einen Kontakt zu den anderen, die Verkäuferinnen, Schneiderinnen, Zugehfrauen oder Bäuerinnen waren. Wir begegneten Mißtrauen, auch Feindseligkeit, und bald gewannen wir den Eindruck, daß die »anderen« lieber unter sich bleiben und nichts mit uns zu tun haben wollten. Beim Frühstück und Abendessen gab es ein dummes, abscheuliches Ritual: Wir saßen an langen Tischen, die in Hufeisenform zusammengeschoben standen. Bevor wir uns setzten, mußten wir uns bei den Händen fassen und mehr brüllen als rufen »Hunger«. Nach dem Essen standen wir auf und brüllten »Satt«. Ich fand es barbarisch; es sollte wohl das Tischgebet ersetzen.

Auch die »Führerinnen«, ausgesprochen einfältige Mädchen, die uns allabendlich in der Geschichte des Nationalsozialismus und in Weltanschauung unterrichteten, grenzten sich von uns Abiturientinnen deutlich ab. Sie haßten uns und fühlten sich wohl auch unterlegen, weil sie keine höhere Schule besucht hatten.

Im August war die Welt vom Nichtangriffspakt zwischen Deutschland und Rußland, der sich eindeutig gegen Polen richtete, überrascht worden.

In der Tat sind am 1. September die deutschen Truppen in Polen einmarschiert. Diesmal läuft es aber für Hitler nicht mehr so glatt, weil England und Frankreich Deutschland den Krieg erklärt haben. Papa erzählt uns, daß er in Berlin über den englischen Botschafter Nevile Henderson alles versucht hat, um den Krieg zu verhindern, aber Hitler wollte auf Biegen und Brechen »seinen« Krieg. Da haben wir es! Jetzt hat er seinen Krieg! Hans-Dieter ist an die französische Front gerufen worden, an der man aber noch nicht kämpft. Alle unsere Freunde sind eingezogen worden.

6. Oktober. Ende des Blitzkrieges in Polen. Bei diesen Erfolgen werden die deutschen Generäle kaum gegen Hitler einschreiten wollen. Es ist so schrecklich! Papa meint, die einzige Hoffnung bestünde in einer baldigen Niederlage der Deutschen, aber diese Hoffnung ist sehr gering.

15. Oktober. Die Sowjetunion und Deutschland teilen das polnische Territorium untereinander auf. Die armen Polen! Dr. Frank, einer der fanatischsten Nazis, ist polnischer Gouverneur. Unsere ehemalige Köchin Netty arbeitet jetzt für ihn.*

* Viele Jahre später erfuhren wir, daß Netty so entsetzliche Dinge gehört und vielleicht gesehen hatte, daß sie sich das Leben nahm. Nettys Schicksal erinnert mich an das zweier anderer Angestellter aus Rom, an das Reineckes, des zweiten Dieners, und an das Schuhknechts, des Fahrers. Als wir Rom verlassen mußten, stellte Ribben

10. November. Detalmo hat sein Studium beendet und promoviert; das war die Voraussetzung für unsere Heirat. Er kommt nach Ebenhausen. Ich bin wahnsinnig aufgeregt! Im Arbeitszimmer von Papa findet das übliche Gespräch zwischen Vater und zukünftigem Schwiegersohn statt. Nach einer Stunde erscheinen sie wieder, und Papa gibt seine Zustimmung zur Hochzeit, die am 9. Januar nächsten Jahres gefeiert werden soll. (Mutti hat mir Jahre später erzählt, daß Papa die finanzielle Situation Detalmos während des Gespräches völlig unklar geblieben war. Er gab es schließlich auf, weitere Fragen zu stellen. Er meinte zu Mutti: »Das einzig beruhigende ist, daß die Familie von Detalmo Landbesitz in Friaul hat; Kartoffeln werden sie immer zu essen haben, wenn also die Situation sehr heikel wird, werden sie bestimmt nicht Hungers sterben.«)

trop Reinecke ein. Ein paar Monate später erhielten wir von ihm eine Postkarte aus einem Berliner Krankenhaus, wo er wegen eines Bruchleidens behandelt wurde. Auf der Karte stand, daß er jetzt begriffen habe, wer anständig sei und wer nicht; während seines ganzen Krankenhausaufenthalts sei nicht einer aus der Familie bei ihm gewesen, um sich nach seinem Gesundheitszustand zu erkundigen. In dieser Zeit so auf einer offenen Karte zu schreiben, war mehr als unvorsichtig. Auf jeden Fall geschah ihm ganz recht, denn er hat – vielleicht jahrelang – meinen Vater für die Nazis bespitzelt. Viel trauriger war Schuhknechts Schicksal. Er trat in den Dienst Himmlers ein. Ein kleiner von ihm verursachter Autounfall war Anlaß genug, ihn wochenlang in einer Art Keller einzusperren. Damit nicht genug. Nach seiner Freilassung wurde ihm gekündigt, und er mußte sich unter Eid verpflichten, niemals jemandem zu erzählen, was er in diesem Keller gesehen hatte. Dennoch kam er einige Tage später zu uns und erzählte meiner Mutter unter Tränen – er war in einer Art Schock-Zustand – von der bestialischen Behandlung in diesem Keller: Sie waren ungefähr 20 Personen in dem Raum, viele anscheinend nachts festgenommen, weil sie Pyjamas oder Hauskleider trugen; die »Mahlzeiten« wurden durch ein Loch in der Decke heruntergeworfen, und die Notdurft mußten sie in einer Ecke des Raumes erledigen. Armer Schuhknecht! Und unsere Brüder und Freunde waren gezwungen, für Menschen, die zu so etwas fähig sind, zu kämpfen!

30. November. Die Sowjetunion greift Finnland an: Ein Elefant kämpft gegen einen Floh. Alle sind natürlich auf der Seite der armen Finnen. – Wir stecken mitten in den Hochzeitsvorbereitungen. Was die kirchliche Trauung angeht, möchten wir sowohl katholisch als auch evangelisch heiraten, aber der Pfarrer der katholischen Kirche in Schäftlarn läßt nur eine katholische Trauung in einer Seitenkapelle zu, weil ich evangelisch bin. Offenbar ist es ein »Sakrileg«, eine Protestantin in einer katholischen Kirche zu trauen. Papa läßt aber nicht nach und wendet sich an den als Nazigegner bekannten Kardinal von München, Faulhaber. Das Ergebnis: Wir dürfen uns nach der katholischen Trauung in der Kirche zu Hause von unserem protestantischen Pfarrer aus Ebenhausen einsegnen lassen, und Faulhaber wird so tun, als wüßte er von nichts. Auch wenn damit für uns das Problem gelöst ist – wir finden die Lösung etwas armselig. Warum muß man in einem Land, in dem die beiden großen christlichen Kirchen verfolgt werden, zu solchen Winkelzügen greifen?

7. Januar. Aus Italien kommen Detalmo, sein Bruder Giacomo, der sein Trauzeuge sein wird, seine Schwester Marina und meine Freundinnen Isabella und Mali Viti zu unserer Hochzeit. Mein Trauzeuge ist Pierluigi Alverà, der italienische Vize-Konsul in München. Leider können weder Detalmos Mutter, die sehr krank ist, noch sein Vater an unserer Hochzeit teilnehmen.

20. Januar. Wir hatten eine wunderschöne Hochzeitsfeier. Am Morgen des 8. Januar war die standesamtliche Trauung beim Bürgermeister, am nächsten Morgen die katholische in der Kapelle der Hauptkirche des Klosters Schäftlarn, nachmittags schließlich die protestantische zu Hause. Es gab ein Mittagessen im Kreis der Verwandten, und später kamen Nachbarn und Freunde, zum Teil von weither, zum Gratulieren. Wir boten Tee an, und für die, die noch abends bleiben wollten, gab es ein kaltes Abendessen. Beim Tee hielt Papa eine Ansprache, während der ich meine Tränen nicht zurückhalten konnte. Er beendete seine Rede ziemlich plötzlich, weil auch ihn die Rührung übermannte, und Almuth und Hans-Dieter verschwanden im Keller, um sich dort auszuweinen.

Nur einige Telegramme lasen wir sofort, unter anderem das von Mussolini: »Mit Ihrem Brief erhielt ich auch Ihr Buch, das ich verspreche zu lesen. Ich bitte Sie, Ihrer Tochter, an die ich mich gut erinnere, meine innigsten Wünsche auszurichten. Ich hoffe, daß dieses freudige Familienereignis Ihnen Gelegenheit geben wird, ab und zu nach Italien zurückzukehren. Sie haben hier viele Freunde und bei allen eine dankbare Erinnerung zurückgelassen. Ganz besonders bei mir. Nehmen Sie bitte meine herzlichen Grüße entgegen. Mussolini.«

Unsere Hochzeitsreise führt uns nach einem Besuch bei meiner Schwiegermutter Idanna Savorgnan di Brazzà in Rom, deren Zustand sich zusehends verschlechtert, nach Taormina. Das Wetter ist nicht gut, außerdem sind wir etwas angespannt, weil wir ständig mit einer schlechten Nachricht aus Rom rechnen müssen.

21. Januar. Meine Schwägerin Marina hat geschrieben, daß es meiner Schwiegermutter sehr schlecht geht; deshalb fahren wir nach Rom zurück und kommen gerade noch rechtzeitig, um für immer von ihr Abschied zu nehmen. Sie ist nur 50 Jahre alt geworden, und ihre drei Kinder sind noch sehr jung. Detalmo ist 24, Giacomo 19 und Marina 17. Wie werden wir es schaffen, den Besitz in Friaul, Castello di Brazzà, ohne ihre Hilfe zu verwalten?

10. Februar. Detalmo hat in der Schweiz eine Begegnung zwischen Papa und einem englischen Freund, Lonsdale Bryans, herbeigeführt, der kurz zuvor den englischen Außenminister, Lord Halifax, gesprochen hatte. Papa hat über Lonsdale Bryans Lord Halifax gebeten, daß London zusichert – schriftlich oder in Form einer durch BBC gesendeten verschlüsselten Nachricht –, im Fall eines Staatsstreiches von seiten der Wehrmacht gegen Hitler die Situation nicht auszunützen, sondern im Gegenteil zu Friedensverhandlungen bereit zu sein. Das wäre die einzige Möglichkeit, die noch zögernden Generäle zum Handeln gegen Hitler zu bewegen. Der Zeitpunkt sei günstig, denn im Westen haben die Feindseligkeiten noch nicht begonnen.

18. Februar. Papa ist zum ersten Treffen in die Schweiz gereist. Die Hoffnungen sind nicht allzu groß, denn im Ausland bezweifelt man, daß durch die deutsche Opposition die Voraussetzung für einen wirklich demokratischen deutschen Staat gegeben sei.

20. März. Um die Zensur zu umgehen, schickt Papa an Detalmo durch einen Freund einen Brief, um Nachrichten von Bryans zu erhalten. Darin spricht er auch über die Friedensverhandlung vom 12. März zwischen Finnland und der Sowjetunion. Im sogenannten »Winterkrieg« 1939/40 hatte die Sowjetunion Finnland angegriffen. Aufgrund der für Stalin überraschenden starken Gegenwehr der Finnen kam es 1940 zu Friedensverhandlungen, die für ihn einen Prestigeverlust der Westmächte bedeuten. Für die meisten Deutschen jedoch beinhaltet sie die Hoffnung auf einen allgemeinen Frieden. »Die armen Träumer!« schreibt Papa.

20. April. Die Deutschen haben Dänemark ohne Blutvergießen besetzt. In Norwegen stoßen sie jedoch auch durch die den Norwegern zu Hilfe gekommenen alliierten Truppen auf Widerstand. Von Detalmo höre ich, daß Bryans zurückgekehrt ist und eine zweite Begegnung mit meinem Vater vorbereitet. Die Lage ist nicht rosig. Bryans hat zweimal mit Sir Alexander Cadogan, dem Generalsekretär des Foreign Office, gesprochen, aber Halifax bleibt, wie befürchtet, voller Zweifel und unschlüssig, weil er nicht an ein besseres Deutschland glaubt. Von ihm kamen nur vage Ermutigungen und mündliche Versicherungen, aber nichts Konkretes.

11. Mai. Gestern haben die Deutschen Belgien und Holland angegriffen. Detalmo und ich entschließen uns, aufs Land zu gehen; ich erwarte ein Baby, und die Landluft wird mir guttun. Der Ort heißt Brazzà nach einer mittelalterlichen Burg – deren Ruinen noch im Park zu sehen sind – der Grafen Savorgnan di Brazzà, von denen meine Schwiegermutter abstammte.

(Otto II. schenkte Castello di Brazzà 983 n. Chr. dem Patriarchen von Aquileia, Rodoaldo. 1357 ging es in den Besitz eines Zweiges der damals schon mächtigen Familie Savorgnan über. Zwischen dem 13. und dem 15. Jh. kämpfte diese Familie im Bündnis mit Venedig und Udine um die Oberhoheit in Friaul, wo sie lange Zeit herrschte. Im Jahr 1511 wurde die Burg von aufständischen Bauern, den Zamberlanis, geplündert und in Brand gesteckt. Heute stehen nur noch ein Teil des befestigten Turmes und das sich über drei Stockwerke erstreckende »Haus des Kapitäns« innerhalb der Umfriedungsmauern.)

20. Mai. Brazzà ist traumhaft schön. Ich habe nie dergleichen gesehen und auch die Fotos, die ich ja schon kannte, geben nicht den richtigen Eindruck! Das Haus ist von roten Rosen bewachsen. Der Vorgarten geht über in einen 16 Hektar großen Park mit zum Teil über 100 Jahre alten Bäumen, unterbrochen von eher englisch wirkenden Rasenflächen. Es ist eine Mischung zwischen nördlicher und Mittelmeerlandschaft. Ich habe in dem großen Haus und dem riesigen Garten alle Hände voll zu tun. So ganz fühle ich mich dem allen nicht gewachsen, aber glücklicherweise habe ich einen perfekt funktionierenden Haushalt vorgefunden, dank Nonino, dem Hausdiener und Fahrer, der mir mit seiner praktischen Hilfe und seinen Ratschlägen meine Aufgabe sehr erleichtert. (Nonino trat mit 16 Jahren in den Dienst der Familie Brazzà, wurde Diener und Kutscher, von 1922 an auch Fahrer, da meine Schwiegermutter Idanna einen Fiat 502, eins der ersten Autos in Friaul, angeschafft hatte. 1948 starb Noninos angebetete Frau Pina; sie war die Freundin und weise Beraterin meiner Schwiegermutter

Idanna gewesen, der sie oft Gesellschaft geleistet hatte. Gab es irgendwelche Schmerzen, irgendwelche Schwierigkeiten, dann wandte sich Idanna an Nonino: »Holt mir doch die Pina.« Mir selbst war Pina in der neuen und komplizierten Situation eine unersetzliche Hilfe. Nach Pinas Tod schiffte sich Nonino mit seiner jüngsten Tochter nach Südamerika ein, wohin seine anderen Kinder vor vielen Jahren ausgewandert waren. Er verließ uns nach 54 Jahren treuer Dienste im Hause Brazzà im Alter von 70 Jahren. Gut und gerne fünf Generationen von Detalmos Familie hatte er kennengelernt.)

Marina hat leider keine Zeit, mir zu helfen, da sie sich gerade aufs Abitur vorbereitet. Inzwischen setzen die Deutschen ihren schwindelerregenden Vormarsch fort.

26. Mai. Die Engländer befinden sich auf dem Rückzug und schiffen sich in Dünkirchen ein. Es scheint, als ob Hitler jede militärische Operation selbst entscheidet, meist gegen die Meinung seiner Generäle, die entsetzt sind, weil die von Hitler angeordneten Aktionen jedem strategischen Plan widersprechen. Aber die Realität scheint ihn in allem zu bestätigen.

Ich habe Mutti meine ersten Eindrücke von Brazzà geschrieben:

»Liebe Mutti!

Gestern abend sind wir nun endlich hier angekommen. Ich hatte von Bekannten und Verwandten so viel über Brazzà gehört, daß ich wirklich sehr neugierig geworden war. Meine Erwartungen waren zum Glück keineswegs zu hoch geschraubt. Es ist ein wunderbarer Flecken Erde, abseits von allen Wirren der Stadt. Er liegt auf einer Anhöhe, auf der einen Seite geht der Blick in die Paduanische Ebene, auf der anderen auf eine entzückende, liebliche Landschaft wie im Alpenvorland bei uns. Man sieht die schneebedeckten Berge und ist doch in Italien. Das Haus ist groß, es gibt Ställe und Wirtschaftsgebäude und einige Bauernhäuser. Die Anfahrt führt durch einen breiten, von Kies bedeckten

Weg. Im Haus gibt es sehr schöne Möbel, es ist mit Geschmack eingerichtet. Detalmo und ich haben im zweiten Stock ein Reich für uns mit pompösem Blick und viel Luft und Licht. Marina schläft und wohnt im Zimmer ihrer Mutter. Heute früh war ich mit dem Gärtner in dem großen Gemüsegarten. Ich habe unten einen herrlichen großen Schreibtisch in einem wunderbar gemütlichen, hellen Zimmer, von dem es direkt in den Garten geht. Heute haben wir im Garten unter Pinien und Zedern Tee getrunken. Der Diener, Nonino, deckte auf einem Steintisch. Es war ein wunderschöner Nachmittag mit einem bezaubernden Blick auf die Alpen. Augenblicklich haben wir sehr viele Blumen im Haus, denn der Garten ist gerade in voller Blüte. Die Mauern sind von Rosen bedeckt. Ich glaube, wir werden Rosen bis spät ins Jahr haben . . .«

10. Juni. Eine wichtige Rede Mussolinis wird angekündigt. Detalmo stellt das Radio auf die Terrasse, damit auch die Nachbarn und die Bauern zuhören können. Leider wissen wir schon, worum es geht, nämlich um die Kriegserklärung an England und Frankreich. Offensichtlich fürchtet Mussolini, in Anbetracht der deutschen Erfolge, den Moment zu verpassen, in dem er sich seinen Anteil an der Beute sichern könnte. Die meisten Menschen lassen sich täuschen und glauben, daß der Krieg in einigen Wochen beendet sein wird. Ich fürchte aber, daß wir uns erst am Anfang eines ungeheuer langen Leidensweges befinden.

13. August. Die Deutschen landen nicht an der englischen Küste, wie jeder und auch die Engländer selbst es erwartet hatten, sondern sie greifen aus der Luft an. 900 Jagdflugzeuge und 1300 Bomber legen weite Gebiete unter einen Bombenteppich. Aber die Deutschen erleiden starke Verluste, denn die englische Flugabwehr funktioniert ausgezeichnet.

18. September. Papa muß für sein Institut nach Wien fahren und nützt die Gelegenheit, um mich zu besuchen. Auch

Detalmo, der mittlerweile eingezogen worden ist und zur Verteidigung der Küste in Civitavecchia stationiert ist, kommt für ein paar Tage heim. Die beiden unterhalten sich ausführlich über die Lage. Mittlerweile sind Kontakte zum Ausland, wie die von Bryans vermittelten, nicht mehr möglich. Das Problem ist: Wie kann man eine Verlängerung des Kriegs verhindern und wie kann man Hitler beseitigen? Mein Vater möchte nicht über die Pläne sprechen, die in Berlin geschmiedet werden; die Herrschaft der SS ist so allumfassend, und das Denken werden sie einem auch bald ausgetrieben haben.

29. November. Am 25. November wird mein Sohn geboren. Wir nennen ihn Corrado. Detalmo erhält für die Taufe Kurzurlaub, übrigens eine echte Kriegstaufe, die im Krankenhaus stattfindet, weil Detalmo gleich wieder abreisen muß. Da die Paten so schnell nicht anreisen können, wird Francesco Savorgnan di Brazzà von Nonino vertreten und Maria Papafava dei Carraresi (eine Tante von Detalmo) von Noninos Frau Pina.

27. Dezember. Das Weihnachtsfest war sehr gemütlich. Detalmo hat Urlaub bekommen, und Giacomo und Marina kamen ebenfalls. Detalmo hat Mutti dieses von mir ganz allein vorbereitete Weihnachten, das er anscheinend sehr genoß, genau geschildert:

»...Ich war eine Woche in Brazzà. Fey hat für uns ein wunderschönes Weihnachtsfest vorbereitet, das ganz der Familientradition entsprach. Am letzten Tag des Jahres haben wir die Kerzen am Weihnachtsbaum ganz herabbrennen lassen, und Fey hat auf ihrer Ziehharmonika Weihnachtslieder gespielt. Mein Bruder und meine Schwester waren sehr bewegt und gerührt. Mein Bruder ist sogar länger bei uns geblieben, als er geplant hatte. Das bedeutet eine Menge für einen zwanzigjährigen Jungen, der frei ist, das zu tun, was er möchte...«

Zeiten der Unsicherheit 1941–43

20. Januar 1941. Am 8. Januar bin ich mit Corradino und Annelise Gies von Brazzà nach Civitavecchia gefahren. Die Offiziere hatten die Erlaubnis bekommen, ihre Ehefrauen nachkommen zu lassen. Das Regiment wird von Oberstleutnant Enrico Nisco befehligt. Der größte Teil der etwa 30 Offiziere ist ohne Ehefrauen hier. Wir wohnen im Hotel Terme, und bei meiner Ankunft fand ich in meinem Zimmer einen herrlichen Rosenstrauß von Oberstleutnant Nisco.

Fey an Almuth:

Civitavecchia, 12. Jan. 1941

»... am 8. machten sich Schwester, Kind, elf Gepäckstücke – der Kinderwagen und Badewanne waren aufgegeben worden – auf den Weg. Marchetti war in Udine auf dem Bahnhof und half mir etwas, dann ging es äußerst bequem im Schlafwagen nach Rom. Um sieben Uhr morgens wachte Corradino auf und bekam Hunger. Um zehn sollte er aber erst die nächste Mahlzeit bekommen, und wir waren gleich in Rom. Also ließ man ihn schreien. Alle Leute im Gang schauten sich entsetzt an und sagten: ›Dio mio, Dio mio, questo bambino! Come piange.‹ Wenn die Leute wüßten, daß dieses Kind mir gehört! Da drehte sich ein Herr zu mir um und sagte: ›Hoffentlich mußten Sie nicht im gleichen Abteil schlafen wie das Kind. Bei dem Geschrei kann man ja keinen Augenblick schlafen!‹ Ich mußte ihm nun doch erklären, daß ich die Mutter sei. Dem Armen war es entsetzlich peinlich, und ich habe mich köstlich amüsiert ...«

10. Februar. Die Nachrichten aus Deutschland werden immer knapper, aber zwischen den Zeilen spüre ich die große Besorgnis. Mutti schreibt, daß Papa immer mehr Schwierigkeiten bekommt, für seine Auslandsreisen Visa zu erhalten. Inzwischen haben auch in Afrika die Feindseligkeiten begonnen. General Rommel ist als Befehlshaber des Afrikakorps den Italienern zu Hilfe geschickt worden.

10. April. Wir sind in eine kleine Wohnung nahe dem Meer gezogen, das ist für Corradino besser. Am 6. April hat der Krieg gegen Jugoslawien begonnen. Das italienische Kommando hat seinen Standort in Friaul. Zu seiner großen Verwunderung wird Detalmo zum Adjutanten des Königs nach Rom gerufen. Dort stellt sich heraus, daß der König ausgerechnet Brazzà zu seinem Hauptquartier auserkoren hat.

Ich begleite Detalmo nach Brazzà, um das Haus herzurichten. Der Marchese di San Pietro und andere Bedienstete des königlichen Hofes reisen mit uns im Schlafwagen. Am Ankunftstag seiner Majestät reisen wir wieder ab, nachdem wir den König auf der Treppe am Haupteingang begrüßt haben. Ich habe einen ziemlich unbeholfenen Knicks gemacht. Er hat ein paar Worte mit uns gewechselt, dann hat er uns verabschiedet. Er ist wirklich sehr klein, kleiner als ich jedenfalls, und ich bin nun mal kein Riese. Das Protokoll hat uns gebeten, eine Stufe tiefer als er stehenzubleiben.

30. Mai. Die Ereignisse überschlagen sich dermaßen, daß ich gar nicht mehr mitkomme. Am 17. April ist die Besetzung Jugoslawiens vollzogen, der König verläßt Brazzà. Am 27. April dringen deutsche und italienische Truppen trotz des heldenhaften Widerstands der Griechen in Athen ein. Am 20. Mai besetzen die Deutschen Kreta und die Engländer ziehen sich nach Ägypten zurück.

25. Juni. Am 22. Juni greift Deutschland Rußland an. Einen größeren Fehler hätte Hitler gar nicht machen können, denn in diesem riesigen Land ist ein »Blitzkrieg« ausgeschlossen. Hoffentlich sind die Generäle jetzt eher bereit, etwas gegen Hitler zu unternehmen. Ich erwarte wieder ein Kind. Wir sind nicht gerade begeistert darüber, denn heutzutage wäre es besser, keine Kinder zu haben. Ich werde den Sommer wieder in Brazzà verbringen, weil es hier für Corradino zu heiß ist und uns außerdem Annelise Gies verläßt.

Almuth ist bei uns in Brazzà zu Besuch und hat Mutti am 5. August 1941 geschrieben:

»Ich komme mir wie im Traum hier vor. Die Reise ging glatt und ein schmaler, aber reizend aussehender Detalmo in Uniform holte mich mit Nonino auf dem Pferdewagen ab. Die langsame Schuckelfahrt durch das duftende, warme südliche Land war zauberhaft. Als wir ankamen, standen Li (Fey), Marina und Cilla unter der Tür. Li ist richtig eine schöne Frau geworden. Ich mußte sie immer wieder ansehen... Wir gingen natürlich sofort Corradino besichtigen, der wirklich das Süßeste ist, was ich je gesehen habe...«

Hans-Dieter schreibt mir von der russischen Front:

16. Sept. 41

»Liebe Musi!

...Du wirst Dir einen guten Begriff von russischen Verhältnissen machen können, wenn ich Dir sage, daß ein italienisches Bergdorf wie eine Luxusstadt im Vergleich zu einem Panjedorf wirkt. Jetzt, also seit acht Wochen fast ständiger Vorwärtsbewegung, sind wir z. B. zum ersten Mal in einer Gegend, wo es ab und zu auch mal ein Steinhaus gibt (bisher nichts wie Holzhütten!). ›Gott ist weggegangen, weil er kein Haus mehr hat‹, so sagen die Leute – und das mit Recht, weil die Kirchen als Garagen, Parteilokale oder Getreidespeicher eine andere ›nützliche‹ Verwendung gefunden haben. Tut alles, um Euer Brazzà zu erhalten. Den wahren Segen einer solchen Sache lernt man erst hier kennen und richtig schätzen...«

5. Oktober. Papa kehrt von einer Reise in den Balkan zurück und besucht mich. Detalmo nimmt Urlaub, um ihn hier zu treffen. Papa sagt, in der Wehrmacht herrsche große Unzufriedenheit und in den oberen Rängen Verzweiflung über diese Art von Kriegführung, der Kriegführung eines Verrückten. Brazzà gefällt ihm immer besser; von den vielen Plätzen, die er in Italien schon besucht hat, erscheint ihm dieser als der schönste – und damit hat er wirklich recht; auch unsere Gäste bestätigen uns das immer wieder. Brazzà hat schon einen ganz besonderen Charme.

12. Dezember. Die Japaner haben überraschend Pearl Harbour angegriffen; daraufhin hat Amerika Japan den Krieg erklärt, und gestern haben Deutschland und Italien den Vereinigten Staaten den Krieg erklärt. Jetzt haben wir wirklich einen Weltkrieg, einen viel schlimmeren als den Ersten. Und wer hat ihn entfesselt? Ein Verrückter, ein Fanatiker. Es ist eine Katastrophe!

10. Februar 1942. Am 25. Januar wurde mein zweiter Sohn geboren, er heißt Roberto. Da Detalmo zur Zeit hier in Friaul Dienst tut, wollen wir diesmal eine richtige Taufe feiern. Mutti, die schon bei der Geburt von Corradino hier gewesen war, hilft mir auch diesmal wieder. Auch Marina ist bei uns. Giacomo erhält Urlaub von seinem Kavallerie-Regiment »Piemonte Reale« und wird Pate. Als Patin kommt Santa Hercolani aus Belpoggio bei Bologna. Für drei Tage machen wir die Heizung an. (Normalerweise verheizen wir das viele Holz aus dem Park in zwei Öfen.) Viele Freunde aus der Umgebung nehmen an der Taufe in der Kapelle teil, anschließend laden wir nach Hause zum Tee ein. So haben wir für ein paar Stunden Krieg und Schrecken vergessen.

3. Mai. Wir führen ein angenehmes Leben. Detalmo ist in der Nähe und kann sich auch ein wenig um unsere Landwirtschaft kümmern. Ab und zu besucht uns Marina, die in Bologna studiert. Hätten wir kein Radio und keine Zeitungen, wüßten wir gar nicht, daß Krieg herrscht. Hier fallen keine Bomben, man hört keine Flugzeuge, man könnte meinen, wir befinden uns auf einem anderen Planeten.

18. Juli. Mein Bruder Hans-Dieter wurde in Rußland schwer verwundet, aber er wird durchkommen. Wolf-Ulli hingegen wurde wegen seiner verschleppten Bronchitis nicht eingezogen und arbeitet in Berlin, wo er ständig Kontakt zu Papa hat.

30. Juli. Jetzt beginnt England anzugreifen. Sie bombardieren deutsche Fabriken, U-Boot-Stützpunkte und auch Städte wie Berlin und Hamburg. Seit Mai ist es um die »Schlacht um London« stiller geworden. Die deutschen Luftangriffe wirkten wie kleine Stiche verglichen mit den englischen Angriffen auf Deutschland.

3. Dezember. Innerhalb weniger Wochen haben wir zwei Vettern von Hassell verloren, die mir immer als besonders liebe und anständige Menschen in Erinnerung bleiben werden.

20. Dezember. Das Jahr neigt sich seinem Ende zu. Deutschland und Italien sind bereits in der Defensive. Die jüngsten Ereignisse müßten der deutschen Opposition ihre Aufgabe erleichtern. Leider können nur Niederlagen diese träge Masse von Offizieren aus ihrer starren Haltung aufrütteln, um endlich mit Hitler Schluß zu machen.

30. Januar 1943. Detalmo wird nach einem Aufenthalt in Neapel in ein Gefangenenlager bei Mailand versetzt. Er ist froh darüber, weil er so mit der Untergrundbewegung von Mailand zusammenarbeiten kann. Obendrein braucht er nicht gegen die Alliierten zu kämpfen.*

22. Februar. Abends höre ich im BBC Nachrichten. In Deutschland sind die Studenten Christoph Probst und Hans und Sophie Scholl wegen Hochverrats zum Tode verurteilt worden.

* Sein Kontaktmann war »Cornali« alias Ugo La Malfa. Im Zweiten Weltkrieg versuchten die Partisanen in den Untergrundbewegungen, die Position der Deutschen in jeder Weise zu schwächen, vor allem durch Sabotageakte. Diese Gruppen waren sowohl in den Städten wie in den Dörfern und in den Bergen tätig. Einer von ihnen war »Cornali«, Gründer der »Partito D'Azione«, später Repräsentant verschiedener italienischer Regierungen, nach 1975 Leiter der »Partito Repubblicano«.

25. März. Mutti ist oft in Berlin, da Papa dort im »Deutschen Institut für Wirtschaftsforschung« untergekommen ist. Von dieser Position aus bieten sich für ihn gute Beobachtungs- und Kontaktmöglichkeiten. (Der »Mitteleuropäische Wirtschaftstag«, wo er vorher gearbeitet hatte, entließ ihn mit der Begründung, er sei politisch zu kompromittierend.)

3. Juni. In Brazzà wird wieder einmal gefeiert. Für ein paar kurze Stunden und zum letzten Mal vergessen wir den Krieg. Marina heiratet Puccio Pucci di Barsento aus Florenz. Freunde und Verwandte aus Rom und Florenz sind eingeladen. Detalmo kommt aus Mortara und mein Schwiegervater aus Forte dei Marmi. Alles hat wunderbar geklappt, und das haben wir vor allem unserem guten Nonino zu verdanken. Nur Giacomo fehlte, er kämpft an der Afrika-Front. Lange haben wir nichts mehr von ihm gehört.

10. Juli. Mit Simonetta Colonna di Cesaro besuche ich Detalmo im Castello d'Agogna bei Mortara, wo er Dienst hat.

25. Juli. Gegen Abend höre ich draußen ein aufgeregtes Stimmengewirr. Ich trete ans Fenster. Mussolini ist verhaftet worden! Detalmo, Simonetta und ich sind ganz aufgeregt und glücklich. Im Radio sagt Badoglio, er werde weiter an der Seite Deutschlands kämpfen. Was wird nun passieren? Ich beschließe, nach Brazzà zurückzukehren und mit den Kindern zu meinen Eltern nach Deutschland zu fahren. Detalmo wird Urlaub nehmen.

6. August. Die ganze Familie ist in Ebenhausen versammelt. Ich sitze am Schreibtisch im Wohnzimmer und schaue auf den blühenden Garten. Wie sehr liebe ich diesen Ausblick. Die Kinder erobern alle Herzen. Auch wenn eine Mutter so etwas nicht sagen sollte, ich finde, es sind wirklich ganz goldige und auch wohlerzogene Kinder. Von Detalmo höre ich abends, daß Papa seine Lage in Berlin zunehmend brisanter findet: Sie wollen ihm keine Auslandsvisa mehr geben, und er wird ständig überwacht. Außerdem ist er über das Verhalten der Wehrmacht verzweifelt. Beinahe niemand findet sich, der bereit wäre, die eigene Position oder gar Gefängnis oder Tod zu riskieren, um gegen Hitler vorzugehen. (Es war das letzte Mal, daß ich meinen Vater sah.)

Zweiter Teil

Als Himmlers Geiseln

1.
Waffenstillstand in Italien – die Deutschen besetzen Brazzà

Als meine Schwägerin Marina und ich am 8. September 1943 beim Abendessen saßen, hörten wir im Radio Nachrichten: Badoglio verkündete den Waffenstillstand zwischen Italien und den Alliierten. Marina war außer sich vor Freude, weil sie glaubte, jetzt käme der Frieden und sie könnte endlich ein ungestörtes, gemeinsames Leben mit ihrem Mann führen, wie sie sich das bei der Hochzeit vor drei Monaten erhofft hatte. Unser Gast Augusto Rosmini – wir nannten ihn Onkel Augusto – entschloß sich, am nächsten Tag nach Hause zu fahren. Er war ein alter Freund meiner Schwiegermutter Idanna. Auch nach dem Tod seiner Frau Rosina und meiner Schwiegermutter hielt er, sicher aus sentimentalen Gründen daran fest, alljährlich eine Sommerreise nach Brazzà zu machen. Er war ungefähr 70 Jahre alt und trug alle Ringe und Armbänder seiner Frau. Onkel Augusto war ein lieber Mann, dem es gelang, Ruhe und Ausgeglichenheit in die zwischen mir und Marina oft gespannte Atmosphäre zu bringen.

Die Nachricht vom Waffenstillstand bedeutete für mich keineswegs das Ende der Schrecken, im Gegenteil, jetzt würde das Durcheinander erst recht beginnen, und Italien würde mehr denn je ein einziges Schlachtfeld. Außerdem war mir klar, daß ich, so wie die Dinge standen, monatelang keine Nachricht von Detalmo oder meiner Familie in Deutschland erhalten würde.

Tatsächlich zogen schon am nächsten Tag unbewaffnete Soldaten durch die Gegend, herrenlose Pferde irrten herum und nachts schossen die slawischen Partisanen. Durch die Soldaten erfuhren wir von der totalen Desorganisation und dem Durcheinander im Heer. Vor allem die oberen Ränge taten alles, um sich Zivilkleidung zu verschaffen und sich zu verstecken. Und was waren die Folgen? Die Nazis waren nicht gut auf die Italiener zu sprechen, seit diese sich auf die andere Seite geschlagen hatten; nun verachteten sie das italienische Militär wegen dieses allgemeinen Durcheinanders nur noch mehr. Es wurden Befehle zur Massendeportation der italienischen Soldaten und Offiziere in Gefangenenlager gegeben;* so etwas Unglaubliches hatte es in der Geschichte der zivilisierten Welt noch nicht gegeben. Nur diejenigen kamen durch, denen es gelang, sich zu verstecken; andere warfen sich vor lauter Entsetzen den Deutschen in die Arme. Anders verhielten sich die italienische Marine und die Luftwaffe – mit wenigen Ausnahmen: Dank der Entschlossenheit ihrer Führungsschicht hielten sie sich an die Alliierten, die ihnen hilfsbereit und mit Achtung begegneten. In Udine sah man nur noch Deportierten-Transporte nach Norden fahren und deutsche Militär-Transporte nach Süden. Die Deportierten wurden zusammengepfercht in Viehwagen, die zu verlassen unmöglich war, weil sie hermetisch verschlossen waren; außerdem gab man ihnen nichts zu essen. Dem Italienischen Roten Kreuz war jede Hilfestellung untersagt worden. Marina geriet in Panik. Sie versuchte mich zu überreden, Brazzà zu verlassen und zu Verwandten in den Süden zu fahren. Mir schien es aber unvernünftig, mit meinen kleinen Kindern zu reisen. Für den Fall, daß Brazzà von den Deutschen besetzt würde, wäre meine Anwesenheit außerdem sicher von Vorteil: Ich sprach ja ihre Sprache und konnte nicht nur unsere Belange vertreten, sondern auch der Bevölkerung in unserer Gegend helfen. Im Augenblick ließ ich mich jedoch von Marina beeinflussen, zudem unser Verwalter Marchetti mir ständig Detalmos Ermahnungen wiederholte, daß im Falle einer Gefahr Haus und Hof für ihn jedes Interesse verlören; es

* Nach dem Waffenstillstand zwischen Italien und den Alliierten (September 1943) kam es zu einer (Teil-)Besetzung Italiens durch die deutsche Wehrmacht, da Italien ja nun »Feindesland« war. Die von der deutschen Wehrmacht entwaffneten italienischen Soldaten, die nicht als »Bündnistreue« gegen die Allierten kämpfen wollten, wurden wie Kriegsgefangene behandelt und als »Militärinternierte« zum »Arbeitseinsatz« unter besonders harten Bedingungen gezwungen.

gelte dann einzig und allein, mich und die Kinder in den Süden zu retten.

Am 12. September faßten wir endlich einen Entschluß: In aller Eile packten wir ein paar Koffer mit dem Notwendigsten und verließen Brazzà. Es war eine echte Flucht. Wir hinterließen alles so, wie es war, und gaben nur einige konfuse Anordnungen für das Dienstmädchen Cilla und für Nonino, Wäsche und Kleider bei den Bauern zu verstecken. Wir gaben unsere Anweisungen aber zu hastig und ungenau; trotz der Ordnungsliebe und der Treue der Zurückbleibenden sollte man solche Dinge besser selbst erledigen. Auch deshalb wuchs mein Unbehagen, Brazzà zu verlassen, immer stärker.

Robertino war während der Reise sehr unruhig. Der Zug war überfüllt, es herrschte brütende Hitze und die Mitreisenden waren ängstlich und nervös. Marina stieg in Venedig aus und ging zu Pia Valmarana, während ich bei Novello Papafava auf seinem Gut Frassanelle in der Nähe von Padua unterkam. Er hatte mir das mehrmals so freundlich angeboten und versichert, daß meine Kinder nicht stören würden, da er selbst acht Kinder habe. Ich war von dem herzlichen Empfang gerührt und fühlte mich bald wie zu Hause. Von allen Familien, denen ich in meiner neuen Heimat begegnet bin, wurde mir diese die allerliebste.

Nach kaum zehn Tagen rief mich der Verwalter Marchetti an, der ab und zu nach Brazzà fuhr, um den jungen und unerfahrenen Verwalter Bovolenta zu unterstützen. Marchetti war verzweifelt: SS-Truppen hatten Brazzà besetzt! Sie führten sich auf, als ob sie dort zu Hause seien und nähmen keine Rücksicht, berichtete Marchetti. Er hatte aber auch eine gute Nachricht für mich: Detalmo hatte sich gemeldet, er halte sich in der Nähe von Mailand versteckt. Ich brach sofort nach Brazzà auf – die Kinder ließ ich in Frassanelle zurück –, ich mußte wissen, was dort vor sich ging. Bei meiner Ankunft waren die SS-Leute eben im Begriff, Brazzà zu verlassen. Es waren Kampftruppen – kaum kann man sich im eigenen Haus etwas Schlimmeres vorstellen. In ihrem Kopf existierte der Begriff »Eigentum« überhaupt nicht. Ich ließ mich sofort dem Oberbefehlshaber vorstellen, der mir anbot, mit ihm zusammen einen Rundgang zu machen, um festzustellen, ob irgend etwas fehlte. Aus dem Wohnzimmer war das Grammophon und ein uns vom König von Italien gewidmetes Photo verschwunden. Das Bild interessierte mich nicht so sehr, es hatte aber einen hübschen Rahmen aus massivem Silber gehabt. Der Mann war sehr verlegen und versicherte, es könne sich nur um einen Irrtum handeln. Er würde sofort eine Durchsuchung anordnen, um die vermißten Sachen wieder aufzutreiben. Selig, wer daran glaubt! Ich unterhielt mich mit mehreren SS-Offizieren und war erstaunt über einige ihrer Äußerungen – vor allem aber über ihre Offenheit: Sie gaben zu, daß über das Jahr 1944 hinaus zu kämpfen ihnen vollkommen sinnlos erscheine; wenn sich bis dahin die Lage nicht zugunsten der Deutschen gewendet hätte, wäre der Krieg unwiderruflich verloren. Ich mußte mich natürlich aufs Zuhören beschränken, durfte keinesfalls meine eigene Meinung preisgeben, um jede politische Diskussion zu vermeiden.

Nach dieser Erfahrung in Brazzà war ich überzeugt, daß meine ursprüngliche Absicht, zu Hause zu bleiben, richtig gewesen wäre. In dem Moment, als ich den Zug besteigen wollte, um die Kinder zu holen, kam Nonino auf dem Fahrrad angejagt mit der schlechten Nachricht, daß gleich nach meiner Abfahrt aufs neue deutsche Soldaten das Haus besetzt hätten. Die Offiziere befänden sich gerade in Udine im Restaurant »Al Monte« zum Mittagessen. Dorthin fuhr ich nun sofort und erklärte ihnen – wenn auch nicht ganz wahrheitsgetreu –, daß ich gerade nach Brazzà zurückkehren wollte, meine Kinder aber noch in Padua gelassen hätte, weil ich nicht wußte, wo ich sie unterbringen sollte, solange sich noch Truppen in unserem Haus befänden. Ich wüßte vor allem auch nicht, wo wir den Winter über bleiben sollten, und wäre ihnen deshalb unendlich dankbar, wenn sie mir ein paar Zimmer überlassen könnten. Erst waren sie unzugänglich, aber dann schlugen sie vor, daß wir uns am nächsten Tag in Brazzà weiter unterhalten sollten. Ich wollte noch rasch nach Brazzà fahren, um einige Sachen zu verstecken, deshalb bat ich sie um eine Fahrgelegenheit, die sie mir großzügig gewährten. In einem wunderschönen Fiat 1500, den sie sicher beschlagnahmt hatten, wurde ich nach Brazzà chauffiert. Die neuen Quartiernehmer waren zum Glück keine Frontsoldaten, sondern es war eine Nachrichtentruppe. Ich konnte ganz beruhigt sein, weil diese Leute fremdes Eigentum respektierten. Tatsächlich kam am nächsten Morgen der Quartiermacher, um alle möglichen Details zu besprechen. Ich erreichte, was ich wollte, und fuhr erleichtert nach Padua.

2.
In Brazzà unter deutscher Besatzung

Wieder zurück in Brazzà richtete ich mich mit den Kindern in den uns zugewiesenen Zimmern ein, und so begann unser neues Leben unter militärischer Besatzung. Einer der SS-Offiziere, die vorher bei uns gewohnt hatten, brachte zu meinem Erstaunen das gestohlene Grammophon zurück, nicht jedoch das Photo vom König im Silberrahmen. Eingehend erkundigte er sich dann nach der Familie Pirzio-Biroli, was mir unangenehm war, aber glücklicherweise wußte ich von dem Verbleib der meisten Familienmitglieder nichts. Er sagte, sie hätten einen Partisanenführer namens Pirzio-Biroli umbringen müssen und wollte wissen, ob ich darüber informiert sei. Ich hatte keine Ahnung, konnte aber sofort ausschließen, daß es sich um Detalmo handelte, weil dies in Jugoslawien geschehen war und Detalmo dort nicht sein konnte. Ich dachte eher an Carlo, den Sohn von Onkel Alessandro, und später erfuhren wir, daß sich Carlo am Tag des Waffenstillstands als Generalstabsmajor in Albanien befunden hatte. Mit einem befreundeten Leutnant und einigen albanischen Partisanen beschloß er, den kleinen Flughafen von Tirana zu besetzen, der der einzige Flughafen des Landes mit strategischer Bedeutung war. Im letzten Augenblick wurden die Deutschen von einem Spitzel informiert. Die Angreifer wurden überrascht und ohne Ausnahme umgebracht. Der SS-Offizier äußerte außerdem den Verdacht, daß auch noch ein anderes Familienmitglied gegen die Nazis arbeite. Ich dachte sofort an Detalmo, aber der SS-Offizier bemerkte nichts, und es gelang ihm nicht, irgend etwas aus mir herauszubekommen. Wir verabschiedeten uns, beide unzufrieden über die Unterhaltung.

Einige Tage später erfuhr ich, daß es sich wirklich um Detalmo handelte. Um mit dem Mailänder Widerstand arbeiten zu können, hatte er vor dem Waffenstillstand die

Überwachung eines großen Kriegsgefangenenlagers übernommen, in dem sich vor allem Engländer und Amerikaner befanden. Seine Vorgesetzten blieben am Waffenstillstandstag so passiv, daß er schließlich auf eigene Faust 3200 Gefangene befreite und dafür sorgte, daß sie unerkannt über die Schweizer Grenze oder zu den Alliierten in Süditalien gelangten. Nach der unangenehmen Ausfragerei konnte ich mich endlich zurückziehen und die zwei Briefe von Detalmo lesen, die Bovolenta mir bei meiner Ankunft gegeben hatte. Als Vorsichtsmaßnahme waren sie an »Frau F. Bovolenta« (die Frau des Verwalters) adressiert, unterschrieben hatte Detalmo mit »Giuseppe«, so hieß mein Schwiegervater.

Detalmo schrieb:

»Liebe Fey, schreibe mir solange nicht, bis ich Dir eine neue Adresse angebe, denn ich bin viel unterwegs. Auch für mich ist es schwierig zu schreiben, außerdem weiß ich nicht, ob die Post funktioniert. Was mich betrifft, kannst Du jedenfalls beruhigt sein. Es geht mir gut, und ich habe viel zu essen. Mein Leben ist momentan ziemlich abenteuerlich und aufregend. Ich umarme Dich. Giuseppe.«

»Liebe Fey, ich weiß nicht, ob dich dieser Brief erreicht. Ich habe Dir vor ein paar Tagen schon einmal geschrieben. Hoffentlich kommen die Briefe an, ich kann leider sonst gar nichts tun. Ich wollte dir nur sagen, daß ich jetzt dem Süden entgegenfahre. Bei nächster Gelegenheit will ich versuchen, Dir zu schreiben, aber ich weiß nicht, wann das sein wird. Von hier aus kann ich nicht beurteilen, was das Beste für Dich und die Kleinen ist. Überlege es Dir gut, laß Dir auch von unseren Freunden raten und entscheide dann. Ich kenne die Lage in Friaul überhaupt nicht und kann Dir deshalb keinen Rat geben. Hoffentlich sind wir bald wieder alle beisammen. Grüß mir Corradino und Robertino. Für Dich viele Küsse. Ich liebe Dich sehr und bin in Gedanken immer bei Dir! Dein Giuseppe.«

Ich begann, die drei Zimmer, die mir die Deutschen im ersten Stock mit direktem Zugang zum Garten zugewiesen hatten, etwas herzurichten, aber es waren mir nur wenige ruhige Tage vergönnt. Am 2. Oktober geschah etwas Aufregendes. Detalmo hatte mir eine Nachricht zukommen lassen, er sei in Udine und hielte sich bei unseren guten Freunden Giacomuzzi versteckt. Nonino fuhr mich mit der Kutsche, die von unserem Pferd Mirko gezogen wurde, zur Trambahnstation von Torreano. Bei Giacomuzzis angekommen, war unsere Wiedersehensfreude groß. Detalmo hatte eine abenteuerliche Zeit hinter sich und wollte Pläne für die Zukunft schmieden. Vor allem aber sprachen wir darüber, was für die Kinder und mich in nächster Zeit das Beste wäre. Weil Detalmo hier von der SS gesucht wurde, beschlossen wir, daß er versuchen sollte, nach Rom zu gehen und dort in der Untergrundbewegung zu arbeiten. Ganz früh am nächsten Morgen holte uns Nonino mit der Kutsche ab. Gemeinsam fuhren wir nach Brazzà, weil Detalmo unbedingt die Kinder sehen wollte. Damit er aber nicht von den Deutschen entdeckt würde, fuhren wir über die Felder zum hinteren Garteneingang. Kaum waren wir im Haus, rief ich Ernesta und Mila, die mir in der Küche und mit den Kindern halfen, und schärfte ihnen ein: »Ihr habt Dr. Detalmo nicht gesehen. Sollten irgendwelche Deutschen neugierige Fragen stellen, dann sagt, es sei ein Händler da gewesen, der landwirtschaftliche Erzeugnisse kaufen wollte.« Das alles war ein großes Risiko, aber Detalmos Wunsch war noch wichtiger.

Spät am Abend mußte uns Detalmo wieder verlassen. Er schlich durch den Gemüsegarten, an dessen Ende Nonino mit der Kutsche wartete, um ihn nach Udine zurückzubringen. Für die Fahrt nach Rom mit all seinen gefälschten Papieren brauchte Detalmo drei volle Tage. Dabei entkam er nur um Haaresbreite der Bombardierung von Mestre.

Für mich begann nun bis in den September 1944 eine Zeit voll von befriedigender, oft aber auch schwieriger Tätigkeit. Aus den umliegenden Ortschaften, manchmal auch von weit her, kamen Bauern zu mir, die mich baten, für sie selbst oder für einen von den Deutschen deportierten Sohn bei den deutschen Behörden hilfreich zu intervenieren. Sie hofften, daß ich aufgrund meiner deutschen Herkunft vielleicht etwas für sie erreichen könnte. Leider war das keineswegs immer der Fall. Negativ wirkte sich aus, daß die Deutschen meinen Mädchennamen kannten und das vorangestellte »von« ihnen ausgesprochen verhaßt war. Mir war das auch schon bei anderen Gelegenheiten aufgefallen. Bevorzugt wurde man nur, wenn man von einer Nazi-Behörde empfohlen wurde. Ich jedoch wurde genauso wie die Italiener behandelt, eher begegnete man mir noch mißtrauischer. Nur jemand, der diese Situation selbst kennengelernt hat, weiß, wie wenig da zu machen war. Lediglich die Tatsache, daß ich fließend deutsch sprach, war von Vorteil. So lief ich mit mehr oder weniger Erfolg von einer zuständigen deutschen Militär- oder SS-Kommandantur zur nächsten.

Ein Bekannter fand sich bereit, einen Brief an meine Mutter nach Deutschland zu überbringen, so daß ich ganz unverschlüsselt über die Geschehnisse in Brazzà berichten konnte:

»... Die Kroaten rücken Udine immer näher, es scheint keine Regeln und keine Gesetze mehr zu geben ... Ich mag diesen Ort nicht ohne mein wachsames Auge zurücklassen ... Giacomo ist in Tunesien in Gefangenschaft geraten. Diese Nachricht haben wir von einem Freund, der ebenfalls dort war. Für mich ist die Lage sehr schwierig: Die Italiener hassen alles, was mit ›deutsch‹ zu tun hat. Von Euch habe ich kein Lebenszeichen. Ich bin sehr besorgt, denn ich höre immer wieder von den entsetzlichen Bombenangriffen. Wer weiß, wie lange die Trennung von Detalmo dauern wird? Seitdem ich die Deutschen hier habe, bin ich so eine Art Gast im eigenen Haus. Ein merkwürdiges Gefühl! ...«

Neben der Hilfestellung, die ich den Leuten aus der Umgebung zu geben versuchte, fanden auch ständig Diskussionen über Verwaltungsdinge zwischen den Deutschen und Bovolenta und den Deutschen und mir statt. Bovolenta gab sehr leicht nach. Schließlich gelang es mir, den Deutschen meine Unzufriedenheit deutlich zu machen, und ich erreichte es, daß sie sich in allen Dingen ausschließlich an mich wandten. Wenn ich mir heute in Erinnerung rufe, über welche Belanglosigkeiten wir uns damals aufgeregt haben, während ringsherum die Welt zerstört wurde... Es war eigentlich völlig unwichtig, ob die Deutschen eine Wiese zerstörten, um Baracken darauf zu errichten oder ob sie irgendwelche Büsche abschnitten. Damals sind mir diese Widersprüche nicht aufgefallen, im nachhinein ein Glück, denn so habe ich mit Begeisterung und Ausdauer um jeden Stein und jeden Grashalm gekämpft, und im allgemeinen mit Erfolg.

Die Kinder folgten mir auf Schritt und Tritt, bei jeder Tätigkeit, sei sie im Haus, im Hof oder im Garten. Wir trennten uns praktisch nie. In einer Hand hielt ich Corradinos Händchen, in der anderen das noch kleinere von Robertino. Eines Tages rief unser Vetter Alvise di Brazzà, der in der Nähe wohnte, als er uns kommen sah: »Ja, wen sieht man denn da? Da kommt Cornelia, die Mutter der Gracchen!« Es machte mir Freude, die schon individuell ausgeprägten Interessen der Kinder zu beobachten. Wenn ich zum Adjutanten, Leutnant Kretschmann, ging, stürzte sich Corradino sofort aufs Telefon oder auf irgendeinen anderen Büroapparat, denn alles Technische faszinierte ihn. In Kretschmanns Arbeitszimmer standen die unterschiedlichsten technischen Geräte, deshalb machte sich Corradino oft selbständig und klopfte, wie Kretschmann mir erzählte, an seine Tür. Wenn er dann manchmal sagte: »Jetzt habe ich zu tun, könntest du vielleicht später kommen?«, antwortete Corradino freundlich, aber bestimmt: »Natürlich, ich komme dann bald wieder« und trollte sich. Das waren seine kleinen, privaten Ausflüge. Robertino hingegen ließ meine Hand nur selten los, und wenn er es doch einmal tat, wußte ich immer, wo ich ihn finden würde: im Stall. Ihn begeisterten Tiere über alles, ganz besonders unser Pferd Mirko, das unsere Kutsche zog, auf deren Bock Nonino saß; überhaupt liebte Robertino die Tiere, die Pflanzen und die Blumen.

Abends genossen wir unser ungestörtes Beisammensein

ganz besonders. Wir spielten, schauten uns Bilderbücher an, und dann brachte ich die Kinder zu Bett. Nach dem Beten sang ich ihnen Gutenachtlieder vor, die ich manchmal auf der Ziehharmonika begleitete.

Zu meinem Glück waren sowohl der Kommandant als auch der Adjutant höfliche Männer, mit denen man gut auskommen konnte. Der Kommandant, Major Eisermann, war um die 45 und etwas korpulent, seine Bewegungen bedächtig. So unerbittlich er im Dienst war, so nachgiebig war er Frauen gegenüber. Man merkte gleich, daß er ein großer Bewunderer der Weiblichkeit war, denn er ließ keine Gelegenheit aus, seine Komplimente anzubringen. Die gesellschaftlichen Pflichten, Versammlungen und Offiziersabende schienen ihm eine unangenehme Verpflichtung. Viel lieber ging er morgens spazieren, die Hände auf dem Rücken, begeistert über einen Baum, eine seltene Blume oder über das außergewöhnliche Licht dieser Landschaft. Seine Offiziere behaupteten, er sei auf militärischem Gebiet sehr beschlagen und zudem gerecht gegenüber jedermann. Mir gegenüber war er stets zuvorkommend; er hielt es für seine Pflicht, mich zu beschützen und mir so viel wie möglich zu helfen.

Zwischen Major Eisermann und seinem Adjutanten Kretschmann bestand der für Offiziere des Ersten und Zweiten Weltkriegs typische Unterschied. Kretschmann war zu jung, um die Nazis zu durchschauen, er war von ihnen gleichsam »erzogen« worden. Hitlers Propaganda hatte er kritiklos übernommen, eine eigene Meinung fehlte ihm völlig. In Gesellschaft bewegte er sich gewandt, spontan und selbstsicher. Er besaß auch einen gewissen Stil, aber man spürte, daß seine Höflichkeit nicht, wie bei Eisermann, angeboren oder anerzogen war. Er hatte sie genauso wie die anderen Fächer auf der Militärschule lernen müssen. Aus diesem Grund blieb seine Höflichkeit oberflächlich, und in einem kritischen Moment würde er sie sicher sofort fallenlassen. Kretschmanns Beziehung zur Truppe war ausgezeichnet, er war ein beliebter und geschätzter Vorgesetzter. Wenn man ihn besser kannte, entdeckte man seine eher komplexbeladene Persönlichkeit: Er neigte zur Schwermut und litt häufig an Depressionen, die er im Alkohol zu ertränken suchte. An anderen Abenden riß seine Fröhlichkeit alle mit. Trotz seiner erst 23 Jahre besaß er eine seltene Gabe: Er war ein sensibler Psychologe. Als einziger unter den Offizieren war er taktvoll und fand mit der italienischen Bevölkerung immer den richtigen Ton. Auf diesem Gebiet beeinflußte er auch seinen Kommandanten. Deshalb war mir neben Eisermann auch Kretschmann eine große Hilfe, denn meine Lage als mit einem Italiener verheiratete Deutsche war äußerst diffizil. Ich erfuhr, daß die Partisanen mich zunächst auf die »schwarze Liste« der Italiener gesetzt und später erst bemerkt hatten, was ich für die Leute am Ort tat. So hatte ich mit dem Verwalter abgesprochen, daß wir an den notleidenden Teil der Bevölkerung unsere Agrarprodukte zu sehr niedrigen Preisen abgaben. Die Partisanen, die dies alles beobachteten, würdigten das. Wenn ich manchmal in großer Eile war und dennoch das Angebot der Deutschen ablehnte, mit einem ihrer Autos nach Udine zu fahren, wurde das ebenso von den Partisanen registriert. Ich wußte sehr wohl, daß genau diese kleinen Nebensächlichkeiten sehr negative Auswirkungen haben konnten. So strichen sie mich wieder von ihrer »schwarzen Liste«.

Mein Vetter Alvise hatte sich einen Luftschutzkeller gebaut. Im Frühjahr 1944 gehörte Alvise zu der »Osoppo« – nach einer im Ersten Weltkrieg schwer umkämpften Stadt – genannten Partisanengruppe, die im Unterschied zur kommunistischen Garibaldi-Gruppe mit Leuten verschiedener politischer Provenienz besetzt war. Sein Haus war heimlicher Treffpunkt für die Partisanen, bis deutsche Spitzel dahinterkamen. Zusammen mit vielen anderen wurde Alvise festgenommen und im Udineser Gefängnis in der Via Spalato eingesperrt. Dank falscher Papiere, die ihnen von Partisanen von draußen rasch zugesteckt worden waren, gelang ihnen die Flucht. In seinem Buch über die Partisanenkämpfe in Friaul (»Fazzolette verde«) schrieb Alvise später: »Der oberste Gefängnisaufseher prüfte nicht ohne Verdacht unsere Entlassungspapiere. Er zögerte einen Augenblick und ließ uns dann doch gehen. ›Seht ihr‹, sagte er, ›die Deutschen sind doch gerecht. Wenn einer wirklich unschuldig ist, schenken sie ihm die Freiheit!‹, und dabei lächelte er etwas zweideutig. Was hatte er von unserer Identität überhaupt kapiert? Ich setzte mich auf ein Fahrrad und fuhr zurück zu meiner Arbeit, die ich bedauerlicherweise hatte unterbrechen müssen. Ich konnte es noch gar nicht fassen, und während ich in die Pedale stieg, wiederholte ich mir ständig: ›Ich bin frei, ich bin frei!‹«

Nonino, Bovolenta und viele andere hielten mich für unverantwortlich, weil ich nicht auch einen Bunker bauen ließ. Meinetwegen sollte sich jeder so viele Bunker hinstellen, wie er wolle; ich war überzeugt, daß man, wenn die Zeit gekommen ist, sterben muß und daß einem dann auch kein noch so schöner Bunker helfen kann. Außerdem schien es mir ziemlich unwahrscheinlich, daß Brazzà bombardiert werden könne; hier würden höchstens ein paar deutsche Truppen durchmarschieren.

Da die Post nach Deutschland nach wie vor nicht funktionierte, erlaubte mir das deutsche Kommando, die Feldpost mitzubenutzen. Sie verpaßten mir deshalb den Namen »Soldat August von Hassell« und eine Feldpost-Nummer. Dieses System klappte vorzüglich, und ich hatte nun regelmäßigen Kontakt zu meinen Eltern.

Ende November griffen die Alliierten die deutschen Linien an der Front von Neapel massiv an. Mir erschien das ganz besonders unerträglich, denn das Vorrücken der Alliierten würde jede Verbindung zu Detalmo unmöglich machen. Deshalb beschloß ich von einem Tag zum anderen, unseren Nachbarn, General Tacoli, der gerade aus Rom gekommen war und jetzt wieder dorthin zurückfuhr, zu begleiten. Tacoli hatte mir die Reise als gefährlich, aber nicht unmöglich beschrieben. Das genügte mir. Meinen Entschluß zu reisen hatte ein mir heimlich zugestellter Brief Detalmos beeinflußt, in dem er schrieb:

»Wie schön wäre es, wenn ein Offizier aus Brazzà für ein paar Tage mit dem Auto nach Rom käme und dann nach

Friaul zurückführe! Als Du mir geschrieben hast, daß Du mich vielleicht besuchst, habe ich wirklich an so etwas Ähnliches gedacht ... Ich bewundere Dich so sehr. Wie Du die ganze Verantwortung trägst und so allein bist. Aber das sage ich Dir: Dies ist der Weg der Starken.«

Die deutschen Offiziere versuchten, mir die Reise auszureden. Sie meinten, ich sei dabei, eine Riesendummheit zu begehen, niemals käme ich lebendig zurück. Aber nachdem Tacoli die Reise bereits gemacht hatte, warum sollte dann nicht auch ich es versuchen? So fuhr ich ab.

3.
Reise nach Rom – Weihnachten in Brazzà – letzte Monate in Freiheit

Mit Marchese Tacoli fuhr ich nur bis Venedig. Er mußte wegen dringender Angelegenheiten für ein paar Tage dort bleiben, und weil ich keine Zeit verlieren wollte, fuhr ich auf eigene Faust weiter. Bis Florenz ging alles gut; dort aber sagte man uns, der Zug führe erst am folgenden Tag weiter, weil die Linie wieder einmal von den Alliierten bombardiert worden war. Aber auch am nächsten Tag hatte sich daran nichts geändert, so daß es für Zivilisten unmöglich war, die Eisenbahn zu benutzen. Die Gleise wurden nur für Militärtransporte notdürftig repariert. Was konnte mir in dieser Situation ein Schreiben des guten Eisermann nützen, in dem er darum bat, man möge mir die Reise erleichtern und mir so weit wie möglich behilflich sein? Ich wußte, in diesem Chaos konnte die Unterschrift eines Majors nicht sehr hilfreich sein, aber um nichts unversucht zu lassen, ging ich zum deutschen Bahnbüro. Es war kaum zu glauben, sie drückten mir einen Stempel unter die Unterschrift, der mir die Fahrt in einem Militärzug ermöglichte! Verzweifelt wartete ich den ganzen Tag auf dem Bahnhof in Florenz. Ein für acht Uhr morgens angekündigter Militärzug traf abends um elf Uhr ein, hoffnungslos mit Soldaten überladen.

Zivilisten, die keine Sondererlaubnis besaßen, durften nicht in den Zug steigen. Meine Zuversicht, Rom jemals zu erreichen, schwand immer mehr. Da tauchte eine Dame auf, die mich bat, auf ihre Koffer aufzupassen, während sie den Kommandanten des Transports, den sie kannte, aufsuchen wollte. Sie hatte bereits eine Sondergenehmigung, aber noch keinen Platz. Ich wartete geduldig, bis sie mit dem Kommandanten zurückkehrte. Dieser fragte mich schlecht gelaunt, ob ich eine Begleiterin der Dame sei und bevor sie verneinen konnte, erwiderte ich, daß ich sie schon ewig kennen würde und daß auch ich eine Sondergenehmigung besäße ... »Wenn Sie sie sehen wollen?...« Zum Glück war es schon dunkel, und er verzichtete auf die Kontrolle. So fand ich mich wenig später mit der Dame im gleichen Abteil wieder, und zwar im Lebensmittelabteil. Wir saßen zwischen Tausenden von Schwarzbrotlaiben und Butterpaketen. Es stank ungeheuer, aber das war mir natürlich völlig gleichgültig.

Der Zug kam bis Chiusi sehr schnell voran, ab da aber ging es wegen der ständigen Tiefflugangriffe nur noch im Schneckentempo weiter. Wir fuhren an verwüsteten und zertrümmerten Ortschaften vorbei. Arezzo und Orte waren übel zugerichtet. Nach zwölf Stunden erreichten wir einen kleinen Bahnhof vor Rom, wo Autobusse standen. Die Soldaten protestierten dagegen, daß auch wir den Bus benutzten, schließlich aber setzten wir uns gegen sie durch. So erreichten wir endlich Stazione Termini, den römischen Hauptbahnhof. Zu Fuß ging ich weiter zur Via Panama. Detalmo wollte kaum seinen Augen trauen, als er mich sah. Der Bericht von meiner abenteuerlichen Reise erschreckte ihn sehr.

Unsere Wohnung in der Via Panama 52 war zum konspirativen Zentrum umfunktioniert; das war für mich sehr spannend zu beobachten, und auch die komischen Seiten fehlten nicht. Zusammen mit einem anderen Partisanen bewohnte Gianandrea Gropplero zwei Zimmerchen im Keller. Gropplero operierte später unter dem Decknamen »Freccia« als Fallschirmspringer hinter den deutschen Linien, er wurde verwundet, gefangengenommen, gefoltert, zum Tode verurteilt – und im letzten Moment von den Partisanen befreit. – Neben der Kellertreppe lag ein Kohlenhaufen für die Zentralheizung, unter dem Waffen versteckt waren. Oben, im zweiten Stock, wo sich die Wohnung befand, gab es ein zugemauertes Zimmer. Jeden Tag mußte man sich neue Verstecke und Fluchtwege ausdenken für den Fall, daß der Häuserblock durchsucht würde. Die Atmosphäre erinnerte mich an die Erzählungen über die »Carbonari-Bewegung«, den italienischen Geheimbund des 19. Jahrhunderts, der für nationale und liberale Ziele kämpfte.

Aus allen sprach große Hoffnung und die Gewißheit, richtig zu handeln. Die meisten Männer hatten sich Bärte wachsen lassen, um nicht so leicht erkannt zu werden. Detalmo war erst vor kurzem nach Rom gekommen, die Gestapo suchte ihn aber noch in Norditalien. Er baute zunächst auf das Durcheinander zwischen den verschiedenen Verbindungsstellen. Detalmo war äußerst vorsichtig und zog sich zurück, wenn Besucher kamen. Er verabredete sich überhaupt nur mit Freunden aus dem Widerstand. Tagtäglich trafen sich in unserer Wohnung Leute zu konspirativen Gesprächen, auch von jenseits der Linie im Auftrag der Alliierten.

Sie arbeiteten auf verschiedenen Ebenen. Eines ihrer Ziele war zum Beispiel, englischen und amerikanischen Kriegsgefangenen, die mit der Untergrundbewegung arbeiteten, zu helfen, sich zu den Alliierten durchzuschlagen. In der Garage gab es zu diesem Zweck Hunderte von topographischen Karten des Frontgebietes, die aus einer verbotenen Druckerei stammten. Jeder packte bei der Arbeit mit an. Die Diskussionen zwischen Detalmo und seinen Freunden gaben mir das Gefühl, als stünde das italienische Volk vor einem historischen Augenblick. Der Staatsstreich gegen Mussolini vom 25. Juli, der nur ein einziges Ergebnis hatte, nämlich ihre Kampfmethoden aufzudecken, war für die Antifaschisten eine bittere Enttäuschung gewesen. So kam es, daß die tragischen und schändlichen Vorfälle beim Waffenstillstand vom 8. September die antifaschistische Bewegung zwangen, wieder in den Untergrund zu gehen.

In diesem Dezember 1943 war die Reorganisation schon ein gutes Stück vorangekommen. Man druckte bereits heimlich an die 20 Zeitungen und Bulletins; die Sabotageakte gegen die Nazis und Faschisten hatten wieder begonnen. Gleichzeitig häuften sich die schmerzlichen Opfer und Verluste: Unter anderen waren Ginzburg, Siglienti, Muscetta und Orlando verhaftet. Für mich waren das damals nur Namen, aber ich spürte, daß diese Verhaftungen für die Untergrundbewegungen einen großen Verlust bedeuteten.

Eigentlich hatte ich nur ein paar Tage in Rom bleiben und

dann mit dem nächsten Militärzug nach Friaul zurückfahren wollen, aber Detalmo bewog mich, noch etwas zu bleiben – zu meinem großen Glück, denn genau der Zug, den ich hatte nehmen wollen, wurde bei einer Bombardierung Paduas völlig zerstört, viele fanden dabei den Tod. Verzweifelt suchte ich nun nach einer neuen Fahrmöglichkeit, meine Nervosität wuchs von Tag zu Tag. Detalmo und ich überlegten, was wohl besser wäre: mit den Kindern nach Rom zu kommen und also Brazzà ohne Überwachung zu lassen oder nach Friaul zurückzukehren, was bedeutete, daß wir uns geraume Zeit nicht sehen würden. Ein entscheidendes Argument war schließlich die Lebensmittelknappheit in Rom. Wie lange würde das unmittelbare römische Umland die Stadt noch ernähren können? Ebenso wenig war vorhersehbar, ob die Stadt von Kämpfen verschont bleiben würde. Wir entschieden daher gegen Rom. Am 17. Dezember fand sich endlich ein kleiner Lastwagen der deutschen Botschaft, der mich bis Verona brachte. Der treue Möller, ein Kanzleibeamter noch aus den Zeiten meines Vaters, hatte mir diese Möglichkeit verschafft. Von Verona fuhr ich mit der Bahn nach Udine. Nonino und die deutschen Offiziere hatten mich schon verlorengegeben und waren froh, mich wohlbehalten wiederzusehen. Und ich war glücklich, wieder bei den Kindern zu sein und für sie ein schönes Weihnachtsfest vorbereiten zu können.

Am Abend des 24. zündete diesmal Nonino die Kerzen an und öffnete dann die Tür mit einem einladenden Lächeln. Zuerst gingen die Kinder hinein, dann ich mit Ernesta und Mila und zuletzt die Offiziere, die ich eingeladen hatte, weil ich wußte, wie sehnsüchtig und traurig die Deutschen an Weihnachten werden, wenn sie fern von zu Hause sind. Es machte ihnen Freude, an diesem Abend in den engsten Familienkreis aufgenommen zu sein, das konnte ich ihren dankbaren Mienen entnehmen. Der Feldwebel hatte sich einen Militärpelz um den Kopf drapiert und trat als Weihnachtsmann auf. Natürlich hatte er auch einen großen Sack auf den Schultern, aus dem er für die Kinder viele kleine Geschenke zog, die von ihm und den Offizieren stammten.

Ich war schließlich selbst ganz gerührt, mit welcher Begeisterung und Neugierde sie beobachteten, welchen Eindruck ihre Geschenke auf die Kinder machten.

Im Januar 1944 kam dann mein lieber Bruder Hans-Dieter für acht Tage zu Besuch. Er hatte damals eine ausgezeichnete Stellung als Adjutant eines ranghohen Generals und bereitete sich auf den Generalstabslehrgang vor. Er hatte am Frankreichfeldzug teilgenommen und war zwei Jahre an der russischen Front gewesen, wo er schwer verwundet worden war. Seine Meinung über die politische Situation interessierte mich sehr. Wie wir alle war auch er, schon durch die elterliche Erziehung begünstigt, ein überzeugter Gegner der Nazis. Er war oft im Ausland gewesen und deshalb in politischen Dingen sehr viel weitsichtiger als viele seiner Kameraden. Sein Urteil war klar und sicher. Er deutete an, daß noch in diesem Jahr ein Attentat durch die Wehrmacht geplant sei, natürlich ohne mir Einzelheiten darüber mitteilen zu können. An einem der Abende unterhielten wir uns über früher, und ich holte meine Tagebücher von 1936/37. Wir lasen bis tief in die Nacht hinein und kamen aus dem Lachen nicht mehr heraus: Die wichtigsten Themen meines Tagebuches waren Politik und Detalmo.

Major Eisermann überbrachte mir die unangenehme Nachricht, daß die Militär-Kommandantur von Udine ihr Munitionslager in unserem Park unterbringen wollte. Eisermann bat Hans-Dieter, ihn nach Udine zu begleiten, um das deutsche Kommando von diesem Vorhaben abzubringen. Von Brazzà aus wurden die alliierten Flugzeuge, die die Angriffe auf Deutschland flogen, beobachtet; ein Munitionslager hätte möglicherweise Angriffe auf die Gegend zur Folge gehabt. Triumphierend kamen Eisermann und Hans-Dieter aus Udine zurück: Das Vorhaben war aufgegeben worden.

Wie traurig war ich, als Hans-Dieter wieder abreisen mußte. Nun war ich wieder ganz allein mit allen Problemen! Von Detalmo kam ein Brief:

»... Ich weiß nicht, was los ist, seit langem habe ich keine Nachricht von Dir, ich bin sehr besorgt. Du wirst verstehen, daß meine Trennung von Euch für mich sehr schmerzhaft ist... Ich habe die Photos, die Du mir geschickt hast, entwickeln lassen. Für mich ist es so tröstlich, die Bilder zu haben. Wie sehen die Kinder lustig aus. Die aus der Uniform von ihrem Urgroßvater Tirpitz geschneiderten Mäntelchen scheinen mir noch etwas zu groß für sie.«

Es kam noch ein Brief, und zwar von unserem neapolitanischen Freund Andrea Giovene di Girasole, den wir nur Girasole (Sonnenblume) nannten. Er befand sich in deutscher Militärinternierung, und ich hatte ihm durch das Rote Kreuz ein Lebensmittelpaket geschickt, über das er sich sehr gefreut hatte. Nun schrieb er:

»... Am 11. November habe ich das Lager verlassen. Jetzt arbeite ich hier in einer Fabrik als Hilfsarbeiter. Ich werde wie ein Zivilist behandelt, also wie ein freier Mann. Die Arbeit ist hart, und man braucht starke Arme, aber ich bin zufrieden, und es macht mir Spaß. Ich schrieb Dir ja schon, daß ich bei einem Bombenangriff meine ganzen Kleider verloren habe, ich friere sehr. Ich wäre Dir sehr dankbar, wenn Du mir ein paar warme Sachen schicken könntest, weil mir wahnsinnig kalt ist.«

Ich schrieb sofort Mutti und gab ihr Girasoles Adresse, damit sie ihm umgehend warme Kleidung schicken konnte. Auch von meinem Schwager Giacomo hatte ich zwei Postkarten erhalten. Er war zwar gesund, aber in einem Kriegsgefangenenlager in Algerien interniert.

Die nächsten Monate vergingen ohne große Veränderungen, nur das Übliche: hie und da Fragen oder auch Auseinandersetzungen, die mit der Lage und der Gegenwart der Deutschen zusammenhingen. Die Partisanen verstärkten ihre Aktivitäten. Ich hatte zwar keinerlei Kontakt zu ihnen, aber ich wußte, daß sie sich besonders während des letzten Jahres sehr mutig für Italien und die Alliierten einsetzten und auch von großer Hilfe waren. Viele unserer Partisanenfreunde waren bereits im Kampf gegen die Deutschen umgekommen. Besonders traf uns der Tod Ferdinando Tacolis, des ältesten Sohns von General Paolo Tacoli, mit dem ich nach Venedig gefahren war. Ferdinandos Tod ging uns vor allem deshalb so nahe, weil wir mit seiner Familie eng verbunden waren. Er hatte zur gleichen Partisanengruppe »Osoppo« wie unser Vetter Alvise di Brazzà gehört, war erst 20 Jahre alt gewesen und hatte ein Kommando von »Osoppo« geleitet. Bei dem Versuch, Schuhe für die Partisanen aufzutreiben, war seine Gruppe durch einen Spitzel an die Deutschen verraten worden. Ferdinando wurde als Leiter der Gruppe erschossen.

Kurze Zeit später erhielt ich noch eine schlimme Nachricht: Major Eisermann war im Begriff, Brazzà zu verlassen. Er hatte mich stets beschützt und mit seiner Abreise würde ich seine Hilfe und Unterstützung verlieren. Wenige Tage später wurde mir sein Nachfolger, Oberst Dannenberg, vorgestellt. Er schien ganz sympathisch, aber ich spürte auch, daß er kein Rückgrat besaß und daß er niemals den Vorschlägen des »politischen« Offiziers, nämlich denen des Adjutanten Kretschmann, widersprechen würde.

Eines Abends unterhielt ich mich mit einem der deutschen Offiziere über das italienische Heer. Er meinte, die italienischen Soldaten hätten sich immer bewundernswert und mutig verhalten, sei es im Afrika- oder im Rußlandfeldzug. Kritisch äußerte er sich über das italienische Offizierscorps, insbesondere die ranghöheren Offiziere; sie würden das harte Leben an der Front nicht mit den Soldaten teilen. Zwischen den italienischen Offizieren und Soldaten gäbe es große Unterschiede in der Behandlung, im Komfort, auch bei den Mahlzeiten. Im Gegensatz dazu lobte er die deutschen Offiziere, die selbstverständlich in der vordersten Linie anzutreffen seien und die gleiche Verpflegung wie die Truppe bekämen.

Einem nach Deutschland fahrenden Offizier konnte ich einen Brief an meine Mutter mitgeben:

Fey an Mutti:

Brazzà, 10. Juli 44

»... Meine Lage wird immer komplizierter. Die Partisanen hatten mich auf die ›schwarze Liste‹ gesetzt, in der Annahme, ich wäre für die Deutschen. Aber die Leute in der Umgebung haben sich anerkennend über mich geäußert, und so scheint es, daß ich wieder von der ›schwarzen Liste‹ gestrichen bin. Außerdem gelang es mir durch einen Besuch bei der Gestapo, einen Bekannten von uns, Feliciano Nimis, vor der sicheren Deportation ins KZ zu bewahren ...«

Ein paar Tage später schrieb Mutti von ihren eigenen Schwierigkeiten:

Mutti an Fey:

17. Juli 44

»Wir haben die schrecklichen Angriffe überlebt, die München in eine Trümmerstätte verwandelten. Vor allem müssen wir dankbar sein, weil Almuth beim zweiten Angriff in furchtbare Straßenbrände hineingeriet, aus denen sie lebend herauszukommen kaum noch hoffte ... Sie mußte die 20 Kilometer hierher radeln und kam völlig erschöpft an ... Am Morgen kam der dritte Angriff, sieben Sprengbomben zerstörten ihre Dienststelle ... Papa wird wohl morgen alleine nach Berlin zurückfahren, denn wegen einer neuen Bahnsperre gibt es keine Möglichkeit für mich, aus Berlin herauszukommen ...«

4.
Das Attentat auf Hitler am 20. Juli 1944 und meine Verhaftung

»Gehört doch das Leiden zum Leben irgendwie dazu – genau so wie das Schicksal und das Sterben. Not und Tod machen das Menschsein erst zu einem Ganzen.«*

Die Zeit in Brazzà war relativ ruhig und friedlich verlaufen, da platzte die Bombe des 20. Juli 1944: das Attentat auf Hitler! Seine »göttliche Vorsehung« habe Hitler gerettet, und noch in der gleichen Nacht sprach er zu »seinem« Volk. Er behauptete, es habe sich bei den Verschwörern um eine kleine Offiziers-Clique gehandelt, an deren Spitze Oberst Graf von Stauffenberg stand, der die Bombe im Führerhauptquartier in Rastenburg zündete. Stauffenberg wurde noch am gleichen Tag verhaftet, und schon am Abend gab General Fromm den Befehl, ihn und seine drei Kameraden – Olbricht, von Haeften, Merz von Quirnheim – zu erschießen.

Als ich die Nachricht vom Attentat im Radio hörte, durchströmte mich ein Gefühl des Triumphes, weil damit endlich deutlich wurde, daß es in Deutschland Menschen gab, die bereit waren, im Kampf gegen die Diktatur ihr Leben einzusetzen. Sofort aber fiel mir auch Papa ein, und mit Entsetzen dachte ich an seine Untergrundarbeit in Berlin, zudem mir die in den Zeitungen veröffentlichten Namen sehr vertraut vorkamen. Es handelte sich zwar durchwegs um Wehrmachtsoffiziere, aber alle waren Freunde meines Vaters. So sehr hoffte ich, daß die zivilen Widerstandsgruppen vielleicht doch unentdeckt bleiben würden! Wie gefähr-

* Viktor E. Frankl, ... trotzdem ja zum Leben sagen. Ein Psychologe erlebt das Konzentrationslager, München 1977, S. 110. Frankl ist Professor für Psychiatrie und Neurologie an der Universität Wien; er überlebte die Schrecken der nationalsozialistischen Konzentrationslager.

det war mein Vater? Wahrscheinlich sehr, aber trotzdem blieb noch eine kleine Hoffnung. Ich konnte kaum erwarten, Nachrichten von zu Hause zu bekommen.

Es verging ein Monat ... Mutti hütete sich, in ihren Briefen irgendwelche Andeutungen über das Attentat zu machen. Was hätte sie auch anderes tun können? Sie sprach nur von »großer Sorge«. Solche Bemerkungen machten mich natürlich sehr nachdenklich, aber mir war nicht klar, welches Gewicht ich ihnen beimessen sollte. Die Reaktion der deutschen Truppen in meinem Haus war bemerkenswert: Zunächst reagierten sie mit versteckter Freude, vielleicht weil sie hofften, daß sich etwas Außergewöhnliches ereignen könnte, das dem Krieg ein Ende setzen würde. Nach einigen Wochen der immergleichen Propaganda änderten sie aber ihre Haltung. Für die Mißerfolge an allen Fronten wurden nun die Attentäter und ihre Kameraden verantwortlich gemacht. Ein übriges tat auch die »neue Waffe«, die bald eingesetzt werden sollte und unter dem Namen V2 vorgestellt und in den höchsten Tönen gelobt wurde. So wuchsen bei den Soldaten neue Hoffnungen auf einen »End-Sieg«. Über diese unvorstellbare Leichtgläubigkeit war ich so entsetzt, daß es mir kaum mehr gelang, meine Meinung zurückzuhalten. Diese wahnsinnige Naivität!

Santa Hercolani, die beste und treueste Freundin meiner Eltern, war über die das Attentat betreffenden Zeitungsartikel ebenso besorgt. Sie kannte die Einstellung meines Vaters nur allzugut und war sich darüber klar, daß er immer in Wort und Tat für sie einstehen würde. In jenen Tagen schrieb sie mir einen langen Brief:

»... Was ist in diesen letzten Monaten alles passiert! Wie viele angsterfüllte Fragen! Jetzt warten wir mit großer Unruhe auf Nachrichten aus Florenz, wo es von Stunde zu Stunde ernster wird. Aber die Ereignisse überstürzen sich dermaßen, daß mir das Herz bis zum Halse klopft ... und Deine Eltern? Kannst Du Dir vorstellen, mit welcher Beklemmung ich mich frage, wie es ihnen geht? Momentan wage ich nicht, ihnen zu schreiben, aber wenn Du erst kürzlich etwas von ihnen gehört hast, wäre ich Dir *sehr* dankbar, wenn Du mich beruhigen könntest.

Du kannst Dir sicher leicht vorstellen, wie wir hier leben. Die Kinder sind eigentlich immer hier in Belpoggio (ihr Besitz bei Bologna) . . . Wir hatten drei Luftangriffe, die sieben unserer zehn Bauernhäuser in Castelmaggiore zerstörten. Nach jedem Treffer, den wir mit eigenen Augen von unserem Turm aus verfolgen konnten, fuhr ich früh morgens zu den bombardierten Häusern, um die traurige Wirklichkeit in Augenschein zu nehmen. Und wie es so schön bei den Römern heißt, ›quod non fecerunt barbari, fecerunt Barberini‹, passierte folgendes: Eines unserer Bauernhäuser bei Florenz wurde durch einen Blitzschlag zerstört. Das hatte gerade noch gefehlt. So werde ich mich morgen mit dem Fahrrad dorthin aufmachen müssen; man weiß nur gar nicht mehr, wo und wann man fahren soll. Mittlerweile werden hier in der Gegend auch Nebenstraßen beschossen und bombardiert, und selbst wenn man um 4 Uhr 30 morgens losfährt, ist das vielleicht auch noch nicht früh genug. Es ist traurig, unser schöner Weinkeller ist nur noch ein Trümmerhaufen; bis zu einem Meter hoch liegt der Schutt, dazwischen Riesenpfützen voll duftenden Weins in der Sommerhitze . . . Und überall trifft man auf verzweifelte Bauern, deren arme Seelen auch nicht auf alle diese Ängste und Schwierigkeiten vorbereitet waren . . . Da es hier bei uns auf dem Land nicht mehr sicher ist, kehren Prozessionen von Karren und Wägelchen, beladen mit den gleichen Möbeln und Matratzen, die voriges Jahr noch hier auf dem Land besser aufgehoben schienen, wieder in die Stadt zurück . . . Trotz allem geht es uns noch besser als manchen anderen. So leben wir immerhin alleine in unserem Haus, was sehr viel bedeutet.«

9. September. Ich lag morgens um 7.30 Uhr noch friedlich im Bett, als es an meiner Tür klopfte. Es war Leutnant Kretschmann. Sein Ausdruck war starr vor Entsetzen, das Gesicht bleich und die Augen weit aufgerissen. Er wagte es nicht, mich anzusprechen. Schließlich fragte ich ihn: »Um

Himmels willen, was ist denn passiert?« Er antwortete nur: »Welch ein Glück, daß Sie noch zu Hause sind.« »Ja warum sollte ich denn nicht zu Hause sein?« »Haben Sie denn gestern abend oder heute früh noch keine Nachrichten gehört?« »Nein, ich hatte Gäste, aber nun sagen Sie mir doch endlich, was passiert ist.« »Ihr Vater ist verhaftet und verurteilt worden. Sie haben ihn gehenkt.« Ohne die geringste Vorbereitung oder Vorsicht warf er mir diese Worte an den Kopf. Ich sollte es noch öfter erleben, daß ich bei Nachrichten von großer Tragweite regelrecht erstarrte. Daß ich überhaupt verstanden hatte, was er gesagt hatte, konnte man mir nur deshalb anmerken, weil ich am ganzen Körper zu zittern begann. So sehr ich auch immer um Selbstbeherrschung bemüht war – in diesem Fall weigerte sich mein Körper, mir zu folgen. Ohne weitere Umstände gab mir der Adjutant zu verstehen, daß sein Vorgesetzter Dannenberg angeordnet hatte, man dürfe mich keine Minute alleine lassen, denn er würde jede Verantwortung ablehnen, wenn ich das Haus verließe. Major Eisermann hätte sich in dieser Situation bestimmt anders verhalten, vielleicht hätte er sogar mir und den Kindern zur Flucht verholfen. Aber so war Dannenberg nicht veranlagt, ihm fehlte der Mut zu eigenverantwortlichen Entscheidungen. Er handelte genauso, wie sein »politischer« Offizier es ihm vorschrieb: Er fuhr nach Udine und teilte der Gestapo mit, wer ich sei. Und natürlich befahlen ihm die Gestapo-Leute, mich so lange festzuhalten, bis sie kämen. Kretschmann seinerseits sah sein Vorgehen mir gegenüber nur als unumgängliche Pflichterfüllung. Tatsache bleibt, daß die SS mich möglicherweise in Ruhe gelassen hätte, wenn er nicht eingegriffen hätte. Ich verdankte also Dannenberg und Kretschmann all den Schrecken und all den Schmerz, den ich in den folgenden Monaten erleben mußte.

Ich bat die beiden Freunde, die bei uns zu Gast waren, uns zu verlassen und nahm die günstige Gelegenheit wahr, meine vielen Notizbücher in ihrem Gepäck zu verstecken, denn diese Notizbücher hätten den eindeutigen Beweis dafür geliefert, wie sehr ich die Nazis haßte. Als Nonino kam, fielen wir einander in die Arme, und er versuchte, mich zu trösten. Da verlor ich zum ersten Mal die Fassung. Den entsetzten Mienen der Offiziere entnahm ich, daß sie wirklich um mein Leben bangten. Im Grunde meines Herzens war ich jedoch noch immer von einem gewaltigen Optimismus beseelt und voller Hoffnung, heil aus dem allen herauszukommen – der gesegnete Optimismus der Jugend!

Morgens um zehn Uhr kam Leutnant Dannenberg mit einem SS-Mann, um mich nach Udine ins Gefängnis zu bringen. Ich war entsetzt und verzweifelt bei dem Gedanken, die Kinder, die mich schweigsam mit verängstigten Augen ansahen, zurücklassen zu müssen. Mein einziger Trost war, daß Ernesta und Mila sich liebevoll um sie kümmern würden. Ich bat Ernesta, in meinem Bett im Kinderzimmer zu schlafen, und den Kleinen sagte ich, ich käme in wenigen Stunden zurück. Fast komisch fand ich Dannenbergs Verhalten, der verlegen und mit dem Schuldgefühl, das schwachen Menschen eigen ist, noch einige gutgemeinte Worte des Beileids murmelte; außerdem stellte er mir sein Auto zur Verfügung, um nach Udine zu fahren. Nach all dem, was ich schon von Verhaftungen durch Nazis gehört hatte, war ich über eine solche »Höflichkeit« verblüfft, die unter normalen Umständen selbstverständlich gewesen wäre. Noch öfter sollte ich in meinem Leben Gelegenheit haben zu erkennen, wie dankbar man in existentiell zugespitzten Situationen für ein einziges freundliches Wort ist. Während mich der SS-Mann zu Dannenbergs Auto brachte, sah ich, wie die Familie Bovolenta mir entsetzt aus ihren Fenstern nachsah. Nonino weinte, Mila auch. Die deutschen Soldaten schienen erschüttert, ja fassungslos. Ernesta hatte ich gebeten, mit den Kindern im Haus zu bleiben, damit sie nicht sahen, wie ich fortgebracht wurde.

5.
In Udine im Gefängnis – Rückkehr nach Brazzà – Verschleppung nach Deutschland

Der SS-Mann brachte mich zur Gestapo-Stelle in Udine. Als ich aus dem Auto stieg, sprach mich eine Dame auf der Straße an. Sie bat mich um Hilfe, weil ihr Mann gerade verhaftet worden sei. Da mir verboten war, mit irgend jemandem zu sprechen, konnte ich ihr nur durch Gesten verständlich machen, daß auch ich verhaftet worden sei.*

Die Gestapo-Leute überlegten, was sie mit mir tun sollten, und beschlossen dann, mich im Frauentrakt des Gefängnisses von Udine einzusperren. Sie befahlen den Aufseherinnen, mir eine Einzelzelle zuzuweisen. Das war jedoch unmöglich, denn die SS hatte Hunderte von Männern und Frauen verhaftet. Im Frauentrakt waren 150 Häftlinge in Zellen zusammengedrängt, die eigentlich für 40 vorgesehen waren. Die Frauen wurden von Nonnen aus dem Orden der »Ancelle della Carità« bewacht, die diesen Beruf schon seit Jahren ausübten. Da sie bis vor wenigen Monaten ausschließlich mit Verbrecherinnen zu tun gehabt hatten, war ihr Ton schroff und mürrisch. Die politischen Häftlinge waren empört, daß sie zusammen mit Verbrecherinnen untergebracht waren und schlafen mußten. In der einen Riesenzelle gab es keine Betten, 40 Frauen mußten eng aneinandergereiht ohne Decken auf Brettern schlafen, die man

* Nach dem Krieg erfuhr ich, daß die Dame Luigia Sartoretti, die Mutter unseres Anwalts und Freundes Antonio Sartoretti, gewesen war. Ihr Mann hatte als Anwalt meine Schwiegereltern und sogar schon Detalmo di Brazzà, Detalmos Großvater, vertreten. Als ein Mann von größter Integrität und beispielhaft demokratischer Einstellung hatte er am Gericht in Udine Juden und Partisanen verteidigt – und er war der einzige Anwalt von ganz Udine, der zu solchen Verteidigungen bereit war; deshalb wurde er verhaftet. Es gelang seiner Familie glücklicherweise, seine Freilassung innerhalb eines Monats zu erreichen.

einfach auf den Fußboden gelegt hatte. Ich hatte dennoch Glück, ich mußte meine Zelle mit nur zwei anderen Frauen teilen. Für insgesamt 150 Häftlinge gab es eine einzige Toilette, die man zweimal am Tag benutzen durfte. Dafür wurden die Zellen geöffnet, und man mußte lange anstehen, bis man endlich in das primitive und unglaublich schmutzige Örtchen gelangte. Wer einmal im Gefängnis war, weiß, wie wichtig dort derlei Einrichtungen sind. In den Zellen wimmelte es nur so von Wanzen und Mücken. Innerhalb weniger Tage waren mein Gesicht, Schultern, Arme und Beine von Tausenden von Stichen und Bissen angeschwollen.

Die Nahrung war miserabel, aber man konnte sich die Mahlzeiten auch kommen lassen – aus einem Hotel! Typisch für Italien, wo man in fast allen Situationen einen Ausweg zu finden weiß.

Ohne Zweifel – was die Nonnen am besten konnten, war das Beten. Morgens beim Wecken fingen sie damit an, vor und nach den Mahlzeiten ging es weiter, während des Toilettenganges, während des täglichen Hofgangs, abends – sie beteten ständig. Um 20 Uhr öffneten sie die Klappe in der Zellentür und riefen mechanisch mit hoher Stimme: »Gelobt sei Jesus Christus!«, und wir mußten antworten: »In Ewigkeit Amen!«

Jeden Morgen wurde in der kleinen Gefängniskapelle die Messe gelesen. Weil dies eine Abwechslung im monotonen Gefängnisleben bedeutete und wir zu dem Zweck die Zellen verlassen durften, ging beinahe jede zur Messe. Während uns das ständige, stereotype Beten auf die Nerven ging, war die Messe etwas Schönes, das Herz und Geist besänftigte.

Am schrecklichsten war der dann und wann stattfindende Appell, bei dem die Namen derjenigen aufgerufen wurden, die nach Deutschland deportiert werden sollten. Jede von uns zitterte bei dem Gedanken, der eigene Name könnte genannt werden, und die unter uns, die nicht an Selbstbeherrschung gewöhnt waren, begannen zu weinen, warfen sich verzweifelt, einige wie von Krämpfen geschüttelt zu Boden.

Die meisten hier saßen im Gefängnis, ohne jemals vernommen worden zu sein, viele waren überhaupt ohne Grund dort. Am ersten Tag meiner Haft kam der Adjutant Kretschmann und brachte mir von Nonino ein gebratenes Hähnchen und Weißbrot. Er berichtete, die ganze Truppe sei durch meine Verhaftung dermaßen erschüttert gewesen, daß die Soldaten ihre Arbeit erst einmal liegen gelassen hätten und ihren Kummer im Alkohol ertränkt hätten. Kretschmanns Erzählung rührte mich sehr. Zusammen mit Dannenberg wollte er die Gestapo zu überreden versuchen, mich zurück nach Brazzà zu lassen, wo sie beide mich bewachen würden.

Obwohl ich durch ihre Schuld im Gefängnis saß, mußte ich doch ihre Gewissensbisse und die Versuche, mich aus dieser Hölle zu befreien, anerkennen. So kam fast jeden Tag der eine oder andere Offizier und brachte mir Lebensmittel und Bücher, die ihnen Freunde für mich mitgegeben hatten. Allein ein paar Worte mit jemandem von draußen wechseln zu können, war schon ein kleiner Trost. Einmal erhielt Anna di Brazzà die Erlaubnis, mich zu besuchen. Jemanden aus der Familie zu sehen, gab mir so etwas wie das Gefühl der Geborgenheit.

Kretschmann und Dannenberg ließen nicht locker, bis sie am 19. September, also nach zehn Tagen Haftzeit, die Genehmigung erhielten, mich nach Hause zu bringen. Alle weiteren Anweisungen würden dann aus Berlin kommen. Ich glaubte zu träumen, als ich unter dem strahlend blauen Himmel durch die grüne Landschaft fuhr und wieder die klare, reine Luft atmen konnte. Als ich im Auto saß, meinte ich, der Freiheit entgegenzufahren – obwohl diese Freiheit eingeschränkt und vielleicht nur vorübergehend war –, diese Empfindung sollte ich nie vergessen. Die Freude, die Kinder wiederzusehen, war unbeschreiblich. Anna Brazzà, Alvises Frau, hatte die gute Idee gehabt, herüberzukommen, um mir in diesem einschneidenden Augenblick beizustehen. Ich kniete mich neben die Kinder; Corradino blieb ganz still und unbeweglich, und als ich vor lauter Freude, wieder bei den Kindern zu sein, meine Tränen nicht mehr zurückhalten konnte, wiederholte er immer wieder: »Mama weint. Corradino will Mama trösten.« Robertino hingegen, der kleinere, wollte mir auch auf seine Weise seine Freude bekunden und robbte deshalb wie besessen auf allen vieren von einer Ecke des Zimmers zur anderen. Als ich dann abends mit ihnen betete, sagte Corradino: »Mama darf nie mehr fortgehen, ohne Corradino Bescheid zu sagen. Das ist schrecklich.« In der Überzeugung, nie mehr von ihnen fort zu müssen, versprach ich es ihm.

Ich war sehr enttäuscht, nicht einen einzigen Brief von Mutti vorzufinden und natürlich war ich in großer Sorge. Was ist mit ihnen, ist ihnen etwas passiert? Statt dessen las ich einen lieben Brief von Santa Hercolani.

»Liebste Fey, ich wollte Dir nur sagen, daß ich Dir ganz nah bin. Du ahnst und verstehst bestimmt meine Verfassung und weißt, was ich fühle. Vergiß nie, in mir eine alte, eine uralte Schwester zu sehen, für mich bist du viel mehr als eine Freundin. Wenn Du kannst, schreib mir und wenn Du irgend etwas Näheres weißt, dann sag es mir bitte ... Jetzt geht der wirkliche Sturm erst los, und ich denke an Deine Mutter, an Wolf-Ulli und an all das, was uns nun vielleicht für immer verloren geht ...«

Ich durfte meine drei Zimmer nicht verlassen. Abends sperrte man von außen zu, aber besuchen konnte mich, wer immer nur wollte. Man erzählte mir, daß die Menschen aus der näheren Umgebung starken Anteil an meinem Schicksal genommen und wiederholt in der Kirche für mich gebetet hätten. Ich freute mich sehr darüber, war es doch ein Zeichen dafür, daß die Leute mich in ihr Herz geschlossen hatten. Endlich kam ein Brief von Mutti, aus dem ihre Tapferkeit und ihr Stolz sprachen; zwischen den Zeilen spürte ich einen zaghaften Schimmer der Hoffnung für Papa.

Aufs neue versuchte ich, meine Zuversicht zurückzugewinnen, wenn auch zögernd und mit Vorsicht, hatte ich mich doch gezwungen, dieses schmerzliche Kapitel abzuschließen. Im Gefängnis hatte mich nachts die Vorstellung gepeinigt, mein Vater hätte einen brutalen Tod zu erleiden gehabt. Nun setzte mich der Gedanke an die minimale Möglichkeit, daß er nicht mit den anderen hingerichtet worden sein könnte, neuen, quälenden Zweifeln aus.*

Am 26. September in der Früh klopfte ein Offizier an meiner Tür, um mir einen Brief von Dannenberg zu bringen. Außerdem sagte er, Kretschmann sei vor einigen Stunden zu einem anderen Bestimmungsort aufgebrochen und Dannenberg sei für zwei Tage nach Verona gefahren. Sofort war mir klar, daß sowohl Kretschmann als auch Dannenberg zu feige gewesen waren, mir persönlich die Nachricht zu übermitteln, die in Dannenbergs Brief stand.

»Liebe gnädige Frau!

Es fällt mir sehr schwer, Ihnen diese Zeilen zu schreiben, es bleibt mir aber leider nichts übrig, als diese harte schriftliche Form zu wählen, weil dienstlich alles so ungünstig zusammentrifft. Ich muß heute vor 12 Uhr in Verona sein und vorher noch beim Regiment vorsprechen. Ich werde mich aber so beeilen, daß ich morgen vormittag bei Ihnen sein kann.

Um es möglichst kurz zu machen: Man hat mir gestern vormittag mitgeteilt, daß Sie sich auf eine Reise vorbereiten müssen, deren Ziel zunächst Innsbruck ist. Die Kinder reisen mit Ihnen. Sie können Handgepäck mitnehmen, in das Sie das Nötigste für sich selbst, gnädige Frau, und die Kinder packen müssen. Am Bahnhof, wohin ich Sie selbst fahren werde, wird ein Reisebegleiter in Zivil sein, der Sie nach Innsbruck bringen wird.

Ich habe mich bemüht, irgendwelche Einzelheiten zu erfahren, leider vergeblich. Ich kann Ihnen zum Trost aber

* Die genauen Daten sind nicht mehr zu rekonstruieren. Möglicherweise stand die Verurteilung meines Vaters an dem Tag, als Mutti schrieb, schon fest: Er war am 28. Juli 1944 verhaftet worden. Am 8. September wurde das Todesurteil in Plötzensee vollstreckt. Tatsache ist, daß Mussolini für meinen Vater bei Hitler intervenierte, ohne Erfolg. Der Übermittler war der italienische Botschafter in Berlin, Filippo Anfuso, gewesen.

sagen, daß ich den Eindruck habe, daß wir uns bald hier wiedersehen, vorausgesetzt, daß wir selbst noch hier sind. Also, liebe gnädige Frau, Kopf hoch, wenn es Ihnen auch schwer fällt. Man darf nie den Mut verlieren. Sie selbst haben mit der ganzen fraglichen Angelegenheit doch nichts zu tun! Immer zuversichtlich sein und sich nichts anmerken lassen. Mein neuer Adjutant wird Ihnen heute diesen Brief übergeben. Die genaue Zeit der Abreise weiß ich noch nicht, ich weiß nur, daß es Mittwoch früh sein soll. Genauerer Bescheid kommt noch während meiner Abwesenheit. Also nochmals, gnädige Frau: Kopf hoch!!!

Ihr sehr ergebener Dannenberg«

Eine tiefe, grenzenlose Verzweiflung packte mich. Ich hatte zwar mit der schrecklichen Möglichkeit einer Deportation gerechnet, aber im Innersten hatte ich doch darauf gebaut, daß die Gestapo in Berlin einen derartig nebensächlichen Fall wie den meinen übersehen könnte. Schließlich lebte ich alleine mit meinen zwei Kindern auf dem Land, und im Ausland! Jetzt stand ich vor vollendeten Tatsachen, nun griff der höllische Terror der Nazis auch nach mir. Das Opfer, mich von Detalmo getrennt zu haben, um Brazzà zu schützen, war umsonst gewesen, denn meine Anwesenheit wäre gerade in den Monaten, in denen sich die Deutschen zurückzogen und Partisanen nachrückten, entscheidend gewesen. Welch schwierige Lage für den Verwalter Bovolenta! Mein ganzer Einsatz, der relativ erfolgreich gewesen war, erwies sich nun als vergeblich.

Seit ich unter Bewachung in Brazzà lebte, hatten mir die Partisanen immer wieder Fluchtmöglichkeiten angeboten. Jetzt bereute ich es bitter, darauf nicht eingegangen zu sein. Im nachhinein wurde ich auf mich selbst zornig. Pia Tacoli, deren Bruder Federico tapfer an der Seite der Partisanen kämpfte, und deren Bruder Ferdinando, wie vorher erwähnt, als Partisan 1943 von den Deutschen erschossen worden war, hatte einen detaillierten Fluchtplan ersonnen. Sie wohnte in unserer Nähe. An einem kaum benutzten Tor im Park hätte sie mich mit den Kindern erwartet und dann mit einer Pferdekutsche zu den Partisanen gefahren, die sie alle kannte, weil sie fast täglich ihr Leben aufs Spiel setzte, um ihnen Kleider, Lebensmittel und Nachrichten in die Berge zu bringen.

Ihre Funktion als Partisanen-Kurier erforderte Mut und Schläue. Ich bewunderte ihr Angebot sehr, denn sie begab sich dadurch selbst in Gefahr: Auch bei ihr im Haus waren Deutsche einquartiert, man hätte leicht einen Zusammenhang zwischen ihrer Abwesenheit und meinem Verschwinden herstellen können. Einen stärkeren Beweis ihrer Freundschaft hätte Pia mir nicht geben können. Einem anderen Plan zufolge sollte das von der SS eskortierte Auto überfallen werden; der Plan mußte aber fallengelassen werden, weil wir nicht einschätzen konnten, wie die Kinder auf eine Schießerei reagiert hätten. Der einzig durchführbare, wenn auch nicht hundertprozentig sichere Plan wäre der von Pia Tacoli gewesen. Ich habe ihn aus folgendem Grund verworfen: Ich kannte das Nazi-System gut genug, um mir die grauenhaften Repressalien vorstellen zu können, die gegen die Familien von Versteckten oder Flüchtlingen angewandt wurden. Ich konnte nicht verantworten, daß meine Mutter, die schon so viel gelitten hatte, möglicherweise durch meine Schuld ins Konzentrationslager gebracht würde. Ich wußte, daß sie und meine Schwester im Hause meiner Großmutter lebten; anscheinend waren sie niemals verhaftet worden. Dies ließ mich auch hoffen, daß die SS mich nach einigen Verhören ins Haus meiner Großmutter entlassen könnte – im nachhinein ist jeder klüger. In 24 Stunden mußten alle Vorbereitungen für diese unabwendbare Abreise getroffen sein. Nun entwickelte ich eine fieberhafte Aktivität: Die Kinder besaßen weder kräftige Schuhe noch warme Wollsachen für den Winter im Norden. Der Schuster arbeitete die ganze Nacht durch. Die Strickfrau brachte mir spät abends die Pullover für die Kinder, die ich vor 14 Tagen bestellt hatte und die sie nun in Windeseile fertig gestrickt hatte. Ich bat Alvise di Brazzà, Bovolenta bei der Verwaltung zu helfen. Der deutsche Stabsarzt Dr. Walter Lutz besorgte mir 300 RM, die ich zusammen mit 3000

Lire in mein Jackenfutter einnähte. Im Gepäck hatte ich fast nur Lebensmittel. Nach einem verbissenen Kampf zwischen Nonino und mir gelang es ihm, mir wahrhaftig einen ganzen Schinken und viele Salamis aufzudrängen. Anna Brazzà schenkte mir 600 Zigaretten, die sich später als das kostbarste Gut herausstellten. Familie Stringher brachte mir eine Unmenge Fleischkonserven, Milchdosen, Tee und Kekse. Diese Großzügigkeit und Hilfsbereitschaft rührte mich sehr. Ich durfte nur soviel mitnehmen, wie ich selbst tragen konnte, also zwei Koffer – am Ende konnte ich weder den einen noch den anderen heben, so schwer waren sie. Als ich mit dem Packen für den nächsten Morgen fertig war, schrieb ich noch meiner Erzieherin Lotti einen kurzen Brief:

»Liebes Lottchen!

In Eile ein paar Zeilen. Heute kam die Nachricht, daß ich morgen nach Deutschland transportiert werden soll zusammen mit den Kindern. Du kannst Dir meine Gefühle vorstellen. Aber man muß auch in schweren Stunden den Mut nicht sinken lassen und auf bessere Zukunft hoffen. – Ich habe Sorge, daß wir für lange Zeit nicht in Verbindung sein werden. Deshalb schicke ich Dir hier noch die sehr gelungenen Aufnahmen der Kinder. Noch vielen Dank für Deinen Brief. Es muß noch viel besprochen und erledigt werden, daß ich den Brief jetzt schließe. – Denk an uns, altes Lottchen und liebe Annuschka (Lottis Schwester, Anni) und seid vielmals gegrüßt von Eurer im Augenblick durch die Abschiedsstunde etwas verzweifelten und zusammengebrochenen Li.«

Abends kamen viele liebe Freunde, um sich von mir zu verabschieden, natürlich auch Nonino und Bovolenta. Wir tranken einen Cognac auf ein baldiges und glückliches Wiedersehen. Früh um vier Uhr mußte ich die Kinder wecken, die so klein schon eine lange, ungewisse Reise unternehmen mußten. Dannenberg kam, um mich zum Bahnhof zu bringen. Als wir Brazzà verließen, standen sie alle mit Tränen in den Augen da: Nonino, Pina, Ernesta, Mila, Bovolenta und seine Familie ... Damals trug Ernesta eine Notiz in unser Gästebuch ein und ließ auch Mila unterschreiben, die wir viel später erst entdeckten. Dieses einfache Bauernmädchen hatte ein klares Gefühl dafür, daß sie diesen entscheidenden Schritt meiner Deportation mit ihrer unsicheren Schrift festhalten müßte. Ich hatte Nini Filiasi gebeten, Detalmo durch das Rote Kreuz eine Nachricht zu übermitteln. Magda Stringher und Anna Brazzà taten ohne mein Wissen das gleiche.

Ilse von Hassell, 1937

Almuth (rechts) und Fey (links) als Rosenkavalier und Sophie, 1937

Oben: König Viktor Emanuel III. (rechts) besucht die Villa Massimo, begleitet von Botschafter von Hassell (2. v. r.). Unten: Hermann Göring (2. v. r.) besucht Rom. Neben ihm Ulrich von Hassell, Außenminister Graf Ciano und Benito Mussolini (v. l. n. r.)

Fey von Hassell, 1943

IL CAPO DEL GOVERNO HA L'ONORE D'INVITARE

la Signorina F. von HASSELL

AL PRANZO CHE AVRÀ LUOGO A PALAZZO VENEZIA GIOVEDÌ 3 GIUGNO 1937-XV ALLE ORE 21, IN ONORE DEL MARESCIALLO BLOMBERG, MINISTRO DELLE FORZE ARMATE DEL REICH.

ABITO DA SERA CON DECORAZIONI

SI GRADIRÀ UNA RISPOSTA
AL CERIMONIALE DEL MINISTERO
DEGLI AFFARI ESTERI - TEL. 64-341

Die Einladung für Fey von Hassell zum Diner für Generalfeldmarschall von Blomberg

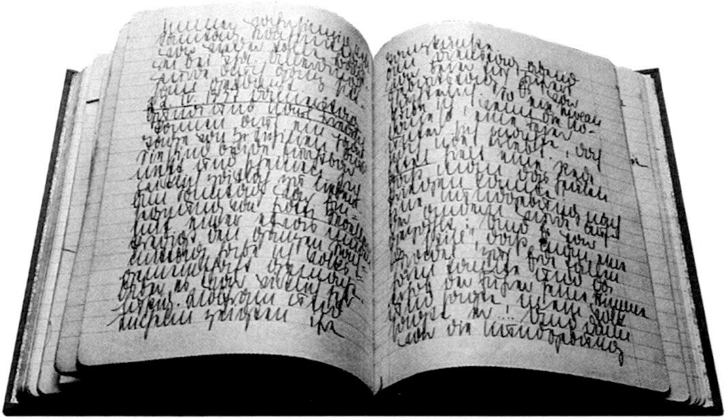

Oben: Hochzeit in Königsberg: Versammlung der Familie von Hassell (1937). Unten: Das Tagebuch

Detalmo Pirzio-Biroli

Hochzeit 1940

Drei Generationen: Ulrich von Hassell, Detalmo Pirzio-Biroli und die Enkel Corradino und Roberto, 1943 in Ebenhausen

Fey von Hassell mit ihren Kindern in Brazzà, 1943

Ulrich von Hassell vor dem Volksgerichtshof, September 1944

Die Hindenburg-Baude bei Bad Reinerz (oben) und das Lager Haudegen I im KZ Stutthof (unten). Die Zeichnungen stammen von Markwart Graf Schenk von Stauffenberg jr.

Sonderbau 5 im KZ Buchenwald (oben); Eingang zum KZ Dachau (unten). Zeichnungen von Markwart Graf Schenk von Stauffenberg jr.

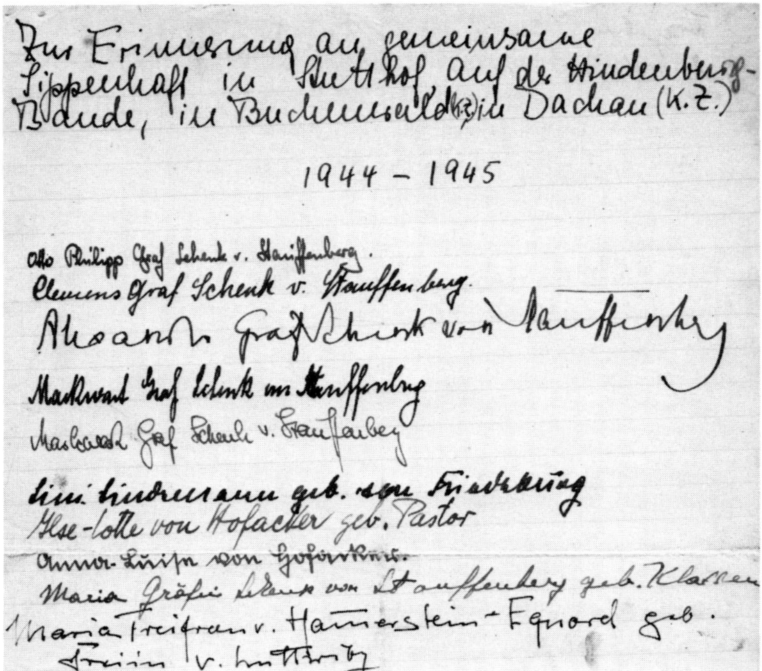

Zur Erinnerung an gemeinsame Sippenhaft in Stutthof, auf der Hindenburg-Baude, in Buchenwald (K.Z.), in Dachau (K.Z.)

1944 – 1945

Otto Philipp Graf Schenk v. Stauffenberg.
Clemens Graf Schenk v. Stauffenberg.
Alexander Graf Schenk von Stauffenberg
Markwart Graf Schenk von Stauffenberg
Markwart Graf Schenk v. Stauffenberg
Lini Lindemann geb. von Friedeburg
Ilse-Lotte von Hofacker geb. Pastor
Anna-Luise von Hofacker
Maria Gräfin Schenk von Stauffenberg geb. Classen
Maria Freifrau v. Hammerstein-Equord geb. Freiin v. Lüttwitz
Hildur von Hammerstein.
Franz Freiherr v. Hammerstein
Annelise Gisevius
Hildegard Maria Kuhn.
Reinhard Goerdeler
Annelise Goerdeler geb. Ulrich.
Dr. Marianne Goerdeler
Josef Mohr
Benigna Goerdeler
Jutta Goerdeler

Nach dem Ende der Haft ließ Fey von Hassell ihre Mitgefangenen auf dieser Liste unterschreiben

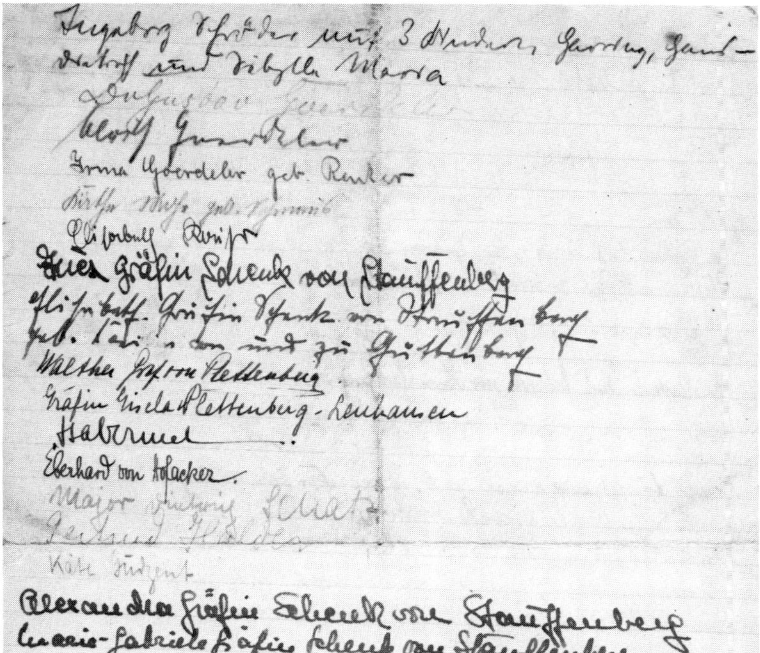

[illegible] Schröder mit 3 Kindern Harring, Hans-Dietrich und Sibylle Maria

[illegible]

[illegible] Goerdeler

Irma Goerdeler geb. Reuter

[illegible] geb. [illegible]

[illegible]

Nina Gräfin Schenk von Stauffenberg

Elisabeth Gräfin Schenk von Stauffenberg geb. Freiin von und zu Guttenberg

Walther Graf von Plettenberg

Gräfin Gisela Plettenberg-Lenhausen

Habermehl

Eberhard von Hofacker

Major Ludwig Schatz

[illegible]

Käte Gudzent

Alexandra Gräfin Schenk von Stauffenberg

Marie-Gabriele Gräfin Schenk von Stauffenberg

Léon Blum J. L. Blum

Dr. Erich Heberlein Margot Heberlein

Лейтенант авиации Красной армии В. Кокорин

[illegible]

Friedrich Leopold Prinz von Preussen

v. Tombándy-Hegyessy Géza

Kgl. ung. Generalleutnant

[illegible]

Hjalmar Schacht

Markwart Graf Schenk von Stauffenberg nach der Befreiung

Hjalmar Schacht (links) und Sigismund Payne-Best unmittelbar nach ihrer Befreiung

Die Baronin Maria von Hammerstein-Equord

Die Kapelle des Hotels Pragser Wildsee

Oben: Alexander von Stauffenberg. Unten: Markwart (links) und Otto-Philipp von Stauffenberg (rechts)

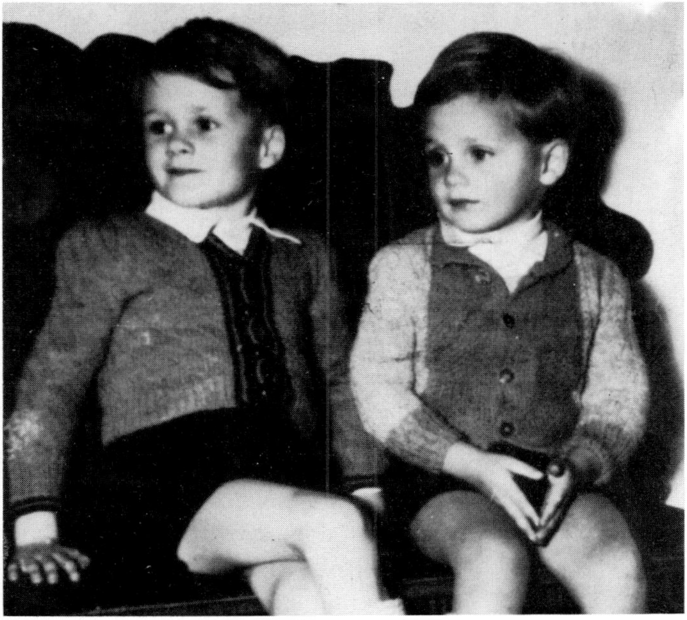

Oben: Corradino und Robertino nach ihrer Rückkehr nach Brazzà.
Unten: Wolf-Ulrich und Hans-Dietrich von Hassell, 1945

Oben: Das Castello di Brazzà. Unten: Das Pferd Mirko

6.
Im Gefängnis in Innsbruck

»Da mußte uns so recht zu Bewußtsein kommen, wie richtig der Satz von Dostojewski ist, in dem er den Menschen einmal geradezu definiert als das Wesen, das sich an alles gewöhnt.«*

Wie in Kriegszeiten üblich, kam der Zug mit großer Verspätung an. Dannenberg überließ mich einem Mann, der zwar Zivil trug und sich nicht auswies, aber gewiß zur Gestapo gehörte. Jedenfalls war er so anständig, mich mit jedem sprechen zu lassen, der sich von mir verabschieden wollte. Meine liebe Freundin Maria Nigris blieb einige Stunden bei mir. Für sie war das riskant, da jeder Kontakt zu mir kompromittierte. Aber wie dankbar war ich ihr für diesen Liebesbeweis in einem Augenblick, in dem ich mich von Gott und der Welt verlassen fühlte. Später kam auch noch ein anderer sehr lieber Freund, Luciano Giacomuzzi, der im Oktober des vergangenen Jahres Detalmo bei sich versteckt hatte, als er mich und die Kinder besuchte. Luciano war in letzter Zeit nicht in Udine gewesen und wußte deshalb nichts von den jüngsten Vorfällen. Als er aber davon erfuhr, radelte er sofort nach Brazzà, wo er hören mußte, daß ich schon fort sei. So fuhr er, immer mit dem Fahrrad, weiter zum Bahnhof. Als ich ihn kommen sah, wurde mir klar und schmerzlich bewußt, was ich nun verlor, und das Unbekannte, das mir bevorstand, wurde noch dunkler. Seit dem schweren Schlag, den mir die Nachricht versetzt hatte, daß ich fort müsse, weinte ich zum ersten Mal. Erst nach dem Krieg erfuhr ich, daß meine Freundin Andreina di Caporiacco einen Boten nach Brazzà geschickt hatte, der mich

* Viktor E. Frankl, ... trotzdem ja zum Leben sagen, a.a.O., S. 115.

und die Kinder in ihr Haus in den karnischen Alpen bringen sollte. Dort hätte uns sicher niemand gefunden. Der Bote kam zu spät. Ich war mit den Kindern schon abtransportiert worden.

Erst gegen Mittag setzte sich der Zug in Bewegung. Die Kinder schliefen gleich ein. Sie waren so artig wie nie zuvor, als ob sie verstanden hätten, daß dies eine Zeit war, in der sie ruhig und folgsam sein müßten. Es war eine endlose Reise! Als wir um ein Uhr in der Nacht in Villach ankamen, verpaßten wir natürlich den Anschluß. Der SS-Mann, der uns begleitete, erlaubte uns, in einem riesigen Saal, wo Frauen und Kinder untergebracht waren, ein wenig auszuruhen.

Erst am nächsten Morgen konnten wir weiterfahren und, man höre und staune, der SS-Mann half mir, die Koffer zu tragen.

Nachmittags kamen wir in Innsbruck an. Nach langem Warten in der Staatspolizeistelle wurden wir von der SS in eine Art Kaserne gebracht. Dieses Gebäude schien der Gestapo zu dem Zweck zu dienen, ihre Gefangenen zu sammeln, um dann zu entscheiden, wohin sie gebracht werden sollten. Auch Verhöre wurden hier wohl durchgeführt. Ich sah viele Gefangene in blauweiß gestreiften Kitteln, denen man die Haare geschoren hatte. Sie trugen ein rotes aufgenähtes Dreieck am Ärmel, das sie als politische Häftlinge auswies. Auf der linken Brust hatten sie, wie alle Gefangenen, ihre Registriernummer und den Anfangsbuchstaben ihres Herkunftslandes. Zwei von ihnen trugen mir die Koffer die Treppen hoch und über einen langen Flur, an dessen Ende man bis zur Decke reichende Verschläge errichtet hatte, hinter denen Gefangene auf ihr Verhör warteten. Sie schauten mißtrauisch durch das eiserne Gitter hindurch und sahen verstört und verhungert aus.

Zwei SD-Männer kamen auf mich zu, der eine in Zivil, der andere trug die schwarze SS-Uniform und blickte mir finster entgegen. Plötzlich brüllte er mich an: »Sie sind also die Tochter dieses Verbrechers, dessen Kopf wir haben rollen lassen. Dieser Hund! Dieses Schwein! Was erwarten Sie denn von uns? Sollen wir Sie mit Samthandschuhen anfassen?« Diesen Sätzen folgte ein boshaftes Gelächter. Der SS-Mann, der mich nach Innsbruck begleitet hatte, verabschiedete sich. Er war sehr höflich zu mir gewesen und hatte mir zu verstehen gegeben, daß meine Deportation in seinen Augen vollkommen falsch war. Obwohl er zur SS gehörte, war er für mich die letzte Erinnerung an Italien. Wie glücklich konnte er sein, wieder dorthin zurückzukehren. Vielleicht war er auch der letzte Mensch gewesen, der mich gut behandelt hatte. Tränen verschleierten meinen Blick, dann strömten sie immer heftiger; leider blieb das auch dem brutalen SS-Mann nicht verborgen. Von neuem brüllte er: »Hören Sie doch mit dem Gewimmer auf! Seien Sie nicht so entsetzlich blöd!« Danach fuhr mich der andere SD-Mann, der in Zivil, in ein – Hotel! Ich traute meinen Augen nicht: Ich bekam ein schönes Zimmer mit allem Komfort. Die Gestapo durchsuchte zwar meine Koffer, hatte aber glücklicherweise nichts zu beanstanden. Nach soviel grauenhaften Erwartungen fühlte ich mich wie im Paradies.

Tags darauf konnte ich sogar zusammen mit den anderen Hotelgästen zu Mittag essen, voll Stolz auf meine beiden Kinder, die sich mustergültig benahmen. Aber all das war nur von kurzer Dauer, eine Fata Morgana! Als ich nachmittags um zwei Uhr die Kinder zum Mittagsschlaf hinlegen wollte, öffnete sich die Tür, und zwei Gestapo-Männer traten ein. Sie waren von einer derart übertriebenen und schmierigen Höflichkeit, wie man sie von Deutschen eigentlich nicht kennt. Aber die Nazis hatten Leute zu Handlangern und Meuchelmördern abgerichtet, die nichts mehr mit den Deutschen, die ich kannte, zu tun hatten. Sie waren schwer zu durchschauen, und was sie sagten, hatte mit der Wahrheit nichts zu tun. Ich muß gestehen, daß ich jedesmal auf sie hereinfiel, obwohl ich während meiner Haftzeit genügend Gelegenheiten hatte, sie kennenzulernen. Offensichtlich dachte ich zu geradlinig, um jemand anderem zu unterstellen, daß es ihm um die »Wahrheit« dessen, was er sagte, zuallerletzt gehen könnte. Es war zum Verzweifeln. Oft habe ich mich während meiner Haftzeit gefragt, ob das denn wirklich Deutsche sein konnten. Nein, es war ein völlig anderer Menschentypus – in meinen Augen die Personifizierung Hitlers! Würden diese Figuren ebenso schnell wieder verschwinden, wie sie aufgetaucht waren? Aber die Deutschen sind ja beständig und gründlich, und was sie machen, machen sie ganz.

Den Glauben an ein besseres Deutschland verlor ich trotzdem nicht; dessen Repräsentanten befanden sich in den Konzentrationslagern, und wenn sie überlebten, würden sie zum Vorteil Deutschlands und der ganzen Welt wieder in Erscheinung treten. Die beiden Gestapo-Männer behaupteten, sie wollten mich lediglich darauf vorbereiten, daß ich ein paar Tage mit ihnen gehen müßte, um »all die Angelegenheiten, die zwischen uns in der Schwebe sind, zu klären«. Die Kinder könnten mich verständlicherweise nicht begleiten, sie würden aber währenddessen in einem guten Kinderheim untergebracht und zu diesem Zweck in die Obhut zweier NS-Fürsorgerinnen gegeben werden, die schon zu uns unterwegs seien. Corradino hatte ein paar Worte aus unserer Unterhaltung aufgefangen und fragte mich ganz aufgeregt, ob ich jetzt fortgehen würde. Ich verneinte das und wandte mich erneut an den einen Gestapo-Mann mit den Worten: »Sagen Sie mir bitte die Wahrheit! Handelt es sich wirklich nur um einige Tage oder um einen längeren Zeitabschnitt? Es macht mir nichts aus, wenn Sie mir sagen, wie es sich wirklich verhält, ich bitte Sie sogar sehr darum, denn dann kann ich mich innerlich darauf einstellen.«

Er antwortete nur: »Ich versichere Ihnen, es handelt sich nur um ein paar Tage, höchstens drei. Sie können ganz beruhigt sein!«

In der Absicht, bestätigend zu lächeln, brachte er nur ein Grinsen zustande, dieses typische verlegene Grinsen. Immer das gleiche, nur Lügen.

Die NS-Fürsorgerinnen kamen und fragten kurz nach den Gewohnheiten der Kinder. Daß das eine reine Formsache war, zeigte sich daran, daß sie nicht den geringsten Versuch machten, Kontakt mit den Kindern aufzunehmen. Ich zog ihnen die Mäntelchen an und sagte zu Corradino: »Weißt du, die Mama kommt gleich nach. Und ihr macht jetzt einen schönen Spaziergang.« Robertino fand das großartig und ging ohne Schwierigkeiten mit, während Corradino wie ein Wilder zu toben und zu schreien begann. Er versuchte, sich mit aller Gewalt von der Hand der Fürsorgerin loszureißen, und sie hatte Mühe, ihn nach draußen zu bringen. Instinktiv wollte ich genauso losschreien wie er, aber ich mußte mich den Kindern zuliebe beherrschen, außerdem wollte ich der Gestapo gegenüber keine Schwächen zeigen. Ich zuckte mit keiner Wimper. Aber ich hörte Corradino noch auf der Treppe schreien. Das Herz krampfte sich mir zusammen, ich empfand grenzenlosen Schmerz, dieses Kind so leiden zu sehen. Noch hoffte ich aber, die beiden bald wiederzusehen.

Die Gestapo brachte mich ins Gefängnis. Sie nahmen mir alles, was ich besaß: die Koffer, meinen Schmuck, das Geld. Mit Bestürzung fiel mir ein,daß ich mich im Hotel umgezogen hatte und daß die Jacke mit den im Futter eingenähten 3000 Lire und den Reichsmark nun im Koffer lag. Ich konnte nur hoffen, daß die Sachen nicht genau durchsucht würden.

Ein äußerst grober Gefängnisaufseher führte mich in eine winzige Zelle, in der sich glücklicherweise nur noch eine sehr junge, einfache Frau befand. Sie hörte auf den schönen Namen Emma. Ich ließ mir von ihr alle Einzelheiten und Umstände erzählen, die sie ins Gefängnis gebracht hatten.

Es war eine geringfügige und eigentlich beinahe lächerliche Sache: Sie hatte sich am Schwarzschlachten eines Schweines beteiligt und sich zweimal geweigert, in der Gaststätte, in der sie bediente, weiter zu arbeiten, weil sie dort mißhandelt wurde. Schwarzmarkt und Arbeitsverweigerung waren zwei sehr schwere Verbrechen und wurden streng bestraft, auf sie stand sogar KZ. Deshalb war Emma jedesmal, wenn ein Transport zu einem Lager zusammengestellt wurde, voller Sorge, daß diesmal auch sie aufgerufen würde.

Den Zeitpunkt eines Transportes erkannte man zuerst an dem eiligen Hin und Her auf den Gefängnisfluren; Zellentüren wurden geöffnet und geschlossen, Lastwagen kamen und fuhren wieder ab, Gefangene, die an unserer Tür vorbeigingen, schrieen vor Entsetzen. Das ungewohnte Hin und Her unterbrach die übliche Totenstille. Während ihres ersten Verhörs war Emma so geschlagen worden, daß sie vor lauter seelischem und körperlichem Leid eine Fehlgeburt im siebten Monat hatte, von der sie sich kaum erholte. Schließlich setzte sie es durch, daß sie zu einem Arzt gebracht wurde; ich durfte sie begleiten. Als wir unter Bewachung in dem Wartesaal des Arztes ankamen, schauten uns alle voll Mitleid, aber auch voll Neugier an. Zu unserem Glück schlief unsere Wache ein. Eine neben mir sitzende Frau flüsterte mir zu: »Ich war auch zwei Jahre im Gefängnis, ich weiß, was es heißt, Hunger zu haben. Sie sitzen sicher ebenso unschuldig im Gefängnis. Sagen sie mir, was Sie brauchen können. Ich werde für Sie tun, was ich kann. Und jedenfalls nehmen Sie erst einmal dies an...« Und geschwind legte sie zwei herrliche Brötchen und ein Stück Butter auf meinen Schoß. So schnell wie möglich brachte ich alles in meiner Tasche unter und bedankte mich. Dann fragte ich sie, ob sie zufällig ein paar Streichhölzer bei sich hätte; es sei mir nämlich gelungen, einige Zigaretten in die Zelle zu schmuggeln. Sie hatte keine bei sich, aber sie stand sofort auf, ging hinaus und war im Handumdrehen wieder zurück – mit einer ganzen Schachtel Streichhölzer. Alle Anwesenden verfolgten diese Szene voller Spannung, unser Bewacher aber schnarchte weiter.

Nach dem Arztbesuch mußten wir ins Gefängnis und in die winzige Zelle zurück. Zu rauchen gab es bald nichts mehr, weil die Zigaretten schnell zu Ende waren, zu lesen hatte ich auch nichts, da ich vergessen hatte, mir Bücher mitzunehmen, und zu essen gab es nichts außer der ekelhaften Gefängniskost: eine muffige, stinkende Suppe und ein feuchtes Stück Schwarzbrot. Voll Sehnsucht dachte ich an den Schinken und die Würste, die noch in meinem Koffer liegen mußten. Ich versuchte, die Gefängnisaufseher zu einem Anruf bei der Gestapo zu bewegen; von ihr brauchte man die Erlaubnis, den Schinken und die Würste holen zu lassen. Die einzige Antwort der Aufseher waren Flüche, sie machten nicht einmal die Tür auf, vielmehr rasselten sie pausenlos mit ihrem Schlüsselbund, um daran zu erinnern, daß sich das wichtigste Machtinstrument in ihren Händen befand.

Glücklicherweise war Emma eigentlich ein optimistisch veranlagter Mensch. Ihr gelang es, sogar in der Zelle eine Atmosphäre zu schaffen, die man heiter nennen konnte. Oft sang sie mit ihrer sympathischen, weichen Stimme Volkslieder. Manches Mal ging mir ihr Gesang zwar auch auf die Nerven, aber für gewöhnlich beruhigte er meine Gedanken und Gefühle. Mit besonderer Vorliebe sang sie:

> Sag' zum Abschied leise Servus,
> und nicht Lebwohl und nicht Ade,
> denn diese Worte tun mir weh.
> Es gibt jahraus, jahrein
> ein' neuen Wein und neue Liebeleien . . .

Endlich gelang es mir, einige Bücher aus der Gefängnisbibliothek zu bekommen. Es schien mir geradezu schicksalhaft, daß das erste Buch, das ich erhielt, ein Roman war, der während der Französischen Revolution spielte; er handelte von einer jungen Gefangenen, die weit mehr erleiden mußte als ich bisher.

Leider blieben Emma und ich nicht allein in der Zelle. Die Gefängnisse waren mit Deutschen und Ausländern überfüllt – ein Beweis sowohl für den herrschenden Terror wie für den passiven Widerstand in Deutschland. Sie wußten gar nicht mehr, wohin mit all den Häftlingen. So kam es, daß wir in der winzigen Zelle bald zu fünft hausten; zwei Kroatinnen und eine Serbin waren dazugekommen, ziemlich vulgäre Personen, die nur über unerfreuliche Dinge sprachen, Läuse hatten, schmutzig waren, und deren Haut von einem widerlichen Ausschlag bedeckt war. Unter diesen Umständen war es nicht gerade ein Vergnügen, zu fünft auf den zwei Strohsäcken auf der Erde zu schlafen.

Eine der beiden Kroatinnen bat mich jeden Morgen, ihre Schultern, die von abscheulichen Schwären übersät waren, mit einer Salbe einzuschmieren. Wer weiß, warum sie ausgerechnet mich dazu auserkoren hatte! Ich wollte es ihr aber auch nicht abschlagen, denn sie war ausgemergelt und heruntergekommen und tat mir leid. Die arme Frau! Mir grauste davor, sie zu berühren und einzucremen, aber ich überwand mich, denn sie dauerte mich sehr und meine Hilfe brachte ihr etwas Erleichterung.

Beinahe jeden Tag war Fliegeralarm, und wir wurden in einen ganz unsicheren Luftschutzkeller gebracht. Ich muß gestehen, daß ich jedesmal große Angst hatte. Die Bomben fielen ununterbrochen und sehr nah, weil das Gefängnis dicht beim Bahnhof lag.

Nachts machten die Wachen mehrmals das Licht in der Zelle an, um zu prüfen, ob die Hände der Gefangenen auf der Decke lagen. In letzter Zeit hatten viele versucht, sich das Leben zu nehmen. Eine der Frauen in meiner Zelle war wegen nicht-politischer Delikte bereits 14mal im Gefängnis gewesen und hatte zwei Selbstmordversuche hinter sich. Nach einem Verhör kehrte sie in die Zelle zurück und hatte ein Messer bei sich, um den dritten Versuch zu machen. Glücklicherweise entdeckten wir das Messer rechtzeitig und nahmen es ihr fort.

Am meisten zermürbten mich aber diese nicht endenwollenden Stunden im Gefängnis. Meine Hauptbeschäftigung war, täglich in der Zelle auf und ab zu gehen, wie ein Tier im Käfig. Bis zu 300mal ging ich hin und her und sagte mir dabei die Gedichte her, die ich auswendig konnte. Das half mir, nicht an die Kinder und an meinen Vater zu denken. Manchmal überlegte ich auch, was ich bei einem Verhör sagen würde. Das Verhör fand aber nie statt. Ich hatte mir heimlich einen Bleistift besorgt und mir Wahrsage-Karten angefertigt. Jeden Tag baten mich meine Gefährtinnen, ihnen die Zukunft vorauszusagen. Selbstverständlich war das Ergebnis immer das gleiche: Sie würden am nächsten Tag entlassen werden. Das trat natürlich nicht ein, aber sie richteten dennoch ihren Glauben darauf. Ich versuchte auch, Serbisch zu lernen, aber ohne Erfolg. In der übrigen Zeit las ich.

Nach zehn Tagen erschien der gleiche Gestapo-Mann, der mich ins Gefängnis gebracht hatte. Als erstes bat er mich, die Hotelrechnung zu begleichen – ich wollte meinen Ohren nicht trauen! Ich hatte doch keine Vergnügungsreise gemacht! Außerdem kam er sich ganz besonders großzügig vor, als er mir mitteilte, er habe den Schinken und die Würste an die Luft hängen lassen, damit sie nicht schlecht würden; er würde mir etwas bringen lassen, leider sei einiges aber schon verdorben. Mir war sofort klar, daß er log, er hatte gewiß mit Vergnügen die Sachen selbst verzehrt! Er fügte noch hinzu, daß er täglich auf eine Antwort aus Berlin warte, daß ich bald in die Freiheit entlassen würde und daß es den Kindern gut ginge. Ich wußte nicht, was ich ihm überhaupt glauben konnte. War es Taktik, waren es einfach schamlose Lügen, oder stimmte es? Zu guter Letzt kam die große Überraschung: Er übergab mir einen Brief meines Bruders Wolf-Ulli aus Berlin! Dann ging er und schloß die Zellentür, die sich nun für längere Zeit nicht mehr öffnen sollte.

Endlich Nachrichten von zu Hause! Ich verschlang Wolf-Ullis Brief regelrecht.

Berlin, 9. Okt. 44

»Liebe kleine Schwester,

Gestern erreichte mich die Nachricht von Deiner Verhaftung. Du kannst Dir vorstellen, wie entsetzt ich war. Ich habe mich nun gleich hier bei der Geheimen Staatspolizei erkundigt, und mir wurde gesagt, daß ich an Dich unter der Anschrift Staatspolizeistelle Innsbruck schreiben könnte. Ich habe diese Anschrift auch an Mutti weitergeleitet, die sich sicher auch gleich mit Dir in Verbindung setzen wird. Vielleicht kann sie oder Almuth nach Innsbruck fahren und Sprecherlaubnis bekommen. Man versicherte mir, daß die Kinder in einem guten Kinderheim untergebracht sind und daß Du sie sofort nach Deiner Freilassung wieder bei Dir haben wirst. – Mutti wußte schon von Deiner Verhaftung, weil sie vom Kommandanten in Brazzà, Dannenberg, einen Brief mit der ›netten‹ Nachricht bekommen hatte. Ich lege diesen Brief, den mir unsere Mutter schickte, bei. Es besteht kein Zweifel: Der Brief zeigt deutlich, in welchen Zeiten wir leben. Ich denke in großer Liebe an Dich. Dein getreuer Bruder W U«

Dann las ich Dannenbergs Brief vom 28. September an Mutti:

28. Sept. 44

»Sehr verehrte gnädige Frau!

Ich bedaure, Ihnen Ihren Brief an Ihre Tochter zurückschicken zu müssen, desgleichen ein zweites Schreiben aus Hamburg. Ich bitte Sie, dieses Schreiben weiterleiten zu wollen, da uns die genaue Anschrift fehlt. Sie wollen entschuldigen, daß beide Schreiben geöffnet sind, doch habe ich die unangenehme Aufgabe, die einlaufende Post überwachen zu müssen.

Ich habe nun die Pflicht, Ihnen von den Vorgängen hier zu berichten. Ihre Frau Tochter ist in der Ihnen bekannten unglücklichen Angelegenheit nach Bekanntwerden des Urteils in Untersuchungshaft genommen worden. Ich habe ihr alle möglichen Erleichterungen verschaffen (ich bin der Nachfolger von Oberstlt. Eisermann) und sie auch besuchen können, ihr auch meinen Adjutanten oder einen anderen meiner Herren geschickt. Es gelang mir schließlich durch meine persönliche Bürgschaft, die gnädige Frau wieder ins Schloß zu holen; sie mußte sich die dauernde Anwesenheit meines Adjutanten gefallen lassen, war aber bei ihren Kindern und konnte für die Verwaltungsdinge sorgen. Dann kam plötzlich der Befehl, daß Ihre Tochter mit den Kindern unter Begleitung eines Herrn in Zivil nach Innsbruck zu reisen habe. Ich habe sie selbst in meinem Wagen vorgestern früh zur Bahn gebracht. Die endgültige Adresse weiß ich noch nicht, auch nicht, was man weiterhin mit ihr vorhat. Mir ist nur soviel bekannt, daß dort Vernehmungen stattfinden sollen. Ein etwas unglücklicher Umstand ist dabei, daß Ihre Tochter mit einem italienischen Offizier verheiratet ist, der jetzt auf der Gegenseite kämpft.

Sobald ich etwas Genaueres weiß, werde ich mir erlauben, Ihnen Mitteilung zu machen. Ob Korrespondenz möglich sein wird, glaube ich bezweifeln zu müssen. Immerhin habe ich Ihrer Tochter geraten, den Versuch zu machen, ob mit mir selber ein Briefwechsel möglich ist. – Den Abschied zu schildern, erlassen Sie mir bitte. Aber es ist beachtlich, wie sehr das italienische Personal an Ihrer Tochter hängt! Die Verwaltung hier wird der Schwager Ihrer Tochter beaufsichtigen (es war nicht mein Schwager, sondern Detalmos Vetter, Alvise di Brazzà).

Soweit die bisherigen Vorgänge. Ich empfehle mich Ihnen, sehr verehrte gnädige Frau – ergebenst – Dannenberg Oberstleutnant und Kdr.«

Wolf-Ullis Brief schien mir zwar allzu optimistisch, aber er gab mir auch wieder neue Hoffnung. Vor allem beruhigte es mich, daß nun die ganze Familie von meinem Schicksal und von dem der Kinder wußte. Dannenbergs Brief hingegen irritierte mich. Sein Verhalten war ja ziemlich anständig, aber offensichtlich hatte er auch, so wie die Dinge gelaufen waren, ein schlechtes Gewissen. Was auch immer die Gründe waren, meiner Mutter zu schreiben, so dankte ich es jedenfalls Dannenberg, daß sie Nachricht von meiner Deportation erhalten hatte und meinen Aufenthaltsort kannte. Man muß sich außerdem darüber im klaren sein, daß dies alles unter den wachsamen Augen des politischen Offiziers Kretschmann vor sich gegangen war. Ein weiterreichender Schritt hätte Dannenberg offenbar überfordert. Wir lebten in einer Diktatur, und Helden hatten Seltenheitswert.

Im Gefängnis gab es keinerlei Krankenpflege, niemand kümmerte sich um die Kranken. Zum Beispiel hätte eine meiner Zellennachbarinnen dringend von einem Arzt untersucht werden müssen, weil sie ständig an starken Leibschmerzen litt. Immer wieder versuchte ich die Wachen zu überzeugen, daß sie einen Arzt kommen lassen müßten, aber meine Bitten wurden nur mit Geschrei beantwortet. Der Aufseher duzte mich, wurde wütend und zum Schluß schlug er die Zellentür zu und brüllte: »Blöde Kuh! Sei nicht so frech! Nimm dich bloß in acht, sonst laß ich dich nach Ravensbrück bringen!« Das war die schlimmste Drohung, die er aussprechen konnte.

Die Tage im Gefängnis schlichen dahin, Stunde für Stunde, eine wie die andere: das Hin- und Her-Tigern in der Zelle, die Wassersuppe mit dem feuchten Brotkanten, das Kartenlesen für die Mitinsassen, die sehnsuchtsvollen Blicke zu dem kleinen Stück Himmel hinter den Gittern am winzigen Fenster hoch oben an der Wand, das ewige Schlüsselgerassel auf dem Flur, die ordinären Flüche der österreichischen Wachen und ihre unverschämten Blicke, wenn wir uns morgens unter ihren Augen wuschen.

Als ich später Gelegenheit hatte, mit ehemaligen Berliner Häftlingen Erfahrungen über die Zeit im Gefängnis auszutauschen, konnte ich Vergleiche zwischen der Gestapo in Süd- und Norddeutschland ziehen. Ich mußte feststellen, daß die österreichischen und bayerischen Gestapo-Leute bürokratischer, unhöflicher, strenger und auch brutaler als ihre norddeutschen »Kollegen« waren. Nach meinem Dafürhalten versuchten die Süddeutschen, die berühmte unerbittliche preußische Disziplin und Ordnung nachzuahmen, und vor lauter Angst, dies könnte ihnen nicht gelingen und sie würden nicht ernst genommen, dachten sie sich nur um so strengere, härtere und gemeinere Strafen aus. Um gegen die Beklemmung und die Monotonie anzukämpfen, dachten wir uns manchmal kleine Späße aus. Zum Beispiel schrieb ich die Wände mit Versen, Schlagworten und Sprichwörtern voll, die einen wenn auch versteckten antinazistischen Inhalt hatten, so folgendes Gedicht von Goethe:

Feiger Gedanke,
Bängliches Schwanken,
Weibisches Zagen,
Ängstliches Klagen
Wendet kein Elend,
Macht Dich nicht frei.

Allen Gewalten
Zum Trutz sich erhalten,
Nimmer sich beugen,
Kräftig sich zeigen,
Rufet die Arme
der Götter herbei.

Wenn wir morgens über den langen Flur zum Waschen gingen, warf ich verstohlene Blicke in die anderen Zellen, was eigentlich streng verboten war. Durch solche Blickkontakte konnte ich mich mit den merkwürdigsten Leuten »anfreunden«. Da war zum Beispiel einer, den ich schon aus dem Luftschutzkeller kannte. Ihm gelang es, sich auf mysteriösen Wegen jeden Tag Knoblauch zu besorgen, und jeden Abend bedeutete er mir, doch in seine Zelle zu kommen, um eine Knoblauchmahlzeit einzunehmen. Aber das blieb ein Kindertraum, wie hätte ich so etwas tun können? Durch seine Vermittlung konnte ich mir Kriminalromane besorgen, die mir wenigstens etwas die Zeit vertrieben. Dieser Häftling, ein Eisenbahner, hatte seinen Haß auf Hitler öffentlich kundgetan. Das war sein einziges »Verbrechen«, und es reichte, um ihn mehrere Monate ohne ein Verhör ins Gefängnis zu sperren. Mit den Wachen kam er gut aus, weil er eine so freundliche Art hatte, daß alle ihn sympathisch fanden. Man konnte fast meinen, das Gefängnis sei für ihn ein Ort, um sich auszuruhen, und kaum ein Tag verging, an dem er nicht irgend etwas zu lachen fand oder sich über jemanden lustig machte.

Im Luftschutzkeller machte ich noch zwei weitere interessante Bekanntschaften. Ein Mann war mir durch sein Aussehen aufgefallen, ein Holländer, blond, hochgewachsen, mit blauen Augen, bekleidet mit einer Trachtenjacke und einem Tirolerhut, was ihm ausgezeichnet stand. Er wirkte immer ernst und traurig, und das konnte ich gut verstehen, nachdem er mir seine Geschichte erzählt hatte. Er war zur SS einberufen worden, weil sie großgewachsene Männer suchten, er lehnte ab, woraufhin sie ihn mit Gewalt holten. Es gelang ihm zu fliehen, aber sie fingen ihn in der Nähe der holländischen Grenze wieder ein: Jetzt erwartete ihn das Todesurteil oder, wenn er Glück hatte, das Konzentrationslager. Ein anderer Mann, Südtiroler, Sohn eines Hoteliers in Bozen, war völlig ausgemergelt, hatte ein beinahe gespenstisches Aussehen. Er hatte für Deutschland optiert, weil man ihm Arbeit versprochen hatte. Er wollte seinen Augen nicht trauen, als man ihn kurzerhand ins Gefängnis in Innsbruck sperrte, statt ihm wie versprochen Arbeit zuzuweisen. Vielen Arbeitern aus Südtirol sei es ebenso ergangen, erzählte er. Wie war so etwas möglich? Die Erklärung war: Die Transporte von »Arbeitswilligen« nach Deutschland wurden durchgeführt, bevor die Einstellungs- und Arbeitsbedingungen geklärt waren. Nun fürchteten die Nazis, daß die Leute während dieser Wartezeit ohne Arbeit und möglicherweise ohne Nahrung auf den Gedanken kommen könnten, nach Hause zurückzukehren. Um dies zu verhindern, wurden sie kurzerhand eingesperrt. Der Südtiroler schenkte mir ein paar Zigaretten, und ich brachte ihm, weil er so ausgehungert war, etwas von meinem Schinken.

Am 21. Oktober geschah etwas Besonderes. Ich wurde von der Gestapo auf den Dachboden des Gefängnisses zu meinen Koffern gebracht, die ich in Gegenwart der Wache öffnen sollte. Ich konnte mir saubere Kleidung herausnehmen. Dann bestach ich die Wache mit einigen Zigaretten, damit ich selbst auch ein paar Päckchen mit in die Zelle nehmen konnte. Dabei bemerkte ich voller Wut, daß von den 600 Zigaretten, die ich aus Italien mitgenommen hatte, 300 fehlten. Ebenso vermißte ich den mitgenommenen Tee. Aber was konnte man schon von solchen Leuten erwarten! Das Geld, das ich in das Jackenfutter genäht hatte, war jedenfalls noch vorhanden, wie ich durch einen raschen, verstohlenen Griff feststellte.

Der nächste Tag, der 22. Oktober, war mein Geburtstag, ich wurde 26 Jahre alt. Da öffnete sich morgens die Zellentür, und die Wache sagte: »Du bist frei.« Es schien das schönste Geburtstagsgeschenk meines Lebens – und sollte dann tatsächlich einer der grauenhaftesten Tage meiner Gefangenschaft werden. Ich sammelte meine Sachen zusammen, verabschiedete mich von meinen Zellengefährtinnen, die natürlich neidisch waren, und ging zum Gefängnisausgang hinunter.

Unten erwartete mich ein Gestapo-Mann in Zivil, der sich mit den Worten an mich wandte: »Wir werden eine kleine Reise machen!« Ich fragte sofort, wohin es gehen solle, denn nun machte mich das alles unsicher.

»Ich weiß nur, daß ich Sie nach Schlesien bringen soll.«

»Und meine Kinder?!«

»Wieso? Haben Sie Kinder?«

»Ja, ich habe zwei Kinder. Man hat sie mir bei meiner Verhaftung weggenommen.«

»Tut mir leid, über deren Schicksal weiß ich nicht Bescheid. Ich habe keine Ahnung, wo Ihre Kinder sind. Jedenfalls bitte ich Sie, auf der Reise vernünftig zu sein. Machen Sie keine Szenen, die böse Folgen haben könnten. Im Gegenteil, tun Sie, als ob Sie mich schon lange kennen.« Darauf konnte er lange warten, mehr als unumgänglich nötig wollte ich mich nicht unterordnen.

Man gab mir den Schmuck, die Uhr und das bißchen Geld, das ich bei meiner Inhaftierung abgegeben hatte, zurück, dann ließ man mich lange auf einem Flur warten. Glücklicherweise war ich allein, und so konnte ich in meiner grenzenlosen Verzweiflung meinem Weinen freien Lauf lassen. So viele Tränen hatte ich im Gefängnis unterdrückt, immer neue kamen jetzt dazu. Der Gedanke, nichts von den Kindern zu wissen, trieb mich an die Grenze des Wahnsinns. Ich dachte, ich müßte den Verstand verlieren. Mit einem Mal hörte ich auf zu weinen, jemand hatte mich am Arm berührt. Eine Frau, die mein Verhalten aufmerksam gemacht hatte, fragte mich nach dem Grund meines Kummers. Stockend erzählte ich ihr von meinen Kindern, dann berichtete sie von ihrem Schicksal: Sie war Polin und seit Jahren im Gefängnis, wo sie als Putzfrau die Flure reinigte. Die Gestapo hatte sie in Polen verhaftet, gerade als ihr nur wenige Jahre altes Kind nicht bei ihr war. Sie bat die Gestapo, ihr Kind holen zu dürfen, um es mitnehmen zu können. Dies wurde abgelehnt mit der Begründung: »Was kümmert uns Ihr Kind? Stellen Sie sich vor, jede Mutter würde erst ihr Kind holen, bevor sie ins Gefängnis geht. Wir haben keine Zeit für solche Sentimentalitäten. Gehen wir! Kommen Sie mit!« Sie hatte in all den Jahren nichts mehr von ihrem Kind gehört, weder wo es war noch wie es ihm ging ... Die arme Frau! So gelang es ihr, mich zu beruhigen, weil mir klar wurde, wie viele Menschen ebenso litten wie ich, und daß nicht wenige ein noch viel grausameres Schicksal tragen mußten.

Gerade rechtzeitig fand ich meine Beherrschung wieder. Der Gestapo-Mann von vorhin kam in Begleitung einer Frau auf mich zu, beide in Zivil. Sie hatten offensichtlich Angst, ich könne fliehen. Lächerlich! Wohin hätte ich mich denn wenden sollen! Auf dem Innsbrucker Bahnhof mußten wir lange auf dem Bahnsteig warten. Meine beiden Bewacher unterhielten sich so angeregt, daß ich ihnen den Rükken zukehren konnte, und wieder fing ich an zu weinen. Meine Verzweiflung war unendlich, ich konnte meiner Tränen einfach nicht mehr Herr werden. Ich fühlte mich so ohnmächtig in den Händen dieser Verbrecher! Weit fort von den Kindern schickten sie mich, die weiß Gott wo waren. Es gab keine Möglichkeit, etwas von ihnen zu erfahren. Von Zuhause hatte ich auch keine Nachricht. Es war für mich das absolute Grauen. Schließlich fuhren wir in einem heillos überfüllten Zug ab.

Die Mitreisenden waren fast nur Flüchtlinge, Menschen, die alles verloren hatten und einem unbekannten Schicksal entgegenfuhren, arm und ausgehungert, auseinandergerissene Familien, in den Herzen eine machtlose Wut auf diesen sinnlosen Krieg. Die Züge hatten 20 und noch mehr Stunden Verspätung, und wir mußten mehrmals umsteigen. In dem unbeschreiblichen Durcheinander gelang es mir, dem Schicksal eine Botschaft anzuvertrauen. Meine Bewacher hatten mir erlaubt, auf dem Trittbrett vor dem Abteil etwas Luft zu schnappen. Dort stand eine freundliche Frau, der es gelang, mir ein Blatt Papier und einen Bleistift zu verschaffen. Auf die eine Seite schrieb ich die Adresse meiner Mutter, auf die andere, daß man mich nach Osten brächte und ich keine Nachricht von den Kindern hätte. Als wir wieder einmal an einem Bahnhof hielten, warf ich den Zettel auf die Gleise. Tatsächlich erreichte meine Mutter diese Botschaft per Post. Irgendein freundlicher Mensch muß den Zettel gefunden, gelesen und abgeschickt haben.

Während der langen Aufenthalte auf den traurigen Bahnhöfen, die großenteils stark beschädigt waren, hatte ich Gelegenheit, all die Menschen, die nun seit vier Jahren diesen Krieg erlebten, zu beobachten. Auf den ersten flüchtigen Blick konnte man glauben, daß der Zusammenbruch unmittelbar bevorstünde. Die Frauen waren schlecht gekleidet, ihre Mimik nervös und ihre Gesichter scharf gezeichnet, das Eisenbahnpersonal war ausschließlich weiblich. Es war ein Hin- und Herschieben von Menschenmassen wie nie zuvor. Ganze Dörfer und Städte von Flüchtlingen bewegten sich von Osten nach Westen, während die Truppen von Westen nach Osten verlegt wurden – dies alles scheinbar in einem unglaublichen Durcheinander. Aber wenn man genauer hinschaute, entdeckte man etwas anderes. Wenn auch die Züge mit großer Verspätung ein- und ausfuhren, so funktionierte doch alles, so hatte man sich offenbar doch in der Situation eingerichtet. Ich sah Soldaten und Offiziere, die seelenruhig Fronturlaub nahmen, als ob auf der Kriegsbühne alles normal sei. Da die Züge, auch auf den Gängen, total überfüllt waren, mußten die Reisenden durch die Fenster einsteigen, aber immerhin, man fuhr. Zu meinem Entsetzen sah ich unzählige 15-, 16jährige junge Burschen, die einberufen worden waren und zur Front fuhren. Sie wirkten müde, bar jeglicher Begeisterung, hatten einen tieftraurigen Ausdruck in ihren blassen Gesichtern; gezwungen, für Ideale zu kämpfen, die dem Untergang geweiht waren. Mir kam es so vor, als trüge jeder von ihnen auf der Brust unsichtbar dieses Schild mit der Aufschrift, das man auf allen Bahnhöfen und Plätzen lesen konnte: »Alle Räder müssen rollen für den Sieg«. Welch ein Verbrechen beging Hitler an Deutschland! Welch ein unvergleichlicher Egoismus zwang ihn, das ganze Land mit sich in den Abgrund zu reißen, um nicht alleine unterzugehen. All das schien mir immer offensichtlicher in einem tragischen Licht. Diese jungen Leute konnten nicht fröhlich sein, keine Scherze, kein Gelächter . . . Man konnte meinen, sie hätten jede Hoffnung auf bessere Zeiten aufgegeben, als warteten sie nur noch auf den Tod und blickten entsetzt auf den Zusammenbruch um sie herum.

Unter ständigen Luftangriffen reisten wir drei Tage lang bis Reinerz, einem Ort in der Nähe Breslaus, im Böhmerwald gelegen. Meine Wachen hatten mir aus unerfindlichen Gründen diesen Bestimmungsort verschwiegen.

7.
Im Hotel Hindenburg-Baude bei Reinerz

Am Bahnhof von Reinerz empfing mich ein Obersturmführer mit der typischen übertriebenen und schmierigen Höflichkeit; sogar einen Handkuß gab er mir. Diese Geste von solch einem Mann! Unerträglich! Zu meiner größten Verwunderung fuhr er mich mit einem kleinen Privatauto zu einem hübschen, im Wald gelegenen Hotel namens Hindenburg-Baude.

Kaum angekommen, stellte mich der Offizier einem Bruder und einer Schwester Stauffenberg vor. Als ich diesen Namen hörte, war mir sofort klar, daß ich mit ihnen bis zum Kriegsende in Gefangenschaft bleiben würde. Später trafen noch andere Häftlinge ein. Bald bestand die Gruppe aus acht Stauffenbergs, sechs Goerdelers, drei Hofackers, dem Ehepaar Kuhn und Fräulein Gisevius. Aus meiner Familie war ich die einzige. Es waren also ausschließlich Familienmitglieder der Verschwörer des 20. Juli, durchwegs sympathische Menschen. Von ihnen erfuhr ich erste Einzelheiten über den Ablauf des Attentats auf Hitler, und Ilselotte von Hofacker konnte mir endlich mitteilen, wie es meiner Familie ging. Sie war die Frau von Oberstleutnant Caesar von Hofacker, der in Paris zusammen mit seinem Vorgesetzten, General von Stülpnagel, verhaftet worden war. Nach ihren Informationen waren meine Mutter und meine Schwester am gleichen Tag wie mein Vater verhaftet worden. Man habe sie aus unserem Haus in Ebenhausen abgeholt und in München ins Gefängnis gesperrt; sie blieben nur zehn Tage dort, weil mein Bruder Wolf-Ulli die Gestapo in Berlin überreden konnte, sie wieder nach Hause gehen zu lassen. Er mußte versprechen, daß sie sich jeden Morgen bei der Polizei in Ebenhausen meldeten.

Bei der Gestapo in Berlin fragte Wolf-Ulli, warum man, statt seine Mutter und seine Schwester zu verhaften, nicht ihn selbst, der von allen Familienmitgliedern doch den engsten Kontakt zu seinem Vater gehalten habe, verhaftet hätte. Die Gestapo, an solch mutige Äußerungen nicht gewöhnt, war so überrascht und verwirrt über diese Frage, daß sie auf der Stelle meine Mutter und meine Schwester freiließen, ohne jedoch Wolf-Ulli zu verhaften – ein wirklich seltener Fall!

Ilselotte hatte man ihre drei kleineren Kinder fortgenommen, während die beiden älteren, ein 15jähriger Junge und ein 13jähriges Mädchen, bei ihr bleiben konnten. Aus geheimen Quellen hatte sie die Information, daß die meisten Kinder, die ihren Eltern im Zusammenhang mit dem 20. Juli fortgenommen worden waren, in einem Kinderheim in Bad Sachsa im südlichen Harz untergebracht waren. Ob auch meine Kinder dort waren? Es war nicht sehr wahrscheinlich, weil sie mir die Kinder zu einem späteren Zeitpunkt als den anderen Müttern weggenommen hatten. Aber wo konnten Corradino und Robertino dann sein? Ich war außer mir! Ilselotte Hofacker, eine schöne Frau um die 40, war stets guter Dinge, aber auch energisch. Ihr Herz war von purem Gold. Über das Schicksal ihres Mannes war sie sich im unklaren, da sie bisher noch keine offizielle Nachricht von seinem Tod erhalten hatte. Sie behielt ihren Kummer für sich, weil sie ihre beiden Kinder, die bei ihr waren, nicht beunruhigen wollte. Ihr Sohn Eberhard war vom Schicksal so hart angepackt worden, daß er viel zu ernst wirkte. Man spürte, daß er sehr litt, andererseits fühlte er sich aber auch für Mutter und Schwester verantwortlich. Auch seine Schwester Annele, ein sehr hübsches Mädchen, hatte einen ernsten, in sich gekehrten Ausdruck in ihren auffallend schönen Augen.

Mein Hotelzimmer, das ich allein bewohnte, hatte einen herrlichen Blick auf die Wälder. Nachdem ich meine Koffer ausgepackt hatte, las ich die beiden Briefe, die man mir – welch ein Wunder! – aus dem Innsbrucker Gefängnis nachgeschickt hatte. Der eine war von Großmutti.

Ebenhausen, 22. Oktober 44

»Meine geliebte Li,
habe tausend Dank für Deinen lieben Brief vom 2. Oktober. Ich war sehr gerührt darüber, daß Du meines uralten Geburtstags in dieser schweren Zeit gedacht hast, noch dazu aus dieser schmerzlichen Trennung von Deinen lieben, herzigen Bübchen heraus. Hoffentlich kannst Du wenigsten hie und da Nachricht von ihnen bekommen. Und wie gerne würden wir Dir etwas Liebes tun, z. B. Dir etwas zur Stärkung schicken. Wenn Du Erlaubnis hast, so schreibe mir über diesen Punkt... Hast Du erfahren, daß Almuth und Dieter hofften, Dich letzten Mittwoch im Innsbrucker Gefängnis zu besuchen? Leider wurde ihnen dort gesagt, daß Du bereits woanders hingebracht worden seist.* Wohin wohl?... Ich segne Dich in großer Liebe. Deine alte Großmutti.«

Der andere Brief war von Lotti:

Hamburg, 22. Okt. 44

»Mein lieber Hase, einsam und verlassen bist Du und doch nicht alleine. Alle, die dich lieb haben, sind bei Dir, nicht nur heute, sondern jeden Tag. Da fliegen so viele warme innige Wünsche aus tiefstem Herzen zu Dir, so manches Gebet schließt Dich mit ein, und über uns breitet sich doch Gottes Hand, wenn es auch im Augenblick bitter schwer ist, noch daran zu glauben... Mein lieber tapferer Kämpfer, einsames kleines Geburtstagskind, es denkt in Liebe und Fürbitte an Dich Deine alte Lotti.«

In beiden Briefen stand kein Wort über Papa! Nicht einmal Ilselotte hatte einen Hinweis, und keiner aus meiner Familie hatte mir mitgeteilt, daß er hingerichtet worden wäre. Lebte er vielleicht noch? Ich gab die Hoffnung nicht auf.

* Viel später haben wir die Daten meiner Abfahrt aus Innsbruck und dem fehlgeschlagenen Besuch von Almuth und Hans-Dieter verglichen und festgestellt, daß ich zum Zeitpunkt ihrer Ankunft noch gar nicht fort war. Die Erklärung ist wohl, daß man ein Zusammentreffen verhindern wollte.

Von vornherein fühlte ich mich am stärksten der Familie Stauffenberg verbunden, die mir alle sehr sympathisch waren. Ganz besonders anziehend fand ich Alexander, den Bruder Claus Stauffenbergs, der die Aktentasche mit dem Sprengstoff in der Nähe Hitlers deponiert hatte. Alex war ungefähr 40 Jahre, hochgewachsen, mit markantem Profil und grauen Schläfen. Er trug immer noch die Uniform eines Reserveoffiziers. Man hatte ihn in Griechenland, wo er sich mit seinem Regiment befand, verhaftet. Eigentlich war er Professor für Alte Geschichte an der Universität München. Er war so groß, daß er sich jeden Tag, wenn er ins Eßzimmer kam, bücken mußte, um nicht an den Türrahmen anzustoßen. Er war charmant und warmherzig, zweifelsohne ein Mann, der auffiel, dabei aber weniger stark, als er auf den ersten Blick wirkte. Er entdeckte ständig die komischen Aspekte an Menschen und Situationen, und weil ich genauso veranlagt war, wandte er sich bei den Mahlzeiten mit seinen komischen oder bissigen Bemerkungen gern an mich. Meinen Tischnachbarn, Herr und Frau Kuhn, waren unsere Albernheiten sehr fremd. Sie waren sehr ernst, sie beinahe stets traurig, weshalb sie von uns allen bis zuletzt »Mater dolorosa« genannt wurde. Es war grausam und ungerecht von uns, sie so zu nennen, denn die Kuhns hatten allen Grund zur Sorge: Nach dem mißlungenen Attentat hatte ihr Sohn sich versteckt, und sie wußten rein gar nichts von ihm, nicht einmal, ob er noch lebte. Dabei war er ihr einziges Kind. Woher sollte die arme Frau auch die Kraft nehmen, fröhlich zu sein?

Eines Tages fiel mir auf, daß Alex Dantes »Inferno« auf italienisch las, obwohl er die Sprache doch gar nicht konnte. Zu meinem Erstaunen erklärte er mir, daß seine perfekten Lateinkenntnisse und die englischen Anmerkungen ihm für das Verständnis seiner Lektüre von großem Nutzen seien. Obwohl mit einem Italiener verheiratet, hatte ich die »Göttliche Komödie« selbst noch nicht gelesen, und das war mir eigentlich recht peinlich. Alex lieh mir das Buch, und ich war begeistert von der Schönheit dieser Sprache. Alex, der ab und zu zum Italienisch-Unterricht kam, den ich einigen

Leuten aus unserer Gruppe auf deren Wunsch hin gab, tat sich mit dem Italienischen tatsächlich sehr leicht, was er seinen gründlichen Kenntnissen des Lateinischen und Griechischen zuschrieb. Die SS erlaubte uns, täglich ohne Bewachung einen Spaziergang durch den Wald zu machen; nach einer Stunde mußten wir uns bei ihr zurückmelden. Die Möglichkeit zu fliehen bestand für uns ohnehin nicht: Wir hatten keine Papiere und keine Verbindung zur Bevölkerung, vor allem aber auch keine Ahnung, wo wir eigentlich waren. Alex und ich bemühten uns, bei diesen täglichen Gängen nur italienisch zu sprechen. Um ihn zum Sprechen zu ermutigen, stellte ich ihm viele Fragen und erfuhr dadurch einiges aus seinem Leben und dem seiner Familie.

Alex hing sehr an seinen toten Brüdern. Sein Zwillingsbruder Berthold hatte mit 26 Jahren als Anwalt am Haager Internationalen Gerichtshof begonnen. Anfang des Krieges wurde er als Reserveoffizier der Marine eingezogen und bearbeitete Seerechtsangelegenheiten. Da er zum Widerstand gehörte, aber auch seines Namens wegen wurde er am 10. August 1944 hingerichtet. Sein um zwei Jahre jüngerer Bruder Claus, der Attentäter, hatte eine brillante militärische Karriere gemacht, war Anfang 1943 als Major in Afrika schwer verwundet worden und im Juli des gleichen Jahres dann zum Stabschef des Befehlshabers des Ersatzheeres ernannt worden. In dieser Position, in der er oft mit Hitler zusammentraf, war er der richtige Mann zur Durchführung des Attentats.

Alex schilderte mir seine Jugend und das harmonische Leben bei ihnen zu Hause. Alle drei Brüder waren sehr musikalisch veranlagt, der eine spielte Violine, der andere Bratsche und Alex Klavier. Sie gründeten ein recht erfolgreiches Trio. Später gehörten sie zum George-Kreis. Der Umstand, daß sie den Dichter »Meister« nannten, veranlaßte übrigens die Gestapo, den entführten Kindern aus der Stauffenberg-Familie den Namen »Meister« zu geben. Tatsächlich erfand die Gestapo für all diese Kinder neue Nachnamen, denn infolge eines Befehls von Hitler sollten die Namen »all dieser Verbrecher«, wie er sie nannte, für immer aus der Geschichte getilgt sein.

Alex erzählte mir auch ausführlich von seiner außergewöhnlichen Frau Lita, von der ich schon viel gehört hatte. Als hervorragende Fliegerin arbeitete sie an der Verbesserung der Möglichkeiten von Nachtlandungen. Weil dies ein militärisch wichtiger Bereich war, sahen sich die Nazis auf ihre Mitarbeit angewiesen. Sie hatte sich bereit erklärt, mit denjenigen weiterzuarbeiten, die ihre Familie eingekerkert oder sogar umgebracht hatten, weil sie völlig zu Recht der Auffassung war, mehr für ihre Familie tun zu können, wenn sie auf freiem Fuß lebte. Sie durfte Alex regelmäßig besuchen und war so die einzige Verbindung zwischen uns Gefangenen und der Welt draußen, und das war für uns sehr wichtig.

Auch ich erzählte Alex aus meinem Leben und von meiner Familie, und seine genauen Nachfragen halfen mir dabei. Diese langen Unterhaltungen, die Faszination, die dieser Mann ausstrahlte und das Gefühl gegenseitiger Freundschaft ließ mir das, was ich an den Deutschen immer geliebt hatte, wieder zu Bewußtsein kommen. Wie alle Diplomatenkinder war auch ich von einem Land zum nächsten gezogen; dann heiratete ich nach Italien, meinem neuen Vaterland, in dem ich mich rasch zu Hause fühlte. Wenn man meine Familie ausnimmt, hatte ich von meinem ursprünglichen Vaterland nur unangenehme und sogar schmerzliche Seiten zu spüren bekommen, die eben mit diesem besonderen historischen Abschnitt verknüpft waren: der Zeit des Nationalsozialismus, die für mich persönlich Verhaftung und Trennung von meinen Kindern bedeutete.

Alex war der erste Mensch, der mir trotz der schrecklichen Lage, in der wir uns befanden, die positiven Aspekte meines ursprünglichen Vaterlandes in Erinnerung brachte, seine Bedeutung in der Kunst, seine humanistische Kultur, seine intellektuelle Lebendigkeit und moralische Redlichkeit. Er begeisterte sich sehr für Lyrik, rezitierte oft meisterhaft seine Lieblingsgedichte und versuchte sich auch selbst in dieser Kunstform.

Während der eintönigen Tage in der Hindenburg-Baude

mit den ständigen schmerzlichen Gedanken an jene, die uns bereits verlassen hatten, an die Greuel, die uns womöglich noch erwarteten und die ungewisse Zukunft meiner Kinder, waren unsere Unterhaltungen und unser gegenseitiges Verständnis von unschätzbarem Wert. Im Verlauf dieser schweren Zeit wurde mir immer deutlicher, wieviel eher Leid und Gefahr in freundschaftlicher Gemeinschaft zu ertragen sind als alleine.

Es war erst der Kern eines später sehr viel größeren Kreises von Leidensgefährten, den man in der Hindenburg-Baude festgesetzt hatte: Von der Familie Stauffenberg auch Vettern und Kusinen, die weder etwas mit dem 20. Juli zu tun noch mit den unterschiedlichen Gruppen des deutschen Widerstands Verbindung gehabt hatten. Sie waren einzig und allein deshalb verhaftet worden, weil sie den gleichen Namen trugen. Clemens, das Familienoberhaupt, hatte sich wegen eines schweren chronischen Herzleidens in Oberstdorf zur Kur befunden und, obwohl er nicht transportfähig war, brachte ihn die SS zur Hindenburg-Baude, wo er seine Frau Elisabeth wieder traf, die schon früher verhaftet worden war und zunächst ins Münchner Gefängnis Stadelheim gesperrt worden war. Obwohl Elisabeth ihren Mann in der Kur in Sicherheit geglaubt hatte, freute sie sich doch sehr, ihm wieder nahe zu sein, und für Clemens waren Mut und Zuversicht seiner Frau geradezu lebenswichtig. Die beiden, schlank und hochgewachsen, waren ein auffallendes Paar: Clemens war eher still und schüchtern, Elisabeth hingegen hatte viel Witz und Fröhlichkeit. Drei ihrer Kinder hatten sie bei sich, der älteste Sohn war vor zwei Jahren gefallen. Die 30jährige Tochter Gaggi arbeitete unermüdlich von früh bis spät für ihre Familie. Sie bereitete den Tee und die Medikamente für den kranken Vater, besserte die Wäsche ihrer Brüder aus, kochte für den Vater die Diätkost extra. Sie war immer in Bewegung, tröstete alle mit einer bewundernswerten Geduld und stellte sich selbst ganz zurück. Sie kümmerte sich auch sehr um das Wohlergehen der Kuhns, deren Sorge um den verschollenen Sohn sie teilte, denn er war ihr Bräutigam.

Markwart, Gaggis sehr intelligenter 24jähriger Bruder, hatte schon in Dachau die gestreifte Häftlingskleidung getragen. Durch seine geschorenen Haare wirkte er völlig entstellt, und es dauerte lange, bis dieses entwürdigende Merkmal verschwunden war. Mit dem zweiten Bruder, Otto Philipp, der mit seinen 18 Jahren der jüngste war, verstand ich mich besonders gut. Er war sehr rücksichtsvoll, sanft, ein empfindsamer Träumer und Idealist.

Zu guter Letzt war da noch Markwart senior, Clemens' Bruder, den wir alle »Onkel Moppel« nannten, ein eleganter Kavallerieoffizier, der noch wie Alex seine Uniform trug. Er war Oberst, um die 55 Jahre alt und hatte ein Herz aus Gold; wir liebten ihn alle sehr. Er hielt sich immer bei Clemens' Familie auf, da weder seine Frau noch seine Kinder, über deren Schicksal er nichts wußte, bei ihm waren.

Zum engsten Kreis der Familie Stauffenberg gehörten außer Alex Mika Stauffenberg und Anni Lerchenfeld. Mika war die Frau von Berthold, dem Zwillingsbruder von Alex, der nach dem Attentat hingerichtet worden war. Sie war Deutsche, aber in Rußland geboren, und hatte schon sehr früh die Grauen der russischen Revolution erlebt, bis es ihren Eltern endlich gelang, aus Rußland zu fliehen.

Anni Lerchenfeld, »Tante Anni«, war die Schwiegermutter von Claus Stauffenberg, um die 60 Jahre alt und baltischer Herkunft, eine sehr originelle, von Geist und Vitalität überschäumende Frau. Wie Markwart kam auch sie aus dem KZ, und zwar aus Ravensbrück. Sie erzählte endlos von ihrer Zeit in Rußland, als ihr Mann in einer Festung eingesperrt war und sie Tag und Nacht unterhalb der Festungsmauern wartete, um ihm bei der Flucht, die schließlich gelang, behilflich sein zu können. Mit riesigen Pantoffeln und ganz ärmlich in schwarz gekleidet traf man sie in den Korridoren an. Das Gewand hing an ihrem mageren Körper herab. Obwohl sie eine starke Persönlichkeit war, gingen wir ihr lieber aus dem Weg, denn sie ließ niemanden zu Wort kommen. Sie hatte eine so blühende Phantasie, daß man nicht wußte, was stimmte und was erfunden war.

In der Hindenburg-Baude hatte man auch mehrere Angehörige der Familie Karl Friedrich Goerdelers festgesetzt, des ehemaligen Bürgermeisters von Leipzig und Haupt des zivilen Widerstands gegen das Hitlerregime, der sich so mutig für den Umsturz eingesetzt hatte. Da die Gestapo versuchte, die Namen anderer Verschwörer aus ihm herauszupressen, saß er noch im Gefängnis, aber über sein endgültiges Schicksal konnte es keine Zweifel geben. Seine Frau Anneliese litt physisch und psychisch sehr. Ihre Tochter Marianne, 27 Jahre alt, war eine sehr intelligente und ernste junge Frau, und die 15jährige Schwester Benigna war zwar immer guter Laune, aber viel zu jung für all das Mißgeschick, das sie bewältigen mußte, ebenso wie ihre gleichaltrige Kusine Jutta. Dann war da noch Irma, die Frau von Anneliese Goerdelers ältestem Sohn, von dem sich jede Spur verloren hatte. In unserer Gruppe hatte jeder ein anderes, hartes Schicksal zu tragen, aber wir vier Frauen, Mika Stauffenberg, Ilselotte Hofacker, Irma Goerdeler und ich litten gemeinsam unter der furchtbaren Sorge, nicht zu wissen, was aus unseren Kindern geworden war.

Zur Goerdeler-Familie gehörte auch Dr. Bogislav Goerdeler, der Bruder Carl Friedrich Goerdelers, der auf mich anfangs den Eindruck eines unverbesserlichen Brummbärs machte und der auch zweifelsohne kein Mann vieler Worte war. Aber mit der Zeit merkte ich, wieviel Intelligenz, Geist und Humor sich hinter der rauhen Schale verbarg.

Annelise Gisevius, die Schwester von Hans Bernd Gisevius, war nach dem 20. Juli wegen der Flucht ihres Bruders in die Schweiz als Geisel genommen worden. Sie hatte keine Kleidung außer dem hauchdünnen Sommerkleid, in dem sie verhaftet worden war, weshalb sie ständig fror. Sie fühlte sich sehr alleine und überschüttete uns gerade deshalb mit Liebenswürdigkeiten, was uns wiederum sehr bedrängte. Vor allem aber befürchteten wir, daß ihr ewiges Geplapper uns bei der SS verraten könnte.

Bevor man uns in Reinerz zusammenfaßte, hatten die Mitglieder unserer Gruppe die gleiche besondere Behandlung erfahren – außer mir, Markwart Stauffenberg und Anni Lerchenfeld. Sie waren in Einzelhaft genommen und mit Respekt behandelt worden. Man bezeichnete sie als »Ehrenhäftlinge«, später nannte man uns häufiger »Sippenhäftlinge«, ohne daß diese Änderung der Bezeichnung für das Verhalten uns gegenüber irgendeine Bedeutung hatte. In der Hindenburg-Baude durften wir keinen Kontakt zur Bevölkerung aufnehmen. Unser Aufenthaltsort war von der SS aus diesem Grund gewählt worden: weit ab von der Straße, auf einem Hügel, umgeben von Tannenwald. Früher war unser Hotel ein Ausflugsziel für die Reinerzer und Breslauer gewesen. Jetzt hing am Hoteleingang ein großes Schild, auf dem »Geschlossen« zu lesen war.

Dennoch muß in Reinerz durchgesickert sein, wer da in dem Hotel wohnte. An manchem Sonntag kamen Ausflügler mit dem offenbar einzigen Ziel, die Fenster des Gebäudes neugierig zu beobachten. Ein Herr brachte es eines Tages sogar fertig, uns zu »bedrohen«. Er richtete seine geballte Faust auf unsere Fenster und sagte: »Man muß endlich Schluß machen mit diesem Gesindel!« Aber da er sehr leise sprach und vorsichtig um sich schaute, begriffen wir, daß er in Wirklichkeit die Nazis meinte.

Die Besitzerin des Hotels, eine Polin, war sehr schlau; heute war sie mit der SS einig, aber morgen hätte sie sich ebensogut mit jeder anderen Macht verständigt. Sie ließ erkennen, daß sie in ihrem Innersten unsere Beherrscher ablehnte. Die SS-Leute, unsere Bewacher, ließen uns in Ruhe. Es gab keine Verhöre, und eigentlich bekamen wir sie kaum zu Gesicht. Aber wir wagten nicht, mit der Hotelbesitzerin offen zu sprechen, da sie ebensogut ein Spitzel sein konnte. Ihre Bediensteten waren Kriegsgefangene, Polen und Russen, mit denen sich Mika und Anni manchmal heimlich unterhielten; sie beobachteten den Verlauf des Krieges mit großer Freude, denn wenn die Dinge sich weiter so entwickelten, würden sie bald zu ihren Familien zurückkehren können.

Ein ganzer Monat verging in dieser etwas unheimlichen Ruhe.

8.
Von Reinerz nach Stutthof

Am Morgen des 30. November klopfte es plötzlich an unsere Türen. Die SS-Wachen riefen: »Ihr werdet woandershin transportiert!« Um sieben Uhr sollten wir fertig sein. Der Ausdruck »Transport« machte uns sehr mißtrauisch. Natürlich sagte man uns weder, warum wir fort müßten, noch, wohin die Reise gehen würde. Die meisten von uns Frauen gerieten in große Aufregung.

Glücklicherweise konnte ich all meine Sachen in einem einzigen Koffer unterbringen, denn der andere fiel vor Altersschwäche schon auseinander. Der übriggebliebene Koffer war dermaßen vollgestopft, daß ich ihn nur mit der Hilfe von Otto Philipp schließen konnte, eine Hilfe, die ich bis zum Ende unserer Odyssee noch oft in Anspruch nehmen mußte. Wie bei den Gefangenentransporten üblich, ließ man uns dann doch lange warten. Zu guter Letzt kamen zwei Lastwagen, einer für uns, der andere für das Gepäck. Auf dem knatternden Vehikel wurden uns alle Gliedmaßen durchgerüttelt. In Reinerz mußten wir aussteigen, es erwarteten uns 21 Uniformierte, so daß auf jeden von uns ein bewaffneter Mann kam! Einfach lächerlich! Jetzt waren wir also wieder richtige Gefangene, das Leben im Hotel hatte uns das schon fast vergessen lassen. Die Hoffnung, in ein anderes Hotel verlegt zu werden, schwand zusehends, und in gleichem Maße steigerte sich unsere Furcht, in ein KZ gebracht zu werden.

Um den für uns bestimmten Waggon dritter Klasse zu erreichen, mußten wir über die Gleise gehen, zwischen zwei Reihen von Soldaten hindurch, die das Gewehr auf uns gerichtet hielten. Ich fand es mehr komisch als beängstigend. Natürlich war das Abteil für 21 Personen viel zu klein, wir mußten uns ganz eng aneinander drängen, so daß sich keiner mehr rühren konnte. Die Fenster waren vergittert und plombiert. Die Luft war bald schier zum Ersticken. Der Waggon mit dem Gepäck und der Militäreskorte war an unseren angekoppelt. In unserem Waggon wechselten sich regelmäßig zwei Wachposten ab. Es schienen einigermaßen verträgliche Leute zu sein, weil sie nicht der SS angehörten. Verzweifelt versuchten wir herauszubekommen, wohin sie uns bringen würden, und schließlich erfuhren wir, daß wir uns auf dem Weg nach Danzig befanden, besser gesagt auf dem Weg zum Ende der Welt, nämlich in die Nähe der russischen Front. Im Fall des totalen Zusammenbruchs konnten wir leicht in die Hände der Russen fallen, und dann würden wir wohl in Sibirien landen – dann, so dachte ich, wäre es fast noch besser, sofort von den Nazis erschossen zu werden.

Nach unendlich vielen Unterbrechungen trafen wir in Breslau ein. Dort mußten wir wiederum warten, weil sämtliche Gleise durch die Truppentransporte belegt waren. Wir waren zum Umfallen müde. Schließlich wurden wir »ausgeladen« und wie eine Herde von Schafen zu einem für Gefangene bestimmten riesigen Raum neben dem Bahnhof getrieben. Es herrschte eine eisige Kälte. Man warf uns Holz hinein, mit dem wir einen winzigen Ofen heizen konnten, dann drehte sich der Schlüssel im Schloß um. Bald war die Luft zum Schneiden, wir konnten kaum noch atmen. Zuerst schauten wir uns alle an, ohne ein Wort zu sagen, aber dann schwirrten die Stimmen nur so durcheinander, weil jeder aufgeregt seine Meinung loswerden wollte.

Nach langem Bitten und Flehen durch die geschlossene Tür gaben uns die Wachen ein wenig heißen »Kaffee« und »Brot«. Dann konnten wir uns endlich ausstrecken. Wir legten uns auf den Fußboden und auf die Bänke, die entlang der Wände standen. Auf einer Seite des Raumes befand sich eine Toilette, jedoch ohne Tür. Ilselotte und ich hängten eine Decke davor, die aber die »Benutzer« nur zum Teil verdeckte. Man konnte ihren Oberkörper sehen, und das brachte uns natürlich zum Lachen. Um unsere Nervosität zu bekämpfen, erzählten wir uns gegenseitig lustige Geschichten und Witze. Lotte Hofacker und ich nutzen diesen Moment, um uns hinter die Decke des Klos niederzuducken und trotz Dr. Goerdelers strengem Rauchverbot – dies um Clemens zu schützen – eine Zigarette zu rauchen. Wir hatten ein sehr schlechtes Gewissen, aber dennoch genossen wir diese Zigarette ganz besonders, vielleicht gerade weil es verboten war; zu unserer Entschuldigung ist zu sagen, daß der Ofen ja auch entsetzlich rauchte! Der alte Dr. Goerdeler, der sich mit einem Minimum an Medikamenten um unsere ärztliche Versorgung kümmerte, konnte dem herzkranken Clemens Stauffenberg, der nur mit größter Anstrengung atmete, kaum helfen.

Bevor ich mich niederlegte, betrachtete ich den armseligen Schlafraum und uns Häftlinge; es war ein erschütterndes Bild. Obwohl unsere Gefangenschaft noch nicht lange dauerte, waren die meisten gesundheitlich und im Aussehen schon sehr heruntergekommen. Nur ihr Sinn für Haltung und ihre Selbstbeherrschung, Dinge, die sie in frühester Jugend gelernt hatten, waren unverändert. »Onkel Moppel« saß aufrecht an die Wand gelehnt auf einer der Bänke in seiner Oberstuniform. Er war eingeschlafen, nur sein Kopf war ihm auf die Brust gesunken. Neben ihm saß Elisabeth, den Kopf leicht an seine Schulter gelegt, auch sie schlief. Morgens um vier Uhr wurden wir geweckt. Man trieb uns in unseren Waggon zurück, dann fuhren wir einen Tag und eine Nacht durch. Die Soldaten waren durch SS-Leute ersetzt worden. Sie machten uns mit ihren Bemerkungen beinahe verrückt, denn sie redeten so, als wären sie überzeugt, daß wir dem Tod entgegengingen. So forderte uns einer auf: »Es wird klüger sein, daß ihr all eure Vorräte aufeßt. Man kann nie wissen. . . « Vor dem Schlafengehen ermahnte uns ein anderer: »Bitte, bleibt ganz ruhig. Setzt euch hin und versucht, etwas zu schlafen. Das wird das beste für euch sein. . . « Fragend schauten wir einander an.

Viele von uns aßen tatsächlich ihre Vorräte auf, andere jedoch, darunter ich selbst, behielten etwas zurück – zum Glück, denn dieses Wenige sollte uns noch von großem Nutzen sein. Bei den Worten der SS-Leute lief es uns eiskalt den Rücken herunter, aber keiner mochte es dem anderen gestehen. Am nächsten Morgen kam es zu einem Auftritt, dessen Ursache nur verstehen kann, wer die tiefen Wurzeln militärischer Tradition in Deutschland kennt. »Onkel Moppel« und Alex maßen natürlich den Uniformen, die sie trugen, nicht die Bedeutung bei, die sie früher einmal besessen hatten. Nach dem Irrsinn, den Hitler ausgelöst hatte, fühlten sie sich der Wehrmacht nicht mehr zugehörig, die für sie Ehre, Disziplin und Ritterlichkeit bedeutet hatte. Aber sie waren sich dennoch bewußt, daß sie trotz allem noch »Uniform trugen«, mit allen Rangabzeichen. Nun verlangte die SS, daß sie ihre Schulterstücke und alle anderen Abzeichen entfernen sollten, die die Offiziersuniform kennzeichnen. Dies war für uns die Bestätigung, daß sie uns ins KZ bringen würden: Sie wollten dadurch vermeiden, daß die anderen Häftlinge bemerkten, wie viele Wehrmachtsoffiziere ins Lager kamen. »Onkel Moppel« und Alex weigerten sich strikt, diesen Anweisungen nachzukommen. Wenn es schon sein mußte, dann sollten die SS-Leute es doch selbst tun. Das aber wagten sie doch nicht! Es folgte ein leidenschaftlicher Wortwechsel, und man schloß zu guter Letzt den Kompromiß, daß »Onkel Moppel« und Alex statt der Uniform Zivilkleidung anzogen. Wir waren von dieser Szene und von dem herrischen Gebaren der SS, das einige von uns zum ersten Mal erlebten, erschüttert; die meisten begannen zu weinen. Was mich betraf, so zog ich die Wachen im Innsbrucker Gefängnis immer noch diesen Ungeheuern vor. Unsere Niedergeschlagenheit war auf einem derartigen Tiefpunkt angelangt, daß wir mit dem Schlimmsten rechneten. Würden sie uns Frauen von den Männern trennen? Das war für uns eine schreckliche Vorstellung, denn auch wenn die Männer in dieser Situation ebenso ohnmächtig waren wie wir, so gaben sie uns dennoch ein Gefühl der Sicherheit. Schon bei meinem Zusammentreffen mit der SS in Friaul war mir aufgefallen, daß diese Leute um so hochmütiger und unmenschlicher wurden, je unsicherer sie waren. Hier erschien mir dieser Zug noch ausgeprägter. Aus ihrem Gesichtsausdruck konnten wir den Konflikt in ihrem Inneren erahnen: Sie ertrugen es einfach nicht, einerseits allmächtig, aber andererseits so gut wie besiegt zu sein. Endlich hielt der Zug an. Lange Stunden mußten wir noch warten, dann hieß man uns auf einen Lastwagen klettern, der ganz geschlossen war. Als wir aber durch einige Ritzen spähten, erkannten wir, daß wir den mit elektrischem Strom geladenen berüchtigten Stacheldrahtzaun bereits passiert hatten.

9.
Das Konzentrationslager Stutthof und das Durchgangslager Matzkau

> »Stellt der Wille zum Humor, der Versuch, die Dinge irgendwie in witziger Perspektive zu sehen, gleichsam einen Trick dar, dann handelt es sich jeweils um einen Trick so recht im Sinne einer Art Lebenskunst.«*

Im KZ Stutthof – eine unserer Wachen hatte uns den Namen heimlich mitgeteilt – mußten wir vor einer großen Baracke aussteigen, die von Stacheldraht umgeben war und an deren vier Ecken sich je ein Wachturm befand.

Wir wurden vom Lagerkommandanten empfangen. Er wirkte brutal, jeder Grausamkeit fähig, dabei ohne Umschweife, als würde er die Dinge beim Namen nennen; er schien nicht zum Typus der schmierigen und falschen SS-Leute zu gehören. Warum er wohl Lagerkommandant geworden war? Er wandte sich mit folgenden Worten an uns:

»Ihr seid sogenannte ›Sippenhäftlinge‹ im Zusammenhang mit dem Komplott vom 20. Juli. Diese Baracke steht euch zur Verfügung. Ihr könnt euch bis abends um neun Uhr auch außerhalb der Baracke bewegen. Solltet ihr danach noch draußen gesehen werden, haben die Wachen Schießbefehl. Es ist verboten, mit den Wachen zu sprechen. Ihr dürft euch nicht laut beim Nachnamen nennen. Die Baracke müßt ihr selbst sauberhalten. Jeden Morgen um acht Uhr wird kontrolliert, bis dahin muß alles in Ordnung sein. Ihr müßt selbst für euch kochen und eure Wäsche waschen. Die Frauen werden die Strümpfe der Häftlinge stopfen, die Männer werden Holz hacken und den Ofen heizen. Ihr dürft eure eigenen Kleider anziehen und seid nicht verpflichtet,

* Viktor E. Frankl, ... trotzdem ja zum Leben sagen, a.a.O., S. 75.

Häftlingskleidung zu tragen. Alle Medikamente, die ihr bei euch habt, müßt ihr abliefern. Im übrigen könnt ihr eure Zeit nach eigenem Gutdünken verbringen. Ich werde euch Bücher aus der Lagerbibliothek besorgen. Wenn ihr Fragen habt, könnt ihr euch an den Untersturmführer wenden, der für euch zuständig ist. Es ist euch erlaubt, alle vierzehn Tage nach Hause zu schreiben. Bei der Gelegenheit: Ich habe hier einige Briefe für euch.«

Er gab uns die Post und ging dann, ohne noch etwas hinzuzufügen. Seinen Worten entnahmen wir, daß wir uns gewissermaßen in einer Sonderposition befanden. Jedenfalls waren wir froh, daß man uns nicht getrennt hatte, so daß wir darüber alles andere vergaßen. Obwohl wir sehr müde waren, organisierten wir erst einmal unsere Unterbringung. Unser Gepäck hatte man uns gelassen. Die geräumige Baracke war durch einen Flur unterteilt, auf den Zimmer für je 16 Personen gingen, vier Räume auf der einen und vier auf der anderen Seite des Flurs. In der Mitte des Flurs gab es einen großen Aufenthaltsraum. An jedem Ende der Baracke befanden sich zwei kleinere Kammern. Davon war eine als Kohlenlager und eine als Speisekammer gedacht, aber beide blieben stets leer. Wir teilten uns die Zimmer auf, mehr oder minder nach Familien, nach dem Geschlecht, und einige Ehepaare erhielten einen Raum für sich. Ich schlief mit Gaggi und Mika Stauffenberg, Ilselotte und Annele Hofacker in einem Zimmer; am anderen Ende der Baracke waren die zwei kleinen, sich gegenüberliegenden Zimmer von Anni Lerchenfeld und Frl. Gisevius.

Um die Baracke herum war der Boden sandig, es wuchs kein Baum und kein Strauch. In einiger Entfernung konnte man hinter Stacheldraht und Mauern weitere Baracken erkennen. Unsere Baracke befand sich glücklicherweise am Rande dieser Gefangenenstadt, dadurch hatten wir einen weiten Blick auf einen grünen Kiefernwald jenseits des Stacheldrahts. Weil die Älteren unter uns kaum mehr Arbeitsanstrengungen gewachsen waren, mußten wir jungen Leute um so mehr tun. Wir alle waren, auch durch die schlechte Ernährung, sehr geschwächt. Wir bekamen morgens einen wäßrigen Kaffee mit Schwarzbrot, mittags eine undefinierbare Suppe, in der etwas Gemüse schwamm, und abends wieder wäßrigen Kaffee mit Schwarzbrot. Manchmal gab es Käse dazu. Nur sonntags entdeckte man in der Suppe etwas Fleisch oder ein Stückchen Wurst. Aber was hätten wir, wie es uns der Kommandant empfohlen hatte, kochen sollen? Wir hatten ja keinerlei Lebensmittel! Die Tage gingen unendlich langsam vorüber. Die angekündigte morgendliche Kontrolle wurde nie durchgeführt. Meist saßen wir in dem großen Aufenthaltsraum, einige lasen, einige unterhielten sich, andere stopften Strümpfe. Die einzelnen Gruppen, die sich schon auf der Hindenburg-Baude zusammengefunden hatten, blieben auch hier zusammen. Familie Goerdeler, die sich oft über sehr anspruchsvolle Themen unterhielt, bewunderte im besonderen Rilke; oft rezitierte sie aus seinen Gedichten. Eine kleine Gruppe, die aus den Kindern Hofacker, »Onkel Moppel«, Markwart junior und mir bestand, saß häufig um den einzigen Ofen, und »Onkel Moppel« und Markwart erzählten komische, meist auch reichlich unanständige Geschichten, die immer großes Gelächter zur Folge hatten. Selten verstand ich die Pointe, aber ich lachte doch mit.

Allmählich wurde uns klar, warum wir so pompös einen ganzen Monat in der Hindenburg-Baude untergebracht worden waren: Unsere Baracke, die man neu für uns in Stutthof errichtet hatte, war noch nicht fertig gewesen, als sie uns hatten einliefern wollen.

Trotz mangelhafter Verpflegung, durch die wir täglich schwächer und anfälliger wurden, waren erstaunlicherweise alle noch wohlauf, sogar Clemens ging es leidlich. Nach einer Woche fiel der erste um, und zwar Alex, aber es war weder die Schuld von Bazillen noch von schlechter Ernährung; Alex verletzte sich beim Holzhacken mit der Axt am Fuß. Er mußte lange das Bett hüten. Markwart, Otto Philipp und ich besuchten ihn jeden Nachmittag; dabei brachten wir uns Bridge bei. Aber diese Zeiten hielten nicht lange an. Unser Gesundheitszustand verschlechterte sich zusehends. Fast alle erkrankten an Ruhr, so auch ich, und wir mußten wochenlang im Bett bleiben. Als der Kommandant erfuhr, daß so viele von uns erkrankt waren, bekam er es offenbar mit der Angst zu tun. Und so erfuhren wir ein neues, merkwürdiges Detail.

Durch einen Gefangenen, der uns das Holz brachte, erfuhren wir, was über uns im Lager gesagt wurde – in einem Lager verbreiten sich Nachrichten wie vom Wind vorwärtsgetriebenes Feuer: Himmler hatte genaue Anweisungen gegeben, daß keiner von uns sterben sollte. Wir waren Geiseln, und Geiseln sind nur lebendig von Nutzen. Der Kommandant erkundigte sich bei Dr. Goerdeler, welche Medikamente wir bräuchten. Die Medikamente wurden besorgt, und sogar unser Blut wurde untersucht. So stellte sich heraus, daß Gaggis Angina in Wirklichkeit Scharlach war. Sie wurde in eines der leerstehenden Zimmer gelegt. Ich hatte gerade die Ruhr überstanden, und da alle anderen krank waren, mußte ich bei ihr schlafen, um sie nach Dr. Goerdelers Anweisungen so gut wie möglich zu pflegen. Wir wurden so von den anderen ganz isoliert, und wenn Gaggi so vor sich hindöste, ich also nichts für sie tun konnte, begann ich, Figuren für die Weihnachtskrippe zu zeichnen. Ich schnitt sie aus und klebte sie auf Karton, den ich so knickte, daß sie frei stehen konnten. Gaggi war so schwach, daß sie sich nicht alleine aufsetzen konnte. Ich hielt sie fest, während sie minutenlang hustete und starke Schmerzen in der Brust hatte.

Dann kam Weihnachten, und, so unglaublich es klingen mag, sie brachten uns ein Bäumchen! Einige von uns besaßen Kerzen, andere hatten rechtzeitig das Staniolpapier vom Käse aufbewahrt und Sterne daraus gebastelt. Otto Philipp hatte aus Pappe eine Krippe gebaut, in die ich meine Figuren stellte. Sie wurden von einem roten Kerzchen angestrahlt. Dr. Goerdeler erlaubte mir, nach einer gründlichen Desinfektion meiner Kleider an der Feier teilzunehmen. Wir sangen all die alten Weihnachtslieder – und dabei saß uns ein dicker Kloß im Hals. Das letzte Weihnachtsfest hatte ich mit den Kindern in Brazzà gefeiert – Corradino, seine Schreie, als sie ihn in Innsbruck die Treppen hinunterzogen, und Robertino! Wo waren sie? Was machten sie heute? Und noch etwas anderes brachte uns an den Rand der Fassung, die Dankbarkeit, so eng verbunden durch dieses Leid zu wandern. Wir sangen, so fest wir konnten.

Gaggi wurde immer kränker, die Medikamente reichten nicht aus. Trotz der Befürchtungen unseres Kommandanten interessierten sich die SS-Leute natürlich nicht wirklich für unsere Krankheiten. Auch ich kämpfte mittlerweile gegen arge Halsschmerzen und leider hatte ich auch Fieber. Da ich der SS die Medikamente, die ich aus Italien mitgebracht hatte, nicht ausgehändigt hatte, konnte ich mit Chinin dagegen angehen. Gaggi hatte meine Hilfe nötig, und ich mußte bei Kräften bleiben. Aber nach einer Woche mußte ich mich geschlagen geben, ich hatte hohes Fieber. Gott sei Dank war Elisabeth Stauffenberg einigermaßen wiederhergestellt und übernahm meine Aufgabe. Gleichzeitig mit mir mußten sich Jutta Goerdeler, Mika Stauffenberg, Lotte und Annele Hofacker ins Bett legen. Der SS wurde es nun doch unheimlich, daß so viele von uns krank waren. Sie eröffneten uns, daß im Lager Typhus ausgebrochen war. Blutuntersuchungen ergaben, daß Mika, Jutta und ich Typhus hatten, Lotte und Annele Scharlach und Anneliese Goerdeler die Ruhr. Die SS-Wachen ordneten daraufhin an, daß alle Kranken in einem Zimmer unterzubringen seien. Es grenzt an ein Wunder, daß wir uns nicht gegenseitig angesteckt haben, aber vielleicht halten sich sogar Mikroben an gewisse Regeln der Machtverteilung.

Nachdem sie uns einige wenige Arzneimittel ausgehändigt hatten, gingen die SS-Männer, und sie tauchten erst wieder auf, als wir alle halbwegs gesund waren. Alles blieb an dem armen Dr. Goerdeler hängen, der so wenige Medikamente zur Verfügung hatte, daß er mehr oder weniger nur mit guten Ratschlägen und psychologischer Unterstützung arbeiten konnte.

Die Typhuskranken, Mika, Jutta und ich, kämpften mit dem Tod. Das Fieber stieg bis 41 Grad, unsere Schläfen klopften unerträglich. Diese bedrohliche, gespenstische Atmosphäre werde ich nie vergessen. Jeden Tag heulten die Sirenen wegen neuer Luftangriffe, und wir blieben ohnmächtig in unseren Betten, da uns verboten worden war, in den Luftschutzraum zu gehen; in unserem Zustand wäre das sowieso unmöglich gewesen. Nachts hörten wir das Bellen der Hunde, es war ein Alptraum. Wenn sie bellten, bedeutete es, daß Häftlinge einen Fluchtversuch gemacht hatten. Die Hunde kläfften gräßlich bei der Verfolgung dieser Ärmsten aller Armen, dann wurden sie eingeholt und von den Tieren gepackt, und man hörte nur noch die durchdringenden, entsetzten Schreie der Häftlinge.

Ich bat Otto Philipp, für mich nach Hause zu schreiben, ob sie mir kräftigende Nahrungsmittel schicken könnten. Das Schicksal war mir wohlgesonnen, schon nach 15 Tagen kam ein Paket von Lotti aus Hamburg. Es waren Äpfel darin, deren köstlicher Geschmack mir unvergeßlich blieb.

Mika litt, eine häufige Erscheinung nach einer Typhuserkrankung, an leichten Gehirnstörungen. Eines Nachts wachte sie gegen zwei Uhr auf und zündete eine Kerze an, weil sie unbedingt einen der mir von Lotti geschickten Äpfel schälen wollte. Mit äußerster Anstrengung gelang es ihr, sich hinzusetzen. Obwohl sie entsetzlich fror, weigerte sie sich, sich eine Decke auf ihre mageren Schultern legen zu lassen. Mit zittrigen Fingern begann sie, im Zeitlupentempo den Apfel zu schälen. Wir beobachteten ganz gespannt ihre Bewegungen. Es dauerte eine ganze Stunde, die Szene hatte etwas vollkommen Irreales an sich. Endlich war der Apfel geschält, und ein Stückchen nach dem anderen verschwand hinter ihren fiebrigen Lippen. Dann schauten ihre eingesunkenen, glänzenden Augen in die Runde, begleitet von einem triumphierenden Lächeln.

Jeden Morgen kam Dr. Goerdeler zu uns und tat, was ihm irgend möglich war. Ich bekam jeweils eine Spritze, um mein durch die Temperaturschwankungen zwischen 36 Grad und 40 Grad geschwächtes Herz zu stützen.

Dr. Goerdeler hatte selbst einen chronischen Schnupfen. Immer, wenn er sich über mich beugte, hing ein Tropfen an seiner Nase, und ich fürchtete mich vor dieser »drohenden Gefahr«. Seinem besorgten Gesichtsausdruck entnahmen wir, daß es uns wirklich sehr schlecht gehen mußte.

Während dieser Zeit wuchs meine Bewunderung für Ilselotte Hofacker von Tag zu Tag. Nicht alleine weil sie uns aufopfernd pflegte, sondern weil sie uns ihre Fürsorge auch dann noch schenkte, als sie erfahren hatte, daß ihr Mann hingerichtet worden war.* So kümmerte sie sich tagsüber unentwegt um uns, während sie nachts, wenn keiner sie sah, verzweifelt weinte. Ich merkte das in der Früh nur an ihren rotgeränderten Augen; ihr Verhalten uns gegenüber blieb unverändert, und nicht ein einziges Mal schüttete sie einer von uns ihr Herz aus, vielleicht in der Befürchtung, uns mit ihrem unsagbaren Kummer zu belasten.

Außer Dr. Goerdeler durfte niemand unser infiziertes Zimmer betreten. Der einzige, der dennoch zweimal am Tag kam, war Alex; er hatte die Aufgabe übernommen, Holz in den kleinen Ofen nachzuschieben. Wir hätten uns beide gern unterhalten, aber wir mußten darauf verzichten, um eine Ansteckung zu vermeiden. Einmal gab er mir einen Zettel mit einem von ihm verfaßten Gedicht:

Willst du ein Wegstück gemeinsam weiter
Mit mir leidvoller Zeit ins Dunkel wandern
Und Dich nicht irren lassen durch die andern
Und bleiben wie Du warst: beglückt und heiter?

* Cäsar von Hofacker, ein Vetter der Stauffenbergs, war Oberstleutnant d. Res. und glühender Gegner der Nazis. Zur Zeit des 20. Juli war er in Paris General von Stülpnagel zugeteilt. Als nach dem Attentat allen Kommandos das berühmte Codewort »Walküre« übermittelt wurde, handelte man in Paris und ebenso in Wien entsprechend den Absprachen. Alle SS-und SD-Leute wurden auf der Stelle ohne Blutvergießen verhaftet. Dann jedoch kam die Nachricht, daß Hitler noch am Leben war! Viele französische Freunde und deutsche Emigranten boten Hofacker an, ihn zu verstecken, aber er weigerte sich. Er war entschlossen, seine Idee offen vor Deutschland und der ganzen Welt zu verteidigen. Er wurde zusammen mit Stülpnagel verhaftet und vor Freislers Volksgerichtshof gestellt. Wie anwesende Zeugen berichteten, unterbrach Hofacker den Redefluß Freislers mit folgenden Worten: »Sie sollten jetzt schweigen, Herr Präsident, denn jetzt geht es um meinen Kopf, in einem Jahr aber um den Ihren.« Hofacker wurde am 20. Dezember 1944 hingerichtet.

Und seis auch nur (ich weiß es) unterm Fächeln
Der Lebensfreude wie sie Götter schenken
Den Tapferen im schmerzlichen Gedenken
Des Heimatwehs ein unter-Tränen-Lächeln.

Und wie ein Blütenregen unter Bäumen
Ein linder Duft, mit dem ich Dich begrüß
Ist meine Sehnsucht, wundersam und süß,
Die nur der Traum erfüllt: so laß mich träumen.

Und sei mir Trost da wir in finstern Schächten
Hingleiten sonder Steuer sonder Stern,
Du unerreichbar mir und schmerzlich fern,
Doch atmend nah in schweren Zwölfernächten.

Die letzten Verse versteht man nur mit einer zusätzlichen Erklärung: Alex' Bett stand im angrenzenden Zimmer genau parallel zu meinem, nur durch die Wand getrennt. Die »Zwölfernächte«, die er erwähnt, sind die Nächte zwischen dem 25. Dezember und dem 6. Januar. Was man in diesen zwölf Nächten träumt, wird sich im Lauf der nächsten zwölf Monate erfüllen.

Alex' Besuche bescherten mir zwar viel seelische Wärme, aber das Zimmer blieb kalt, da der Ofen viel zu klein war. Draußen herrschte ungewöhnliche Kälte, der Winter 1944–45 war der härteste in all den Kriegsjahren. Wieder einmal waren die SS-Männer um unsere Gesundheit besorgt. Sie fürchteten sehr, daß entgegen Himmlers Direktiven einige von uns sterben könnten.

Offensichtlich hoffte Himmler im Augenblick des Zusammenbruchs, von den Alliierten das Leben geschenkt zu bekommen, wenn er das unsere erhalten würde. Da unsere Männer durch Krankheit und unzureichende Ernährung sehr geschwächt waren und um Schlimmeres zu vermeiden, schickte die SS zwei russische Frauen, ebenfalls Häftlinge, die uns beim Holzhacken und Heizen helfen sollten. Selbstverständlich unterhielten sich Mika Stauffenberg und Anni Lerchenfeld sofort mit ihnen auf russisch. Die Frauen waren froh, ein paar Worte in ihrer Sprache wechseln zu können, und erzählten viel über das Lagerleben. Durch sie erfuhren wir zum ersten Mal Einzelheiten über die Gaskammern. Sie sagten auch, daß die SS die russischen Gefangenen weitaus schlechter als die anderen Gefangenen behandele. 40 Menschen hausten ohne Matratzen und Decken in Räumen, die für 16 gedacht waren. Sie erzählten uns von anderen »Sonderhäftlingen« im Lager, von denen es hieß, sie seien Skandinavier. Erst später stellte sich heraus, daß es Ungarn waren. In einer anderen Baracke, so meinten sie, lebten viele Kinder, ausschließlich deutsche. Tatsächlich erfuhren wir dann, daß es sich um andere »Sippenhäftlinge« handelte. Es waren Kinder von Mitgliedern der »Gruppe Seydlitz«, benannt nach dem General von Seydlitz, der nach Stalingrad zusammen mit General Paulus im »Bund Deutscher Offiziere« von der Sowjetunion aus auf das Ende des Nationalsozialismus und des Krieges hinarbeitete.

Wir standen am Beginn des Jahres 1945. Die Russen hatten ihre gewaltige Winteroffensive begonnen und rückten rasch voran. Wir hörten schon das Dröhnen der Front-Artillerie. »Onkel Moppel« mit seiner langen militärischen Erfahrung konnte die Entfernung der Kampflinien abschätzen. Wir waren entsetzt bei dem Gedanken, wir könnten den Russen in die Hände fallen. Uns Kranken ging es langsam besser, aber wir waren noch viel zu schwach, um aufzustehen, geschweige denn, um transportfähig zu sein. Dabei war es so bitterkalt, daß wir völlig angezogen schlafen mußten. Mein einziger Trost waren die Briefe von Alex. Das Gedonner der Artillerie war schon so nah, daß »Onkel Moppel« meinte, sie könnte nur noch zehn Kilometer von uns entfernt sein.

Er muß ziemlich genau geschätzt haben, denn am 27. Januar hieß es endlich – und wie üblich ganz plötzlich: »Fertig machen! In einer Stunde geht der Transport ab!« Wir Kranken konnten vor Schwäche kaum stehen, deshalb halfen uns die anderen beim Packen. Draußen tobte ein Schneesturm. Ilselotte lieh mir eine Berghose. Glücklicherweise erlaubte man uns, Decken mitzunehmen, sonst wären wir sicher erfroren.

Man brachte uns teilweise in Krankenwagen an einen kleinen Bahnhof, wo der übliche Dritte-Klasse-Waggon auf uns wartete: unbeheizt, die Fenster teilweise zerbrochen, so daß es hereinschneite und sich auf den Bänken dicke Schneehaufen angesammelt hatten. Draußen heulte der Sturm, man konnte kaum die Linien der Landschaft unterscheiden. Es herrschte eine sibirische Kälte, und ich gesellte mich, ohne weiter zu fragen, zu den Gesunden, weil die Atmosphäre unter den Kranken für mich nicht mehr zu ertragen war. Schon aus Platzmangel mußten wir eng beieinander sitzen, aber in diesem Fall war das nur nützlich, weil wir uns gegenseitig etwas wärmen konnten. Mir gegenüber saß Gaggi, sie sah gespenstisch aus. Auch von mir sagten sie, mein Gesicht bestünde nur noch aus zwei großen, erschrokkenen Augen. »Onkel Moppel« hatte hohes Fieber, und wir befürchteten, daß er sich bei uns angesteckt, daß er Typhus haben könnte! Clemens Stauffenberg hatte geschwollene Hände und Füße und große Atemschwierigkeiten. Wir mußten noch enger zusammenrücken, weil kurz vor der Abfahrt weitere Gefangene in unser Abteil gewiesen wurden.

Endlich setzte sich der Zug in Bewegung, aber nach zehn Minuten standen wir schon wieder. Riesige Schneeverwehungen türmten sich auf den Schienen. Einige Freiwillige aus unserer Gruppe sollten helfen, die Schneemassen wegzuschaufeln. Zwei Stunden später kamen sie völlig durchgefroren zurück, aber der Zug fuhr immer noch nicht weiter. Ein weiterer Waggon mit von der SS als Skandinavier bezeichneten, tatsächlich aber ungarischen Gefangenen wurde an unseren angehängt, außerdem mehrere Viehwagen mit Hunderten von Häftlingen. Viele von ihnen waren bereits tot, erfroren, andere lagen im Sterben. Die Toten wurden einfach ins Freie geworfen! Wir empfanden Entsetzen, vor allem aber großes Mitleid mit diesen armen Menschen, und das Jammern über unsere eigene Situation verging uns. Ein italienisches Sprichwort sagt: »Man muß immer rückwärts schauen – der, der sich beschwerte, nur Feigen zu essen zu haben, entdeckte, als er sich umdrehte, einen anderen, der die weggeworfenen Schalen aß.« Das mag ein banaler Trost sein, und doch zeigt uns erst der Blick auf die uns umgebende, noch schlimmere Realität die eigene Situation im richtigen Größenverhältnis. Neben unserem Zug bewegte sich eine nicht enden wollende Flüchtlingskolonne aus Ostpreußen. Das war der neuerliche Grund dafür, daß wir nicht weiterfahren konnten. Die Schienen schneiten wieder zu. Kinder der Flüchtlinge blieben erfroren im Schnee zurück, Pferde brachen entkräftet zusammen. Eine unserer Wachen rettete einen kleinen Buben, der erst nach langer Massage wieder zu sich kam. Für eine ganze Weile konnte ich nur stumm neben den anderen sitzen, denn beim Anblick des Knaben quälte mich der Gedanke an meine eigenen beiden kleinen Kinder noch mehr.

Der starke Wind trieb den Schnee durch sämtliche Ritzen und durch die zerbrochenen Fenster in unseren Wagen. Wir wickelten uns so gut wie möglich in unsere Decken. Das Unangenehmste war, daß keiner seine Notdurft verrichten konnte; dazu mußten wir nach draußen gehen, kamen aber der eisigen Kälte wegen unverrichteter Dinge wieder zurück. Unsere Männer mußten aufs neue die Schneemassen beseitigen, und schließlich kamen wir einige Kilometer voran. Wir näherten uns der Weichsel. Dort sollte uns eine Fähre ans andere Ufer bringen, aber die Fähre kam nicht. Wenn wir in diesem Tempo weiterfuhren, würden wir niemals das nächste KZ erreichen, das in Thüringen liegen sollte. Nach langem, langem Warten setzte uns endlich eine Fähre über. Als wir mehr tot als lebendig in Danzig ankamen, hatten wir in 37 Stunden eine Strecke von 30 Kilometern zurückgelegt.

An eine Weiterfahrt war offenbar nicht zu denken, es gab keine Waggons, und das Eisenbahnnetz war völlig überfüllt durch Truppentransporte und Flüchtlinge – ein Zeichen dafür, daß die Russen sehr nahe sein mußten. Wir wurden auf Lastwagen verladen und nach Matzkau gefahren, einem »Besserungslager« für SS-Männer, von denen die meisten

»Muß-Deutsche« aus Nachbarländern waren, für schuldig befunden, sich den Nationalsozialismus nicht völlig zu eigen gemacht zu haben, auf den sie hier wieder eingeschworen werden sollten.

Den Hügel zum Lager mußten wir durch den tiefen Schnee zu Fuß erklimmen. Wegen unseres gespenstischen Aussehens schickte man Häftlinge, die uns beim Gehen stützen sollten. Es waren schreckliche Typen, die uns den Hügel rücksichtslos hinaufzerrten. Wir waren so schwach, daß ich zweifelte, ob wir diese Anstrengung überleben würden. Aber wieder bestätigte sich meine Überzeugung, daß man dann stirbt, wenn es vom Schicksal beschlossen ist, ungeachtet aller menschlichen Bemühungen. Oben angekommen wurden wir in eine unbeschreiblich schmutzige Baracke geführt. Übelriechende, verbrauchte Luft schlug uns entgegen, denn am Tag zuvor hatten durchmarschierende Truppen dort übernachtet. Unsere Erschöpfung stand uns so deutlich ins Gesicht geschrieben, daß andere Gefangene für uns die Baracke putzen mußten – entsprechend fragwürdig war das Ergebnis. Was konnte man schon von diesen Menschen erwarten? Sie wirkten so elend, wie verhungert in ihren Sträflingskleidern. Wenn etwas Nützliches herumlag, war es natürlich im Bruchteil einer Sekunde verschwunden. Diese Menschen taten mir sehr leid; wir konnten beobachten, daß sie wie Vieh behandelt wurden. Sie mußten jeden Morgen in der eisigen Kälte von fünf bis sieben Uhr Übungen machen, und die SS-Männer hatten den größten Spaß daran, sie durch den Schnee robben zu lassen.

An unserem Ankunftstag wurde uns warmes Essen versprochen, das aber nicht bei uns ankam, weil die Häftlinge, die es bringen sollten, auf dem Weg durch das Lager wie Tiere alles in sich hineingeschlungen hatten. Abends gegen zehn Uhr wurde ein neuer Versuch gemacht, und diesmal kam das Essen wirklich bei uns an. Verglichen mit unseren vorhergehenden Erfahrungen war es eine richtige Luxusmahlzeit: schmackhafter Kartoffelsalat mit kleinen Wurststückchen. Während der zehn Tage, die wir in diesem Lager verbrachten, weil wir nicht weitertransportiert werden konnten, wurden wir in der Tat so gut ernährt wie nur wenige Menschen in jener Zeit. Wir bemerkten zum zweiten Mal, daß es die SS-Männer bei unserem Anblick – wir waren durch Krankheit und den Transport schon sehr heruntergekommen – mit der Angst zu tun bekamen, einer von uns könnte sterben. Deshalb waren sie so bemüht, uns durch gute Ernährung wieder zu Kräften zu bringen. Uns schien das für unser künftiges Schicksal bedeutungsvoll. Was konnten wir daraus schließen?

Innerhalb der vergangenen Monate hatten wir so etwas wie einen starken »Verfall« bei der SS festgestellt. Die höheren Ränge waren zwar fast durchwegs mit Deutschen besetzt, aber in der Truppe gab es schon viele Ausländer, die nicht überzeugte Nationalsozialisten waren, sondern eher Söldnertypen, die jederzeit für alles einsetzbar waren – das war Hitlers »Elitetruppe«. Zum anderen überlegten wir: Wenn uns diese SS-Leute die gleiche Verpflegung zukommen ließen, wie sie die SS-Führer erhielten – woraus man erfuhr, was die hohen Tiere der SS nach fünf Jahren Krieg noch zu essen bekamen – mußte das heißen, daß Himmlers Befehle absolut ernst gemeint und endgültig waren. Die dritte Überlegung war, daß Hitler, nachdem er die präzise Order gegeben hatte, alle Familien der am Attentat des 20. Juli Beteiligten zu vernichten, gar nicht ahnte, daß wir alle noch lebten. Deshalb durfte niemand etwas von unserer Existenz wissen, und deshalb war es uns auch streng verboten, unsere Nachnamen auszusprechen. Das Ergebnis unserer Überlegungen war: Wir waren Himmlers persönliche Geiseln – alles andere als eine beruhigende Vorstellung, denn das Leben von Geiseln ist an eine Gegenleistung gebunden, die möglicherweise nicht zu verwirklichen ist.

Der arme »Onkel Moppel« war an Flecktyphus erkrankt und befand sich in ernster Gefahr. Anni Lerchenfeld hatte sich während des eisigen Transportes eine Lungenentzündung geholt und starb fünf Tage später. Nach eindringlichen Bitten erhielten wir die Zusage, daß sie neben den Schwiegereltern von Alex auf einem Friedhof in der Nähe von

Danzig beerdigt würde, und dieses Versprechen wurde trotz der immer näher heranrückenden Russen erfüllt, wie wir später von Lita erfuhren.

Seit längerem schon baten wir die SS-Männer, einmal warm duschen zu dürfen; auch dieser Wunsch wurde endlich erfüllt. Die Wachen begleiteten uns auf dem Weg durch das riesige Lager, dann traten wir in eine Art Halle, die den Gaskammern, die uns die beiden russischen Gefangenen in Stutthof beschrieben hatten, erschreckend glich. Aber die Tür wurde nicht hinter uns geschlossen, und aus unzähligen Duschen kam kochendheißes Wasser – kein Gas.

Die Russen waren inzwischen so nah, daß eine Fortsetzung des Transports unmöglich schien. In unserer Umgebung wurde gekämpft, und über uns fanden täglich Luftschlachten statt. Wir machten heimlich Bekanntschaft mit den Ungarn, die die SS uns gegenüber als Skandinavier bezeichnet hatte. Unter ihnen befanden sich Minister der Regierung Lákatos. Vor der Verhaftung durch die Nazis hatte Horthy umgehend eine neue Regierung gebildet, an deren Spitze Lákatos stand. Aber die Nazis stürzten ihn nach 35 Tagen und setzten den willfährigen Szálasi an seine Stelle. Alle Mitglieder der Regierung Lákatos wurden verhaftet und deportiert, auch Horthy, den man aber von den anderen trennte. Die Ungarn waren sympathische Leute, mit denen wir uns gern unterhielten. Das war natürlich verboten, deshalb mußten wir uns zu ungewöhnlichen Zeiten und an ungewöhnlichen Orten treffen, etwa gegen Abend auf dem langen, dunklen Flur oder in den Waschräumen. Ihre perfekten Umgangsformen nach Art österreichisch-ungarischer Kavaliere auch noch hinter den Gefängnismauern waren oft Anlaß für lustige Szenen. Ein Beispiel: Die Toilette konnte man nicht absperren. Als Elisabeth Stauffenberg einmal die Tür öffnete, sah sie sich einem der Ungarn gegenüber, der gerade auf dem »Thron« saß. Er erhob sich instinktiv und lüpfte zur höflichen Begrüßung seinen Hut.

Einer der Ungarn war Otto Hatz, Oberst im ungarischen Generalstab; er hatte in vergangenen Jahren meinen Vater in Rom kennengelernt. Er war nicht sehr groß, ausnehmend freundlich, hatte ein gut geschnittenes Gesicht mit einem imposanten grauen Schnurrbart. Meist trug er eine Pelzmütze und einen ledernen, pelzgefütterten Husarenmantel wie die meisten unserer Ungarn. Um diese langen Mäntel, die sie vorzüglich vor der Kälte schützten, beneideten wir die Ungarn sehr.

10.
Aufenthalt in Lauenburg – im Konzentrationslager Buchenwald

Endlich, am 8. Februar 1945, konnten wir aufatmen! Der Transport ging weiter! Eilig packten wir unsere Sachen zusammen. Wir erhielten Proviant zugeteilt, und Fräulein Papke, eine mürrische Frau, die uns als Wache begleiten sollte, gab uns den befremdlichen Rat: »Nehmt nur ja alles mit, auch Nägel und Schrauben, reißt auch die Haken aus den Schränken. Es wird uns alles nützlich sein. Ans Stehlen muß man sich halt gewöhnen!« Aus ihren Worten ebenso wie aus den vielen kleinen Nebensächlichkeiten konnte man den nahen Zusammenbruch des »1000jährigen Reiches« ahnen. »Onkel Moppel« mußten wir zurücklassen. Wegen seines Flecktyphus war er von uns isoliert worden. Trotzdem schlichen wir heimlich in sein Zimmer, um uns von ihm zu verabschieden. Er erkannte uns nicht mehr. Ich glaubte, daß ich ihn niemals wiedersehen würde. Seine Verwandten sagten nichts, aber auch sie befürchteten wohl, daß er vielleicht bald sterben würde.

Zusammen mit den Ungarn fuhren wir auf einem Lastwagen zum Güterbahnhof. In einem viel zu kleinen Viehwaggon mußten wir 34 Personen mitsamt dem Gepäck unterkommen. Es war uns ein Rätsel, wie wir alle hineinpaßten. Erst nachmittags um vier Uhr setzte sich der Zug in Bewegung, und um ein Uhr in der Nacht kamen wir am Güterbahnhof von Danzig an. Normalerweise braucht man mit dem Auto für diese Strecke 20 Minuten.

Dort angelangt, wurde uns in stockfinsterer Nacht ein etwas größerer Viehwagen zugewiesen. In aller Eile stellten wir einen in Matzkau gestohlenen Ofen hinein und legten etwas Stroh auf den Boden. So konnten wir uns wenigstens ausstrecken, aber zum Umdrehen reichte der Platz nicht, weshalb man vor dem Einschlafen die endgültige Position einnehmen mußte. Wir konnten inzwischen hervorragend eine Nacht durchschlafen, ohne uns auch nur einmal umzudrehen. Das einzige, was uns immer wieder aufweckte, war das Schnarchen der Männer, das wir nur durch einen lauten Pfiff unterbrechen konnten.

Wieder einmal konnten wir nicht weiterfahren, und das hatte immer den gleichen Grund: Die Bahnhöfe wurden ununterbrochen bombardiert, und es gab zu wenig befahrbare Strecken, die alle durch Truppenbewegungen nach dem Osten und Flüchtlingskolonnen nach Westen belegt waren. Auf dem Güterbahnhof von Danzig warteten wir drei Tage und drei Nächte mit ziemlich unguten Gefühlen, wußten wir doch, daß vornehmlich Güterbahnhöfe bombardiert wurden, und tatsächlich wurde der Danziger kurz nach unserer Abreise völlig zerstört – wir hatten wahrhaft Glück im Unglück gehabt! Einmal am Tag durften wir an unserem Waggon entlang auf- und abgehen, aber nicht weiter, denn der Zug war vollbeladen mit anderen Gefangenen, die nicht wissen sollten, wer wir waren. An unseren Waggon war ein weiterer angekoppelt, in dem sich Fallschirmjäger befanden, die den Russen bei Stalingrad in die Hände gefallen waren. Da sie alle keine Nazis waren, waren sie bereit, zu Erkundungszwecken jenseits der deutschen Linien abzuspringen. Sie wurden jedoch von den Deutschen entdeckt und festgenommen. Über das Schicksal dieser armen Menschen gab es keinen Zweifel. Der Güterbahnhof lag direkt am Danziger Hafen, und eines Sonntag morgens erlaubte man uns, einen Spaziergang entlang der Mole zu machen. Es war der 11. Februar. Zum ersten Mal seit Beginn der Gefangenschaft hatten wir Gelegenheit, das eifrige Treiben der Menschen zu beobachten. Bedingt durch den Krieg mußte auch sonntags gearbeitet werden. Sicher taten das die Menschen gezwungen, aber sie lebten wenigstens ein wirkliches Leben im Vergleich zu unserem so eingeschränkten, abgeschotteten Leben als Häftlinge – dieser Unterschied wurde uns dadurch ganz deutlich. Die schwache Sonne beleuchtete die Szene und schien in ihrer ewigen Gleichförmigkeit aus dem dunstigen Blau des nördlichen Himmels auf uns herab. Der herrliche Tag, die Möglichkeit, frei auf der Mole herumzugehen, und das emsige Treiben vor unseren Augen, all das berauschte uns zutiefst. Die Tatsache, am Leben zu sein und die Schönheiten der Natur betrachten zu dürfen, rührte uns zu Tränen. Wir empfanden ein Gefühl der Dankbarkeit Gott gegenüber und waren glücklich über alles, was das Leben noch für uns bereit hielt. Ich spürte Zuversicht, daß nach all dem, was geschehen war, eine bessere Zukunft auf uns wartete. Aber dieser Moment der Hoffnung war sofort zerstört, wenn ich an meine beiden kleinen Buben dachte: Wo waren Corradino und Robertino? Lebten sie noch? Waren sie vielleicht krank? Hatten sie Sehnsucht nach zu Hause? Verlangten sie nach mir? Wieviel quälende und grausame Fragen, auf die es nach fünf Monaten der Trennung keine Antwort gab!

Fräulein Papke hatte mittlerweile Verstärkung bekommen. Ihr wurde als zusätzliche Wache ein SS-Mann namens Kupfer zur Seite gestellt. Papkes Rat, Nägel und Schrauben aus Matzkau mitzunehmen, erwies sich als sehr brauchbar, denn so konnten wir an den Wänden des Waggons unsere Sachen aufhängen. Als der Zug endlich anfuhr, flog uns der ganze Kram, unser Proviant ebenso wie unsere Kleidung, an den Kopf. Die Tür war wieder einmal verschlossen worden und die Luft im Innern zum Ersticken. Die ständigen Luftangriffe machten uns beinahe wahnsinnig, jeder Augenblick konnte für uns der letzte sein. Wir fuhren an brennenden Fahrzeugen, umgekippten Zügen, Trümmern und Bergen von Asche vorbei.

Wir erreichten Lauenburg – und wurden zu unserem Erstaunen wieder ausgeladen. Lastwagen fuhren uns zu einer unbeheizten Schule. Wegen Clemens, der es immer warm haben mußte – es grenzte an ein Wunder, daß er noch atmen konnte, seine Füße schwollen nicht mehr ab –, stellten wir den gestohlenen Ofen, den wir natürlich nicht im Zug zurückgelassen hatten, im Zimmer der Männer auf. Wir Frauen schliefen voll bekleidet in einem der eisigen Zimmer, aber tagsüber hielten wir uns, eng zusammengedrängt, im beheizten Zimmer der Männer auf. Es war ein buntes Bild: Der eine wusch und stopfte seine Strümpfe, der andere trocknete seine Haare, ein dritter schnitt seine Fingernägel, andere spielten Karten, einige lasen mit Alex Dante, oder er rezitierte mit leiser Stimme Gedichte für mich und Otto Philipp. Außerdem trafen wir möglichst unbemerkt die Ungarn, die in einem anschließenden Zimmer lebten. Die Atmosphäre hatte etwas Irreales, glich einem verfilmten grotesken Traum.

Über die verschiedensten Nachrichtenkanäle – auch manche Wachen verrieten uns einiges – waren wir über die Lage außerhalb gut informiert: Die Russen hätten bereits die Oder überschritten und befänden sich in der Nähe von Neu-Stettin. Stutthof sei durch Luftangriffe zerstört, das Lager und unsere Baracke existierten nicht mehr. Als wir das hörten, lief es uns kalt den Rücken hinunter. In Bromberg seien alle SS-Leute umgebracht worden. Bei *dieser* Nachricht war die Reihe des Entsetzens an Fräulein Papke, sie wurde totenbleich. Von diesem Tag an hörte man ihre schrille Kommandostimme nicht mehr auf den Korridoren. Überall spürte man den totalen Zusammenbruch, auch in den kleinen Details: Die Betten, die wir nicht brauchten, standen draußen im Regen, die Matratzen saugten sich voll Wasser – niemand kümmerte sich darum.

Am 19. Februar kam endlich der Zug, der uns bis nach Berlin und weiter bringen sollte. Und wer war in dem Zug? Niemand anderer als »Onkel Moppel«! Er hatte den Flecktyphus tatsächlich überstanden, es grenzte an ein Wunder! Er hatte dicke Tränen in den Augen, und unsere Freude war so groß, als hätte man uns unsere Befreiung verkündet; solch enge Bande wachsen nur aus dem gemeinsam erlebten Leid.

Am 21. Februar mußten unsere Männer den Waggon mit Stroh auslegen. Für Clemens nahmen wir aus der Schule ein Bett mit, und für Mika, die an heftigen Leberkoliken litt, packten wir eine Matratze in den Viehwaggon. Die SS-Männer sagten nichts, sie ließen uns sogar, unter der Bedingung, sie versteckt zu halten, auch die Blechnäpfe mitnehmen! Die Ungarn waren nun in einem anderen Waggon untergebracht. Der endlos lange Zug blieb die ganze Nacht stehen und fuhr erst am nächsten Morgen los. Der Transport war diesmal ganz gemischt, Häftlinge, Flüchtlinge aus Ostpreußen und sogar »echtes« Vieh. Die Kühe in den offenen Waggons brüllten erbärmlich wegen der Kälte, aber auch weil man sie schon lange nicht mehr gemolken hatte. Clemens' Zustand verschlechterte sich von Stunde zu Stunde. Dr. Goerdeler gab ihm herzstärkende Spritzen, was schwierig war, weil der Viehwaggon unbeschreiblich wackelte, und, wenn der Zug plötzlich stehen blieb, wir alle aneinanderstießen; zudem hatte Dr. Goerdeler aufgrund seines Alters etwas zittrige Hände. Während der häufigen Fahrtunterbrechungen durften wir zwar austreten, aber wenn der Zug – stets ohne Vorankündigung – wieder losfuhr, mußten wir schnell auf das Trittbrett eines anderen Waggons springen. Nachts konnten wir wegen der ständigen Luftangriffe überhaupt nicht aussteigen. Deshalb verschaffte die Wache uns einen Teerkübel als »Toilette«, und wenn irgendeiner von uns dieses Ziel ansteuerte, drehten die anderen wie auf Kommando ihre Köpfe weg; das waren ebenso peinliche wie komische Momente.

Bei dieser Zugfahrt muß Gott seine schützende Hand über uns gehalten haben, denn kaum erreichten wir einen Bahnhof, hörten wir schon, daß der vorherige zerbombt oder von den Russen eingenommen worden war. Vielleicht war doch dort oben beschlossen, daß ich Corradino und Robertino wiedersehen sollte? Während eines Aufenthalts gingen einige unserer jungen Leute mit dem SS-Mann Kupfer zum Viehwagen, aus dem die Kühe so verzweifelt brüllten und kehrten mit 24 Litern Milch zurück. Das hatte den doppelten Vorteil, daß wir Milch zu trinken bekamen und die armen Kühe gemolken wurden.

Wieder einmal hatten wir wegen eines Luftangriffs einen längeren Aufenthalt in einem kleinen Dorfbahnhof, um uns herum endlose Flüchtlingskolonnen – einige versuchten verzweifelt, unseren Zug zu erklimmen – und jammernde Alte, weinende Kinder und Bombengezisch. Da klopfte jemand an unsere Waggontür. Es war ein Wehrmachtsoffizier, der folgende Unterhaltung mit Fräulein Papke führte:

»Bitte aufmachen. Wir müssen noch ein paar Leute bei euch unterbringen!«

»Unmöglich. Ich habe die Anweisung, niemand hereinzulassen!«

»Dummes Zeug! Hier sind halberfrorene Frauen und Kinder. Wir müssen einen Platz für sie finden.«

»Wir reisen mit ›Ehrenhäftlingen‹, sie stehen unter dem besonderen Schutz von SS-Reichsführer Himmler.«

»Oh, Gott, ich scheiß' auf den Heini, dieses dreckige Schwein.«

Der Offizier draußen stieß ein bitteres Gelächter aus, ließ aber von seinem Vorhaben ab. Die Papke sagte nichts mehr. Trotz unseres tiefen Mitleids mit den Frauen und Kindern mußten wir lachen und erzählten uns Witze über Himmler. Von der Papke kamen weder Ermahnungen noch Bedrohungen: Noch vor wenigen Tagen wäre das anders gewesen. Im Schutz der Dunkelheit und zu mehreren genossen wir diesen kleinen Triumph, weil dies auf der individuellen und psychologischen Ebene das Ende des Nazi-Reichs bedeutete.

Endlich erreichten wir, 40 km vor Berlin, Eberswalde. Die Reise fortzusetzen war unmöglich, weil Berlin unter einem Bombenhagel lag. Clemens lag im Sterben. Dr. Goerdeler gab ihm höchstens noch zwei Tage. Wir wandten uns an den SS-Mann Kupfer, dem sofort klar war, daß er etwas unternehmen mußte. Es reichte ihm, daß schon Anni Lerchenfeld während dieses Transports gestorben war; deshalb setzte er sich mit dem Reichssicherheitshauptamt, das für jede uns betreffende Entscheidung zuständig war, in Verbindung. Kupfer erhielt umgehend die Anweisung, Clemens und Elisabeth ins Krankenhaus des KZ Oranienburg transportieren zu lassen. Der Abschied war traurig und schmerzlich. Um sieben Uhr abends kam ein SS-Mann, um sie abzuholen. Das Licht einer einzigen Kerze beleuchtete recht und schlecht unser armseliges Lager. Clemens wurde auf einer Bahre hinausgetragen, Elisabeth folgte ihm ernst und aufrecht. Ihre Beherrschung war bewundernswert, denn sie mußte ihre drei Kinder bei uns zurücklassen, ohne zu wissen, ob und wann sie sie wiedersehen würde. Es war ganz still im Waggon, denn es gab in dieser Situation kein tröstendes Wort mehr. Von draußen klangen verlorene Töne eines alten Liedes zu uns herein.

Da die Papke schlief und Kupfer nichts sagte, stieg ich nach diesem traurigen Abschied aus, um ein wenig Luft zu schnappen. Die Szenerie um mich herum schien mit jeder Stunde unwirklicher zu werden. Der einsam gelegene kleine Bahnhof war nur von schwachen, abgedunkelten Laternen den ganzen Zug entlang beleuchtet. Zaghaft drang hie und da Licht durch die Wagentüren. Aus einer Tür hörte man ein melancholisches Volkslied, aus anderen die Klänge einer Gitarre oder einer Ziehharmonika. Ohne die Schicksale zu kennen, spürte man doch die individuellen Tragödien und die Verzweiflung, die auf den Menschen lastete: Zum Tode verurteilte Männer, deren Schicksal beschlossen schien, hofften auf einen Bombenangriff, um fliehen zu können, andere Gefangene würden womöglich dem Tod im nächsten KZ begegnen, Flüchtlinge, die ihr Leben gerettet hatten, aber für wie lange? Auseinandergerissene Familien, Menschen unterschiedlicher Sprachen, die sich nicht kannten, aber einander wie Brüder verbunden waren.

Unser Aufenthalt dauerte einige Tage, denn es gab nur noch wenige offene Strecken. Erst am 28. Februar ging es weiter. Wir erreichten Weimar fast ohne Unterbrechung. Gegen vier Uhr nachmittags hieß es, wir sollten uns fertigmachen, weil wir in einer Stunde in Buchenwald sein sollten. Tatsächlich erreichen wir das Lager am nächsten Morgen um sieben Uhr.

Angeführt von zwei anderen SS-Wachen gingen wir durch dieses riesige Lager, einer richtigen Stadt vergleichbar. In einem Teil standen etwa 200 Baracken, in denen Gefangene aller möglichen Nationalitäten lebten, die zur Zwangsarbeit verurteilt waren. Die verschieden großen Baracken dienten als Küchen und als Lagerhallen, als Mordstätten und Folterkammern. Aus den Schornsteinen der Verbrennungsöfen strömte der unverkennbare Gestank. Im Zentrum des Lagers befand sich auf einem großen, asphaltierten Platz die

SS-Kaserne, wie wir später erfuhren, mit allem nur denkbaren Komfort ausgestattet. Etwas weiter entfernt lag ein Krankenhaus, dessen Pfleger, manchmal auch Ärzte, Häftlinge waren. In kleineren Baracken lebten SS-Offiziere mit ihren Familien, bisweilen auch prominente Gefangene, etwa Léon Blum mit seiner Ehefrau und ein bayrischer Prinz, die aber wie üblich keinen Kontakt miteinander haben durften.

Uns »Sippenhäftlinge« brachte man zu einer isoliert stehenden Baracke, die nicht wie in Stutthof von Stacheldraht, sondern von einer hohen, roten Mauer umgeben war, innerhalb deren man nicht mehr als 90 Schritte gehen konnte. Die Baracke lag nahe einer Fabrik, daher in dem Teil des Lagers, der von Bomben zerstört worden war. Für gewöhnlich bombardierten die Alliierten keine Konzentrationslager, und die Nazis wußten das. Aus diesem Grund bauten sie öfter Fabriken in die Nähe von KZs, was für sie zudem den Vorteil hatte, daß die dort arbeitenden Häftlinge keinen weiten Arbeitsweg hatten und keinen Kontakt mit der Bevölkerung aufnehmen konnten, um ihnen über die Geschehnisse im Lager zu erzählen. Zwei russische Gefangene berichteten uns mit sonderbarem Stolz, daß wir in der gleichen Baracke wohnten, in der die Tochter des Königs von Italien, Prinzessin Mafalda von Hessen, den Tod gefunden hatte.* Während eines Luftangriffs waren die Fabrik und die Baracke der Prinzessin getroffen worden. Die arme Mafalda erlitt schwere Verletzungen und verblutete, weil die SS-Ärzte sie schlecht versorgten. Um ihre Identität zu verheimlichen, war sie stets als »Frau von Weber« angesprochen worden. In der gleichen Baracke, jedoch in einem anderen Flügel, war Rudolf Breitscheid, der sozialdemokratische Innenminister der ersten Regierung der Weimarer Republik, untergebracht worden. Er kam ebenfalls bei diesem Bombenangriff

* Prinzessin Mafalda war ins KZ gekommen, nachdem ihr Vater nach dem Waffenstillstand der Italiener mit den Alliierten vor den Deutschen nach Süditalien geflohen war. Mafalda, die sich damals nicht in Rom aufhielt, wurde bei ihrer Rückkehr von der SS verhaftet.

um. Übrigens gelang es italienischen Gefangenen unbemerkt, Mafalda außerhalb des KZ beerdigen zu lassen. Auf ihr Grab legten sie ein schlichtes Kreuz, auf dem »unbekannte Frau« zu lesen war. Nach dem Krieg teilte einer dieser Gefangenen dem Prinzen Philipp von Hessen die genaue Lage des Grabes mit. Nach vielen Schwierigkeiten gelang es der Familie, den Leichnam exhumieren zu lassen, und Mafalda erhielt einen Platz im Familiengrab in Cronberg.

In der Baracke trafen wir auf viele andere »Sippenhäftlinge« des 20. Juli, unsere Gruppe wurde immer größer. Da waren die Kinder von »Onkel Moppel«: Ines, eine hübsche und fröhliche 22jährige, ihre jüngere Schwester Alexandra und der 15jährige Bruder Clemens. Alle drei waren sie auf ihrem Besitz in Ammerdingen verhaftet worden und nach einem Aufenthalt im nächstgelegenen Gefängnis nach Buchenwald transportiert worden.

Anneliese Goerdeler konnte endlich ihren jüngsten Sohn Reinhard in die Arme schließen, ebenso den ältesten Sohn Ulrich, der dort seine Frau Irma wiederfand. Ulrich Goerdeler hatte sehr gehofft, mit seiner Frau auch seine Kinder wiederzufinden, Irma jedoch kannte nicht einmal deren Aufenthaltsort.

Auch für mich gab es eine freudige Begegnung mit Maria Hammerstein, ihrer Tochter Hildrun, genannt »Puppe«, und einem ihrer vielen Söhne, Franz. Maria war als junges Mädchen eine der besten Freundinnen meiner Mutter gewesen. Gemeinsam waren sie auf Hofbälle gegangen. Ihr Mann, General Kurt von Hammerstein, war 1930–1934 Chef der Heeresleitung gewesen. Er war ein überzeugter Gegner der Nazis, wurde nach dem Polenfeldzug entlassen und arbeitete lange im Widerstand. Er starb noch vor dem 20. Juli, aber einer seiner Söhne war aktiv am Staatsstreich beteiligt; dies war der Grund für die Verhaftung Marias und ihrer Kinder. Da sie erst Ende Dezember 1944 verhaftet worden waren, wußten sie über meine Familie Bescheid. Sie sprachen über die Hinrichtung meines Vaters wie über eine abgeschlossene Tatsache, sie ahnten ja nicht, daß in mir noch eine vage Hoffnung gelebt hatte. Ich tat so, als wüßte ich alles, denn ich wollte auf keinen Fall zeigen, wie sehr mich die endgültige Nachricht vom Tod meines Vaters traf. Mein Vater war einige Wochen im Konzentrationslager Ravensbrück gewesen. Seine Ruhe und Selbstsicherheit war allen aufgefallen. Seine einzige Sorge galt meiner Mutter; jeden Tag, so hörte ich, versuchte er mit seinem gewinnendsten Lächeln, die Wachen zu überreden, einen Brief an sie weiterzuleiten, und anscheinend gelang ihm das auch schließlich. Es erleichterte mich etwas zu hören, daß man ihn nicht körperlich mißhandelt hatte. Er wurde vom Volksgerichtshof, von Freisler, verurteilt. Während der Vernehmung vor Gericht beeindruckte seine Haltung alle Anwesenden nachhaltig, und viel später erzählte mir meine Mutter, daß ein bei dem Prozeß anwesender Zuhörer meinem Bruder Wolf-Ulli berichtet habe, mein Vater sei so bestimmt und selbstbewußt aufgetreten, daß man nicht mehr gewußt habe, wer der Kläger und wer der Angeklagte gewesen sei. Zwei Stunden nach dem Urteilsspruch wurde das Todesurteil vollstreckt. Wie mußte sich meine Mutter allein fühlen, jetzt, wo man ihr den liebsten Menschen in ihrem Leben auf diese Weise genommen hatte. In diesen ersten Tagen in Buchenwald konnte ich meine Gedanken gar nicht lösen von ihrem und meinem eigenen abgrundtiefen Schmerz, der uns so eng verband.

Im Lager trafen wir auch noch einen Bruder von Generaloberst Erich Hoepner, der wegen seiner aktiven Mitarbeit im Widerstand im August 1944 hingerichtet worden war. Sein Bruder hatte seit seiner Verhaftung Schreckliches auszustehen gehabt, man hatte ihn wochenlang in eines dieser unterirdischen Kerkerlöcher gesperrt, die es in den KZs gab. Schon länger befanden sich Fritz Thyssen und seine Frau Amelie in unserer Baracke. Zu Beginn ihrer Haftzeit, vor drei Jahren, waren sie in einer Einzelbaracke untergebracht worden. Fritz, einer der drei Thyssen-Brüder, der »Stahlbarone«, hatte sich deutlich gegenüber Hitler geäußert, unter anderem, daß die Industrie nicht in der Lage sei, in dem von Hitler verlangten Tempo Kriegsmaterial zu produzieren, ein Krieg sei deshalb undenkbar. Im Dezember 1940 war er zusammen mit seiner Frau verhaftet worden. Er war ein faszinierender älterer Herr mit ausgeprägtem Sinn für Humor. Obwohl er keinen direkten Kontakt zur Außenwelt gehabt hatte, war er gut über alles informiert. Seine Frau Amelie wirkte so zart und dünn, daß man sich wunderte, daß sie bisher alles überstanden hatte. In Buchenwald traf ich auch die 30jährige Isa Vermehren, die verhaftet worden war, weil ihr Bruder, Abwehragent in Istanbul, im Februar 1944 übergelaufen war. Vor dem Krieg hatte sie als Sozialfürsorgerin gearbeitet und irgendwann auch in einem Cabaret gesungen. Sie spielte hervorragend Ziehharmonika. In Buchenwald spielte und sang sie häufig für uns – eine von uns beinahe festlich empfundene Abwechslung.

Mir fiel außerdem eine junge Frau auf, Frau Schröder. Sie war mit einem protestantischen Pastor verheiratet, der engen Kontakt zu Pastor Niemöller gehalten hatte. Von ihrem Mann wußte sie nichts, aber wenigstens waren ihre drei Kinder im Alter von fünf, sieben und zehn Jahren bei ihr. Wir Mütter, denen man die Kinder genommen hatte, beneideten sie darum natürlich sehr.

Da wir unsere Mahlzeiten nicht selbst zubereiten mußten, hatten wir viel Zeit, und so unterrichtete ich das älteste Schröder-Kind. Nachmittags las ich mit Alex die »Vita Nuova« von Dante, abends spielten wir Bridge mit Markwart junior und Otto Philipp. Wir vier waren unzertrennlich geworden.

Die Russinnen, die einmal in der Woche unsere Kohleration brachten – natürlich ebenfalls Häftlinge –, erzählten, daß Kommunisten unterschiedlicher Nationalität sich im Lager organisiert hatten, um auf den Moment des Zusammenbruchs vorbereitet zu sein. Deshalb hätten sie sich einen heimlichen Lebensmittelvorrat zugelegt. Entsprechend dem Vorschlag der russischen Häftlinge wollten sie im geeigneten Moment die SS-Männer töten – und zu meiner großen Überraschung auch die Polen, die von den Russen fast mehr gehaßt wurden als die Deutschen. Warum das so war, weiß ich nicht; so wurde es uns damals aber erzählt. Es war klar, daß sie danach wegen ihres schlechten Gesundheitszustands das Lager nicht würden verlassen können und deshalb beschlossen, im Lager zu bleiben und dort die Entscheidungen der Alliierten abzuwarten.

Am 13. März erschien ein Gestapo-Mann, um uns Fragen zu stellen, aber auch unsere Beschwerden anzuhören. Das Wichtigste für uns war, endlich Nachrichten von unseren Kindern zu erhalten. Er versicherte uns, sich umgehend um unsere Angelegenheiten zu kümmern. Scheinbar hatten wir nichts dazugelernt und waren so naiv wie eh und je, denn in Wirklichkeit passierte nichts. Lügen, wie immer! Zu meinen Kindern hatte sich der Mann geäußert, sie seien nicht zusammen mit den anderen Kindern in Bad Sachsa, sondern woanders untergebracht, sie wollten jedoch alle Kinder von Widerstandsangehörigen des 20. Juli an einem dritten Ort zusammenführen. Konnte man glauben, was er sagte? Ich meinte, in meiner Verzweiflung zu versinken. Wie sollten wir denn die Kinder je wiederfinden in diesem Chaos, das nach dem Zusammenbruch noch totaler werden würde?

Zu meiner großen Freude bekam ich einen Brief von meiner Mutter:

15. Januar 1945, Ebenhausen

»... Ich fürchte, daß mein letzter Brief Dich nicht erreichte, denn ich schickte ihn nur wenige Stunden vor einem großen Luftangriff auf München ab. So schreibe ich Dir heute nochmals, um Dir zu sagen, daß es uns allen gut geht. Von München ist kaum was stehen geblieben. – Ich war so froh, als ich endlich wieder einen Brief von Dir in den Händen hielt, und es tut mir so leid, da Du immer noch nicht recht wohl bist. Du beklagst Dich über den Mangel an Briefen, aber ich habe alle 14 Tage, wie erlaubt, geschrieben. Dieter geht es gut. Er ist in Festungshaft in Küstrin ...«

Am 16. März kreiste ein Fieseler-Storch lange über unserer Baracke. Wir stürzten ins Freie und winkten mit Taschentüchern und Bettlaken. Es war Lita Stauffenberg, die Frau von Alex, die ihren Mann besuchen kam, wie sie es schon einmal in Stutthof getan hatte; damals hatte ich aber mehr tot als lebendig mit Typhus im Krankenzimmer gelegen und deshalb Litas Besuch aus der Luft nicht miterlebt. Sie war unsere einzige Verbindung zur Welt jenseits des Stacheldrahtes.

Als Lita wieder abgeflogen war, umringten wir Alex, um Neuigkeiten zu hören. Nach Stutthof hatte Lita nichts mehr über das Schicksal ihres Mannes erfahren. Vor einigen Wochen hatte sie mit der Gestapo in Lauenberg telefoniert, und dort endlich hatte sie gehört, daß wir in Richtung Berlin transportiert worden seien, es beinahe ausgeschlossen sei, daß wir nicht durch die Russen vom Westen getrennt worden wären. So hatte Lita versucht, auf gut Glück in Buchenwald zu landen, um nachzuforschen, ob wir vielleicht hier wären. Nach allem, was Lita Alex erzählt hatte, mußte auch meine Familie langsam über meinem Schicksal verzweifeln. Von Tag zu Tag ging das »Dritte Reich« schneller seinem Untergang entgegen; jeden Tag Fliegerangriffe, jede Nacht bellten die Wachhunde, schrien die fliehenden Häftlinge, wenn sie von den Hunden gepackt wurden, auf Karren luden sie die Toten, und die Lebenden sahen wie Skelette aus, sie bestanden nur noch aus Haut und Knochen. Man hörte, daß jeden Tag 200 bis 300 Menschen im Lager starben.

Nur um einmal für kurze Zeit dieser Festung zu entkommen, gab ich vor, starke Zahnschmerzen zu haben, und ließ mich zum Zahnarzt bringen. Abermals verwundert sah ich die riesige Barackenstadt vor mir und erlebte eine groteske, surrealistische Szene: Häftlinge in den grauweiß gestreiften Kitteln, die von der Arbeit zurückkamen, ihr Blick verzweifelt oder schon wie leblos die Augen, statt Wangen dunkle Höhlen, die Haare wie üblich geschoren. Die Italiener und Russen unterschied man von den anderen, indem man ihnen außerdem einen Streifen in die kurzen Stoppeln rasiert hatte. Sie marschierten in Viererreihen. Wenn sie zu langsam gingen, schlugen ihnen die Wachen mit dem Gewehrkolben in den Rücken. Der Gefangenenzug wurde von einer Musikkapelle angeführt, die unentwegt Marschmusik spielte. Am Ende der Strecke angelangt, stellten sich die

»Musikanten« am Straßenrand auf, und diese armseligen Kreaturen mußten an ihnen wie bei einer Parade vorübermarschieren. Konnte es noch etwas Sadistischeres geben?

Im Westen war Würzburg bereits gefallen, die ersten amerikanischen Panzer fuhren in Bamberg ein. Wir hofften, daß der Rückzug so chaotisch ablaufen würde, daß die SS uns nicht mehr aus Buchenwald fortbringen könnte. Dann würden wir von den Amerikanern und nicht wie in Stutthof von den Russen befreit werden. Am 27. März überflog Lita noch einmal unsere Baracke, aber diesmal war sie nicht alleine. Wer konnte das sein? Es waren Clemens und Elisabeth Stauffenberg. Wenn Lita nicht gewesen wäre, wären sie in die Hände der Russen gefallen, die sich Berlin näherten. Auf Anordnung der SS brachte Lita Elisabeth zu uns ins Lager, Clemens jedoch nach Hause, der, obwohl einigermaßen genesen, keine weitere Reise durchgestanden hätte. Elisabeth erzählte, sie seien für eine Weile im Krankenhaus in Potsdam gewesen. Außerdem hätte sich Franzis von Kameke, bei der meine Eltern immer gewohnt hatten, wenn sie in Berlin waren, heimlich nach mir erkundigt. Ich war froh darüber, weil mir das die Gewißheit gab, daß meine Familie über mich Bescheid wußte. Auch in Buchenwald hörte man nun das Dröhnen der Artillerie. Die Front konnte nicht weiter als 40 Kilometer entfernt sein. Unsere Nervosität war kaum noch auszuhalten, zumal das Gerücht umging, man wolle uns wieder abtransportieren – und tatsächlich kam am 3. April der Befehl: »Packt eure Sachen. Ihr dürft nur soviel mitnehmen, wie ihr auf den Knien halten könnt.«

11.
Von Buchenwald nach Dachau

Stauffenbergs ließen viele Koffer im Lager zurück. Ich aber konnte den Befehl nicht mehr ganz ernst nehmen und zog meinen Koffer hinter mir her, auch wenn ich ihn nicht auf den Knien halten konnte. Wir saßen stundenlang auf unserem Gepäck und warteten, weil der Leiter des Transports erst abends eintraf. Er hieß Bader, war Obersturmführer und schien mir mit seinen eckigen, grausamen Zügen in dem sonst leeren Gesicht und den vulgären, aggressiven Manieren wie ein Bluthund. Mit ihm kam noch ein Untersturmführer namens Stiller, der etwas angenehmer wirkte. Sie schoben uns rücksichtslos in Busse, die eigentlich gerade für die Hälfte unserer Gruppe gereicht hätten, sie brüllten herum, wir sollten keine Geschichten machen, es sei genug Platz, sonst würden sie unser Gepäck hinauswerfen. Irgendwie saßen dann auch alle, zum Teil einer auf dem Schoß des anderen. Die zwei SS-Frauen, die in Buchenwald unsere Wachen gewesen waren, blieben im Lager zurück, und wir fragten uns, was mit ihnen geschehen würde. Die eine hatte oft aus Verzweiflung über die Situation geweint. Sie war mit Gewalt zur SS eingezogen worden und fest entschlossen, bei der ersten Gelegenheit aus dem Lager zu fliehen.

Die drei Busse setzten sich in Bewegung und fuhren bis zum nächsten Morgen durch. Mehrmals mußten die Fahrer nach dem Weg fragen. Während dieser Pausen hätten wir dringend austreten müssen, aber man verbot es uns unter Drohungen: »Tut euch nicht so wichtig! Wir können euch auch noch ganz anders behandeln!« Maria Hammerstein jedoch ließ sich nicht einschüchtern. Ihre Stimme nahm einen leicht militärischen Ton an: »Wenn ihr mich nicht sofort aussteigen laßt, setze ich euch mitten in den Bus einen Bach.« Die Männer taten so, als hörten sie nichts. Daraufhin zwängte sie sich energisch zwischen uns und dem Gepäck durch und warf sich mit einer solchen Wucht gegen die SS-Wachen, daß diese wankten. Da gaben sie auf. Eine Wache stieg hinter ihr aus und richtete das Gewehr auf sie, bis sie fertig war. Einer nach dem anderen durften wir nun auch austreten. Wir hatten inzwischen weniger Angst und wurden den Wachen gegenüber fordernder. Das änderte zwar nicht ihr Verhalten uns gegenüber, aber wir konnten fast alles erreichen, was wir wollten.

Bei einem dieser Aufenthalte bemerkten wir, daß uns ein Auto folgte, in dem sich zwei Personen unter SS-Bewachung befanden. Wir erkannten Léon Blum, den ehemaligen französischen Premierminister, und seine Frau, die uns beide verstohlen zuwinkten. Hinter ihnen fuhr noch eine mit Menschen vollgestopfte »grüne Minna«. Plötzlich kam noch ein dritter Wagen angefahren. Fünf Leute wurden aus der »Minna« herausgezerrt, zwei davon in Uniform, von denen einer eine schwarze Binde über einem Auge trug. Nach einer lebhaften Diskussion zwischen den SS-Leuten wurden zwei Personen wieder in die »grüne Minna« gedrängt; drei wurden in dem dritten Auto von der SS fortgefahren. Später erfuhr ich, daß einer dieser Männer Josef Müller gewesen war, der für den Widerstand die Verbindung zum Vatikan hergestellt hatte. Die zwei Offiziere gehörten ebenfalls, wie ich später erfuhr, zum Widerstand, der Marineoffizier Liedig und Major Gehre, der mit der schwarzen Augenbinde, ein naher Mitarbeiter von Admiral Canaris.

Im Verlauf der Reise stellten wir mit Schrecken fest, daß unsere Wachen Bader und Stiller sehr ungenaue Instruktionen im Hinblick auf uns erhalten hatten. Sie wußten gerade noch, wer wir waren und wohin sie uns bringen sollten, hatten aber keinen Pfennig für die Reise erhalten und ließen ihre üble Laune an uns aus. Die Busse hielten schließlich bei einem KZ in der Nähe von Regensburg. Dort wollte man uns aber nicht aufnehmen, weil das KZ überfüllt war. Nun wußten die beiden SS-Leute nicht mehr, was sie tun sollten. Da es dem Abend zuging, luden sie uns nach langen Diskussionen im Gefängnis in Regensburg aus.

Von unserem Protest nahmen sie natürlich keine Notiz und trieben uns mit Stößen und brüllend durch das Gefängnistor. Da verlor ein Häftling, ein Offizier namens Schatz, jede Zurückhaltung und ließ seiner Wut und Empörung freien Lauf – mit dem Ergebnis, daß die unsicher gewordenen SS-Leute den Gefängnisdirektor kommen ließen. Schatz fragte, ob man wenigstens die Zellentüren offenlassen würde, worauf der Direktor freundlich erwiderte, daß die Gefängnisvorschriften das nicht zuließen.

Die Ungarn, die Gefangenen aus der »grünen Minna« und das Ehepaar Blum befanden sich bereits in diesem Gefängnis, und nach langem Hin und Her wurden wir zu fünft oder acht in die völlig verwanzten Zellen geschlossen. Auch Schatz mußte diesem Befehl folgen. Als sie zusperrten, machten wir voller Wut einen Höllenlärm, und immerhin wurden am nächsten Tag unsere Türen geöffnet, und wir konnten auf den Korridoren entlanggehen. Auf unsere Bitten hin öffneten sie auch die Zellentüren der Ungarn. Die Gefangenen aus der »grünen Minna« und das Ehepaar Blum blieben eingesperrt. Léon Blum verhielt sich eher reserviert und wollte sich unseren Protesten nicht anschließen. Der Offizier Schatz war als Vetter von Bernd Gisevius verhaftet worden, obwohl er niemals dem Widerstand nahegestanden hatte, sondern wie Kretschmann mit der Nazipropaganda groß geworden war. Aber wir hatten ihm, seit er zu uns gestoßen war, die Augen geöffnet.

Durch die Klappen in den Zellentüren machten wir am nächsten Tag Bekanntschaft mit neuen Schicksalsgefährten. Wie war unsere Gruppe gewachsen! In einer Zelle entdeckte ich Oberstleutnant von Petersdorff, einen alten Bekannten meiner Eltern und eingeschworenen Nazigegner. Er war verhaftet worden, weil er nach dem Attentat Freunden geholfen hatte unterzutauchen. In seiner Zelle befand sich noch Major Sigismund Payne-Best vom englischen Geheimdienst und zwei weitere Geheimagenten. Sie waren zu Beginn des Krieges von den Deutschen an der holländischen Grenze enttarnt worden, als sie Kontakt zum deutschen

Widerstand aufnehmen wollten.* In der gleichen Zelle war außerdem der 22jährige Wassily Kokorin untergebracht, ein Neffe Molotows, in einer anderen erkannte ich das Ehepaar Heberlein, ebenfalls gute Freunde meiner Eltern; er war deutscher Diplomat gewesen. Wir, die wir uns über die Viehwagen, die überfüllten Autobusse und die Gewalttätigkeit der SS beschwert hatten, hörten jetzt von denen, die mit der »grünen Minna« gefahren waren, daß der Wagen im Innern in lauter winzige Zellen aufgeteilt war, in denen man lediglich sitzen konnte, sich umzudrehen oder zu bücken war ausgeschlossen. Es gab nicht die geringste Öffnung, und man wurde von dem schaukelnden Fahrzeug hin und her geworfen. Im Vergleich dazu schien unser Transport noch angenehm gewesen zu sein!

Meine Entdeckungsreise wurde plötzlich von durchdringendem Sirenengeheul unterbrochen, wir wurden alle in den Luftschutzbunker des Gefängnisses geführt, und nun flogen drei Stunden lang alliierte Flugzeugformationen über uns hinweg. Ihr Ziel lag offensichtlich woanders, denn Regensburg wurde nicht bombardiert.

Gegen Mittag tauchte Bader auf, ganz verzweifelt, und fragte doch wahrhaftig uns, wohin sie uns transportieren sollten. Einfach unglaublich! Wir schlugen ihnen sofort verschiedene Besitzungen von Freunden in der Umgebung vor, aber das gefiel ihnen verständlicherweise nicht. So ging die Reise ohne einen genauen Bestimmungsort weiter. Bader und Stiller waren völlig orientierungslos. Später erfuhren wir, daß sie den Befehl hatten, uns nach Dachau zu bringen, aber auch dieses riesige Lager war überfüllt. Es schien, als ob ganz Deutschland in KZs eingesperrt sei. Am nächsten Morgen machten wir in Schönberg im Bayerischen Wald halt, wo wir in einer Schule und in einem Krankenhaus untergebracht wurden.

Die Nachricht von der Identität der vielen »Gäste« verbreitete sich rasch in der Gegend. Unter SS-Bewachung

* Es handelte sich dabei um den sogenannten Venlo-Zwischenfall, benannt nach dem holländischen Grenzübergang Venlo.

wurden wir zu den Bauern begleitet, um Säcke mit Stroh zu füllen, die wir als Matratzen auf unsere Lager legen sollten. Während dieses Unternehmens steckten uns die Bauern heimlich Äpfel und Eier in die Taschen. Wir richteten uns so gut wie möglich ein. Ich teilte den Schulraum mit den Familien Stauffenberg, Hofacker und Thyssen, zusammen 16 Personen. Auf dem Flur gab es eine primitive Toilette und im Zimmer ein Waschgeschirr.

Wir kamen überein, daß die Männer den Raum verließen, wenn die Frauen sich wuschen und umgekehrt. Fritz Thyssen machte eine Ausnahme: Er hatte uns Frauen gebeten, im Zimmer zu bleiben, denn er sei langsam, würde sich rasieren, während wir uns waschen würden und uns natürlich den Rücken kehren.

Wir hatten nichts dagegen, hatten aber seinen kleinen Spiegel nicht bemerkt, den er zum Rasieren benutzte und so aufstellte, daß er uns Frauen während des Waschens genau beobachten konnte. Als wir ihm, halb lachend, diesen Trick vorwarfen, meinte er: »Was wollt ihr, ich bin ein alter Mann, habe weiß Gott viele Frauen im Evakostüm gesehen, nehmt mir dieses kleine Vergnügen nicht.« Fritz Thyssen hatte so viel Charme, daß wir ihm nicht böse sein konnten. Außerdem ging er jeden Abend von Lager zu Lager, küßte den Frauen die Hand und machte ein kleines Kompliment. So wollte er die Stimmung ein wenig heben.

Die Eier und Äpfel hatten uns gestärkt, die SS-Männer nämlich sollten uns von den Lebensmittelvorräten abgeben und beschummelten uns ständig. Sie gaben uns für zehn Personen einen Laib Brot und ein Stückchen Käse und meinten, das müßte für Tage reichen. Unvorstellbar! Gottlob hielt dieser Zustand nicht lange an. Im oberen Stockwerk waren Léon Blum und seine Frau ganz komfortabel im Lehrerzimmer untergebracht. In anderen Zimmern schliefen Major Best und die anderen englischen Agenten, der Neffe von Molotow und Pfarrer Bonhoeffer, der ebenfalls in der »grünen Minna« angekommen war.

Als Müller und andere zum Transport nach Flossenbürg aufgerufen wurden, versteckte sich Bonhoeffer hinter anderen und antwortete nicht, als er aufgerufen wurde. Leider holten ihn die SS-Männer ein paar Tage später doch noch ab. Er wurde am 9. April zusammmen mit Admiral Canaris und General Oster hingerichtet.

Nach langem Fragen und Bitten erhielten wir die Erlaubnis, jeden Tag einen Spaziergang machen zu dürfen. Natürlich wurden wir von einer Wache begleitet. Wie im Traum gingen wir unter dem strahlend blauen Himmel durch die Frühlingslandschaft! Von den Wachen unbemerkt konnten wir Verbindung zur Bevölkerung aufnehmen. Der Erfolg: Die Leute aus dem Ort brachten dem zunächst wohnenden Bäcker Lebensmittel für uns. Nachts ließen wir einen Strick aus dem Fenster, und der Bäcker füllte für uns Eimer und Körbe mit den herrlichsten Leckerbissen. Die Menge an Brot und Butter, Eiern und Marmelade reichte für uns alle. Jede Nacht wiederholte sich die gleiche Szene, die mich lebhaft an Bilder von Spitzweg erinnerte.

Seit längerem schon waren wir ohne Nachricht über die Lage in Deutschland und erst recht über die internationale Situation. Nun teilten uns die Dorfbewohner die letzten Neuigkeiten mit. Seit Monaten schon fragten wir uns, warum die deutschen Soldaten für eine offensichtlich verlorene Sache weiterkämpften. Die einzige Erklärung, die wir uns vorstellen konnten: Seit über einem Jahr war das Terrorregime in Deutschland noch umfassender und brutaler geworden. Wir erfuhren, daß Wien eingenommen war und die Russen in unglaublichem Tempo vordrangen.

Ab und zu ging ich heimlich in den zweiten Stock, um mich mit Léon Blum und seiner Frau zu unterhalten, die mir mit einem wachen Intellekt begabt zu sein schienen, was unsere Kontakte bestätigten. Frau Blum war ihrem Mann freiwillig ins Gefängnis und ins KZ gefolgt, weil sie ihm in diesen finsteren Zeiten zur Seite stehen wollte. Beide stellten sich niemals in den Vordergrund, wie es andere taten, sie versuchten nie, einen Vorteil aus ihrer Position zu ziehen, und waren mit allem zufrieden. Es tat mir leid, daß ich nicht besser Französisch sprach; wir hätten sonst intensivere Gespräche führen können.

Am 12. April erreichte uns die schreckliche Nachricht, daß Lita in der Nähe von Schönberg mit ihrem Flugzeug abgestürzt und dabei umgekommen sei. Sie war wohl auf dem Weg zu Alex gewesen und dabei in einen Luftangriff geraten, mit dem sie gar nichts zu tun hatte. Stiller rief Alex nach draußen, um ihm die traurige Botschaft zu übermitteln. Als er wieder hereinkam, war er kreidebleich. Er hatte seine Frau sehr geliebt. Seine Beherrschung war bewundernswert. Der Tod seiner Frau, die Hinrichtung seiner beiden Brüder, die Zerstörung seines Hauses durch einen Bombenangriff, bei dem auch seine ganze, so sorgfältig über Jahre zusammengestellte Bibliothek verbrannte – das alles hatte seine ganze Vergangenheit ausgelöscht. Wir versuchten wohl, ihn zu trösten, aber wie mag er sich in diesem Augenblick unter so vielen Menschen gefühlt haben! Andererseits wollte er nicht allein sein, er bat Elisabeth und mich, uns zu ihm zu setzen. Unsere Freundschaft half ihm vielleicht doch auch in diesem Moment etwas.

Nach 14 Tagen, am 16. April, verließen wir Schönberg. Die Dorfbewohner stellten sich am Straßenrand auf, um Abschied von uns zu nehmen – sollte das die »Entrüstung des Volkes« sein, vor der die SS uns schützen mußte, weshalb sie uns ins KZ gesperrt hatte, wie unsere Wachen anfangs behauptet hatten? Wir fühlten uns wie stolze Fürsten, während die SS-Männer eine wütende, ohnmächtige Miene aufsetzten. Unsere nächtliche Fahrt war begleitet von dauernden Luftangriffen. Landshut war kurz vorher bombardiert worden, verkohlte Fahrzeuge, Pferdeleichen und obdachlose Menschen säumten den Weg. Dann fuhren wir durch München – ich war erschüttert. Von weitem schien alles intakt, schienen alle Gebäude noch zu stehen. Aber je näher wir kamen, desto deutlicher sahen wir: nur noch Mauern und Fassaden, dahinter gähnende Leere, einige Menschen streiften umher, Autos gab es keine mehr. München war zu einer von tiefem Schweigen beherrschten Gespensterstadt geworden. Kaum 20 Kilometer war ich von Mutti und Almuth entfernt. Ich hätte Ebenhausen ja zu Fuß erreichen können – aber mir fehlte der Mut. Die Haftzeit hatte mich bereits passiv und ängstlich gemacht, ich wollte unter keinen Umständen alleine sein.

Wir hielten schließlich vor dem Haupteingang des KZ Dachau, der aber nicht geöffnet wurde. Scheinbar erwartete niemand neue »Gäste«. Eine unserer Wachen stieg aus und verschwand hinter dem Tor. Wir mußten im Bus bleiben und durften nicht aussteigen; währenddessen wurden wir zunehmend nervöser. Die Luft im Bus war zum Schneiden. Erst vier Stunden später öffnete sich das Tor, und wir entkamen den stinkenden Bussen. Es war drei Uhr nachmittags, die Sonne schien außergewöhnlich stark für die Jahreszeit. Nirgends gab es Schatten. Erschöpft und ganz trocken vor Durst, setzten wir uns auf unser Gepäck. Nach einer endlos scheinenden Stunde tauchte ein SS-Obersturmführer auf und befahl unseren Männern, sich etwas abseits in einer Reihe aufzustellen, weil sie zum »Volkssturm« eingezogen werden sollten! Alle Männer von 16 bis 60 Jahren, die zu Hause geblieben waren, wurden in den letzten Kriegsmonaten zu diesem »Volkssturm« eingezogen. Wir Frauen bekamen es mit der Angst zu tun, viele begannen aus Verzweiflung zu weinen; wir befürchteten nämlich, daß es sich nur um einen Vorwand handelte und daß sie in letzter Minute unsere Männer erschießen würden. In dieser dramatischen Situation ließ man uns weitere Stunden in der unerträglichen Hitze warten, bis wir von Müdigkeit überwältigt auf unserem Gepäck einschliefen.

Endlich, nachmittags um sechs Uhr, erschien ein hohes Tier von der SS, um uns mitzuteilen, daß man uns nicht trennen würde. Wir waren nun überzeugt, daß wir das ganze Theater nur der sadistischen Neigung unseres Transportleiters Bader zu verdanken hatten. Der SS-Führer wollte vermeiden, uns alle, müde wie wir waren, kilometerweit durch das Lager laufen zu lassen, um ein Quartier zu finden. Deshalb ließ er uns Frauen zurück und machte sich mit den Männern auf die Suche. Wir warteten also weiter, bis sie uns holen kamen. Schließlich hatten sie außerhalb der eigentlichen Lagerstadt in der Nähe des SS-Krankenhauses einige leere Baracken gefunden; eine wurde uns zugeteilt, eine andere den Ungarn. Wir bekamen das gleiche Essen wie die Krankenhaus-Patienten, es war gut und ausreichend, vor allem aber konnten wir endlich einmal uns und unsere Kleidung waschen – ein wahrer Genuß!

Jede Nacht war Fliegeralarm, die Angriffe klangen bedrohlich nahe. Unsere Baracken gehörten nicht zum eigentlichen Lager, sie waren vielmehr dem SS-Ausbildungslager benachbart, dem einzigen Steinbau weit und breit, der möglicherweise ein Ziel für die Angriffe darstellte. Sowohl tagsüber als auch nachts waren wir viel zu faul, in den Luftschutzraum zu gehen. Wenn die SS-Leute uns holen wollten, versteckten wir uns in den Schränken, unter den Betten und an anderen unmöglichen Stellen. Das ging aber nur so lange, bis die SS-Männer uns auf die Schliche kamen und uns zwangen, in den Luftschutzkeller zu gehen. Bei jeder Bombenexplosion wackelte die Baracke, als würde sie sofort zusammenbrechen, ein ekelhaftes Gefühl, aber allmählich waren wir dieser Gefahr gegenüber gleichgültig geworden. Während eines besonders heftigen Angriffs allerdings verlor ich doch einmal die Nerven, ich spürte höchste Todesangst. Alle waren in den Keller gegangen, aus irgendeinem Grund war nur ich alleine in der Baracke zurückgeblieben. Ich weiß nicht, ob das Gefühl der Einsamkeit, die Erschütterung der Baracke oder die unmittelbare Nähe der Explosion mich veranlaßten, so schnell ich nur konnte die Baracke zu verlassen und die 100 Meter über die Wiese zum Luftschutzraum zu rennen. Alles war von »Christbäumen« taghell erleuchtet. Ich fühlte mich als Zielscheibe in diesem Orkan. Als ich endlich den Schutzraum erreichte, atmete ich unendlich erleichtert auf: Die vergangenen Minuten waren mir wie eine Ewigkeit erschienen. Die Baracke war nicht getroffen worden, die großen Bomben scheinen immer näher zu sein, als sie es in Wirklichkeit sind, besonders, wenn man sich im Luftschutzkeller aufhält. Mich überfiel Angst und Entsetzen: Nicht nur die Städte, ganz Deutschland lag unter einem Bombenteppich. Waren Corradino und Robertino in Deutschland? Welche Schrecken mußten sie erleben? Bei den Bombenangriffen gab es viele Tote, viele wurden verletzt und verstümmelt. Und ich hatte ihnen versichert, sie würden nur für die Zeit eines Spaziergangs von mir getrennt sein!

Ohne diese kleinen, unschuldigen und ungeschützten Wesen hätte mich all das viel weniger berührt, aber der Gedanke an sie brachte mich fast um den Verstand.

Wir hörten, daß Buchenwald von den Amerikanern besetzt worden war, daß die SS-Leute zu Fuß Richtung Dachau flohen und viele Häftlinge zwangen, mit ihnen zu kommen. Andere Häftlinge wurden in Viehwagen geladen und erhielten Proviant, der aber für den langen Transport nicht reichte. Solche Züge kamen dann mit einem Waggon voll Toter an. Wir hörten das von der unsympathischeren der beiden weiblichen SS-Wachen aus Buchenwald namens Rafforth. Der anderen, mit der wir uns angefreundet hatten, war die Flucht aus dem Lager in Zivilkleidung und mit gefälschten Papieren gelungen. Die Rafforth sah inzwischen jämmerlich aus, die Uniform hing ihr in Fetzen vom Leib, ihr Blick drückte Entsetzen und Verzweiflung aus.

Wir befanden uns mittlerweile an der Frontlinie, die Amerikaner waren höchstens 50 Kilometer von Dachau entfernt. Tag und Nacht gab es Alarm. Die Detonationen der Bomben mischten sich mit dem Dröhnen der Artillerie. Zu diesem Zeitpunkt hielten wir einen Weitertransport für ausgeschlossen, dennoch kam am 25. April die gewohnte Aufforderung: »Zusammenpacken!«

Wir hatten uns für den Fall, daß wir die Koffer nicht weiter mitnehmen konnten, aus Decken Rucksäcke genäht. Etwa 20 Minuten mußten wir zu Fuß durch das Lager zu den Lastwagen und Bussen gehen, mit denen wir fortgebracht werden sollten. Mit diesen Rücksäcken, an denen bei jedem Schritt die Pfannen und Pfännchen, Blechnäpfe und anderer Kram klapperte, sahen wir aus wie eine Zigeuner-Karawane. Natürlich reichte der Platz auf den Lastwagen nicht aus, deshalb mußten einige von unseren jungen Leuten mit anderen Häftlingen zu Fuß weitergehen, so Markwart Stauffenberg junior, Franz Hammerstein, Reinhard Goerdeler, der Offizier Schatz und andere. Schweren Herzens nahmen wir Abschied von ihnen. Ob wir sie je wiedersehen würden? Was hatte die SS mit all den Häftlingen vor, die sie mit ihren Waffen vor sich hertrieb? Ich kletterte auf einen der überfüllten Lastwagen. Die wenigsten konnten auf ihren Rucksäcken sitzen, fast alle mußten mit eingezogenem Kopf stehen, um nicht ständig an die Wagendecke zu stoßen.

Im gleichen Lastwagen, in dem ich saß, entdeckte ich den berühmten Pastor Niemöller, der seit 1937 in Haft war, außerdem Kurt von Schuschnigg, den ehemaligen österreichischen Kanzler, mit seiner Frau Vera und der vierjährigen Tochter Sissy. Zunächst wirkte Schuschnigg sehr still, beinahe reserviert; er versuchte mit all seinem Leid und dem seiner Familie alleine fertig zu werden. Erst später hatte ich Gelegenheit, ihn besser kennenzulernen, und war überrascht festzustellen, daß er trotz der langen Gefangenschaft geistig und intellektuell überaus lebendig geblieben war; die politische Lage konnte er klar einschätzen. Sicher hat auch die Gegenwart seiner Frau Vera zu seiner trotz allem positiven und menschlichen Haltung stark beigetragen. Vera war eine lebhafte, fröhliche Frau, immer bereit, den anderen zu helfen; das trug ihr natürlich große Sympathie bei ihren Leidensgenossen ein. Lebensbedrohlich waren für Schuschniggs die Wochen im KZ Flossenbürg, einem der schlimmsten Vernichtungslager, vergleichbar dem, was Auschwitz für die Juden war. Nur wenige verließen die Hölle von Flossenbürg lebend. Es grenzt an ein Wunder, daß Schuschniggs sich retten konnten und mit ihnen General Thomas, General von Falkenhausen, Molotows Neffe, Major Payne-Best und andere aus der Gruppe, die dann nach Dachau verlegt wurden.

Die Lastwagen setzten sich um zwei Uhr nachmittags in Bewegung, wie immer kannten wir das Ziel nicht. Leider war der widerwärtige Bader, der uns seit Buchenwald begleitete, immer noch bei uns. Der freundlichere Stiller deutete an, daß wir möglicherweise die Alpen überqueren würden.

Unendliche Gefangenenkolonnen schlurften mühsam in ihren Holzpantinen unter Bewachung an uns vorbei. Sie hatten nur etwas Brot bekommen, nicht einmal ihre persönlichen Habseligkeiten hatten sie mitnehmen dürfen. Wenn einer nicht mehr weiterkonnte, wurde er von den SS-Männern mit dem Gewehr angetrieben, wenn einer hinfiel, wurde er sofort erschossen. Wir waren entsetzt und erschüttert – so viel Elend schleppte sich da an unserem Lastwagen vorüber. Eine Wache hatte Schuschnigg in Flossenbürg anvertraut, daß eine nicht unerhebliche Zahl von SS-Männern unter solchen Situationen, auch unter den ihnen in Flossenbürg befohlenen Hinrichtungen litten, sie hätten jedoch weder die Kraft noch die Möglichkeit, sich dagegen aufzulehnen. Wir nahmen an, daß die SS-Leute im Augenblick der endgültigen Niederlage, die sie auf sich zukommen sahen, ihre Gefangenen laufen lassen würden, um selbst zu fliehen und sich zu verstecken. Markwart Stauffenberg junior bestätigte nach dem Krieg diese Vermutung: Die jungen Leute aus unserer Gruppe, die zu Fuß weiter mußten, hatten sehr viel Glück gehabt, hatten sich aber auch klug verhalten. Sie überredeten ihre Wachen, die Waffen fortzuwerfen und zu fliehen, und im Grunde waren diese nur froh, daß man ihnen half, eine Entscheidung zu treffen – es ging ja mittlerweile um die Rettung ihrer eigenen Haut – und im gewaltigen Chaos der deutschen Auflösung unterzutauchen. Die Gefangenen hatten sich so endlich die Freiheit verschafft!

Nach einigen Stunden erreichten wir die Alpen. Da die Lastwagen hoffnungslos überladen waren, mußten wir auf zu steilen Strecken aussteigen und zu Fuß weitergehen. So erreichten wir ein Durchgangslager in Reichenau – in der Nähe von Innsbruck! Mich ergriff große Traurigkeit: Vielleicht waren Corradino und Robertino ganz in meiner Nähe. In Reichenau schloß sich für mich der Kreis, der sich in Innsbruck geöffnet hatte. Begonnen hatte es mit dem Gefängnis in Innsbruck, und seitdem war ich von einem Konzentrationslager zum anderen geschoben worden – aber dies war noch immer nicht das Ende.

12.
Der Freiheit entgegen!
Reichenau, Villabassa, Anacapri

Die Ungarn und die Leute aus der »grünen Minna« waren schon vor uns im Durchgangslager Reichenau eingetroffen. Wir freuten uns, sie alle wiederzusehen, denn mittlerweile waren wir schon alte Freunde geworden. Wir lernten aber noch viele neue Mitgefangene kennen. Die Gruppe von Himmlers Sonderhäftlingen – vielmehr seine Geiseln – zählte nun 120 Menschen aus 16 verschiedenen Nationen. Sofort erkannte ich Dr. Hjalmar Schacht, der, obwohl viel zu intelligent und schlau, um sich über Hitlers Regime Illusionen zu machen, dennoch Hitler den Weg geebnet hatte. Aber als er 1938 wagte, offene Kritik an der Judenverfolgung zu äußern, entließ Hitler ihn von seinem Posten als Präsident der Reichsbank. Seit Kriegsbeginn hatte er Kontakt zur Widerstandsbewegung; als die Sache zu riskant wurde, zog er sich zurück. Aber sein anfänglicher Opportunismus und seine spätere Vorsicht hatten ihm nichts genützt, er wurde genauso wie alle anderen verhaftet und eingesperrt.

Unter uns befanden sich auch mehrere Erzbischöfe verschiedener Nationalität, ein Prinz Bourbon-Parma, ein preußischer Prinz, Prinz Philipp von Hessen, der seit mehr als eineinhalb Jahren nichts mehr von seiner Frau gehört hatte. Weil wir uns an der Botschaft in Rom mehrmals begegnet waren, erkannten wir uns trotz unseres heruntergekommenen Aussehens sofort wieder. Ich brachte es nicht übers Herz, ihm zu sagen, daß seine Frau, Prinzessin Mafalda, vor einigen Monaten in Folge eines Bombenangriffs in Buchenwald umgekommen war. Ich lernte den Sohn von Horthy und den ungarischen Minister Miklòs Kallay kennen, der von 1942–44 Ministerpräsident gewesen war, dann bei der türkischen Gesandtschaft in Budapest Zuflucht gesucht hatte, aber von der SS verhaftet und dann über Mauthausen nach Dachau gebracht worden war. Einer der ersten jedoch, dem ich begegnete, war der Sohn von Marschall Badoglio. Wir schämten uns beide für das Verhalten einiger italienischer Partisanen unter den Gefangenen, die so wichtig taten, als wären sie die einzigen, die Italien retten könnten. Ihre anmaßende Haltung mißfiel auch den anderen Häftlingen, unter denen sich wirklich außergewöhnliche Persönlichkeiten befanden.

Abends ging die Fahrt in vier großen Autobussen weiter. Weil unser Fahrzeug eine Panne hatte, mußten wir in einem völlig zerbombten Bergdörfchen warten. In dieser Vollmondnacht sahen wir Hunderte von Italienern mit ausgemergelten Gesichtern sich langsam den Berg hochschleppen. Sie waren gezwungen worden, in Deutschland zu arbeiten. In diesen letzten Tagen des Chaos hatten sie sich – teils freigelassen, teils geflohen – zu Fuß auf den Weg zurück nach Hause gemacht.

Am 27. April trafen wir in Niederndorf, einem kleinen Ort bei Toblach, ein.* In verschiedenen Privathäusern fragten die SS-Männer, ob wir für wenigstens eine Nacht bleiben könnten, aber weil sie uns als SS-Familienangehörige ausgaben, erhielten sie verständlicherweise überall Absagen. Die Bevölkerung hatte mittlerweile keine Angst mehr vor der SS. Schließlich parkten die Busse etwas außerhalb auf einer Wiese neben der Eisenbahnlinie. Zwischen Bader und Stiller, die ausgestiegen waren, kam es zu einer lebhaften Auseinandersetzung. Dann gingen sie, ohne ein weiteres Wort an uns, in Richtung Niederndorf davon. Wir blieben mit einigen Wachposten in den Bussen zurück. Hungrig und durstig mußten wir wieder einmal – warten. Da sich unsere zum Teil sehr jungen Wachen in genau der gleichen Lage befanden, konnten wir uns ein wenig mit ihnen unterhalten. Ihr Verhalten uns gegenüber hatte sich verändert. Sie spür-

* Über unsere Befreiung ist schon mehrfach geschrieben worden, so von Isa Vermehren, Sigismund Best und anderen. Jeder hat es etwas anders erlebt und beschrieben; ich gebe es so wieder, wie ich es gleich nach meiner Rückkehr aufgeschrieben habe.

ten, daß unsere Position mit jedem Tag stärker wurde, und zeigten sich ausgesprochen freundlich. Sie waren sich wohl auch darüber im klaren, daß der Augenblick gekommen war, ihren Vorgesetzten nicht mehr blind zu gehorchen und nicht mehr jede Art von Grausamkeit zu begehen. Ihr Blick war lebendiger geworden, es schien, als ob sie wieder freier zu atmen vermochten. So merkwürdig es klingt, ich war überzeugt, daß sich bei ihnen, ähnlich wie bei uns, ein fast heiteres Gefühl der Entspannung bemerkbar machte.

In unserem Bus befanden sich zwei Häftlinge aus Dachau, Oberst Bogislav von Bonin, in voller Uniform, und Dr. von Flügge, die, nachdem Bader und Stiller davongegangen waren, lebhaft miteinander geflüstert hatten. Wir konnten ihre Erregung nicht verstehen. Nach ihrem geheimnisvollen Gespräch gelang es ihnen, die Wachen zu überreden, sie aussteigen zu lassen; sie behaupteten, Bader und Stiller bei der Suche nach Unterkunft helfen zu wollen. Erst am Abend danach erfuhren wir den wirklichen Beweggrund: Auf der Fahrt nach Niederndorf hatten sich Bader und Stiller unterhalten in der Annahme, daß ihnen niemand zuhöre, weil wir todmüde wären und schliefen. Aber Bonin und Flügge taten nur so, als ob sie schliefen, tatsächlich lauschten sie, und so gelang es ihnen, einiges aufzuschnappen, das allerdings ausreichte, ihnen die Dramatik unserer Lage deutlich zu machen. Die beiden SS-Männer flüsterten sich zu: »Was machen wir mit denen, die erledigt werden sollen?« – »Wir haben den Befehl, Bomben unter den Fahrzeugen anzubringen, etwas früher oder gleich nach dem Moment.« Bonin und Flügge wußten nicht, was mit dem »Moment« gemeint war, ihnen war jedoch klar, daß sie handeln mußten. Ein glücklicher Zufall kam ihnen dabei zu Hilfe.

Bonin wußte, daß sich die Heeresgruppe Süd des Generals von Vietinghoff, den er von früher kannte, in der Nähe befinden mußte. In Niederndorf angelangt, bemerkte er tatsächlich in geringer Entfernung auf der anderen Straßenseite einen deutschen General, und als er näher trat, um sich zu vergewissern, war es wirklich Vietinghoff, dem er gegenüberstand. Die beiden begrüßten einander, und in aller Eile umriß ihm Bonin in knappen, geflüsterten Sätzen unsere Lage. Er bat ihn um sofortige Hilfe durch seine Truppen, die allein uns aus der Gewalt der SS-Leute befreien könnten.

Vietinghoff sicherte seine Hilfe zu. Daraufhin suchten Bonin und Flügge das Hotel Bachmann auf, in dem sich die SS-Leute versammelt haben sollten. Bader und Stiller platzten vor Wut, als sie Bonin und Flügge eintreten sahen, aber diese beiden kümmerten sich nicht weiter darum, sondern bestellten sich in aller Ruhe an der Bar einen Kaffee, in Erwartung der weiteren Entwicklung, die sie mit Vietinghoff abgesprochen hatten. Nach etwa zwei Stunden flog die Tür des Gastraumes auf, und ein Offizier an der Spitze einiger Soldaten trat mit schußbereiter Pistole ein. Die SS-Männer sprangen auf der Stelle hoch, und einer von ihnen zog ebenfalls den Revolver. Der Offizier jedoch warnte ihn zu schießen, forderte vielmehr alle auf, ihre Waffen abzugeben. Die SS-Leute wurden verhaftet, nur wenige konnten in dem Durcheinander entkommen. Der Offizier stammte, wie sich später herausstellte, aus der Familie von Alvensleben, die meine Eltern seit einer Ewigkeit kannte.

Wir hingegen saßen lange hungrig und durstig in den Autobussen und ahnten nichts von den Vorfällen in Niederndorf. Was war mit Bonin und Flügge? Wo waren Bader und Stiller geblieben? Warum kamen sie nicht zurück? Nach langem Hin und Her ließen uns unsere Wachen endlich aussteigen, und gemeinsam machten wir uns auf den Weg nach Niederndorf. Pausenlos fuhr deutsches Militär an uns vorbei. Soldaten lehnten sich aus den Lastwagen und riefen: »Es ist Frieden! Es ist Frieden! Endlich können wir nach Hause!« Unsere Wachen wußten den Namen des Gasthofs, in dem Bader und Stiller verabredet sein sollten. Dorthin wendeten wir uns und trafen – Bonin und Flügge, außerdem einen Major mit einigen Soldaten, aber keinen einzigen SS-Mann mehr! Nachdem wir von der dramatischen Entwicklung der Dinge erfahren hatten, setzte eine lebhafte Diskussion ein. Die Häftlinge aus den anderen Bussen wurden ebenfalls geholt, und dann berieten wir erst einmal das Unmittelbare: wo wir alle für diese Nacht schlafen könnten.

Wir Frauen sollten auf Matratzen auf dem Fußboden des Gastraumes schlafen, die Älteren kamen im Pfarrhaus und in Privathäusern unter. Abends erhielten wir ein warmes Essen: eine heiße Gemüsesuppe und Tiroler Knödel. Niemals werde ich diesen Genuß vergessen. Während wir bei Tisch saßen, kamen deutsche Soldaten herein, die auf dem Weg zurück nach Deutschland waren. Manche von ihnen meinten voll Hoffnung: »Glaubt ja nicht, daß der Krieg zu Ende ist! Jetzt werden Churchill und die Amerikaner mit uns zusammen sofort die Russen angreifen. Wir müssen sie aus Deutschland heraus in ihr eigenes Land zurückjagen!« Sie waren verzweifelt, befürchteten, die Russen würden ihre Frauen und Töchter vergewaltigen. Diese deutschen Soldaten mit ihren beinahe kindlichen Vorstellungen taten uns leid. Einmal mehr zeigten solche Sätze, welch ein Verbrechen Hitler an Deutschland und an der Welt verübt hatte.

Als ich hörte, daß der Offizier, der uns von der SS befreit hatte, von Alvensleben hieß, stellte ich mich ihm vor. Er erinnerte sich sehr gut an meine Eltern, war doch Papa einer der ältesten Freunde seines Vaters Udo gewesen. Ich fragte ihn im Laufe des Gesprächs, ob er mit dem Chef des SD in Udine verwandt sei. Ein SD-Chef namens Alvensleben hatte sich damals, als ich im Gefängnis in Udine saß, geweigert zu helfen. Dieser Alvensleben nun antwortete: »Aber natürlich, das ist mein Bruder. Er ist das schwarze Schaf der Familie. Er ist stets ein Nazi gewesen. Reden wir nicht von ihm! Man kann nur hoffen, daß er das Ende des Krieges nicht überlebt hat!«

Nun wurde auch klar, welcher »Moment« in dem von Bonin und Flügge auf dem Weg nach Niederndorf belauschten Gespräch gemeint gewesen war. Tatsächlich war es Himmler noch gelungen, einen Befehl durchzugeben: Da wir keinesfalls in feindliche Hände fallen durften, war unsere Tötung auf ein bestimmtes Datum festgelegt worden: auf den 29. April!

Mittlerweile standen wir unter dem »Schutz der Wehrmacht«. Am nächsten Tag wurden wir alle im Hauptsaal des Hotels Bachmann zusammengerufen. Major von Alvensleben, Major Payne-Best und noch einige andere hatten unter dem Vorsitz von Best ein internationales Komitee gegründet, das uns Sonderhäftlinge vertreten sollte. Aus Bozen hatte man einen gewissen Herrn Talhammer hinzugezogen, der zu einer großen Hotelagentur gehörte. Auf der Versammlung – Redebeiträge und Gespräche in allen möglichen Sprachen schwirrten durch den Raum – wurde mit Hilfe dieses Herrn Talhammer beschlossen, die ganze Gruppe im eleganten Hotel Braies (Prags) am Pragser Wildsee unterzubringen, einige Kilometer von Niederndorf entfernt. Die deutschen Offiziere versicherten uns weiterhin ihres Schutzes, denn immer noch bestand die Möglichkeit, daß dem einen oder anderen der entkommenen SS-Leute die irrwitzige Idee kam, Himmlers Befehl auszuführen. Im Hotel Braies, das eigentlich nur während der Saison geöffnet hatte, fanden wir ausreichend Platz, viele, auch ich, hatten ein eigenes Zimmer. Zwar gab es keine Heizung, und wir froren ganz erbärmlich, aber wenn wir daran dachten, was wir bei den Transporten durchgemacht hatten, erschien uns dies hier wie ein Traum. Ich konnte den Blick nicht von meinem Fenster lösen, von den schneebedeckten Bergen, die sich steil über dem stillen, geheimnisvoll-traurigen See erhoben; die schweren vergangenen Monate und dann unsere glückliche Befreiung, das ungewohnt-köstliche warme Essen – dieses Gefühl, ein neues Leben geschenkt bekommen zu haben – das ich doch nicht wirklich genießen konnte, weil mich immer wieder die Angst um Corradino und Robertino überfiel.

Jenseits dieses Gebirges lag Brazzà. Sollte ich die Freunde verlassen und auf gut Glück alleine losziehen? Aber ich fühlte mich tatsächlich viel zu schwach, um zu Fuß oder per Anhalter weiterzureisen, und ich traute mich auch nicht: Wenn man im Gefängnis gewesen ist, in dem man an nichts denken und keine Entscheidungen treffen muß, niemals allein ist und mit vertrauten Gefährten sein wenn auch schweres Schicksal teilt, dann verliert man die Gewohnheit und den Mut, auf eigene Faust zu handeln.

In diesen ersten Tagen der Freiheit schien uns Prags wie

das Paradies auf Erden. Wir gingen spazieren, hielten uns jedoch an Alvenslebens Empfehlung, uns nicht zu weit vom Hotel zu entfernen, falls sich in den umliegenden Wäldern noch SS-Männer versteckt hielten. Aber auch wenn diese Spaziergänge kurz waren, schienen sie uns doch schön wie im Traum: die dunklen, mächtigen Tannen, die kristallklaren Bäche, die, bereits vom geschmolzenen Schnee angeschwollen, sich rauschend zu Tal stürzten. Nach einigen Tagen hatte es sich herumgesprochen, daß Schuschnigg bei uns sei, und die Leute machten sich auf, um ihn zu sehen. Als Repräsentant der letzten wirklich österreichischen Regierung vor dem »Anschluß« hatte die Bevölkerung ihn geliebt. Diese Südtiroler Bauern, deren Sprache und Kultur zwar deutsch, deren Staatsbürgerschaft jedoch italienisch war, hegten weiterhin tiefe Sympathie für Österreich. Obwohl wir reichlich zu essen hatten, brachten sie uns Brot, Eier und vieles andere. Unterdessen erreichten uns eine Menge aufregender Nachrichten: Hitler war tot, Himmler und Goebbels hatten sich umgebracht, Göring war geflohen und der Waffenstillstand mit dem deutschen Heer in Italien unterzeichnet worden.

Am 4. Mai trafen amerikanische Truppen in unserem Hotel ein. Sie gehörten zur 88. Division. Auf der Stelle entwaffneten sie Major von Alvensleben und seine Soldaten, die nun Kriegsgefangene waren. Major Best bat den amerikanischen Kommandanten, Brigadegeneral Gerow, ein paar Worte an die deutschen Soldaten und ihren Major, der uns befreit hatte, richten zu dürfen, bevor sie ins Kriegsgefangenenlager gebracht würden – eine noble, entgegenkommende Geste des Siegers. Best sprach voll Achtung und Bewunderung für das deutsche Heer. Abschließend meinte er, die nächsten Jahre würden hart und schwierig werden, aber auch für Deutschland kämen einmal bessere Zeiten. Die amerikanischen Soldaten überhäuften uns freigebig, wie das ihre Art war, mit Zigaretten und Schokolade, und mit Begeisterung und herzlichem Dank nahmen wir all das an.

Prälat Neuhäusler, der in Dachau zu uns gestoßen war,

wollte eine Messe in der neben dem Hotel gelegenen Kapelle lesen, an der die meisten von uns auch teilnahmen. In seiner schlichten, ergreifenden Predigt dankte er Gott für seinen Schutz und unsere wunderbare Rettung. Diese kleine Bergkapelle fernab vom Rest der Welt war genau der richtige Ort für einen Dankgottesdienst, einen Dank, den wir alle zutiefst empfanden.

Der protestantische Pfarrer Niemöller wollte nicht zurückstehen und bat alle am nächsten Nachmittag in den großen Saal des Hotels zu einer Predigt. Zwar nahmen wir teil, aber die außergewöhnliche Atmosphäre während der Messe in der kleinen Kapelle, bei der keiner von uns an den konfessionellen Unterschied gedacht hatte, stellte sich hier nicht wieder ein. Niemöllers Ansprache blieb oberflächlich, als wäre sie nicht von einer wirklichen Empfindung getragen. Im Grunde zählte er seine persönlich erduldeten Leiden auf, wobei er mit der Pfeife im Mund vor seinen Zuhörern auf und ab ging, als befände er sich auf der Kommandobrücke eines Schiffes; tatsächlich war er ja früher Marineoffizier gewesen. Uns Protestanten machte das ziemlich verlegen; fast schämten wir uns für Pastor Niemöller.

Während dieser Zeit lernte ich Pastor Niemöller etwas besser kennen. Er hatte die angelsächsische Welt zutiefst beeindruckt und wurde von ihr verehrt, weil er als erster mutig von der Kanzel herunter die Nationalsozialisten verurteilt hatte. Später sprach er immer seltener über Religion, konzentrierte sich vielmehr darauf, Hitler anzuklagen. Er wurde verhaftet, und als er sieben Jahre später befreit wurde, hatte sich eine Legende um ihn gebildet, die seiner Person nicht entsprach, denn er war sowohl auf religiöser wie auf politischer Ebene ein eher einfacher Mann, für den es selbstverständlich gewesen war, von der Kanzel gegen die Nazis zu sprechen. Am 7. Mai wurde unser Hotel von amerikanischen Journalisten überlaufen. Sie hatten von dieser bunt zusammengewürfelten Gruppe gehört und waren neugierig auf die verschiedenen Persönlichkeiten. Sie interviewten Blum, Schuschnigg, Kallay und Payne-Best, am meisten aber hatten sie es auf Pastor Niemöller abgesehen.

Der war erstaunt, daß so viel Wesens aus ihm gemacht wurde. Er hatte nicht gewußt, daß er für die angelsächsische Welt zu einem Märtyrer geworden war.

Am Tag danach bat mich Alex, mit ihm noch einmal die kleine Kapelle zu besuchen. Dort setzte er sich an die Orgel und spielte wunderschöne Choräle. Die Schönheit der Musik, die Stille der Natur ringsherum und die stark mystische Atmosphäre in der Kapelle, dies alles rührte mich zu Tränen. Am Nachmittag rief uns alle der amerikanische General Gerow in die Halle des Hotels. Er teilte uns mit, er habe vom Alliierten Hauptquartier in Neapel den Befehl erhalten, uns dorthin bringen zu lassen; man wollte dort, bevor man uns endgültig nach Hause entließ, genau wissen, wen man da befreit hatte. Um nicht den Eindruck zu erwecken, daß wir noch unter irgendeiner Kontrolle standen, fügte er bei, daß, wer wolle, natürlich auch in Prags bleiben könne. Sicher war ihm aber klar, daß keiner von uns von allen und allem isoliert in den Bergen bleiben wollte.

Mir widerstrebte es zwar, nach Süden zu fahren, mich damit noch weiter von Friaul und von meiner Mutter zu entfernen, jetzt, wo wir dringend nach den Kindern suchen mußten. Aber es gab keine Alternative, ich mußte den anderen folgen.

Am 10. Mai standen vor dem Hotel acht Autobusse für die Älteren und viele Jeeps für die anderen zur Abfahrt bereit. Am Ende der Kolonne fuhr ich zusammen mit Major Best, einigen Stauffenbergs und den Schuschniggs. Es war ungewöhnlich heiß für die Jahreszeit. Ständig flogen Flugzeuge über uns weg. Die Amerikaner behaupteten, dies geschähe zu unserer Sicherheit, was uns sehr belustigte, denn die Feindseligkeiten waren doch nunmehr beendet. Spät abends kamen wir in Verona an, wo wir im Hotel Colomba d'Oro übernachteten. Zu meiner Überraschung wurde ich von einem Verbindungsoffizier empfangen, der meinen Namen auf der Gästeliste gelesen hatte, einem Freund meiner Schwägerin Marina, namens Grilli. Er kümmerte sich rührend um mich und schickte mir Zigaretten, Gebäck und Schokolade aufs Zimmer. Abends bekamen wir eine köstliche Mahlzeit, gegrilltes Hähnchen mit Spargel, danach ein leckeres Eis.

Am nächsten Morgen fuhr man uns nach einem üppigen Frühstück zum Flughafen, von wo uns drei Militärflugzeuge zwei Stunden später nach Neapel brachten. Am Flughafen von Neapel wurde uns zum ersten Mal klar, daß wir Deutschen einer besiegten Nation angehörten. Wir wurden nach Nationalitäten getrennt, dann beachtete man uns für mehrere Stunden überhaupt nicht mehr. Bis dahin hatte uns Major Best mit großem Taktgefühl diese diskriminierende Situation erspart, im Gegenteil, er war zu uns deutschen Häftlingen ganz besonders freundlich und herzlich. Aber kaum war er nicht mehr bei uns, veränderte sich das Verhalten uns gegenüber kraß.

Bedingt durch die innere Aufregung und all das Neue hatten wir uns von vielen unserer Kameraden gar nicht verabschiedet. Wo waren die Ungarn, wo Schuschniggs, Blums? Würden wir sie je wiedersehen? Zu guter Letzt wurde unsere deutsche Gruppe nach Anacapri in das Hotel Paradiso-Eden gebracht. Die Amerikaner baten uns noch um ein paar Tage Geduld, während der wir das Hotel nicht verlassen sollten. Nach einigen Tagen nahmen die Amerikaner General von Falkenhausen, General Thomas, Oberst von Bonin, Oberleutnant Schatz, den Prinzen von Hessen und einige andere mit, die nun wieder ins Gefängnis nach Deutschland gebracht wurden. Mir taten sie alle sehr leid, besonders Bonin, hatte er uns doch durch sein energisches Eingreifen vor dem sicheren Tod bewahrt.

Von nun an waren wir frei, konnten die umliegende Gegend durchstöbern, ans Meer zum Baden gehen und was sonst unser Herz begehrte. Wir waren darüber mehr als glücklich, zudem das Hotel für uns alle sehr klein war; wir mußten zu viert in winzigen Zimmern schlafen.

Die ungewisse Zukunft stellte unsere Geduld auf eine harte Probe. Ich hatte sofort ein Telegramm an Detalmo nach Rom geschickt, in der Hoffnung, daß er am Leben und gesund sei. Ich teilte ihm darin meine Adresse mit und bat ihn, mich abzuholen. Als ich kurz darauf seine Antwort in den Händen hielt, konnte ich mich vor Aufregung fast nicht aufrecht halten. Er wollte schon am nächsten Tag ankommen! Auch meine Leidensgefährten waren gespannt, meinen Mann kennenzulernen, und nach Monaten angstvoller und finsterer Monotonie freuten sich alle darauf, endlich ein »normales« Ereignis mitzuerleben. Als Detalmo dann wirklich vor mir stand, waren wir beide innerlich dermaßen aufgewühlt, daß wir zunächst überhaupt nicht wußten, was tun, wo beginnen und wie dem anderen mitteilen, was jedem von uns in diesen eineinhalb Jahren der Trennung zugestoßen war.

Detalmo war sicher davon ausgegangen, daß die Kinder bei mir wären, und er war außer sich, als er hörte, daß ich nicht wußte, wo sie seien. Er erhielt auf der Stelle die Erlaubnis mich mitzunehmen, zumal ich ja die italienische Staatsbürgerschaft besaß. Wir buchten ein bequemes Zimmer in einem anderen Hotel, denn wir hatten beschlossen, noch einen Tag länger zu bleiben, um die Freunde aus der Haftzeit noch zu einem Abendessen einladen zu können. Wir saßen in einer nahegelegenen Trattoria an einem langen Tisch zusammen, das Essen war ausgezeichnet, und der Wein floß in Strömen. Detalmo war zunächst enttäuscht, weil unsere Gäste sehr wenig aßen. Dafür gab es aber einen ganz einfachen Grund, der mit unserer Vergangenheit, unserer Gefangenenmentalität zu tun hatte: Sie hatten schon vorher im Hotel gegessen, um ja nicht eine der beiden Mahlzeiten zu versäumen. Dennoch war es ein schöner Abend, den viele, vom Wein ermutigt, durch Ansprachen würdigten. Detalmo schloß seine gelungene Rede mit einer Äußerung, die allen Anwesenden ans Herz ging: Jetzt, wo er all meine so sympathischen, so liebenswürdigen Freunde kennengelernt habe, bedaure er es beinahe, diese schwere Zeit nicht mit uns in Gefangenschaft verbracht zu haben.

Obwohl wir alle so fröhlich waren, schnürte es mir beinahe die Kehle zu bei dem Gedanken, mich von all diesen Menschen trennen zu müssen. An diesem Punkt meines Lebens fühlte ich mich diesen Freunden verbundener als irgendwelchen anderen Menschen vorher. Es war schrecklich! Eigentlich hätte ich voll Hoffnung und Freude sein müssen, nachdem ich wieder frei und bei Detalmo war und wir uns nun auf die Suche nach unseren Kindern machen konnten. Aber es ist immer schwer, wieder zu verlieren, was man so fest ins Herz geschlossen hat.

Otto Philipp kam morgens in unser Hotel. Ein letztes Mal half er mir, meine armseligen Siebensachen zusammenzuschnüren. Dann begleitete er uns zur Fähre, die Detalmo und mich nach Neapel bringen würde. Als sich das Schiff langsam in Bewegung setzte, hatte ich das Gefühl, als sei etwas in meinem Herzen zerbrochen. Ich verlor die Fassung, weinte schier endlos. Nur mit viel Mühe und Geduld gelang es Detalmo, mich ein wenig zu beruhigen. Nach der monatelangen Anspannung, meiner Selbstbeherrschung der SS und anderen Verbrechern gegenüber, der langen Trennung von meinen Kindern und nun dem Verlust der Freunde, die mir so nah standen, war ich offenbar mit meinen Nerven am Ende; vielleicht lag es auch daran, daß ich mich jetzt endlich gehen lassen konnte. Zudem beherrschte mich das Gefühl, mich von den Menschen trennen zu müssen, die mit mir durchgehalten hatten und die die einzigen auf der Welt waren, die mich verstehen konnten. Es ist wohl keine menschliche Bindung stärker als die, die sich aus dem gemeinsam durchlittenen Schicksal entwickelt; sie wächst im Lauf weniger Monate zwischen vorher Unbekannten und kann dann stärker empfunden werden als Blutsbande oder solche, die sich aus einem gemeinsam in Liebe und Frieden gelebten Leben ergeben. Das Unglück ist eine mächtige Kraft, die die Seele der Menschen offenbart. Deshalb versteht man dann zuweilen einen Fremden besser als die eigenen Eltern, das eigene Kind, den Ehepartner, den Bruder oder die Schwester.

Alex hatte für mich in Anacapri zum Abschied ein wunderschönes Gedicht geschrieben:

Der Mond, der leuchtend überm Berg der Sonne steht
Blinkt in die trunknen Gärten, träuft in meine Qual:
Der Abschied reißt ins Leben in der Freude Mahl,

Verleugnet bitterlich ... der Wind der Wüste weht.

Nun lebt nur eines noch das mich Schwanken hegt und trägt,
Der Hoffnung leises Schimmern in der Nacht der Pein –
Ich sauge dürstend sie mit allen Poren ein –
Und tief in meiner Brust Dein Herz, das pochend schlägt.

Denn Du bist mein: ich ruf es in der Winde Prall,
Den Blitzstrahl, dem die Erde sich entgegenbäumt
Und in das Meer, das in den Farbengrotten leuchtend schäumt;
Und aus der Sterne Licht vernimmst Du meinen Hall.

Vor der Abfahrt nach Rom führte mich Detalmo in Neapel in eines dieser reizenden Restaurants am Meer. Aber so rasch schaffte ich den Übergang in ein normales Alltagsleben nicht: Den Geiger, der die zartesten und schönsten neapolitanischen Lieder spielte, haßte ich auf eine wilde Weise, noch mehr haßte ich den Sänger, der seine Lieder für die Touristen in schmachtendem Ton und mit falschen Tränen in den Augen vortrug. Was wußten diese Menschen von wirklichen Gefühlen und von echtem Leid? Dieses Mittagessen war für mich grauenhaft, trotz des herrlichen tiefblauen Meeres, der großen, warmen, strahlenden Sonne und jenes unendlich scheinenden mediterranen Friedens. Der einzige, dem ich mich zugetan fühlte, war Detalmo, er war mein Rettungsanker, und er tat mir leid, weil er nicht verstehen konnte, was in mir vorging, schließlich war er nicht mit im KZ und hinter Stacheldraht gewesen.

Der liebe jugoslawische Freund Pipsy Mayer Samassa, der in Rom bei Detalmo zu Gast war, weil er sein Land hatte verlassen müssen und dort alles verloren hatte, gehörte zu den wenigen Glücklichen, die noch im Besitz eines Autos waren. Er war es, der uns nach Rom fuhr.

13.
Auf der Suche nach den Kindern

Als wir in Rom in der Via Panama 52 ankamen, empfing uns mein Schwager Giacomo an der Haustür. Wir umarmten uns lange, ohne ein Wort hervorbringen zu können, so sehr bewegte uns das Wiedersehen. Giacomo war gerade aus Brazzà zurückgekehrt. Während seiner Gefangenschaft bei den Alliierten in Algerien hatte er sich freiwillig als Hafenarbeiter gemeldet und sich heimlich in einen in Algier ankernden italienischen Zerstörer geschlichen, mit dem er nach Italien zurückfuhr. Da er auf der »richtigen Seite« kämpfen wollte, hatte Detalmo ihm zur amerikanischen OSS (Office of Strategic Services) Verbindung verschafft. Zusammen mit einem Funker sprang Giacomo jenseits der deutschen Linien in der Gegend von Verona mit dem Fallschirm ab. Er war sehr erfolgreich gewesen; so zerstörte auf seine Initiative hin ein amerikanischer Luftangriff eine in den Wäldern versteckte deutsche Panzereinheit. Nach dem Waffenstillstand war er sofort nach Brazzà gefahren, der erste aus unserer Familie, der wieder dort auftauchte. Nach dem Abzug der Deutschen hatten sich bereits Partisanen für einige Tage im Haus breitgemacht und Kleidung, Decken und Matratzen mitgenommen.

Das Leben in Rom hatte sich, verglichen mit der Vorkriegszeit, kaum verändert. Detalmo erzählte, daß innerhalb von 48 Stunden in den Cafés der Via Veneto die deutschen Offiziere durch amerikanische Offiziere abgelöst worden wären. Das sei wie selbstverständlich über die Bühne gegangen, ebenso wie man in einigen römischen Palazzi zuerst ein Abschiedsessen für den deutschen General Kesselring und ein paar Tage später ein Begrüßungsessen für den amerikanischen General Clark gegeben habe. Im Grunde hatte das Grauen, das die Welt in den vergangenen Jahren kennengelernt hatte, in Rom nur wenige Menschen wirklich berührt; Namen wie Dünkirchen, Stalingrad, Narwick, Buchenwald oder Dachau hatten hier für kaum jemand eine Bedeutung. Vielleicht lag das an der Geschichte der Ewigen Stadt, ihrem unendlich langen, wechselvollen Schicksal, das den Römern die Sorglosigkeit schenkte, dem Augenblick zu leben.

Detalmo hatte während seiner Zeit im Untergrund und im Widerstand gegen die deutsche Besatzung viele neue Freunde gefunden, die ich nun kennenlernen sollte. Er hoffte, es würde mir guttun, unter Menschen zu kommen, ich könnte so die Schrecken der Vergangenheit vergessen und nicht ständig voll Angst über das Schicksal unserer Kinder nachgrübeln. Sicher meinte er es gut mit mir, und ich nahm es gerne an, aber in meinem Innersten widerstrebte mir das alles. Nur widerwillig und fast ängstlich begegnete ich diesen mir unbekannten Menschen. Ich fühlte mich so unsicher wie nie zuvor in meinem Leben.

Endlich konnten wir uns beide auf die Suche nach unseren Kindern machen. Wir wollten deshalb so rasch wie möglich nach Deutschland fahren, aber nirgends tat sich auch nur der Schimmer einer Möglichkeit auf. Überall erhielten wir die gleiche Antwort: »Könnt ihr euch vorstellen, was los wäre, wenn sich in ganz Europa die Leute selbst auf den Weg machten, um ihre Angehörigen zu suchen?« Die Alliierten gaben keine Reisegenehmigungen »for compassionate reasons«. Wir versuchten, mit meiner Mutter Verbindung aufzunehmen. Vielleicht hatte sie etwas unternehmen können? Aber auch das gelang nicht.

Die völlige Machtlosigkeit gegenüber diesen Verhältnissen ließ mich langsam verzweifeln. Um wenigstens etwas zu tun, stellten wir Suchschreiben mit Photographien der Kinder her und vervielfältigen sie. Detalmo besorgte sich Unmengen von Anschriften. Wir schickten die Schreiben mit den wichtigsten Daten der Kinder an alle deutschen und österreichischen Bischöfe und Erzbischöfe, an das Italienische, das Internationale und das Deutsche Rote Kreuz, an den amerikanischen, den englischen und den französischen Geheimdienst, an den italienischen Botschafter in Warschau, an Radio Vatikan und an unendlich viele andere Stellen. Die Texte waren in deutsch, englisch, französich, italienisch und russisch verfaßt. Aber wie konnten wir Hoffnun schöpfen und auf diese Mittel vertrauen angesichts der Millionen Verschollener in ganz Europa?

Detalmo hörte von einem amerikanischen Offizier, der nach München fliegen sollte. Er nutzte die Gelegenheit, ihm einen Brief an meine Mutter mitzugeben – er hatte seit meiner Verhaftung keinen Kontakt mehr zu ihr gehabt – und selbstverständlich schrieb auch ich und bat sie dringend, vielleicht doch irgend etwas über die Kinder herauszubekommen. Beide Briefe waren länger als vier Monate unterwegs.

28. Mai 1945

»Liebe Mutti,
Ich bin sicher, daß Du meine Gedanken und Gefühle genau erraten kannst, die mich im September 44 (als er durch das Radio vom Todesurteil meines Vaters in Rom hörte) bewegten; seit diesem traurigen Ereignis ist kein Tag vergangen, an dem ich nicht an Dich gedacht habe ... Dann erfuhr ich im Februar 45 von Feys Verschleppung, was mich völlig fertig machte ... Vater bleibt für uns alle ein leuchtendes Beispiel von Loyalität und Opfergeist ...

Drei Gefühle bewegen mich zutiefst in diesem Augenblick: Glückseligkeit, Fey wiedergefunden zu haben, tiefe Trauer, die durch die Zeit kaum gelindert werden kann, und der heiße Wunsch, Dich wiederzusehen ...«

Detalmo und ich versuchten, uns trotz allem an die Hoffnung zu klammern, daß wir die Kinder wiederfinden würden, erst recht weigerten wir uns zu glauben, sie seien nicht mehr am Leben. Aber eine Woche nach der anderen verging, nichts geschah. Immer schwerer wurde es uns, die Zuversicht aufrecht zu erhalten.

Brazzà war von der Desert Air Force für Österreich und Italien besetzt worden. Der Kommandant gehörte der englischen Luftwaffe an. Wir wollten sehen, ob man uns in unserem Haus wenigstens einige Zimmer zugestehen würde.

Detalmo fand heraus, daß einer seiner Vorkriegsfreunde, vor dem Krieg Attaché der Luftwaffe an der englischen Botschaft in Rom, Charles Medhurst, zum Oberbefehlshaber der englischen Luftwaffe im Mittelmeerraum ernannt worden war. Zufällig hielt er sich gerade in Rom auf. Detalmo rief ihn an, woraufhin er uns sofort auf einen Whisky einlud. Bei diesem sehr freundschaftlichen Wiedersehen berichteten wir ihm dann auch von der Hinrichtung meines Vaters und unseren verschollenen Kindern. Schließlich kamen wir auch auf Brazzà zu sprechen und trugen ihm unser Anliegen vor. Mit britischer Gelassenheit und einem für uns erlösenden Pragmatismus antwortete er: »Das haben wir gleich! Den Kommandanten kenne ich sehr gut, es ist Marschall Foster. Ich setze mich gleich mit ihm in Verbindung.«

Über sein Diensttelefon hatte er auf der Stelle Verbindung mit Foster. Er flüsterte uns zu: »Ich spreche schon mit Pussy.« (Sie trugen alle Spitznamen.) Dann fuhr er fort: »Hör mal Pussy, ich bin gerade im Hotel und nehme einen Drink mit dem Besitzer des Hauses, in dem ihr einquartiert seid. Ich kenne ihn seit Jahren. Er würde gern in sein Haus zurückkehren, um die Leitung seines Gutes wieder in die Hand nehmen zu können. Wärest du so lieb, ihn und seine Frau mit einer Militärmaschine von Rom nach Treviso fliegen zu lassen und sie dann mit einem Auto vom Flughafen abzuholen?« Wir konnten natürlich nicht hören, was auf der anderen Seite gesprochen wurde, aber Medhurst teilte uns mit: »Alles erledigt! Übermorgen fliegt ihr ab. Bereitet euch für die Abreise vor – und dann viel Glück! Ich bin überzeugt, daß ihr die Kinder wiederfindet!«

So erreichten wir Brazzà innerhalb weniger Stunden und richteten uns in einem kleinen Zimmer in Noninos Wohnung ein, die oberhalb der Stallgebäude lag und in der er mit seiner Familie seit über einem Vierteljahrhundert lebte. Am gleichen Abend noch lud uns Marschall Foster in »unserem Haus« zu einem Whisky ein. Diese Geste wurde bald zur täglichen Gewohnheit. Mit den etwa 20 recht sympathischen Offizieren freundeten wir uns bald an, ganz besonders mit dem stellvertretenden Kommandeur, dem Air Commodore

Falconer mit dem Spitznamen »Sweety«, der uns nach einigen Tagen einlud, mit ihm auszureiten. Unser langgestreckter Stall, in dem außer den Kühen nur die Vollblutstute Ispido und das kleine Wagenpferd Mirko gestanden hatten, war inzwischen zu einem richtigen Rennstall geworden. An die 20 Pferde waren nun dort untergebracht, die die Engländer von den Österreichern beschlagnahmt hatten. Wir ritten praktisch täglich aus. Die Engländer veranstalteten »paper hunts« – Schnitzeljagden – und »point to points« – kilometerlange Ritte, die von köstlichen Picknicks unterbrochen wurden.

Ich traute meinen Augen kaum, als mir eines Morgens der Postbote einen Brief meiner Mutter brachte, der einen langen Weg über die Schweiz geschickt worden war. Es war seit langem das erste Lebenszeichen, das ich von meiner Familie erhielt. Unter anderem schrieb sie:

»... endlich haben wir Nachrichten von Dir über die Familie Stauffenberg erhalten. Auch der Prälat Neuhäusler, der zuletzt mit Dir in Haft war, meldete sich. Du kannst Dir meine Erleichterung vorstellen, als ich hörte, daß Du am Leben bist und daß auch Detalmo bei Dir ist. Das Military Government leistet uns jede nur mögliche Hilfe, um die Kinder zu suchen. Morgen werde ich wegen bestimmter Informationen Verbindung mit einem Russen aufnehmen ...

Dein Vater muß sich vor dem Volksgerichtshof hervorragend gehalten haben. Es waren an die 200 Personen anwesend. Einige haben Wolf-Ulli Details über den Prozeß mitgeteilt. Unter anderem berichtete man ihm: ›Ihr Vater hat so überzeugend gesprochen, daß man zum Schluß nicht wußte, wer die Ankläger und wer die Angeklagten waren. Viele der Anwesenden wären am liebsten aufgestanden, um ihm die Hand zu schütteln, so beeindruckt waren sie.‹ Die geistige Haltung Deines Vaters war klar, integer und mutig, vielleicht haben solche Eigenschaften in der gegenwärtigen Welt keinen Platz. Dein Vater hat mir vor der Hinrichtung noch einen letzten Brief geschrieben. Es scheint, daß Freisler bei der Verkündung des Todesurteils schweißgebadet, seiner Stimme kaum noch mächtig war. Diese Verbrecher haben mir erst im Dezember den Brief weitergeleitet.

Ich bin so dankbar für das wunderbare Leben, das ich an der Seite dieses Ritters ohne Fehl und Tadel leben durfte. An seinen einzigartigen Eigenschaften konnte ich mich Tag für Tag aufs neue begeistern. Er hat mich niemals enttäuscht. Sein klarer Charakter, sein überragender Geist, seine glühende Beherztheit und sein immer einsatzbereiter Mut beglückten mich jeden Tag. Ich bete zu Gott, daß sein Opfer, sein Leben hinzugeben, der Welt beweisen wird, daß es ein besseres Deutschland gab, ein Deutschland, das verzweifelt war über jene kriminellen Verbrecher, die uns unterdrückten. Und ich hoffe, daß die Welt begreift, daß es Männer gab, die bereit waren, uns unter Aufopferung ihres Lebens von diesem Übel zu befreien ... Ich bin überzeugt, daß die lautere Haltung Deines Vaters über seinen Tod hinaus weiterleben wird. Möge sich das verwirklichen, woran die Antike glaubte: daß die Seelen von aufrechten, starken und edelgesinnten Menschen, die den Opfertod sterben, der menschlichen Gemeinschaft wie ein starker Strom, der für ihr Wohl und Gedeihen wirkt, wiedergeschenkt werden ...«

Detalmo und ich bewunderten die Abgeklärtheit, in der meine Mutter über ihr Schicksal sprechen konnte und die ihren starken Charakter und die große Liebe zeigte, die sie für meinen Vater empfunden hatte. Außerdem beruhigte es uns etwas zu hören, daß sie sich intensiv darum bemühte, die Kinder zu finden. Das war ein großer Trost, denn für uns führte ja kein Weg nach Deutschland, um uns selbst auf die Suche zu machen.

Einige Wochen später mußte Detalmo wegen politischer Angelegenheiten wieder nach Rom zurück. Vielleicht konnte er dort etwas erreichen, etwa über seine guten Verbindungen zum Vatikan. Ich blieb in Brazzà, denn nach dem Durcheinander der letzten Kriegstage war immer noch eine Menge in Ordnung zu bringen.

Wir schrieben den 11. September: Vor einem Jahr war ich verhaftet worden. Ich unterhielt mich gerade im Rosengärtchen neben der Kapelle mit unserem Gärtner Tami, als Nonino mir ein Telegramm brachte. In der letzten Zeit hatte ich öfter Telegramme von Detalmo erhalten, immer mit enttäuschenden Nachrichten, deshalb schenkte ich auch diesem weiter keine Aufmerksamkeit. Während ich mich weiter mit dem Gärtner unterhielt, öffnete ich so nebenbei das Telegramm. Ich begriff dessen Inhalt zunächst überhaupt nicht, las den Text immer wieder, konnte nicht glauben, was da wahrhaftig stand:

DIE KINDER SIND GEFUNDEN WORDEN. SIE SIND BEI DEINER MUTTER. STOP.

Unwillkürlich begann ich zu weinen. Ich zitterte am ganzen Körper und brachte kein Wort heraus. Ich konnte nur stammeln: »Die Kinder! Die Kinder!«, dann rannte ich wie eine Verrückte die Allee entlang zu Noninos Wohnung, schrie allen, denen ich begegnete, zu: »Die Kinder! Die Kinder!« Bei Nonino angelangt, traf ich auf seine Frau Pina und den Verwalter Bovolenta. Noch immer konnte ich nicht richtig sprechen. Unter Tränen wiederholte ich immer nur: »Die Kinder! Die Kinder!« Ich umarmte sie, und auch sie brachen in Tränen aus. Immer wieder umarmten wir einander. Die englischen Soldaten um uns herum verstanden überhaupt nichts, sie hatten keine Ahnung von meinem Kummer gehabt, die Offiziere jedoch hatten davon gewußt und luden mich, als sie von den wunderbaren Neuigkeiten erfuhren, gleich zum Abendessen ein, um das Ereignis zu feiern.

Am gleichen Abend überraschten sie mich mit dem Angebot, uns den gesamten Parterre-Teil des rechten Flügels der Villa zur Verfügung zu stellen. Nun hatten wir mehr Platz, als wir brauchten: ein kleines Wohnzimmer, eine Eingangsdiele, ein großes Schlafzimmer, ein Badezimmer, eine winzige Küche, noch ein Zimmer und einen Wintergarten. Jetzt gab es nur noch ein Problem: Wie konnten wir die Kinder in Deutschland abholen, wo doch die Amerikaner italienischen Zivilisten immer noch keine Reisegenehmigung für

Deutschland ausstellten? Aber Detalmo arbeitete mittlerweile als einer der Sekretäre des Ministerpräsidenten Parri, der ersten italienischen Regierung nach dem Waffenstillstand. Als Parri ihn wenig später bat, in seinem Amtssitz, damals noch dem Viminal, einen Empfang für General Mark Clark, den obersten Befehlshaber der III. amerikanischen Armee, vorzubereiten, nützte Detalmo die Chance. Sobald sich die Gelegenheit bot, sprach er ihn an: »Meine Kinder waren ein Jahr in Deutschland verschollen. Jetzt sind sie in der Obhut meiner Schwiegermutter, der Witwe des Botschafters von Hassell, der nach dem 20. Juli zum Tode verurteilt wurde. Ich bekomme keine Erlaubnis, sie abzuholen.« Clark winkte einen seiner Offiziere heran: »Stellen Sie sofort Herrn Pirzio-Biroli einen Jeep zur Verfügung und geben Sie ihm ein Begleitschreiben von unserer Dienststelle, das ihn berechtigt, sich in Italien und in Deutschland frei zu bewegen.« Am nächsten Tag erhielt Detalmo von der CIC (amerikanische Abwehr) eine Reisegenehmigung »for operational reasons« und einen Jeep, den er an sämtlichen Army-Tankstellen kostenlos auftanken konnte.

Detalmo fuhr auf der Stelle los. Er trug eine amerikanische Uniform und auf dem Kopf das Schiffchen eines italienischen Kavallerieoberleutnants – damals kleidete man sich recht vielfältig. Er fuhr die ganze Nacht bis Brazzà durch. Vor unserer Abreise nach Deutschland ließ er den Pfarrer von Santa Margherita, unserer Gemeindepfarrei, kommen und bat ihn, alles für einen Dankgottesdienst in der Kapelle vorzubereiten. Erst legte er das Datum auf den 4. November fest, verschob es aber dann, um ganz sicher zu gehen, daß wir auch wirklich aus Deutschland zurückgekehrt wären, noch einmal auf den 6. November. Diese Verschiebung sollte sich später als äußerst bedeutungsvoll erweisen. Gleichzeitig wies er Bovolenta an, alles Notwendige vorzubereiten, damit wir unsere Bauern, Pächter und Halbpächter nach der Messe empfangen konnten. Es sollte Wein, Wurst, Käse und Brot angeboten werden, und jemand sollte mit der Ziehharmonika zum Tanz aufspielen. Detalmo wollte bei dieser Gelegenheit alle unsere Bauern erstmals nach dem Krieg wieder zusammenbringen, um gemeinsam den Beginn eines neuen, ruhigeren Lebens zu feiern. Endlich traten wir unsere aufregende Reise an.

Wir luden den Jeep mit Köstlichkeiten voll, denn wir wußten, daß es in Deutschland an allem mangelte. Wir nahmen einen Sack Mehl, einen ganzen Schinken, einen riesigen Laib Käse, Unmengen von Eiern, Tee und ein Dutzend Seifenstücke mit. Über die Alpen ging es durch Österreich und weiter nach Bayern. An den Kontrollstellen hatten wir keinen Aufenthalt, da ein Blick auf unser Begleitschreiben genügte, uns sofort weiterfahren zu lassen. Je näher wir Ebenhausen kamen, um so unruhiger wurden wir. Und schon waren wir durch das offene Gartentor die kleine Anhöhe hinaufgefahren. Mutti und Wolf-Ulli erwarteten uns in der Haustüre. Die Kinder waren mit Almuth spazieren gegangen. Aufrecht und erhobenen Hauptes stand Mutti vor mir, sehr abgemagert, in Trauerkleidung. Wir umarmten einander, und mir gelang es nur, »Arme Mutti!« zu sagen. Eine einzige Träne blitzte bei diesen Worten in ihren Augen, das war aber auch alles. Dann gingen wir hinein, Großmutti und Tante Mani zu begrüßen. Großmutti schien mir durch die Trauer um meinen Vater sehr gealtert. Am Ende des Lebens ist all das Schreckliche wohl noch viel schwerer zu ertragen. Wie sie lächelnd in ihrem Sessel saß, bemerkte ich aber, daß sie dennoch ihre liebenswürdige und menschliche Ausstrahlung behalten hatte.

Detalmo und ich konnten uns gar nicht recht auf das Gespräch konzentrieren, wir waren viel zu ungeduldig, wir wollten zuallererst unsere Kinder wiedersehen. Endlich öffnete sich die Tür, und Almuth erschien mit den beiden Kleinen. Sie blieben auf der Schwelle stehen. Einen Augenblick lang herrschte Totenstille, ich schaffte es kaum, meine Tränen zurückzuhalten. Corradino sah mich, schaute mich immer wieder an und errötete tief. Almuth fragte ihn: »Kennst du diese Dame?« Er antwortete: »Das ist Mama!« Almuth fragte weiter: »Kennst du diesen Herrn?« Er antwortete: »Das ist Papa, der vom Photo.« Die beiden kamen näher, um uns zu begrüßen. Unsere Aufregung lähmte uns geradezu, kaum brachten wir ein Wort heraus. Wir schauten uns nur unendlich erleichtert an, noch ganz verworren über das Glück, einen solch großen Schatz wiedergefunden zu haben. Plötzlich ging Corradino auf Detalmo zu und stellte seine kleinen Füßchen auf die um so viel größeren seines Vaters. In seiner Erinnerung war etwas wach geworden: Vor gut anderthalb Jahren hatte er mit Detalmo dieses Spielchen erfunden, mit ihm so herumzulaufen. Robertino hingegen setzte sich auf meinen Schoß und blieb dort, ohne ein Wort zu sagen.

Später brachte Almuth sie ins Bett, und ich ging zu ihnen, um nach mehr als einem Jahr wieder mit ihnen zu beten. Ich konnte noch nicht wirklich an das glauben, was ich da so scheinbar selbstverständlich tat. Als ich das Zimmer verlassen wollte, begann Corradino zu weinen und rief »Mama! Mama!« Es gelang mir, ihn zu beruhigen, aber kaum wollte ich aufs neue das Zimmer verlassen, fing er wieder an. Schließlich schlief er ein. Mutti erzählte mir, daß Corradino, seitdem sie aus dem Kinderheim zurück waren, sich tagsüber an allem möglichen freuen konnte, aber nachts weinte er und rief nach mir. Er war enttäuscht, mich nicht gleich vorgefunden zu haben, aber auch darüber, daß er nach Ebenhausen und nicht nach Brazzà gebracht worden war. Bevor er wirklich ruhiger wurde, sollte noch mancher Abend vergehen.

Mutti begann noch am gleichen Abend zu berichten, was alles passiert war und wie sie auf die Spur der Kinder gekommen war. Ich werde diesen Abend nie vergessen, an dem wir voll Dankbarkeit unser unglaubliches Glück noch kaum zu fassen vermochten, und ich sehe uns noch heute Mutti gegenübersitzen und sie in ihrer lebhaften, überzeugenden Art von der abenteuerlichen Suche nach den Kindern erzählen:

»Ich hatte über das italienische Konsulat von der Verschleppung deiner Kinder erfahren. Alles, was ich von dir zuletzt hörte, war, daß du die letzte Nacht vor deiner Verhaftung in einem Hotel in Innsbruck warst und die Kinder bei dir hattest. Von Stauffenbergs hörte ich, daß du später in Italien warst, aber nicht wußtest, wo die Kinder waren, und daß du keine Genehmigung bekommen würdest, sie zu suchen. Also blieb mir nichts anderes übrig, als mich selbst auf die Suche zu begeben. Ich war der einzige Mensch, der dir helfen konnte.

Sofort nach dem Einmarsch der Alliierten suchte ich in Ebenhausen einen gewissen Oberst Wilmore auf und erzählte ihm die traurige Geschichte. Ich bat ihn um Hilfe, und er unterschrieb tatsächlich einen Brief, den ich vorher selbst aufgesetzt hatte, in dem er sämtliche amerikanische Behörden bat, mir beizustehen. Die nächste Frage war, wie ich mich auf die Suche machen könnte, ich konnte ja nun wirklich nicht durch ganz Deutschland zu Fuß gehen! Genau im rechten Moment kam unser Metzger mit der glücklichen Nachricht, man habe unser von der Gestapo beschlagnahmtes Auto wiedergefunden. Daß es unser Eigentum war, ergab sich aus den Autopapieren, die sich noch in einer Seitentasche befanden, und aus einer an uns gerichteten Visitenkarte der Principessa di Piemonte, die uns für irgendein Glückwunschtelegramm dankte. Also, ein Auto hatten wir jetzt. Was uns noch fehlte, waren Zulassungsschein, Pässe und Benzin. All dies bekam man nur über das Military Government in München, und dort stand auch unser Auto abholbereit. Aber wie sollte ich nach München gelangen? Züge fuhren keine, ich hätte die 25 Kilometer zu Fuß gehen müssen. Da geschah erneut ein Wunder. Der Stab der deutschen Südarmee, der sich auf dem Rückzug von der italienischen Front befand, hielt sich für einige Zeit in Ebenhausen auf. Zufällig entdeckte ich unter den Offizieren einen alten Bekannten, der sich sofort erbot, mich nach München zu fahren. Natürlich trug ich immer meinen langen, schwarzen Witwenschleier, der mir die Türen leichter öffnete. In München ließ ich mich beim Military Governor Colonell Keegan persönlich anmelden. Er hörte mir voll Interesse zu, und niemals kann ich ihm dankbar genug für seine Hilfe sein. Nach zwei Stunden verließ ich sein Büro mit allem, was ich brauchte. Ich war nun im Besitz der verschiedensten Passierscheine, ich hatte Pässe und Benzingutscheine. Am Tag darauf fuhren wir, Almuth, unser Beschützer Wendland und ich, zu sämtlichen Kinderheimen in Oberbayern, in denen von der Gestapo verschleppte Kinder untergebracht worden waren. Aber nirgends fanden wir eine Spur deiner Kinder. In Rottach lernten wir eine Heimleiterin kennen, die schon viele Kinder zu ihren Eltern zurückgeführt hatte, sie konnte uns auch nicht helfen. Trotz all der Enttäuschungen ging ich sicherheitshalber noch zum Military Government von Bad Tölz und erzählte auch dort meine traurige Geschichte. Ich ließ außerdem Photos von den Kindern zurück, aber die Männer gaben mir den Rat: ›You must begin as a detective from the very beginning of the story: in Innsbruck!‹

Ich fuhr mit Almuth und unserem treuen Begleiter, dem Fahrer Wendland, zurück nach Ebenhausen. Dort wartete die Nachricht von Prälat Neuhäusler auf mich, ich solle sofort nach Bad Sachsa fahren, man habe dort die Stauffenberg-Kinder gefunden. Wieder fuhr ich nach München zum Military Governor, um eine Sondergenehmigung für Bad Sachsa zu bekommen. Leider konnte er mir keine regelrechte Genehmigung geben, weil diese Zone im Begriff stand, von den Russen besetzt zu werden. Er konnte mir lediglich einen Brief mitgeben, in dem er bat, man möge mir weiterhelfen. Außerdem meinte er, ich sollte auf der Stelle abfahren; und tatsächlich hörten wir tags darauf zu unserem Schrecken, mit welchem Tempo die Russen ihre neue Position einnahmen. Dennoch beschlossen wir, sofort abzureisen, nachdem unser guter alter Mechaniker das Auto überholt hatte. Zwei Priester baten uns, mitfahren zu dürfen, und wir sagten selbstverständlich zu. Auf der Fahrt begegneten wir unendlich langen Flüchtlingskolonnen, außerdem amerikanischem Militär, das Kriegsmaterial nach Westen transportierte. Von den beiden Priestern hörten wir, daß sie erst vor kurzem aus der russischen Zone geflohen seien. Jetzt gerieten sie in Panik, noch einmal den Russen in die Hände zu fallen. Wendland fuhr aber tapfer weiter. Als wir uns Göttingen näherten, bekamen es die beiden Priester dermaßen mit der Angst zu tun, daß sie ausstiegen. Die

Nacht verbrachte ich im Auto. Almuth und Wendland hingegen fanden zusammen mit acht Soldaten Platz in einer Scheune.

Am nächsten Morgen teilte uns das Military Government in Göttingen mit, daß die Russen bereits in Bad Sachsa angekommen seien. Wir fuhren dennoch weiter, aber nun tasteten wir uns ganz langsam von einem Dorf zum anderen voran. Kurz vor Bad Sachsa erzählten uns Flüchtlinge, daß die Russen nun nicht weiter vorrücken würden, und daß es bereits eine Kontrollstelle an der Grenze zur Sowjetzone gäbe. Langsam näherten wir uns dem Schlagbaum, drei Kilometer von Bad Sachsa entfernt. Ich versuchte, den englischen Wachposten zu überreden, uns einen seiner Männer als Schutzgeleit mitzugeben. Das war aber leider streng verboten. Der Posten riet mir, alle Papiere im Auto zurückzulassen und fügte hinzu: ›Die Russen respektieren keinerlei Dokumente, weder englische noch amerikanische. Außerdem sollten sowohl Ihre Tochter als auch Ihr Begleiter im Auto zurückbleiben. Sie sollten alleine und in Ihrem langen Trauerschleier hinübergehen, und nur die Photos von den Kindern mitnehmen.‹ Ich machte mich auf den Weg und prägte mir dabei die Gegend genau ein, um mögliche Fluchtwege zu kennen. Falls mir Russen begegnen würden, würde ich versuchen, mich über die grüne Grenze zur englischen Zone und zu Almuth durchzuschlagen. Als ich Bad Sachsa erreichte, war keine Menschenseele zu sehen. Auf der Gemeinde saß einsam und verlassen der Bürgermeister. Kaum hatte er von meinem Vorhaben gehört, bot er mir an, mich mit seinem Auto ins Kinderheim zu fahren. Bis dorthin waren es noch zwei Kilometer, und wenn wir ungesehen bleiben wollten, mußten wir sofort losfahren, weil die Russen gerade jetzt Wachwechsel hätten. Unterwegs erzählte er mir, daß sämtliche von der Gestapo in das Heim verschleppte Kinder bereits von ihren Eltern abgeholt worden seien. Deshalb hielt er es für ganz unwahrscheinlich, daß ich eure beiden Kinder dort noch finden könnte. Mit Tränen in den Augen fuhr er fort: ›Der Brüning war doch ganz gut. Es ging alles vorwärts. War denn dieses Nazitheater noch nötig, das uns nun in diesen trostlosen Abgrund gebracht hat?‹

Das Kinderheim lag zauberhaft auf einer bewaldeten Anhöhe. Die freundliche Heimleiterin hörte meiner Erzählung verständnisvoll zu. Ihr zu Füßen saß ein kleiner Enkelsohn Goerdelers, der so mit einer Portion köstlicher Erdbeeren beschäftigt war, daß weder wir noch die Russen, noch irgend jemand sonst ihn interessieren konnte. Die Heimleiterin schaute sich die Photos von den Kindern genau an und versicherte mir, sie noch nie gesehen zu haben. Ich war sehr betrübt. Meinen Vorschlag, den kleinen Goerdeler mitzunehmen, mußte sie aufgrund einer Order ablehnen, der zufolge die Kinder ausschließlich von ihren Eltern abgeholt werden durften. Der Bürgermeister fuhr mich bis zur Grenze zurück. Beim Abschied weinten wir beide, ich wegen der unauffindbaren Kinder und er wegen der verzweifelten politischen Lage. Almuth und Wendland hatten sich schon Sorgen um mich gemacht. In ihrer Phantasie sahen sie mich von den Russen verschleppt und vergewaltigt, ich aber war gesund und wohlauf zurückgekehrt.

Zurück in Ebenhausen zerbrachen wir uns den Kopf, wie es nun weitergehen sollte. Uns blieb nichts anderes übrig, als den vom Governor in Bad Tölz vorgeschlagenen Weg zu beschreiten. Mit anderen Worten, wir mußten noch einmal ganz von vorne beginnen, dort, wo alles begonnen hatte, in Innsbruck. Zu meiner großen Enttäuschung konnte mir Military Governor Keegan keinen Passierschein für Innsbruck ausstellen, weil die Stadt bereits zur französischen Zone gehörte. Er meinte, es sei wichtig, die ehemaligen Wohnsitze der SS-Leute in Innsbruck zu erkunden, und telefonierte deshalb gleich mit einem Offizier der CIC, dessen Antwort nicht gerade ermutigend klang: Er habe nicht die geringste Ahnung, und er meinte weiter: ›Die Dame begibt sich auf eine vergebliche, hoffnungslose Suche. Sie wird kreuz und quer durchs Land fahren ohne die geringste Chance, die Kinder wiederzufinden. Sicher wird es bald Sonderkommissionen geben, die systematisch suchen.‹ Ich verabschiedete mich von dem freundlichen, hilfsbereiten

Governor und überlegte, wie ich es anstellen könnte, einen Passierschein für Innsbruck zu bekommen. Ich versuchte mein Glück im Büro für die ›Displaced persons‹, wo ich einen der Angestellten um einen Passierschein für Innsbruck bitten wollte, in der Hoffnung, er habe noch nicht erfahren, daß die Franzosen bereits dort waren. Ich sprach mit einem jungen Unteroffizier – und hielt den Atem an, als mir dieser Mann ohne das geringste Zögern das gewünschte Papier aushändigte. Die Genehmigung war nur für die Dauer eines Tages gültig, aber das war immer noch besser als nichts. Ich konnte gar nicht schnell genug Almuth die gute Nachricht mitteilen, deshalb rief ich ihr schon von weitem zu: ›Morgen früh! Abfahrt fünf Uhr!‹

An der Grenze standen bereits marokkanische Soldaten der französischen Armee, aber die Papiere wurden noch von den Amerikanern kontrolliert. Zuerst begaben Almuth, Wendland und ich uns in die Residenz des Bischofs, aber dort lagen die ›ehrwürdigen Herren‹ noch in den Federn. Darauf fuhren wir zum Polizeipräsidium, um dort für den Fall, daß unsere Suche wieder einmal vergebens gewesen sein sollte, Photos von den Kindern zurückzulassen. Bei dieser Gelegenheit fragte ich die Beamten, wo sich eigentlich die ehemaligen SS-Führer aufhielten. Sie behaupteten tatsächlich, sie hätten keine Ahnung! Sie vermuteten, daß diese Leute unter falschem Namen und mit gefälschten Papieren irgendwo im Land herumgeisterten. Ich war über diese Auskunft, die der Keegans entsprach, mehr als entsetzt.

Der Passierschein galt nur für einen Tag, von dem die Hälfte bereits verstrichen war, ohne daß wir auch nur einen Schritt weitergekommen wären. Im Gefängnis, in dem du sechs Wochen festgehalten wurdest, bekamen wir endlich den ersten Hinweis. Der Direktor konnte sich sehr genau an dich erinnern, du hättest so furchtbar geweint, weil dir die beiden Kleinen von zwei NS-Fürsorgerinnen fortgenommen worden waren. Er riet uns, zum Jugendamt zu gehen, vielleicht könnten wir dort eine Spur von diesen zwei Frauen auftun. Es war schon spät geworden, und deshalb beschlossen wir, uns zu trennen, um Zeit zu gewinnen. Almuth wollte das Hotel suchen, in dem du die eine Nacht mit den Kindern verbracht hattest, für mich blieb das Jugendamt. Glücklicherweise erinnerte sich Almuth an den Namen des Hotels, den Arlberger Hof, und machte sich eilig auf den Weg. Aber von dem Hotel war nach einem Bombenangriff nur noch ein Trümmerhaufen übriggeblieben. Während sie verzweifelt dastand, sah sie einen Mann nach irgend etwas Brauchbarem in den Trümmern herumstochern, eine heute ja ganz alltägliche Szene. Sie sprach ihn kurzerhand an, und es stellte sich heraus, daß er jahrelang als Fahrer und Mechaniker für das Hotel gearbeitet hatte. Sie erzählte ihm die Geschichte der Kinder, und zu ihrem größten Erstaunen sagte er: ›Ich kann mich sehr genau an die hübsche junge Frau erinnern. Sie wohnte auf Zimmer 112. Ich habe gesehen, wie die beiden NS-Frauen die Kinder die Treppe hinunterzerrten. Das eine wehrte sich verzweifelt und schrie und weinte. Ich kann mich auch erinnern, daß eine der beiden Frauen sagte: ›Versuchen wir, sie hier in der Nähe unterzubringen, und wenn hier kein Platz ist, schicken wir sie ins Walsertal oder ins Allgäu.‹

Ich hatte unterdessen das Jugendamt ausfindig gemacht und mußte zu meinem Schrecken feststellen, daß sich das für mich zuständige Büro in diesem riesigen Komplex in Zimmer 440 befand. Es war bereits zwei Uhr, als ich das Zimmer erreichte, nur um dort zu erfahren, daß es ganz woanders ein Sonderbüro für die Suche nach verschollenen Kindern gäbe. Ich erklärte dem Beamten, daß ich keine Zeit mehr hätte, andere Büros aufzusuchen, da meine Aufenthaltsgenehmigung in wenigen Stunden abliefe. Ich muß so verzweifelt ausgesehen haben, daß er Mitleid mit mir bekam und etliche Telefonate für mich führte. Nach vielen, sehr diplomatisch gestellten Fragen – natürlich wollte in dieser Zeit niemand jemals etwas mit der SS zu tun gehabt haben! – gelang es ihm, den Namen einer jungen Frau herauszubekommen, die mehrmals Kindertransporte unter Aufsicht der SS organisiert hatte. Als er sie dann endlich am Telefon hatte, wußte sie natürlich nichts über deine Kinder oder vielmehr, sie wollte sich an nichts erinnern. Erst nach weiteren geschickten Fragen des Beamten war sie bereit, die Namen von vier Heimen und Kindergärten in der Nähe von Innsbruck zu nennen, in welche die Kinder möglicherweise gebracht worden waren.

Unten warteten Almuth und Wendland auf mich. Auf der Stelle fuhren wir ins nächstgelegene Heim, in dem Kinder zwischen dem dritten und dem fünften Lebensjahr untergebracht sein sollten. Es lag außerhalb des Städtchens Hall und hieß Wiesenhof. Irgendwie wirkte es vielversprechend, und Wendland meinte, dieser Ort flöße ihm Vertrauen ein. Kaum angekommen, zeigte ich der Heimleiterin die Photos von den Kindern. Sie lächelte und meinte: ›Ja, sicher, das sind doch die Brüder Conrad und Robert Vorhof!‹ Almuth stieß einen Freudenschrei aus, Wendland bekam Magenkrämpfe, und die Heimleiterin und ich brachen gleichzeitig in Tränen aus. Als wir uns etwas beruhigt hatten, führte uns die Frau in einen großen Saal, in dem an die 30 Kinder in kleinen Bettchen Mittagsschlaf hielten. Mir klopfte das Herz, als ich die beiden blonden Köpfchen von Corradino und Robertino entdeckte. Dann schlichen wir uns wieder hinaus, wir konnten es kaum erwarten, daß die beiden aufwachten. Währenddessen erzählten wir Frau Buri, der Heimleiterin, was mit den Kindern geschehen war. Die arme Frau war entsetzt, sie hatte sich oft gefragt, wer denn die beiden sein könnten. Corradino muß wohl immer still und zurückhaltend gewesen sein. Nachts habe er oft geweint. Der Kleinere habe erst vor kurzem begonnen, mit anderen Kindern zu spielen. Im Einlieferungsbuch stand: ›Geschwister Vorhof, Mutter verhaftet‹. Die Kinder hätten oft von ›Pferden‹ erzählt und von ›einem großen Haus‹ und sie hätten erwähnt, daß sie ›einmal‹ in der Küche gegessen hätten. Beide hatten nicht den Eindruck erweckt, Kinder einer Verbrecherin zu sein. Sie hatte sich auch gewundert, daß die Kinder ihren Namen nicht kannten.*

* Wie schon erwähnt, erleichterte sich die Gestapo die Sache mit der Namensänderung, indem sie die neuen Namen an die ursprünglichen anlehnte: So hießen die Kinder von Schuschnigg »Auster« (von Austria) und unsere »*V*or*h*of« (*v*on *H*assell).

Frau Buri erzählte uns auch, daß der ältere Bub sehr sensibel und zart sei und daß die beiden sich niemals, nicht einmal für Augenblicke, getrennt hätten. Inzwischen waren die Kinder aufgewacht und angezogen. Frau Buri schob sie sanft herein und schloß hinter ihnen die Tür, damit wir mit ihnen allein sein konnten. Der Ältere hatte eine derartige Ähnlichkeit mit der Hassell-Familie, daß kein Zweifel bestehen konnte.

Ich beugte mich zu ihnen hinunter und fragte sie: ›Erinnert ihr euch an die Großmama?‹ Als Antwort legte mir Corradino sein kleines Ärmchen um den Hals und fragte mich voll Zutrauen: ›Gehen wir jetzt endlich heim?‹ Uns schien, daß er auch Almuth wiedererkannt hatte, denn er war rasch vertraut mit ihr. Man konnte spüren, wieviel leichter es ihm ums Herz war durch die Sicherheit, nicht mehr allein und verlassen zu sein. Es war wirklich rührend, seine Erleichterung und Freude zu spüren. Mittlerweile war er fast fünf Jahre alt.

Den Kleineren hätte ich nicht wiedererkannt. Als ich ihn das letzte Mal sah, hatte er noch nicht einmal alle seine Zähnchen. Wie konnte ich sicher sein, daß er es wirklich war? Um einen unumstößlichen Beweis zu haben, versuchte ich, irgend etwas auf italienisch zu sagen. Aber sie hatten alles vergessen und sprachen nun einen beinahe unverständlichen österreichischen Dialekt. Ich zeigte ihnen einige Photos. Der Große rief gleich: ›Das ist Brazzà!‹, ›Das ist Mama!‹; aber der Kleine plapperte einfach alles nach, und wir konnten immer noch nicht ganz sicher sein. Da deutete er plötzlich mit seinen Fingerchen auf einen kleinen weißen Fleck auf einem der Photos, der mir gar nicht aufgefallen war, und sagte: ›Das ist Mirko.‹ (Das war das weiße Pferdchen, das in Brazzà die Kutsche zog.) Und so konnten wir sicher sein, daß es wirklich Robertino war.

Die beiden sahen in ihren weißen Hemdchen und blauen Hosen gesund und niedlich aus. Als Frau Buri im März 1945 Heimleiterin geworden war, hatte sie gleich eine Menge Kleidung für die Kinder gekauft, da sie ihrer Meinung nach wie kleine Sträflinge herumliefen. Sie gab uns einen Sack voll Wintersocken und anderer Wollsachen mit und meinte: ›Wir haben diesen Kindern soviel Unrecht getan. Ich möchte ihnen wenigstens jetzt etwas helfen.‹ Ich war ihr für ihre Güte sehr dankbar. Auch wir konnten ihr etwas helfen, indem wir einen Koffer für sie nach Deutschland mitnahmen. Sie hatte auf dem Polizeipräsidium gehört, daß alle ehemaligen Einrichtungen der Nazis innerhalb der nächsten Tage geschlossen würden, und daß die Frauen deutscher Nationalität wie sie nicht mehr als 15 Kilo Gepäck mitnehmen durften.

Wir kamen uns vor wie der Reiter über den Bodensee, als wir mit unserem kostbaren Schatz nach Hause zurückkehrten. Der kleine Corradino saß auf Almuths Schoß und strahlte. Ich hielt Robertino, der völlig verstummt war. Wenn ich nur daran dachte, daß zehn Tage später die Kinder endgültig verschollen gewesen wären . . . Bei der Auflösung der Heime hätte man diejenigen Kinder, deren Eltern man nicht ausfindig machen konnte, Bauernfamilien zur Adoption angeboten.

Als wir in Ebenhausen ankamen, empfing uns die ganze Familie mit großem Jubel und vielen Freudentränen. Immer wieder waren wir von unseren Expeditionen mit leerem Auto zurückgekehrt, so daß wir schon jede Hoffnung aufgegeben hatten, die Kleinen in dem unendlichen Chaos in Deutschland wiederzufinden. Deshalb war unsere Freude nun doppelt groß. Die Kinder fühlten sich gleich zu Hause. Am nächsten Tag hörte ich, wie Corradino zu Robertino sagte: ›Wir sind schon zu Hause, aber die anderen Kinder sind noch im Heim.‹ Glücklicherweise waren sie in Wiesenhof nicht schlecht behandelt worden. Sie waren beide wirklich gesund, nicht nervös, höchstens etwas mager. Aber dennoch deutete alles darauf hin, daß sie große Sehnsucht nach ihrem Zuhause und nach dir hatten. Corradino hat oft abends geweint: ›Mama, wo ist Mama, wann kommt Mama?‹ Sie waren unzertrennlich, und Corradino beschützte den Kleineren, tröstete ihn und half ihm, wo er nur konnte. Ich hatte in Wiesenhof, kurz bevor wir abfuhren, gehört, wie Corradino versuchte, den Kleineren davon zu überzeugen, was ihnen Wunderbares bevorstand: ›Ja, verstehst du denn nicht? Wir gehen jetzt nach Hause!‹ Wir versuchten, von ihnen einige Details über das Leben im Kinderheim zu erfahren, aber es war schwierig, sie zum Sprechen zu bringen. Das einzige, was wir herausbekamen, war, daß sie anfangs in einem kleineren Heim gewohnt hatten und daß man ihnen die Haare kurzgeschnitten hatte.*

Und das, meine Lieben, ist alles, was ich euch zu erzählen habe. Wir können niemals dankbar genug sein, sie nach den zehn Monaten, in denen sie verschollen waren, wiedergefunden zu haben. Und du Arme hast über ein Jahr nichts von ihnen gewußt.«

Diese Geschichte, die Mutti uns da erzählt hatte, war uns sehr ans Herz gegangen. Wir empfanden tiefe Dankbarkeit für alles, was sie für uns getan hatte. Als sie mit ihrem Bericht fertig war, holte sie eine Flasche Champagner aus dem Keller, und wir stießen in diesem für uns wirklich historischen Augenblick miteinander an.

Nach wenigen Tagen machten wir uns ans Packen und beluden das Auto mit einigen schönen Stücken, die Mutti uns für Brazzà schenken wollte. Zuletzt stiegen unsere beiden Bübchen ein, und die Heimreise konnte beginnen. Unsere Herzen waren leicht wie Federn. Wir waren so unendlich glücklich über all das, was uns am Ende unseres Leidenswegs wiedergeschenkt worden war. Unsere Familie war

* Jahrelang verdrängten Corradino und Robertino die Erinnerung an diese Zeit, und wir hielten es für richtig, sie nicht weiter mit Fragen zu bedrängen. Erst als sie 19 und 20 Jahre alt waren, kehrte die Erinnerung in ihr Bewußtsein zurück. Sie unterhielten sich: »Was hast du eigentlich damals an dem Fenster oben auf der Treppe gemacht?« »Ja, wie, erinnerst du dich denn nicht! Ich hab' es dir doch auch gezeigt: Da lag doch im Brunnen dieser tote Mann. Weißt du nicht mehr, wie der nackte, weiße Arm aus dem Brunnen herausschaute?« Sie erinnerten sich dann auch noch an viele andere Kleinigkeiten, an die ewigen Marmeladebrote, an die ständigen Bombenangriffe, an das Ostereiersuchen . . .

wieder vereint, und wir hofften, daß unser Glück die Wunden der vergangenen Erlebnisse heilen würde.

Man kann sich leicht vorstellen, mit welchen Jubelrufen wir in Brazzà empfangen wurden. Wir feierten den Dankgottesdienst in der Kapelle und dann das große Fest mit unseren Bauern. Zwei Dinge möchte ich am Ende erwähnen, die uns zutiefst rührten: Der Pfarrer hatte sich aus Neugierde nach Udine begeben, um einiges über die Kapelle von Brazzà herauszufinden. Sie ist dem heiligen Leonhard geweiht, dem Beschützer aller Gefangenen! Auf der Altartafel wird der Heilige mit einer gesprengten Kette in den Händen dargestellt. Ein weiteres überraschendes Zusammentreffen war der Umstand, daß die ursprünglich auf den 4. November, dann von Detalmo aus praktischen Erwägungen auf den 6. November verlegte Messe damit genau auf den Tag fiel, der der Jahrestag des Heiligen ist. Aber das ist noch nicht alles. Während der Messe fiel Detalmos Blick auf die kleine, holzgeschnitzte Madonna an der rechten Kapellenwand, und da erinnerte er sich an deren Geschichte. Anfang der dreißiger Jahre hielt sich seine Mutter zur Erholung in Wolkenstein im Grödnertal auf. Eines Tages wunderte sie sich, in ihrem Zimmer im Hotel Osvaldo eine kleine, mit Blumen geschmückte Madonna vorzufinden. Da erschien das Zimmermädchen Maria Declara aus St. Ulrich und bat sie: »Mein Mann ist Holzschnitzer. Wir wissen, daß Sie eine alte Kapelle besitzen. In den Wirren des Rückzugs der österreichischen Truppen 1918 verschwand plötzlich unser zweijähriger Sohn. Bitte, stellen Sie diese Madonna in Ihrer Kapelle auf, dann werden wir ihn wiederfinden.« Der Sohn wurde im Alter von 18 Jahren tatsächlich wiedergefunden.

Diese unerwartete Übereinstimmung, daß in beiden Fällen durch den Krieg verschollene Kinder wiedergefunden wurden, dann der zufällig für unser Fest in der Kapelle fixierte Termin, der auf das gleiche Datum wie das Patronatsfest des Heiligen fiel, dem das Kirchlein geweiht war, die Rückkehr des Jungen aus St. Ulrich, drei Jahre nachdem die kleine Madonna in unserer Kapelle aufgestellt worden war, dies alles schienen mir göttliche Zeichen. Und wir können zu Recht sagen, daß Gottes Wege keine Grenzen kennen.

Epilog

Nach der Rückkehr aus Ebenhausen in dem vollgepackten Jeep und mit den glücklich wiedergefundenen Kindern ließen wir uns in Brazzà nieder. Viel gab es zu tun: Detalmo mußte sich mit der Verwaltung des Besitzes beschäftigen, der lange vernachlässigt geblieben war, und ich mit den Kindern, dem großen Haus und dem Garten. Nach einem Jahr ging Detalmo nach Rom, um sich nach einer Stellung umzutun. Unser kleines Landgut warf zu wenig ab, als daß er damit seine Familie hätte erhalten können.

Der Verwalter Bovolenta verließ uns. Er wurde von einem weit größeren Besitz angefordert, für ihn eine interessantere und viel besser bezahlte Arbeit.

Meine beiden Haushilfen von früher, Ernesta und Cilla, sah und sehe ich oft, wir unterhalten uns über alte Zeiten. Nonino hingegen ging nach dem Tode seiner Frau Pina, im Jahre 1948, nach Argentinien, wo seine Kinder sich vor vielen Jahren niedergelassen hatten.

Unsere Freunde in Friaul sind immer noch dieselben: die Familien Tacoli, Stringher, Giacomuzzi, Nigris, unsere Verwandten Alvise und Anna di Brazzà. Abgesehen von einigen Veränderungen, besonders nach dem Erdbeben in Friaul im Jahre 1976, hat sich in Haus und Park seit dem Sommerabend 1940, als ich als jung verheiratete Frau dort zum ersten Mal ankam, nichts Wesentliches verändert.

Im Mai 1948 wurde zu unserer Freude eine Tochter geboren. Wir tauften sie in unserer kleinen Kapelle und gaben ihr den Namen Vivian.

Als Detalmo Korrespondent für den Europarat wurde, siedelten wir im Jahre 1951 nach Rom über, besonders auch, weil wir den Kindern eine bessere Schulbildung geben wollten, als dies auf dem Lande möglich gewesen wäre. Für die Sommerferien, die in Italien vier Monate dauerten, fuhren wir jedes Jahr mit Kind und Kegel nach Brazzà, genossen das Landleben und freuten uns täglich an der wunderschönen Umgebung. 1966 ging Detalmo zur EWG, wurde Vertreter in verschiedenen afrikanischen Ländern, so im Senegal und in Mali. Nach der Pensionierung ist er heute noch mit seinen 73 Jahren als Experte für Trockenheitsprobleme tätig und wird häufig auf Missionen nach Afrika geschickt.

Ich war in Rom geblieben, als er 1966 nach Afrika ging, weil ich in einem medizinischen Verlag arbeitete und meine Kinder noch alle schulpflichtig waren. Es gelang mir aber, ihn einige Male zu besuchen und diesen faszinierenden Erdteil kennenzulernen.

Corrado folgte dann später der Laufbahn seines Vaters und ist heute der zweite Mann in der Delegation der EG in Washington. Roberto wurde Architekt und hat sein Büro und seinen Wohnort in Brazzà. Beide Söhne sind verheiratet und haben Kinder. Meine Tochter, Vivian, lebt in Rom, ist mit einem Amerikaner verheiratet, der ein hoher Beamter in der FAO in Rom ist (Food and Agricultural Organization of the United Nations). Im Sommer trifft sich wie je die ganze Familie in Brazzà. Wir haben immer viele Hausgäste, und es ist ein buntes Treiben.

Detalmos Bruder Giacomo ging 1946 nach Amerika, beendete dort sein Medizinstudium, heiratete eine Amerikanerin und ist Arzt in einem der großen Krankenhäuser in Seattle im Staate Washington.

Detalmos Schwester Marina hat einige Jahre in Florenz mit ihrem Mann Puccio Pucci und ihren beiden Kindern im Palazzo Pucci gelebt, ließ sich aber dann scheiden und lebt mit ihrem zweiten Mann in der Schweiz.

Santa Hercolani, die ich so oft genannt habe, ist nun schon 93 Jahre alt. Sie wohnt meistens in ihrem wunderbaren Palazzo Borghese in Rom, und ich sehe sie oft; sie ist eine meiner besten und treuesten Freundinnen.

Meine Mutter hat bei beneidenswerter Gesundheit bis zum würdigen Alter von über 96 Jahren in Ebenhausen gelebt. Gleich nach dem Kriege holte sie die vergrabenen Tagebücher meines Vaters aus ihrem Versteck und brachte sie in die Schweiz zu ihrem Vetter Fritz Rieter, wo schon andere Tagebuchhefte aufbewahrt waren. Sie veröffentlichte das Material beim Atlantis Verlag in Zürich unter dem Titel »Vom andern Deutschland« (im November 1988 ist bei Siedler in Berlin unter dem Titel »Die Hassell-Tagebücher 1938–1944« eine erweiterte Neuauflage erschienen – wie hätte sich meine Mutter darüber gefreut!). Jeden Sommer kam sie für einen Monat nach Brazzà, verehrt und bewundert von allen; alle hörten mit größtem Interesse dieser vorzüglichen Erzählerin zu. Bis zum Ende ihrer Tage blieb sie eine außergewöhnlich aktive Frau.

Meine Schwester Almuth hat viele Jahre am italienischen Kulturinstitut in München gearbeitet und lebt jetzt zurückgezogen in einer kleinen Wohnung in Ebenhausen.

Mein Bruder Hans-Dietrich wurde Leiter der Abteilung »Soziale Sicherheit« bei Siemens, hat geheiratet und hat vier erwachsene Töchter. Er ist vor kurzem in den Ruhestand getreten, wird aber immer wieder für interessante Aufträge herangezogen, lebt mit seiner Frau auf dem Grund des alten Besitzes in Ebenhausen, wo er sich vor Jahren ein Haus baute.

Mein älterer Bruder Wolf-Ulrich ging nach dem Kriege ins Auswärtige Amt, erreichte die Altersgrenze, während er in New York an der UNO tätig war, und ließ sich mit Frau und seinen drei nun erwachsenen Kindern in New York nieder.

Anni und Lotti Fette sind beide über 90, leben in Nienstedten-Hamburg in ihrem sehr schönen, alten, mit Stroh bedeckten Bauernhaus, umgeben von einem großen Garten voll der schönsten Blumen, die Lotti selber pflegt. Sie kommen schon seit 38 Jahren jeden Sommer für einen Monat nach Brazzà. Man kann sich Brazzà ohne ihre Gegenwart im Sommer gar nicht vorstellen.

Der einzige Offizier aus der deutschen Besatzungszeit in Brazzà, mit dem ich zu Weihnachten regelmäßig Briefe austauschte, war Major Eisermann. Er besuchte mich 1974 in Brazzà, war völlig unverändert und machte wie damals, mit den Händen auf dem Rücken, seinen Morgenspaziergang. Ich freute mich, ihn wiederzusehen.

Mit vielen meiner Gefängniskameraden unterhielt ich eine eifrige Korrespondenz, so besonders mit Alex, »Onkel Moppel« und Payne-Best. Wir schrieben nicht etwa über unsere gemeinsam verbrachte Haftzeit, sondern wir erzählten uns gegenseitig von unserem täglichen Leben. »Onkel Moppel« war von der Familie Stauffenberg derjenige, der mir am fleißigsten schrieb und mich über all seine Angehörigen auf dem laufenden hielt. Er lebte in alter Frische bis ins hohe Alter hinein.

Alex – hatte er doch alles verloren – zog zu Freunden an den Bodensee. Nach einigen Jahren heiratete er eine Witwe und entschloß sich, an der Münchner Universität wie früher Alte Geschichte zu lehren. Bei Gelegenheit meiner Besuche bei meiner Mutter in Ebenhausen sah ich ihn verschiedene Male. Das letzte Mal trafen wir uns in Rom auf seinem Rückweg von Sizilien, wohin er mit seinen Studenten eine Studienreise gemacht hatte. Er schien unverändert, hatte seinen alten Frohsinn und Charme. Um so erschütterter war ich, als »Onkel Moppel« mir schrieb, Alex sei zur Weihnachtszeit desselben Jahres an Lungenkrebs gestorben.

Ilselotte von Hofacker hatte nach dem Krieg mit der Erziehung ihrer fünf Kinder alle Hände voll zu tun, als alleinstehende Frau keine leichte Aufgabe, die sie aber glänzend erfüllte, immer energisch, fröhlich und warmherzig. Zum Kummer von allen starb sie ganz plötzlich und viel zu jung.

Maria von Hammerstein lebte in Berlin, war sehr tätig und allgemein verehrt und geliebt. Auch sie weilt nicht mehr unter uns.

Clemens Stauffenberg starb vor vielen Jahren an seinem alten Herzleiden. Seine Frau Elisabeth folgte ihm unerwartet bald darauf. Sie hatten auf ihrem Besitz, Schloß Jettingen in Schwaben, gelebt, der jetzt von ihrem Sohn Markwart verwaltet wird. Otto Philipp verwaltet einen anderen Besitz in Oberfranken. Beide Brüder sind verheiratet und haben etliche, nun schon zum Teil erwachsene Kinder. Ihre Schwester Gaggi führte Jahre hindurch einem Onkel das Haus und lebt heute bei Markwart in Jettingen.

Mir hatte nie daran gelegen, die verschiedenen Orte unserer Haftzeit wiederzusehen. Doch im Sommer 1976 kamen Detalmo und ich zufällig durch Niederndorf. Ich fand und erkannte sofort das Hotel Bachmann, wo wir damals zum ersten Mal uns frei fühlten. Da Detalmo und ich nun schon so weit vorgedrungen waren, entschlossen wir uns, auch das Hotel am Pragser Wildsee zu besuchen. Keiner besann sich auf unsere Häftlingsgruppe, zu viel Zeit war verstrichen, das Personal hatte außerdem natürlich längst gewechselt. Der See aber lag vor uns in seiner unvergänglichen Schönheit, umgeben von den Dolomiten, die sich im kristallklaren Bergsee widerspiegelten. Ein paar Schritte vom Ufer entfernt, stand wie je und eh die kleine Kapelle: Der Dankesgottesdienst von Bischof Neuhäusler stand wieder deutlich vor mir, so auch die Kirchenchoräle, die Alex zwei Tage danach auf der Orgel spielte; die beinah verwunschene Atmosphäre hatte mich damals tief bewegt.

Am Ende dieser Beschreibung darf das treue Pferd Mirko nicht vergessen werden. Schließlich war meine Mutter beim Auffinden der Kinder von der Identität Robertinos erst in dem Moment überzeugt, als er beim Zeigen der verschiedenen Bilder plötzlich die Initiative ergriff und auf einen kleinen, kaum sichtbaren Punkt zeigte und ein einziges Wort aussprach: »Mirko.« Der Schimmel lebte noch einige Jahre neben dem Reitpferd meines Schwagers Giacomo und graste wie je auf der Wiese vor der Burg. Sonst gab es für Mirko nichts mehr zu tun. Wir hatten von der englischen Besatzung in unserem Hause einen Jeep und einen Kombiwagen geschenkt bekommen, brauchten also keine Kutsche mehr. Wir waren sehr traurig, als Mirko wegen Altersschwäche erschossen werden mußte.

Die Kutsche steht vergessen, von Spinnweben bedeckt, in einer Ecke des Getreidespeichers.

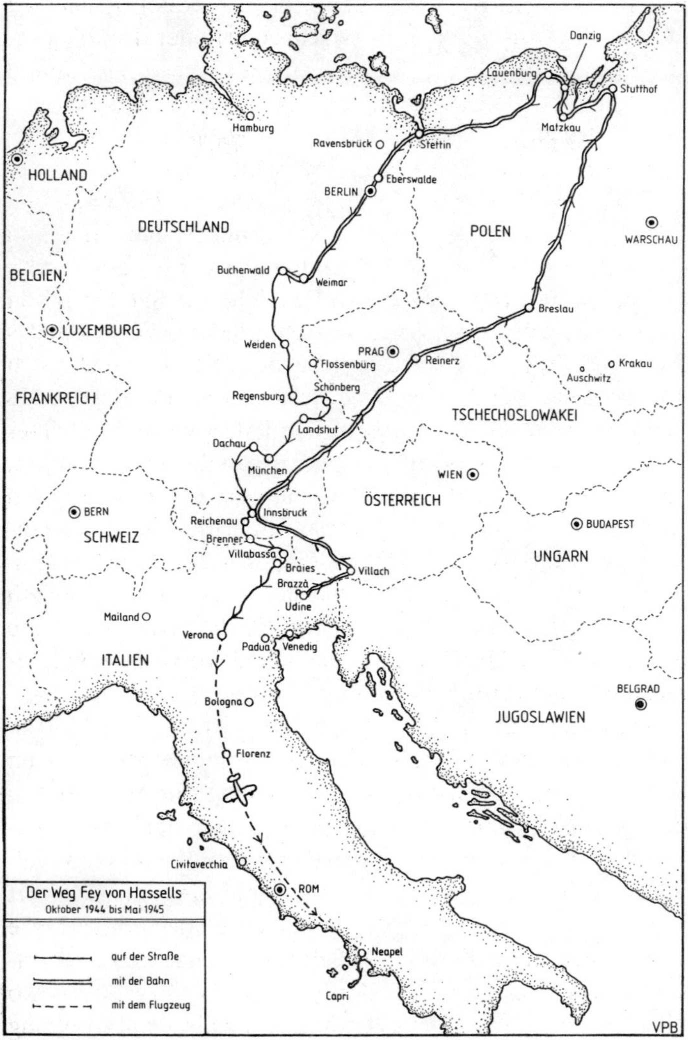

Der Weg Fey von Hassells, Oktober 1944 bis Mai 1945

Wir suchen diese Kinder!

Personalien der Kinder

1. Corrado Pirzio-Biroli
4½ Jahre alt
geb. 25. November 1940
in Udine, Italien
Haare: blond
Augen: blau
Gesichtsfarbe: blaß
Sprache: Deutsch, einige italienische Worte
Rufnamen: Corradino, Corradinchen
Kleidungsstücke: Marineblauer Mantel mit Kapuze, gemacht aus einem alten Militärmantel

2. Roberto Pirzio-Biroli
3½ Jahre alt
geb. 25. Januar 1942
in Udine, Italien
Haare: blond
Augen: blau
Gesichtsfarbe: lebhafte Farben
Sprache: Deutsch
Rufnamen: Robertino, Robertinchen
Kleidungsstücke: Marineblauer Mantel mit Kapuze, gemacht aus einem alten Militärmantel

Die betreffenden Kinder wurden ihrer Mutter, Frau Fey Pirzio-Biroli, geb. v. Hassell, am 29. oder 30. September 1944 von zwei Frauen der N. S. V.-Organisation, aus einem Hotel in Innsbruck heraus, weggenommen.

Es ist anzunehmen, daß die Kinder in ein N. S. V.-Kinderheim gebracht wurden. Einzelnachrichten haben ergeben, daß dafür auch solche Kinderheime im hiesigen Gebiet in Frage kommen könnten. Es ist jedoch wahrscheinlich, daß besagte Kinder einen anderen Namen (deutschen) erhielten.

Personal solcher Kinderheime oder Personen, welche die oben abgebildeten Kinder in solchen Heimen gesehen haben oder irgendwelche näheren Angaben machen können, werden gebeten, Auskunft zu erteilen an das

Italienische Rote Kreuz
Sede di Bad Harzburg
Bad Harzburg, Rudolf-Huch-Straße 17

Die Suchanzeige des Roten Kreuzes für die Kinder

HEADQUARTERS
REGIONAL MILITARY GOVERNMENT
BAVARIA

WML/leo

OFFICE OF ADMINISTRATIVE MANAGER

DETACHMENT E1 F3
APO 658

28 June 1945

TO : American and Allied Military Government Personnel.

The bearer of this statement,

Frau Ilse von H a s s e l l

is on a mission approved by Military Government Bavaria to find her children believed to be in Bad Sachsa (Harz) [hidden by the Gestapo]. Military Government personnel and road-blocks are ordered to give Frau von Hassell the aide necessary to expedite her journey and Allied Military Personnel is requested to facilitate her movements so far as possible. She is accompanied by her daughter Almuth von Hassell, her driver Mr. Bernd Wendland and by two Roman-Catholic clergymen, Drs. Bonus and Schincke.

The Party with the exeption of the two Catholic fathers will return with the children to Bavaria.

It is further requested that Military Government Personnel authorize German Civilian authorities to give Frau von Hassell gasoline as she may need in the interest of this mission.

CHARLES E. KEEGAN
Colonel FA
RMGO

HQ MIL GOV, DET H1D2, Co D, 2d ECA Regt,
Fulda, Germany, 4 July 45.

Approved for travel from Fulda to destination Bad Sachsa (Hartz).

ALLIED EXPEDITIONARY FORCE
MILITARY GOVERNMENT
OFFICE
Signature Charles F. Russ Maj.
Date 4 July 45
Detachment No. H1D2

Bearer has reported to Mil Gov Det 126
Göttingen, 5th July 45

MILITARY GOVERNMENT
5 - JUL 1945
126
DET

Der Paß für Fey von Hassells Mutter, damit sie nach ihren Enkeln suchen konnte

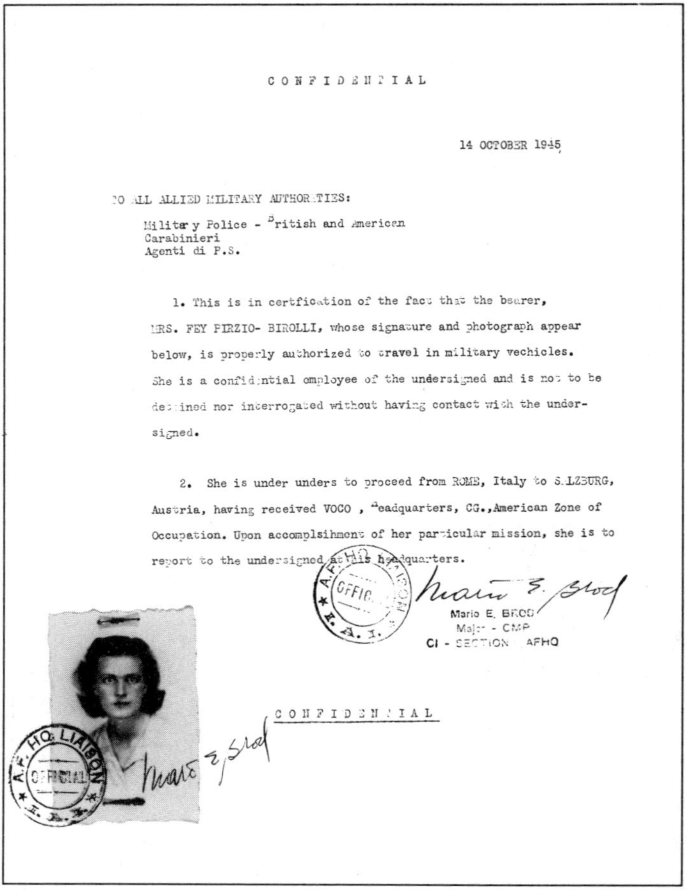

CONFIDENTIAL

14 OCTOBER 1945

TO ALL ALLIED MILITARY AUTHORITIES:

Military Police - British and American
Carabinieri
Agenti di P.S.

1. This is in certfication of the fact that the bearer, MRS. FEY PIRZIO- BIROLLI, whose signature and photograph appear below, is properly authorized to travel in military vechicles. She is a confidential employee of the undersigned and is not to be detained nor interrogated without having contact with the undersigned.

2. She is under unders to proceed from ROME, Italy to SALZBURG, Austria, having received VOCO , Headquarters, CG.,American Zone of Occupation. Upon accomplsihment of her particular mission, she is to report to the undersigned at this headquarters.

Mario E. BROD
Major - CMP
CI - SECTION AFHQ

A.F. HQ. LIAISON
OFFICIAL

CONFIDENTIAL

Der Paß, zugleich auch Reiseerlaubnis, für Fey von Hassell

CONFIDENTIAL

1 OCTOBER 1945

TO ALL ALLIED MILITARY AUTHORITIES:

MILITARY POLICE British and American
CARABINIERI
AGENTI DI PS.

1. THIS IS IN CERTIFICATION OF THE FACT THAT THE BEARER, WHOSE PHOTOGRAPH AND SIGNATURE APPEAR BELOW, IS A CONFIDENTIAL EMPLOYEE OF THE UNDERSIGNED ON SPECIAL MISSION.
2. THIS IS IN CERTIFICATION OF THE FACT THAT BEARER IS LAWFULLY IN POSSESSION OF THE MILITARY VEHICLE ¼ TON(JEEP) NUMBERED 20110768, ASSIGNED TO HIM FOR PURPOSES OF A CONFIDENTIAL NATURE.

A.F. HQ. LIAISON OFFICIAL I.A.I.

Mario E. Brod
Mario E. BROD
Major - CMP
CI - SECTION AFHQ

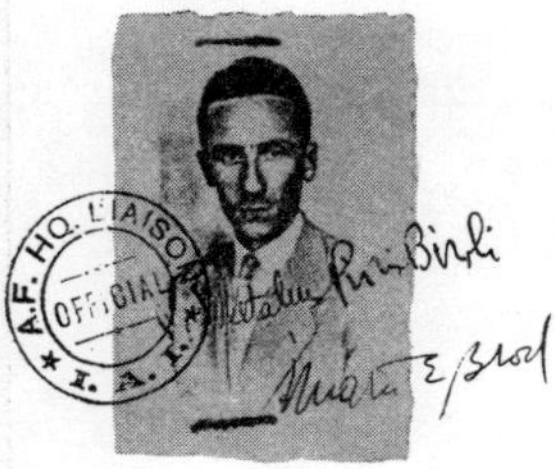

CONFIDENTIAL

Reiseerlaubnis und Paß für Feys Ehemann Detalmo

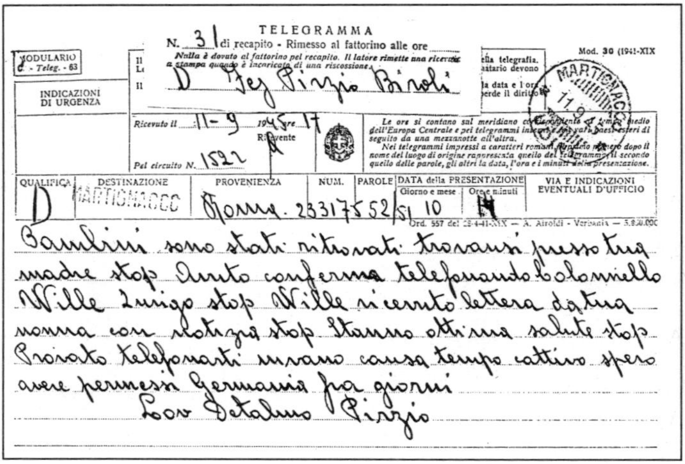

TELEGRAMMA

N. 31 di recapito - Rimesso al fattorino alle ore ......

Nulla è dovuto al fattorino pel recapito. Il latore rimette una ricevuta a stampa quando è incaricato di una riscossione.

MODULARIO C - Teleg. - 63

Mod. 30 (1941-XIX)

INDICAZIONI DI URGENZA

D Fey Pirzio Biroli

Ricevuto il 11-9 1945 ore 17

Pel circuito N. 1522

Le ore si contano sul meridiano corrispondente al tempo medio dell'Europa Centrale e pei telegrammi in arrivo dai paesi esteri di seguito da una mezzanotte all'altra.
Nei telegrammi impressi a caratteri romani il primo numero dopo il nome del luogo di origine rappresenta quello del telegramma; il secondo quello delle parole, gli altri la data, l'ora e i minuti della presentazione.

QUALIFICA	DESTINAZIONE	PROVENIENZA	NUM.	PAROLE	DATA della PRESENTAZIONE Giorno e mese	Ore e minuti	VIA E INDICAZIONI EVENTUALI D'UFFICIO
D	MARTIGNACCO	Roma	23317	52	51 10	14	

Ord. 557 del 23-4-41-XIX — A. Airoldi - Verbania — 5.800.000

Bambini sono stati ritrovati trovansi presso tua madre stop Avuto conferma telefonando colonnello Wille Luigo stop Wille ricevuto lettera da tua nonna con notizia stop Stanno ottima salute stop Provato telefonarti invano causa tempo cattivo spero avere permessi Germania fra giorni
Love Detalmo Pirzio

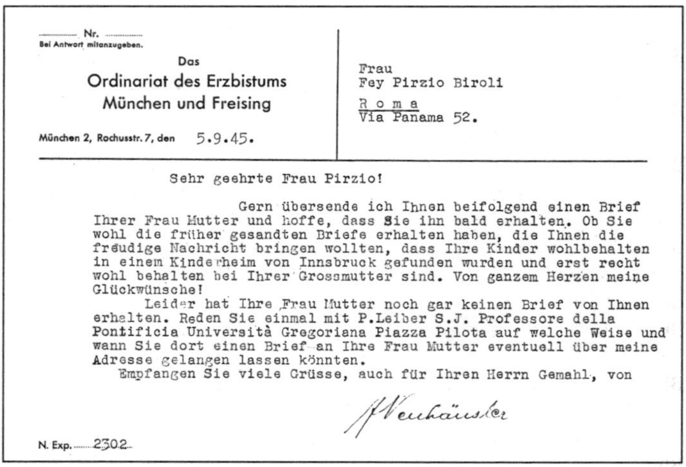

.... Nr. ....
Bei Antwort mitanzugeben.

Das
Ordinariat des Erzbistums
München und Freising

München 2, Rochusstr. 7, den 5.9.45.

Frau
Fey Pirzio Biroli
Roma
Via Panama 52.

Sehr geehrte Frau Pirzio!

Gern übersende ich Ihnen beifolgend einen Brief Ihrer Frau Mutter und hoffe, dass Sie ihn bald erhalten. Ob Sie wohl die früher gesandten Briefe erhalten haben, die Ihnen die freudige Nachricht bringen wollten, dass Ihre Kinder wohlbehalten in einem Kinderheim von Innsbruck gefunden wurden und erst recht wohl behalten bei Ihrer Grossmutter sind. Von ganzem Herzen meine Glückwünsche!

Leider hat Ihre Frau Mutter noch gar keinen Brief von Ihnen erhalten. Reden Sie einmal mit P.Leiber S.J. Professore della Pontificia Università Gregoriana Piazza Pilota auf welche Weise und wann Sie dort einen Brief an Ihre Frau Mutter eventuell über meine Adresse gelangen lassen könnten.

Empfangen Sie viele Grüsse, auch für Ihren Herrn Gemahl, von

JNeuhäusler

N. Exp. 2302

Die Kinder sind gefunden! Das Telegramm Detalmos (oben) und die Benachrichtigung durch Prälat Neuhäusler (unten)

Namensverzeichnis

Alvensleben, Wichard von, Major 191, 193
Alverà, Pierluigi, italienischer Vizekonsul in München 1939–1942 60
Anfuso, Filippo, italienischer Botschafter in Berlin in den Kriegsjahren 108
Antonelli, Paola, Tochter des Obersten Conte Giacomo 25, 33, 52

Bader, Ernst, SS-Obersturmführer 175, 176, 178, 182, 185, 188, 189, 190
Badoglio, Mario, Sohn des Marschalls Pietro 188
Badoglio, Pietro, italienischer Marschall 7, 37, 43, 72, 77
Berenson, Bernard, amerikanischer Kunsthistoriker und -kritiker 47
Bergen, Diego von, Botschafter am Vatikan 1920–1943 30
Best, s. Payne-Best
Bismarck, Otto Fürst von, Reichskanzler 42
Blomberg, Werner von, Generalfeldmarschall, Reichskriegsminister 1935–1938 45, 51
Blum, Léon, französischer Ministerpräsident 1936–1938 168, 176, 177, 179, 180, 194, 196
Bonhoeffer, Dietrich, Pastor der Bekennenden Kirche, in Flossenbürg am 9. April 1945 gehängt 179
Bonin, Bogislav von, Oberst 189, 190, 196
Bovolenta, Venerino, Verwalter des Besitzes in Brazzà 79, 83, 85, 89, 103, 109, 110, 111, 206, 207, 222
Brazzà di: s. Savorgnan di Brazzà
Breitscheid, Rudolf, sozialdemokratischer Minister, im KZ Buchenwald umgekommen 1944 168
Bruhns, Gerda, Tochter des Direktors der Herziana in Rom 29, 46
Brüning, Heinrich, Reichskanzler 1930–1932 13, 212
Bryans, J. Lonsdale, englischer Mittelsmann zwischen U. von Hassell und der englischen Regierung 61, 62, 66

Cadogan, Sir Alexander, Unterstaatssekretär im englischen AA 62
Canaris, Wilhelm, Admiral, in Flossenbürg am 9. April 1945 gehängt 176, 180
Caporiacco, Contessa Andreina di 113
Cassis, Marchese Eduardo e Gwen, Gutsbesitzer 32
Cavazza, Conte Alessandro, Freund von Feys Eltern 23, 41
Chamberlain, Arthur Neville, britischer Premierminister 1937–1940 54, 56
Churchill, Winston Spencer, britischer Premierminister 1940–1945, 1952–1955 191
Ciano, Conte Galeazzo, italienischer Außenminister

1936–1943, Schwiegersohn Mussolinis, nach dem Prozeß von Verona 1944 erschossen 36, 37, 40, 42, 50, 51
Clark, Mark W., General, amerikanischer Befehlshaber in Italien nach Ende des Krieges 200, 207
Curtius, Ludwig, Direktor des deutschen archäologischen Instituts in Rom bis September 1937 47

Daladier, Édouard, französischer Ministerpräsident 1938–1940 54
Dannenberg, H., Oberst 97, 102, 103, 106, 108, 109, 111, 113, 121, 122, 123
D'Inzeo, Costante, Unteroffizier 21, 23, 25, 35, 42, 52
Döhner, Kurt, Direktor der deutschen Schule in Rom 21, 29
Dollfuss, Engelbert, österreichischer Bundeskanzler 1932–1934 27, 28, 48
Dollmann, Eugen, SS-Vertreter von Himmler in Rom 43

Eden, Anthony, britischer Außenminister 1935–38, 1940–45 52
Eisermann, Ottokar, Major 87, 88, 91, 95, 97, 102, 122, 224

Falconer, Colin, Air Vice-Marshal (»Sweety«) 204
Falkenhausen, Alexander von, General, verhaftet, im KZ bis Ende des Krieges 185, 196
Faulhaber, Michael von, Kardinal, Erzbischof von München und Freising 60
Fette, Lotti 9, 14, 15, 16, 18, 19, 21, 22, 25, 32, 33, 36, 38, 41, 53, 111, 133, 151, 224
Fischer, Annemarie, Tochter des deutschen Militärattachés in Rom 29, 30, 31, 36, 38, 39
Flügge, Wilhelm von, Assessor, verhaftet, KZ bis Ende des Krieges 189, 190
Foster, Robert (»Pussy«), Air-Marshal der englischen Besatzung in Brazzà 203
Franco y Bahamonde, Francisco, spanischer »Caudillo« seit 1936 36, 40, 45
Frank, Dr. Hans, Generalgouverneur in Polen 58
Freisler, Dr. Roland, Präsident des Volksgerichtshofes 152, 170, 204
Fromm, Friedrich, Generaloberst 99

Gehre, Ludwig, Hauptmann, in Flossenbürg am 9. April 1945 hingerichtet 176
George, Stefan, deutscher Dichter (1886–1933) 135
Gerow, Leonard T., amerikanischer General 193, 195
Giacomuzzi, Luciano, Direktor der friaulanischen Elektrizitätswerke, Freund von Fey 84, 113
Gies, Annelise, ausgebildete Wochenschwester und Babypflegerin von Corradino und Robertino 67, 68
Giovene, dei Duchi di Girasole, Andrea, Schriftsteller 8, 96
Gisevius, Annelise, Schwester von Hans Bernd 131, 139, 147
Gisevius, Hans Bernd, Regierungsrat 139, 177
Goebbels, Dr. Joseph, Reichsminister für Volksaufklärung und Propaganda 193
Goerdeler, Anneliese, Frau von Carl Friedrich 139, 150, 169
Goerdeler, Benigna, Tochter von

Anneliese und Carl Friedrich 139
Goerdeler, Bogislav, Arzt, Bruder von Carl Friedrich 139, 143, 149, 150, 151, 152, 166
Goerdeler, Carl Friedrich, Oberbürgermeister von Leipzig 1930–1937, am 2. Februar 1945 hingerichtet 36, 139
Goerdeler, Irma, Frau von Ulrich und Schwiegertochter von Anneliese und Carl Friedrich 139, 169
Goerdeler, Jutta, Kusine von Benigna 139, 150
Goerdeler, Dr. Marianne, Tochter von Anneliese und Carl Friedrich 139
Goerdeler, Reinhard, Sohn von Anneliese und Carl Friedrich 169, 184
Goerdeler, Ulrich, Sohn von Anneliese und Carl Friedrich 139, 169
Göring, Hermann, Oberbefehlshaber der Luftwaffe, Reichsmarschall 39, 42, 193
Grilli, Mario, italienischer Verbindungsoffizier bei den Alliierten 195
Gropplero, Conte Gianandrea, im italienischen Widerstand aktiv, Familienfreund 92

Haeften, Werner von, Oberleutnant, erschossen am 20. Juli 1944 in der Bendlerstraße 99
Halifax, Lord Edward, englischer Außenminister 1938–1940 51, 61, 62
Hammerstein-Equord, Franz Freiherr von, Sohn von Maria und Kurt 169, 184
Hammerstein-Equord, Hildrun Freiin von, Tochter von Maria und Kurt 169
Hammerstein-Equord, Kurt Freiherr von, Generaloberst 169
Hammerstein-Equord, Maria Freiin von, Frau von Kurt 169, 175, 225
Hassell, Almuth von, verhaftet, im August freigelassen, Schwester von Fey 14, 15, 19, 20, 21, 23, 26, 28, 30, 32, 33, 41, 42, 47, 49, 52, 61, 67, 68, 98, 110, 121, 131, 132, 133, 181, 208, 209, 211, 212, 213, 214, 215, 216, 217, 218, 224
Hassell, Carl Otto, Hauptmann d. Res., 1942 gefallen, Vetter von Fey 71
Hassell, Ilse von, Frau von Ulrich 9, 13, 14, 15, 16, 19, 20, 23, 24–27, 31, 38, 39, 42, 46, 49, 56, 59, 64, 66, 67, 68, 70, 72, 85, 97, 98, 100, 107, 110, 121, 123, 131, 132, 170, 172, 181, 195, 201, 202, 204, 205, 207, 208, 209, 219
Hassell, Johann Dietrich von, Major im Generalstab, Festungshaft, befreit 1945, Bruder von Fey 14, 15, 20, 58, 61, 69, 70, 95, 133, 172, 224
Hassell, Ulrich von, Botschafter, am 8. September 1944 hingerichtet, Vater von Fey 8, 13, 17, 18, 19, 20, 22, 25, 26, 27, 28, 29, 32, 35, 36, 37, 39, 40, 42, 43, 44, 46, 48, 49, 50, 54, 55, 56, 57, 58, 59, 60, 62, 65, 67, 69, 70, 72, 98, 99, 100, 107, 108, 132, 133, 169, 170, 191, 204, 207, 224
Hassell, Ulrike von, Kusine von Fey 38
Hassell, Wolf Ulrich von, Diplomat, Bruder von Fey 14, 15, 54, 70, 107, 121, 123, 131, 132, 170, 204, 208, 224
Hatz, Otto, ungarischer Oberst im Generalstab 159
Heberlein, Erich, deutscher Diplomat 178

Heberlein, Margot 178
Henderson, Sir Nevile, englischer Botschafter in Berlin 1937–1939 58
Hercolani, Principessa Santa, Freundin von Feys Eltern 24, 33, 46, 47, 70, 100, 107, 223
Hessen, Prinzessin Mafalda von, Frau von Philipp von Hessen, Tochter des italienischen Königs Viktor Emanuel III., verhaftet, in Buchenwald umgekommen 168, 169, 187
Hessen, Prinz Philipp von, verhaftet 1943, KZ-Haft bis Ende des Krieges 169, 187, 196
Himmler, Heinrich, Reichsführer SS 39, 40, 42, 59, 149, 153, 158, 166, 192, 193
Hindenburg, Paul von, Reichspräsident 1925–1934 17, 28
Hitler, Adolf, ›Führer‹ und Reichskanzler 17, 19, 20, 21, 22, 25, 26, 33, 34, 35, 40, 44, 47, 51, 53, 54, 56, 58, 62, 64, 71, 72, 87, 99, 108, 116, 125, 129, 131, 134, 135, 144, 158, 170, 187, 191, 193, 194
Hoepner, Erich, Generaloberst, am 8. August 1944 hingerichtet 170
Hofacker, Anna Luise (Annele) von, Tochter von Cäsar und Ilse-Lotte 132, 147, 148, 150
Hofacker, Dr. Cäsar von, Oberstleutnant d. Res., am 20. Dezember 1944 hingerichtet 131, 152
Hofacker, Eberhard von, Sohn von Cäsar und Ilse-Lotte 132, 133, 148
Hofacker, Ilse-Lotte von, Frau von Cäsar 131, 132, 139, 142, 147, 150, 152, 154, 225
Horthy, Miklòs von, Admiral, ungarischer Reichsverweser 40, 41, 159, 187
Hunger, Kurt, Führer der Hitlerjugend in Rom 29, 30, 31, 34

Kállay, Miklòs von, Ministerpräsident unter Horthy 1942–1944, von den Deutschen verhaftet, KZ bis Ende des Krieges 187, 194
Kameke, Karl Otto von 23, 174
Keegan, Charles E., Oberst, Military Governor in München 210, 213, 214
Kleist-Schmenzin, Anning (Aga) von, Frau von Ewald 23, 24
Kleist-Schmenzin, Ewald von, Gutsbesitzer, konservativer Politiker, verhaftet, am 9. April 1945 hingerichtet 24
Kokorin, Wassily, Neffe von Außenminister Molotow 178, 179, 185
Körte, Dr. phil., Kunsthistoriker, Lehrer an der deutschen Schule in Rom 29
Kretschmann, Hans, Oberleutnant und Adjutant von Major Eisermann während der deutschen Besatzung von Brazzà 86, 87, 88, 97, 102, 106, 108, 123
Kuhn, Arthur, Prokurist 131, 134, 137
Kuhn, Hildegard Maria, Frau von Arthur 131, 134, 137
Kupfer, SS-Wache 163, 165, 166, 167

Lákatos, Geisa, ungarischer Ministerpräsident, 30. August bis 15. Oktober 1944 159
La Malfa, Ugo, Partisanenführer und italienischer Politiker 71
Lerchenfeld, Anni, Baronin, Schwiegermutter von Claus von Stauffenberg 138, 139, 140, 147, 153, 158, 166

Ley, Dr. Robert, Führer der Deutschen Arbeitsfront 37
Liedig, Franz Maria, Fregattenkapitän, verhaftet, KZ bis Ende des Krieges 176
Lutz, Walter, Stabsarzt 110

Marchetti, Guido, Oberaufseher des Besitzes in Brazzà 67, 78, 79
Medhurst, Sir Charles, Befehlshaber der englischen Luftwaffe im Mittelmeerraum 203
Mertz von Quirnheim, Albrecht, Ritter von, Oberst, am Abend des 20. Juli 1944 in der Bendlerstraße erschossen 99
Momm, Harald, Oberst 18
Morozzo della Rocca, Marchese Antonino, italienischer Diplomat 33
Müller, Dr. Josef, Rechtsanwalt, Verbindungsmann zum Vatikan (Abwehr), verhaftet, KZ bis Ende des Krieges 176, 179
Mussolini, Benito, italienischer Regierungschef (»Duce«), 1945 erschossen und gehängt 14, 19, 21, 22, 25, 26, 28, 32, 34, 36, 37, 40, 41, 42, 43, 45, 48, 49, 50, 52, 53, 54, 56, 61, 65, 72, 93, 108

Nenni, Pietro, Antifaschist, Parlamentarier, Senator bis zum Tod 1981 46
Neuhäusler, Johann, Prälat 193, 204, 211, 226
Neurath, Konstantin, Freiherr von, Reichsaußenminister 1932–1938 21, 35, 44, 45, 51, 55
Niemöller, Martin, Pfarrer der Bekennenden Kirche, seit 1937 KZ bis Ende des Krieges 43, 171, 185, 194
Nigris, Maria, friaulanische Freundin von Fey 113
Nonino, Giuseppe, Diener und Chauffeur im Hause Brazzà 8, 63, 64, 65, 66, 69, 79, 80, 84, 86, 89, 94, 102, 106, 111, 203, 206, 222

Olbricht, Friedrich, General der Infanterie, am Abend des 20. Juli 1944 in der Bendlerstraße erschossen 99
Oster, Hans, Generalmajor, verhaftet, am 9. April 1945 in Flossenbürg umgebracht 180

Papafava, Conte Novello, Gutsbesitzer, Antifaschist, Vetter von Idanna di Brazzà 79
Papke, Fräulein, SS-Wache 161, 163, 164, 165, 166, 167
Parri, Ferruccio, Antifaschist, im Widerstand Deckname Maurizio, Ministerpräsident nach dem Krieg, Senator seit 1948 207
Payne-Best, Sigismund, englischer Geheimdienst-Hauptmann, im KZ bis Ende des Krieges 177, 179, 185, 188, 192, 193, 194, 195, 196, 225
Petchek-Caro, Annelise, Freundin von Fey 29, 34, 46
Petersdorff, Horst von, Oberstleutnant 177
Pirzio-Biroli, Alessandro, Generaloberst, Onkel von Detalmo 37, 82
Pirzio-Biroli, Carlo, Hauptmann, am 8. September 1943 von den Deutschen erschossen, Sohn von Alessandro 82
Pirzio-Biroli, Corrado, erster Sohn von Fey und Detalmo 66, 67, 68, 69, 70, 83, 86, 106, 107, 116, 117, 132, 149, 163, 165, 183, 186, 192, 208, 209, 216, 217, 218, 219, 223
Pirzio-Biroli, Detalmo, Dr. jur.,

Reserveleutnant, verheiratet mit Fey 7, 33, 35, 36, 37, 38, 39, 41, 47, 50, 54, 55, 56, 59, 60, 61, 62, 63, 64, 65, 66, 68, 69, 70, 71, 72, 77, 78, 79, 82, 83, 84, 85, 89, 92, 93, 94, 95, 104, 109, 112, 113, 123, 196, 197, 198, 199, 200, 201, 202, 203, 204, 205, 206, 207, 208, 209, 220, 222, 223, 226
Pirzio-Biroli, Giacomo, italienischer Leutnant, später in Mission für die amerikanische OSS 60, 61, 66, 70, 72, 85, 96, 200, 223, 226
Pirzio-Biroli, Giuseppe, General, Vater von Detalmo 60, 72, 83
Pirzio-Biroli, Marina, s. Pucci di Barsento
Pirzio-Biroli, Roberto, zweiter Sohn von Fey und Detalmo 70, 79, 83, 86, 107, 117, 132, 149, 163, 165, 183, 186, 192, 209, 216, 217, 218, 219, 223, 226
Pirzio-Biroli, Vivian, Tochter von Fey und Detalmo, geboren 1948 222, 223
Pius XI., (Ratti, Achille) Papst 1922–1939 44
Probst, Christoph, »Weiße Rose«, am 22. Februar 1943 hingerichtet 71
Pucci di Barsento, Marchesa Marina, Detalmos Schwester 60, 61, 64, 65, 66, 69, 70, 72, 77, 78, 79, 195, 223
Pucci di Barsento, Marchese Puccio, Detalmos Schwager 72, 223

Reisinger, Irmtraut, Tochter des Botschaftskanzlers in Rom 29
Ribbentrop, Joachim von, Reichsaußenminister seit 1938 34, 38, 49, 50, 51, 58
Rieter, Berta, Schweizer Kusine von Marie von Tirpitz 20
Röhm, Ernst, Stabschef der SA, am 30. Juni 1934 ermordet 26
Rommel, Erwin, Generalfeldmarschall, wurde am 14. Oktober 1944 zum Selbstmord gezwungen 67
Rosmini, Augusto, Freund von Idanna di Brazzà 77
Rosselli, Carlo und Nello, Antifaschisten, in Paris 1937 umgebracht 45

Saragat, Giuseppe, Antifaschist, Präsident der italienischen Republik 1964–1971 46
Savorgnan di Brazzà, Conte Alvise, Leutnant d. Res., Partisan, Vetter von Detalmo 8, 86, 88, 97, 110, 123, 222
Savorgnan di Brazzà, Contessa Anna, Frau von Alvise 8, 106, 111, 112, 222
Savorgnan di Brazzà, Contessa Idanna, Frau von Giuseppe Pirzio-Biroli, Mutter von Detalmo 60, 61, 63, 64, 77
Schacht, Dr. Hjalmar, Reichsbankpräsident 55, 187
Schatz, Dietrich, Major, Vetter von Hans Bernd Gisevius 177, 184, 196
Schettini, Mario, Schriftsteller 8
Schleicher, Kurt von, Generalmajor, Reichskanzler, ermordet am 30. Juni 1934 26
Scholl, Hans und Sophie, »Weiße Rose«, am 22. Februar 1943 hingerichtet 71
Schröder, Ingeborg, Frau eines Pastors der Bekennenden Kirche 171
Schuh, Dr. phil., Geschichtslehrer an der deutschen Schule in Rom 29
Schuschnigg, Kurt von, österreichischer Bundeskanzler

1934–1938, verhaftet, KZ bis Ende des Krieges 52, 185, 186, 193, 194, 196, 217
Schuschnigg, Maria Dolores (Sissy), Tochter von Kurt und Vera 185
Schuschnigg, Vera von, Frau von Kurt 185
Seydlitz-Kurzbach, Walther von, General, bei Stalingrad russische Gefangenschaft 154
Stauffenberg, Alexander (Alex) Graf Schenk von, Professor der Alten Geschichte, Bruder von Claus 134, 135, 136, 138, 144, 148, 152, 153, 154, 158, 164, 171, 172, 173, 181, 195, 198, 225, 226
Stauffenberg, Alexandra Gräfin Schenk von, Tochter von Markwart sen. (»Onkel Moppel«) 169
Stauffenberg, Berthold Graf Schenk von, Marineoberrichter, Bruder von Claus, am 10. August 1944 hingerichtet 135, 138
Stauffenberg, Claus Graf Schenk von, Oberst im Generalstab, am Abend des 20. Juli 1944 in der Bendlerstraße erschossen 99, 134, 135, 138
Stauffenberg, Clemens sen. Graf Schenk von, Gutsbesitzer, Vetter von Claus 137, 138, 143, 148, 155, 163, 164, 165, 166, 174, 225
Stauffenberg, Clemens jr. Graf Schenk von, Sohn von Markwart sen. (»Onkel Moppel«) 169
Stauffenberg, Elisabeth Gräfin Schenk von, Frau von Clemens sen. 137, 143, 150, 159, 166, 174, 181, 225
Stauffenberg, Inez Gräfin Schenk von, Tochter von Markwart sen. (»Onkel Moppel«) 169
Stauffenberg, Maria (Mika) Gräfin Schenk von, Frau von Berthold 138, 139, 140, 147, 150, 151, 153, 164
Stauffenberg, Maria Gabriele (Gaggi) Gräfin Schenk von, Tochter von Clemens sen. 137, 138, 147, 149, 150, 155, 226
Stauffenberg, Markwart sen. (»Onkel Moppel«) Graf Schenk von, Oberst und Gutsbesitzer 138, 143, 144, 148, 154, 155, 158, 161, 164, 169, 225
Stauffenberg, Markwart jr. Graf Schenk von, Sohn von Clemens sen. 138, 139, 148, 171, 184, 186, 225, 226
Stauffenberg, Melita (Lita) Gräfin Schenk von, Frau von Alexander 136, 159, 172, 181
Stauffenberg, Otto Philipp Graf Schenk von, Sohn von Clemens sen. 138, 141, 148, 149, 151, 164, 171, 198, 225
Stiller, Edgar, SS-Untersturmführer 175, 176, 178, 181, 185, 188, 189, 190
Strasser, Gregor 26
Stringher, Giulia und Magda, friaulanische Freundinnen von Fey 111, 112

Tacoli, Marchese Federico, Partisan 109
Tacoli, Marchese Ferdinando, als Partisanenführer umgebracht 97, 109
Tacoli, Marchese Paolo, General, Nachbar in Brazzà und Freund 89, 90, 91, 97
Tacoli, Marchesa Pia, Partisanin 109, 110
Thyssen, Amelie, Frau von Fritz 170
Thyssen, Fritz, Industrieller, 1940–1945 im KZ mit Amelie 170

Tirpitz, Alfred von, Großadmiral, Vater von Ilse von Hassell 13, 22, 96
Tirpitz, Egbert von, Enkel von Alfred, Vetter von Fey 43, 44
Tirpitz, Margot von (Tante Mani), Tochter von Alfred, Tante von Fey 14, 208
Tirpitz, Marie von, Frau von Alfred, Großmutter von Fey 13, 14, 32, 38, 49, 53, 110, 132, 208

Vermehren, Isa, Sozialfürsorgerin 171, 188
Vietinghoff, Heinrich von, Generaloberst, Oberbefehlshaber Südwest 189, 190
Viktor Emanuel III., König von Italien 14, 48, 53, 68, 80
Viti di Caraffa, Contessa Isabella e Maly, Freundinnen von Fey 52, 55, 60

Weizsäcker, Ernst Freiherr von, Staatssekretär im AA 1938–1943, Botschafter am Vatikan 1943–1945 54
Wendland, Georg, Freund von Almuth von Hassell 211, 212, 213, 214, 216
Wilhelm II., deutscher Kaiser (1888–1918) 24, 28
Wille, Franz Uly, Enkel von Berta Rieter, Vetter von Fey 20, 28

Bildnachweis:

Sämtliche Abbildungen entstammen dem Privatbesitz der Familie von Hassell.